2011国家西部开发报告

主　编　张　平

副主编　杜　鹰　金德水

图书在版编目(CIP)数据

2011国家西部开发报告/张平主编．—杭州：浙江大学出版社，2011.8
ISBN 978-7-308-08833-6

Ⅰ．①2… Ⅱ．①张… Ⅲ．①区域开发—研究报告—西北地区—2011②区域开发—研究报告—西南地区—2011 Ⅳ．①F127

中国版本图书馆CIP数据核字（2011）第127892号

2011国家西部开发报告
主　编　张　平
副主编　杜　鹰　金德水

责任编辑　李苗苗
封面设计　俞亚彤
出版发行　浙江大学出版社
（杭州市天目山路148号　邮政编码310007）
（网址：http://www.zjupress.com）
排　　版　杭州中大图文制作有限公司
印　　刷　杭州丰源印刷有限公司
开　　本　787mm×1092mm　1/16
印　　张　29
字　　数　682千
版 印 次　2011年8月第1版　2011年8月第1次印刷
书　　号　ISBN 978-7-308-08833-6
定　　价　98.00元

浙江大学出版社发行部邮购电话（0571）88925591

2011国家西部开发报告
编写人员名单

编　委（按姓氏笔画排序）

王　磊	王立忠	王爱思	尹　璐	石建平	石楚敬
平志强	丛　明	乐长虹	冯亚平	吕大良	刘　岩
刘　敏	刘　锋	刘兆麟	刘宏武	刘诚明	刘殿奎
江　冰	阮宝君	孙国庆	孙晓文	孙凌平	孙殿义
李　刚	李关宾	李利他	李　承	杨　樱	杨振江
杨崇义	吴应伟	吴显亭	何肖锋	余云州	张　辉
张吉林	张国庆	张春生	张振红	张海东	陈　锋
明晓东	罗　亭	罗卫东	金京华	周　禹	周谷平
周荣卫	郑立均	宗胜利	孟　冬	赵争平	郝燕湘
胡永庆	袁旭东	顾　强	徐　强	徐建昌	高　鸿
郭秉晨	郭毅峰	黄　庆	黄　毅	曹永恒	常建华
崔宗胜	崔洪涛	康立宪	彭介林	董祚继	蒋晓华
蓝公海	樊海宏				

主要撰稿人员（按姓氏笔画排序）

王一鹏	王广瑞	王延晖	王坤之	王英茹	牛少锋
公茂林	尹冰宁	尹　晶	邓　强	申　炼	田英君
田春华	冯常海	刘一兵	刘开品	刘占山	刘亚东
刘　莹	刘　银	刘朝晖	守同发	许京花	许　瑾
李　飞	李战胜	李振乙	李　莉	李　峰	李　涛
李海波	李　影	杨兵伟	吴子攀	吴欣荣	吴洪凯
何伟红	汪路航	宋长泉	张中和	张长城	张世伟
张建明	张洪建	张　娟	张静亚	陈　琦	陈　健
邵晓文	武晓峰	范火娣	范　敏	罗永宏	罗　涛
周天明	周宝根	周建军	周新科	郑国平	郑　辉
胡　军	胡益民	南　昌	柳国祥	敖　晶	敖其尔
夏志勇	晁桂明	徐　佳	郭树高	郭晓林	郭淑英
郭　强	唐晓冬	陶　莹	黄九聆	黄荣胜	黄祥云
梁沈平	寇　昊	董振江	韩江洲	韩　非	韩　晖
谢光轩	谢海霞	靳晓燕	潘　刚	魏　戈	魏立忠

编审小组成员

秦玉才	欧晓理	李应明	费志荣	赵 艾	张亚丹
童章舜	于合军	段亚平	胡长顺	韩振海	肖渭明
唐明龙	潘兴良	郭旭杰	张志青	于 红	张嘉强
孙雪珍	姚先国	董雪兵	方攸同	陈 健	敖 晶
敖其尔	何晓凯	孟东军	张佑林	李 芬	杜立民
陈国亮	楼东玮	马伟红	李 莉	张天天	洪蔚脍

承编单位

浙江大学中国西部发展研究院

目录

CONTENTS

第一篇/综合篇

（西部大开发十年回顾）

第一章　综合经济实力

实施西部大开发战略10年来，西部地区经济保持平稳较快发展，综合经济实力显著增强，经济效益明显提高，主要经济指标增速高于全国同期平均水平，与东部地区经济发展差距扩大的趋势得到初步缓解。经济增长速度快、持续时间长、稳定性好，经济总量和人均水平均实现了大跨越，为长远发展打下了坚实基础。

一、地区生产总值

地区生产总值增速逐步加快。2000—2009年，西部地区生产总值由16655亿元增加到66868亿元，年均增长11.9%。自2007年起，西部地区经济增长速度已连续3年高于东部地区。其中，内蒙古自治区自2002年起连续8年增速居全国第一，2000—2009年，年均增速高达16.7%。

地区生产总值占全国比重先降后升（见图1-1）。尽管西部地区经济总量增加迅速，但由于中国经济整体增长较快，2000—2003年间，西部地区生产总值占全国各地加总的比重不仅没有上升，反而有所下降，由17.1%下降到17.0%。2004年因受国内经济增长对资源需求大幅增加导致的价格上涨因素影响，西部资源密集区的经济发展出现加速增长，使西部地区生产总值占全国的比重有所提高；但随着价格高位回落，西部地区生产总值占全国的比重2005年降至16.9%。

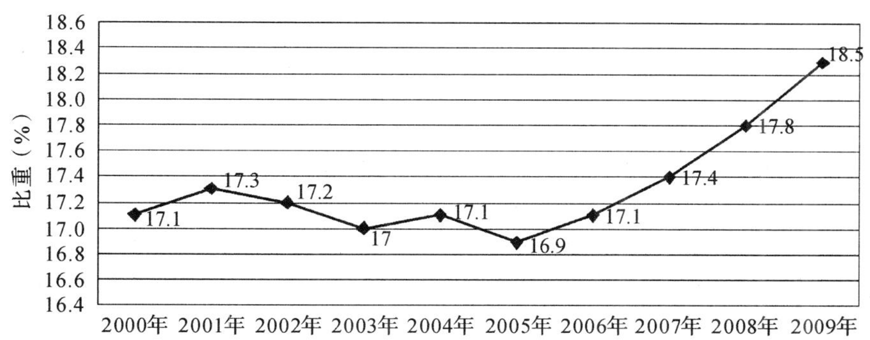

图1-1　西部地区生产总值占全国比重

2005—2009年间，西部地区生产总值恢复平稳增长态势并且开始快于全国平均增速，其占全国的比重也稳步提高，由16.9%的提高到18.5%，与东部地区的差距有所缩小。2000—2009年，西部地区人均地区生产总值由4624元提高到18255元，增加了2.95倍。人均地区生产总值由相当于全国平均水平的59.5%提高到66.1%，提高了6.6个百分点（见图1-2）。

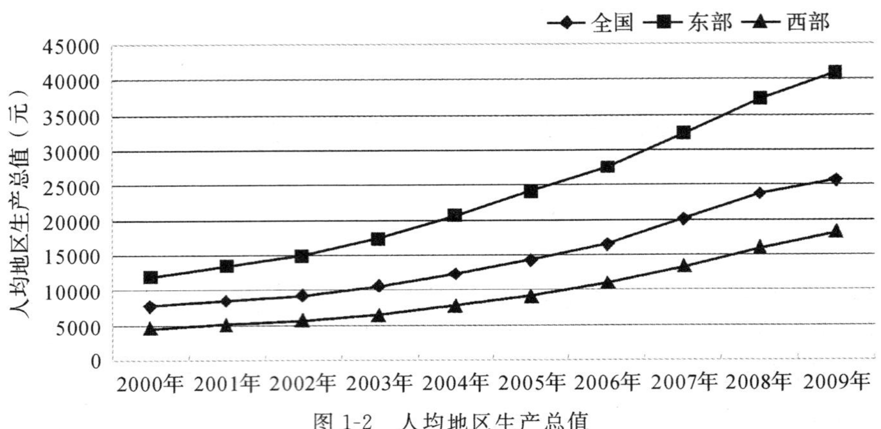

图 1-2　人均地区生产总值

二、固定资产投资

西部地区全社会固定资产投资快速增长。2009 年，西部地区全社会固定资产投资完成 49662 亿元，是 2000 年的 6111 亿元的 8.13 倍，投资规模之大、增速之快为史上所少有（见图 1-3）。

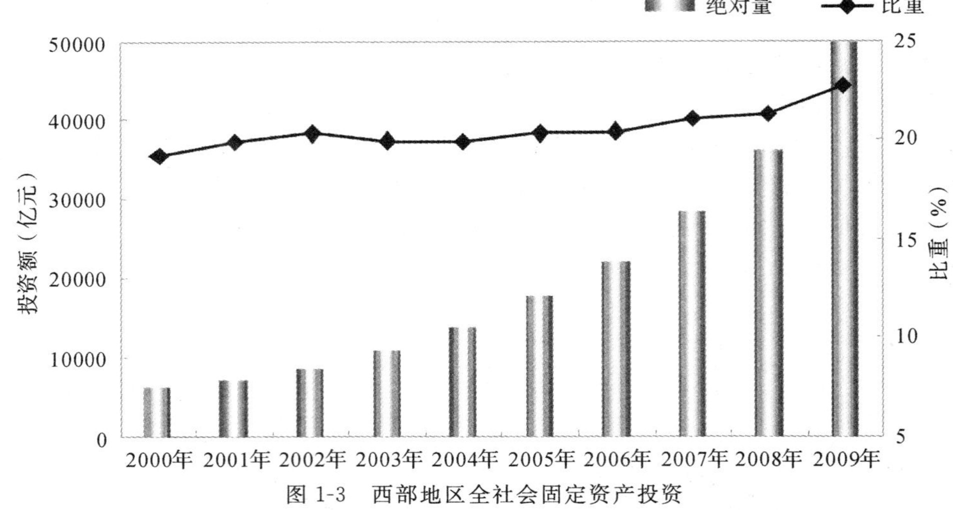

图 1-3　西部地区全社会固定资产投资

全社会固定资产投资占全国各地区加总比重大幅提高。2000 年，西部地区固定资产投资额在全国的比重为 19.2%，至 2009 年，上升为 22.7%。西部地区全社会固定资产投资增速除了 2003 年低于东部地区外，其余年度增速均高于东部地区，其中增速最快的 2007 年，高于东部地区近 10 个百分点。

国家预算内资金有效带动社会投资。2009 年，西部地区全社会固定资产投资资金来源中，国家预算内资金达到 4977.6 亿元，占全国各地区加总比重 41.2%。2000—2009 年，用于西部地区的国家预算内资金总量逐年增加，占全国各地区加总比重基本保持在 36%以上水平（年度间有波动）。国家预算内资金对支持西部地区基本建设发挥了重要作用，有效带动了社会投入，大幅度改善了西部地区交通、水利等基础设施条件和城乡面貌。

三、工业增加值

国有及规模以上非国有工业企业增加值快速增长。2009 年,国有及规模以上非国有工业企业增加值较 2000 年增加两番以上,占全国比重进一步提高。

工业企业利润迅速提高。2009 年,西部地区规模以上工业企业实现利润 5044.7 亿元,比 2000 年的 394 亿元增加 11.8 倍。企业利润大幅度增加,大大提高了企业的竞争力,拓展了企业的发展空间,为经济发展奠定了较好的微观基础。

工业化发展步伐大幅加快。2008 年,西部地区工业增加值占地区生产总值的比重为 41.1%,与 2000 年相比,提高了 9.8 个百分点。同期第二产业的就业比重上升了 5.4 个百分点。

四、社会消费品零售总额

国内消费需求明显扩张。2009 年,西部地区社会消费品零售总额达到 23039 亿元,比 2000 年的 5997 亿元增加 2.84 倍,年平均增长 16.1%(见图 1-4、图 1-5)。

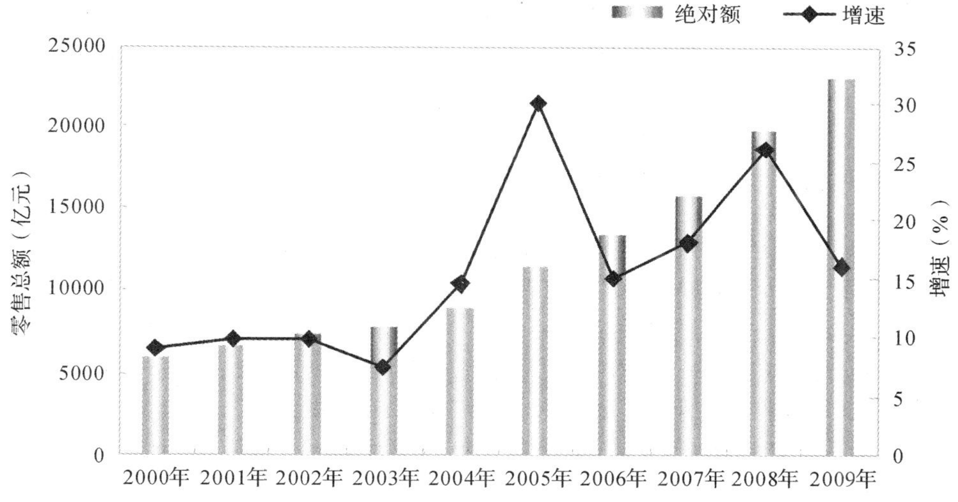

图 1-4　西部地区社会消费品零售总额

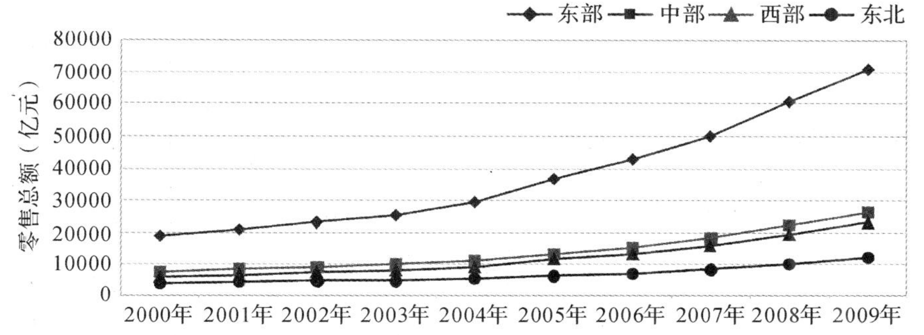

图 1-5　中部、西部、东部和东北地区四大板块社会消费品零售总额

五、进出口总额

对外贸易稳步发展。2009年，西部地区进出口总额达到915亿美元，比2000年的172亿美元增加了4.3倍，年均增长了20.4%；其中出口总额519亿美元，比2000年的99亿美元增加了4.2倍，年均增长20.2%；进口总额396亿美元，比2000年的72亿美元增长4.5倍，年均增长20.9%；贸易顺差持续大幅增加，由2000年的27亿美元增加到2009年的123亿美元(见图1-6)。

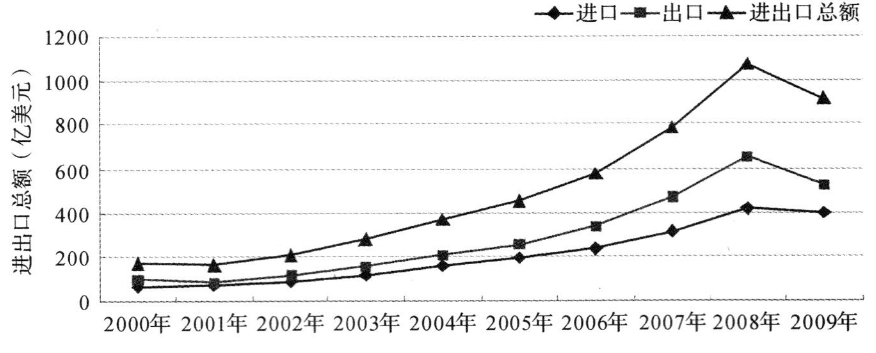

图1-6　西部地区进出口总额

六、地方财政收入和支出

地方预算内财政收入不断提高。西部地区地方财政收入从2000年的1127亿元增加到2009年的6055亿元，年均增长20.5%，翻了两番多(见图1-7、图1-8)。财政收入占地区生产总值比重上升，2009年，财政收入占地区生产总值为9.1%，比2000年的6.8%上升了2.3个百分点。财政收入的快速增长，提高了地方政府调控经济的能力，加强了经济和社会发展中的薄弱环节，有效地保障了经济社会的稳定协调发展。

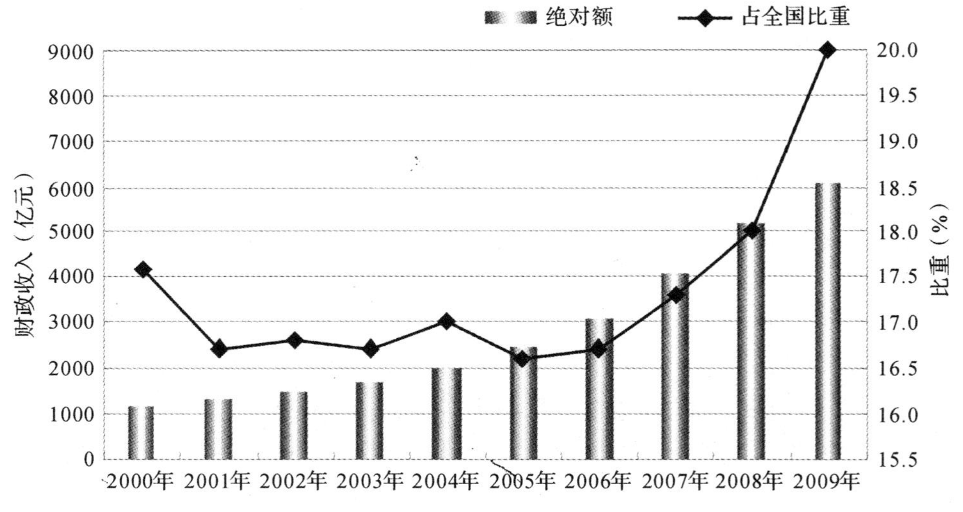

图1-7　西部地区财政收入

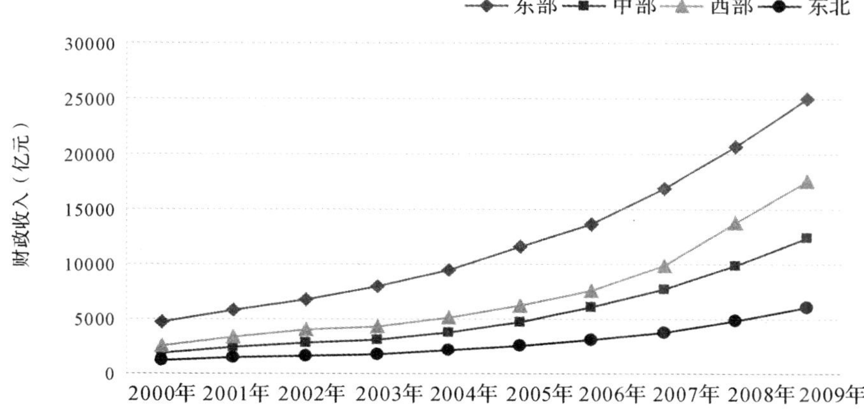

图 1-8　四大板块地方财政收入

地方财政支出大幅增长。西部地区地方财政本级支出由 2000 年的 2601 亿元增加到 2009 年的 17580.1 亿元，年均增长 23.6%，占全国比重由 24.9%提高到 28.8%（见图 1-9、图 1-10）。

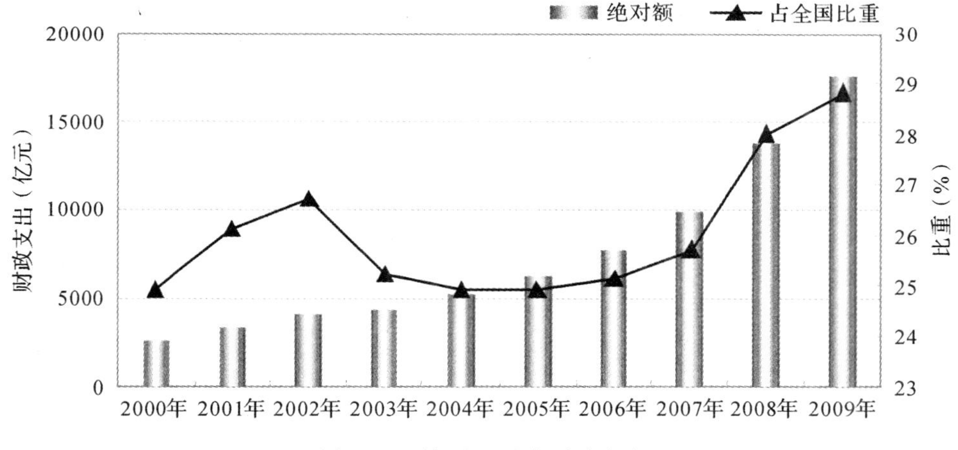

图 1-9　西部地区地方财政支出

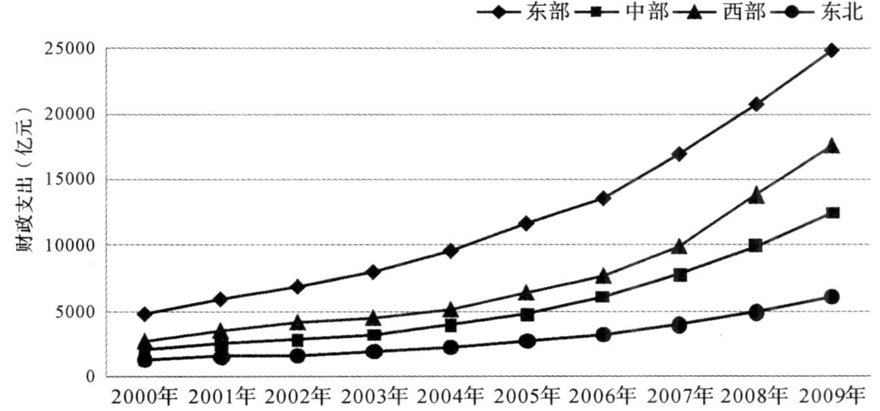

图 1-10　四大板块财政支出

这说明，中央财政对西部地区地方财政的支持力度不断提高，有效地弥补了地方财政收支缺口，促进了区域公共财政能力均衡发展。

七、城乡居民收入

城镇居民可支配收入连年保持快速增长。2009 年，西部地区城镇居民人均可支配收入由 2000 年的 5648 元提高到 14213 元(见图 1-11)。

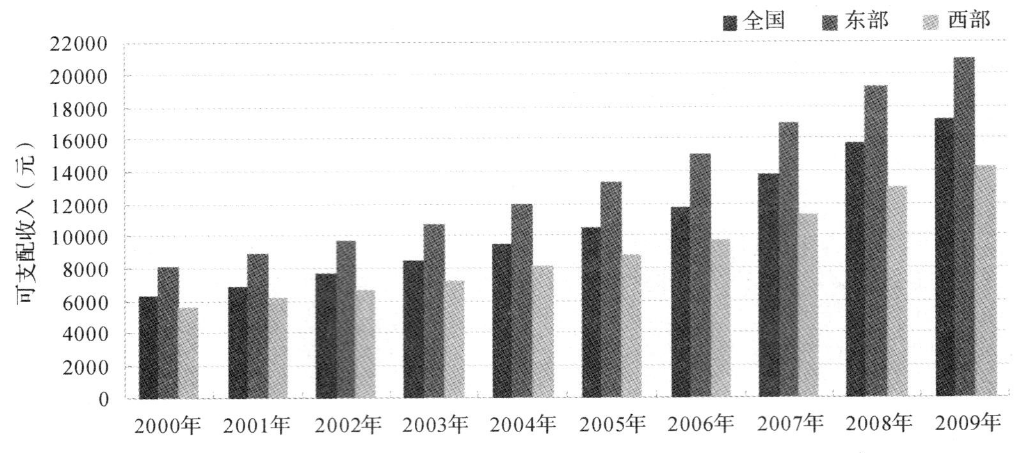

图 1-11　城镇居民人均可支配收入

农民纯收入较快增长。随着支农、惠农各项政策措施的逐步落实，农村居民收入出现了连年较快增长的势头。2000—2009 年农村居民人均纯收入由 1661 元提高到 3817 元(见图 1-12)。

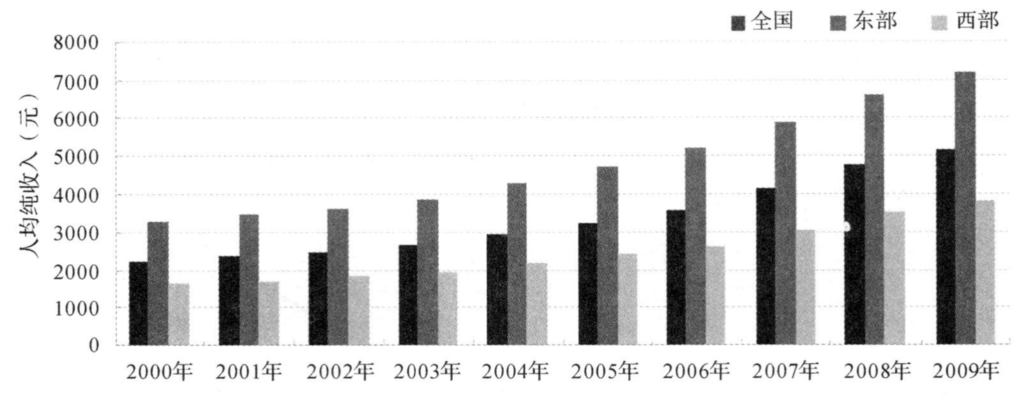

图 1-12　农村居民人均纯收入

城乡居民储蓄存款大幅增加。随着城乡居民收入连年快速增长，城乡居民储蓄存款也大幅度增加。2009 年底城乡居民人民币储蓄存款余额达 47156 亿元，比 2001 年底的 13086.3 亿元增加 34069.7 亿元，增加了 2.6 倍。

就业人员不断增加。2009 年，西部地区就业人员达 20838.5 万人，比 2000 年的

18264万人增加2574.5万人，增长14.1%，城镇登记失业率基本保持在5%以下。2009年，第三产业就业人数比重由2000年的25.4%上升到32.1%，第二产业就业人数比重由2000年的12.9%上升到18.9%，第一产业就业人数比重由2000年的61.7%下降到49.0%。

第二章　基础设施

加快基础设施建设是西部大开发的重要基础。10年来，国家不断加大对西部地区交通、水利、能源、通信、市政等基础设施建设的支持力度，2000—2009年，累计新开工重点工程120项，投资总规模2.2万亿元，青藏铁路、西气东输、西电东送、国道主干线西部路段和大型水利枢纽等重大工程相继建成，完成了饮水安全、送电到乡、油路到县等与群众生产生活密切相关的建设任务，西部地区基础设施建设取得了突破性进展。

一、公路

西部大开发以来，坚持把公路作为基础设施建设的重中之重，2000—2009年，公路建设投资达到1.61万亿元，公路建设取得了跨越式发展。

干线公路建设加快推进。到2009年年底，“五纵七横”国道主干线西部路段全部建成，西部开发八条省际公路通道基本建成。国家高速公路网西部地区规划里程已建成1.77万公里，占西部地区规划里程的49.3%，在建6972公里，占19.4%。西部地区横连东西、纵贯南北、通江达海、连接周边的骨架公路通道初步形成，干线公路的技术等级和服务水平显著提高。

农村公路建设成就显著。贫困县出口路、通县油路、县际公路陆续建成通车，通乡油路建设全面启动。到2009年底，西部地区乡镇、行政村公路通达率分别达到99.1%和88.5%，农村交通条件有了明显改善(见表2-1)。

表2-1　农村公路主要建设工程

	建设内容和规模	建设时间
贫困县出口路	改造和建设西部地区国家级贫困县与国省道连接的公路，总里程1.7万公里，总投资216亿元。贫困县出口路的建设使300多个国家级贫困县的交通条件得到显著改善。	1999—2000年
通县油路	主要使不通沥青公路的地(州)、县至少有一条沥青公路与省会(自治区首府城市)、地(州)政府所在地城市连接。建设项目252个，总里程2.6万公里，总投资310亿元。	2002—2004年
县际公路	重点改造和建设具有区域交通通道、经济走廊、旅游线路、口岸通达作用的县际公路，总里程约4.6万公里，国家每公里补助50万元。县际公路的建设有效改善了县与县之间的交通条件，加强了县际之间的经济联系。	2003—2005年
通乡油路	根据国家农村公路建设规划，西部地区实施通乡油路建设，总里程约11万公里，基本实现油路到乡、公路到村，其中西藏自治区将根据具体情况确定建设规模和任务。	2006年开始

公路通车里程快速增加。2000—2009年，西部地区新增公路通车里程97.2万公里，其

中高速公路16060公里。到2009年年底，西部地区公路通车总里程达150.5万公里，占全国公路通车总里程的39%，其中高速公路18589公里，占全国高速公路总里程的28.6%（见图2-1、图2-2）。公路网密度由1999年的7.8公里/百平方公里提高到2009年的21.8公里/百平方公里。

图2-1　西部地区公路通车里程

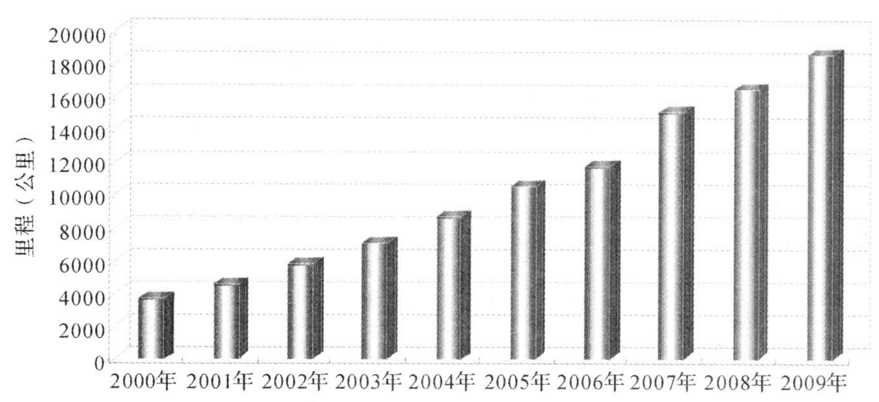

图2-2　西部地区高速公路通车里程

公路运输能力不断增强。客运量和旅客周转量分别由1999年的34.9亿人和1584.2亿人公里增加到2009年的68.2亿人和3356.7亿人公里，年均增长7.0%和7.8%，货运量和货物周转量分别由1999年的25亿吨和1549.2亿吨公里提高到2009年的53.8亿吨和7756.3亿吨公里，年均增长8.0%和17.5%。

"五纵七横"国道主干线西部路段。"五纵七横"国道主干线是20世纪90年代国家规划建设的重要公路通道，由5条南北纵线和7条东西横线组成，连接了首都、各省省会、自治区首府城市、直辖市、经济特区和重要对外开放口岸，全长约3.5万公里。其中有9条涉及西部地区，纵向为二连浩特—河口、重庆—湛江，横向为绥芬河—满洲里、丹东—拉萨、青岛—银川、连云港—霍尔果斯、上海—成都、上海—瑞丽、衡阳—昆明，将西部与东部所有特大城市及90%的大城市连接在一起，总里程约1.6万公里，到2008年年底已全部建成通车。

西部开发八条省际公路通道。为进一步加强西部地区与中东部地区、西南与西北地区的交通联系，建设通江达海、连接周边的运输通道，推进西部大开发战略的顺利实施，国家在“五纵七横”国道主干线西部路段建设的基础上，于2000年制定了西部开发八条省际公路通道规划，包括兰州—磨憨、阿荣旗—北海、阿勒泰—红其拉甫、银川—武汉、西安—合肥、长沙—重庆、西宁—库尔勒、成都—樟木公路，总里程约1.5万公里，到2008年年底已基本建成。

二、铁路

国家加大对西部地区铁路建设的规划指导和投入力度，铁路建设取得了重要进展，运输经营迈上新台阶，综合效益日益显现（见表2-2）。青藏铁路、宁西铁路、株六复线等一批重大铁路相继建成投入运营，新增铁路营业里程近9000公里。大同至西安客运专线、贵阳至广州、南宁至广州等一批重大项目正在加紧建设，新建铁路里程达1万公里以上。建设了新丰镇、贵阳南、成都北等路网性和区域性编组站，货物运输直达化、重载化和车流作业集中化逐步实现。

到2009年年底，西部地区铁路营业里程达到32754公里，占全国铁路营业总里程的比重为38.3%，复线率和电气化率分别为25.4%和38.4%。路网规模不断扩大，基本形成以兰新、包兰、宝成、成昆、渝黔、黔桂、遂渝、达成、西康、襄渝、湘桂、南昆、贵昆等铁路为主骨架的铁路干线网，进出通道运输能力明显提高，运力紧张状况得到有效缓解。2009年，西部地区国家铁路分别完成旅客、货物发送量30304万人、119130万吨，较10年前分别增长65.5%、209%；旅客、货物周转量完成1737.8亿人公里、8327.9亿吨公里，较10年前分别增长96.2%、156.1%。铁路运输在西部大开发中的保障作用不断突出。

表2-2　重大铁路建设项目

建成铁路项目	在建铁路项目
青藏铁路、宁西铁路、遂渝铁路、广大铁路、西康铁路、南疆铁路、大理至瑞丽铁路，株六复线、宝兰复线、兰武复线、宝成复线等	郑州至西安客运专线、成绵乐客运专线，包头至西安、太原至中卫（银川）、兰州至重庆、贵阳至广州、南宁至广州、宜昌至重庆、丽江至香格里拉、喀什至河田、精伊霍铁路，青藏铁路西格段增建二线、兰新线嘉阿段电气化、达成铁路扩能、湘桂线扩能等

青藏铁路。青藏铁路格尔木至拉萨段全长1142公里，其中海拔4000米以上960公里，最高处达5072米，连续多年冻土地段550公里，是目前世界上海拔最高、线路最长的高原铁路，2006年7月1日建成交付运营。青藏铁路的建成通车，结束了西藏没有铁路的历史，填补了我国唯一不通铁路省区的空白，成为青藏高原千百年来永载史册的辉煌穿越，对加快青藏两省区经济社会发展、改善各族群众生活、增进民族团结和巩固祖国边防发挥了极大作用。

三、机场

1999 年，西部地区共有民航机场 59 个，其中干线机场 13 个、支线机场 46 个，占全国机场总数的 45.7%。10 年来，国家不断加大对西部民航基础设施建设的支持力度，对其中的 12 个干线机场和 30 个支线机场实施了大规模的改扩建，新建了 21 个支线机场，基本形成了以成都、昆明、西安、重庆机场为枢纽，以乌鲁木齐、昆明机场为门户，以九寨、丽江等支线机场为支撑的西部机场体系。

到 2009 年底，西部地区民用运输机场数量达到 79 个，占全国机场总数的 48%，较 1999 年提高了 3.8 个百分点。2009 年，西部地区各机场完成旅客吞吐量 11965 万人次、货邮吞吐量 127 万吨、飞机起降 121 万架次，分别是 1999 年的 4.05 倍、2.23 倍和 3.27 倍，年均增长 15%、8.4%和 12.5%。航空事业的快速发展，缩短了遥远的西部与全国及世界各地的距离。

四、水运

西部地区水运基础设施条件明显改善。长江上游已达到三级航道标准，西江航运干线已达到三级及以上航道标准，嘉陵江、右江航电结合等梯级开发稳步推进，红水河、右江复航工程取得重大突破，重庆、泸州、贵港等港口内河集装箱、大宗散货和汽车滚装专业化泊位陆续建成。重庆长江上游航运中心初具规模，三峡库区和山区群众水上出行条件及运输条件极大改善。防城港、北海、钦州等沿海港口建设不断加强，到 2009 年年底，万吨级及以上泊位达到 46 个，比 1999 年增加 28 个，西南出海通道运输能力快速增长。

2009 年，西部地区水运货运量和货物周转量达到 2.3 亿吨、1648.4 亿吨公里，分别是 1999 年 0.6 亿吨、197.3 亿吨公里的 3.8 倍和 8.4 倍。水运能力的大幅提升，对西部地区经济发展发挥了积极促进作用。

五、水利

坚持把水资源的合理开发和有效利用放到突出位置，10 年来，国家加强了重点水源工程、重点防洪工程、流域综合治理、病险水库除险加固、大型灌区续建配套与节水改造、农村饮水安全等一大批重大水利项目的建设，累计安排西部地区中央水利投资 1317 亿元。四川紫坪铺、宁夏沙坡头、广西百色等大型水利枢纽相继建成并发挥作用，显著提高了西部地区的水资源调蓄能力，促进了水资源的合理配置。塔里木河、黑河、石羊河流域综合治理，以及长江上中游、黄河上中游重点水土保持工程建设进展顺利，水土流失综合治理 5.5 万平方公里。

四川都江堰、宁蒙河套灌区等 142 个大型灌区续建配套与节水改造项目陆续开工建设，新增、恢复灌溉面积 1020 多万亩，改善灌溉面积 3900 多万亩，新增节水能力约 70 亿立方米。2000—2009 年，西部地区有效灌溉面积净增 4025 万亩(见图 2-3)，节水灌溉面积增加 6429 万亩。3257 座病险水库进行了除险加固。国家安排 404 亿元用于农村饮水安全工程，其中中央投资 282 亿元，解决了 9437 万人的饮水困难和饮水安全问题。节水型社会建设工作进展顺利，开展了张掖、绵阳等市级节水型社会建设试点，支持宁夏建立了全国第一个省级节水型社会试点。

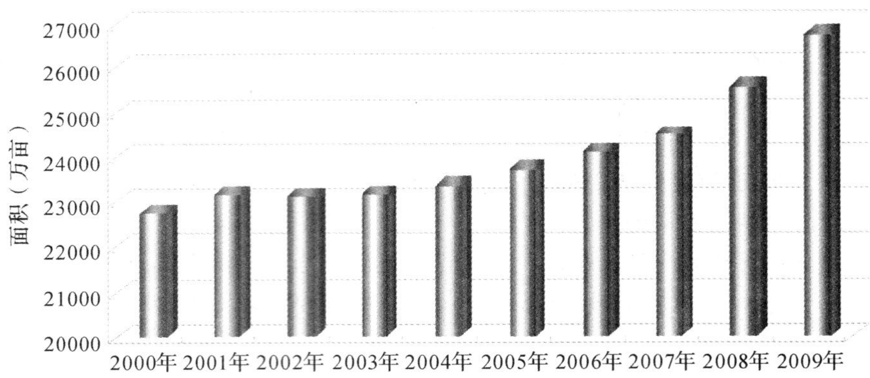

图 2-3　西部地区有效灌溉面积

紫坪铺水利枢纽。 位于四川省成都市西北 60 公里处的岷江上游，距都江堰市约 9 公里，以灌溉、供水为主，兼有发电、防洪、环境保护和旅游等综合效益，是继举世闻名的都江堰之后岷江河段的又一座大型综合性水利枢纽。水库最大坝高 156 米，总库容 11.12 亿立方米，水电装机容量 76 万千瓦，总投资 69.76 亿元，于 2005 年 11 月首台机组投入运行。

沙坡头水利枢纽。 位于宁夏回族自治区中卫市黄河黑山峡河段峡谷出口处，是黄河干流上一座以灌溉和发电为主的大型综合性水利枢纽，结束了当地灌区 2000 多年无坝引水的历史。水库总库容 2600 万立方米，总装机容量 12.03 万千瓦，总投资 11.97 亿元，于 2007 年 9 月竣工并通过验收。

百色水利枢纽。 位于广西郁江上游右江河段，是一座以防洪为主、兼具发电、灌溉、航运、供水等综合效益的大型水利枢纽，也是珠江流域郁江防洪体系的重要控制性工程。扩大和改善水田灌溉面积 15.61 万亩，增加丘陵地灌溉面积 11 万亩，保证灌溉面积增加至 58.4 万亩。水库总库容 56.6 亿立方米，电站总装机 54 万千瓦，总投资 59.95 亿元，于 2006 年全部机组建成投产。

塔里木河流域综合治理。 塔里木河是我国最长的内陆河，干流全长 1321 公里，流域面积 23.6 万平方公里，是塔里木盆地的主要灌溉水源，影响范围覆盖了新疆南部 102 万平方公里的土地。2001 年，国家决定实施塔里木河流域近期综合治理工程，总投资 107 亿元。工程位于新疆南部的和田河、叶尔羌河、阿克苏河、开孔河以及塔里木河干流流域范围，计划于 2011 年完工。

黑河流域综合治理。 黑河是我国第二大内陆河，流域面积 14.3 万平方公里，干流全长 821 公里。为有效解决黑河流域生态环境问题，2001 年，国务院批复了《黑河流域近期治理规划》，启动实施黑河流域近期综合治理工程，总投资 23.52 亿元。工程主要任务是上游以加强天然保护和天然草场建设为主，对水源涵养区实施生态保护，中游建立国家级农业高效节水示范区，下游建立国家级生态保护示范区，开展额济纳绿洲地区生态建设与环境保护。

石羊河流域综合治理。 石羊河流域位于甘肃河西走廊东端，流域面积 4.16 万平方公里。为解决生态环境问题，2007 年国家批准石羊河流域重点治理规划，总投资47.49亿元。流域内全面推进节水型社会建设，实行用水总量控制、定额管理，加强灌区节水改造，控制地下水超采，加快农业产业结构调整，大幅度减少农业用水，组织实施向下游民勤调水。

六、能源

西部地区水能资源、煤炭资源、石油天然气资源丰富的优势进一步得到发挥，西电东送、西气东输等一批重大工程顺利实施，风能、太阳能等新能源加快发展，能源结构不断优化，对促进西部地区经济发展、保障全国能源安全供应发挥了重要作用。

煤炭资源勘查、生产建设步伐加快。国家在西部地区规划了蒙东、神东、宁东、陕北、黄陇、云贵等六大煤炭基地，开工建设了一批大中型煤矿，煤炭产量快速增长。2009年，西部地区煤炭产量13.1亿吨，比1999年增加10.79亿吨(见图2-4)，占全国的比重由17.0%提高到44.1%，煤矿集约化、现代化水平显著提高。到2009年年底，西部地区已建成千万吨级大型现代化煤矿12处，生产能力1.4亿吨/年，在建千万吨级大型现代化煤矿13处，生产能力1.7亿吨/年。

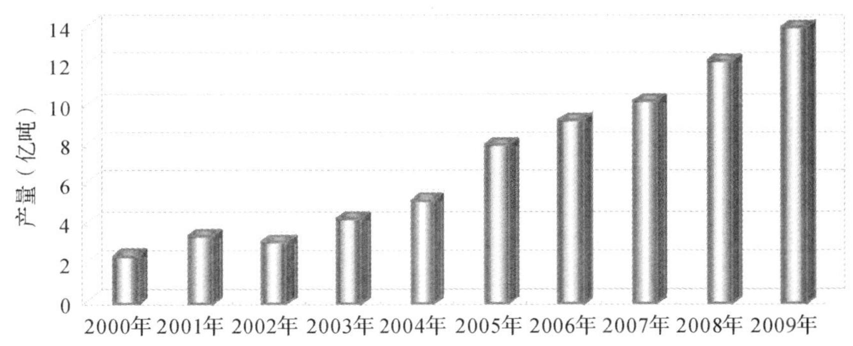

图2-4　西部地区原煤产量

电力建设实现跨越式发展。随着西电东送南、中、北三大通道的全面推进，西部地区电力建设不断加快。纳雍、安顺、托克托、准格尔等一批火电站，洪家渡、公伯峡、小湾、龙滩等一批水电站投产发电，溪洛渡、向家坝、瀑布沟等大型电站正在加紧施工建设。到2009年年底，西部地区发电总装机容量达到26614万千瓦，占全国总装机容量的30.45%，是1999年年底的3.7倍，年均增长14.03%，比全国平均增长率高2.7个百分点。其中，水电装机10033万千瓦，占全国水电装机的51.1%，是1999年年底的3.3倍；火电装机15742万千瓦，是1999年年底的3.9倍。葛洲坝—上海、天生桥—广州、三峡—华东±500千伏直流等重大跨区域输电工程建成投用。

农村电力建设力度加大。2004年，国家启动实施了农网完善工程，2006年，开始实施无电地区电力建设工程，到2009年年底，共下达农网完善投资计划465.5亿元、无电地区电力建设投资计划122亿元，农村电力基础设施明显加强，供电能力和可靠性显著提高，解决了150多万户无电人口基本用电问题。

油气勘探开发取得巨大成就。新疆、川渝、鄂尔多斯盆地等大型油气田的储量和产量稳步增长。10年来，累计新增探明石油地质储量约60亿吨(见图2-5)、天然气探明地质储量5.1万亿立方米，累计生产原油约3亿吨、天然气约3310亿立方米，2009年油气生产当量超过1亿吨。西气东输一线、涩北—西宁—兰州天然气管道、长庆—呼和浩特输气管道、忠县—武汉天然气管道、陕京二线输气管道等重点项目相继建成投产，西气东输二线正在加紧建设。兰州—成都—重庆输油管道、中哈原油管道等工程建成投入使用。2000—2009年，西部地区新增油气管道里程3万公里，其中原油管道1万公里、成品油管道5000公里、天然气管道2万公里。在建、拟建油气管道达3万多公里。

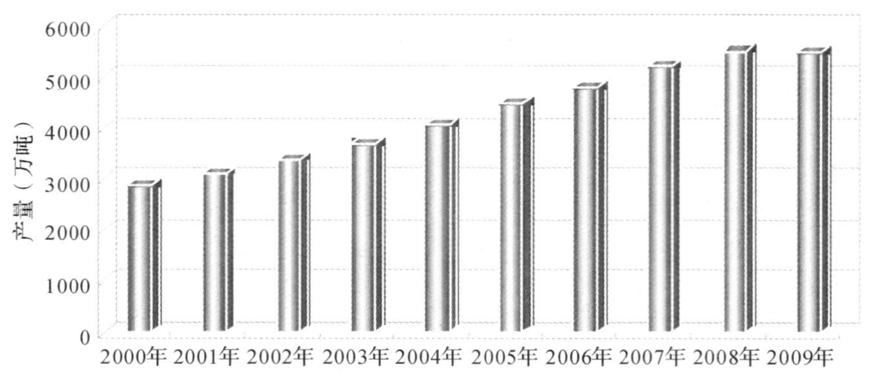

图2-5　西部地区原油产量

新能源和可再生能源快速发展。风电建设加快推进，装机容量超过780万千瓦，占全国总装机的近50%，甘肃、新疆、内蒙古三个千万千瓦级大型风电基地规划编制完成。甘肃敦煌等一批兆瓦级光伏并网发电项目相继开工建设，广西、四川、贵州开展了生物燃料建设示范项目和推广应用试点工作，取得了良好效果。

西电东送。西电东送是西部大开发的标志性工程，包括南、中、北三大通道。南通道重点开发贵州乌江、云南澜沧江和滇、黔、桂三省交界处的南盘江、北盘江、红水河的水电以及贵州和云南两省的坑口火电送往广东，形成西电东送南部大通道；中通道重点开发三峡和金沙江、雅砻江、大渡河的水电送往华中、华东、福建等东部能源紧缺地区，形成西电东送中部大通道；北通道重点开发黄河上游水电和晋、陕、宁、蒙地区坑口火电送往京、津及河北南网，并东送山东电网，形成西电东送北部大通道。到2009年年底，西电东送装机规模达到6668万千瓦，其中南通道2368万千瓦、中通道1750万千瓦、北通道2550万千瓦。

西气东输。西气东输是西部大开发的标志性工程，西起新疆塔里木，东至上海市，管道干线全长3800公里，设计年输送天然气商品气量120亿立方米，增压后达到170亿立方米，总投资1400多亿元，于2004年12月30日竣工投运，正式开始商业供气。工程主要包括上游天然气资源勘探开发、中游管道工程和下游用气项目及城市管网建设。到2008年年底，累计完成输气量454亿立方米，其中2008年输送天然气158亿立方米。2008年2月22日，西气东输二线工程开工建设。这是我国第一条引进境外天然气资源的大型管道工程，西起新疆霍尔果斯口岸，南至广州和香港，东达上海，管道主干线和8条支干线总长8704公里，计划2011年年底全线贯通。

溪洛渡水电站。溪洛渡水电站位于四川省雷波县和云南省永善县交界处的金沙江溪洛渡峡谷段，距离宜宾180多公里，距离三峡770公里，是金沙江干流上一座以发电为主，兼有防洪、拦沙和改善下游航运条件等综合效益的大型水电工程，是金沙江下游规划的第三级电站，也是金沙江“西电东送”距离最近的骨干电源之一。工程坝高278米，正常蓄水位600米，总库容126.7亿立方米，装机容量1260万千瓦，总投资674.78亿元。工程计划于2015年竣工投产。

向家坝水电站。向家坝水电站位于云南省水富县和四川省宜宾县交界处，上距溪洛渡电站坝址157公里，是金沙江下游河段上以发电为主，同时兼有改善通航条件、防洪、灌溉、拦沙、对溪洛渡水电站进行反调节等综合效益的大型梯级电站，也是金沙江下游梯级开发中的最后一个梯级。水库为峡谷型，最大坝高162米，正常蓄水位380米，总库容51.63亿立方米，控制流域面积45.88万平方公里。电站装机容量600万千瓦时，总投资541.65亿元。工程计划于2012年首批机组发电，2015年建设完工。

送电到乡。为解决西部地区无电人口的用电问题，2002年启动实施送电到乡工程，主要利用太阳能光伏发电、风光互补发电和小水电供电方式，解决西藏、青海、四川、新疆、甘肃、陕西、重庆、内蒙古、云南和新疆生产建设兵团远离电网、居住分散的无电乡（连队）用电问题。在无电乡用电问题解决后，国家继续支持解决无电村的用电，到2008年年底共完成投资120亿元，使134.5万户无电人口用上了电。

七、通信

光缆干线及支线建设加快，通信容量进一步扩大，通信质量和服务水平不断提高。昆明—拉萨、太原—银川—兰州等电信光缆传输系统工程相继建成使用，新增长途光缆线路26万多公里、长途光缆纤芯590万公里，累计铺设长途光缆线路近38万公里、长途光缆纤芯815万公里。

固定电话和移动通信快速发展。到2009年年底，本地电话用户达到6539万户，移动电话用户达到17327万户，分别是1999年的3.5倍和25倍，电话普及率从1999年的每百人7.1部增加到2009年的每百人65.3部。

邮电业务稳步增长。实施了西部地区邮政普遍服务网点改造，对农村局所进行整修改造和信息化建设。2009年，邮电业务总量达到5891.8亿元，是1999年的11.4倍，年均增长30.5%，高于全国平均增长水平。

八、市政

通过加大建设和管理力度，西部地区城镇市政公用设施建设有了明显提高，城镇面貌发生了巨大变化，生态和人居环境得到有效改善。

城市道路建设和改造明显加强，大中城市快速道路网络基本形成，重庆、成都、西安等城市轻轨、地铁建设加快推进。城市道路长度由 1999 年的 27060 公里增长到 2009 年的 46717 公里，人均道路面积达 11.64 平方米。

城镇供排水设施及管网、污水处理、垃圾处理等设施建设和改造力度不断加大。到 2009 年底，西部地区城市用水普及率达到 93.36%，比 2000 年提高了 43.31 个百分点；污水处理能力 2650 万立方米/日，处理率达到 69.33%，比 2000 年提高了 40.78 个百分点；城市生活垃圾无害化处理能力 69934 吨/日，无害化处理率达到 72.30%，高于全国 71.31%的平均水平。城市环境不断美化，建成区绿化覆盖率 34.70%，人均公园绿地面积 9.57 平方米。

重庆高架轻轨。重庆高架轻轨交通（较场口至新山村一期工程）是西部大开发的标志性工程，也是西部地区的第一条城市轨道交通。该线东起市区商业中心较场口，西至大渡口区钢铁基地新山村，线路全长 19.15 公里，总投资 50.81 亿元。

第三章　生态环境

实施西部大开发战略以来，先后启动实施了退耕还林、退牧还草、天然林资源保护、京津风沙源治理等生态工程，大力增加和恢复林草植被，水土流失减少，风沙危害减轻，长江上游、黄河上中游等重点流域生态状况明显改善，国家西部生态安全屏障得到加强。

一、林业生态建设

西部地区是全国林业生态建设的重中之重。实施西部大开发战略以来，国家加大了对西部地区林业生态建设的投入力度。2000 年以来，中央累计在西部地区安排林业建设资金 2150.64 亿元，占全国林业建设投资的 56.9%。先后启动实施了退耕还林、天然林资源保护、京津风沙源治理、三北及长江流域等重点防护林体系建设、石漠化治理、防沙治沙、野生动植物保护及自然保护区建设、湿地保护与恢复等林业生态建设工程，建立了森林生态效益补偿制度。累计批复西部 12 个省(区、市)自然保护区、森林防火、森林病虫害防治、林木种苗、湿地保护、林业科技支撑、生态定位站、科技推广站等林业固定资产投资项目 1216 个，批复总投资 87.09 亿元，其中中央投资 69.38 亿元。国家还通过提高投资中央补助比例和贴息贷款等支持西部地区林业生态建设。中央与地方配套资金比例在 2004 年以前为 7∶3；2004 年以后调整为 8∶2，而中部和东部地区分别为 6∶4 和 4∶6。2000 年以来，共安排西部 12 个省(区、市)林业贴息贷款项目建议计划 153.1 亿元，占全国的 35.9%；西部省(区、市)落实中央财政贴息资金 4.6 亿元，占全国总数的 40.2%。

2000 年至 2009 年，西部地区累计造林 5.99 亿亩，占全国同期的 60.4%，其中人工造林 3.59 亿亩、飞播造林 5640 万亩、封山育林 1.84 亿亩，分别占全国同期的 53.3%、74.3%和 76.0%。退耕还林工程累计在西部地区造林 2.37 亿亩，占工程造林总面积的 57.1%；组织实施巩固退耕还林成果专项规划，积极推进基本口粮田建设、农村能源建设、生态移民、后续产业、补植补造，促进了农民增收，为农民长远生计提供了保障。天然林资源保护工程有效保护了 11 亿亩森林资源，占全国天然林资源保护工程区总面积的 63.7%；长江上游、黄河上中游 13 个省(区、市)全面停止了天然林商品性采伐。京津风沙源治理工程在西部地区累计完成林业、农业、水利措施治理任务 8032.65 万亩，总投资 62.7 亿元。"三北"防护林体系建设四期工程累计安排西部地区防护林建设任务 5289 万亩，总投资 34.95 亿元。新建林业生态相关自然保护区 395 处，保护面积 39.72 万平方公里，约占同期全国新建自然保护区面积的 87%；建设了 97 处国家级野生动物疫源疫病监测站、597 个森林病虫害防治检疫标准站、369 个国家级中心测报站；实施湿地保护与恢复工程项目 55 个，批准了 22 个国家湿地公园试点，确认了 86 个国家重要湿地，指定了 14 块国际重要湿地。

经过 10 年的努力，西部地区林业生态建设取得了显著成效。全国森林资源清查结果表明，2009 年西部地区林地面积比 1999 年增加了 5.68 亿亩，森林面积增加了 6.1 亿亩，森林覆盖率提高了6.73个百分点，森林蓄积量增加了近13亿立方米。森林植被增加对控制水土流失和土地沙化发挥了重要作用，第三次全国荒漠化和沙化监测结果显示，陕西、甘肃、宁夏、内蒙古等省（区）在全国率先实现了“沙逼人退”向“沙退人进”的历史性转变，四省（区）沙化土地面积比1999年减少了7921平方公里，毛乌素沙地已经进入了治理利用的新阶段。黄土高原新增水土流失治理面积15万平方公里，水土流失面积和侵蚀强度开始逆转，土壤侵蚀模数大幅度下降，每年流入黄河泥沙减少3亿多吨。京津风沙源治理工程区土壤风蚀和水蚀明显降低，大气释尘量减少。新疆绿洲面积扩大到7万多平方公里，绿洲内部林网程度平均达到85%以上。“三北”防护林工程有效保护了西部地区3亿多亩耕地。西部地区生物多样性得到有效保护，60%以上大熊猫栖息地和70%以上大熊猫野生种群得到严格保护，朱鹮的数量从发现时的7只增加到目前的1200只，亚洲象、藏羚羊、苏铁、兰科植物等珍稀濒危野生动植物种群数量稳中有升、分布范围不断扩展。林业生态建设推动了产业结构调整，促进了速生丰产用材林、木竹资源深加工、特色经济林、种苗花卉、生态旅游业等西部地区特色优势产业发展，2009年西部地区林业产业为主的生态产业产值达到3582亿元，相当于2000年的5.3倍。

退耕还林工程。这项工程是新中国成立以来投资规模最大、造林数量最多、涉及范围最广、效果最为显著的重大生态工程。到2009年底，中央已安排退耕还林工程资金2338.8亿元，其中，中央预算内基本建设资金229.3亿元，粮食和生活补助资金1871.5亿元，巩固退耕还林成果专项资金238亿元。截至2009年底，全国退耕还林工程共安排退耕地造林1.39亿亩、荒山荒地造林2.44亿亩、封山育林3200万亩，累计造林4.15亿亩，占同期全国造林总面积的49.5%。退耕还林工程覆盖了25个省（区、市）和新疆生产建设兵团的2279个县级单位，涉及农户3200万、1.24亿农民。

天然林资源保护工程。西部12省（区、市）除广西壮族自治区外都纳入了天然林资源保护工程实施范围，规划人工造林2861万亩，飞播造林9432万亩，封山育林4439.8万亩，总投资123.67亿元，占全国总投资的85.65%。2000—2009年，累计完成人工造林2897.7万亩，飞播造林4732.3万亩，封山育林8690.4万亩，累计安排投资99.13亿元，占工程已投入资金的89.87%。天然林资源保护工程有效保护了11亿亩森林资源，占全国森林总面积的37.6%。新增森林面积9500万亩，长江上游、黄河上中游13个省（区、市）全面停止了天然林商品性采伐。国家累计免除西部地区森工企业国内金融机构债务48.4亿元，免除到期的世行贷款4.6亿元。开展了天然林保护工程区森工企业职工“四险”补助和混岗职工安置、森工企业金融机构债务免除、木材加工等企业关闭破产工作。

京津风沙源治理工程。为遏制北京及周边地区土地沙化的趋势，改善京津周围生态环境，2002年，国家制定发布了《京津风沙源治理工程规划（2001—2010）》。2000—2009年，京津风沙源治理工程累计安排西部地区林业建设任务4053.1万亩，其中退耕还地造林774万亩，退耕还林工程配套荒山荒地造林844万亩，人工造林602.9万亩，飞播造林434.9万亩，封山育林1397.3万亩；安排农业措施治理3300.5万亩，水利措施539.55万亩；累计安排投资62.72亿元，占工程已投入资金的49.2%。工程区植被盖度和物种多样性呈上升趋势，土壤风蚀和水蚀明显降低，大气释尘量减少，气候环境有所改善。

三北及长江流域等防护林体系建设工程。三北防护林体系建设工程涉及西部内蒙古、陕西、宁夏、甘肃、青海、新疆等6省区，2000—2009年累计完成造林6716万亩，中央累计投入资金34.95亿元。先后实施了毛乌素沙地治理、乌兰布和沙漠治理、晋陕峡谷水土流失治理、陇东丘陵水土流失治理、河西走廊沙化治理、环青海湖周边重点防护林建设、新疆绿洲外围荒漠化治理等重点项目。

水土流失生态建设工程。西部地区是我国水土流失最严重的地区，实施西部大开发战略以来，国家先后启动了长江和黄河上中游水土保持重点防治工程，黄土高原地区水土保持淤地坝试点工程，珠江上游南北盘江石灰岩地区水土流失综合防治工程，晋陕蒙砒砂岩区沙棘生态工程、中央补助地方水土流失重点治理工程等。2000—2008年，累计投入中央资金68.74亿元，占同期该类项目全国中央投资总额的56%，治理水土流失面积45738平方公里，建设淤地坝9921座。

森林生态效益补偿。从2004年起，中央财政正式设立了森林生态效益补偿基金，标志着我国森林生态效益补偿机制正式建立。中央累计安排西部地区6.6亿亩重点公益林补偿资金111.7亿元。中央森林生态效益补偿基金推动了地方建立森林生态效益补偿制度，截至2008年，全国27个省(区、市)先后建立了地方森林生态效益补偿基金，省级财政已累计投入地方补偿资金98亿元。

二、草原保护与建设

我国拥有天然草原约60亿亩，占国土面积的41.67%，由于气候变暖和超载过牧，到21世纪初，我国90%的天然草原出现不同程度退化，并以每年3000万亩的速度在扩展。西部地区天然草原面积约50亿亩，占全国草原总面积的84%。草原是重要的陆地生态屏障，在防风固沙、涵养水源、保持土壤、净化空气和维护生物多样性方面具有十分重要的作用。草原退化不仅制约了草原畜牧业的发展，而且影响到经济社会可持续发展，对国家生态和国土安全构成严重威胁，直接导致江河断流、沙尘暴等自然灾害频繁发生。为促进草原生态环境恢复，改善牧区民生，国家在开展天然草原恢复与建设试点的基础上，在内蒙古东部、蒙甘宁西部、青藏高原、新疆北部四大片草原退化严重地区启动实施退牧还草工程。工程以落实草原承包经营制度为前提，通过禁牧封育、季节性休牧、划区轮牧和补播草种等方式，使天然草原得以休养生息，植被明显恢复。同时，国家给予退牧户一定饲料粮补助，推行禁牧与休牧相结合、舍饲与半舍饲相结合的生产方式，促进了传统草原畜牧业生产方式的转变，推动了特色农牧产业及其他优势产业的发展。不断加强草原鼠虫害防治，灾害扩展趋势得到初步遏制。草原生态保护政策不断完善，适当增加退牧还草工程配套建设内容，提高中央基建投资补助标准。2007年，国务院批准了《全国草原保护建设利用总体规划》，明确了到2020年全国完成草原围栏面积22.5亿亩，发展人工种草面积4.5亿亩的目标。

退牧还草工程。截至2009年年底,退牧还草工程累计安排草原围栏建设任务6.77亿亩,其中禁牧3.33亿亩、休牧3.31亿亩、划区轮牧0.13亿亩;安排重度退化草原补播改良任务1.46亿亩。中央累计投入资金176亿元,其中基本建设投资116亿元,饲料粮补助资金60亿元。工程涉及内蒙古、四川、云南、西藏、青海、甘肃、宁夏、新疆等8省(区)和新疆生产建设兵团的179个县,共83万户农牧户、398万农牧民。根据农业部2009年抽样监测,退牧还草的工程区与非工程区相比,草原植被覆盖度平均高出12个百分点,牧草高度平均高出36%,产草量平均高出75%。

鼠虫害防治。2000年以来,全国草原鼠虫害危害面积累计达91次,其中鼠害危害面积为58亿亩次,虫害危害面积为33亿亩次。全国平均每年草原鼠虫害危害面积为9.1亿亩,其中鼠害年均危害面积为5.8亿亩,虫害年均危害面积为3.3亿亩。为有效防治草原鼠虫害,国家不断增加投入,累计安排西部地区草原鼠虫害资金5.84亿元,占全国的87.95%;西部地区累计防治草原鼠虫害3.3亿亩次,占全国的88.82%。其中防治鼠害4.16亿亩次,防治虫害2.60亿亩次。

三、重点区域生态治理

青海三江源自然保护区生态环境保护与建设工程全面实施,核心区生态移民2.6万人,生态恶化土地治理面积222万亩。甘南黄河重要水源补给区有效保护草原面积6000多万亩,定居游牧民2.14万户,初步恢复了水源涵养和土壤保持生态功能。岩溶地区开展石漠化综合治理工程试点,贵州、云南、广西石漠化恶化趋势开始得到控制。塔里木河、黑河流域治理工程成效显著,河道断流天数逐年减少,台特玛湖、东居延海重现碧波荡漾,两岸胡杨林恢复勃勃生机。石羊河流域治理工程加快推进,民勤地区局部生态环境有所改善。

青海三江源地区。2005年1月,国务院常务会议审议并批准了《青海三江源自然保护区生态保护和建设总体规划》,《规划》确定的建设范围是三江源国家级自然保护区,保护面积15.23万平方公里,占三江源地区总面积的42%。2005—2008年,已安排退耕还林还草2569.81万亩,水土保持工程75平方公里,退化土地治理221.71万亩,人畜饮水工程1.4997万人,生态移民2.6万人,鼠害治理6122.73万亩等,总投资23.5亿元。通过三江源自然保护区工程的建设,项目区植被覆盖度有所提高,草地退化趋势得到初步遏制,项目区生态和环境有一定程度改善,生态保护科技支撑力度明显增强。

甘肃甘南黄河水源补给区。甘肃甘南黄河重要水源补给区规划的主要内容包括生态保护与修复工程、农牧民生产生活设施和生态保护支撑体系等三方面。截至2008年年底,累计安排中央投资11亿元,用于退牧还草工程,完成草原围栏6000多万亩,草场补播1000多万亩;累计安排中央投资8000万元用于游牧民定居,定居游牧民2.14万户。

西南石漠化治理工程。西部地区石漠化治理工程启动实施了89个试点县的建设,占全国的89%,建设任务为新增林草植被9950.7万亩,坡改梯

1073.55 万亩及水利水保配套措施等，总投资 26.7 亿元，占全国总投资的 89%。通过石漠化治理工程的建设，工程区林草植被开始恢复，水土流失得到治理，石漠化现象逐步控制，生态环境有所改善。

四、环境保护

实施西部大开发战略以来，国家不断加大对西部地区环境保护扶持力度，提高中央基建投资和财政补助比例，统筹规划，突出重点，加强环境综合治理，西部地区环境恶化趋势得到有效控制。水污染防治工程积极推进，重点流域水质明显好转。重点污染源治理不断加强，节能减排取得重要进展，循环经济试点积极推进。城镇环保设施不断改善，农村面源污染治理取得初步成效。地质灾害防治取得显著成效，地质灾害监测预警体系不断完善。

污染减排工作不断推进。综合考虑西部各省（区、市）环境容量、排放基数、工程削减能力及社会经济发展需求等因素，对西部地区实行了总量控制政策的倾斜。不断完善环境经济政策，促进西部地区电厂脱硫设施建设，支持西部地区城镇污水处理设施建设。积极深化城市环境保护工作，不断加大环境监督执法力度，连续 7 年开展整治违法排污企业保障群众健康环保专项行动，西部地区一大批群众反映强烈、影响社会稳定的突出环境问题得到妥善处置。主要污染物排放量有所下降，化学需氧量和二氧化硫排放量分别减少 4.6%和 5.6%，酸雨次数明显减少。

水污染防治取得积极进展。先后编制启动实施了《三峡库区及上游水污染防治规划》、《黄河中上游流域水污染防治规划》、《滇池流域水污染防治规划》等一系列规划，西部地区重点流域水污染状况得到遏制，部分流域水质显著改善。滇池治理取得初步成效，已完成投资 90 多亿元，水质从劣Ⅴ类转变为稳定保持Ⅴ类；洱海水质连续 5 年保持Ⅲ类并已接近Ⅱ类水质，重现“高原明珠”本色。国家还通过“以奖代补”的方式，对西部地区重点流域水污染防治项目和城镇污水管网建设项目给予补助，三峡库区获得污水处理运行补助资金 4.25 亿元，目前三峡库区及其上游地区项目平均补助比例达到 70%以上。

环保投入力度不断加大。2000 年以来，国家先后支持西部地区实施了监测网络（辐射及地表水部分）建设项目、危险废物和医疗废物处置设施建设项目、环境保护专项资金项目、主要污染物减排专项资金项目、冰冻雨雪灾后环境监管能力恢复重建与应急监测项目、地震灾区环境应急监测专项资金项目、重金属污染防治专项资金项目、环保监测执法业务用房专项、国家级自然保护区专项资金项目、集约化畜禽养殖污染防治专项资金项目等，累计投入资金达 51.85 亿元。基本建设项目投资中央对地方的补助比例西部、中部、东部地区分别为 60%、40%、20%，中央财政资金中央对地方的支持比例，西部、中部、东部分别为 80%、60%、40%，西藏和地震灾区国家补助比例为 100%。2004—2009 年，为西部地区配备执法车辆 1892 辆，应急指挥车辆 13 辆，取证监测仪器设备 24942 台（套）。目前，西部地区已建成污染源监控中心 107 个，另有 1 个监控中心正在建设，对 2050 个国控重点污染源的 1421 个污水排放口和 1512 个废气排放口实施了自动监控，初步形成了省、市一体的污染源监控能力。

第四章　新农村建设

推进社会主义新农村建设，是统筹城乡经济社会发展的重要内容。近年来，西部地区按照“生产发展、生活宽裕、乡风文明、村容整洁、管理民主”的要求，全面加强农村各项建设。

一、农业综合生产能力

发展农业生产力，提高农业综合生产能力，是建设社会主义新农村的首要任务。中央加大投入力度，安排中央预算内投资840多亿元，加强农田水利、节水灌溉、病险水库除险加固、商品粮棉油基地、现代农业示范等工程建设，西部地区农业基础设施明显改善，主要农畜产品生产能力显著提高。改造中低产田6300多万亩，增加节水灌溉面积5700多万亩，新增节水能力60多亿立方米，新增粮食生产能力85亿公斤。内蒙古自治区的粮食产量占全国比重由1999年的2.81%提高到2009年3.73%；新疆优质棉生产基地遍及新疆14个地(州、市)，已逐步形成了包括生产、物流、加工等较为齐全的产业发展体系。2009年，新疆棉花种植面积已达到2114万亩，亩产提高到119.34公斤，产量达到252.4万吨。棉花产业的快速发展，对增加当地群众收入、确保地区经济增长起到了积极作用。内蒙古牛奶、山羊绒产量连续5年居全国之首，2009年产量分别是1999年的13.3倍、1.9倍；广西、云南蔗糖总产量占全国的80%以上；陕西苹果种植面积和产量均占全国的1/4强；云南、贵州烟叶播种面积和产量分别占全国的43.35%和42.63%，见图4-1、4-2。

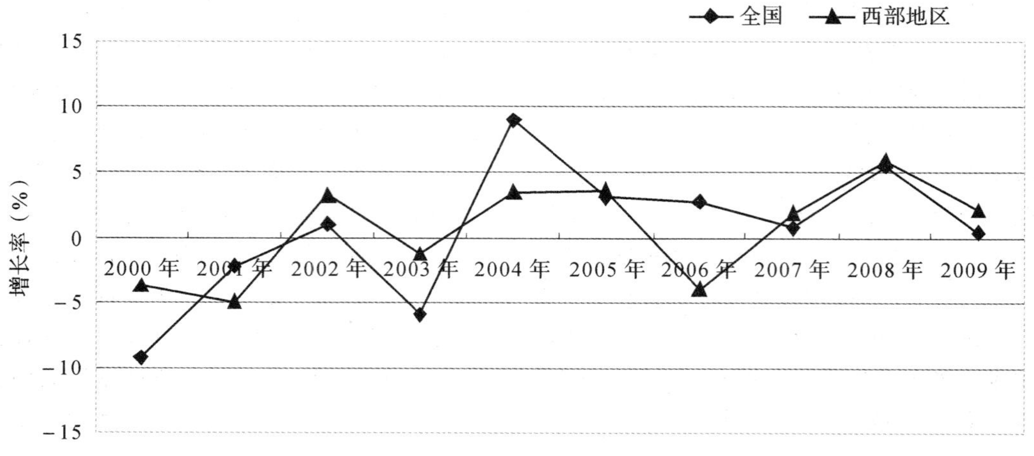

图4-1　2000—2009年西部地区粮食总产量增长率与全国对比情况

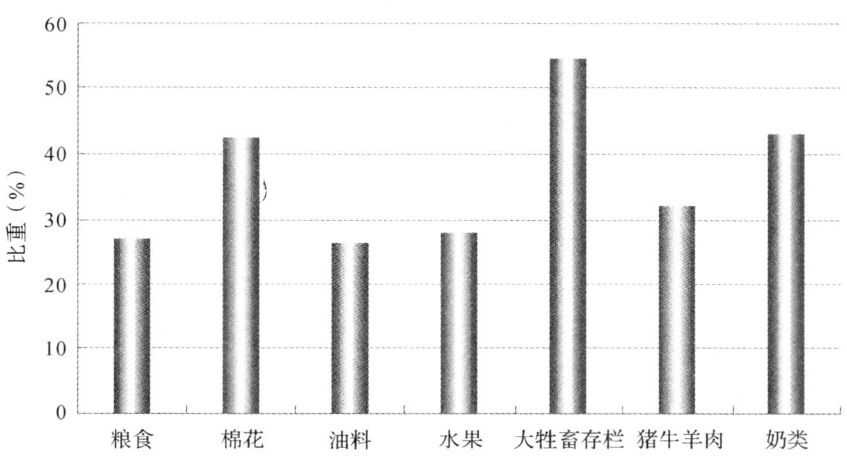

图 4-2　2009 年西部地区部分农牧产品占全国的比重

二、特色农牧产品加工基地

西部地区依托特色农牧产品资源优势,大力发展特色农牧产品加工业,农业产业化进程不断加快,形成了内蒙古的羊绒和乳制品、新疆的棉纺和番茄酱、陕西的果蔬、广西和云南的糖类、四川和贵州的酒类、广西和云南的中药等一批具有浓郁地方特色和市场竞争力的加工基地。

内蒙古大力发展畜牧产品深加工,2009 年,肉类产量达到 234 万吨,牛奶产量达到 903.1 万吨,羊绒产量达到 7375 吨。新疆是国际重要的番茄加工基地,2009 年,番茄酱制品产量超过 101 万吨,出口量达 84.71 万吨,产品远销亚欧市场。陕西积极发展苹果深加工,年加工浓缩果汁达到 50 万吨,是我国乃至世界最大的浓缩苹果汁加工基地,苹果产业标准化、规范化、国际化水平不断迈上新台阶,2009 年,在国际金融危机的影响下,陕西水果及制品出口创汇仍然达到 4.4 亿美元,保持了近年来的高位水平。广西制糖业在全国具有举足轻重的地位,食糖产量连续 10 年居全国首位,2009—2010 榨季达到 711.8 万吨,占全国总量的 66.34%。

随着农牧产品深加工的不断推进,西部地区涌现出伊利、蒙牛、鄂尔多斯、新希望、新疆屯河等一大批龙头企业和知名品牌,国家认定的大型农业产业化龙头企业达 231 家,在带动农民增收、促进农业生产发展等方面发挥了重要作用。

三、农村基础设施

农村水、电、路、气等基础设施不断加强,农村生活条件逐步改善。9400 多万农村人口饮上安全水。无电乡镇通电和农民收听收看广播电视基本得到解决,98%以上的行政村通上电话。新建户用沼气近 600 万口,建设养殖小区和联户沼气 2988 个。安排中央补助资金近 30 亿元,改造农村危房约 60 万户。安排中央投资 10 亿多元,建成村级组织活动场所近 4 万个,农村基层组织建设显著增强。

农村饮水安全工程。 国务院批准实施的《全国农村饮水安全工程"十一五"规划》，重点解决1.6亿农村人口的饮水安全问题以及局部地区的严重缺水问题。十年来，国家共安排西部地区农村饮水项目总投资404亿元，其中中央投资282亿元，占同期该类项目全国中央投资总额的58%，解决了9437万人的农村饮水困难和农村饮水安全问题。

农村沼气建设工程。 2003—2008年，国家安排西部地区农村沼气建设项目投资75.16亿元，占全国比例的53.7%。其中，户用沼气安排69.12万元，占全国比例的54%，建设户用沼气589.97万户；农村沼气服务网点安排4.34万元，占全国比例的57.9%，建设网点22831个；养殖小区和联户沼气安排1.09亿元，占全国比例的39.3%，建设养殖小区和联户沼气2988个；大中型养殖场沼气工程安排6141万元，占全国比例的34.1%，建设大中型养殖场沼气工程63处。

四、农民生活水平

2009年，西部地区农村居民人均纯收入达到3816元。其中，内蒙古、重庆和四川分别达到4938元、4478元、4462元，位居西部地区前3位，接近全国平均水平。工资性收入和转移性收入所占比重加大，贵州、重庆、内蒙古等省（区、市）家庭经营收入增长成为新亮点。1999—2009年，西部地区社会消费品零售总额以年均近15.5%的速度稳步增长。2000—2009年，中央财政安排扶贫资金722.1亿元，西部地区农村贫困人口从5731.2万人减少到2371.9万人，减少了3359.3万人，占全国同期减少贫困人口的57.7%。西部375个国家扶贫开发工作重点县农民人均纯收入从2001年的1197.6元增加到2728.5元，年均名义增长9.6%。贫困地区基础设施和社会服务继续改善，自然村通公路、通电、通电话、能接收电视节目比例分别达到99%、98.7%、98%和98%。资源大县、旅游大县和产业结构成功调整的重点县实现了跨越式发展。

第五章　特色优势产业

调整产业结构是实施西部大开发的关键。10年来，西部地区坚持以市场为导向，发挥比较优势，依靠科技进步，转变发展方式，加快结构调整，大力发展特色优势产业，产业结构逐步优化，产业发展规模和水平不断提高。2009年，西部地区实现工业增加值大幅提高，一、二、三次产业比例由1999年的23.8∶41.0∶35.2调整为2009年的13.7∶47.5∶38.8。西部地区工业化加快发展的趋势明显，自我发展能力不断提升。

一、资源开发利用

国家加大对西部地区优势矿产资源勘查关键技术研发的支持力度，资源勘探不断取得新成果，资源加工转化加快推进，资源加工业蓬勃发展，能源化工和重要矿产资源加工等产业在全国占有重要位置，石化、钾盐、磷矿、有色金属、稀土等一批优势矿产资源开发利用基地初步形成。新疆独山子1000万吨炼油和百万吨级乙烯、广西钦州1000万吨炼油项目相继开工建设，内蒙古建成世界第一条煤直接液化生产线和国内第一条煤间接液化生产线，青海柴达木100万吨钾肥，四川钒钛、云南铅锌、内蒙古稀土继续向深加工发展。

青海100万吨钾肥项目。青海钾肥项目是西部大开发的标志性工程。项目由青海盐湖集团利用国内研发技术建设，总投资25.9亿元，建设规模100万吨，于2003年10月建成投产。该工程标志着我国氯化钾生产技术、装备和建设水平达到了国际先进水平，使我国成为世界上第七个拥有百万吨钾肥生产能力的国家。

宁东能源化工基地。位于宁夏东部灵武市、盐池县和同心县境内，是集煤炭、电力、煤化工及公共设施开发于一体的大型多元化工业基地，将建设成为国家重要的大型煤炭基地、煤化工产业基地、西电东送火电基地和循环经济示范园区。神华、国电、华电、华能、中电投等知名大企业加大对宁东的投资力度，清水营、任家庄、马莲台煤矿，宁东至兰州东750千伏输变电工程和太阳山风电场一期，宝丰、庆华煤焦化一体化，神华宁煤集团52吨煤基烯烃、60万吨甲醇等项目相继建成。

广西钦州1000万吨炼油工程。该工程由中国石油广西石化公司投资建设，总投资152亿元，于2010年建成投产。项目主要包括1000万吨/年常减压蒸馏、350万吨/年重油催化裂化、220万吨/年蜡油加氢裂化、220万吨/年连续重整等10余套主体生产装置以及相关配套工程。每年生产汽油、柴油、航煤、液化石油气、聚丙烯、芳烃等石油石化产品920多万吨。

新疆独山子千万吨炼油百万吨乙烯工程。该工程位于新疆克拉玛依市独山子区，是2005年西部大开发新开工重点工程。工程建设规模为1000万吨炼油和100万吨乙烯，总投资300亿元，2009年9月一次投料试车成功。该项目是目前国内最大的炼化一体化项目，是我国与哈萨克斯坦能源合作的重要项目，建成后每年可生产617万吨炼油产品和295万吨化工产品。

内蒙古神华百万吨级煤直接液化示范工程。该工程位于内蒙古鄂尔多斯市，建设总规模为年产500万吨，分两期实施，一期总投资120多亿元。建设项目核心装置采用了具有自主知识产权的工艺技术和催化剂。2008年年底，一期工程第一条生产线建成投产。目前，神华煤液化项目装置运行稳定，各项指标达到设计要求。神华煤直接液化工业装置的成功运行，标志着我国成为世界首个掌握百万吨级煤直接液化关键技术的国家。

二、装备制造业

重大装备制造研发设计、核心元器件配套、加工制造和系统集成的整体水平明显提高，形成了重庆、成都、西安、乌鲁木齐、德阳重大电力装备及特高压输变电设备生产基地，西安、重庆、包头、柳州、天水重型工程机械装备和大型铸锻件加工生产基地，四川、甘肃核电装备生产基地，重庆、成都、西安、柳州汽车、新型摩托车生产基地，培育和壮大了东方电气、二重集团、特变电工、柳工机械等一批主业突出、核心竞争力强的大企业大集团。

四川省是西部地区重要的装备制造基地，拥有东方电气、二重集团、成飞公司、资阳机车、眉山车辆、四川宏华等一批龙头企业，2009年，装备制造业完成工业增加值990亿元，实现销售收入3243亿元，连续6年保持25%以上的快速增长。陕西省积极发展数控机床、输配电设备、冶金煤炭重型装备、石油装备等重大装备生产，积极推进装备制造技术创新，形成了一大批知名企业。

三、高技术产业

西部地区依托军工企业和大专院校、科研院所较为集中的有利条件，积极发展航空航天、新能源、新材料、生物工程、电子信息等。国家支持西部地区建设了25个高技术产业化基地，形成了西安阎良航空、民用航天，重庆、成都、昆明、南宁等生物产业，成都、安顺民用航空航天，金昌、宝鸡新材料，西安、成都软件产业，西安软件出口，成都信息产业等国家高技术产业基地，培育了一批优秀骨干企业。

2009年，四川省高新技术企业达1455家，产学研创新联盟达59个，规模以上高新技术产业实现增加值1241.4亿元，占GDP的比重达到8.8%。陕西省杨凌高科技农业示范区的作用进一步发挥，已成为西部干旱、半干旱地区农业发展新技术、新工艺的示范推广基地，推动了农业先进实用技术和优良品种应用。

阎良国家航空高技术产业基地。该工程位于西安市阎良区。2004年8月，国家批准设立阎良国家航空高技术产业基地，2006年成为首批国家科技兴贸创新基地。经过多年快速发展，已形成了集飞机设计研究、生产制造、试飞鉴定和科研究教学为一体的航空工业体系，拥有居全国之首的飞机研发制造能力、航空产业配套能力和航空产品国际转包生产能力。建设了如新舟

60、600飞机系列化生产、中国飞机强度试验基地、耐高温陶瓷基复合材料工程化中心、大型航空模锻液压机、航天四院高性能碳纤维、西捷通用飞机、蓝天飞行模拟器等一批重大产业化项目。

绵阳科技城。绵阳科技城地处四川西北，涪江之畔，拥有在全国中等城市中少见的科教优势。2000年9月，国家设立绵阳科技城。多年来，科技城以政府为主导、企业为主体、市场为手段，大力发展科技创新能力，已建成国家重点实验室5个、国家工程技术研究中心4个、各级生产力促进中心10家、各类专业孵化器12家，转化高新技术成果近2000项，建成孵化高科技项目737个，初步形成了资源共享、优势互补的区域创新体系。

四、旅游业

西部地区充分发挥旅游资源优势，大力推进旅游产业发展，旅游业已经成为西部地区越来越重要的特色优势产业和支柱产业。古丝绸之路、香格里拉、长江三峡、西北大漠、青藏高原等特色旅游区享誉国内外，成为著名的旅游胜地。

1999—2008年，西部地区旅行社从1833家增加到4129家，其中国际旅行社从310家增加到492家；星级饭店从1663家增加到3885家；A级旅游景区达到1000多个，其中5A级景区21家、4A级景区312家；入境旅游人数从438万人次增加到1062万人次，增长142%；旅游外汇收入从13.6亿美元增加到43亿美元(见图5-1)，增长216%。2002—2009年，西部地区旅游总收入从1656亿元增加到6697亿元，增长2.73倍，年均增长24.5%。2009年，贵州省旅游总收入805.23亿元，相当于地区生产总值的比重达到20.7%，云南省旅游产业总收入810.73亿元，相当于地区生产总值的13.1%，四川省虽受"5·12"汶川地震影响，旅游总收入仍达到1472.5亿元，相当于地区生产总值的10.4%。旅游产业的快速发展，促进了西部地区城乡面貌的巨大变化，扩大了就业，改善了民生，带动了相关产业发展。

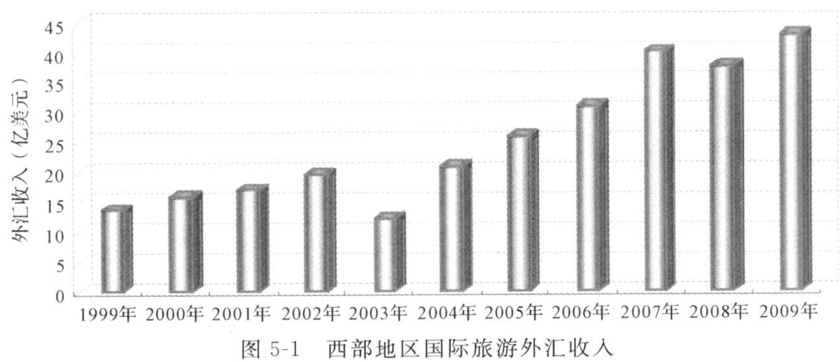

图5-1 西部地区国际旅游外汇收入

第六章　社会事业

西部大开发10年来，出台了一系列重大政策措施，按照统筹城乡发展、统筹区域发展、统筹经济社会发展的要求，在规划和政策中都着力突出对西部地区的支持，相关惠民政策优先在西部地区实施，有关投资政策、财税政策等尽可能向西部倾斜。与此同时，国家大幅度增加了对西部地区教育、卫生、科技、文化体育、社会保障等民生和社会事业的投入，实施了一批重大民生工程项目，城乡和区域社会事业发展差距明显缩小，设施条件显著改善，发展水平快速提升，公共服务体系基本建成。

一、教育

"两基"攻坚计划如期完成，全民受教育水平显著提高。2009年1063个县(市、区、旗)通过"两基"验收，占应完成总数的98.8%。义务教育完成率从1999年初的62.5%提高到2009年的84.4%，初中毕业生升学率从48%提高到80.5%。"两免一补"政策率先在西部地区推行。农村寄宿制学校建设工程、农村中小学现代远程教育工程、中西部地区农村初中校舍改造工程以及农村特岗教师计划顺利推进，农村义务教育办学条件进一步改善。职业教育加快发展，国家支持西部地区建成了一批中等职业技术学校、教育培训基地、实训基地，家庭困难学生职业教育资助体系逐步建立。普通高校数量从1999年的251所增加到2009年的554所，在校学生数(普通本专科、研究生)从1999年的90.7万人增加到2009年的495.7万，增加了5.5倍。实施了"西部地区一省一校"工程、"高等学校学科创新引智计划"、"高等学校本科生教学质量与教学改革工程"等项目，极大地促进了西部高校的建设和发展。2009年，西部地区民办幼儿园在园幼儿达283.3万人、民办普通高中在校生28.6万人、民办普通高校(普通本专科、研究生)在校生84.8万人，公办学校和民办学校共同发展的格局正在形成。双语教学在新疆、西藏全面展开，少数民族教学质量不断提高。

"两基"攻坚。国家西部地区"两基"攻坚计划(2004—2007)是党中央、国务院扶持西部地区基本普及九年义务教育、基本扫除青壮年文盲，提高国民素质，缩小东西部差距，促进当地经济发展和社会进步的一项重大举措，是西部大开发的奠基性工程和全面建设小康社会的重要内容。中央投入100亿元专项资金，采取集中投入、分步实施的办法，从2004年开始，到2007年，用四年时间帮助西部地区尚未实现"两基"的372个县(市、区)以及新疆生产建设兵团的38个团场达到国家"两基"验收标准。

"两免一补"。这是指全部免除学杂费，免费提供教科书的同时，为家庭经济困难寄宿生提供生活费补助。2003年，《国务院关于进一步加强农村教育工作的决定》(国发〔2003〕19号)提出，要建立健全资助家庭经济困难学生就学制度，争取到2007年全国农村义务教育阶段家庭经济困难学生都能享受到“两免一补”。该政策实施以来，中央财政重点补助西部地区，切实减轻了广大农民的经济负担，保障了农村家庭经济困难学生接受义务教育的权利。

中小学危房改造工程。为切实改善基础教育最基本的办学条件，国务院决定从2001年起由教育部、国家计委和财政部共同在全国实施中小学危房改造工程，以基本消除中小学危房。该工程共实施两期，2001—2002年为第一期，中央财政安排专项资金30亿元；2003—2005年为第二期，中央财政安排专项资金60亿元，大部分投向西部地区学校。

农村寄宿制学校建设工程。中央累计投入专项资金100亿元，其中支持西部地区84.18亿元，共批复项目学校5756所。到2008年年底，这些项目学校已全部竣工并交付使用。寄宿制工程的实施，为西部地区新增校舍面积1200多万平方米，极大地改善了农村办学条件，可满足145万新增学生的就学需求，可满足143万新增寄宿生的寄宿需求，使确需寄宿的山区、牧区、高原和边远地区学生能进入具备基本办学条件的寄宿制学校学习，为这些地区实现“两基”奠定了基础。

农村中小学远程教育工程。2003年开始，国家投入资金50亿元，地方配套资金61亿元，共111亿元，支持西部地区农村中小学开展远程教育，共配备教学光盘播放设备40.2万套，卫星教学收视系统27.9万套，计算机教室和多媒体设备4.5万套，覆盖了中西部36万所农村中小学校，使1亿多农村中小学生也能和城市孩子一样共享优质教育资源。

二、卫生

西部大开发以来，国家加大了中央财政卫生投入和政策倾斜力度，西部地区特别是广大农村地区医疗卫生服务条件得到较大改善，医疗服务能力和水平得到较大提高。医疗卫生服务体系逐步建立。重点建设了采供血体系、疾病预防控制体系、突发公共卫生事件医疗救治体系和农村卫生服务体系建设。西部地区初步形成了社区卫生服务机构与城市医院相衔接的城市医疗服务体系，形成了县级医疗卫生机构、乡镇卫生院、村卫生室农村三级医疗卫生服务网。截至2009年年底，西部地区卫生机构床位总数达119.8万张，卫生机构人员数达195.5万人，分别比1999年增长44.7%、38.8%。现有乡镇卫生院16360个，村卫生室188041个。新型农村合作医疗制度全面覆盖，参合率达到93%。传染病和地方病防治、卫生应急、妇幼保健等工作取得了明显成效，艾滋病、结核病防治取得了较大进展，应对突发事件的卫生应急处置能力得到加强，新生儿死亡率和孕产妇死亡率均比2001年下降52%以上。计划生育服务体系不断完善，农村计划生育家庭奖励扶助制度、“少生快富”工程稳步推进。城乡医疗救助制度全面设立。

农村卫生服务体系建设。即以县级医疗卫生机构为龙头，乡镇卫生院为枢纽，村卫生室为基础的三级农村卫生服务体系。2004—2008年，卫生部等4部委组织实施了《农村卫生服务体系建设与发展规划》，共安排西部地区94.6亿元，支持县医院、县中医院、县妇幼保健院(站)、乡卫生院和村卫生室业务用房建设和基本设备配置，占中央专项总投资的56%。

疾病预防控制体系建设。2002—2003年，中央安排专项投资15.6亿元，支持西部地区826个省、地、县三级疾病预防控制机构的业务用房和基本装备，占全国投资总额的53.4%。

突发公共卫生事件医疗救治体系建设。2003—2005年，安排中央专项投资26.8亿元，建设传染病院(区)和紧急救援中心项目2161个，分别占全国投资(56.8亿元)和项目总数(2668个)的47.2%、81%。2006年，中央安排专项投资1.78亿元，支持28个化学中毒与核辐射医疗救治机构开展业务用房建设和基本设备配置，分别占全国投资(4.82亿元)和项目总数(47个)的34%、60%。

“少生快富”工程。2006年国家人口与计划生育委员会会同财政部全面实施西部地区计划生育“少生快富”工程，对西部地区按政策可以生育三个孩子但少生一个或两个并采取节育措施的，给予一次性不少于3000元的奖励并引导帮助群众将奖励金用于生产发展。2006—2009年，西部地区8省(区)以及新疆建设兵团，有40万户享受到每户不低于3000元的一次性补助，中央财政按每户80%的负担比例拨付奖励金9.6亿元。

三、科技

西部大开发10年来，国家通过合理配置科技资源，加强先进适用技术开发、集成、示范和推广，结合重大专项和国家科技计划的实施，围绕新农村建设、生态环境恢复与重建、优势特色产业发展和加强公共服务能力建设等方面，组织实施了一大批对西部地区经济社会发展具有重要支撑的项目，推动了各具特色的区域创新体系建设。“十五”期间实施的国家科技攻关西部开发重大项目，共安排课题222个、拨付经费3.5亿元。“十一五”期间启动的国家科技支撑计划，已支持经费18.1亿元。2001—2006年，科技型中小企业技术创新基金共支持西部地区项目2096个。截至2008年年底，西部地区建立国家重点实验室33个，国家工程技术研究中心41个，共设立了292个博士后科研流动站、273个博士后科研工作站，缓解了西部地区自主创新基础能力薄弱的问题，有力地支撑了区域产业结构的优化升级和经济社会可持续发展。据统计，2009年，西部地区专利申请授权量达到84721万件，比1999年增加7万多件。

四、文化体育

西部大开发10年来，国家财政不断加大对西部地区农村文化建设的投入力度，基层文化设施建设不断加强，公共文化服务网络不断完善。2009年，西部地区建成博物馆681个，图书馆1022个，文化馆1179个，综合文化站14496个，基本实现了县县有文化馆、图书馆，乡镇有综合文化站。西新工程、广播电视村村通工程、中央广播电视无线覆盖工程全面推进。农村电影放映、公共文化信息资源共享、送书下乡、流动舞台车等重大项目，丰富了广大人民群众精神文化生活。物质文化遗产和非物质文化遗产的挖掘和保护力度不断加大，大量少数民族传统文化列入国家级非物质文化遗产名录，9处风景名胜区被联合国教科文组织列入世界遗产名录，11个项目成功入选联合国教科文组织“人类非物质文化遗产代表作”或“急需保护的非物质文化遗产名录”。全民健身活动蓬勃开展。

西新工程。为加强西藏、新疆等地区广播电视设施建设，扩大覆盖范围，提高收听收看质量，增强播出传输安全保障能力，2000 年 9 月，启动实施了“西新工程”。工程的实施，极大地改善了西藏、新疆等西部地区广播影视基础设施条件，保障了农牧民群众的基本文化权益，丰富了农牧民的精神文化生活，在维护国家安全、社会稳定、民族团结和促进西部经济发展中发挥了积极作用。

广播电视村村通工程。为解决广大农村特别是西部地区农牧民群众收听广播、收看电视难的问题，1998 年国家启动了广播电视村村通工程。至 2006 年 6 月，中央和地方财政共投入资金 36 亿元，完成 11.7 万个已通电行政村“盲村”和 10 万个 50 户以上已通电自然村“盲村”的“村村通”建设。“十一五”期间将全面实现 20 户以上已通电自然村村村通广播电视。

文化信息资源共享工程。这是对文化信息资源进行数字化加工和整合，并通过卫星、互联网和电子存储器等传输渠道为社会公众服务的一项重要工程。自 2004 年实施以来共为西部地区安排了 14.89 亿元资金，占全国资金总量的 54%。其中，县级支中心及村基层点补助资金中，中央财政对西部地区按照所需资金的 80%给予补助。工程的实施，为西部地区广大农民群众享受丰富、快捷的数字文化服务提供了基本保障。

五、就业与社会保障

西部大开发以来，国家高度重视西部地区就业和社会保障体系建设，制定完善了一系列政策措施，取得了显著成效。就业再就业目标全面完成。2009 年，西部地区城镇新增就业 331 万人。下岗失业人员再就业人数为 126 万人，比 2004 年多 11 万人。公共就业服务体系不断完善。截至 2009 年年底，西部地区共建立公共职业介绍机构 8026 个，94%以上的街道和 80%以上的乡镇已建立劳动保障工作机构，88%的社区配备了劳动保障人员，共帮助 38.3 万户零就业家庭实现至少一人就业，占西部地区零就业家庭总数的 99.9%。覆盖城乡居民的社会保障体系加快建立，城镇企业职工基本养老保险、基本医疗保险、失业保险、工伤保险、生育保险的覆盖面不断扩大(见表 6-1)。解决城市低收入家庭住房保障制度基本建立，廉租房和经济适用住房建设步伐加快。

表 6-1　2001—2009 年西部地区五类基本险参保情况统计表　　单位:万人

险种 \ 年份	2001	2002	2003	2004	2005	2006	2007	2008	2009
基本养老保险	2700.0	2762.9	2824.8	2967.2	3164.2	3328.4	3538.3	3851.2	4249.9
基本医疗保险	1612.0	2005.4	2390.2	2713.9	2952.0	3203.8	4360.4	6343.8	8196.1
失业保险	2117.2	2095.8	2099.7	2098.9	2086.6	2125.0	2167.4	2244.8	2306.1
工伤保险	592.9	571.3	584.9	1000.2	1316.2	1534.7	1807.2	2039.0	2229.2
生育保险	544.2	520.5	544.1	755.2	943.1	1224.0	1417.6	1626.1	1821.2

第七章　民族地区发展

支持少数民族和民族地区加快发展，是中央的一项基本方针，也是西部大开发的重要任务。我国155个民族自治地方中有5个自治区、27个自治州和83个自治县分布在西部地区，还有3个自治州和15个自治县比照享受西部大开发政策，西部民族自治地方面积占西部地区的86.5%。西部大开发10年来，在党中央、国务院的亲切关怀和坚强领导下，在全国人民的大力支持和广泛参与下，民族地区各族干部群众艰苦奋斗、开拓创新，经济发展基础条件显著改善，群众生产生活水平大幅提高，迎来了经济发展最快、群众得到实惠最多、社会面貌变化最大的时期。

一、经济社会发展

10年来，中央不断加大对西部民族地区（包括内蒙古、广西、西藏、宁夏和新疆5个自治区和云南、贵州、青海3个多民族省）的专项转移支付力度，由2000年的25.5亿元增加到2009年的276亿元（见图7-1），年均增长30.3%，累计1243.8亿元。西部民族地区的生产总值由1999年的7743亿元增加到2009年的34734亿元（见图7-2），年均增长18.9%，远高于西部地区15.9%的平均增长水平；人均地区生产总值由1999年的4293元提高2009年的18105元（见图7-3）。2009年，地方财政一般预算收入3205亿元，是1999年的5.6倍，年均增长18.8%。交通、水利、能源、通信等基础设施条件大幅度改善，公路通车里程是1999年的2.7倍，其中高速公路为7.8倍，铁路营业里程为1.6倍。特色优势产业快速发展，产业结构不断完善。教育、卫生、文化等社会事业蓬勃发展，基本公共服务能力逐步增强。民族地区城乡面貌发生巨大变化，城乡居民生活水平明显提高。

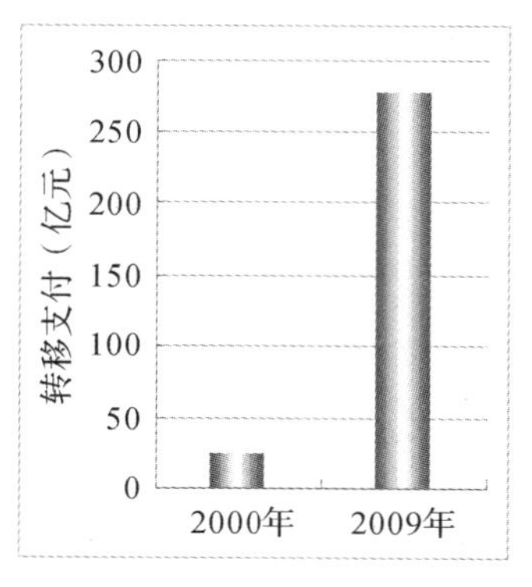

图7-1　中央财政对西部民族地区的转移支付

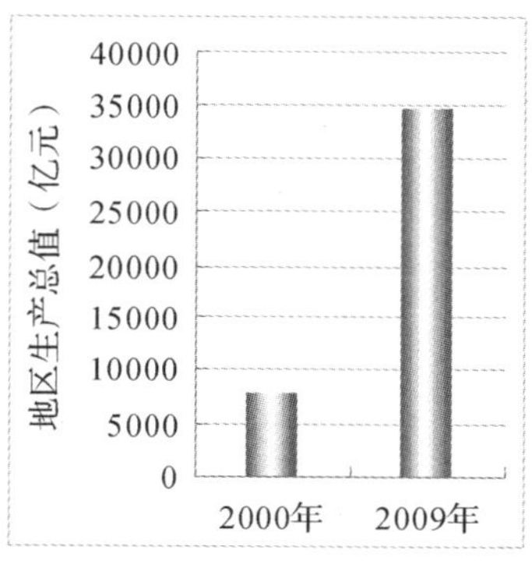

图7-2　西部民族地区生产总值

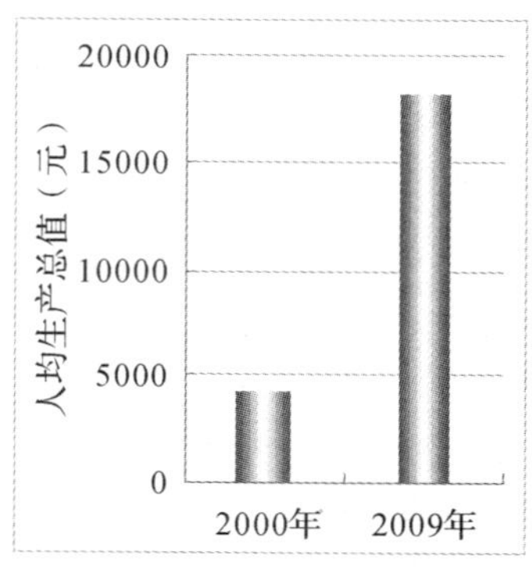

图7-3　西部民族地区人均生产总值

二、人口较少民族发展

在我国55个少数民族中，有22个少数民族人口在10万人以下，统称人口较少民族，总人口约60多万人。这些民族分别是高山族、布朗族、撒拉族、毛南族、阿昌族、普米族、塔吉克族、怒族、乌孜别克族、俄罗斯族、鄂温克族、德昂族、保安族、裕固族、京族、塔塔尔族、独龙族、鄂伦春族、赫哲族、门巴族、珞巴族、基诺族，主要分布于内蒙古、广西、贵州、云南、西藏、甘肃、青海、新疆及黑龙江、福建10省(区)。这些民族由于人口较少，环境封闭，自然条件恶劣，社会发育程度低，经济和社会发展相对其他少数民族更加滞后，发展水平差距较大。

党和国家高度重视人口较少民族发展问题。2001年，国务院明确要求有关部门和各级政府要对人口较少民族发展实行扶持政策，帮助人口较少民族改善生产生活条件，促进人口较少民族加快发展。2005年5月，国务院审议通过了国家有关部门编制的《扶持人口较少民族发展规划(2005—2010年)》。《规划》范围涉及22个人口较少民族聚居的10个省(区)中的86个县、238个乡镇、640个行政村。

《扶持人口较少民族发展规划(2005—2010年)》实施四年来，投入各项扶持资金32.24亿元，用于改善人口较少民族乡村生产生活、基础设施、文化、教育、卫生等条件，增加群众收入。到2009年底，640个人口较少民族聚居村中，已有518个村达到考核验收标准，提前实现“四通五有三达到”的目标①，占总数的80.9%。人口较少民族聚居地区呈现出生产发展、生活改善、民族团结、社会和谐的良好局面。

三、民族文化发展保护

民族文化是中华文化的重要组成部分。党和国家高度重视和关心少数民族文化事业发展，制定了繁荣发展少数民族文化事业的政策措施，加强了对少数民族文化基础设施建设、人才培养等方面的支持力度，促进少数民族新闻出版、广播影视、文学艺术事业发展。2009年，民族地区广播和电视综合人口覆盖率达到92.6%和94.2%，分别比1999年提高12.3个和9.5个百分点。

为加强少数民族文化遗产的挖掘和保护，2004年，国家有关部门启动实施了民族文化保护工程，对珍贵、濒危并具有历史、文化和科学价值的民族民间文化进行有效保护，并初步建立起比较完备的民族民间文化保护制度和保护体系，在全社会形成自觉保护民族民间文化的意识，基本实现民族民间文化保护工作的科学化、规范化、网络化和法制化。在1028项国家级非物质文化遗产名录中，少数民族项目367项，占35.7%。少数民族文化事业的发展在提高各族人民群众文化素质、促进民族地区经济社会发展、推进民族团结进步事业、繁荣社会主义先进文化方面发挥了重要作用。

---

① “四通”指通路、通电、通广播电视、通电话。

“五有”指有学校、有卫生所卫生室、有卫生的饮用水、有稳固的安居房、有稳定解决温饱的基本农田和牧场。

“三达到”指收入达到当地中等或以上水平，人均粮食占有量、九年义务教育达到国家“普九”标准，医疗保障达到当地农村医保平均水平。

四、兴边富民行动

兴边富民行动是促进边境地区加快发展、帮助边民尽快富裕、巩固祖国万里边疆的一项重要工程。由各级政府主导,加大对边境地区的投入和帮扶力度,使沿边地区尽快发展起来,逐步跟上全国发展的步伐,使沿边境一线的各族群众脱贫致富,在发展中进一步增强爱国主义感情,加强各民族大团结,最终达到富民、兴边、强国、睦邻的目的。兴边富民行动的实施范围为我国陆地边境地区,包括136个陆地边境县和新疆生产建设兵团的58个边境团场。

兴边富民行动2000年正式启动,先后经历了试点探索、重点突破、全面推进三个阶段。2000年,选择9个边境县开始试点,2001年,试点范围扩大到17个;2004年,确定37个边境县重点推进,2007年,重点县扩大到60个,2008年,重点县扩大到120个,覆盖了西部6个边境省区的所有边境县和东北三省的边境民族自治地方县;2009年覆盖所有陆地边境县和新疆生产建设兵团的58个边境团场。

为推进兴边富民行动,中央财政在少数民族发展资金中设立了兴边富民补助资金,并不断扩大补助资金覆盖范围,由2000年的1500万元,逐步增加到2009年的4.84亿元,10年间累计安排兴边富民补助资金15.09亿元,50.7%的边境县农民人均纯收入达到或超过本省区平均水平。兴边富民补助资金引导和带动了大量其他各类资金投入边境地区,兴建了大量解决群众生产生活特殊困难的项目,涉及基础设施、农业生产、生态建设、文化教育等经济社会发展的各个领域,为边境地区各族群众办了许多好事、实事,促进了边境地区经济社会发展,被称为"民心工程"、"德政工程"。实践证明,兴边富民行动对加强民族团结、巩固祖国边防、维护国家统一、增进睦邻友好发挥了重要的作用。

五、游牧民定居工程

西藏及甘肃、四川、云南、青海等省藏区和新疆、内蒙古自然条件恶劣,雪灾频繁,牧区仍有大量牧民沿袭着传统的游牧方式,生产效率低下,防减灾能力弱,是新牧区建设的难点。为改善游牧民生产生活条件,提高抵御自然灾害的能力,保护草原生态环境,2001年,国家在西藏实施游牧民定居工程试点。2008年,在总结试点经验的基础上,在全国范围内全面启动游牧民定居工程建设。自2008年第四季度以来,国家累计安排中央投资23亿元用于西藏、青海、云南、甘肃、四川、新疆和内蒙古等七省(区)9.2万户游牧民实施定居工程,共计安排了西部地区11.7万户游牧民定居。实施游牧民定居工程,既改善了游牧民生产生活条件,又是加强草原保护和建设的重要措施,充分体现了以人为本,深受广大游牧民欢迎。

第八章　人才开发

西部大开发，人才是关键。西部大开发以来，国家高度重视人才开发工作，强调加强人才开发工作既是西部大开发的重要内容，同时也是西部大开发的基本保障。中央和西部地区各级党委、政府相继出台了一系列人才政策，人才工作进入一个新的发展时期，人才队伍建设取得明显成效。10年来，西部地区的人才总量有所增加，人才的整体素质大幅提升，人才队伍结构进一步优化，稳定、用好和吸引人才的环境以及体制机制得到较大改善，为西部地区经济社会发展提供了坚实的人才保障和智力支持。

一、政策措施

西部大开发以来，国家进一步加强了对西部地区人才开发工作的宏观指导，加大了对西部地区各类人才培养和智力支持力度。2002年初，中办、国办印发了《西部地区人才开发十年规划》，提出了到2010年西部地区人才开发的指导思想、目标任务和政策措施。2007年1月，中办、国办又出台了《关于进一步加强西部地区人才队伍建设的意见》，研究提出了70多项政策和50多个项目。西部各级党委和政府相继制定和完善了稳定、培养、吸引人才的各项措施，加快人才评价、激励、流动等方面改革步伐，普遍实行灵活的柔性用人机制，人才成长、工作和创新的环境进一步改善，人才资源配置的市场化程度进一步提高，人才开发逐步走上与经济社会协调发展的轨道。为吸引各类人才到西部艰苦边远地区工作，国家从2001年开始实施主要面向西部地区的艰苦边远地区津贴制度，11个西部省（区、市）所辖1004个县（市、区）中有730个列入艰苦边远地区津贴实施范围，比例达72.7%。中央还对西藏实行了特殊的工资政策。

二、干部交流

东西部地区干部交流深入推进。到2009年底共选派5200多名西部地区和其他少数民族地区干部到中央国家机关和经济相对发达地区挂职锻炼，从中央和国家机关、群众团体、国有重要骨干企业选派500多名党政干部到西部地区挂职锻炼，启动了援疆干部担任县（市）委书记试点工作。

三、人才培训

中央及地方党委、政府有计划、有重点地加强了对西部地区党政领导干部、企业经营管理人才和专业技术人员的培训，人才队伍素质明显提高。西部大开发以来，有关部门相继实施了博士服务团、西部计划志愿者、西部地区管理人才创新培训工程、东部对口支持西部地区人才培训计划、西部地区干部MPA教育计划、西部科技人才培训工程、跨世纪青年农民科技培训工程、农村劳动力转移培训阳光工程、贫困地区劳动力转移培训计划、乡镇医师培训、西部引智工程和“西部之光”访问学者培养等一系列重大人才培训和培养项目，为西部地区特别是基层培训了数百万各类人才。

博士服务团。 博士服务团是中央组织部和共青团中央贯彻落实西部大开发战略和人才强国战略、为西部地区提供人才支持和智力服务的一项重要举措。自1999年开展以来，至2010年，累计已派出10批共1196名博士到西部地区服务。成员来自47家中央和国务院有关部委以及北京、天津、上海、江苏、浙江、山东、广东、大连等8省(市)。

“西部之光”访问学者培养项目。 2003年以来，中央从西部地区选拔了具有发展潜力的青年科技骨干6批共1416人作为“西部之光”访问学者到国内著名高校、科研院所、医疗卫生机构进行为期一年的培训和进修，为西部地区培养了一批紧缺的青年学科带头人和科研团队。

大学生服务西部计划。 共青团中央等单位组织，由中央财政支持，按照公开招募、自愿报名、组织选拔、集中派遣的方式，招募普通高等学校应届毕业生，到西部12省(区、市)及部分地区贫困县的乡镇一级从事为期1～3年的支教、支医、支农、基层青年工作、新疆双语教学(原新疆汉语教学)、灾后重建、全国农村党员干部现代远程教育、西部基层检察院、西部基层法律援助、西部基层人民法院、西部农村平安建设和开发性金融等专项行动，对西部进行人才支援。

西部地区管理人才创新培训工程。 本工程利用中国西部开发远程学习网，采取远程培训、面授和实地考察相结合的方式，有计划地为西部地区重点地州市培训当地经济建设急需且富有创新精神的高层次管理类人才。目前，已经形成覆盖西部12省(区、市)，由1个全网管理中心、61个省级和地(州、市)级远程学习中心、16个政府主管机关监测点的网络体系。

东部对口支持西部地区人才培训计划。 2007年以来，国家发展改革委等部门认真组织北京、天津、上海、广州、深圳、南京、苏州、杭州、宁波、福州、厦门、青岛、烟台等13个东部城市，每年为西部地区培训高层次管理类干部或业务骨干2000余人。

四、智力支持

根据“对口支援西部地区高等学校计划”安排，全国63所高校承担了对口支援西部37所高校的任务。先后在西部地区实施聘请外国专家项目1万余项，聘请外国专家约2万人次。共组织了120余位院士专家赴西部地区开展咨询服务，选派10批博士服务团1196人赴西部地区服务锻炼。大学生志愿服务西部计划共选派9.8万人赴西部地区提供智力支持。在西部地区主要省会城市创建了“全球海外留学归国人员创业融资平台”，组织实施了20余批次“海外赤子为国服务行动计划”。中国西部开发远程学习网、浙江大学中国西部发展研究院、中国西部人才开发基金会开始在人才开发中发挥积极作用。

对口支援西部地区高等学校计划。 2001年6月，教育部印发了《关于实施“对口支援西部地区高等学校计划”的通知》,随后又推出了“援疆学科建设计划”、“内地高校对口支援西藏高校计划”等,已有支援高校63所,受援高校37所,覆盖全部西部地区,其中西藏本专科学校和新疆的本科高等学校都实现了对口支援。8年来,支援高校派出教师近1000人次,赠送教学科研仪器设备3200多台,支援高校选派到受援高校挂职锻炼170多人次,受援高校到支援高校学习、挂职锻炼近700人次,接受受援高校保送硕士生、博士生1100余人,进修、访问学者及短期培训近4000人次,合作承担200多项省部级以上科研项目。

浙江大学中国西部发展研究院。2006年10月,在国家发展改革委、原国务院西部办、教育部和浙江省委省政府的亲切关怀和大力支持下,国家发展改革委(原国务院西部办)与浙江大学共建成立了中国西部发展研究院(简称西部院)。西部院通过多种形式的教育培训,已先后为西部地区培养了各类人才25000余人,参与了国家发展战略课题、重大课题攻关60余项,各类人文社科应用课题、科技合作项目近千项,项目经费超过2.3亿元。西部院正在努力成为高层次、开发式、前瞻性、具有国内一流水平和重要国际影响的创新科研实体。

中国西部人才开发基金会。2006年9月18日,经国务院批准,在国家民政部登记注册成立,属于全国性公募基金会。由原国务院西部地区开发领导小组办公室等有关单位发起,业务主管单位为国家行政学院。其目的是发挥社会力量,募集社会资金,开发西部地区人才资源,全面提高人才素质,为西部大开发提供智力和人才保障。近年来,基金会已为浙江大学西部地区干部MPA教育计划等提供了部分资助。

第九章　改革开放

改革开放是西部地区发展的强大动力。西部大开发坚持以改革促开放，以开放促开发，大力推进经济体制改革，不断深化行政管理体制和社会管理制度改革，进一步扩大对内对外开放，形成了富有生机活力的改革开放新局面。

一、深化改革

实施西部大开发战略10年来，围绕完善社会主义市场经济体制的总体部署，针对制约西部开发的体制机制障碍，有序推进各项改革，为西部地区经济社会发展提供了动力和活力。

行政管理体制改革深入推进。西部地区广大干部群众进一步解放思想，开拓创新，积极推进政府职能转变，简化行政审批手续，提高行政效率，大力推行“一站式”、“一厅式”服务。严格采取切实措施，努力打破、消除行业垄断和地区封锁，规范市场秩序，为各类企业提供公平竞争的市场环境，西部地区市场化程度明显提高，投资软环境进一步优化。

企业改革步伐不断加快。继续加大国有企业改革、改组、改造力度，加快建立健全现代企业制度步伐，公司治理结构日益完善，国有企业活力和效率进一步增强，科技开发能力、市场经营能力和抵御风险能力不断提高。2000年至2009年10月，西部地区12省(区、市)共有130家公司首发上市，企业通过首发及再融资共筹集资金2697亿元。

非公有制经济和混合所有制经济加快发展。进一步放宽了非公有制经济市场准入领域和条件，在矿产资源、基础设施、公用事业等领域，初步形成了多元化投资主体。2009年，西部地区私营工业总产值、利润总额、全部从业人员分别达到17809.88亿元、1054.89亿元、351.8万人，分别占全国的11%、10.9%和11.8%，比2005年分别提高315%、582%和92%。进一步加强了创业扶持、科技平台、投融资等社会化服务体系建设，中小企业不断发展壮大，形成了多种所有制经济平等竞争、相互促进、共同发展的新格局。

统筹城乡综合配套改革积极推进。2007年，经国务院同意，国家发展改革委批准重庆市和成都市设立全国统筹城乡综合配套改革试验区，这是继上海浦东新区和天津滨海新区之后，我国批复建设的第三个国家综合配套改革试验区，揭开了我国城乡统筹城乡改革发展的新篇章。

二、东西互动合作

在国务院各部门的大力支持下，东西部地区共同努力，不断加大工作力度，积极探索东西互动的新途径，共同走出了一条“政府引导、市场运作、企业主体、社会参与”科学推动东西互动的新路子。东西互动呈现出规模不断扩大、领域不断拓宽、机制不断创新、效益不断增强的良好势头。

合作规模不断扩大。随着西部大开发的不断深入，西部地区投资环境逐步改善，为东部地区的各类企业展现了极具吸引力的新的发展机遇。同时，随着东部地区结构调整和产业升级的加快，土地、能源等资源瓶颈约束矛盾日渐突出，东部地区企业也迫切需要进一步拓展发展空间。在东部地区各级政府的大力支持和引导下，东部地区企业纷纷西进，逐渐成为东西互动的主力军。据不完全统计，实施西部大开发近10年来，已有20多万家东部企业到西部地区投资创业，投资总额超过3万亿元。2008年以来，国际金融危机给我国实体经济带来巨大冲击，西部地区承接东部产业转移成为提高全国产业整体竞争优势、增强抗击风险能力的重要力量。

合作领域不断拓宽。东西互动领域涵盖了西部大开发的各项重点任务和西部地区经济社会发展的各个方面，包括基础设施建设、生态建设、资源开发利用、特色农业发展、技术交流合作、人才培训培养、扩大对外开放等多领域。除企业的互动外，社会各界包括民主党派、共青团、妇联、工会、学校、医院、科研机构、企业商会、企业协会等，也在政府的引导和鼓励下，通过捐资捐物、派遣医疗队、博士服务团、青年志愿者、教育对口支援等各种形式，积极参与和支持西部大开发。一个政府推动、企业为主、全社会广泛参与的良性互动局面正在逐步形成。

合作方式不断创新。东部地区各级政府逐渐认识到，帮助西部地区发展，不仅需要“输血”式的援助，更要采取“造血”式的支持，帮助西部地区培育自我发展能力。为此，东部地区不断加大东西互动的工作力度，通过制定专项规划，完善政策措施，共建产业园区，构建互动平台，不断推进经济技术合作。比如，北京、上海、浙江等省(市)制定了推进区域经济合作的专项规划，上海、天津、浙江等省(市)设立专项资金，用于鼓励企业到西部地区投资。江苏以开发区建设为载体，建立了“四川·江苏都江堰科技产业园”，并将本省的一批大企业引入园区。天津市发挥港口优势，积极推进大通关体系建设，与宁夏联手开辟“无水港”，与新疆合作开通集装箱场站。浙江、广东、福建积极发挥商会的作用，为西进企业做好服务。东部地区各地政府还积极组织企业参加“西博会”、“西洽会”、中国—东盟博览会等在西部地区举办的大型投资贸易洽谈活动，签约投资项目和协议投资额稳步增长。

合作效益不断增强。随着东西部地区经济技术交流与合作的日益广泛和加强，东部地区在支持西部地区发展的同时，也加快了自身的发展，东西互动呈现出互利互惠的共赢局面。西部地区为东部地区经济的快速发展提供了大量的能源、矿产品、特色农产品等资源。西部大开发重点工程建设所需的大量设备、材料、技术和人才，为东部地区企业“西进”提供了广阔的市场空间和大量的投资机会。东部和中部地区还是西气东输、西电东送、交通干线建设、退耕还林、退牧还草、天然林保护、京津风沙源治理等一大批西部开发重点工程的直接受益者。

三、扩大对外开放

西部地区深入实施互利共赢的对外开放战略，充分利用两个市场、两种资源，对外经济技术交流与合作不断加强，外商投资领域不断扩大。“引进来”实现快速增长。西部地区实际使用外资金额由1998年的23.51亿美元增长到2009年的71.09亿美元，增长了2倍，占全国的比重由1998年的5.2%，上升至2009年的7.9%。截至2009年年底，西部地区累计设立外商投资企业4.11万家,实际使用外资金额累计达到474.67亿美元。“走出去”迈出稳健步伐。10年来,西部地区通过境外投资方式设立了近1000家境外企业。对外劳务合作已具备一定规模,形成了具有一定实力的对外承包工程经营主体队伍。2009年末,西部地区企业拥有对外承包工程企业236家,批准对外劳务合作经营企业51家,涉及建筑、纺织、渔工、研修生等领域。

利用中央外贸发展基金积极支持西部外经贸发展。近10年来,国家累计向西部地区拨付外贸发展基金113.5亿元。其中,为贯彻落实中央关于区域协调发展的战略决策和西部大开发政策,从2000年起在中央外贸发展基金中设立了西部地区外经贸发展促进资金,专项用于促进西部地区外经贸事业,至2009年,该项资金已累计拨付50.2亿元,有力地支持了西部地区外经贸事业又好又快发展。

引导西部地区承接加工贸易梯度转移。为引导加工贸易梯度转移,加快形成布局合理、比较优势明显、区域特点鲜明的加工贸易发展格局,2007年、2008年先后认定了两批共31个中西部地区城市为加工贸易梯度转移重点承接地,并出台了300亿元优惠贷款政策。加快对中西部地区开展限制类商品加工贸易业务,A类和B类企业实行银行保证金台账“空转”管理,有别于东部地区的50%实转,减少企业资金占压,对引导加工贸易向中西部地区进行转移发挥了积极的政策效应。

支持科技兴贸创新基地建设。为提高西部地区特色产业自主创新能力和国际竞争力,促进科技、产业和贸易有机结合,共认定10个西部地区科技兴贸创新基地,分布在电子信息、生物医药、新材料等领域。

大力推动西部地区海关特殊监管区域建设和口岸建设。积极支持西部具备条件的地区新设海关特殊监管区域和保税监管场所。2008年,批准设立了广西钦州保税港区、广西凭祥综合保税区和重庆两路寸滩保税港区,对云南昆明出口加工区进行了验收。截至目前,在西部地区共设立海关特殊监管区域10个,有力地促进了西部地区保税物流的发展,为西部地区扩大对外开放提供了平台。加快提高西部地区口岸通关便利化水平。坚持守法便利原则,进一步深入推进“属地申报,口岸验放”通关模式,提高西部地区企业通关效率。加强口岸海关与内陆海关的合作,规范和简化转关运输,确保应转尽转,方便企业办理进出口业务。加大对西部地区海关监管查验设施、设备建设、配备力度,过去10年累计为西部地区海关配备价值2.3亿元的监管查验设施、设备。

支持西部地区积极有效利用外资。扩大对外开放领域。扩大西部地区服务贸易领域对外开放,将外商对商业零售企业、外贸企业投资的试点扩大到西部地区直辖市、省会和自治区首府城市,允许在西部地区开展一些领域对外开放的先行先试。2004年6月,《外商投资商业领域管理办法》取消了外商投资商业企业的地域限制,并将外商投资西部地区的商业项目经营期限放宽至40年,比东部地区延长10年。同时,下放外商投资企业的审批权,简化外商投资企业的审批程序。引导特色优势产业利用外资。2000年6月制订并发布实施《中西部地区外商投资优势产业目录》,并于2004年和2008年两次修订,进一步扩大了西部地区鼓励外商投资的领域,突出了西部地区的优势和发展重点。推动西部省市积极承接国际服务外包。拓宽利用外资渠道。积极扩大西部地区以BOT、TOT方式利用外资的试点。允许外商投资项目开展包括人民币在内的项目融资。支持西部鼓励和允许类企业通过转让经营权、出让股权、兼并重组等方式吸引外商投资。对外商投资西部地区基础设施和优势产业项目，适当放宽外商投资的股比限制。

支持西部地区加快“走出去”步伐。在对外劳务合作方面给予倾斜。西部地区企业申请对外劳务合作经营资格，其注册资本金不低于300万元人民币，比东部地区企业少200万元人民币。西部地区企业缴纳对外劳务合作备用金标准，比其他地区企业可降低10%。鼓励西部地区建立外派劳务基地。放宽“走出去”企业相关条件。降低中西部地区企业申请AA类企业管理条件标准，即中西部地区进出口货物收发货人上一年度进出口总值为1000万美元以上即可申请，而东部地区企业为3000万美元以上；中西部地区报关企业上一年度代理申报的进出口报关单及进出境备案清单总量为5000票以上即可申请，而东部地区企业为2万票以上。

积极推动国际无偿援助向西部地区倾斜。实施西部大开发战略以来，西部地区接受国际无偿援助金额达3.4亿美元，开展了62个项目的合作。涉及扶贫、卫生、教育、环境、能源、法律、公共政策、妇女儿童保护、社会保障、人力资源开发等众多领域。

第十章　政策措施

政策支持是顺利推进西部大开发的根本保障。10年来，党中央、国务院颁布实施了一系列关于西部大开发的指导意见、政策措施和中长期规划，并通过规划指导、政策扶持、资金投入、项目安排、人才交流等方面不断加大对西部地区的支持力度，充分调动各方面积极性，集中力量确保西部大开发主要目标和重点任务如期完成。

一、总体政策规划

据不完全统计，实施西部大开发战略以来，先后出台的以西部大开发为主要内容的政策性文件215个，其中由中央和国务院印发的27个，国务院部门下发的108个，省级政府发布的配套政策文件80个，为顺利推进西部大开发奠定了坚实的政策基础。

《国务院关于实施西部大开发若干政策措施的通知》(国发〔2000〕33号)，是明确西部大开发主要政策措施的基础性文件，对西部大开发具有重要的指导作用。该文件明确了西部大开发的目标和重点任务，对增加资金投入、改善投资环境、扩大对内对外开放、吸引人才和发展科技教育等四大方面的政策做了原则性的规定。

《国务院办公厅转发国务院西部开发办关于西部大开发若干政策措施实施意见的通知》(国办发〔2001〕73号)，是对国发〔2000〕33号文件的进一步细化，在建设资金投入、建设项目安排、财政转移支付、金融信贷支持、投资软环境改善、税收优惠政策、土地优惠政策、矿产资源优惠政策、价格和收费机制、外商投资领域、利用外资渠道、利用外资条件、发展对外经济贸易、地区协作与对口支援人才、科技、教育、文化卫生等18个方面提出了70条具体优惠政策和意见。

《国务院关于进一步推进西部大开发的若干意见》(国发〔2004〕6号)，是根据西部大开发面临新形势提出的重要指导意见。该文件明确了进一步推进西部大开发的十方面意见，一是扎实推进生态建设和环境保护，实现生态改善和农民增收；二是继续加快基础设施重点工程建设，为西部地区加快发展打好基础；三是进一步加强农业和农村基础设施建设，加快改善农民生产生活条件；四是大力调整产业结构，积极发展有特色的优势产业；五是积极推进重点地带开发，加快培育区域经济增长极；六是大力加强科技教育卫生文化等社会事业，促进经济和社会协调发展；七是深化经济体制改革，为西部地区发展创造良好环境；八是拓宽资金渠道，为西部大开发提供资金保障；九是加强西部地区人才队伍建设，为西部大开发提供有力的人才保障；十是加快法制建设步伐，加强对西部开发工作的组织领导。

“十五”西部开发总体规划是经国务院批复同意，由国家发展计划委和国务院西部开发办于2002年2月颁布实施。规划提出，今后5～10年，是实施西部大开发战略的关键时期，要有步骤、有重点地推进开发，力争使西部地区基础设施和生态环境建设取得突破性进展，科技教育、特色经济、优势产业有较大发展，改革开放出现新局面，人民生活进一步改善，为深入推进西部大开发奠定坚实基础。同时，根据西部地区发展现状，选择现有经济基础条件较好，区位优势明显，人口较为密集，沿交通干线和城市枢纽的一些地区，作为西部开发的重点地区。

西部大开发“十一五”规划，是经国务院同意，由国家发展改革委和国务院西部开发办于2007年2月颁布实施。规划提出，“十一五”时期，要努力促进西部地区经济又好又快发展，人民生活水平持续稳定提高，基础设施和生态环境建设实现新突破，重点地区和重点产业的发展达到新水平，基本公共服务均等化取得新成效，构建社会主义和谐社会迈出扎实步伐。为此，要扎实推进社会主义新农村建设，继续加强基础设施建设，大力发展特色优势产业，引导重点区域加快发展，坚持抓好生态保护和建设、环境保护和资源节约，着力改善基本公共服务，切实加强人才队伍建设，积极扩大对内对外开放。同时，要建立健全西部大开发保障机制，切实地把西部大开发的战略部署、方针政策和重点任务落到实处。

近年来，党中央、国务院根据各地实际情况，还颁布实施了差别化的政策文件，主要包括支持西藏、新疆、青海等省藏区、宁夏、广西、甘肃、云南、内蒙古等经济社会发展的意见，批复同意并由有关部门颁布实施的《成渝经济区区域规划》、《关中—天水经济区发展规划》、《广西北部湾经济区发展规划》等重点区域发展规划。同时，各部门还制定了一系列落实西部开发政策措施的实施意见、办法等配套文件和规划。

二、财政政策

实施西部大开发战略10年来，中央财政认真贯彻落实党中央、国务院的战略布署，积极运用各种财政政策手段和工具，不断加大公共财政投入力度，支持西部地区的基础设施建设、生态环境保护和建设、农业、教育、科学、卫生、社会保障等经济社会事业建设，推进区域经济社会协调发展，促进基本公共服务均等化。中央财政对西部地区转移支付规模从2000年的1089亿元增加到2009年的10062亿元，年均增长28%；2000—2009年，中央财政对西部地区转移支付累计40400亿元，占中央对地方转移支付总额的43.7%。

加大均衡性转移支付。2000年以来，尤其是2002年所得税收入分享机制改革明确中央集中增量主要用于对地方均衡性转移支付以来，中央财政对西部地区的均衡性转移支付资金规模大幅增加。同时，不断完善均衡性转移支付分配办法，逐步改进支出成本差异体系，更好地反映了西部地区自然、地理、民族构成等客观因素对财政支出的影响。出台三江源等生态功能区转移支付政策，进一步提高西部地区基本公共服务保障能力。中央财政对地方均衡性转移支付规模从2000年的53亿元增加到2009年的1917亿元，年均增长49.1%；2000—2009年，累计6947.31亿元，占均衡性转移支付总额的48.9%。

加大向民族地区转移支付。从2000年起，中央财政设立民族地区转移支付，对西部地区民族地区转移支付从2000年的25亿元增加到2009年的248亿元，年均增长29%；2000—2009年，累计1153亿元，占民族地区转移支付总额的90.9%。

调整工资转移支付。1999年以来，国家5次调整了机关事业单位在职人员工资和离退休人员离退休费标准，并实施了年终一次性奖金政策，中央财政对地方因执行调资政策增加的支出给予补助。其中，1999年、2001年1月调资和当年实施的年终一次性奖金政策，中央财政对西部地区补助比例普遍高于其他地区；其余3次调资，中央财政对于西部地区增加的支出给予100%补助。中央财政对西部地区调整工资转移支付从2000年的95亿元增加到 2009 年的 1011 亿元，2000—2009 年，累计 5888 亿元，占该项转移支付总额的 46.3%。

实施并完善艰苦边远地区津贴制度。2001 年开始在西部地区实施了艰苦边远地区津贴制度改革，2006 年进行了修订完善，适当扩大了实施范围，增设了津贴类别，提高了津贴标准，所需财政资金全部由中央财政负担。目前，西部地区有 730 个县（市、区）列入艰苦边远地区津贴实施范围，占西部地区除西藏外的 11 个省（区、市）所辖县的比例达 72.7%。

农村税费改革转移支付和取消农业税转移支付。2001 年起为支持地方顺利推进农村税费改革，中央财政建立了对地方农村税费改革转移支付制度，补助系数根据各地财力困难程度等客观因素确定，西部地区普遍高于其他地区。2004—2006 年逐步取消农业税政策，中央财政对地方因改革造成的减收予以适当补助，对中西部粮食主产省按减收额的 100%补助，对中西部非粮食主产省按减收额的 80%补助。2001—2009 年，中央财政对西部地区农村税费改革转移支付累计 1549 亿元，占该项转移支付总额的 31.9%。

利用外国政府贷款支持西部地区发展。2000—2009 年，西部地区累计利用外国政府贷款金额 524 亿元（合 76.7 亿美元），占全国累计利用外国政府贷款金额的 40.6%。外国政府贷款主要用于西部地区基础设施、医疗卫生、农业开发和环境保护领域，这些项目的实施不仅为西部地区发展提供了优惠资金，同时引进了先进的项目管理理念和操作方式，培养了对外经济交流人才，有力地支持了西部地区经济社会发展。

利用国际金融组织优惠资金支持西部地区发展。2000—2009 年，我国利用国际金融组织贷款用于西部大开发的资金约计 92 亿美元，其中：世行贷款 36 亿美元，亚行贷款 52 亿美元，国际农发基金贷款 3.7 亿美元。国际金融组织贷款不仅弥补了西部地区资金上的不足，而且推动了西部地区在体制、制度、管理的创新。

积极推动与国际金融组织的知识合作向西部地区转移。积极引导国际金融组织的智力资源向西部地区倾斜，为其提供发展重点领域、重点行业的政策建议，推动西部地区政府部门的能力建设，包括制定社会经济综合发展规划的研究决策能力、促进教育卫生扶贫环保等社会经济重点领域改革的宏观管理能力以及实施相关方针政策的执行能力。同时，通过开展与世行合作经济调研方式，为西部地区引进国际智力资源。

切实减轻西部地区外债负担。制定国际金融组织贷款项目的减免政策，2000—2009 年，分批解决西部地区部分国际金融组织贷款项目还款困难问题，共减免债务负担 97 亿元人民币，占同期国际金融组织贷款债务减免总额的 41.7%。

三、税收政策

为贯彻落实西部大开发政策，国家出台了一系列税收优惠政策。财政部、国家税务总局、海关总署联合下发《关于西部大开发税收优惠政策问题的通知》（财税〔2001〕202 号）规定，对设在西部地区国家鼓励类产业的内资企业和外商投资企业，在 2001 年至 2010 年期间，减按 15%的税率征收企业所得税；对在西部地区新办交通、电力、水利、邮政、广播电视企业，符合条件的可享受企业所得税“两免三减半”政策；对西部地区内资鼓励类产业、外商投资鼓励类产业及优势产业的项目在投资总额内进口的自用设备，除部分不予免税的商品外，免征关税和进口环节增值税；符合条件的可享受免征农业特产税和耕地占用税。

为适应不断变化发展的经济形势，解决在税收优惠政策执行过程中出现的问题，更好地支持西部地区发展，国家适时调整和完善了相关税收政策。一是 2006 年调整更新享受西部大开发税收优惠政策的国家鼓励类产业、产品和技术目录；二是2007年将西部地区旅游景点和景区经营纳入西部大开发税收优惠范围；三是2008年1月1日《中华人民共和国企业所得税法》实施后，在取消大部分区域性税收优惠政策同时，为支持西部地区发展，明确规定西部大开发的企业所得税优惠政策可以按照财税〔2001〕202号文件的规定继续执行；四是为配合增值税转型改革，规范税制，自2009年1月1日起，对进口的自用设备恢复征收进口环节增值税，但继续免征关税。西部大开发税收优惠政策，对促进西部地区的基础设施建设、产业结构调整升级和经济社会持续稳定和健康发展起到了积极作用。

四、投资政策

为贯彻落实西部大开发政策，国家不断加大对西部地区的投资力度，简化投资审批程序，降低投资门槛，有效带动了全社会投资。快速增长的固定资产投资有力、有效推动了西部地区经济平稳较快发展，西部地区自我发展能力和后劲明显增强。

不断加大对西部大开发投资力度。坚持每年新开工一批重点工程，支持西部地区基础设施、生态环境等薄弱环节建设。2000—2009年，中央预算内基本建设资金和国债资金投入西部地区累计达8900亿元，占同期中央投资总额的41%。累计新开工重点工程120项，投资总规模达2.2万亿元。

部门建设资金向西部地区倾斜。2000—2009年，中央财政安排用于西部地区车购税支出3099亿元，占全国车购税支出的54.8%。铁路投资用于西部地区的资金累计4130亿元，占铁路总投资的27.9%。中央财政和国家邮政部门对西部地区邮政设施直接投入174亿元，占邮政总投入的28.5%。

豁免西部地区公益性国债转贷资金。2007年，国务院决定用3～5年的时间逐步解决部分国债项目转贷资金转为拨款问题，总的原则是重点解决属于公共财政负担或支持范围的公益性项目，并且重点向地方财力较薄弱的西部地区倾斜。

不断简化投资项目审批程序。2004年，《政府核准的投资项目目录》实施以来，国家不断简化西部地区投资项目审批程序，仅对企业投资的重大项目和限制类项目从维护社会公共利益角度进行核准，大大优化了西部地区投资环境。据测算，西部地区企业投资项目中20%实行的是核准制，80%实行的是备案制，而且对于需要核准的企业投资项目，只有核准项目申请报告一道程序。

五、金融政策

西部大开发战略实施以来，国家通过综合运用多种货币政策工具，加强和改进宏观信贷政策指导，鼓励、指导和督促银行业金融机构优化信贷资金配置，加大对西部基础设施建设、生态环境保护、特色优势产业发展等重点领域和“三农”、中小企业、就业助学等经济发展薄弱环节的支持。通过加快金融体制改革，完善金融组织服务体系，加强金融基础设施建设，优化金融生态环境。吸引多元化的资金投入西部开发，为西部地区加快发展和改善民生提供了有力的金融支持，创造了良好的金融宏观环境。

积极支持西部金融业发展。在坚持审慎原则和商业银行自愿的前提下，根据西部地区对金融服务的需求，优先考虑现有股份制商业银行到西部地区设立分支机构和开展业务，且对其在西部地区设立分支机构无数量限制;积极引导西部地区的中小商业银行立足当地经济发展,坚持自身市场定位,不断创新经营机制,逐步提高经营管理水平和金融服务水平。

支持西部农村合作金融机构发展。调整放宽农村地区银行业金融机构准入政策,培育新型农村金融机构。截至2009年6月末,西部11省(区、市,不含西藏)正式开业的新型农村金融机构52家,占全国开业总数的44%,其中村镇银行41家,贷款公司3家,农村资金互助社8家;贷款余额17.3亿元,向2.5万多户累计发放贷款15亿元,向526户小企业累计投放6.7亿元。

对外资银行设立机构和开展业务采取优惠措施。一是为外资银行在西部地区设立机构和开展业务开辟了绿色通道,在同等条件下优先审批其设立机构和开展业务的申请;二是自2004年12月1日起,对设在西部地区的外国银行分行经营人民币业务的申请,放宽审核其盈利的资格条件,即由考核单家分行盈利改为合并考核申请人在华所有分行的盈利;三是在履行加入世贸组织承诺的同时,提前向外资银行开放了西安、兰州、西宁等西部城市的人民币业务。

支持设立非银行金融机构或者服务分支。一是支持中粮集团采取破产重整方式收购宁夏伊斯兰信托,化解金融风险,提升金融服务。二是支持中石油集团财务公司和中石化集团财务公司分别在西安和新疆设立分公司,满足所在集团西北地区成员企业结算及资金管理需要。三是积极推动新疆金融租赁公司和甘肃西部租赁公司开展风险化解和重组工作,其中新疆金融租赁公司引进长城资产管理公司完成重组工作,恢复正常运营。四是支持汽车金融公司开拓西部地区市场,截至2009年6月末,10家已开业的汽车金融公司对西部12省(区、市)贷款余额占比16%。五是2009年7月正式启动的消费金融公司试点中,除北京、天津、上海外,将成都作为消费金融公司首批试点城市之一。

加强政策性金融引导。近10年来,国家开发银行累计向西部12个省(区、市)发放贷款8619亿元,2009年底贷款余额达到8590亿元,约占全部贷款余额的24%,其中"两基一支"项目比重超过85%,有力地支持了南昆铁路、成昆铁路、龙滩水电站、小湾水电站、二滩水电站、陕甘宁油气田、成都双流机场、广西北部湾经济区、中国—东盟博览会场馆、西南出海通道和西部8条通道公路等西部重点项目,支持了西部地区国企改革脱困、老工业基地改造和产业发展。国家开发银行在监管允许的范围内提供了延长贷款期限和下浮贷款利率等多项优惠措施。同时,积极创新金融服务,通过联合贷款、银团贷款和资产证券化、信托贷款等方式吸引东、中部商业银行以及其他金融机构和社会资金流向西部项目提供贷款共计1812亿元,有效地促进了资金从东部发达地区向西部地区流动。

加大信贷支持力度。2000年以来,工商、农业、中国、建设、交通等5家大型商业银行紧紧围绕党中央、国务院战略部署,积极制定相应支持西部开发的授信政策,不断细化和调整授信政策和结构,贷款支持力度不断加大。据不完全统计,近10年来,5家银行向西部12省(区、市)累计投放贷款超过10万亿元;截至2009年8月末,5家银行向西部12个省(区、市)贷款余额3.36万亿元,比年初增加7831亿元,同比增加7363亿元。

表10-1 5家大型商业银行西部贷款累计投放统计表 单位:万亿元

	工商银行	农业银行	中国银行	建设银行	交通银行
累计投放	2.330	3.280	1.980	1.940	0.996
合计	10.526				

注:工商银行数据始于2003年,其他始于2000年。

第二篇/部门篇

第一章　2010年西部大开发进展情况和2011年工作安排

2010年是实施西部大开发战略10周年，也是西部大开发具有里程碑意义的一年。党中央、国务院召开西部大开发工作会议，全面总结了西部大开发战略实施10年来的重大成就和基本经验，对新一轮西部大开发作出全面部署。各地区、各部门、各单位认真贯彻中央重大战略部署，深入推进西部大开发各项工作，西部地区经济发展势头良好，交通、水利等基础设施建设稳步推进，生态环境保护建设进一步加强，特色优势产业蓬勃发展，人民群众生产生活条件明显改善，为巩固全国经济回升向好态势做出了新的贡献。

一、2010年工作总结

（一）经济继续保持平稳较快增长

按照中央部署，各部门进一步加大对西部大开发的支持力度。全年中央财政对西部地区均衡性转移支付2202亿元，增长19.9%，增速高于全国2.3个百分点。完成城镇固定资产投资55924亿元，增长26.2%，高于各地区加总平均水平1.7个百分点。金融机构人民币存款余额12.5万亿元，增长22.2%；贷款余额8.7万亿元，增长23.0%。新开工西部大开发重点工程23项，总投资6822亿元。56家西部企业实现上市融资或再融资，募集资金876亿元。西部地区各族干部群众戮力同心，扎实工作，推动经济继续保持平稳较快增长。2010年，西部地区实现生产总值80825亿元，增长14.2%。地方财政收入7837亿元，增长30.0%；地方财政支出21383亿元，增长21.6%。社会消费品零售总额27332亿元，增长18.6%。规模以上工业增加值增长15.5%。进出口总额1282亿美元，增长39.8%。城镇居民人均可支配收入、农村居民人均纯收入分别名义增长11.2%和15.8%。各主要经济指标增幅均高于全国平均水平，地区生产总值增速连续4年超过东部地区。

（二）特色优势产业加快发展

西部地区深入实施以市场为导向的优势资源转化战略，加快转变经济发展方式，促进产业结构优化升级。特色农产品加工业稳步发展，建设新疆棉花、桂中南和滇西南的甘蔗、黄土高原苹果、西北白梨等一批特色优势产区。能源基地建设取得新进展，新发现大中型矿产地155个，批复新增煤炭矿区规划建设总规模6.98亿吨/年，核准新增煤矿生产能力1680万吨/年，核准火电建设规模1437万千瓦。清洁能源开发力度不断加大，新增水电装机1320万千瓦，甘肃酒泉、新疆、蒙东、蒙西千万千瓦级风电基地以及广西防城港核电站一期工程全面开工。石化基地建设扎实推进，广西钦州1000万吨炼油和神华包头60万吨煤制烯烃示范工程建成投产，四川彭州1000万吨炼油和80万吨乙烯工程建设进展顺利，内蒙古大唐年产40亿立方米煤制气、新疆广汇年产80万吨二甲醚等项目核准开工。区域特色高技术产业链建设加快推进，西安、重庆、安顺、金昌等国家高技术产业基地建设进一步加强，重庆富士康、成都戴尔笔记本电脑以及西安新舟60支线飞机等项目进展顺利。旅游业持续快速健康发展，接待入境游客1063万人次，旅游外汇收入44.6亿美元。

(三) 基础设施建设稳步推进

铁路路网不断完善，新线投产2932公里，增建二线1947公里，包头至西安、成都至都江堰、太原至中卫、喀什至和田等项目建成投运，西安至成都、长沙至昆明、重庆至万州等高速铁路以及拉萨至日喀则等重点铁路开工建设。西部开发8条省际公路通道基本贯通，国省干线公路改造建设进一步加强，西部地区(除西藏外)所有地州市基本通二级以上公路。新增公路通车里程5.2万公里，其中，高速公路新增通车里程2700公里，农村公路新增4.8万公里。航空布局不断优化，新建吐鲁番、博乐、阿里、日喀则、黔江、二连浩特和固原7个支线机场，民用运输机场数量达到86个。以长江、西江为重点的内河水运发展步伐明显加快，长江干线航道开始全面系统治理，广西长洲枢纽三、四线船闸等工程开工建设。宁夏扶贫扬黄灌溉一期工程全面建成，四川亭子口、贵州黔中、西藏旁多、甘肃引洮供水一期、青海引大济湟等工程进展顺利，黄河海勃湾、新疆肯斯瓦特等水利枢纽开工建设。新解决了2344万农村人口的饮水安全问题。邮政空白乡镇补建工程全面启动，对西部1193个乡镇补建邮政局所。新增108个乡镇能上网、1287个行政村通电话、9900个自然村通电话，实现了西部地区100%乡镇能上网、100%行政村和90%的20户以上自然村通电话。新疆电网与西北电网750千伏联网工程竣工投产，青藏联网工程开工建设，向家坝至上海、云南至广东±800千伏特高压直流输电示范工程成功投运。川气东送工程、榆林至济南天然气管道工程、陕京三线榆林至良乡段建成投产。

(四) 生态建设与环境保护取得新进展

落实巩固退耕还林成果专项规划，安排基本口粮田建设任务742万亩，户用沼气池44万口，生态移民18万人，培训农民212万人，补植补造1488万亩。退牧还草工程稳步推进，安排围栏建设任务1005万亩、重度退化草原补播任务4050万亩，岩溶地区草地治理试点任务40万亩。继续实施天然林保护、京津风沙源治理、石漠化综合治理、“三北”防护林体系建设，稳步推进石羊河、黑河、塔里木河流域综合治理，启动坡耕地水土流失综合治理飞黄土高原地区综合治理等试点，加快青海三江源等自然保护区和湿地的保护和建设步伐。建立健全生态补偿机制工作取得积极进展，中央财政对国家重点生态功能区生态补偿转移支付156亿元，安排森林生态效益补偿基金45亿元。《生态补偿条例》正式列入国务院立法计划，立法框架初步形成。大力推进重点领域水污染防治和大气污染联防联控，污水处理厂和燃煤电厂脱硫设施建设成效显著，部分流域水质以及乌鲁木齐、兰州等重点城市的空气质量有所改善。

(五) 社会事业发展薄弱环节得到加强

普九教育成果继续巩固提高，西部地区农村初中和小学生均公用经费基准定额分别提高到600元和400元，家庭经济困难寄宿生生活费基本补助标准每人每天提高1元。大力改善教育办学条件，继续实施中西部农村初中校舍改造、特殊教育学校建设、职业教育基础能力建设等工程。卫生事业投入力度不断加大，中央财政投入专项经费 398 亿元，增长 147%。城市医疗服务体系和农村县、乡、村三级卫生服务网络不断完善。农村部分计划生育家庭奖励扶助制度、少生快富工程和计划生育家庭特别扶助制度等"三项"制度不断完善。文化广电事业不断加强，全国文化信息资源共享工程、广播电视村村通工程、西新工程、农村电影放映工程、春雨工程等稳步推进，全面解决 52 万个 20 户以上已通电自然村收听收看广播电视问题，少数民族地区民族语节目译制制作和覆盖水平大幅提高。社会保障覆盖范围不断扩大，保障水平稳步提高，参加养老保险、城镇基本医疗保险、失业保险、工伤保险分别达到 4719 万人、8832 万人、2362 万人、2441 万人。新农合参保覆盖率达到 93%；新农保试点范围扩大到西部 452 个县，西藏自治区提前实现全覆盖。住房保障能力不断增强，中央财政安排西部地区城镇保障性安居工程补助资金 338 亿元，对西部地区廉租住房补助标准提高到 500 元/平方米。

（六）科技和人才工作取得显著成绩

国家技术创新工程试点工作稳步推进，关中—天水统筹科技资源改革试点和杨凌示范区建设成效显著。广西柳州、陕西渭南、甘肃白银和新疆昌吉等省级高新区升级为国家级高新区，西安、成都等进入国家创新型城市试点。知识产权战略实施工作成效显著，全年专利申请 11.3 万件，增长 33%。人才开发力度不断加大，双向交流一批省级领导干部和省部级后备干部，安排一批西部地区和其他少数民族地区干部到中央、国家机关和经济相对发达地区挂职锻炼，培训西部地区党政领导干部 3178 名。大力推进西部地区农村党员干部现代远程教育网络一体化建设，基本实现终端站点乡村全覆盖。继续深入推进博士服务团、西部之光、东部城市对口支持西部地区人才培训计划、西部地区管理人才创新培训工程，组织中国西部开发远程学习网和上海展望发展进修学院为西部地区培训各类急需紧缺人才 1.9 万余名。引智规模不断扩大，聘请外国专家 5435 人次，资助专业人才出国（境）培训 1949 人次。

（七）少数民族地区加快发展

中央召开第五次西藏工作座谈会，研究制定推动西藏和青海等四省藏区经济社会发展的重大政策举措，确保西藏及四省藏区经济社会发展水平不断提高。中央召开新疆工作座谈会，出台推进新疆跨越式发展和长治久安的重大政策举措，实施稳疆兴疆、富民固边战略，推进新疆经济社会跨越式发展。积极支持内蒙古、广西、宁夏等民族地区加快发展。启动新一轮兴边富民规划编制工作，加大对人口较少民族和特困民族支持力度。加大民族地区改善民生、支柱性产业扶持和少数民族特色村寨保护与发展工作力度。中央财政安排民族地区转移支付 297 亿元，增长 19.8%。5 个民族自治区实现地区生产总值 28727 亿元，占西部地区比重提高了 0.4 个百分点。

（八）改革开放不断深化

体制机制创新深入推进，资源税改革在西部部分地区率先实施，提高了资源产地收入，使当地群众更多地分享资源开发成果。积极培育西部地区竞争性金融市场。非公有制经济加快发展。成都、重庆统筹城乡综合配套改革取得新进展，一些重点领域和关键环节改革取得重大突破，形成了一些具有推广价值的重要经验。重庆、成都、西安等城市积极探索对内对外开放发展新模式，着力打造以两江新区、天府新区、西咸新区为核心的发展新平台。新疆面向中亚，云南、广西面向东南亚，内蒙古面向东北亚，宁夏面向中东的全方位开放新格局初步形成，广西东兴、云南瑞丽、内蒙古满洲里等重点开发开放试验区建设开始起步。

（九）区域互动发展呈现良好态势

西部地区认真贯彻《国务院关于中西部地区承接产业转移的指导意见》，进一步加强与东中部地区合作，区域互动合作呈现出步伐明显加快、规模明显扩大、层次明显提高的良好态势。重庆全年实际到位国内资金 2600 亿元，增长 79.7%。四川全年引进省外资金 5300 亿元，增长 31.3%。西部地区承接产业转移示范区建设稳步推进，支持广西桂东和重庆沿江地区在完善机制、创新方式、改善环境、提高效益等方面先行先试，发挥示范作用。成渝、关中—天水、广西北部湾等重点经济区在西部大开发中的引领作用不断增强。国务院办公厅出台进一步支持甘肃经济社会发展的若干意见。中央财政补助西部地区扶贫资金 146 亿元，占全国的 65.7%。贫困人口减少 621 万人，减幅为 2006 年以来最高。

（十）抢险救灾和灾后恢复重建进展顺利

汶川地震灾后恢复重建原定三年重建目标任务在两年内基本完成，实现了中央对灾区人民的郑重承诺，灾区城乡面貌发生了脱胎换骨的变化。青海玉树地震和甘肃舟曲特大山洪泥石流地质灾害发生后，党中央、国务院立刻组织力量全力开展救援，取得抢险救灾重大胜利。国务院及时制定玉树、舟曲灾后恢复重建规划，出台一系列支援灾区的政策措施，加快推进灾区恢复重建。截至 2010 年底，玉树重建已开工项目 298 项，投资 50.1 亿元，占全部投资的 16%；舟曲重建规划项目前期工作全面展开，城镇居民住房加固已完成 75%，农房维修加固已完成 85%，白龙江城区河道基本疏浚，县城供水全面解决，地质灾害隐患排查评估全面完成。

二、2011 年工作要点

2011 年是深入实施西部大开发战略、做好“十二五”时期各项工作的开局之年。扎实做好西部大开发工作，总的要求是：全面贯彻党的“十七大”和十七届三中、四中、五中全会精神，以邓小平理论和“三个代表”重要思想为指导，深入贯彻落实科学发展观，紧紧抓住重大战略机遇期，以科学发展为主题，以加快转变经济发展方式为主线，深入贯彻落实中央关于深入实施西部大开发战略的各项部署，继续夯实发展基础，优化发展环境，提升发展水平，推动西部地区在新的起点上实现更好更快发展。

（一）全面贯彻新一轮西部大开发各项工作部署，将中央特殊支持政策落到实处

各地区、各部门、各单位要按照中央部署，把深入推进西部大开发摆到党和国家工作大局中来谋划，纳入本地区、本部门、本单位的整体工作中来部署，进一步完善扶持政策，进一步加大资金投入，进一步体现项目倾斜，进一步深化改革开放，以更大的决心、更强的力度、

更有效的举措，切实抓好各项贯彻落实工作。

各有关部门要根据职能分工，制定具体意见，全面落实各项任务；制定出台财政、税收、金融、投资、产业、土地、人才等方面政策实施细则和办法，使中央的特殊政策具有可操作性。

中央财政要加大对西部地区均衡性转移支付和专项转移支付力度，中央财政性投资和国外优惠贷款要继续向西部地区民生工程、基础设施、生态环境等领域倾斜，提高国家有关部门专项建设资金投入西部地区的总体比重、投资补助标准和资本金注入比例。中央安排的公益性建设项目，取消西部地区县以下（含县）以及集中连片特殊困难地区市地级配套资金。巩固完善长期稳定的西部开发资金渠道，采取多种方式筹集西部开发资金。

编制实施《西部大开发"十二五"规划》，进一步明确"十二五"时期西部大开发的发展目标、重点任务和重大工程项目。组织编制西部大开发交通、水利、生态等重点专项规划和重点区域发展规划。

坚持正确舆论导向，会同中央有关部门组织新闻媒体进一步加大西部大开发的宣传力度，为深入实施西部大开发战略提供强大精神动力和有力舆论支持。

（二）加快经济结构战略性调整，推动建立西部地区现代产业体系

落实差别化产业政策，颁布实施西部地区鼓励类产业目录，优先审核批准有条件在西部地区加工转化的能源、资源开发利用项目。

加快国家能源基地建设。积极推进神东、陕北、云贵、黄陇、宁东和新疆大型煤炭基地建设，加大资源开发力度，稳步提高煤炭产量占全国比重，优化煤炭产业结构。继续调整优化现有炼油布局，稳步推进云南石化基地、宁夏石化和呼和浩特石化500万吨/年炼油等项目。加强可再生能源开发利用，加快推进金沙江、雅砻江、大渡河、澜沧江、黄河上游、雅鲁藏布江中游等大型水电基地建设，大力发展农村水电，积极推进甘肃、内蒙古、新疆等地千万千瓦级风电基地及大型荒漠并网光伏电站建设。

积极发展资源精深加工。加大矿产资源勘探开发投入力度，努力实现找矿重大突破。制订矿产资源勘查开发指导目录，改善矿业勘探开发投资环境。引导和支持钢、铝、铅、锌、稀土等优势矿种提高综合利用水平和精深加工水平，建设矿产资源综合利用示范基地和深加工产业基地。建设好酒泉、包头、重庆、攀枝花、防城港等钢铁基地。推进青海、新疆盐湖资源综合利用，加快发展并形成若干大型钾肥、磷复肥生产基地。支持建设黄土高原苹果、西南红茶和特种茶、新疆特色水果、西北牛羊肉等特色优势农业产区，推进特色农林业加快发展。提高棉纺、毛纺、丝绸等纺织加工技术含量，建设一批有特色的纺织生产基地。

扶持战略性新兴产业和装备制造业加快发展。提高科技自主创新能力及产业化水平，加强重大技术成套装备研发和产业化，推动装备产品智能化，鼓励发展重大电力及新能源、新材料国产化装备、重型工程机械装备。支持西部地区加快形成一批高技术产业链、集聚区和产业基地。支持军民结合型产业发展，加快构建军民结合、寓军于民的装备科研生产体系。

大力发展现代服务业。加快发展以文化、民族、生态、乡村、休闲、度假、红色等为代表的特色旅游产业，培育和打造一批知名旅游景区和精品旅游线路，继续推进重点旅游景区和重点地区旅游目的地建设。充分发挥文化资源优势，积极发展文化创意、影视制作、演艺

娱乐、文化会展等文化产业。大力发展金融、电子商务、现代物流、社区服务等现代服务业，积极推进服务业扩大规模、拓展领域、优化结构、提升档次，提高服务业的比重，努力实现三次产业协调发展。

（三）继续加强基础设施建设，进一步夯实长远发展基础

推进在建重点工程，加快建设并尽快发挥投资效益，加强重点项目前期工作，研究提出2011年西部大开发新开工重点工程。加快兰新第二双线、长沙至昆明、成都至重庆、西安至宝鸡、大同至西安、成都至绵阳至乐山等铁路以及贵阳至广州、南宁至广州、兰州至重庆、西安至安康增二线等在建项目建设，开工建设宝鸡至兰州、成都至贵阳、渝黔线扩能、敦煌至格尔木等项目，积极推进银川至西安、兰州至合作、哈密至额济纳、成昆线扩能等项目前期工作。

推进西部地区国家高速公路建设，加大国省道改造建设力度，打通省际"断头路"，强化路网衔接。加快农村公路建设，重点实施建制村通沥青（水泥）路工程，提高农村公路整体服务能力。积极推进长江干线航道整治工程和西江航运干线扩能工程，加快嘉陵江、乌江、右江、澜沧江等支流航道建设步伐。推进广西北部湾沿海港口资源整合，加快重庆长江上游航运中心建设。

重点完善昆明、成都、西安等枢纽机场功能，加快西宁、贵阳、拉萨等干线机场建设，进一步提高支线机场基础设施保障能力，加强空管和安全设施建设，支持通用航空加快发展。

开工建设四川小井沟等重点水利工程，加快云南牛栏江至滇池补水、重庆金佛山、内蒙古尼尔基灌区、新疆卡拉贝利等重点水利工程前期工作。推进大中型灌区续建配套与节水改造，加大病险水库（闸）除险加固力度，加快实施西部地区城市备用水源工程和农村、乡镇抗旱应急水源工程，实施西南地区重点水源工程和小型水利设施建设，争取再解决2000万农村居民饮水安全问题。继续实施黄河宁蒙河段、渭河、四川"五江一河"、广西西江干流等江河综合治理。加快开展山洪地质灾害监测预报预警体系建设，提高山洪灾害防御能力，最大程度减少人员伤亡和财产损失。

支持电源电网协调发展，加快输电主网架建设，积极推进配电网建设，实施新一轮农网改造升级工程，着力解决农网薄弱问题。推进能源基地外送工程建设，实施溪洛渡右岸电站至广东直流输电工程，加快西北750千伏电网建设，做好锡林郭勒送电华东输电工程前期工作。积极推动油气资源战略通道建设，开工建设长庆油田至呼和浩特石化、中缅原油管道（境内段）、宁夏石化成品油外输管道工程以及西气东输三线、中缅天然气管道（境内段）等工程，推动中哈原油管道二期建设，开展新疆至广东、山东以及鄂尔多斯至安平天然气管道前期工作。实施"气化南疆"工程。

加强城镇市政公用设施建设，继续实施邮政空白乡镇局所补建。大力推进通信基础设施建设，逐步将普遍服务从电话业务扩展到互联网业务。支持西部地区实施"宽带战略"，积极推动开展"三网融合"工作。加快西部地区城市轨道交通规划建设。

（四）巩固生态建设和环境保护成果，构建国家生态安全屏障

落实全国主体功能区规划，积极推进西北草原荒漠化防治区、黄土高原水土保持区、青藏高原江河水源涵养区、西南石漠化防治区、重要森林生态功能区开展综合治理，编制《重

点生态区综合治理规划》。

巩固退耕还林成果，建立完善巩固退耕还林成果项目监测、验收、检查制度。出台《重点生态区退耕还林总体方案》，编制《退耕还林工程"十二五"规划》，在重点生态脆弱区和重要生态区位，适当增加退耕还林任务。完善退牧还草政策，制定《退牧还草工程项目管理办法》，编制《退牧还草工程建设规划》，配套实施草原围栏、人工饲草地、舍饲棚圈建设和重度退化草原补播改良，适当扩大岩溶地区草地治理试点范围。

继续做好天然林资源保护二期工程、京津风沙源治理、岩溶地区石漠化治理等重点生态工程。深入推进石羊河、塔里木河流域综合治理、甘南黄河重要水源补给区生态保护建设，批复实施迪庆"两江"流域生态安全屏障保护与建设规划。加快编制实施科尔沁退化草地治理、甘孜高寒草地生态修复、伊犁河谷草地保护等重点草原生态保护建设工程规划。

深入推进建立生态补偿机制，制定出台《关于加快建立生态补偿机制的若干意见》，抓紧起草《生态补偿条例》。加大对重点生态功能区生态补偿转移支付力度。启动实施生态文明示范工程试点。

大力推进污染物减排，严格落实污染减排考核措施，加大环境监管力度，支持西部地区开展排污权交易试点，开展危险废物全过程规范化管理。做好三峡库区及其上游、黄河中上游等重点流域污染防治工作。进一步推进大气污染联防联控，研究制定西部大开发环境影响评价工作指导意见。加大地质灾害防治和矿山地质环境保护与恢复治理力度。加强城市绿地防灾避险能力建设。

（五）全力抓好重点民生工程，推进基本公共服务均等化

坚持更加积极的就业政策，多渠道多形式创造就业机会，努力增加就业岗位。加强基层就业和社会保障综合服务设施建设。加快完善覆盖城乡的社会保障体系，稳步提高补助标准和筹资水平，扩大保障范围。进一步扩大新型农村社会养老保险试点范围。加强城乡社区服务体系建设。加快推进基本养老服务体系建设，继续加大社会救助力度。积极推进城镇保障性安居工程，建设保障性住房和各类棚户区改造住房337万套。继续加大对农村危房改造和游牧民定居工程建设支持力度。

加快推进基本医疗保障制度建设，巩固和完善新农合制度，健全基层医疗卫生服务体系，开展卫生监督体系、精神卫生防治体系、县域内农村院前急救体系、全科医生临床培养基地、远程医疗、基层医疗卫生机构和公立医院信息化建设。完善人口和计划生育利益导向政策体系，加强基层人口计生服务体系建设。

加强以基层为重点的公共文化服务体系建设，继续组织实施好广播电视村村通、西新工程、东风工程、农村电影放映、全国文化信息资源共享工程。

努力提高农业综合生产能力，推动农业产业化、机械化。继续实施水、电、路、气、房和优美环境"六到农家"工程，积极开展小水电代燃料工程建设。推进行政村村邮站建设，提升农村通邮水平。出台西部地区农民创业促进工程试点指导意见，扩大试点范围，推动农民以创业带动就业。

中央分成新增建设用地土地有偿使用费继续向西部地区倾斜，实施好新疆、宁夏、青海、云南土地整治重大工程和四川灾后重建土地整治重大工程。积极推进农村土地综合整

治，继续支持广西、内蒙古农村土地整治示范省（区）建设。在科学规划的前提下，鼓励社会资金进行非利用地开发建设和土地复垦。

（六）强化教育科技支撑，切实加强人才队伍建设

继续将教育事业放在优先位置，推进义务教育均衡发展。根据各地区实际，进一步提高义务教育经费保障水平。以农村为重点，加快发展学前教育。教育部继续推进中西部农村初中校舍改造、职业教育基础能力建设等工程以及农村义务教育阶段学校教师特设岗位计划。大力发展中等职业教育，加快推进现代职业教育体系建设。推动民族教育事业跨越式发展。落实家庭经济困难学生国家资助政策。支持西部地方高校优势学科和特色学科发展，加大东部地区对口支援西部地区教育发展力度。开展教育扶贫移民试点工作。

优化科技资源配置，支持西部地区区域创新体系建设，着力解决制约经济社会发展的共性技术和前沿技术，提高科技持续创新能力。支持西安统筹科技资源改革示范基地、关中—天水创新型区域、绵阳科技城发展，继续支持成都、西安等国家创新型城市试点工作。推进科技“三下乡”活动，支持基层农技推广体系改革与建设示范县。贯彻落实促进西部地区知识产权事业加快发展的若干意见，提升知识产权创造、运用、保护和管理能力。

加大人才开发力度，加强干部教育培训，组织实施好博士服务团、西部之光、院士专家西部行、大学生志愿服务西部、公务员对口培训、东部城市对口支持西部地区人才培训、西部地区管理人才创新培训、西部领导干部MPA教育和软件人才培训计划等项目。继续组织开展中央国家机关与西部地区干部双向交流、挂职锻炼，做好选调优秀高校应届毕业生到基层工作。做好智力引进工作。

（七）着力推进改革开放进程，促进内陆开放型经济加快发展

切实转变政府职能，提高政府服务能力、效率和水平，加强法制建设步伐，创造良好的招商引资环境和条件。认真总结原油、天然气等资源税改革试点经验，稳步开展其他资源的税费改革。加快探索市场融资渠道，积极支持符合条件的西部企业上市融资或再融资，大力推进资本市场并购重组规范发展。研究制定并实施对偏远地区新设农村金融机构费用补贴等办法以及支持西部地区证券期货经营机构创新发展的机制。认真总结成都、重庆统筹城乡综合配套改革试点经验，推广试点成果，努力探索解决农业、农村、农民问题新途径。

切实提高对内对外开放水平，支持西洽会、西博会、中国—东盟博览会、中国—亚欧博览会等展会平台建设。进一步完善沿边开放政策，研究起草《关于促进沿边地区开发开放的指导意见》，编制《沿边地区开放开发规划》，支持广西东兴、云南瑞丽、内蒙古满洲里等重点开发开放试验区加快发展。深入开展承接产业转移示范区建设工作，鼓励东西部地区共建产业园区，支持对口支援产业合作园区建设，符合条件的省级开发区可申请升级为国家级开发区。承接产业转移要严格执行节能环保标准。

（八）充分发挥各区域比较优势，进一步优化区域发展格局

支持成渝、关中—天水、广西北部湾等重点经济区率先发展。做好武陵山经济协作区、新疆天山北坡、呼包银、兰西格等区域规划编制工作，培育和打造西部大开发新的经济增长

极。积极推进西部地区城镇化进程。

深入贯彻落实中央关于支持西藏、新疆等民族地区跨越式发展的政策措施，加大扶持力度，做好对口支援和帮扶工作。实施人口较少民族发展规划，深入推进兴边富民行动，切实改善边疆生产生活条件，维护边境稳定和长治久安。研究出台支持内蒙古、云南以及贵州民族地区加快发展的政策措施。

制定帮扶革命老区发展的指导意见，出台《陕甘宁革命老区振兴规划》，开展《广西左右江革命老区振兴规划》的前期研究。继续加大对西部地区扶贫开发投入，研究制定关于实施西部集中连片特殊困难地区开发攻坚工程的指导意见，启动实施开发攻坚工程。

（九）全面完成汶川灾后恢复重建任务，扎实推进玉树、舟曲灾后恢复重建

汶川灾区要做好灾后恢复重建收尾工作，全面完成《汶川地震灾后恢复重建总体规划》确定的重建任务。玉树灾区要全面做好所有未开工项目规划设计等前期工作，合理安排好各类建设项目的施工时序，全力做好拆危清墟收尾和征地拆迁各项工作，大规模推进灾后恢复重建项目建设，为全面完成灾后恢复重建目标打下坚实基础。舟曲灾区要全面启动恢复重建各项建设任务，认真做好地质灾害隐患排查和防治，抓紧学校、医院等公共服务设施和供水供电、交通运输等基础设施恢复重建。做好重建建材物资供应、运输保障，确保规划顺利实施。继续做好《灾后重建志》编撰工作。

第二章　中组部

一、2010 年工作总结

（一）加强领导班子和干部队伍建设，开展人才双向交流工作

根据实施西部大开发战略需要，选好配强省级领导干部，定期对省区市领导班子进行分析，研究提出加强领导班子建设的具体措施。加强对党政正职调整后班子运行情况的跟踪了解，注意充实熟悉经济社会管理工作的干部。重视后备干部队伍建设，注重培养选拔优秀少数民族干部。在公务员考试录用工作中，对西部少数民族地区考生给予适当照顾。

组织实施中央和国家机关、经济相对发达地区与西部地区干部双向交流。2010 年，中央国家机关、东中部地区与西部省（区、市）双向交流省级领导干部 24 名，选派 149 名西部地区和其他少数民族地区干部到中央、国家机关和经济相对发达地区进行挂职锻炼。同时，选派 30 名优秀干部到西部干旱重灾区挂职锻炼。

着力提高干部领导水平和综合素质，加强对干部培训工作的支持。2010 年，有针对性地为西部地区培训干部 3187 名。通过实施省级党校、行政学院“骨干教师培训计划”，为西部地区培训骨干教师近 200 名。

（二）加大人才培养和智力支持力度，进一步促进人才队伍建设

为加强对西部地区人才开发工作的宏观指导，中组部印发了《中央人才工作协调小组关于贯彻落实西部大开发工作会议精神进一步加强西部地区人才工作的通知》，研究起草了“关于边远贫困地区、边疆民族地区和革命老区人才支持计划研究报告”。同时，选派 138 名博士参加“博士服务团”项目，到西部地区服务锻炼；从西部地区选出 244 名高层次专业技术人才作为“西部之光”访问学者，送到国内著名高校、科研院所和医疗卫生机构进行为期一年的学习研修。安排 1000 多万元人才工作专项经费，支持以上两个项目的顺利开展。

（三）加强基层党的建设，夯实西部地区基层工作基础

进一步加强基层党组织建设。大力加强村干部队伍建设，健全完善村干部选拔培养、岗位责任和监督、教育培训、激励保障等工作机制。指导各地按照不低于当地农村劳动力平均收入水平的标准，确定村党支部书记基本报酬，特别是加大对少数民族地区、条件艰苦的边疆地区的村干部补贴力度。继续做好选聘高校毕业生到村任职工作，在名额分配、财政支持上给予适当倾斜。截至 2010 年，中央财政对西部地区选聘工作补助资金已达 3.5 亿元。积极推进第二轮村级组织活动场所建设，提高村级组织活动场所建设补助标准，增加补助数量，中央财政共补助西部地区 10.2 亿元，占总数的 60.7%。进一步重视社区基层党

建和企业基层党建工作，引导广大党组织和党员职工，积极在西部大开发中建功立业。

扎实推进党员教育、管理和服务工作。加大西部地区党员教育培训经费投入。针对西部地区特点，把中央有关西部大开发的政策精神作为党员教育培训的重点。立足西部地区流出党员多的实际，建立东部发达地区党组织与西部地区结对援助、对口支持关系，积极探索流入地与流出地双向共管机制。大力宣传表彰在西部大开发中作出突出贡献的先进基层党组织和优秀共产党员。

积极采取政策、经费倾斜等措施，支持基层基础设施建设。不断加大中管党费支持西部地区基层党建工作力度，2010 年，共拨付党费 3749.3 万元，用于开展慰问生活困难党员和老党员活动，给建国前入党老党员发放生活补贴，帮扶玉树抗震救灾，支持有关省（区）抗旱救灾、抗击雪灾或防汛抗洪救灾。大力推进西部地区农村党员干部现代远程教育网络一体化建设。中央财政对西部地区终端站点建设按照 60%（四省藏区、新疆南疆三地州和“5·12”汶川地震重灾区为 100%）的比例给予补贴，共拨付 6.58 亿元。每年选派 1000 名左右大学生志愿者到西部农村基层从事远程教育工作。有针对性地选择了《从新的历史起点出发——学习贯彻党的十七大精神电视辅导教材》等专题片，提供给西藏、青海、四川、甘肃、云南等西部地区翻译使用，并给予经费上的支持。

（四）进一步做好促进西藏和其他藏区、新疆的跨越式发展和长治久安

按照新的任务要求做好干部援藏、援疆、援青工作。选派了第 6 批 995 名援藏干部，举办了中央和国家机关援藏干部培训班，适当延长了培训时间，增强了培训的实效性针对性。深入研究新一轮干部和人才援疆工作，下达省市援疆干部和人才选派计划 2541 名，选派第一批 102 名援青干部，并举办了骨干培训班。

二、2011 年工作要点

（一）进一步加强西部地区各级领导班子和干部队伍建设

结合贯彻党的十七届五中全会精神，进一步推动西部地区结合实际健全完善促进科学发展的干部考核评价机制。进一步选好配强西部地区省级领导班子，坚持德才兼备、以德为先用人标准，统筹全国优秀党政领导人才，重点选好配强党政正职和关键岗位干部。在西部地区省级班子的日常管理中，跟踪了解西部省（区、市）贯彻落实西部大开发工作会议精神、加强领导班子能力建设和思想作风建设情况，重点落实好干部年度报告工作、个人有关重大事项报告等制度。结合市、县、乡换届，指导西部 12 省（区、市）严格人选条件，选好配强一把手，大力推进市委书记市长和县委书记队伍建设。

积极推进中央和国家机关、东部发达地区与西部地区干部双向交流工作。继续贯彻落实中央关于后备干部培养的要求，重视从源头上培养干部，特别是对年轻优秀市委书记和优秀县委书记，加强跟踪管理和重点培养。加大少数民族优秀年轻干部培养力度，从西部地区和其他少数民族地区选派优秀年轻干部到东部地区、中央和国家机关交流任职或挂职锻炼，提高能力素质。做好干部对口支援西藏、新疆和青海省藏区的工作，从中央和国家机关选派第七批援疆干部，加强对援派干部的管理。

加强和改进西部地区干部教育培训工作。把支持西部干部培训作为干部教育培训宏

观指导的重点，指导东部地区进一步加大投入，创新方式，继续做好各类干部教育培训的对口支援。会同教育部，指导中管高校发挥优势，采取派教师到西部地区办班授课和请西部地区干部进校培训等方式，开展结对帮扶培训。指导中管重要骨干企业采取多种方式支持西部地区开展干部教育培训。继续办好西部地区在“一校五院”的有关班次。同时，在中组部委托中央和国家机关有关部委抽调地方党政领导干部培训以及直接举办的境外培训班次中，适当增加西部地区干部名额。在实施省级党校、行政学院“骨干教师培训计划”时，优先安排西部地区干部教育培训机构的教师参加培训。

（二）进一步加强西部地区人才队伍建设

加强对西部地区人才工作的宏观指导，加强督促检查，指导协调各地各部门抓好《中央人才工作协调小组关于贯彻落实西部大开发工作会议精神进一步加强西部地区人才工作的通知》精神的贯彻落实工作。结合《国家中长期人才发展规划纲要（2010—2020 年）》提出的建立完善与西部大开发战略相配套的区域人才交流合作机制、制定引导人才向农村基层和艰苦边远地区流动政策，会同有关部门研究制定西部大开发工作会议提出的各项人才支持政策。认真组织实施中组部牵头的“博士服务团”选派工作、“西部之光”访问学者培养工作、“院士专家西部行”活动等，进一步完善政策措施。指导协调有关部门实施好高校毕业生“三支一扶”、大学生志愿服务西部、少数民族高层次骨干人才培养、东部城市对口支持西部地区人才培训等相关人才项目。

（三）进一步加强西部地区基层党组织建设

深入开展创先争优活动，全面加强西部地区基层党组织和党员队伍建设，充分发挥基层党组织的战斗堡垒作用和党员的先锋模范作用，为西部大开发作出更大贡献。在农村基层党组织建设方面，对后进村党组织实施整顿，抓好村党支部书记“一定三有”①政策落实。在大学生村官选聘名额、中央财政对大学生村官工作生活补贴等方面予以适当倾斜。组织西部地区乡村干部赴东南沿海等发达地区参观、学习、挂职锻炼。继续推进农村党员干部现代远程教育工作，加大对西部地区终端站点建设的支持力度，加强适合西部地区需求的乡土教材制播工作。在社区基层党建工作方面，从不同地区街道、社区实际出发，加大对口帮扶力度，实行“一市一策”，力争 2012 年解决“三有一化”问题，基本实现有人管事、有钱办事、有场所议事和构建区域化党建格局的目标。在企业基层党建工作方面，建立健全交流提高机制，组织不同类型企业之间交流互动，加大帮扶力度。采取措施，逐步解决非公有制企业党建工作经费困难问题。在事业单位基层党建工作方面，抓好《高等学校基层组织工作条例》的贯彻落实，与教育部研究制定《关于加强和改进中小学校党建工作的意见》，加强对西部地区基层医药卫生单位党建工作的调研，进一步摸清中小学校、医药卫生单位等基层党组织和党员队伍状况，研究提出理顺隶属关系、优化组织设置的有关政策措施。同时，大力加强党员队伍建设，坚持党员标准，积极做好在流动人员中发展党员工作。优化西部地区发展党员结构，提高发展党员质量。加大支持力度，扎实推进西部地区党员教育、管理和服务工作。

---

① 一定：定职责目标。三有：收入有保障、干好有希望、退后有所养。

第三章 中宣部

一、2010 年工作总结

(一) 认真组织中央新闻媒体做好西部大开发的宣传报道

中宣部组织中央新闻媒体开设专题专栏，推出系列报道，深入宣传党中央、国务院深入推进西部大开发的决策部署，充分反映西部地区经济社会发展的辉煌成就，为深入推进西部大开发提供有力舆论支持。根据西部大开发工作进展，组织新闻媒体及时充分反映各地区各部门深入实施西部大开发战略的措施和成效，做好“西部大开发十周年生态环境与人居环境成就展”等活动的报道。

根据统一部署，中央新闻媒体结合各自特色，精心组织策划，分阶段在重要版面、重要时段推出一系列有深度、有分量、有影响的报道，产生了良好宣传效果。一是做好中央西部大开发工作会议的报道。二是全面准确宣传中央关于深入实施西部大开发战略的重大决策部署。三是全方位、多角度宣传西部大开发战略实施 10 年来取得的巨大成就和宝贵经验。推出“西部大开发 10 周年”、“新西部新希望”等专栏专题，充分反映 10 年来西部地区经济建设、政治建设、文化建设、社会建设以及生态文明建设和党的建设取得的重大进展；四是充分报道各地各部门深入推进西部大开发的思路措施，组织“部长访谈录”，推出“加快经济发展方式转变·西部调研行”系列报道等，充分反映西部地区站在新的历史起点上，加快经济发展方式转变的实际行动。

(二) 切实加强西部地区思想道德建设和群众性精神文明创建

坚持以构建社会主义和谐社会为目标，以建设社会主义核心价值体系为重点，不断提高公民思想道德素质和城乡文明程度。推出一批西部地区的先进典型。2010 年，推出云南省迪庆军分区原副司令员龚曲此里，云南龙陵县平达乡原党委委员、宣传委员、乡党校教员郑垧靖，内蒙古自治区土默特右旗人民检察院控告申诉检查科科长张章宝等重大典型。文化科技卫生“三下乡”活动重点向西部地区倾斜。在贵州黔西县开展 2010 年全国“三下乡”活动启动仪式暨集中活动，组织中央文艺院团优秀艺术家和知名演员，到重庆、云南、陕西、青海等中西部地区和革命老区进行慰问演出。在暑期大学生志愿者“三下乡”活动中，组织“博士服务团”重点到重庆、四川、陕西等西部地区，开展各种文化科技卫生服务。积极开展群众性精神文明创建活动。围绕文明礼仪、公共秩序、社会服务、城乡环境四个方面的重点任务，整体推进文明礼仪知识宣传普及，并组织大学生积极参加“讲文明、树新风”志愿服务行动，到灾区开展支教培训、卫生防疫、心理疏导等志愿服务。继续指导西部地区开展创建文明城市、文明村镇、文明行业等活动，进一步提高公民文明素质和社会文明程度。

（三）努力提高西部地区基层文化工作服务水平

初步建成覆盖西部城乡的公共文化服务体系。广播电视村村通、乡镇和社区综合文化站、文化信息资源共享、农村电影放映、农家书屋建设等五大重点工程都如期或提前完成了“十一五”时期建设预定目标，西新工程、支持农村边远地区演出的流动舞台车项目等取得积极进展，公共文化服务网络日益完善。组织实施精神文明建设“五个一工程”、国家重大历史题材美术创作、舞台艺术精品、重点文学作品扶持等工程，规划创作生产了一批代表国家水准、体现民族特色的优秀出版、影视、舞台艺术和文学作品。开展整治低俗之风专项行动，文化市场环境得到有效净化。坚持保护第一、合理利用，建立健全文化遗产保护体系，文化遗产保护法制化水平不断提高，非物质文化遗产保护取得重要进展，公布两批 1028 项国家级非物质文化遗产名录，确定 1488 名代表性传承人名录。新疆维吾尔木卡姆艺术和蒙古族长调民歌成功入选联合国教科文组织“人类口头和非物质遗产代表作”。开展“民间艺术之乡”、“特色艺术之乡”命名活动，加强对民族民间文化生态区的保护。

（四）大力扶持西部地区出版工作

协调新闻出版总署加大对西部地区特别是西部民族地区出版服务网络建设和改造的支持力度。推动和加强少数民族语言文字出版物的译制，推进农（牧）家书屋建设，不断改善西部地区广大群众看书难问题。支持实施出版“东风工程”。东风工程一期工程实施以来，免费向新疆 856 个乡镇和 8849 个行政村赠送 6 种语言文字（维吾尔、汉、哈萨克、蒙古、柯尔克孜、锡伯）的报纸 39 种，29.89 万份；期刊 16 种，24.87 万份；图书（挂图）1281 种，1267.2 万册（套）；音像制品 267 种，308.09 万盒。为新疆投资建设 23 个县级新华书店发行网点，总建筑面积 20418 平方米；为全疆地州市及县级新华书店配备流动售书车 98 台；为新疆电子音像出版单位配置出版物制作设备 76 台（套）；为有关地州配置报刊印刷设备 11 台（套）。二期工程已从 2010 年开始论证立项，前期准备工作正在进行。实施边疆地区与周边国家和地区的出版交流与合作，建立新疆、宁夏、青海、甘肃等西部省（区）走出去协作机制，整合西亚、北非、中亚各国出版展会资源，加大对西部省（区）出版单位参加国际书展和走出去图书支持力度。协调新闻出版总署扶持西部出版企业对外投资，通过参股、控股、并购和开办分支、分销机构等方式在境外投资举办出版企业，支持西部省（区）出版企业深入挖掘当地民族文化资源，开发具有民族特色的出版产品。协调新闻出版总署，扶持西部省区做强一批出版骨干企业，推动文化资源的市场化产业化，促进本地区出版业的跨越式发展。

（五）精心组织实施文化惠民工程

截至 2010 年，“西部开发助学工程”先后资助西部 12 省（区、市）和新疆生产建设兵团的贫困大学生 10841 人；开办高中“宏志班”258 个，资助贫困高中生 1.29 万人。2010 年，共拨付助学工程资助款 3561 万元。

从 2009 年开始，会同有关部门组织实施“‘绿色’电脑进西部”活动，向西部地区电脑设备匮乏的中小学及乡镇、社区文化站，赠送一批安装了绿色上网过滤软件的电脑，专项用于建设青少年绿色上网场所和基层干部群众浏览互联网的公益性网络平台。截至 2010 年，

"'绿色'电脑进西部活动"已累计向西部12省(区、市)和新疆生产建设兵团赠送了11.25万台"绿色"电脑。

(六)切实做好涉藏、涉疆和民族团结宣传教育有关工作

中央第五次西藏工作座谈会以来,按照中央有关分工安排,中宣部切实负起牵头责任,积极推动中央第五次西藏工作座谈会两个文件重要举措的贯彻落实,组织中央和有关地方媒体深入做好会议精神宣传报道,做好涉藏新闻报道,为促进西藏和四省藏区经济社会发展和长治久安营造了良好舆论氛围,收到积极的宣传效果。2010年,向西藏自治区赠送宣传工作用车和办公设备等。

中央新疆工作座谈会、全国对口支援新疆工作会议召开后,根据中央新疆工作协调小组安排,设立宣传文化专项工作小组,负责新疆宣传文化建设的指导协调。中央主要媒体按照统一部署,大力宣传党中央、国务院对新疆工作的高度重视,大力宣传各地各部门贯彻落实会议精神的新举措、新成就、新成效,突出报道新疆"热爱伟大祖国,建设美好家园"主题教育活动的重大进展和成效,积极反映新疆各族群众和睦相处、和衷共济、和谐发展的崭新风貌,为推进新疆跨越式发展和长治久安提供了有力舆论支持。2010年,拨付新疆广电部门和重点文艺院团设备经费3000万元。

在西藏、新疆等地广泛开展民族团结宣传教育,制定下发《关于进一步开展民族团结进步创建活动的意见》,专门召开视频会议,对推进民族团结进步创建活动进行动员部署,组织协调,督促指导,推动取得实效。

(七)切实做好玉树抗震和舟曲救灾有关工作

地震和泥石流等自然灾害发生后,中宣部迅速启动突发事件应急新闻报道机制,按照"及时准确、公开透明、有序开放、有效管理、正确引导"原则,大力宣传中央指示精神和决策部署,及时报道震情灾情和救灾进展,努力加大正面宣传报道力度,多措并举做好外宣工作。青海玉树、甘肃舟曲灾情发生后,中宣部分别向两地下拨救灾专项经费各300万元,向玉树地区赠送宣传工作用车及彩电、电脑和学生用具等共计1700万元。会同有关部门联合组织青海玉树抗震救灾先进事迹报告团,于10月26日在京举办首场报告,之后赴全国六省市巡回报告。会同有关部门举办"玉树不倒青海长青——玉树抗震救灾主题展览"、"风雨同舟舟曲不屈——甘肃舟曲特大山洪泥石流灾害抢险救援主题展览"和"科学重建伟大壮举——汶川地震灾后恢复重建主题展览",大力弘扬"万众一心、众志成城、不畏艰险、百折不挠、以人为本、尊重科学"的伟大抗震救灾精神。

二、2011年工作要点

(一)积极做好新闻宣传工作

大力宣传深入实施西部大开发战略的重大意义和党中央、国务院推进西部大开发的决策部署,及时报道西部地区扎实推进大开发各项工作的思路和措施,反映东中部地区和社会各界做好对口支援工作、积极支持和参与西部大开发的实际行动,充分体现社会主义制度集中力量办大事的巨大优势。同时,将西部大开发宣传与"回顾'十一五'　展望'十二

五’”宣传结合起来，反映西部地区5年来的发展变化，展望新的历史起点上西部地区经济社会发展的美好前景；与加快经济发展方式转变宣传结合起来，报道西部地区加快转变经济发展方式、加快城镇化进程、统筹城乡发展，在新的起点上实现跨越式发展的新举措新经验；与纪念汶川特大地震3周年宣传结合起来，反映恢复重建的巨大成就，展示灾区各族人民昂扬向上的精神面貌，大力弘扬伟大的抗震救灾精神。

做好西部大开发“十二五”时期规划编制工作的新闻宣传，及时报道规划编制工作进展，反映有关方面发扬民主、广泛征求意见、集思广益的情况，引导干部群众为促进西部地区经济社会又好又快发展出主意想办法作贡献。

（二）努力开展思想道德建设和群众性精神文明创建

以加强社会主义核心价值体系建设为核心，指导西部地区积极开展思想道德建设，大力加强、改进未成年人思想道德建设和大学生思想政治教育。宣传一批扎根西部、无私奉献的先进典型，支援西部开发、推动科学发展的先进典型，恢复生产、重建家园的先进典型。认真贯彻《公民道德建设实施纲要》，围绕中国共产党成立90周年等重大节庆日和纪念日，广泛开展思想道德宣传教育活动。会同有关部门加大对西部地区红色旅游重点景区建设支持力度，做好宣传推介工作。会同有关部门举办“科学重建　伟大壮举——汶川地震灾后恢复重建主题展览”。继续加大“三下乡”活动对西部地区的支持力度，把西部地区作为科技下乡的重点。会同有关部门，继续推进“农业科技入户示范工程”、“万名医师支援农村卫生工程”，为西部地区培训农业、卫生等方面的人才，提高西部地区自身发展能力。指导西部地区不断深化文明城市、文明村镇、文明行业创建工作，广泛开展文明村镇、文明生态村、文明集市、十星级文明户等创建活动，推动社会主义新农村建设，培养和造就与现代化建设相适应的新型农民。

（三）继续推进文化事业

文艺方面，继续实施西新工程、村村通广播电视、农村电影放映工程和文化信息资源共享工程，加强乡镇综合文化站等基层文化设施建设，扩大广播影视覆盖范围，发展数字广播影视，确保播出安全。推进文化创新，实施精品战略，扶持西部地区文学、影视、舞台艺术创作生产。扩大国际文化交流，积极开拓国际文化市场，积极推动西部特色文化产品走向世界。广泛开展心连心、送欢乐下基层、文化志愿者边疆行等活动，积极推动西部地区公共文化设施免费开放，着力提高公共文化服务水平。做好新疆少数民族文化产品译制和西部地区文化遗产保护工作。

出版工作方面，推动“东风工程”二期的实施，协调有关部门完成项目立项和经费落实，推动重点项目的组织实施。继续推动“珠峰”工程、“天山”工程，做好西部地区“扫黄打非”各项工作。继续推动西部地区农家书屋建设工程，加快西部地区出版公共服务体系建设，推动西部地区出版“走出去”。

继续加大组织实施文化惠民工程的力度。认真做好“西部开发助学工程”各项具体工作，帮助家庭贫困、品学兼优的大学生和高中生完成学业。继续做好“‘绿色’电脑进西部活动”各项具体工作，帮助中西部地区建好青少年绿色上网场所和公益性网络平台，积极倡导文明上网、健康上网。

(四)推进涉藏、涉疆宣传及民族团结宣传教育

围绕西藏和平解放60周年,组织中央主要新闻单位开展系列宣传报道,大力宣传西藏和平解放60年来经济社会发展成就;继续组织做好贯彻落实中央新疆工作座谈会精神,深入开展新一轮对口援疆工作的宣传报道,为促进新疆跨越式发展和实现长治久安提供有力舆论支持;做好西藏、新疆和四省藏区宣传文化"十二五"时期规划编制工作的宣传报道;做好西藏、新疆和四省藏区民族团结先进典型的宣传报道。继续组织实施中央和新疆新闻出版单位双向交流干部工作。

在民族团结宣传教育方面,要继续推进新疆"热爱伟大祖国,建设美好家园"主题教育活动,赠送《社会主义核心价值体系学习读本》、《民族团结教育通俗读本》等汉文及民文读物,引导主题教育活动向深度广度发展;做好主题教育活动新闻报道工作,协调指导各地推进民族团结宣传教育活动。切实抓好西藏民族团结宣传教育活动各项工作,向藏区城乡基层党组织和单位赠送一批理论辅助读物,向藏区各级各类学校赠送一批红色经典"双语"读物。会同有关部门,编辑出版一批"双语"主题教育宣传画、宣传挂图、宣传折页、小册子、通俗读物等宣传品,发放到藏区城乡基层干部群众手中。深入推进民族团结进步创建活动,形成各民族大团结大发展大繁荣的良好氛围。

第四章　教育部

一、2010 年工作总结

(一) 巩固提高九年义务教育普及成果

农村义务教育保障新机制改革深入推进。在 2009 年提前一年全面落实农村中小学公用经费基准定额的基础上，继续提高公用经费定额标准和家庭经济困难寄宿生生活费补助标准，并对高寒、高海拔等特殊地区校舍维修改造予以重点支持。2010 年，中央共下达西部地区农村义务教育保障经费 287 亿元，占中央资金下拨总额的 44.5%。中西部农村初中校舍改造工程和中西部地区特殊教育学校建设工程顺利实施。中央下达西部地区 11 亿元“初中校舍改造工程”专项资金，占全国总资金总投入的 55%，重点支持西部地区义务教育阶段留守儿童较多的县、陆地边境县和人口较少民族相对聚居县改善农村中小学办学条件。2010 年，中央预算内投资安排中西部地区特殊教育学校建设专项投资 29 亿元，用于新建和改扩建 749 所特殊教育学校的校舍建设和教学、康复训练必备设施的配置。

(二) 加大职业教育基础能力建设力度

“十一五”时期，中央财政安排专项资金实施职业教育基础能力建设计划，2010 年，中央向西部地区投入专项资金 7.55 亿元，支持建设 75 所中等职业学校投入 2.62 亿元，支持建设 148 个职教实训基地。“国家示范性高等职业院校建设计划”二期工程，遴选确定 25 所西部高职院校为骨干高职院校立项建设单位，占立项院校总数的 25%，高于西部高职院校数占全国高职院校总数的比例。

(三) 推进高等教育事业稳步发展

2010 年，共安排西部地区地方所属普通高校招生计划 141.1 万人，研究生招生计划 6.3 万人。“支援中西部地区招生协作计划”招生规模迅速扩大到 12 万人。学科点审核通过率比上次审核提高 10 个百分点。一级学科博士点增长近 1 倍，一级学科硕士点增长近 2 倍。中央财政安排 1 亿元，在西部地区高校建设了 64 个国家级教学团队、212 个特色专业建设点、106 门国家精品课程、31 门双语课程、1160 个大学生创新性实验计划项目。资助 40 所受援高校 810 名教师到支援高校进行短期进修。在新一轮“985 工程”建设中，进一步加大了对四川大学等 7 所西部地区“985 工程”学校的支持力度。建设了西南交通大学“轨道交通运输工程平台”等 3 个“优势学科创新平台”。投入中央专项资金 15.96 亿元，支持西部 25 所“211 工程”学校建设。启动实施了“特色重点学科项目”，投入中央专项资金 2.98 亿元。批准建设西部地区7个省部共建教育部重点实验室。投入210万元用于支持105项西部地区教育部科学技术研究重点项目。

(四)加强教师队伍建设

部属师范大学师范生免费教育向西部倾斜。2010年,六所部属师范大学在西部地区招收免费师范生6256人,占免费师范生招生总数的55%。继续组织实施"农村学校教育硕士师资培养计划",2010年招收316人。西部地区师范院校近3万多名师范生到近7000多所农村中小学校进行实习支教,1万多名农村教师参加师范院校举办的各种形式的培训。

启动实施中小学教师国家级培训计划("国培计划"),其中"中小学教师示范性培训"通过集中和远程方式为西部地区培训教师17万余人;"中西部农村骨干教师培训"通过置换脱产、短期集中培训和远程培训方式,为西部地区培训教师40.3万人,安排经费2.43亿元,占总经费48.6%。通过多种方式加强农村中小学校长培训,为西部地区培训中小学校长2.4万人。继续实施"农村义务教育阶段学校教师特设岗位计划",为西部录用教师35507人。

2010年,共安排西部地区496名青年骨干教师以访问学者身份到国内高水平大学研修。部属高校共接受"西部之光"访问学者74名;而17所直属高校则选派18名优秀教师参加第11批"博士服务团",赴西部地区服务锻炼。2010年,第四批"千人计划"创新人才评选中,共有7所西部地区高校的13名海外高层次人才入选,支持西部高校教育部创新团队19个,新世纪人才144人。

启动实施农村艰苦边远地区教师周转宿舍建设项目。2010年,安排西部地区广西、贵州、新疆等5个省(区)中央预算内投资3.15亿元,用于新建或改扩建255所学校6317套教师周转宿舍建设。

(五)支持西部民族地区教育发展

做好内地西藏班、内地新疆高中班、内地西藏中职班、少数民族预科班、民族班、少数民族高层次骨干人才计划的招生、管理和建设工作。举办内地西藏中职班,2010年,招生3000人。扩大内地西藏高中班、新疆高中班的招生规模。启动新疆文化艺术人才培养工作。全面加强学校民族团结教育。

(六)扩大教育国际合作与交流

通过国家公派留学战略规划,为西部地区培养一批业务骨干和学科带头人。"西部地区人才培养特别项目"2010年录取883人。积极利用国际社会无偿援助教育合作项目和港澳台人士教育赠款项目,大力支持西部开发和西部教育事业发展。依托"春晖计划",有计划地组织、引导在外留学人员短期回国工作和开展各种形式的为国服务活动。截至2010年11月,"春晖计划"项目资助了"留美学者赴甘肃服务团"等7个团组赴西部开展服务,支持西部建设。

(七)进一步完善国家资助政策体系

中央和地方共同出资设立普通高中国家助学金,用于资助普通高中在校生中的家庭经济困难学生，资助标准为每生每年 1500 元，资助人数向西部地区倾斜。

完善中等职业教育资助政策体系。2010 年，继续实施中等职业学校农村家庭经济困难学生和涉农专业学生免学费政策，并对西部地区给予倾斜。2010 年秋季学期起，公办中等职业学校全日制正式学籍一、二、三年级在校生中，城市家庭经济困难学生免除学费（艺术类相关表演专业学生除外），免学费所需补助资金由中央财政负担 80%。2010 年，中央财政共安排西部地区免学费补助资金预算约 24 亿元，约占资金总额的 48%。

继续实施中等职业学校国家助学金政策。凡在西部地区就读或生源地为西部地区的中职学生，所需国家助学金由中央财政负担 80%，大大高于中部地区的 60%和东部地区的 20%。人口较少民族家庭经济困难学生资助资金全部由中央负担。2010 年，中央财政下达西部地区中职国家助学金资金预算 38 亿元，约占总资金预算的 42%。

二、2011 年工作要点

（一）继续加大投入，巩固提高西部地区九年义务教育普及成果

2011 年，继续积极协调财政部，根据各地办学实际需求，结合财力情况，进一步提高义务教育农村中小学公用经费基准定额水平，扩大并提高农村义务教育家庭经济困难寄宿生和民族地区、贫困地区农村学生生活费的补助范围和标准。不断完善农村义务教育阶段家庭经济困难学生资助体系，逐步提高保障水平。加大对西部地区的支持力度，建立城乡一体的发展机制，促进义务教育均衡发展。

积极协调国家发改委、财政部，按照《规划纲要》的要求，启动实施专项工程和项目，改造小学和初中薄弱学校，重点支持中西部农村义务教育学校改善办学条件，使教学仪器设备、图书、体育场地基本达标；改扩建劳务输出大省和特殊困难地区农村学校寄宿设施，改善农村学生特别是留守儿童寄宿条件；启动实施农村艰苦边远地区义务教育学校教师周转宿舍建设项目。

（二）支持西部地区以中等职业教育为重点，大力发展职业教育

继续加大对西部地区职业教育实训基地建设的投入力度，在政策、项目、经费等方面给予倾斜支持，改善西部地区职业院校办学条件。继续大力推进东部对西部、城市对农村中等职业学校联合招生合作办学工作。完善相关工作机制和政策措施，扩大联合招生合作办学的规模。在实施中职国家助学金政策、中职免学费政策和普通高中国家助学金政策时，继续对西部地区给予倾斜。

（三）加大支持力度，支持西部地区高等教育发展

在高等教育招生规模保持相对稳定的前提下，新增招生计划继续向中西部高等教育资源短缺地区倾斜，扩大“协作计划”招生规模，扩大东部高校在中西部地区招生规模，缩小区域高等教育入学机会差距，促进高等教育区域协调发展。

结合受援高校所处区域历史、经济、社会特点，帮助受援高校做好学校发展规划。建立对口支援工作年报制度，协调解决工作中面临的突出问题。推动对口支援高校联合培养本科生工作。筹备召开对口支援工作 10 周年总结表彰大会和成果展，研究“十二五”时期及今

后更长一段时间如何进一步深入开展对口支援工作。同时，加强对口支援工作的理论研究和指导，在相关政策方面对对口支援高校予以倾斜并适时检查各校对国家对口支援相关政策和对口支援协议的执行情况。

继续加大对西部地区高水平大学和重点学科建设的支持力度，鼓励各类学校办出水平、办出特色、争创一流。通过“985工程”、“优势学科创新平台”、“211工程”、“特色重点学科项目”等，对西部地区学校给予支持，大幅提升其自主创新能力，加强西部地区专业学位体系和制度建设，规范管理，提高质量。

继续加大对西部地区高校高层次人才队伍建设的支持力度。在“千人计划”和“高等学校高层次创新人才计划”等有关人才项目的实施过程中，在2011年“高等学校青年骨干教师国内访问学者项目”的名额分配、选拔条件、经费资助等各方面，对西部地区给予适当倾斜。继续配合中组部做好2011年“博士服务团”成员的选派以及“西部之光”访问学者的接受管理工作。

（四）继续支持西部地区加强教师队伍建设

在教育部部属师范大学免费师范生招生计划中，努力为西部地区培养高素质中小学教师。支持西部省份扩大实施“农村学校教育硕士师资培养计划”，吸引更多优秀本科毕业生到西部地区农村学校任教。加强西部地区师范院校建设，促进学校面向基础教育，研究基础教育，创新教师教育，提高师范生培养质量。

组织实施“国培计划”，加大对西部地区教师培训工作的支持力度，促进西部农村教师队伍素质不断提高。继续推进实施“特岗计划”，创新农村教师补充机制，为西部地区农村学校补充更多高水平师资，提高中小学教师的整体素质。

继续举办第6期中西部农村中小学校长研修班，第11期西部农村中学校长班，第12期中部农村中学校长班。组织实施2011年中国移动西部农村中小学校长培训项目，启动联合国儿基会“爱生学校与学校管理”新周期项目，提高西部小学校长和教育行政官员能力素质。举办中职学校校长和幼儿园园长培训。组织实施汶川地震和玉树地震校长培训项目。

（五）加快西部民族地区教育发展

贯彻落实《规划纲要》，配合有关部门制订发展西部地区民族教育的四个子项目。筹备召开第六次全国民族教育工作会议，起草《关于推进民族教育跨越式发展的决定》；制订民族教育专题规划纲要和民族教育“十二五”规划。继续贯彻落实中央第五次西藏工作座谈会和中央新疆工作座谈会精神，加快西藏、新疆教育事业发展。制订《关于进一步加强和改进少数民族双语教育工作的指导意见》。同时，认真研究提高民族教育质量的有效措施，切实解决民族教育质量不高的问题。

研究制定加强在内地培养少数民族人才工作的有关政策措施，努力办好内地各类民族班，努力提高各类民族班的教学质量、管理水平和办学效益，启动内地新疆中职班计划和少数民族高端人才培养计划。

（六）支持西部地区扩大教育对外合作与交流

认真落实“引智计划”，做大做强“春晖计划”，积极鼓励和引导海外优秀留学人员到西部地区工作或服务。继续鼓励和支持西部地区参与我与其他国家，特别是周边国家，在双边、多边框架下的教育合作，提升教育国际化水平。继续优先派遣西部地区学校教师、学生赴周边国家进行研修、友好访问。继续争取并做好国际组织和港澳台人士向西部地区的教育捐款项目，用好教育捐款，建设和改善西部各类学校的教育设施和办学条件。

第五章　科技部

一、2010 年工作总结

（一）开展部省会商，加强对西部地区科技发展的指导和支持

2010 年，先后与新疆、四川、重庆、广西、陕西、宁夏等 6 省（区、市）举行了部省工作会商会议，使国家科技发展部署更加紧密地贴近西部地区经济和社会发展需求。通过部省（区、市）合作，在西部地区形成了一把手抓“第一生产力”的良好氛围，有力推动了各具特色的区域创新体系建设，促进了科技资源的高效配置，提升了科技服务地方经济社会发展的能力和效果。

（二）实施重点重大科技计划项目，支撑西部地区经济社会又好又快发展

加快发展西部地区战略性新兴产业和高新技术产业。国家重大专项围绕转基因、新品种培育、大型核电站、宽带移动通信、数控机床、新药创制等，安排经费约 16.3 亿元。通过国家科技支撑计划，实施中药材规范化种植研究和深度开发、石油采输节能关键技术与示范、在役大型燃煤电站运行优化及污染物控制关键技术与示范、百万千瓦级压水堆核电站制棒驱动系统研发、电动汽车应用技术与规模化示范、满足国Ⅳ及以上排放法规的燃油汽车节能关键技术积极产业化、甲醇经三聚甲醛合成多醚类清洁柴油用含氧化合物关键技术及其应用示范等 10 余个重大项目，安排经费超过 4 亿元，着力培育和发展信息、生物、航空航天、能源矿产、新能源、新材料、装备制造等高技术产业和战略性新兴产业，构架西部地区现代产业体系，着力培育新的经济增长点。国家中小企业创新基金支持西部地区 690 项，支持经费为 4.73 亿元，占全国计划资助总金额的比例由 2009 年的 6%增长到 12%，有力推动了西部地区中小企业的快速发展和迅速壮大。同时，积极推动西部地区省级高新区升级工作和高新技术产业化基地建设，广西柳州、陕西渭南、甘肃白银、新疆昌吉、宁夏银川、青海等 6 个省级高新区升级为国家高新区，新建输变电装备、铝加工等高新技术产业化基地 12 家，将高新区和高新技术产业化基地，打造成为高技术产业和战略性新兴产业核心载体。

着力解决制约西部经济社会发展的共性技术和前沿技术，加强西部地区生态环境建设和农业科技进步。“973 计划”和“ITER 计划”等西部支持项目都顺利实施。通过农业科技成果转化资金、星火计划、富民强县专项行动等，积极推进西部地区农业科技进步，支持西部地区 462 个项目，安排经费 3.5 亿元。同时，国际科技合作计划支持西部地区 43 项，经费为 1.2 亿元，推动西部地区加强资源环境、农业及高技术产业等方面的国际科技合作与交流。

积极帮助玉树恢复灾后重建。科技部启动“青海玉树灾后恢复重建关键技术集成与示

范”科技示范项目，安排经费3000万元，拟重点选择灾后重建规划区内一个农牧村，开展生活、生产恢复重建的综合示范，将现代农业、多元化能源、具有民族特色的新型建筑等技术成果集成示范，并力争在短期内完成，为灾区全面恢复重建工作提供借鉴与示范。

据初步统计，2006—2010年，科技部在西部12省（区、市）共安排项目14319项，支持经费133.1亿元，是“十五”期间支持经费总量（45.17亿元）的2.9倍。通过科技计划的接续支持和不断引导，推动解决了从关键共性技术开发到成果推广转化的一系列技术问题，培养和造就了一支能够解决实际问题的科技队伍，为西部地区资源优势转化、生态环境保护和民生发展提供了支撑。

（三）以开展科技援疆科技援藏为重点，加快少数民族地区发展

组织召开全国科教援疆工作会议和第三次全国科技援疆工作会议。会议对科技援疆工作作出全面部署，126个科技援疆合作项目达成意向金额18.2亿元。疆内科技型企业与内地科研院所、企业签约的15个科技合作和产业化项目，合作资金总投入9.8亿元，已基本得到落实。

积极开展科技援藏工作。科技部积极贯彻落实中央第五次西藏工作座谈会精神，以及中央关于做好西藏稳定和发展的有关精神和部署，广泛动员和组织全国科技力量，开展科技援藏工作。截至2010年，全国已有30多个省市、计划单列市和几百个科研院所、高等院校参与科技援藏工作，共实施科技援藏项目450余项，投入资金超过3.6亿元。一是加强科技基础平台和科普基地建设，不断提升西藏和四省藏区科技创新能力；二是组织实施一批重大科技项目，为西藏和四省藏区经济社会发展提供强有力的科技支撑；三是加强科技人才培养和科普培训工作，为西藏和四省藏区跨越式发展提供人力资源保障。

积极落实中央明确的援疆任务。围绕中央明确的科技部牵头和参与的现代农牧业发展、矿产资源勘查、传统产业振兴和战略性新兴产业发展、产业聚集园区建设、生态建设和环境保护等方面的援疆任务，抓紧推动落实。在前期调研论证基础上，拟于今后一段时期支持解决一批制约新疆经济社会发展重大科技需求，其中数项项目已列入国家科技计划“十二五”时期首批启动项目，并支持新疆8个县（市）实施“国家科技富民强县专项行动计划项目”。推动昌吉高新技术产业园区升级为国家高新技术产业开发区。启动了伊犁农业科技园区、阿拉尔农业科技园区筹建国家农业科技示范园区前期工作。

（四）加强西部地区科技基础条件平台建设，着力提高西部地区的科技创新能力

2010年，科技部进一步加强西部地区的国家重点实验室、国家工程技术研究中心、重大科学工程、野外观测台站等的条件平台建设工作。批准建设了广西生物质能源酶解技术等6个企业国家重点实验室，内蒙古自治区哺乳动物生殖生物学及生物技术重点实验室等25个省部共建国家重点实验室培育基地。继续推进内蒙古大兴安岭森林生态系统国家野外科学观测研究站等39个西部大开发涉及地区的国家野外科学观测研究站的联网观测、研究、示范工作。在四川、重庆、内蒙古等省（区、市）新建立5家国际科技合作基地，推动建立国际化研发基地。

二、2011年工作要点

(一)切实做好科技促进西部大开发的总体部署

为深入贯彻落实西部大开发战略，科技部拟出台科技促进西部大开发的指导意见，以进一步加强科技促进西部开发工作的协调与指导。同时，积极配合发改委等部门开展《西部大开发"十二五"规划》的起草工作，在规划中明确有关重点科技任务，为西部大开发"十二五"规划提供有力支撑。

(二)通过省部(区)合作实现西部地区科技资源的优化整合

建立科技部与西部省份共同开展科技工作的沟通协调机制，引导西部科技资源与国家战略目标和区域经济社会发展目标密切结合。2011年，拟与青海建立部省会商机制，与云南、贵州、内蒙古、西藏、甘肃等召开部省(区)会商会议。

(三)加大重大重点科技计划对西部地区的倾斜力度

结合"十二五"时期国家科技计划的启动实施，在农业、能源资源、装备制造业、电子信息、生态环境、健康与安全、现代服务业、军民结合等领域，安排一批由地方牵头组织实施的重大项目，推动形成若干具有较强竞争力的优势特色产业，为推动西部社会主义新农村和促进西部资源节约型、环境友好型社会的建设，提供有力的科技支撑。如在高新领域，"国家网络特定区域安全管理技术与系统"、"西藏自然科学博物馆展示情景体验装置研发"、"统筹城乡劳动就业与社会保险现代服务业应用示范工程"、"产业聚集区域价值链协同服务平台开发和应用"等被列为"十二五"时期国家科技支撑计划首批项目，拟在2011年启动实施。又如在农业领域，"动物健康养殖与安全生产"、"干旱半干旱区节水农业技术与装备研究与示范"等一批重大项目，被列为"十二五"国家科技支撑计划和"863"计划首批启动项目。同时，继续以星火、火炬为旗帜，对科技型中小企业创新基金、农业成果转化资金、富民强县科技行动专项计划、科技扶贫、兴边富民等政策引导性计划等主要面向地方的工作，进一步加大支持的力度。

(四)提高西部地区科技持续创新能力

继续支持现有企业国家重点实验室、省部共建国家重点实验室和国家野外科学观测研究站建设，进一步加强符合西部地区科技发展需求的平台基地建设，继续支持西部地区特有资源如动植物资源、湿地等科技基础性工作，提高西部地区持续创新能力。继续推动开展科技列车活动，将东中部地区丰富的科技、信息、人才等优势资源输送到西部地区。

贯彻实施《国家中长期人才发展规划纲要(2010—2020年)》，加大对西部地区人才的培养力度，科技部已在组织编制《创新人才推进计划实施方案》、《加强高层次创新型科技人才队伍建设的意见》、《国家中长期新材料人才发展规划(2010—2020年)》和《十二五科技培训纲要》等政策文件，将积极推动国家"千人计划"、"百人计划"和"西部之光"等向西部地区高层次人才引进倾斜，进一步加强对西部科技培训工作的指导和协调，稳定一支扎根西部的优秀科技人才队伍。同时，组织实施"管理创新与技术创新能力培训"项目，积极探索人才培训新模式，为“十二五”时期大规模开展西部科技人才创新能力培养培训奠定基础。

（五）大力开展科技援疆科技援藏工作

科技部将认真贯彻落实中央新疆工作座谈会精神，结合“十二五”科技发展规划和《全国科技援疆规划（2011—2020年）》的出台，努力构建科技援疆长效机制。继续落实中央关于加快西藏发展的要求，扎实推进各项科技援藏工作。推动科技援藏机制的深化和发展，以基层科技服务平台和科普基地建设为重点加强西藏科技创新能力建设，推动农牧业、藏医藏药、新能源等特色优势产业发展和西藏民生科技发展及民生改善。

第六章　工业和信息化部

一、2010年工作总结

（一）加大与西部省（区、市）合作力度

2010年，工业和信息化部与陕西、新疆、西藏、广西分别签署了部省（区）合作协议，建立部省（区）合作机制，研究制定《关于进一步支持甘肃工业和信息化发展的意见》，共同推动西部地区工业和信息化加快发展。针对新疆、西藏等特殊地区，制定了《工业和信息化部关于支持新疆工业、通信业和信息化发展的实施意见》，签署了《关于共同推进西藏工业和信息化发展的合作协议》，积极推动产业援疆、援藏。做好玉树抗震救灾和舟曲特大山洪泥石流救援保障工作，推动汶川、玉树地震和舟曲特大山洪泥石流灾后恢复重建。

（二）支持西部地区发展特色优势产业

继续加强对西部地区特色优势产业的政策、资金、项目支持，提升西部地区自我发展能力。2010年重点产业振兴和技术改造专项资金中，安排西部切块资金33.9亿元，占地方切块资金的28.3%，比2009年提高了4.2个百分点。高档数控机床等科技重大专项支持西部地区制造企业9450万元。电子信息产业发展基金安排2亿元，支持西部地区电子信息产品制造业和软件产业发展。2009年和2010年，支持西部企业清洁生产技术示范项目11个，资金0.9亿元，约占全部专项资金的1/3，支持西部地区绿色发展。2010年，支持西部工业企业能源管理中心建设示范项目3个，资金0.26亿元。在工业和信息化部批准的国家新型工业化产业示范基地中，西部地区39个，占全国的30.5%。

（三）加快西部地区信息基础设施建设

继续实施“村村通”工程，2010年，西部偏远农村地区新增8614个自然村和231个行政村通电话，西部地区自然村和行政村通电话比重分别达到92.5%和98%。加强西部农村地区互联网设施建设，为183个乡镇新开通宽带，3273个行政村新开通互联网，实现100%的乡镇能上网、100%行政村通电话。对四川、西藏剩余的无电无路、极端偏远的1060个无电话行政村采用卫星移动通信技术实现通信覆盖。加大对藏区农牧民的扶持力度，为农牧民免费提供1278套海事卫星电话终端设备。批准中国联通设置广西南宁区域性国际通信业务出入口，对加强西部地区与东盟自贸区国家间的经贸合作起到推动作用。积极推动上合组织成员国间信息通信合作，推动“上合组织信息高速公路”项目。目前，该项目第一阶段中吉乌光缆已经建成。

(四)着力提高西部地区经济社会信息化水平

积极开展“信息下乡”活动,2010 年西部新建成乡镇信息服务站 2395 个、行政村信息服务点 25251 个、乡级涉农网站 1812 个、村级信息栏目 35755 个,近二分之一的县基本形成县、乡、村三级信息服务体系。在云南和新疆生产建设兵团组织开展政府部门互联网安全接入试点工作。此外,积极支持西部地区软件和信息服务业发展,与新疆、内蒙古分别签署了《工业和信息化部、新疆维吾尔自治区人民政府关于维哈柯文字软件开发和推广应用工作的合作协议》、《工业和信息化部、内蒙古自治区人民政府关于维哈柯文字软件开发和推广应用工作的合作协议》,建立推动西部地区少数民族文字软件开发及产业化的长效合作机制。

(五)促进西部地区军民融合式发展

加强西部地区军工核心能力建设,促进西部地区的核、航天、航空、船舶、兵器、军事电子等产业整体水平大幅提升,使其成为我国武器装备研发的重要基地。同时,积极鼓励和支持西部民口单位“民参军”工作。

(六)积极支持西部地区中小企业发展

积极研究制定《藏区中小企业发展创业资金管理暂行办法》,在中央财政预算资金中安排支持藏区中小企业发展的专项资金。2010 年,中小企业发展专项资金支持西部地区项目 675 个,安排资金 7.799 亿元,中小企业服务体系发展专项资金支持西部地区项目 34 个,安排资金 5980 万元。与陕西省人民政府共同举办首届“东西部中小企业合作项目推介会”。

(七)加大对西部地区教育、人才支持力度

指导并要求部属高校在人才培养上落实国家有关政策,在招生计划方面重点向西部省份倾斜,做好内地西藏班、新疆班、少数民族预科班招生工作。2010 年,部属高校在西部 12 省份投放招生计划共计 5564 人。配合有关部门做好“大学生志愿服务西部计划”,2010 年,部属高校面向西部就业共计 3822 人,其中博士 210 人、硕士 1460 人。举办了西部地区工业物流政策培训班,工业系统主管物流的负责同志、工业系统骨干企业负责人近 1000 人参加了培训,对于加强西部人才队伍建设、推进工业物流信息化建设起到了积极作用。

二、2011 年工作要点

(一)进一步推进部省协作,研究出台相关实施细则

着力抓好已出台支持西部工业和信息化发展的实施意见及已签署部省合作协议的落实工作,力争尽快取得成效。通过建立部省合作机制或出台实施意见(部内分工方案)等形式,对于国家已出台文件支持的西部地区加大支持。进一步加强对新疆、西藏等少数民族、边境地区的支持力度,推进新型工业化进程。

（二）进一步加大产业政策和资金支持，壮大特色优势产业

根据西部产业发展实际，研究制定差别化产业政策。鼓励西部地区结合资源、市场条件，发挥比较优势，促进西部特色优势产业健康发展。加大重大专项、技术改造、军民结合专项资金等对西部地区支持力度。大力支持西部地区科技创新和技术进步，支持企业技术中心建设，推动科研成果产业化。继续推动藏文、蒙文、维吾尔文、哈萨克文、柯尔克孜文等民族语言文字软件，以及民族特色产品的研发和产业化。会同有关部门，优先支持在西部地区布局符合产业政策要求的重大建设项目和资源开发利用项目。

（三）促进沿海地区产业向西部有序转移和集聚发展

研究提出工业和信息化部贯彻落实《国务院关于中西部地区承接产业转移的指导意见》的具体措施，指导西部地区科学编制承接产业转移规划，依托国家新型工业化产业示范基地等工业园区（产业集聚区），因地制宜合理确定承接重点，着力引进具有市场前景的产业和技术装备先进的企业。严把环境保护关，防止落后产能向西部地区转移。

将产业转移与对口援疆、援藏和支援地震灾区恢复重建等工作结合开展，支持和推动东中部地区与西部地区共建产业合作园区及产业转移示范区。做好对19个省（市）产业援疆工作的指导和支持。做好西部地区定点扶贫工作。大力支持西部地区创建国家新型工业化产业示范基地，指导西部省（区、市）开展省级基地建设，重点培育和壮大一批特色产业集群，提高工业园区发展水平。支持成都市等西部地区优势城市做好中国软件名城创建试点工作。鼓励发达地区优质服务机构到西部地区发展，支持西部地区建设公共服务平台和小企业创业基地，指导建立公共服务示范平台，提升服务中小企业的能力和水平。

（四）加强西部地区通信基础设施建设，维护社会稳定

继续开展“村村通”工程，逐步将普遍服务从电话业务扩展到互联网业务，力争“十二五”期末西部行政村基本通宽带。支持西部地区实施“宽带战略”，积极推动光纤宽带、新一代移动通信网、下一代互联网、物联网等基础设施建设，大力推动西部地区信息基础设施共建共享。按照“三网融合”试点方案，积极推动绵阳等西部试点城市的“三网融合”试点工作，并适时扩大在西部地区的试点范围。围绕新疆、西藏等重点地区维稳工作需要，完善边疆边境网络和信息安全管理设施和管理手段，加快相关无线电监测系统建设，推动政府信息系统安全检查和互联网安全接入，强化网络和信息安全能力建设；总结四川汶川、青海玉树等灾害应急通信保障工作经验，加强应急通信保障体系和设施建设。

（五）促进“两化”融合，提高西部地区经济社会信息化水平

支持西部地区推进“两化”深度融合。继续支持重庆国家级两化融合试验区建设向纵深发展，鼓励有条件的西部地区申报国家级两化融合试验区，支持西部省（区、市）建设省级两化融合试验区，支持两化融合试点示范项目和两化融合促进中心建设，支持有条件的西部地区开展区域性两化融合发展水平评估工作。

支持西部地区发展物流信息化和电子商务，促进服务西部优势产业和社会公共服务的现代信息服务业发展，推动电子医疗、远程教育等社会信息化水平的提高。推进中小企业

信息化，加大信息化培训，建立健全服务平台，引导和带动信息化供应商、服务商为中小企业信息化提供优质服务，帮助中小企业运用信息技术，提高市场竞争力。加快推进“信息下乡”活动，到2010年，使一半农村地区建立县、乡、村三级信息服务体系，“十二五”期间力争基本覆盖到西部所有乡镇。

（六）加强对西部地区“十二五”规划的指导和帮助，推动西部人才队伍建设

协调有关直属单位、科研院所、行业协会等机构和专家，为新疆、西藏、宁夏等地区规划编制工作提供智力支持。通过专题研讨等多种形式，加强对西部地区工业和信息化主管部门规划队伍的培训和指导。在“十二五”国家工业和信息化领域规划中，加强与西部地区产业、中小企业发展和信息化建设的衔接，体现对西部地区的倾斜和支持。大力支持和充分发挥西北工业大学等部属高校作用。加强西部地区人才培养，同时做好干部到西部地区挂职锻炼和双向交流等工作。

第七章 国家民委

一、2010 年工作总结

(一) 及时传达西部大开发工作会议精神,全面部署国家民委西部大开发工作

西部大开发工作会议召开后,国家民委及时召开委务会议,传达学习党中央、国务院召开的西部大开发工作会议精神,并对国家民委贯彻落实中央深入实施西部大开发战略作出安排。会后下发《关于贯彻落实中央西部大开发会议精神的意见》,对国家民委下一步西部大开发工作进行了全面安排部署。

(二) 深入实施三个“十一五”专项规划,认真做好“十二五”专项规划的编制工作

加大对人口较少民族发展的扶持力度,2010 年底有 95%以上的人口较少民族聚居村完成“四通五有三达到”的目标。继续推进兴边富民行动,安排兴边富民补助资金 7 亿元,兴建了一批兴边富民项目,开展边境县特色优势产业试点工作。积极推动少数民族事业规划实施,会同有关部门召开少数民族特色村寨保护与发展试点工作现场会,下达 2010 年试点资金 6000 万元,其中西部地区 3550 万元,占 59.2%。2010 年度,民族贸易企业网点改造和民族特需商品定点生产企业技术改造财政贴息资金继续向西部地区倾斜,西部 12 个省(区、市)占中央贴息资金的近 50%。继续组织编制《扶持人口较少民族发展“十二五”规划》、《兴边富民行动“十二五”规划》和《少数民族事业发展“十二五”规划》等三个专项规划,并认真把中央有关会议精神的要求和部署体现在三个专项规划的编制工作中,把三个专项规划做深做实,使之具有更高的含金量、更强的针对性和可操作性,发挥出更大的经济和社会效益。

(三) 召开全国民委系统对口支援新疆、西藏民族工作部门工作座谈会

为做好对口援疆、援藏工作,2010 年 8 月 2 日,国家民委在新疆召开了全国民委系统对口支援新疆、西藏民族工作部门工作座谈会,各支援省(市)民族工作部门与受援地民族工作部门进行了认真对接,重点就支援什么、如何支援以及建立和完善对口支援工作机制等进行研究,并签订了对口支援合作协议。

(四) 推进民族团结教育工作,积极促进西部少数民族和民族地区教育事业发展

与有关部门联合制定《关于进一步加强民族班爱国主义和民族团结工作的意见》,推进中小学民族团结教育工作。落实少数民族高层次骨干人才培养计划,2010 年,招生规模达到 5000 人。委属院校本专科招生计划增量重点向西部地区倾斜,委属院校每年承担 2000

名新疆预科学生的培养任务和招收内地西藏班、内地新疆高中班及非西藏生源定向西藏就业的培养任务，中央民族大学、西南民族大学和大连民族学院开设人口较少民族预科班。积极协调有关部门支持民族院校建设，与国家发展改革委在北京共同召开民族院校建设工作会议，研究部署支持民族院校发展建设项目的具体工作。

（五）举办少数民族文化活动，促进少数民族文化繁荣发展

与有关部门共同举办第三届全国少数民族曲艺展演、第二届全国少数民族戏剧会演、第二届中国（宁夏）国际文化艺术旅游博览会、全国少数民族非物质文化遗产（音乐舞蹈类）调演活动和“中华民族一家亲”文化下乡活动。支持少数民族文艺团体走出国门，组派内蒙古鄂托克旗乌兰牧骑艺术团赴美国参加国际民间艺术节，开展少数民族对外文化交流活动，展示中国蒙古族传统文化的艺术魅力。参与起草《关于做好新疆少数民族文化产品译制工作的意见》。

（六）推动开展民族团结进步创建活动，努力做好民族关系协调工作

会同有关部门研究制定《关于进一步开展民族团结进步创建活动的意见》，联合召开推进民族团结进步创建活动视频会，对贯彻落实《意见》进行动员部署。组织2010年少数民族参观团，团员主要来自西部民族地区，促进西部民族地区和东部发达地区各族干部群众之间的交流。协助有关部门和地方处理涉及民族方面突发事件110余起，并对部分处置情况进行跟踪。召开2010年民族关系状况分析会，总结、交流各地协调民族关系工作的经验和做法，分析2010年民族关系的新情况、新问题，部署进一步做好民族关系协调工作。调研新疆民族团结和社会稳定形势，了解内地新疆籍少数民族人员情况，形成《关于当前新疆民族团结和社会稳定形势的情况报告》和《关于加强内地新疆籍少数民族人员工作的建议》并报中央领导。参与青海玉树地震和甘肃舟曲泥石流救灾期间维护民族团结和社会稳定工作，配合广东做好亚运会期间少数民族流动人员的服务管理工作。

（七）积极做好少数民族干部和人才工作

协同有关部门做好干部挂职锻炼工作，组织了149名西部地区和其他少数民族地区干部到中央国家机关和经济相对发达地区挂职锻炼，选派了7名干部分别到西部省（区）挂职锻炼。同时，做好西部地区和其他少数民族地区干部的教育培训工作，与有关部门共同举办了省部级领导干部民族工作专题研讨班、第10期全国民族自治县县级党政领导干部培训班、第16期全国边境县县级党政领导干部经济管理专题研究班、第2期全国民族语文翻译工作业务骨干高级研修班，共培训各级各类干部200批次。此外，全年为西部地区和其他少数民族地区举办培训班41期，培训干部2191次。

二、2011年工作要点

（一）科学编制和实施好“十二五”专项规划

《扶持人口较少民族发展“十二五”规划》要在“十一五”规划的基础上，继续加大扶持力度，增加资金规模，提高建设标准，扩大扶持范围，推进人口较少民族经济社会全面进步。

实施《兴边富民行动“十二五”规划》，推动边境地区经济社会跨越式发展。要重点加强交通、水利、城镇公共设施等基础设施建设，促进边境县特色优势产业发展，提升县域经济发展水平，提高边民收入，努力解决边民社会保障、就业、医疗、教育等民生问题，深化和扩大边境地区对外开放，维护和促进民族团结和社会稳定。

（二）着力推进民族团结进步创建和宣传教育活动

认真贯彻落实胡锦涛总书记在国务院第五次全国民族团结进步表彰大会上的重要讲话精神，按照《关于进一步开展民族团结进步创建活动的意见》要求，推动西部民族地区广泛深入开展民族团结进步创建和表彰活动；组织西部民族地区各族各界代表参观考察团到发达地区参观学习。全面贯彻落实中办、国办《关于深入开展民族团结宣传教育活动的意见》，推动西部民族地区民族团结宣传教育工作经常化和深入化；会同有关部门，加强对西部民族地区各级各类学校的民族团结教育工作；充分发挥委属新闻单位的功能和作用，加大宣传力度，及时报道反映西部民族团结进步创建活动进展情况。

（三）着力促进少数民族文化大发展、大繁荣

认真贯彻落实《国务院关于进一步繁荣发展少数民族文化事业的若干意见》，继续加大对西部民族地区少数民族文化建设的扶持力度。实施“民族文化三下乡”活动，着力解决西部民族地区基层文化匮乏问题。配合有关部门，支持西部民族地区广播影视节目民族语言译制能力建设和少数民族语文音像制品、书报刊等文化产品的出版和发行。积极推荐西部地区民族文化项目参与国家举办的重大文化活动。

（四）着力促进教育、医疗卫生、体育等社会事业发展

协调有关部门，支持委属院校在实施少数民族高层次骨干人才培养计划、培养双语专业技术人才等方面继续向西部地区倾斜；加强“双语”教学，促进西部民族地区“双语”教学衔接体系建设。协调有关部门，加大民族医药专家队伍的建设，加快民族医药人才培养，提高民族医药队伍的水平和服务能力。积极扶持西部民族地区民族传统体育的健康发展和普及，支持民族传统体育项目的挖掘整理工作。

（五）着力加强少数民族干部队伍和民族工作部门建设

协助有关部门进一步加大西部民族地区少数民族干部培养选拔力度，切实加强少数民族后备干部队伍建设。协调有关部门努力拓宽西部民族地区少数民族干部的来源渠道，保证一定数量的少数民族考生进入公务员和企事业单位干部队伍。发挥中央民族干部学院的平台优势，继续加大对西部民族地区各级各类干部人才培训力度。会同有关部门，继续做好西部民族地区干部到中央国家机关和经济相对发达地区挂职锻炼工作。继续在人力、物力、财力等方面加大对西部地区民族工作部门的支持力度，不断加强西部地区民族工作部门的能力建设。

第八章　公安部

一、2010年工作总结

公安部深入贯彻落实中央第五次西藏工作座谈会和中央新疆工作座谈会精神，加强藏区和新疆公安工作，及时部署维护藏区和新疆稳定以及对口支援工作。

（一）加大对西部地区公安机关资金、政策支持力度

针对西部地区公安机关在经费、装备、基础设施等方面存在的突出问题，公安部积极争取中央有关部门的支持，进一步加大了对西部地区公安机关的政策倾斜力度。2010年，中央专项资金补助西部地区公安机关经费同比增长53.5%，重点解决西部地区县级以下公安机关的装备建设、监管场所建设、派出所建设、业务技术用房建设、办案补助经费等问题。

（二）加强对西部地区公安机关维稳业务指导力度

2010年，公安部加大对西部地区公安机关业务指导工作力度，部署西部地区公安机关深入推进"三项重点工作"和"三项建设"，西部地区公安机关维护国家安全和社会稳定的能力和水平进一步提升。针对西部大开发过程中经济犯罪活动突出的特点，公安部加大对西部地区公安机关经济犯罪打击防范工作的业务指导力度，指导西部地区公安机关侦办了一批大要案件。特别是在打击整治发票犯罪"深入行动"中，将西部地区侦办的40余起大要案件列为公安部督办案件，并将西南、西北地区单独列为1个战区，在成都设立前线指挥部，对各项工作进行一线协调、指导和督导，有力促进了上述地区专项行动的深入开展。同时大力加强社会治安防控体系建设。西部地区公安机关大力推进信息化条件下社会治安防控体系建设，切实提高了社会治安动态管控能力。

（三）加强对西部地区公安机关社会管理与服务工作指导力度

2010年，西部地区公安机关按照公安部的安排部署，进一步创新社会管理与服务工作，出台了一系列便民利民措施，极大地方便了西部地区人才、经济、科技等方面的交流。具体表现在改进和加强户籍管理工作，积极稳妥地推进户籍管理制度改革，进一步加强边防管理工作和出入境管理工作，大力加强消防管理工作和道路交通管理工作等方面。

（四）加大对青海玉树、甘肃舟曲灾区抗灾救援的支援力度

4月14日，青海省玉树藏族自治州玉树县发生里氏7.1级强烈地震，公安部从全国调集了2196名公安消防特勤队员和205名公安边防医疗抢险队员参与抗震救灾，共抢救遇险群众569名，在废墟中救出被埋压群众416名、生还48名，疏散被困群众4100名，救治受伤

群众1812名，抢救财产价值1120余万元，帮助群众搬运物资14.3吨、清理受损房屋36间、搭建帐篷100顶。8月8日，甘肃省甘南藏族自治州舟曲县发生特大泥石流灾害后，公安部从全国调集了1398名公安消防特勤队员和302名公安边防医疗抢险队员参与救灾，共营救生还者78名，疏散解救被困人员51名，救治受伤群众51名，巡诊群众532人次，挖掘遇难者遗体254具，为群众送水135吨。此外，公安部还积极帮助、指导玉树和舟曲灾区公安机关编制了恢复重建规划，协调有关部门将灾区公安机关基础设施恢复重建投资纳入国家恢复重建总体规划之中。

（五）加大对西部地区公安机关的人力支援和培训力度

加强西部地区公安机关领导班子建设。加强与西部有关部门的协调配合，积极推进干部交流和“进班子”工作。截至2010年11月，西部12个省份省、市、县三级公安机关主要领导“进班子”比例分别达到了66.7%、78.8%、73.8%。

全年共安排14名部机关干部到西部地区公安机关挂职锻炼，2名干部到地方党委、政府交流任职。同时，会同有关单位，根据西部有关省份公安工作实际，积极协调部属单位和有关地方公安机关选派专业技术骨干对口支援西藏、青海等地。根据当前各地特别是西部地区公安机关警力不足的实际，2010年9月，公安部向中央编办申请在2010年内将中央编委批准的2008—2012年增编计划中剩余的公安专项编制一次性下达。

推进西部地区公安院校建设和招录体制改革。组织协调部属院校在编制2010年普通高等教育招生来源计划时向西部地区倾斜，协调东部地区公安院校利用先进的教学基础设施和优秀的教师、教官等资源，为西部地区公安院校培训师资。加大对西部地区教育培训工作支持力度。通过东西部交流合作的方式为西部地区培养业务骨干。积极开展一线民警执法培训，组织举办县级公安机关法医骨干培训班。加大对西部地区公安英模的关爱培养。2010年5月和10月组织了两期全国公安英模培训班，名额分配重点向西部地区公安机关倾斜，为西部地区英模创造更多学习、交流、提高的机会。

二、2011年工作要点

（一）大力加强维护国家安全工作，坚决维护西部地区的社会政治稳定

公安部将指导西部地区公安机关深入研究、准确把握当前西部地区敌情的新变化、新特点，坚持稳定压倒一切的原则，严密防范、严厉打击境内外敌对势力、民族分裂势力、暴力恐怖势力、宗教极端势力和“法轮功”邪教组织的渗透颠覆和捣乱破坏活动，切实维护国家安全和祖国统一，切实维护民族团结和社会稳定。

（二）深入推进社会矛盾化解工作，努力为西部大开发创造安定和谐的社会环境

公安部将指导西部地区公安机关深入推进社会矛盾化解工作，建立健全应急指挥处置机制，进一步明确指挥权限、指挥程序和现场处置办法、处置要求，妥善应对各种重大突发事件。同时，组织开展“大走访”开门评警活动，积极适应新形势下群众工作的新特点，创新方式方法，在加强同群众沟通联系、争取群众理解支持上下工夫，积极构建和谐的警民关系。

（三）大力加强打击、防范违法犯罪工作，有效确保西部地区的社会治安稳定

公安部将指导西部地区公安机关根据新形势下社会治安的实际，完善打击犯罪新机制，保持对严重侵害群众生命财产安全的黑恶势力犯罪、重大暴力犯罪、多发性侵财犯罪，以及人民群众反映强烈的拐卖儿童妇女犯罪、毒品犯罪、传播网络淫秽色情犯罪、涉众型经济犯罪、新型诈骗犯罪的严打高压态势。紧紧抓住容易发生治安问题的重点地区、容易为犯罪分子藏身落脚的重点部位、容易滋生“黄赌毒”等丑恶现象的重点场所，集中组织开展专项整治。指导西部地区公安机关建立以社会面巡逻防控网、城乡社区防控网、单位内部防控网、区域治安协作网和虚拟社会防控网等防控网络为基础，以安全技术防范网为支撑，集预防、管理、服务、控制和打击为一体的社会治安防控体系，提高社会治安动态管控能力。

（四）深入推进社会管理创新工作，为西部大开发提供良好保障和服务

公安部将指导西部地区公安机关认真研究新形势下社会管理的规律特点，以公安信息化建设为突破口，积极探索与社会主义市场经济体制相适应的社会管理体系，解决好流动人口服务管理、特殊人群帮教管理、社会治安重点地区综合治理、网络虚拟社会建设管理、社会组织管理服务等问题，全面提升社会管理的科学化水平。主动适应我国人口规模庞大、居住就业方式多样、跨区域流动频繁的新情况，推进户籍管理制度改革，放宽西部中小城市、小城镇特别是县城和中心镇的落户条件，促进符合条件的农业转移人口在城镇落户并享有与城镇居民同等的权益，为西部地区人口流动创造便利条件。进一步加强和改进边防管理工作，深化爱民固边战略，大力推进维稳、民心、固本、强基、联动“五大工程”建设，全力维护西部沿边沿海地区的安全稳定。进一步健全出入境管理工作机制，细化工作措施，不断提高西部地区出入境管理服务水平。深入推进构筑西部地区消防安全“防火墙”工程，加强灭火和应急救援力量建设，不断提升西部地区消防管理的社会化水平。继续以推进社会管理创新工作9项措施为抓手，不断提升西部地区道路交通管理科学化水平，切实保障西部地区道路交通安全畅通。

（五）深入推进执法规范化建设，为西部大开发创造公平正义的法治环境

公安部将指导西部地区公安机关深入研究人民群众对公安执法工作的新期待，切实抓住人民群众反映强烈的突出执法问题，通过深入开展执法大培训、细化执法标准、改进执法方式、规范执法行为、强化执法管理、加强执法监督等工作，不断提高西部地区公安机关执法能力、执法水平，进一步增强开放、透明、信息化条件下的执法公信力。

（六）进一步加大对西部地区公安机关支持力度，为公安机关服务西部大开发提供有力的组织保障

在编制全国公安基础设施2011年至2013年专项建设规划时，注意处理好与国家编制西部大开发规划、国家编制四川、甘肃舟曲、青海玉树灾区恢复重建规划的衔接与同步。积极协调地方党委组织部门，继续推进西部地区公安机关干部交流和“进班子”工作，进一步加强西部地区各级公安机关领导班子建设。继续推动东西部地区公安机关干部对口交流

工作，深化东西部人才对口扶持合作，继续选派优秀部机关干部到西藏、新疆等西部地区公安机关任职或挂职，积极接收西部地区干部到部机关挂职锻炼。全面落实公安机关“东西合作，素质强警”行动计划，大力推动东西部的培训合作，不断加强西部地区公安机关专门人才培训、民警训练基地建设和训练经费保障。

第九章　财政部

一、2010 年工作总结

（一）研究制定今后十年的税收优惠政策

财政部会同有关部门研究提出西部大开发后续税收政策建议，及时启动制定西部大开发税收优惠政策执行文件的相关工作，研究制定西部地区鼓励类产业目录，并赴部分西部地区做了相关调研工作。

（二）加大对西部地区均衡性转移支付力度

2010 年，中央财政对西部地区均衡性转移支付 2202 亿元，比上年增加 366 亿元，增长 19.9%，高于全国平均增长 17.6%的水平。进一步完善民族地区转移支付办法，安排民族地区转移支付 297 亿元，比上年增加 29 亿元，增长 19.8%。对国家重点生态功能区转移支付 156 亿元，比上年增加 75 亿元，增长 92.6%。

（三）完善艰苦边远地区津贴动态调整机制

从 2010 年 1 月 1 日起，调整艰苦边远地区津贴四至六类标准，中央财政增加对内蒙、四川、云南、甘肃、青海和新疆艰苦边远地区津贴转移支付 18.65 亿元；从 2010 年 7 月 1 日起，调整新疆部分艰苦边远地区津贴类别，中央财政增加对新疆艰苦边远地区津贴转移支付 6.24 亿元。

（四）继续支持西部地区基础设施建设，并实行倾斜支持政策

截至 2010 年 11 月 17 日，中央基建投资已下达西部地区 1467 亿元。2010 年，中央财政继续加大对西部地区国家级高新技术产业开发区、经济技术开发区和边境经济合作区基础设施项目贷款贴息的支持力度，安排贴息专项资金 4.7 亿元。中央财政安排西部地区重点小型病险水库除险加固专项资金 32.2 亿元，并将中央补助标准由原来按项目总投资补助 67%提高到 80%。安排城镇污水处理设施配套管网专项资金 42.8 亿元，安排重点地区中小河流治理专项资金 21.8 亿元，安排公益性项目国债转贷资金转为拨款 8.6 亿元。中央财政分别通过安排中央预算内基建投资、车购税资金和政府性基金支持西部地区交通基础设施建设，其中，铁路 299.24 亿元、公路水路 804.54 亿元、邮政 0.33 亿元、民航 46.1 亿元。

（五）加大对西部地区“三农”的投入力度

继续加大对西部地区农业综合开发资金投入力度。中央财政安排西部地区农业综合

开发资金62.74亿元，比上年增长15.8%。同时，新增西部地区农业综合开发县5个，占全国新增开发县总数的31%。落实和完善对农民的补贴政策。增加农作物良种补贴和农机购置补贴资金，分别安排西部地区52.69亿元和50.3亿元，扩大补贴种类；安排畜禽标准化养殖扶持资金和畜牧良种补贴资金；继续安排西部地区"阳光工程"资金，支持农民培训工作。

支持现代农业建设。中央财政安排西部地区小型农田水利设施建设专项补助资金29.07亿元，比上年增长78%。安排西部地区现代农业生产发展资金28.59亿元，增长24.4%。农业技术推广经费等专项资金继续向西部地区倾斜。

进一步完善涉农贷款定向费用补贴、增量奖励、农业保险补贴等政策。2010年，中央财政将西部地区涉及农贷款增量奖励试点范围由2009年新疆、云南2个省(区)扩大到内蒙古等7个省(区)，安排奖励资金6.47亿元。将西部地区2255个基础金融服务薄弱乡镇的银行业金融机构网点纳入定向费用补贴政策范围，安排补贴资金0.63亿元。进一步增加西部地区农业保险保费补贴险种和补贴范围，安排西部地区农业保险保费补贴资金27亿元。

扶持贫困地区加快发展。2010年，中央财政补助西部地区财政扶贫资金146.4亿元，占中央财政扶贫资金总额的65.7%，比上年增加19.94亿元。其中：安排少数民族发展资金11.48亿元、西藏及四省藏区扶贫攻坚资金3亿元等促进民族地区跨越式发展。

(六)支持西部地区的生态环境建设

支持林业生态保护。2010年，中央财政安排西部地区天然林保护工程财政资金25亿元，退耕还林工程资金170亿元。从2010年起，中央财政提高国家级公益林森林生态效益补偿标准，由每年每亩5元提高到10元，安排西部地区森林生态效益补偿基金45亿元。支持草原生态保护。2010年，中央财政安排西部地区退牧还草饲料粮补助资金13.6亿元、西藏草原生态保护机制试点补助资金2.06亿元，继续安排资金对草原灭鼠、飞播种草和边境防火隔离带建设给予支持。

(七)继续加大对西部地区教育转移支付力度

义务教育方面，进一步深化农村义务教育经费保障机制改革，实施措施有：进一步提高农村中小学生均公用经费基准定额补助标准，西部地区将达到小学400元、初中600元；继续向农村义务教育阶段学生免费提供教科书；继续实施农村中小学校舍维修改造长效机制；将中西部地区家庭经济困难寄宿生生活费补助标准每人每天提高1元，即年生均补助最低达到小学750元、初中1000元。

2010年，中央财政预计安排西部地区农村义务教育经费保障机制改革资金293.1亿元。同时，安排免除城市义务教育阶段学生学杂费补助资金8.7亿元，安排专项资金6.32亿元用于接受进城务工农民工随迁子女的城市学校补充公用经费和改善办学条件，安排中小学校舍安全工程专项资金54.4亿元。扩大实施农村学校教师特设岗位计划，2008—2010年招聘的在岗教师2010—2011学年特岗教师工资性补助资金19.37亿元。安排化解农村义务教育债务补助33.21亿元。

普通高中方面，从2010年秋季学期起，中央与地方共同设立国家助学金，用于资助普通高中在校生中的家庭经济困难学生，资助面约占全国普通高中在校生总数的20%，其中西部地区为30%。国家助学金平均资助标准为每生每年1500元,西部地区所需资金由中央与地方按8∶2比例分担。2010年,中央财政安排西部地区助学金12.5亿元。

职业教育方面,2010年中央财政继续支持西部地区职业教育基础能力建设,安排职业教育实训基地建设计划、国家示范性高等职业院校建设计划和中等职业学校教师素质提高计划等专项资金9.4亿元。继续落实各项中等职业教育国家助学政策,安排中职国家助学金31.2亿元,资助学生317万名。从2010年秋季学期起,将城市家庭经济困难学生纳入中职免学费覆盖范围,补助资金23.5亿元。

高等教育方面,通过"985工程"、"211工程"支持西部地区重点高校建设,对西部地区重点高校给予倾斜;2010年中央财政调整设立"中央财政支持地方高校发展资金",从重点学科、教学实验平台、科研平台和专业能力实践基地、公共服务体系、人才培养和创新团队等方面支持西部地区所有地方普通本科高校建设,安排专项资金14.7亿元;安排西部地区高校国家奖学金、国家励志奖学金、国家助学金共29.1亿元,解决西部地区高校家庭经济困难学生的就学问题。

(八)继续加大对西部地区社会保障、医疗卫生、保障性住房等专项转移支付力度

支持西部地区社会保障事业发展。2010年,中央财政安排西部地区就业专项资金137.81亿元,安排城乡低保补助资金293.74亿元,安排企业职工基本养老保险补助资金504.8亿元。扩大新型农村社会养老保险试点范围,安排补助资金42.9亿元。中央财政对中西部地区参加新农合农民和参加城镇居民医保居民的补助标准由每人每年40元提高到60元,截至目前已拨付新农合补助资金159亿元、城镇居民医保补助资金20亿元,并拨付城乡医疗救助补助资金49.29亿元。

提高西部地区医疗卫生服务能力。结合医药卫生体制改革,中央财政进一步加大对西部地区的公共卫生投入,截至目前已下达公共卫生补助资金118.4亿元,并对政府办基层医疗卫生机构实施国家基本药物制度和推进体制机制等综合改革给予奖补资金。

支持西部地区保障性安居工程建设。2010年,中央财政安排西部地区保障性住房支出176.7亿元,用于支持西部地区农村危房改造试点、廉租住房补贴、棚户区改造、公租房建设和保障性安居工程建设。

(九)支持西部地区文化广播电视、计划生育事业发展

支持农村公共文化服务体系建设。中央财政安排西部地区广播电视"村村通"工程、文化信息资源共享工程、农村电影公益放映场次补贴、农家书屋工程、博物馆纪念馆免费开放、农民体育健身工程、农村文化"以奖代补"等专项资金29.79亿元,提高农村电影放映场次补贴标准,提前启动"十二五"时期农家书屋工程建设。

改善基层公共文化体育设施条件。中央财政安排专项资金7.23亿元,重点支持县及县以上图书馆、文化馆、博物馆、剧院、文艺院团、体育场馆、广播电台、电视台等设施维修及设备购置。安排乡镇文化站(室)及社区文化中心设备购置专项资金3.36亿元。加大文物保护投入力度。中央财政安排国家重点文物保护、大遗址保护、非物质文化遗产保护与传承等专项经费5.79亿元。

实施以"三项政策"为主的计划生育利益导向制度,促进人口均衡发展。中央财政安排

西部地区"少生快富"工作、农村部分计划生育家庭奖励扶助制度、全国计划生育家庭特别扶助制度及计划生育事业费补助等专项经费14.72亿元。

(十)积极利用外国政府贷款和国际金融组织优惠资源支持西部地区建设

2010年,批复西部地区利用外国政府贷款3.83亿美元,占总额的30%;利用世界银行、亚洲开发银行贷款10.98亿美元;全球环境基金赠款和赠款承诺1156万美元。上述贷款和赠款主要用于西部地区基础设施、医疗卫生、环境保护和农业开发等领域,不仅弥补了西部地区资金的不足,而且推动了西部地区在体制机制和管理上的创新。此外,积极引导国际金融组织智力资源支持西部大开发工作。

(十一)其他政策

加大对资源枯竭城市的转移支付力度。2010年,中央财政对西部地区资源枯竭城市财力性转移支付14.70亿元,比上年增加5.02亿元,增长52%,高于全国平均增长50%的水平。支持西部地区中小企业和外经贸企业发展。2010年,中央财政安排西部地区中小企业发展专项资金17.15亿元,支持中小企业结构调整、产业升级和专业化发展等。安排科技型中小企业技术创新基金7.4亿元,支持中小企业技术创新和科技成果转化。安排区域协调发展促进资金11.33亿元,支持外经贸企业开拓国际市场、调整进出口结构、提高国际竞争力。支持新疆生产建设兵团发展。根据中央支持新疆经济社会发展的有关要求,2010年中央财政增加安排20亿元,帮助减轻兵团团场职工负担,并从2011年起每年将此数额作为基数在兵团部门预算予以安排。同时从国有资本经营预算中安排5亿元,专项用于支持新疆建设兵团产业发展。

二、2011年工作要点

(一)继续加大对西部地区的均衡性转移支付力度

积极研究完善均衡性转移支付办法,完善地区间支出成本差异体系,推进地区间基本公共服务均等化。结合国家主体功能区规划,研究进一步加大对限制和禁止开发区以及其他重点国家生态功能区的转移支付力度。建立和完善县级基本财力保障机制。

(二)继续做好制定出台西部大开发税收优惠政策执行文件的相关工作

配合相关部门适时调整《外商投资产业指导目录》和《中西部地区外商投资优势产业目录》,贯彻落实西部大开发税收优惠政策,跟踪政策执行效果,及时解决政策执行过程中出现的问题,结合优化税制,适时调整和完善相关税收政策。

(三)研究落实艰苦边远地区津贴实施范围和类别动态评估调整机制

配合国务院有关部门,继续研究对长期在基层和艰苦边远地区工作、长期担任县乡党政领导职务干部的工资倾斜政策。

(四)大力支持西部地区基础设施建设

推动构建西部地区铁路、公路和民航形成的综合交通运输体系，加大对西部地区国家级经济技术开发区、高新技术产业开发区和边境经济合作区基础设施建设项目贷款的贴息支持力度。

(五)继续支持西部地区农业生产发展和生态环境建设与保护

加大对西部地区农业综合开发、农业生产性补贴、现代农业生产发展和小型农田水利建设的投入力度，完善农业灾害预警机制。大力支持西部地区扶贫开发，促进西部农村贫困地区经济社会全面发展。继续健全农业保险保费补贴体系，提升西部地区农业生产保障水平。进一步加大对西部地区生态建设的投入力度，建立草原生态保护补助奖励机制。

(六)继续加大对西部地区教育、医疗卫生、社会保障、保障性住房、文化等专项转移支付的投入力度

按照《国家中长期教育改革和发展规划纲要(2010—2020年)》精神，中央财政继续给予西部地区教育事业适当倾斜。继续实施积极的就业政策，加快推进覆盖城乡居民的社会保障制度体系建设，建立中央和地方社会保障支出共担机制。继续推进医药卫生体制改革。切实解决低收入群体住房困难问题。推动全面构建覆盖城乡的公共文化服务体系。继续完善计划生育利益导向政策。

(七)利用外国政府贷款和国际金融组织的资金和智力资源，全面支持西部地区的经济社会建设

不仅在“量”上加大对西部地区的支持，而且要集中精力提高西部地区贷款项目的“质”，进一步加大西部地区参与区域合作的力度。

(八)其他政策

继续加大对西部地区节能、新能源、循环经济工作的支持力度。推进中央支持新疆经济社会发展有关政策的落实，确保各项政策落到实处。积极推进资源型企业可持续发展准备金管理办法的出台。指导和推动西部地区全面、规范实施国有资本经营预算。做好西部大开发的其他相关工作。

第十章　人力资源社会保障部

一、2010 年工作总结

(一) 千方百计扩大就业

积极稳定和扩大就业。指导西部地区认真落实更加积极地就业政策，中央财政就业专项资金继续加大对西部地区的支持力度。指导西部有条件的城市开展创业型城市创建活动，在成都、银川、咸阳、昆明、张掖等西部城市开展创业实训试点，积极推动实施高校毕业生“创业引领计划”，组织实施高校毕业生“三年百万就业见习计划”。推进西部地区技工院校一体化课程教学改革试点工作。

支持西部加强公共就业服务体系建设。在西部地区大中城市普遍建立了由区县以上综合性就业服务机构和街道、社区公共就业服务平台组成的公共就业服务网络，部分地区在乡镇和村设立了服务窗口。组织开展了就业援助月、春风行动、民营企业招聘周、高校毕业生就业服务月、高校毕业生就业服务周等就业服务系列活动，指导西部地区做好就业困难人员和零就业家庭就业援助工作。

做好西部地震灾区就业应急工作。向汶川地震灾区实施对口就业援助和培训援助计划，向青海玉树地震灾区实施专项就业援助。

扩大和巩固农村劳动力转移就业。采取建立城乡平等就业制度，取消针对农民工进城就业的限制，完善城乡公共就业服务体系，创建农村劳动力转移就业工作示范县，推行培训、就业、维权“三位一体”的工作模式，将农民工培训纳入财政补贴范围等措施，稳定并扩大农民工就业；通过“农村劳动者技能就业计划”、“阳光工程”、“雨露计划”等工程，加大对农民工培训力度，引导农民工有序外出就业，鼓励农村劳动力就近就地转移就业，扶持农民工返乡创业。

(二) 健全社会保障体系

社会保障覆盖范围不断扩大，保障水平稳步提高。在养老保险方面，“十一五”期间，中央财政对西部 12 省(区、市)和新疆兵团养老保险基金补助逐年增加，超过 1800 亿元，为西部地区确保退休人员养老金按时足额发放发挥了重要作用。在医疗保险、失业保险、工伤保险方面，西部 12 省(区、市)参加保险人数较快增长，保险待遇不断提高。同时，扩大农民工参加社会保险覆盖面，基本完成了煤矿等矿山的高风险企业农民工参加工伤保险的“平安计划”一期工程，开展了推进商贸、餐饮等服务行业的农民工参加工伤保险的“平安计划”二期工程。

积极开展新农保试点。2010 年西部地区共有 452 个县纳入新农保试点。社会保险公共服务体系初步形成，服务网络逐步延伸。积极推动西部地区社会保障服务中心建设，重庆万州区、内蒙古锡林郭勒盟、吉林省延边朝鲜自治州、湖南吉首市、贵州遵义市、新疆维吾尔自治区、宁夏回族自治区等7个地区已通过验收。

（三）加强人才工作

加强高层次人才队伍建设。“十一五”期间，共为西部选拔享受国务院政府特殊津贴专家1100多人，选拔百千万人才工程国家级人选150多人，表彰全国杰出专业技术人才25名，专业技术人才先进集体6个；共组织了11期150名专家开展专家西部行活动，设立了272个博士后科研流动站、工作站。在实施海外赤子为国服务行动计划中，将西部地区作为重点，组织在除西藏、贵州之外的西部10个省区市开展了为国服务活动。分别与内蒙古、新疆、甘肃省（区）政府共建3家留学人员创业园，截至目前已与西部地区共建8家创业园。开展三批新疆少数民族科技骨干特殊培养工作，培养2300多名少数民族科技骨干。开展西藏少数民族专业技术人才特殊培养工作，培养240名西藏少数民族专业技术人才。推进青海三江源工程管理人才和专业技术人才培养使用工作，接受培训人数达6000人。加大支持西部省市举办国家级高级研修班力度，全年西部地区累计举办了22期国家级高级研修班。专项支持青海、四川灾后恢复重建14个人才培训项目。

加强高技能人才工作。深入贯彻落实《中共中央办公厅国务院办公厅关于进一步加强高技能人才工作的意见》精神，大力实施“新技师培养带动计划”。“十一五”期间，为西部地区培养高技能人才137.6万人，其中技师和高级技师32.7万人。建立了覆盖省、地（市）、县各区域的人才服务体系。

人才资源开发与配置的服务能力不断增强。2010年，西部地区各类人力资源服务机构共为20余万家用人单位和近千万人才提供了人才招聘、人才测评、人力资源管理咨询、人才派遣等各类服务。西北五省、西南五省等区域内和与长江三角洲等地区的跨区域人才开发合作制度相继建立。西部地区各省份根据当地产业经济发展的需求，走出去招聘吸引各类人才，不断加强人力资源市场供求信息发布，引导人才向西部地区流动。在高校毕业生“三支一扶”计划实施过程中，加大对西部地区的支持力度，引导更多高校毕业生到西部地区就业和服务。

与中央组织部共同组织完成了第六批995名援藏干部和102名援青干部的选派工作。根据中央新确定的对口结对关系，编制下达了第七批2541名援疆干部和人才选派计划。

（四）企业工资分配制度改革稳步推进，劳动关系协调机制进一步健全

企业职工工资水平稳步增长。2010年西部11个地区调整了最低工资标准，促进了低收入职工工资水平的提高。企业工资分配宏观指导制度进一步健全，多数西部地区发布了工资指导线，部分城市发布了人力资源市场指导价位。企业工资决定机制改革稳步推进，促进了职工工资水平的提高，西部地区城镇单位在岗职工月平均工资从“十五”期末的1643元增加到2009年的2606元，年增长14.3％。

劳动关系协调机制进一步健全。稳步推进劳动合同法贯彻实施，劳动合同签订率进一步提高，集体合同制度实施取得新进展，劳动标准管理工作不断加强，协调劳动关系三方机制逐步健全，劳动人事争议仲裁处理效能不断提高。

保障劳动者权益。大力推行工资保证金制度和工资支付监控制度，遏制拖欠农民工工资的现象；加强劳动管理，规范企业用工；加强农民工安全培训工作；农民工劳动争议调解仲裁、监察执法和司法保障工作得到加强，畅通了救济渠道。劳动保障监察执法力度不断加大，连续5年联合公安、工商等部门开展整顿人力资源市场秩序等专项执法行动，劳动保障监察网格化、网络化管理试点取得积极成效，切实维护了劳动者合法权益。

二、2011年工作要点

(一) 实施"就业优先"的发展战略

实施"就业优先"的发展战略，把促进就业作为保障和改善民生的头等大事，作为经济社会发展的优先目标，形成经济发展与扩大就业良性互动的长效机制。紧密结合经济发展，多渠道多形式地创造就业机会。推动西部地区完善落实鼓励劳动者创业的扶持政策，进一步改善创业环境，促进以创业带动就业。加强政策支持和就业服务，促进西部地区高校毕业生就业和农村富余劳动力转移就业。完善西部的公共就业人才服务体系，指导地方做好失业保险援企稳岗政策总结评估及调整工作。

(二) 健全面向全体劳动者的培训制度，全面提升劳动者的就业能力和技能水平

继续加大对西部的倾斜力度，重点在职业培训和技工院校改革发展上完善制度、创新机制、加大投入，大规模开展就业技能培训、岗位技能提升培训和创业培训，切实提高职业培训的针对性和有效性，使技能人才培训满足产业结构优化升级和企业发展需求。在分配高技能人才师资培训项目名额时，继续向西部倾斜，重点指导西部地区四所技工学校一体化课程教学试点工作。继续加大对西部地区职业技能鉴定工作的支持力度，加强西部地区职业技能鉴定队伍培训。

(三) 加强人力资源市场建设

实施西部地区人力资源市场建设示范项目。依托西部地区中心城市，帮扶一批相对有实力的人力资源服务机构改进服务设施，提高服务能力，加大人力资源开发力度。指导西部地区做好当地急需紧缺人才目录，组织西部地区省份到发达地区招聘紧缺的各类人才。指导西部地区加强人力资源市场监管工作，积极支持西部地区加强市场监管队伍培训，提高管理能力。

(四) 建立覆盖城乡居民的社会保障体系

坚持"广覆盖、保基本、多层次、可持续"的方针，加快推进覆盖城乡的社会保障体系建设，在制度上实现人人老有所养、病有所医，享有基本社会保障。不断扩大各项社会保险覆盖范围，加大社会保障基金统筹力度，在政策上继续向西部地区适当倾斜，加大社会保障的补助力度，逐步缩小与东部和沿海地区医疗保障的筹资和待遇水平差距，确保养老金按时足额发放，确保工伤保险待遇足额、按时发放。研究建立失业保险保障生活、预防失业、促进就业制度体系，确保失业人员享受失业保险待遇。进一步扩大新农保试点范围，扩大试点工作向边境地区、民族地区、贫困地区倾斜，争取尽早实现新农保制度对西部所有省份的

覆盖。进一步完善社会保险管理服务体系建设，完善社会保险信息化建设，扩大社会保险标准化建设试点范围。

（五）进一步加强人才队伍建设

贯彻落实《国家中长期人才发展规划纲要(2010—2020 年)》，实施人才强国战略，培养造就规模宏大、结构优化、布局合理、素质优良的人才队伍。进一步加强西部地区高层次专业技术人才的选拔培养。加强对口支援和专家服务活动，继续组织专家西部行活动。完善向基层服务的政策措施，大力宣传西部地区高层次人才扎根基层、拼搏奉献的精神，配合西部省份研究制定吸引人才、留住人才的政策措施。在各项资助评审工作中，继续对中西部地区给予政策倾斜，支持他们有效吸纳利用国际创新资源，提高集成创新和引进消化吸收再创新能力。支持西部地区扩大博士后工作规模，培养、吸引、使用更多高层次人才，招收博士后研究人员，开展产学研合作研究。进一步加大对西部地区吸引海外高层次人才的支持力度，在组织实施 2011 年度留学人员科技活动项目择优资助、高层次留学人才回国资助、留学人员回国创业启动支持计划中，加大对西部地区的支持力度，促进西部地区吸引更多的海外人才；组织留学专家服务团到西部地区开展服务，并将其纳入人力资源和社会保障部组织的 2011 年度海外赤子为国服务计划，提供资金、人才和政策支持，积极协调东部地区支持西部地区高技能人才队伍建设工作。

（六）完善劳动关系调整机制

着眼于劳动关系建立、运行和终止全过程，加快建立健全劳动关系协调机制，完善在政府主导下的劳动关系双方自主协商、社会三方协调和政府依法调整的体制，在西部建立起规范有序、公正合理、互利共赢、和谐稳定的社会主义新型劳动关系。适时合理调整最低工资标准，积极稳妥推进工资集体协商工作，进一步完善企业分配宏观指导体系，着力提高低收入职工工资水平。加强西部地区职工工资支付保障工作，完善工资支付监控制度和工资保证金制度。结合西部地区实际，修订完善工作时间、休假制度等，不断加强劳动定额标准管理。“十二五”期间开展劳动人事争议仲裁院实体化基本建设示范规划项目，将在西部地区建立市级示范劳动人事争议仲裁院 800 个，县级示范劳动人事争议仲裁院 800 个，乡镇劳动人事争议调解示范站(所)800 个。继续开展多部门联合执法专项行动，逐步推进劳动保障监察网格化、网络化管理，加强劳动保障监察服务设施建设，在西部地区建设一批劳动保障监察网格管理中心。加强农民工权益保障机制建设，开展农民工综合服务。

（七）实施劳动就业社会保障综合服务中心建设

2010 年，国家发改委安排中央预算内投资 5 亿元，在中西部地区 162 个县开展基层(县、乡镇、街道)就业和社会保障服务设施建设试点，明显提升了基层就业和社会保障服务能力。“十二五”期间，在全国范围继续开展基层劳动就业和社会保障服务设施建设，重点支持建设 2600 个县级中心、30000 个乡镇(街道)中心，同时配备标准化的设备设施。届时，该项目投资将对西部地区进行适当的倾斜，以明显改善西部地区基层就业和社会保障服务条件，形成布局合理、设施完善、功能齐全、管理规范、流程科学的服务体系。结合统筹城乡居民养老保险和医疗保险的实践，统筹协调，搭建起多重功能的综合性社会保障服务平台。

通过国家支持，在西部地区继续扩大社会保障服务中心建设试点范围，每个省份至少建设1个省级中心、2～3个市级中心和2～3个县级中心。以地、市级社会保障服务中心建设为重点，适当提高中央补助比例，完善相应建设标准。此外，实施促进农民工就业和公共服务的重大项目，包括家庭服务业公益性信息服务平台建设项目、家庭服务业从业人员定向培训工程项目、员工制家庭服务企业创业发展项目、农民工综合服务中心示范项目等。根据《对口支援新疆规划编制工作大纲》和《对口支援新疆规划管理办法》，人力资源和社会保障部正牵头编制新疆农民工公共服务规划，在新疆14个地、州、市和12个师建立农民工综合服务中心。

（八）进一步加快人力资源社会保障信息化建设

完善西部地区省、市两级数据中心建设，加快建立覆盖各级人力资源社会保障机构的信息网络。加快社会保障卡发放进度，扩大社保卡发放人群。加强就业服务管理信息化建设，将西部各类劳动者就业失业登记信息、就业困难人员认定援助信息和享受政策信息纳入全国就业信息监测制度，实现劳动者援助服务和享受政策的全部信息化。加强人力资源管理领域信息化建设，做好社保关系转移、异地就医、新农保等重点业务的技术保障。推进联网监测、基金监管、劳动保障监察等统一软件在西部地区的实施应用范围，提高数据上报质量，推动决策支持系统建设。指导西部地区加快建设电话咨询服务中心，督促各地完成政府网站的整合。推动西部地区开展网络安全信任体系建设和系统等级保护工作，提高全系统整体防护能力。总结金保一期建设经验，加强一期建设成果的应用。指导西部地区编制本地区人力资源社会保障信息化“十二五”规划和做好金保工程二期立项工作。2011年，全面推进金保工程新农保信息系统建设，加大对西部地区建设补助资金支持力度，力争2011年完成工程主体建设任务。“十二五”期间启动和实施金保工程二期建设，继续加强对西部地区金保二期建设资金补助、技术指导和人员培训等方面的支持。

第十一章　国土资源部

一、2010年工作总结

(一)国土资源调查评价取得可喜成果

在西部地区安排国土资源调查评价项目596项，投入经费30亿元，西部国土资源调查评价取得了一系列可喜成果。东疆煤炭资源整装勘查探获煤炭资源量1927亿吨，青藏高原初步形成雄村、甲玛两大资源开发基地，青海省祁连山南缘永久冻土带成功钻获天然气水合物样品，证明了我国冻土区存在天然气水合物资源。油气资源调查评价取得新发现，可可西里盆地发现较好油气显示，羌塘盆地具有形成大中型油气田潜力。

(二)油气地质勘查找矿力度不断加大

以青藏高原和新疆地区为重点，加大对西部地区的地质勘查工作的支持力度，主要开展基础性地质调查和前期的矿产勘查工作。中央财政在西部实施各类地质勘查工作投入资金16.9亿元，拉动地方财政和社会资金分别投入38.4亿元、134.4亿元，在西部地区新发现大中型矿产地155个。在全国油气资源战略选区调查与评价项目中，安排7420多万元用于青藏高原重点盆地、塔里木盆地等专项，开展油气地质调查与综合研究。同时，2010年减免西部地区石油、天然气及煤层气探矿权、采矿权使用费近2亿元，促进了地区石油工业发展。

(三)经济社会发展合理用地需求得到切实保障

按照西部大开发战略实施情况，加大对西部地区的用地计划指标支持力度。2010年，累计下达西部地区新增建设用地计划指标158.93万亩，新增建设占用农用地和耕地计划指标107.47万亩和73万亩，分别比2009年全年下达西部地区的增加4.07万亩、2.61万亩和2.1万亩。

加大新增建设用地审批力度，共审查通过报国务院批准西部地区单独选址建设项目用地116件，批准用地总面积55.7758万亩，保障了西气东输二线、西电东送、川气东输等国家重大建设项目用地。批准西部地区9个重点城市建设用地14.63万亩。办理地震灾后重建项目用地3件，报批用地面积2.4044万亩。指导四川、甘肃、陕西及时办理5件建设项目先行用地，用地面积0.6172万亩，均为交通、电力等基础设施项目，有力保障灾后重建用地需要。

(四) 新一轮土地利用总体规划修编工作加快推进

优先审查报批涉及西部地区的省级土地利用总体规划。目前,西部地区省级和新疆建设兵团规划大纲已经全部通过国土资源部审查。其中,除西藏、宁夏和新疆生产建设兵团以外的西部地区省级土地利用总体规划均已获国务院批准实施。指导西部地区组织做好新一轮土地利用总体规划修编工作。结合西部地区资源环境禀赋和发展实际,落实最严格的耕地保护制度和节约用地制度,统筹近期建设急需和长远可持续发展用地需要;同时,做好与经济社会发展、城乡建设、环境保护、产业发展和基础设施建设等相关规划的协调衔接,确保各类建设用地规模与布局符合土地利用总体规划,保障西部地区经济社会平稳较快发展。

(五) 农村土地综合整治工程强力实施

优先在西部地区安排实施农村土地综合整治项目,2010 年,下达西部 12 省(区、市)中央分成新增费 51.2 亿元,鼓励开展田、水、路、林、村综合整治。继续支持实施新疆伊犁河谷地、宁夏中北部土地开发整理、青海东部黄河谷地百万亩土地开发整理和云南"兴地睦边"农田整治等重大整治工程,已下达项目资金 25.5 亿元。支持汶川灾后重大工程建设,2010 年下达恢复重建土地整理复垦项目资金 20 亿元。2010 年 5 月会同财政部分别与内蒙古、广西签订部省协议,支持两区开展农村土地整治示范建设,分别下达中央支持资金 6 亿元、7 亿元。

(六) 地质环境保护治理工作成效明显

加大地质环境治理和地质灾害治理资金投入力度,安排矿山地质环境治理经费 17.5 亿元,比上年增长了 38%,安排西部 12 省(区、市)中央财政特大型地质灾害防治资金 99954 万元,占中央财政特大型地质灾害治理资金投入总数的 71.4%。加大中央财政对西部地区矿山环境恢复治理的投入力度,2010 年中央财政安排项目 40 个,投入资金达 171980 万元。比上年度增加 36.8%加强西部地区地质遗迹资源的保护,指导西部加强矿山公园建设,西部地区共批准建设 14 家国家矿山公园。

(七) 西部地区国土资源管理体制改革不断深化,促进区域发展城乡统筹

支持国家综合配套试验区改革。与云南、陕西签订合作协议,研究制定支持西藏,新疆,宁夏,青海,广西,甘肃等地区经济社会发展的国土资源差别化管理政策措施。完成部与重庆市、四川省及成都市签署的合作备忘录或合作协议推进情况的评估,及时总结研究"耕地保护补偿机制"、"城乡建设用地增减挂钩试点工作模式"等一批改革成果,促进西部区域发展和城乡统筹。

二、2011 年工作要点

(一) 提高建设用地审批效率,为经济社会发展提供用地保障

简化报国务院批准的建设用地程序,提高征地补偿安置标准,切实保护农民利益。鼓励使用国有未利用地,依法有偿使用的国有土地,鼓励以招标、拍卖等方式供地。外商投资项目用地,确属必需的,经批准,可以用国有土地使用权作价入股、作价出资的方式提供国有土地使用权。

(二) 加大农村土地整治示范建设和重大工程的实施力度

继续加大中央资金对新疆、宁夏、青海、云南土地整治重大工程和四川灾后重建土地整治重大工程,以及广西、内蒙古农村土地整治示范建设的支持力度,鼓励社会资金进入西部地区进行未利用地开发建设和土地复垦。同时加强对重大工程实施情况的指导、检查考核,确保工程质量和资金使用安全。

(三) 实施差别化土地政策,建设用地指标继续向西部地区倾斜

实施差别化土地政策,强化土地利用总体规划管制,合理安排西部地区土地开发利用。土地利用年度计划指标适当向西部地区倾斜。大力推进西部城乡建设用地增减挂钩试点,优化城乡用地布局,加强对挂钩周转指标使用管理的指导。

(四) 增加财政转移支付力度,中央分成新增建设用地土地有偿使用费继续向西部地区倾斜

进一步完善新增建设用地土地的使用和管理,合理确定新增建设用地土地有偿使用费中央地方分成比例,其分配和使用继续向西部地区倾斜。督促地方将土地整治相关资金用于基本农田建设和保护、土地整理、耕地开发等方面,通过土地整治,实现增加耕地数量、提高耕地质量、保护生态环境的目标。

(五) 加大国家财政对西部地区国土资源调查评价的支持力度

加大国土资源调查专项资金、中央地质勘查基金等资金对西部地区支持,实现西部地区找矿重大突破。在国土资源调查计划中,重点安排西部地区重要矿产资源集中区、国家紧缺矿产以及地质工作程度较低地区实现西部地区找矿重大突破,安排地下水资源的调查评价工作、地质灾害严重地区的基础地质工作,实现西部地区找水重大突破,提高地质灾害防治水平。

(六) 探索调整资源税费分成比例,加大对矿产资源原产地收益分配倾斜力

探索调整矿产资源补偿费中央与西部地区分成比例,加大资源税费收益向西部地区倾斜力度,更大地支持西部地区矿业经济发展。

（七）加大地质灾害防治和矿山地质环境保护与恢复治理力度

优先安排三峡库区和地震灾区等西部地区地质灾害防治和矿山地质环境恢复治理项目，提高西部地区矿山地质环境恢复治理项目的配置比例，加大西部地区地质灾害防治和矿山地质环境恢复治理资金支持力度。同时，将西部地区矿产资源原产地收益分成，用于解决国有老矿山企业遗留的矿山地质环境治理等支出，支持矿山企业开展以节能减排为目标的技术改造。

（八）制定西部地区矿产资源勘查开发指导目录，支持优势资源开发利用

加强对西部地区矿产资源勘查开发引导，研究制定西部地区矿产资源勘查开发指导目录，加快推进矿产资源潜力评价、储量利用调查及矿业权核查，为西部地区矿产资源勘查开发活动及矿业权管理提供依据。研究制定西部地区矿产资源勘查开发规划分区和勘查规划区块、开采规划区块的划分方案，大力推进西部地区矿业经济区建设，促进西部地区矿产资源勘查开发结构调整和区域局面优化。

（九）改善西部地区矿业勘探开发投资环境，积极扩大对外开放合作

制定和完善有效利用外资参与西部地区矿产资源勘查开发的相关政策。鼓励外资参与提高矿山尾矿利用率和矿山生态恢复治理新技术开发应用项目，引入先进适用的节能降耗的工艺、技术、设备和管理经验、人才。规范外商投资矿产资源勘查开发的准入条件，建立符合国际惯例的外商勘查开发矿产资源审批通道。充分发挥西部地区的地缘政治优势，加强与周边国家矿业合作，积极开拓周边国家和地区的矿产资源勘查开发市场。

（十）深化国土资源管理体制改革，加强西部地区科技教育和人才培养

加快构建符合西部地区实际的国土资源管理新体制、新机制，推进综合实验区国土资源配套制度改革，深化土地审批制度和征地制度改革，规范集体建设用地流转。实施科技创新工程和科技创新人才工程。采取切实措施鼓励国土资源科技人才、管理人才向西部地区流动。

第十二章　环境保护部

一、2010 年工作总结

(一) 积极推进污染物总量减排,科学编制总量控制规划

实施总量控制差别政策。充分考虑西部各省区环境容量、排放基数、工程削减能力以及社会经济发展需求等因素,对西部地区实行总量控制的差别政策。2010 年,西部地区 19 个重点建设项目中 11 个项目排放二氧化硫总量指标,从“十一五”期间国家预留的二氧化硫总量指标中给予了调剂分配,共计 1.83 万多吨。

支持西部减排工程建设。指导西部地区认真执行脱硫电价、城镇污水处理设施配套管网“以奖代补”等有利于减排的环境经济政策,积极协调相关部门对西部地区污水处理、脱硫等减排设施建设和运行给予重点支持,支持和指导陕西、重庆等西部省份开展排污权交易试点工作。

严格总量减排考核。组织开展了 2009 年度和 2010 年上半年总量减排核查核算工作,对减排工作进展缓慢的地方启动了减排预警通报机制,实施责令限期整改、经济处罚、预警公告等处罚手段,促进西部减排任务顺利完成。

科学编制“十二五”时期总量控制规划。充分考虑西部地区经济社会发展现状和产业结构布局特点,合理确定和分解目标,实行有差别的总量控制目标和差异化的总量控制政策,分类指导西部减排工作。

(二) 切实发挥规划环评作用,完善项目环评审批管理

组织了北部湾经济区沿海地区、成渝经济区以及黄河中上游地区能源化工区的重点产业发展战略环境影响评价工作,大力推进西部重点区域、重点行业的规划环评,审查的西部国家级矿区规划环境影响评价近 10 项。切实支持和加强西部地区项目环评工作,截至 2010 年 10 月,共审批西部建设项目环评 98 个,涵盖了公路、铁路、机场等交通设施和矿产、煤化工、水利等资源及产业。同时,积极开展西部重点地区建设项目环境管理调研工作,先后组织开展了西部地区煤制油、有色金属、煤炭和煤化工等行业环境影响评价管理调研,拟出台支持西部发展的环评工作指导意见,增强西部地区可持续发展能力。

(三) 加大污染防治力度,提高重点流域区域环境质量

积极推进滇池等重点流域和重点湖泊水污染防治,支持云南抚仙湖、内蒙古乌梁素海等试点湖泊开展生态安全调查与评估工作。会同有关部门编制印发了《全国城市饮用水水源地环境保护规划(2008—2020 年)》、《分散式饮用水水源地环境保护指南(试行)》,以宁

夏、四川等省为试点开展全国城市、城镇和乡镇集中式饮用水水源地基础环境状况调查评估工作，扎实推进饮用水环境保护工作。积极推动乌鲁木齐、兰州、成渝等西部重点城市及城市群大气污染防治工作，加快工业污染防治进程，大力削减污染物排放。加大对西部重金属污染防治工作支持力度，会同有关部门编制了《重金属污染综合防治规划(2010—2015年)》，在广西、云南、甘肃、青海等省份组织开展高浓度污染土壤修复技术示范和实施历史遗留问题治理试点工程。着力推进创建国家环保模范城市工作，鼓励并支持重庆市主城区率先创模，组织专家对广西南宁、四川遂宁、青海西宁创模规划编制和评审工作进行技术指导。

(四) 加强自然保护区管理，积极推进农村环境综合整治

在全国范围内开展了自然保护区专项执法检查，对涉及四川、重庆、云南、贵州、内蒙古、宁夏、陕西等地范围内19处国家级自然保护区的建设项目的生态准入进行了严格审查，对广西的16处国家级自然保护区的管理状况进行了评估。支持西部国家级自然保护区能力建设资金0.65亿元。组织开展了对云南、广西和贵州三省(区)生物物种联合执法检查和调查，提出了生物物种资源保护的相关措施和建议。支持陕西、四川、新疆等地开展生态建设示范区创建工作，西安曲江新区、浐灞生态区、成都双流县、温江区通过国家生态建设示范区考核验收，成都市郫县、新疆克拉玛依市克拉玛依区通过国家生态建设示范区技术评估。加大对农村环境综合整治资金支持力度，支持农村环境综合整治项目977个、资金7.33亿元。

(五) 加强基层环境监管能力建设，切实维护群众环境权益

在中央环保专项资金中，安排6.61亿万元支持西部地区，努力提升西部基层环境监管能力。在重金属污染防治专项和主要污染物减排专项资金中，分别安排8.37亿万元、6.69亿万元支持西部地区，在基层环保监测执法基础能力专项中，补助西部地区37048万元，支持了162个县市的环保执法业务用房建设。组织制订了《甘肃等灾情严重地区环境应急装备补助方案》，补助甘肃、四川、云南、陕西等省环境应急设备4632万元。协调开展云南抚仙湖污染防治“以奖促防”试点，安排专项资金5000万元。全年安排污染治理项目资金5667万元，继续组织开展“锰三角”地区环境安全隐患排查和污染防控工作。深入开展环保专项行动，打击环境违法行为，西部12省(区、市)共出动环境执法人员42万余人次，检查企业15万家次，查处环境违法案件2334件，严厉查处了一批群众反映强烈、污染严重、影响可持续发展的突出问题，切实维护西部地区群众环境权益。

(六) 加大环保科研支持力度，推动循环经济和环保产业发展

加大西部地区环保科研项目支持力度。中央公益性行业科研专项经费中支持废水资源利用环境风险评估、气候变化的生态效应、流域治理等环境问题科研项目经费1078万元；“十一五”期间，“水专项”在西部地区流域水污染控制方面，中央财政投入总计约2.6亿元。支持西部地区运营资质审批，协助西部地区建设环保工程技术中心，目前西部地区环境污染治理设施运营资质证书已达130多家，已建或正在建的工程技术中心有2个。积极推动西部地区循环经济建设工作，在已建成或批准建设的46家国家生态工业园区中，西部地区

有7个。以中央级环保科研单位为主，西部地区环保科研单位共同参与项目研究的形式，带动西部环保科研单位提升科研实力。支持西部地区环保科研机构及企业承担了《清洁生产标准　番茄工业》及《环境空气　降水中有机酸的测定　离子色谱法》等5项监测标准的制修订工作。授予中国科学院新疆生态与地理研究所、宁夏中卫沙坡头国家级自然保护区、内蒙古达里诺尔国家级自然保护区等三家单位"国家环保科普基地"并挂牌。

（七）开展干部培训和人才培养工作，推动西部人才队伍建设

大力促进人才交流，选派部机关和直属单位同志到西部地区挂职和学习锻炼，组织开展技术援藏工作，并接收西部地区选派的干部到机关挂职或学习锻炼。通过举办两期中组部抽调地方党政领导干部专题研究班、两期中青年领导干部赴日本节能环保与转变发展方式专题培训班、四期全国地市级环保局局长岗位培训班、三期全国地市级环境监测站站长培训班、四期环境污染责任保险等环境经济政策培训班等多项培训活动，大力开展西部地区环保干部培训和人才培养工作。另外，支持宁夏、新疆、青海三省（区）举办党政领导干部环保专题培训班，举办了以灾后恢复重建和心理抚慰为专题的"青海玉树恢复重建环境保护专题培训班"。

（八）开展双多边合作国际项目，促进西部生态环境保护和可持续发展

2007年5月开始实施的中挪合作湟水河水污染防治能力建设项目顺利完成，促成西宁市出台城市水污染防治计划，建立了流域内环境地理信息系统。实施了"中—意环保合作青海可再生能源项目"和"中—意环保合作宁夏生物质能源项目"，推动减少砍树毁林等破坏生态环境的行为。推动云南、广西积极参与大湄公河次区域环境合作，实施了"全球环境基金四川汶川地震灾区生物多样性保护应急对策项目"和"四川汶川地震灾后恢复重建暨风险管理计划环境示范项目"。积极推进加强"地方消耗臭氧层物质淘汰能力建设项目"，落实行业削减机制。实施"陕西含滴滴涕三氯杀螨醇生产控制"等一系列项目，削减持久性有机污染物。

（九）支持省级宣教能力建设，加大农村地区环境宣教力度

2010年着手实施全国省级宣教机构标准化建设项目，重点向西部地区倾斜，对西部地区投资2567.6万元，约占总投资的47%。加大西部农村地区环境宣传教育力度，选取四川省作为农村环境保护试点之一，开展了农村环境保护系列宣传品编制项目，取得了良好效果。

二、2011年工作要点

（一）继续大力推进污染物减排，加强污染防治工作力度

严格落实污染减排考核措施，组织开展"十一五"时期减排完成情况核查工作。继续加大环境监管力度，加大日常督察力度，对不正常运行的治污设施实行限期治理、挂牌督办。认真组织实施好"十二五"时期总量控制规划，指导西部地区制订具体的实施方案和年度计划。继续做好对西部排污权交易试点、分散型污水处理试点的支持和指导工作。

积极推动《全国城市饮用水水源地环境保护规划(2008—2020年)》的实施，进一步推进西部地区大气污染联防联控，推动乌鲁木齐和昌吉回族自治州、兰州及周边、成渝城市群大气污染联防联控的深入进行，编制"十二五"时期重点区域大气污染联防联控规划，督促西部各省制定本省的重金属污染综合防治规划。

(二)进一步推进环境影响评价工作，加强西部地区环境监管能力

继续贯彻《规划环境影响评价条例》，进一步发挥规划环评在西部开发建设中的决策支持作用。制定西部大开发环境影响评价工作指导意见，支持西部重大基础设施工程和生态环境建设。

合理规划"十二五"时期西部地区环境监测、环境监察建设，加强对西部地区环境监测、监察的运行与保障支持力度。继续深入开展环保专项行动、实施挂牌督办和后督察工作，加大对西部地区环境监测、监察执法人员的培训力度，通过采取适当增加西部地区培训名额、在有条件的西部地区办班和培养西部地区自身师资队伍等措施，提高环境监测、监察执法人员的业务素质和水平。

(三)加强农村环境保护和生态保护工作

积极协调加大对西部地区农村环境综合整治的支持力度，继续支持西部地区国家级自然保护区的建设和发展，对西部地区的生物多样性保护优先区内生物物种资源进行调查，推动地方政府加强生物物种资源保护和管理工作，继续指导开展生态建设示范区工作。

(四)加强西部地区环保人才队伍建设

实施《中西部地区和少数民族地区环保人才支持计划》，继续支持西部省份开展环境保护干部教育培训工作，在培训计划安排时优先考虑向西部省份倾斜。优先考虑接收西部地区干部到机关挂职或学习锻炼，继续开展技术援藏、援疆工作，积极选派干部到西部地区挂职锻炼。继续加强针对西部省区的绿色信贷、环境污染责任保险等环境经济政策的培训工作。继续提高西部地区环保科技创新能力。

(五)积极推动西部地区国际环境合作

在可获得资金支持的前提下，进行西部大开发国际环境合作评估，通过总结以往项目经验，切实找准推动西部大开发的国际环境合作领域。进一步通过双边和多边渠道，做好国际合作项目开发和实施，继续开展服务西部大开发的环境保护国际合作项目，有针对性地培训西部省份环保人员开发和执行国际合作项目等方面的能力。

第十三章　住房城乡建设部

一、2010 年工作总结

（一）支持西部地区城镇保障性住房建设和棚户区改造

2010 年，中央对西部地区廉租住房投资补助标准由 2009 年的 400 元/平方米提高到 500 元/平方米，其中西藏自治区提高到 1000 元/平方米，青海、四川、云南、甘肃四省藏区及新疆边远贫困县（团场）提高到 800 元/平方米。共安排西部地区城镇保障性安居工程补助资金 338 亿元。在重庆、乌鲁木齐等 8 个西部地区城市开展利用住房公积金贷款支持保障性住房建设试点，贷款额度为 108.51 亿元，用于经济适用住房、棚户区改造安置用房和公共租赁住房建设。

（二）支持开展农村危房改造试点

将西部地区所有县纳入扩大农村危房改造试点范围。安排西部地区中央补助资金 53.71 亿元，支持 85.5 万贫困农户开展危房改造，约占全国的 71%。截至 2010 年 9 月底，西部地区 2008 年和 2009 年试点任务全部完成，截至 2010 年 12 月底，2010 年试点任务开工率 100%、竣工率 92%。

（三）指导支持城镇市政公用设施建设

结合全国城镇供水设施改造与建设、污水处理及再生利用设施建设、生活垃圾处理设施建设、重点流域水污染防治等专项规划的编制，有侧重地规划布局西部地区城镇市政公用设施，提出明确的建设目标。积极支持西部地区开展国家园林城市（县城、城镇）创建工作，改善人居环境，2010 年命名了 10 个国家园林城市、13 个国家园林县城和 2 个国家园林城镇。支持和推进重庆、成都、昆明、贵阳、西安、南宁等西部重点城市开展轨道交通规划和建设，指导兰州市开展城市快速轨道交通系统建设前期论证筹备工作。

（四）支持建筑节能工作

2010 年，中央财政下达补助资金 38791 万元，支持陕西、甘肃、青海、宁夏、新疆、内蒙古、新疆生产建设兵团等西部省份进行既有居住建筑供热计量及节能改造。会同财政部下达补助资金 76532 万元，支持西部地区各省（区、市）实施了 18 个可再生能源建筑应用示范项目和 25 个示范城市及示范县。

(五) 支持历史文化名城名镇名村保护工作

2010年,利用中央投资1.79亿元补助西部地区12个省(区、市)历史文化名城名镇名村保护项目28个。公布西部地区12个镇为中国历史文化名镇,10个村为中国历史文化名村。

(六) 认真落实中央援藏援疆工作部署

分别召开了住房城乡建设系统对口援藏、对口援疆工作座谈会,总结交流工作做法和经验,明确工作目标任务,提出具体要求。提出贯彻落实中央关于推进西藏、四省藏区、新疆经济社会发展等文件的实施方案。组织编制对口支援新疆城镇保障性住房、农村安居工程、城镇市政公用设施建设规划。援助新疆开展新型城镇化战略研究和城镇体系规划编制工作。起草对口支援新疆城乡住房建设指导意见。汇编援疆重要工程建设标准。会同有关部门联合批复喀什市老城区危旧房改造综合治理项目方案。

同时,住房城乡建设部结合个人住房信息系统建设,指导支持9个西部城市建立个人住房信息系统,协助杭州与拉萨、成都与日喀则建立帮扶关系。支持西部地区住房城乡建设行业管理干部培训工作、高中等职业教育工作,免费举办19个对口援疆省市援疆干部培训班,青海省尖扎县、泽库县新农村建设专题培训班,共培训学员120多人。推动西部地区开展建设行业农民工职业技能培训与鉴定工作,2010年培训农民工415867人,鉴定25289人。

二、2011年工作要点

(一) 加快西部地区保障性安居工程建设

积极协调有关部门,进一步提高对西部地区各类保障性安居工程的补助标准,落实各项税费优惠政策。指导西部12个省(区、市)加快编制完成省、市、县三级住房保障"十二五"规划,明确保障目标和任务。指导完善住房保障体系,科学制定住房保障目标,合理确定保障方式和标准。支持重庆、乌鲁木齐等8个试点城市,采取有效措施,有序推进利用住房公积金贷款支持保障性住房建设试点工作,保障资金安全。继续加大对西部地区农村危房改造支持力度,加强西部地区农房设计、农房抗震、建筑节能等方面的技术指导与监督检查。积极指导新疆和生产建设兵团以及援疆19个省(市)组织实施城乡保障性安居工程建设规划,加强对规划实施情况的督察。

(二) 指导城乡规划的编制实施

结合省域城镇体系规划的编制和修改,对西部不同地区的城镇化发展特点开展有针对性的研究,引导西部地区走差异化的城镇化道路。加强对西部城镇密集地区规划工作的指导,推动省域城镇体系规划的实施。进一步加强对西部地区报国务院审批城市总体规划的编制指导和审查把关,保证审查报批工作顺利进行。继续指导支持西部历史文化名城名镇名村保护工作,做好保护规划编制,用好国家专项资金。

（三）加强城镇市政公用设施建设

指导西部地区开展城市供水厂升级改造、管网更新改造和污水处理厂、配套管网、污泥处理处置设施建设，提升水质监测和检测能力。指导西部地区加快生活垃圾处理设施建设，完善设施建设和运行的监管体系，开展等级评定工作。指导西部地区设市城市编制或修订城市绿地系统规划，推进城市园林绿化建设。继续指导西部重点城市轨道交通规划建设。加强风景名胜资源的保护和开发利用，指导重点风景名胜区编制完成保护规划。

（四）加强城乡建设防灾减灾工作

指导西部地区结合《城乡规划法》的实施和新一轮城市总体规划的修编，修订或编制城市抗震防灾规划，鼓励有条件的地区编制城市综合防灾规划。推进农村防灾减灾能力建设，加强对村镇建筑工匠的技术培训以及对农民自建房屋、灾后重建和危房改造的技术指导。支持各地因地制宜开展农村民居抗震研究与应用，支持各地开展农村建筑抗震技术标准和相应图集的应用培训。

（五）积极推进建筑节能

围绕新建建筑节能、既有建筑节能改造、可再生能源建筑应用及国家机关办公建筑和大型公共建筑节能监管体系建设等工作，从补助资金、试点示范等方面，支持西部地区建筑节能工作深入开展。

（六）加强行业人才培养培训和东中西部交流合作

进一步加大对西部地区住房城乡建设行业干部的培训力度，支持行业专业技术管理人员队伍、行业技能型人才队伍建设。协调有关部门，继续做好西部地区住房城乡建设领域农民工技能培训和权益保护工作。鼓励和引导东部地区大型建设企业、物业管理企业、市政企业与西部地区企业进行合作，帮助提高技术和管理水平。

第十四章　交通运输部

一、2010 年工作总结

（一）关于贯彻落实中央深入实施西部大开发战略情况

7 月 6 日，交通运输部召开第 6 次部务会议，提出加强 10 年西部开发交通建设成就的宣传工作，研究落实中央关于西部开发若干意见的具体贯彻方案，编制《交通运输“十二五”发展规划》，加大对西部地区交通运输发展的支持力度。

交通运输部综合规划司组织有关单位编制了《深入实施西部大开发战略公路水路交通运输发展规划纲要》初稿，统筹考虑发展方式的转变，体现全面建设小康社会总体目标对西部交通建设的要求；布置西部 12 个省（区、市）和新疆生产建设兵团交通（运输）厅（局、委）开展“西部大开发十周年总结评估工作”，目前各地已按要求上报了有关材料；在《交通运输“十二五”发展规划》及各专项规划编制过程中，对西部地区、藏区交通发展给予重点考虑和倾斜，形成“十二五”期间西部地区、藏区交通运输发展的初步思路。

按照国家发展改革委西部司的统一部署，开始着手编制《西部大开发交通运输“十二五”规划》。交通运输部政策法规司组织开展了宣传西部大开发前 10 年交通运输发展成就的活动，办公厅组织相关司局开展了“西部大开发十周年交通运输发展成就”书稿编辑工作。

（二）关于 2010 年公路交通的发展情况

重点公路建设持续加速。2010 年，交通运输部重点加快西部地区国家高速公路和西部通道为主体的西部重点公路建设，其中，8 条西部开发省际公路通道到 2010 年底基本贯通。国家规划重点公路项目部专项资金补助标准为 700 万元/公里，地方规划项目 600 万元/公里，是中、东部地区的 1.3～1.8 倍。

国省干线公路改造建设进一步加强。2010 年，交通运输部安排车购税投资支持西部地区国省干线公路改造，以进一步提高西部地区国省干线公路总体服务水平。其中二级公路改造按 150 万元/公里标准予以补助，三级公路改造按 80 万元/公里标准予以补助，路面改造 50 万元/公里，是中、东部地区 1.5～2.1 倍。

农村公路建设成效显著。按照中央 1 号文件的要求，交通运输部和国家发改委继续全面加大西部地区“通达工程”和“通畅工程”建设力度，安排车购税投资重点解决不通公路乡镇、建制村通公路以及乡镇通沥青（水泥）路问题。通乡油路建设部补助 40 万元/公里，是东部地区的 2 倍，通村公路 10 万元/公里，其中少边穷地区 20 万/公里。同时，还安排车购税资金支持乡镇客运站、农村渡口改造、渡改桥等专项建设，进一步提高了农村交通运输的服务质量和水平。

口岸公路建设得到加强。2010年，交通运输部安排车购税投资支持重要口岸公路等基础设施建设和改造，改善跨境运输条件，推动了对外交流与合作。

国家公路运输枢纽总体规划审查和站场建设速度加快。2010年，交通运输部积极推进西部地区枢纽城市国家公路运输枢纽总体规划的审查工作，共完成了贵阳、南宁、呼和浩特等共15个城市的枢纽总体规划审查工作。同时，还安排车购税资金支持西部地区枢纽站场建设，其中一级客运站补助标准为1500万元/个，是中、东部地区的1.25倍、1.5倍。

（三）关于2010年水运交通的发展情况

加强规划编制，实施政策倾斜。2010年，交通运输部编制完成了《内河水运“十二五”发展规划》，提高了西部地区内河航道建设中央资金补助标准。与广西壮族自治区人民政府联合审批了《贵港港总体规划》、《南宁港总体规划》，进一步明确了贵港港、南宁港等主要港口的功能定位和发展方向。

加快内河水运建设。2010年交通运输部在西部地区安排的重大内河水运建设项目有：西江航运干线扩容、柳江红花至石龙、红水河曹渡河口至乐滩、嘉陵江草街至河口、黄河白银四龙至龙湾、南北盘江等航道整治工程，嘉陵江草街、苍溪、右江鱼梁等航电枢纽工程，汉江蜀河、乌江银盘等枢纽通航设施建设工程，澜沧江小湾、黄河公伯峡、嫩江尼尔基、乌江洪家渡等库区航运建设工程，澜沧江景洪港勐罕作业区、金沙江水富港扩建、梧州港赤水圩作业区、来宾港宾港作业区二期等港口建设工程。2010年完成项目投资约27亿元，其中交通运输部安排专项资金5亿元，部专项资金补助标准是中、东部地区的1.2～1.5倍。

加大沿海港口建设投资力度。“十一五”期间，在停止对沿海港口和东部内河港口码头设施建设安排中央投资的情况下，交通运输部对西部地区的内河港口建设实行特殊政策，依然给予资金支持。2010年，安排2.3亿元专项资金用于广西防城港西湾10万吨级航道工程、防城港20万吨级进港航道工程和钦州港深水航道扩建工程，安排0.7亿元用于海南海口港、洋浦港的航道与防波堤建设。

二、2011年工作要点

（一）完成《深入实施西部大开发战略公路水路交通运输发展规划纲要》及西部地区交通运输发展“十二五”规划纲要的编制工作

拟于2011年全国交通运输工作会议后，召开由部和西部省份交通运输部门参加的“深入实施西部大开发交通工作座谈会”，系统总结西部大开发10年来交通运输发展的成功经验，提出交通运输部深入实施西部大开发战略的总体思路。

提出西部地区“十二五”时期交通运输发展的总体思路、发展目标、重点任务和政策措施，保障“十二五”时期西部地区交通运输科学发展。

（二）继续加快西部地区公路建设

2011年，交通运输部将重点推进西部地区国家高速公路网、国家公路网规划新增高速公路、国家区域规划内高速公路以及大型独立桥隧建设。继续推进农村公路建设，重点加强西部建制村通沥青(水泥)路建设;积极推进桥梁新改建工程、安保工程等,提高农村公路的抗灾能力和安全水平;并加强县、乡道改造、连通工程等,提高农村公路的网络化水平和整体服务能力。交通运输部还将加大对西部地区普通国省干线公路的改造力度,重点考虑连接县城、重要口岸、重要旅游景区的路线,对促进老少边穷地区发展发挥重要作用的路线以及国防通道,使普通国省干线公路技术等级、质量和服务水平进一步提高。同时,抓紧推进枢纽城市国家公路运输枢纽总体规划的审查工作。

2011年,交通运输部将继续加大对西部地区以及藏区、新疆等重点区域交通建设的投资倾斜力度,提高补助标准,提高西部地区公路交通总体服务水平。

(三)继续加强西部地区内河水运和沿海港口建设

总结西部大开发战略实施10年以来的经验,根据新形势和新要求开展《西部地区水运发展规划》编制工作。加强西部地区内河高等级航道和现代化港区建设,积极推进长江干线整治工程和西江航运干线扩能工程,加快岷江、嘉陵江、乌江、右江等支流航道建设步伐,实施部分库区、湖区航运建设工程,以重庆港、泸州港、南宁港、贵港港、梧州港等主要港口为重点,加强规模化、专业化港区建设。继续推进长江干线等水域内河船舶船型标准化。继续支持广西、海南等沿海港口公共基础设施建设。

第十五章　铁道部

一、2010 年工作总结

(一) 全面加快在建项目建设

建成投产了成都至都江堰、包头至西安、太原至中卫(银川)、宜昌至万州、黄桶至织金、喀什至和田、包满铁路白云鄂博至巴音花段、乌准铁路五彩湾至将军庙、西小召至金泉、六盘水至沾益铁路增建二线、南疆铁路吐库段增二线等铁路项目;加快推进在建的兰新铁路第二双线,大同至西安、西安至宝鸡客专,兰州至重庆、贵阳至广州、南宁至广州、云桂铁路,湘桂线扩能、集宁至包头增建第二双线等区际干线,以及西安至平凉、玉溪至蒙自、大理至瑞丽、锡林浩特至乌兰浩特等地区开发性项目;开工建设了西安至成都、长沙至昆明、成都至重庆、重庆至万州高速铁路,拉萨至日喀则、成都至雅安、广通至大理铁路及集通铁路扩能等重大项目。全年完成西部铁路基建投资超过 2242 亿元,新线投产 2932 多公里,增建二线近 1948 公里,路网总规模达到 3.5 万公里。

(二) 积极推进项目前期工作

根据中长期铁路网调整规划、铁路"十一五"规划、运输需要和地方经济发展等情况,加强与地方政府的沟通协调,加快推进东中西联系通道、路网开发性铁路和既有线扩能改造项目前期工作。一是全力推进成都至贵阳、渝黔线扩能、敦煌至格尔木、遂渝增二线等区际联系通道前期有关工作,构建连接东中部地区的快捷、大能力运输通道。二是积极推进贵州毕节地区开发性铁路、蒙西地区煤炭集疏运铁路、呼和浩特至张家口、呼和浩特至准格尔至东胜、哈密至额济纳、库尔勒至格尔木、玉溪至磨憨、黔张常等开发性新线前期工作,适应西部地区经济社会发展和资源开发需要。三是强化既有线扩能改造,加快推进渝怀线复线、银川至兰州段扩能、成昆铁路扩能、东乌铁路增二线、阳安铁路扩能、集二线扩能、南宁至凭祥铁路扩能、柳州至南宁电化等既有线扩能改造前期工作,大幅提高既有线能力。四是强化和完善西部铁路枢纽,加快乌鲁木齐新客站和兰州、乌鲁木齐集装箱中心站等枢纽改造项目的前期工作,形成现代化综合客运中心、物流中心,促进交通运输可持续发展,增强区域中心城市的辐射和带动作用。

(三) 强化提高运输能力

在加快铁路建设的同时,铁道部大力调整运输结构,创新运输组织,最大限度地挖掘既有铁路潜力,全力确保西部铁路物资运输,西部地区铁路客货运量大幅提升,为促进西部地区经济社会又好又快发展提供了可靠的运力支撑。一方面,统筹利用好既有线释放运力和新增铁路能力，优化运力资源配置，进一步扩大客货运输能力。积极优化列车开行方案，增加动车组开行数量；创新售票方式，推广联程、往返和异地客票发售，极大方便旅客出行；重新优化调整旅游列车开行方案，增加沟通国内大中城市和西部旅游区间的运行线。另一方面，加强与地方政府的沟通联系，路地双方建立完善铁路运输协调机制和联席会议制度，及时全面掌握铁路运输需求。定期组织召开西南、西北区域运输协调会，协调相关单位做好区域运输组织。针对西部地区铁路运输能力紧张的情况，采取推进路企直通运输、加快建设战略装车点建设、实施车种代用和杂型利用等措施，提高区域运输增量。2010 年 1—10 月，西部地区铁路客运发送量和货物发送量分别完成 2.87 亿人次、11.2 亿吨，同比分别增长 11.7%、14.3%，旅客周转量和货物周转量分别完成 1629 亿人公里、7500 亿吨公里，同比分别增长 10.2%、9.3%。

（四）全力保障重点物资运输

铁路部门始终把关系国计民生的煤炭、救灾及灾后恢复重建物资、涉农物资等重点物资运输放在首位，实施运力倾斜，予以重点保证。一是积极与地方政府有关部门和各大电厂协商沟通，确保电厂正常生产用煤需要。针对 2010 年第三季度以来，蒙煤运输能力紧张、京藏高速铁路严重拥堵的状况，集中开展百日蒙煤突运攻坚战，极大地缓解了电力用煤紧张和公路拥堵状况；二是坚持急事急办，特事特办，确保青海玉树及甘肃舟曲等救灾及灾后恢复重建物资运输、西南抗旱物资运输以及各项军运、专运、特运任务的顺利进行；三是加强对西北地区瓜果、土豆、洋葱等季节性鲜活农副产品运输组织，严格按照“五优先”原则组织运输，确保粮食及农副产品保供稳价工作，加大向乌鲁木齐局空棚车组织力度，加强装卸车组织，全力保障新疆棉花、番茄酱运输需求；四是保口岸运输，对铁组运量会确定的运输计划，做到随到随接，确保木材和原油等进出口物资运输畅通。

二、2011 年工作要点

（一）加快铁路网建设，尽快构建完善的铁路运输体系

全力组织好在建项目施工。进一步加强组织领导和建设管理，强化施工组织，加快兰新第二双线、长昆客专、成渝客专、大西客专、西宝客专、贵广线、南广线、兰渝线、成绵乐客专、大丽线、黄韩侯线、西康线增二线等在建项目施工进度，争取早日建成投产。同时根据西部地区生态环境脆弱特点，充分发挥铁路节能环保优势，注重节约用地和环境保护，提高西部铁路资源综合利用效率，为西部地区建设快捷环保的绿色通道，进一步促进西部地区经济的快速、健康和可持续发展。

有序推进新开工项目前期工作。根据西部地区经济社会发展、区域经济交流和资源开发情况，加快推进区际联系通道、路网开发性新线以及既有线扩能改造前期工作。争取开工建设宝鸡至兰州客专、成都至贵阳铁路、渝黔线扩能、敦煌至格尔木、遂渝增二线等项目；积极推进银川至西安、黔张常铁路、敦煌至格尔木、哈密至额济纳等新线，以及成昆线扩能、阳安线扩能等既有线和枢纽改造项目的前期工作，为早日开工创造条件。

(二)强化运输组织,提高运输效率

随着2011年汉宜铁路、太中银、包西、宜万线等线相继开通运营、西部地区路网货运能力得到大幅释放,及时优化调整车流径路,优先用好牵引定数大、移动速度快的主要干线货运能力,确保路网运输效率最大化。

加强与地方政府沟通协调。进一步完善铁路部门与西部地区各级政府之间的协调沟通制度,定期召开运输联席会议,强化区域协调与合作,提高区域运力资源的整体利用效率,满足重点运输需求。

加大对西部的运力支持,保证西部地区运用车需求。加强区域内运输组织,组织区域内车辆固定循环使用,重点拓展西北、西南地区运量。针对西部资源分布的特点,加快铁路战略装车点建设,落实大客户战略,推进铁路与港、矿、厂的直通运输,进一步优化运力资源配置,不断提高运输集约化、规模化、精细化水平。

加强重点物资运输保障力度,千方百计确保西部地区关系国计民生的电煤、石油、粮食、化肥、棉花等重点物资运输,为社会和谐稳定和经济协调发展作出新的贡献。

第十六章　水利部

一、2010年工作总结

2010年，共安排西部地区中央水利投资420.5亿元，占全国已安排中央水利投资总规模的43%。

（一）加强重要水利规划和项目前期工作

2010年水利部组织编制完成了西南五省（区、市）重点水源工程近期建设规划和小型水利设施建设规划，敦煌水资源合理利用和生态保护综合规划、水利部援藏"十二五"规划以及澜沧江、怒江、雅鲁藏布江等重要跨国界河流规划正在抓紧完善，积极开展塔里木河流域综合规划、黑河流域综合规划、水利援疆规划、三江源区水资源综合规划、青海柴达木盆地水资源综合规划等一大批涉及西部地区水利发展的专项规划编制工作。"十二五"时期全国水电新农村电气化规划、全国大中型病险水闸和重点小型病险水库除险加固、山洪地质灾害防治等专项规划中，对西部地区予以倾斜。配合国家发展改革委开展了贵州省水利建设生态建设石漠化治理综合规划编制工作。

同时，加快推进对深入实施西部大开发战略具有全局性影响的重点水利工程前期工作，增加西部地区水利项目储备。云南牛栏江—滇池补水工程、尼尔基水利枢纽下游内蒙古灌区工程、世行贷款节水灌溉二期工程、广西桂中治旱乐滩水库引水灌区一期工程、桂林市防洪及漓江补水工程斧子口水利枢纽工程、黄河宁夏段近期防洪工程、黄河内蒙古段近期防洪工程、青海省引大济湟调水总干渠工程等西部地区重点水利建设项目前期工作进展顺利。

（二）着力推进重大水利工程建设

"润滇""滋黔""兴蜀""泽渝"等骨干水源工程加快推进。宁夏扶贫扬黄灌溉一期工程全面建成，甘肃引洮供水一期、青海引大济湟等工程进展顺利。新疆下坂地水利枢纽下闸蓄水，云南龙江水电站下闸蓄水、首台机组并网发电，云南麻栗坝水利枢纽全部机组并网发电。贵州黔中水利枢纽、西藏旁多水利枢纽、广西桂林防洪及漓江补水等新开工项目建设加快推进，四川亭子口水利枢纽实现二期截流，内蒙古黄河海勃湾、新疆肯斯瓦特等项目开工建设。石羊河流域重点治理、黑河流域近期综合治理、塔里木河流域近期综合治理等生态建设工程稳步推进。石羊河、黑河流域近期治理建设项目安排完毕，长江和黄河上中游、珠江上游南北盘江石灰岩地区、西南石漠化地区水土保持工程、黄土高原淤地坝工程继续实施，以西部地区为重点的坡耕地水土流失综合治理试点工程启动建设。

（三）大力改善民生水利基础设施

中央民生水利投资重点向西部地区倾斜，2010 年安排农村饮水安全工程中央投资 95 亿元，病险水库除险加固 38.4 亿元，小型农田水利基础设施建设 29.1 亿元，大型灌溉配套与节水改造 29.5 亿元(含新建灌区、牧区水利、节水示范)。

加快西部地区农村饮水安全工程建设，解决了 2343 万农村人口的饮水安全问题。全面完成西部地区纳入专项规划的 2559 座病险水库除险加固工作，启动实施纳入《全国重点小型病险水库除险加固规划》的西部地区 1303 座小型水库除险加固工作。加强农村水电建设，安排西部地区 146 个县水电农村电气化 171 个项目，西部部分省(区、市)63 个小水电代燃料项目，新增代燃料装机 15.2 万千瓦，解决 13.5 万户农民的生活燃料。

继续推进大型灌区续建配套与节水改造，安排西部地区规划内 152 处大型灌区中的 120 处灌区续建配套与节水改造项目，预计新增、恢复灌溉面积 167 万亩，改善灌溉面积 818 万亩，新增节水能力约 13 亿立方米。支持西部地区节水灌溉示范项目和牧区节水灌溉饲草料地建设，安排了西部 55 个县和新疆生产建设兵团节水灌溉示范项目、74 个县和新疆生产建设兵团牧区节水灌溉饲草料地建设，预计新增牧区节水灌溉饲草料地面积 22 万亩。

（四）积极开展防汛抗旱工作

水利部按照党中央、国务院的统一部署，超前谋划，及时应对，有效抵御了西南地区的特大干旱，科学防范了青海玉树地震造成的次生灾害，成功处置了甘肃舟曲泥石流灾害，大量减轻了局部地区严重洪灾造成的损失。同时，指导西部地区各省(区、市)编制完成省级抗旱规划，加强对西部地区的防汛抗旱工作和山洪灾害防御工作的检查，督促落实大江大河、重点大中型水库、主要蓄滞洪区和重要防洪城市的防汛抗旱责任制。

突出加强中小河流治理和山洪灾害防治。编制和实施全国重点地区中小河流治理近期建设规划，惠及西部地区 700 余县(市、区、旗、团场)。加快实施《全国山洪灾害防治规划》和编制山洪地质灾害专项规划，启动全国县级山洪灾害防治非工程措施建设，计划用 3 年时间完成包括西部地区 916 个县在内的全国 1836 个县的山洪灾害防治任务，2010 年已安排 500 个县，其中西部地区 207 个县，中央补助资金重点向西部倾斜。

（五）加大水利管理和改革力度

加强水利安全监管工作。严格落实安全生产监管责任，深化安全生产安全专项整治，加强了西部地区在建水利工程、病险水库除险加固、农村水电站、淤地坝等重点领域的安全监管工作，加强隐患排查，确保了西部地区水利重点领域、关键环节和重要时段水利工程建设与运行安全。

提升西部地区水利科技发展水平。安排西部地区技术引进、研究开发和成果推广项目 30 余项，组织开展了节水灌溉技术、农村饮水技术、水土保持技术等先进实用技术成果的试点示范和推广应用。继续对西部地区开展省级水资源管理信息系统建设给予指导和支持，进一步推进西部地区城市水资源实时监控与管理系统建设试点项目，2010 年共落实资金 890 万元。

推动节水型社会建设深入开展。进一步扩大西部地区节水型社会建设试点范围，加大对西部地区特别是节水型社会建设试点地区的资金、政策等方面的扶持力度。指导西部地区完善节水型社会建设制度体系，严格实行用水总量控制和定额管理制度、水资源论证制度等节水型社会基本制度，完善水权转换制度、计划用水管理、节水“三同时”管理、水价制度等配套制度建设，促进西部地区水资源优化配置、用水效率提高和节水型社会建设。

二、2011 年工作要点

（一）进一步加强规划和前期工作

抓紧编制西部水利发展“十二五”规划；加快推进流域综合规划修编，积极促进西部地区塔里木河、黑河流域综合规划编报工作；积极推动全国中小河流治理和中小水库除险加固、山洪地质灾害防治、易灾地区生态环境综合治理总体规划和前期工作；充分利用全国及流域水资源综合规划成果，为西部地区水资源开发利用、水资源保护和优化配置及节水型社会建设等提供支持和指导。加快《全国抗旱规划》上报审批工作，争取纳入国家“十二五”规划，尽早实施。督促加快珠江大藤峡控制性枢纽工程前期论证工作，争取早日开工建设；指导做好陕西引汉济渭、南水北调西线、黄河黑山峡河段开发等工程前期工作。

（二）进一步加大中央水利投资力度

积极与国家发展改革委和财政部沟通协调，加大西部地区水利建设投入力度。贯彻落实中央深入西部大开发战略部署，继续为西部地区争取财政贴息，投资补贴、投融资优惠等政策性支持。争取适当提高水资源配置、城乡供水、城镇防洪工程、中小河流治理、水土保持、生态建设及农村水电等工程建设的中央资金补助比例。加大对水库移民后期扶持的资金投入。多渠道筹集资金，加大扶持力度，促进西部地区大中型水库移民后期扶持规划、库区和移民安置区基础设施建设和经济发展规划实施。积极开辟新的投资渠道，按照“谁投资、谁经营、谁受益”的原则，鼓励各类投资主体进行水资源开发利用和生态环境建设。

（三）进一步加快涉及民生的水利建设

重点解决农村饮水安全问题。继续解决西部地区规划内剩余 3242 万农村居民饮水安全问题。对由于水质标准提高、水质污染、移民搬迁等原因产生的新增规划外饮水不安全人口进行调查复核，纳入“十二五”规划，同时加大对西部地区的支持力度，争取早日解决西部地区农村饮水不安全问题。保障已建农村饮水安全工程良性运行，研究适合西部地区的工程建设和管理模式。

继续推进水库除险加固工作，抓好小Ⅰ型和重点小Ⅱ型水库除险加固工程建设；启动实施大中型病险水闸规划，全力督促指导做好西部地区病险水库、水闸除险加固工作。继续推进中小河流治理。全面完成《全国重点地区中小河流治理近期建设规划》内试点项目建设，加快推进规划内后续项目的实施。

加快推进大型灌区续建配套与节水改造和大型泵站改造工作。继续加大对西部地区大型灌区续建配套与节水改造项目的投资力度；继续深化灌区管理单位管理体制与运行机制改革，努力实现灌区管理的良性运行；全面推进并基本实现用水户参与灌溉管理；总结“工程改造与管理改革”综合试点建设经验，大力推进灌区续建配套与节水改造工作；总结评估自1998年以来，特别是“十一五”期间大型灌区续建配套与节水改造项目建设与管理的成效与经验，为“十二五”规划的编制与实施提供依据。加大大型泵站更新改造工程投入，加快项目建设。

加大投资力度，积极推进西部地区节水灌溉和牧区节水灌溉饲草料地建设，为西部地区农村、牧区生态环境改善提供水利支撑和保障。继续推进小型农田水利建设，加大西部地区中央财政小农水项目投资力度，尽早实施《西南五省(区、市)小型水利设施建设规划》。

继续稳步推进西部地区水电新农村电气化和小水电代燃料项目建设，在《“十二五”全国水电新农村电气化规划》中重点安排西部地区项目，实施好《2009—2015年全国小水电代燃料工程规划》，到2015年，在西部地区的282个县(市)开展496个小水电代燃料项目建设，进一步引导和带动西部地区农村水能资源开发，提高农村电气化水平，促进西部地区农村水电持续、快速、健康发展。继续做好援藏和包括三峡库区周边县在内的水利扶贫工作，加大扶持力度。

(四) 进一步抓好重点水利工程建设

进一步加快黄河宁蒙河段、渭河、四川五江一河、广西西江干流等江河治理项目以及四川亭子口、贵州黔中、广西漓江补水、西藏旁多、甘肃引洮、青海引大济湟、陕甘宁盐环定扬黄续建、西南中型水库等重点水利工程建设，继续加强塔里木河、黑河、敦煌、石羊河等重点流域综合治理，尽早开工建设四川小井沟、云南牛栏江—滇池补水、陕西引汉济渭、新疆西水东引、阿尔塔什、克孜加尔等重点工程。做好已完工程的竣工验收工作，具备条件后及时组织竣工验收。

(五) 进一步加强防汛抗旱工作

继续加大对西部省(区、市)的防汛抗旱应急资金支持。加快《全国抗旱规划》报批工作。稳步推进黄河流域防御洪水方案和洪水调度方案编制工作，组织指导西部地区各省(区、市)继续编制完善抗旱预案体系。继续开展西部地区山洪灾害防治工作；推进抗旱信息化建设；加快建设西部地区城市备用水源工程；实施西南地区重点水源工程建设和小型水利设施建设；加大现有抗旱水源工程的除险、配套力度；加强生态抗旱应急补水工程建设，加强抗旱基础工作。从制度建设、人员配置、物资储备、资金投入等方面完善配套，提高防汛抗旱服务水平。

(六) 进一步加大水土保持和生态综合治理力度

继续在水土保持生态建设项目及投资安排上对西部地区予以重点倾斜，并争取启动实施革命老区国家水土保持重点建设工程，进一步加大坡耕地水土流失综合整治工程投入，在水土流失严重的长江上中游、黄河中上游、晋陕蒙砒砂岩区、珠江上中游石灰岩地区等西部地区加速开展水土流失综合治理。

(七) 进一步加强西部地区水资源优化配置

重点支持西部地区开展水量调度相关研究，细化黄河、黑河等流域的年度水量调度指标；加强对黑河流域各省(区)的协调，理顺体制机制，优化调度方案，加大对黑河流域水量调度的资金支持力度。全面启动西部地区主要江河水量分配工作，组织开展相关专题研究，启动湟水、渭河、嘉陵江、赤水河等流域的水量分配工作。加快推进水文基础设施建设，充实完善西部地区各类水文站网，加强水文巡测基地和水资源质量监测中心建设，促进水文信息共享。

（八）进一步落实水利政策措施

进一步落实水资源费征收管理办法，严把取水许可审批关。严格建设项目水资源论证制度，从源头上遏制高耗水、高污染企业的建设。落实水土保持补偿政策，加强水土保持监督执法。尽快落实西部地区“两费”中央财政补助问题，积极争取财政部门支持，通过中央财政转移支付的方式，补助西部地区的两费缺口。

（九）进一步深化水管体制改革和法治建设

督促西部地区巩固水管体制改革成果。按照《实施意见》明确的改革任务，督促各级水利部门加强与有关部门沟通协调，确保足额落实两项经费，继续加强内部人事分配制度改革，建立考核和激励机制，推行管养分离，建立科学的管理体制和良性运行机制。指导西部地区水利部门进一步深化水管体制改革。把改革延伸至小型水利工程，积极推行集中管理、专业管理，以县为单位组建工程管理单位，切实做到每个工程都有责任主体、管护人员、管理经费、管理和监测设施、预警手段、应急抢险预案，真正建立起长效良性运行机制。

继续实施“水资源执法规范化建设项目”和“中西部地区水政监察基础设施建设项目”，对西部地区水利法治建设提供有力的支持，不断提高西部地区依法行政的能力和水平。继续加强对西部地区水利工程建设的质量安全监督管理。

（十）进一步推进科技支撑和人才培养

充分利用各类科技计划和引用外资项目，探索省部共建、联建新模式，加强西部地区水利科技基础条件平台建设。在科技项目安排、示范基地建设、科技人才培养等方面，进一步加大对西部地区科技发展的支持力度。在技术监督方面，结合水利科技推广，水利技术标准的宣传培训、试点示范项目向西部倾斜；进一步完善取用水计量设施的安装，加大管理力度；推动各地出台配套政策，积极采信节水产品认证。在人才培养方面，继续加大向西部地区援派干部力度。在现有干部交流工作基础上，继续选拔政治素质高、业务能力强、工作作风扎实的干部到西部地区工作，支持西部地区干部到内地挂职锻炼，并依据培训计划积极开展人才培训工作，逐步形成经济、干部、人才、科技相结合的支持西部经济社会发展工作格局。

第十七章　农业部

一、2010 年工作总结

全年安排西部地区各类农业投资 246.75 亿元，改善西部地区农业生产条件，推动西部地区农业农村经济又好又快发展。

（一）加强农业发展研究和指导

2010 年，党中央、国务院召开西部大开发工作会议后，农业部迅速向国务院上报了《农业部关于做好西部地区农业农村经济发展工作的报告》，研究提出了当前和今后一个时期推进西部地区农业农村经济发展的思路和措施。分别召开了农业援疆、援藏工作座谈会，全面总结了"十一五"期间农业援疆援藏工作成效和经验，研究部署了"十二五"农业援疆援藏工作。与宁夏、青海、四川成都、重庆开展合作，就建设现代农业签订共建协议。组织人员对贵州省黔西南州金银花产业发展情况进行了调研，提出了支持当地金银花产业发展的具体措施。选派部内 12 名优秀干部赴西部地区挂职交流。

（二）强化农业综合生产能力建设

继续加强西部地区农业设施装备条件建设，深入开展粮棉油糖高产创建，提升大宗农作物生产能力。安排资金 17.41 亿元支持西部地区种子工程、植保工程、棉油糖基地、旱作农业示范、畜禽水产良种工程和全国新增 50 亿公斤粮食生产能力规划项目建设。安排 11.14 亿元用于支持西部地区生猪、奶牛等的标准化规模养殖；在西部地区安排资金 65.06 亿元，继续实施水稻、小麦、玉米、棉花、长江流域油菜、生猪、奶牛、肉牛、绵羊良种、马铃薯原种补贴、测土配方施肥、土壤有机质提升和病虫害防控等补贴补助；安排专项补助资金 5.57 亿元支持西部地区 1284 个粮棉油糖高产创建示范片建设；安排 50.78 亿元用于农机购置补贴和农机化项目建设；安排 3.6 亿元用于动物防疫基础设施建设。

（三）推进特色农业发展

通过规划引导、政策支持、项目带动，深入推进农业结构战略性调整，促进西部地区特色农业发展。支持建设"桂中南优势蔗区"、"滇西南优势蔗区"、"黄土高原苹果优势区"、"西南红茶和特种茶重点区域"、"西北白梨区"等一批优势特色产区。大力开展园艺作物标准园创建工作，安排建设了 71 个蔬菜、水果和茶叶标准示范园。安排资金 1.1 亿元，支持新疆甜瓜、陕西苹果、内蒙古马铃薯、大通马、伊犁鹅、天祝白牦牛、藏猪等特色良种保护繁育工作。

（四）加大对科技发展和劳动力培训扶持力度

推动西部地区加快农业科技推广应用步伐。安排资金 2.83 亿元，建设 283 个科技示范县，加大农业科技示范户的培育力度，加强农技人员知识更新培训。扶持现代农业产业技术体系。为支持西部地区农业科技发展，在西部地区共聘用 529 名农业科技人员参加到体系建设中，其中首席科学家 7 人、岗位专家 189 人。加强农民培训和农村实用人才培训。安排资金 4.31 亿元，为西部地区培训新型农民 105 万人，并培训 1521 名农村实用人才带头人和大学生村官，为现代农业产业发展提供人力和智力支撑。

（五）促进农业产业化经营

安排西部地区农业产业化项目 16 个，并对农业产业化国家重点龙头企业建设农产品生产基地给予补助，开展"龙头企业＋中介组织＋农户"经营模式试点，进一步提高了龙头企业带动能力，促进了当地农民就业增收。为提升西部地区农产品加工技术研发能力，在西部地区建立畜产品、水产品、粮油、果蔬、特色农产品加工技术研发专业分中心 16 家。针对西部地区农产品加工企业的技术需求，举办了农产品加工技术对接活动，开展了太阳能果蔬脱水、马铃薯窖藏保鲜等技术示范推广。加强东西合作，围绕培育西部地区特色优势产业发展，引导东部企业到西部地区投资，进一步拓展了产地深加工农产品的销售渠道。

（六）加强农产品质量安全和农资市场监管

安排资金 4.56 亿元，建设 5 个省级综合性质检中心、182 个县级质检站，使农产品质检机构检测条件显著改善，检测能力和监管能力明显增强。积极扶持西部地区绿色食品、有机食品产业发展，对西部地区国家级贫困县有机食品认证费减收 1/3，优先在西部地区建设国家有机食品示范县。确定了西部 13 个县（市、区）为"放心农资下乡进村"示范单位，拨付农业投入品质量监管项目资金 433 万元，开展了农资打假和毒鼠强专项整治工作。

（七）强化农产品市场与信息化建设

在西部地区命名 20 家农业部定点市场，同时在编制《农产品产地批发市场建设规划》中，确定在西部地区建设 7 个国家级蔬菜、水果、畜产品、特色农产品重点产地市场，支持新建约 40 个区域型产地市场和改扩建约 200 个区域型产地市场。支持西部地区举办特色农产品产销对接和市场开拓活动，与西部地区联合举办了中国西部农业博览会等 12 场大型农业会展活动，并协助举办新疆名优特及精深加工农产品（上海）展示会，开展特色农产品促销活动，扩大西部地区产品的市场影响。支持广西、重庆建设省级综合信息服务平台，整合省级网站和信息资源，为当地农民增收、农业增效、农村经济社会发展提供了较大支持。

（八）加强农业生态环境建设与保护

开展重点区域农产品产地环境重金属污染情况调查监测、农业面源污染定点监测与污染防治示范、农业野生植物资源调查、外来入侵生物情况调查。安排资金 28.23 亿元，加强农村沼气工程建设；推广农业和农村节能减排技术，开展循环农业示范，建设乡村清洁工程示范村。联合有关部门制定出台"建立草原生态保护补助奖励机制促进牧民增收政策"，逐步建立促进草原生态保护和牧民生产生活持续健康发展的长效机制。安排资金23.13亿元，实施退牧还草、京津风沙源草原治理、草原防火、草原虫害防治等项目。加大对西部重要水产种质资源的保护力度，养护渔业资源，改善水域生态环境，保护珍稀濒危水生生物。

二、2011年工作要点

(一) 加强农牧业调查研究

结合“十二五”规划编制工作，深入研究新形势下进一步加快西部地区农牧业发展新思路，构建新机制，制定有针对性的政策措施。通过调查研究，为今后西部农业开发工作打下良好基础。

(二) 努力提高农业综合生产能力

基本建设投资和农业财政项目继续对西部重点地区倾斜，支持西部地区不断完善基础设施，努力提高西部地区良种覆盖率、耕地产出率，减少农业灾害损失；深入推进畜禽养殖标准化示范创建活动，积极鼓励和引导分散饲养向适度规模养殖转变；不断增加对西部地区良繁体系建设的投入，提高种畜禽场的生产和供种能力，全面提升西部地区农业综合生产能力。

(三) 推动农业产业化经营

结合“优势农产品区域布局规划”、“优粮工程”等重大农业建设项目，强化农业标准化的实施。选择一批产业发展基础好的重点省、市、县，按照产业化的思路，建设一批特色农产品标准化示范县。以示范区建设为主体，以企业为龙头，以协会为中介，培育有突出效益和发展潜力的农业产业或关联产业。

(四) 推进农业机械化进程

结合西部地区农机化发展实际，适当增加农机购置补贴资金；引导西部地区突出重点，加大对经济有效、节能安全、生态环保机械的补贴力度。继续支持西部地区推广保护性耕作技术和主要农作物生产机械化技术，因地制宜增加农作物生产机械示范品种。继续推进新增千亿斤粮食生产能力规划农机化项目实施。

(五) 提高市场与信息服务水平

加大对西部农产品市场体系建设投入力度，推进《农产品产地批发市场建设规划》实施，鼓励西部地区加快产地批发市场建设步伐，特别是提升冷藏保鲜能力，在西部优势产区打造具有全国和区域性影响的蔬菜、水果、畜产品、水产品、特色农产品产地市场。进一步支持西部地区举办农产品产销对接和市场开拓活动，扩大西部地区产品的市场知名度和影响力。把握“十二五”规划开局契机，强化信息技术与现代农业的融合，推动西部地区信息化水平跨越式发展。

（六）保障农产品质量安全

建立健全西部地区农产品质检体系，推进《农产品质量安全检验检测体系建设规划（2011—2015年）》的编制、审批工作，通过二期质检规划，科学构建西部地区包括畜产品检测在内的市县级农产品质量安全检验检测体系。依托西部地区资源优势和环境优势，建立规模化、区域化的绿色食品原料标准化生产基地和有机农业示范基地，积极引导农业产业化龙头企业，参与绿色食品和有机食品开发工作。

（七）促进农业实现可持续发展

继续开展农业生态环境保护工作。重点加强西部地区农产品产地安全监测、农业面源污染防治、农村清洁工程示范建设、农业野生植物资源保护及外来入侵生物防控，在条件适宜地区加大推广农业和农村节能减排技术力度，继续开展循环农业示范，继续加大对西部地区农村沼气工程支持力度。

加强畜禽水产品种保护和新品种培育。加大对地方畜禽水产遗传资源保护的扶持力度，严格落实各级畜禽水产遗传资源保护责任，确保地方优良品种资源不流失。加强优良地方品种的开发和利用，加快畜禽水产新品种的培育与推广，以利用促保护，变西部地区资源优势为经济发展优势。

第十八章　商务部

一、2010年工作总结

2010年，商务部会同财政部，拨付西部地区内贸发展专项资金17.67亿元，其中，农村物流发展专项8.88亿元、服务业发展专项7.9亿元、中小商贸企业发展专项0.88亿元。拨付西部地区外经贸发展专项资金17.6亿元，其中，外经贸区域协调发展促进资金9.1亿元。从2010年3月起，包括内蒙古、广西、西藏、新疆、云南在内的出口企业，以一般贸易或边境小额贸易方式从陆地指定口岸出口到接壤毗邻国家的货物，采取银行转账人民币结算方式的，可享受出口退税政策。2010年6月起，跨境贸易人民币结算范围扩大到包括内蒙古、西藏、新疆、云南、广西、重庆、四川在内的西部地区，扩大到经常项目，不限制境外结算地区。支持企业投保内贸信用险，向重庆、四川、云南、陕西等4个省（市）拨付补助资金97.33万元，支持西部地区企业开展信用销售21.99亿元。

（一）推进市场体系建设

深入实施“万村千乡市场工程”。2010年，在西部地区新建改造3.1万个农家店和468个配送中心；将工作重点转移到加强农村商品配送能力建设上，着力构建多层次农村商品配送网络；积极建设连锁化农家店，扩大覆盖面；努力提升农村商业信息化水平，提高农家店统一结算率，促进农村商业现代化水平的提高；在补贴标准上对西部地区给予政策倾斜，单个农家店补贴标准比东部地区高50%，2010年中央财政向西部地区下达“万村千乡市场工程”补贴资金5.9亿元。

有效推进“家电下乡”工作。截至2010年10月，西部地区共销售家电下乡产品2541万台，销售额为490.4亿元，补贴金额55.3亿元。

为支持西部地区茧丝绸产业“调结构、创品牌、促升级”，在财政部中小商贸企业发展专项资金中安排400万元，支持四川省开展丝绸企业营销网络及品牌建设试点工作。目前，该省茧丝绸行业主管部门已确定了4个试点项目。

大力实施农产品现代流通综合试点和标准化菜市场建设。重庆市、新疆维吾尔自治区被列入农产品现代流通综合试点地区，安排资金1.8亿元，重点支持农产品生产基地及农产品销售龙头企业建设，改造农产品冷链系统、质量安全检测系统、仓储设施等，大型连锁超市与农产品生产基地开展“农超对接”，农产品批发市场和农贸市场升级改造；鼓励两市（区）创新发展方式，探索符合地方特色的现代农产品流通模式。为贯彻落实《国务院办公厅关于搞活流通扩大消费的意见》，开展标准化菜市场示范工作，中央财政投入资金2000万元。

认真开展市场服务体系建设试点、商业示范社区创建和现代物流示范工作。在市场监管服务体系建设中，选择广西、贵州、云南、西藏、陕西、甘肃、青海、新疆8个西部省（区）的

17个市、30个县为试点县(市);在"放心肉"服务体系建设中,将82个单位列为2010年屠宰企业标准化改造项目重点推进单位,将陕西、甘肃作为屠宰监管技术系统项目的试点,支持贵州、云南、陕西、甘肃、青海、新疆、西藏、广西、宁夏、新疆生产建设兵团10个地区屠宰企业标准化改造4000万元;在肉类蔬菜流通追溯体系建设中,在全国范围内选取10个城市作为建设试点,并签订了协议,其中包括重庆、成都、昆明3个西部地区城市,并已按计划下发项目资金,其中,重庆4000万元,昆明4000万元,成都5000万元。在全国商业示范社区创建和现代物流示范工作中,2010年,支持西部地区创建全国商业示范社区29个,推动了"便利消费进社区,便民服务进家庭"工作;落实商务部下发的《关于开展流通领域现代物流示范工作的通知》要求,2010年,西部地区16个城市被列为商务部现代流通领域现代物流示范城市。

(二)促进对外贸易发展

在政策实施和资金安排等方面适当倾斜。在焦炭、磷矿石、甘草及制品、铁合金等产品的出口配额或出口许可证资质审核和配额分配方面,商务部在现行政策允许的范围内对西部地区的企业给予一定的政策倾斜,适当放宽部分标准和条件;对外贸出口公共服务平台建设,中央财政在扶持资金的安排和使用上,对西部地区采取了更为宽松和优惠的政策,即国家资金比例东部沿海地区不超过50%,西部地区不超过70%。在对大型成套设备出口支持方面,截至目前,西部地区已有6个项目纳入国家融资保险专项,合同总金额为21.25亿美元,占已获批项目总金额的10.2%;加大服务贸易人才培养力度,对西部地区业务骨干进行理论、统计、国际趋势、中国现状、业务技能等方面的培训。

积极推进出口基地建设。已认定重庆、柳州两个国家汽车及零部件出口基地,认定了西安阎良航空高新技术产业基地、包头稀土高新技术产业开发区等15个国家科技兴贸创新基地,重点支持基地及基地企业研发、认证、检测、培训、信息服务等公共服务平台建设,提高企业创新能力和核心竞争力。

努力扩大关键设备和技术进口。2010年拨付西部地区进口贴息资金2.94亿元,支持西部地区进口先进技术、重要装备、关键零部件及资源性产品,支持西部企业利用高新技术改造传统产业、振兴装备制造业和培育战略性新兴产业。

有序推进加工贸易梯度转移。2010年,认定了第三批13个加工贸易梯度转移重点承接地,同时明确了利用外经贸区域协调发展促进资金重点支持加工贸易梯度转移承接地建设。截至目前,共认定了三批44个重点承接地,加工贸易进出口额在中西部占比已超过四成,平均增速超过全国近20个百分点,带动中西部地区加工贸易进出口在全国占比由2006年的2.5%上升至目前的约4%。

大力支持会展等平台建设。商务部与西部地区相关省(区)人民政府共同主办了中国乌鲁木齐对外经济贸易洽谈会、中国(宁夏)国际投资贸易洽谈会、中国—东盟博览会、中国西部国际博览会、中国昆明进出口商品交易会、南亚国家商品展;在安排展位时,对西部地区交易团采取提高出口额系数(按实际出口额的2.5倍计算)、省级交易团核算数量外,另行安排部分一般性展位和品牌展位规模按既有规模进行评审等支持措施;在中国国际软件和信息服务交易会、中国(深圳)文化产业博览交易会、赴香港举办服务贸易洽谈会等展会活动中,为西部企业提供便利条件;商务部和重庆市共同主办国际服务贸易(重庆)高峰会,促进重庆服务贸易发展;在中国服务贸易指南网站上宣传西部地区和西部企业。

(三) 提升利用外资工作水平

大力促进西部地区开发区发展。2010 年以来，国务院已批准西部地区 11 家省级开发区升级为国家级开发区；举办中西部国家级经济技术开发区人才培训班，着重对新升级的中西部地区国家级开发区开展业务培训。认真做好西部地区投资促进工作。通过部长级定期联席会议等形式，推介西部投资环境，听取外方的意见或建议，推动外方组团考察西部地区。努力推动西部地区服务外包发展。国务院确定的 20 个服务外包示范城市西部有 3 个，占总数的 15%，对西部地区抓住全球产业转移的机遇，吸引国际投资等方面，起到了极大的促进作用。积极支持新疆扩大对外开放。出台支持新疆产业聚集园区、喀什和霍尔果斯经济开发区建设发展政策，组织东中部国家级开发区通过对口支援产业聚集园区建设，帮助新疆提高自身发展能力。有效使用国际援助资金。据不完全统计，2010 年商务部继续利用多双边无偿援助渠道，向西部地区提供了约 2000 万美元的援助资金，以政策开发支持、研讨交流以及试点示范等形式，在扶贫、教育、卫生、环境等领域开展合作，促进了西部经济社会发展。

(四) 支持企业“走出去”和承担援外项目

强化“走出去”信息服务和引导。编写发布《对外投资合作发展报告 2010》，全面反映包括西部地区在内的我国对外投资合作的趋势、特点、最新政策措施和相关热点问题；发布《对外投资合作国别(地区)指南》(2010 版)，帮助包括西部地区企业在内的我国企业了解境外投资环境；赴新疆、宁夏等省份宣讲对外投资合作支持政策；协助西部地区商务主管部门与中国对外承包工程商会等行业组织建立联系，组织中央企业与西部企业开展业务对接，共同开拓国际市场；加大“走出去”业务培训，邀请西部地区商务主管部门和企业参加“走出去”业务培训，并在名额上予以倾斜，帮助当地企业提高对外投资合作能力。

支持西部企业承担对外援助项目。目前商务部已赋予西部地区的 55 家符合条件的企业实施援外成套项目(38 家)和物资项目(17 家)的资格，占全国具有援外资质的 479 家企业的 11.4%。另有 8 家设计企业和 15 家监理企业获得援外企业备案资格。上述企业可通过商务部有关网站报名参加对应类别成套工程、一般物资、设计和监理项目的投标。2010 年 1—10 月，近 20 家西部企业通过招议标方式承担了援外成套、物资和技术合作项目 54 个。西部地区有关单位承担我援外培训项目 15 个，培训涉及经贸、沼气开发、清洁能源、农业等优势领域和缉毒工作。

(五) 维护产业安全和开展反垄断宣传教育

运用贸易救济措施保护西部地区产业发展。2010 年，商务部在办理贸易救济案件中有甲醇反倾销和马铃薯淀粉产品反补贴两起案件，涉及陕西、四川、云南、重庆、内蒙古、甘肃、新疆、青海、宁夏等 9 个西部省份 20 家企业。贸易救济措施立案后，涉案进口产品普遍出现了量跌价增的效果，有效遏制了不公平贸易行为对西部地区产业的损害，涉案西部地区企业生产经营和经济效益得以好转。

推动西部地区产业损害预警机制建设。产业安全数据库扩容工程共向西部地区投入 2189 万元；确定重点联系企业 1862 家，覆盖石油化工、机械、建材、轻工、纺织、汽车、钢铁、电子信息、物流、机床、农产品、有色金属等 16 大重点行业；支持新疆建立“一红一白”(西红柿和棉花)产业损害预警机制。

加大贸易救济与产业安全培训。2010年,商务部先后投入资金40余万元,在四川和广西分别举办了全国贸易救济与维护产业安全培训班和第五期地方商务主管部门维护产业安全业务培训班,并从师资上支持内蒙古商务厅举办的贸易救济培训班,共培训西部地区地(市)级商务主管部门、经济开发区、地方行业协会等业务主管人员400余人。

认真做好反垄断宣传教育工作。在甘肃省兰州市举办了2010年第二期《反垄断法》宣传培训班,来自陕西、甘肃、青海、宁夏、新疆商务主管部门相关人员、甘肃省地(市)级商务主管部门负责同志参加了培训;委托相关单位设计并印制了4000份《反垄断法》宣传手册,向西部各省(区、市)的商务主管部门进行了发放,供其在公众区域内进行张贴和法律宣传时使用。

(六) 研究编制西部地区"十二五"商务发展规划

2010年8月份,商务部召开全国商务系统"十二五"规划编制工作会议,同时,协助指导新疆、西藏等地开展规划编制工作。研究西部地区"十二五"时期商务发展举措。根据"十二五"规划的总体安排,2011年商务部将研究编制《商务发展"十二五"规划》和《培育国际合作和竞争新优势规划》。

(七) 推进干部交流和人员培训

积极开展干部交流。2010年,商务部共选派7名干部赴西部地区挂职锻炼,其中援藏3人,援青2人;共接收3名西部地区干部到商务部挂职锻炼,其中,中组部、中央统战部和国家民委统一安排的司局级挂职干部1人。

加大教育培训支持力度。2010年,共有41名西部地区省级商务主管部门负责同志赴京参加商务部举办的全国地方商务厅局长培训班,20余名西部地区地市级以上商务主管部门负责同志参加了商务部举办的国外研修班和中长期理论研讨班。在西部地区举办了电子商务网站四级平台建设培训、对外投资合作业务与政策综合培训、农产品重点出口市场质量安全法规培训等商务领域专门业务培训班12期,共计培训基层商务干部、商务从业人员1800余人次;为加强西部地区高级翻译人才培养,根据商务部与欧盟的协议,将重庆市选定为中欧英语同声传译项目选拔考试分考场城市,并定向招录了4名同传学员。

二、2011年工作要点

(一) 加强市场体系建设

继续支持西部地区深入推进"万村千乡市场工程",突出农村配送能力建设,提升农村流通信息化水平,构建覆盖农村的现代流通网络。指导重庆、新疆等西部地区开展农产品现代流通综合试点,促进新疆农产品流通链条的优化重组。继续完善"家电下乡"产品流通网络建设,重点加强对流通环节监管,完善家电下乡工作机制。围绕"调结构、创品牌、促升级"的工作思路,积极争取相关政策,进一步巩固丝绸企业营销网络及品牌建设试点工作。

继续加强屠宰行业管理。扶持西部地区屠宰企业的标准化改造,将西部地区屠宰行业的环境保护列入支持项目,引导企业加大污水处理设施设备及资金投入。加强牛羊屠宰管理，完善企业布局，明确监督管理责任，保障少数民族地区人民群众肉食安全。引进内地大型企业先进管理经验和技术力量，培育西部地区大型企业发展，扩大企业规模，带动西部地区肉品质量安全整体保障能力的提高。加强对肉菜可追溯流通体系建设试点城市的统一指导，组织制定相应的技术标准和制度规范，考虑将有条件的西部地区城市纳入试点。继续对西部地区中小商贸企业发展给予支持，并适当放宽补助条件，提高补助比例。

（二）提高对外贸易质量和效益

继续支持西部地区办好相关展会，全力支持新疆做好首届亚欧博览会的各项筹备工作，确保首届博览会成功举办。继续支持西部地区企业参加第109、110届中国进出口商品交易会。继续在出口配额及出口许可证商品的资质审核和配额分配方面，对西部地区企业给予政策倾斜。针对西部省区的实际情况，继续推动有关部门研究通过财政转移支付等方式给予补偿或扶持，包括在产品设计和贸易促进中心建设工作中，研究通过制度安排给予西部地区较为宽松的发展环境。

进一步推动出口基地建设，研究通过设置灵活的准入标准给予西部地区一定的政策倾斜。充分发挥服务贸易对交通等硬件设施依赖较小的特点，以及西部地区在文化、医药、自然风光等方面的独特优势和地缘优势，支持西部地区大力发展服务贸易；办好2011年“国际服务贸易（重庆）高峰会”，加强对西部服务贸易工作人员和从业人员的指导和培训，提高其综合知识水平和业务工作能力。

加大对大型成套设备出口支持。在国家融资保险专项备选清单中，西部地区仍有25个，合同金额共计86.71亿美元的项目，在条件成熟后将积极予以推动。

研究出台《促进战略性新兴产业国际化发展指导意见》，从利用全球创新资源、开拓国际市场、提高国际投融资水平、推动企业跨国经营和培育国内市场等方面制订政策措施，提高包括西部地区在内的我国战略性新兴产业的国际竞争力和国际分工地位。认真落实《关于促进加工贸易转型升级的指导意见》的各项政策，继续加强加工贸易梯度转移重点承接地的培育和建设工作。

（三）切实提高利用外资质量和水平

认真落实《国务院关于进一步做好利用外资工作的若干意见》，引导外资向中西部地区转移和增加投资。发挥特殊经济区域带动作用，支持开发区和西部地区边境经济合作区发展。根据中西部地区经济发展的新要求，会同发改委对《中西部地区外商投资优势产业目录》予以修订。继续加大人才培训力度，推动东中部国家级开发区与西部地区开发区开展人员培训合作，帮助西部地区培养开放型人才和管理人员。建立健全区域互动机制，做好产业转移促进工作。指导西部地区做好投资促进规划，利用各类投资合作平台对西部地区招商引资、投资促进工作予以支持。支持西部地区加快推进服务业利用外资，大力发展服务外包产业。继续利用多双边发展援助资金及渠道给予西部地区支持，结合目前援助方关注的环境、气候变化、自然资源保护及少数民族发展等领域开展合作项目。

（四）大力推动对外经济技术合作

继续加大对西部地区的调研力度，倾听有关企业需求，帮助解决企业在“走出去”过程中遇到的实际困难和问题，继续积极研究出台适合西部边远地区企业特点的“走出去”长期鼓励政策。会同有关部门，继续加强政府公共服务和保障，抓好人才培养，更好地适应西部地区经济发展要求，进一步提高西部地区企业“走出去”的能力和实力。

进一步推动西部地区部分外经企业与中央企业建立战略合作关系，共同开拓国际市场。通过对外承包工程商会等，为西部地区已具有一定能力的对外承包工程企业联系寻找分包机会。鼓励并支持西部地区更多符合条件的企业按照有关规定，向商务部申请援外成套和物资项目实施资质。继续通过多种方式，根据项目特点和需要，结合西部地区的地缘优势，支持具有资质的西部企业更多参与援外项目竞标。

将太阳能、沙漠治理、地震工程、可再生能源、草原荒漠化治理、雨水积蓄利用等援外技术培训项目，在援外政策和制度允许的范围内尽可能交由西部地区具有行业和领域优势的单位承担。继续在政策和资金上支持西部地区有实力、信誉好的优秀企业申请援外优惠贷款，经进出口银行评估通过后，利用优惠贷款到发展中国家实施投资合作项目。

（五）做好维护产业安全和反垄断工作

加大运用贸易救济措施力度，丰富贸易救济措施手段，完善西部地区产业预警机制，加强对西部地区干部、企业的培训，做好贸易救济措施效果跟踪评估，指导西部产业和企业健康持续发展。继续通过举办《反垄断法》研讨会、培训班、出版反垄断法知识系列读本等方式，多层次、多渠道、全方位地进行《反垄断法》宣传，积极培育公平的市场竞争秩序，提高地方商务主管部门及相关人员的法律意识和执法能力，推动《反垄断法》在中西部地区宣传培训工作的开展。

（六）完成有关规划编制工作

《沿边地区开放开发规划》属于报国务院审批的国家级专项规划，由商务部和发改委共同牵头编制。商务部将在编制发布和组织实施好商务领域“十二五”规划的同时，认真开展此项规划理论研究和实地调研，完成规划的编制和报审工作，并通过规划的实施进一步提升沿边开放水平。

（七）积极开展人才交流培训

总结以往工作经验，认真做好接收三部门选派西部地区干部到商务部挂职的工作。根据西部地区有关省（区、市）的要求，结合商务部干部交流的总体计划，继续有针对性地选派优秀干部到西部地区挂职锻炼。根据西部地区需求，接收适当数量的西部地区干部到商务部短期挂职锻炼。继续举办6期全国地方商务厅局长培训班，力争通过两年时间完成将西部地区省级商务主管部门负责同志轮训一遍的任务。根据西部地区商务工作需求，适时在西部地区举办基层商务干部培训班和商务领域专门业务培训，在学员名额分配上积极向西部地区倾斜。选派西部地区商务主管部门优秀青年干部参加境外培训项目，并在培训团组的名额分配上向西部地区倾斜。支持西部地区商务主管部门自主举办人才培训项目，并可根据具体需求，在师资或教材等方面给予积极支持。

第十九章　文化部

一、2010年工作总结

（一）实施重大文化惠民工程，加大向西部地区倾斜力度

2010年，共安排专项资金17.6亿元扶持西部地区公共文化建设，占全国资金总量的53.2%。其中，全国文化信息资源共享工程资金3.25亿元，占全国的60.9%；非物质文化遗产保护资金1.63亿元，占全国的50.1%；乡镇综合文化站建设资金10亿元，占全国的54.1%。研究策划了少数民族文化建设“春雨工程”，启动基层文化人才培训计划以及公共文化服务体系示范区创建工作。

（二）组织开展导向性、示范性文化活动

2010年，在西部少数民族地区组织实施了“春雨工程”——全国文化志愿者边疆行活动，北京、浙江、福建、重庆的文化志愿团赴西藏、新疆开展“文化志愿者边疆行大舞台”、“文化志愿者边疆行大讲堂”、“文化志愿者边疆行大展台”系列活动，丰富了西部地区公共文化服务内容。同时，组织获“文化部首届优秀保留剧目大奖”部分作品赴新疆、西藏进行演出，启动经典儿童剧走进西部校园“情系新疆，关爱少年儿童”公益演出活动，组织国内知名艺术家小分队赴阿勒泰、石河子、哈密等地举行慰问演出活动。组织“中国西部交响乐周”活动，进行西部各省（区、市）交响乐团展演，交响乐进社区、进广场等活动。

（三）加快推进文化产业发展

2010年，拨付新疆、西藏、青海、内蒙古四省区各50万元专项资金，用于动漫作品和节目的少数民族语言译制和在少数民族地区开展动漫文化宣传推广活动。原创动漫扶持计划共扶持西部地区项目12个，总计128万元。通过“文化部文化产业投融资公共服务平台”，已有云南、陕西、青海、宁夏四个省（区）的10个重点项目通过部行合作机制获得了银行贷款，贷款总额103多亿元。同时，文化部积极支持西部地区成功举办第五届中国西部文化产业博览会，在促进搭建政策信息发布平台、文化产业展示交易平台、区域合作交流平台和文化项目投融资平台上发挥了重要作用。

（四）加强文化人才的培养

根据《国家中长期人才发展规划纲要（2010—2020年）》，文化部制定出台了《全国文化系统人才发展规划（2010—2020年）》。加大艺术编导、网络文化、动漫游戏、市场营销、公共文化服务等短缺急需专业人才和高层次人才的培养力度，提升边远贫困地区、边疆民族地

区和革命老区对高层次文化人才的吸引力度，力争实现专业人才和高层次人才数量在现有基础上有较大增长。同时鼓励文化人才向西部流动；在设立的专业人才培训项目中，增加西部地区的培养名额；加大对西部地区文化干部教育培训支持力度，每省、区、市对培训班资助10万元，分别举办了新疆、西藏文化管理干部民族团结培训班，5期西部执法人员培训班。

（五）加大非物质文化遗产建设力度

2010年，文化部继续加大对西部地区非物质文化遗产保护工作经费补助的支持力度，通过中央财政共补助西部省（区、市）非物质文化遗产保护工作经费16278万元，占全国的50%。专项划拨补助经费948万元用于支持青海玉树地震灾后非物质文化遗产抢救保护工作，并特批300万元救灾资金；同时，安排100万元专项经费，重点支持甘肃省舟曲特大地质灾害后非物质文化遗产抢救保护工作。举办了“全国少数民族非物质文化遗产项目调演”活动，精选20个少数民族的120个国家级和省级非物质文化遗产项目，组成2台综合专场及青海、四川、贵州、内蒙古、湖南、广西、西藏等7个省（区）专场；举办“巧夺天工——百名工艺美术大师技艺大展”和首届中国非物质文化遗产博览会，展示了西部地区各民族非物质文化遗产的独特魅力，促进西部地区非物质文化遗产生产性保护。

（六）加快少数民族语言资源建设

“十一五”期间，中央财政加大对全国文化信息资源共享工程投入的同时，注重少数民族语言文字资源的制作与发布。中央财政共向西部地区和新疆生产建设兵团补助资源建设经费5650万元。从2006年8月开始，陆续展开卫藏藏语、安多藏语、蒙语、维语、哈语、朝语的译制工作，2009年年底少数民族语言资源的总时长将达到1363小时。同时，逐步增加康巴藏语的译制，使藏语的卫藏、安多、康巴三大方言地区群众都可以方便地收看文化共享工程资源。积极推进维吾尔语文化资源建设，已建成文化讲座68部，时长5074分钟；卡通片143集，时长750分钟；维语节目《中国维吾尔麦西莱甫》，时长1860分钟。

二、2011年工作要点

（一）对加强西部地区文化建设做好规划

2011年是“十二五”时期文化发展规划颁布并实施的关键一年。我们将进一步贯彻落实统筹区域文化协调发展的原则，加大对西部地区的支持力度，形成东、中、西部优势互补、良性互动的发展格局，以规划保障西部地区文化建设快速发展。

（二）继续加大资金支持和扶持力度

根据西部地区实际情况，进一步加大对西部文化建设的资金投入和支持力度。在研究制定“十二五”规划中，充分考虑西部地区的建设成本和配套能力，对地市级公共图书馆、文化馆、博物馆以及非物质文化遗产保护利用设施等建设项目给予适当倾斜和扶持。争取建立基层文化机构运行经费保障机制，依托图书馆、文化馆、文化站等公共文化服务机构，对其开展各类文化活动所需的业务经费、购书经费、活动经费、下乡演出经费、对外交流和宣传经费等给予充分保障，保证公共文化服务单位正常运转，提升公共文化服务能力。完善文化投入专项资金制度，重点用于公共文化服务体系建设、扶持引导重点文化产业发展、重要文物和非物质文化遗产保护、支持对外文化交流、支持文化科技创新等。加快实施文化建设“春雨工程”，计划在新疆试点，逐步在少数民族地区铺开。

（三）重大文化惠民工程继续向西部地区倾斜

文化部联合有关部门实施的重大文化工程将优先向西部地区倾斜。如实施“国家数字图书馆推广工程”，启动和推进国家公共文化服务体系建设示范区建设和公益性电子阅览室建设，实施“两馆”免费开放，开展西部基层文化队伍培训工作，继续推进县级图书馆和文化馆修缮项目、中华古籍保护计划、中国少儿歌曲创作推广计划、全国文化信息资源共享工程建设、社区（村）文化活动中心（室）建设以及非物质文化遗产的保护和开发工作等。

加快实施文化建设“春雨工程”，拟以新疆为试点，通过中央财政对公共文化基础设施建设的投入，逐步使村、社区基础文化设施得到明显改善，健全各级文化服务网络。同时争取财政部支持，积极推进公共文化服务机构基本运行经费保障机制的建立，加强文化市场监管能力和文化人才建设。通过试点，逐步摸索经验，力争3～5年时间初见成效，并适时在其他少数民族地区推广。

（四）加强文化人才队伍建设

安排专门资金支持西部地区开展文化人才培训和创作、研究、学术交流等工作。落实乡镇综合文化站人员编制，引导和鼓励高校毕业生到西部基层从事公共文化服务工作；实施基层文化人才队伍培训工程，对基层“两馆一站”文化工作人员进行培训；实施文化艺术名家工程，培养一批文化艺术领域的领军人物和专业带头人；大力培养文化产业专门人才，重点培养文化产业领域的领军人物、创意创新人才、专业技术人才和经营管理人才；在文化部主办的各类全国性培训班中适当增加西部少数民族地区名额；继续举办民族团结培训班。

（五）丰富西部地区文化资源

在2010年试点工作的基础上，进一步组织开展“春雨工程”——全国文化志愿者边疆行工作，丰富西部地区公共文化服务的内容；支持西部地区创作一批重大舞台艺术精品和美术、动漫作品，在全国性艺术展演、展览以及重大文艺活动中对西部地区予以倾斜。继续加强对西部少数民族地区文化信息资源共享工程建设、古籍保护等工作的指导和支持，重点推进西部少数民族语言译制工作，为广大西部民族地区群众提供丰富的少数民族语言文艺产品。

（六）加强对少数民族地区非物质文化遗产的保护

继续对西部地区名录项目和代表性传承人保护予以支持。通过中央财政进一步加大对西部地区非物质文化遗产保护经费的支持力度，对西部地区各级名录项目保护和代表性传承人保护予以重点倾斜。加强人口较少民族非物质文化遗产抢救和保护，确保普查资料整理工作扎实开展和顺利完成，对人口较少民族非物质文化遗产保护工作予以帮助和指导。

在西部地区重点建设一批非物质文化遗产保护与展示基础设施，加强规范性管理。扶持和建设一批生产性保护示范基地，在西部地区选取一批非物质文化遗产生产性保护方面确有典型意义和示范价值的单位、企业，予以命名，充分发挥非物质文化遗产资源的社会效益和经济效益。

（七）加快少数民族地区文化产业发展

在拟订文化产业发展规划、政策和有关法规草案中对西部地区予以重点支持，扶持和指导西部地区文化产业基地和区域性特色文化产业群建设。继续实施原创动漫扶持计划，扶持西部地区优秀动漫作品和人才，支持西部地区题材的动漫创作；结合国家关于支持西部开发有关政策，加大对西部文化企业的金融支持力度，在西部形成一批实力雄厚的文化领军企业和企业集团；推动西部地区文化市场监管平台建设，维护少数民族地区文化市场稳定。

第二十章　卫生部

一、2010年工作总结

(一)逐步建立和完善医疗卫生服务体系

继续加大对西部医疗卫生基础设施的投入倾斜力度,“十一五”时期以来,安排中央专项投资245.5亿元(占中央安排总投资490亿元的50.1%),共建设项目2.98万个,重点支持包括采供血体系、疾病预防控制体系、突发公共卫生事件医疗救治体系和农村卫生服务体系建设。初步形成了社区卫生服务机构与城市医院相衔接的城市医疗服务体系,以及以县级医疗卫生机构为龙头、以乡镇卫生院为骨干、以村卫生室为基础的农村三级卫生服务网。

(二)进一步完善新型农村合作医疗制度

截至2010年底,西部地区有1052个县(市、区)开展了新型农村合作医疗。西部地区所有有农业人口的县(市、区)均已建立新型农村合作医疗制度。从2010年开始,中央和地方各级财政对西部地区新农合的补助标准提高到每人每年120元。西部地区新农合政策范围内住院补偿比提高到60%,最高支付限额提高到全国农民人均纯收入的6倍左右。进一步推进门诊统筹,并开始启动提高儿童重大疾病医疗保障水平试点工作。

(三)大力培养西部地区卫生人才

万名医师支援农村卫生工程。2010年,组派城市三级医院医务人员对口支援577个西部县级医院,安排资金6924万元,占全国项目总金额的60%。东西部省际医院对口支援工作。东部9省(市)的185所三级医院与西部8省(区)和新疆生产建设兵团的174所医院建立了对口支援和协作关系。支援医务人员接诊病人6.7万人次,开展手术6000台次,参加疑难病例讨论6570人次,培训医务人员3.4万人次等。支援医院免费接受进修生700多人,并向受援医院捐款捐物价值800余万元。

2010年,县级医院骨干医师培训项目为包括西部县级医院培训6000名骨干医师,培养一支留得住、用得上、临床医疗技术基本功扎实,掌握相关专科临床适宜技术和临床路径,提高县级医院医师的技术水平和服务能力,保证医疗安全,满足农村患者医疗服务基本需要的骨干医师队伍。

(四)努力做好社区卫生和妇幼保健工作

中央投入21.5亿元支持全国1228家社区卫生服务中心建设,西部地区占有相当大的比例。为切实减少西部地区政府财政压力，中央财政通过转移支付方式，按照最高补助比例即80%给予补助，极大地推动了西部地区国家基本公共卫生服务项目的开展。与此同时，加大妇幼保健工作力度，下大力气推进降低孕产妇死亡率和消除新生儿破伤风、农村孕产妇住院分娩补助、农村妇女"两癌"检查、增补叶酸预防神经管缺陷等项目的实施，西部地区妇幼保健工作取得新成效。

（五）加强西部地区的疾病预防控制工作

支持和帮助西部地区完善传染病疫情网络直报系统，组织实施中央转移地方流感、手足口病、布病、登革热、狂犬病、出血热等重点传染病防治项目等。2010年，中央转移地方6个重点传染病项目共补助西部地区经费1.42亿元；转移支付西部地区艾滋病项目10.07亿元，用于支持免费自愿咨询检测、免费抗病毒治疗、预防艾滋病母婴传播及先天梅毒防治、血液安全、示范区工作和重点地区补助等。2010年总共投入2.31亿元，用于西部省份结核病防治工作，西部地区以县(区)为单位的现代结核病控制策略覆盖率为100%，新涂阳肺结核患者发现率达76.5%，治愈率达92.7%，有力地促进了西部地区结核病防治工作的开展。

2010年，中央转移支付项目投入3323万元，在西部部分地区开展慢性病综合防控示范区创建、全民健康生活方式行动、慢性病及营养监测和食管癌等重点癌症早诊早治、肿瘤随访登记工作。中央补助地方重性精神疾病管理治疗项目向西部地区投入资金2869万元，在54个市州实施，覆盖人口约1.4亿，登记60325名重性精神疾病患者，定期随访及康复指导有肇祸倾向的患者43751例，为肇事肇祸且贫困的患者提供免费药物治疗16301例，免费收治肇事肇祸且贫困的患者2588例。实施了"中西部地区儿童口腔疾病综合干预项目"，西部地区已完成对63.5万人的口腔健康教育，培训基层口腔卫生专业人员2228人，为12.5万名适龄儿童提供了免费的口腔检查。安排西部地区农村改水改厕资金58448万元，每座户厕补助标准400元，比东部地区高100元。组织开展卫生镇(县城)创建工作，多次派出专家进行技术指导，带动农村环境卫生整体治理工作。

（六）夯实西部卫生应急工作基础

加强西部地区应急基础设施建设，在人员、物资、技术支持等方面加大投入，提高西部地区突发事件卫生应急管理和现场处置能力。对西部地区地市级卫生应急管理干部进行轮训，投入西部每省475万元用于卫生应急指挥决策系统建设。每年给西部地区每个鼠疫监测点10万～12万元(东部地区6万～8万元)，针对西藏林芝、青海海南、甘肃酒泉等地鼠疫疫情分别给予35万、200万元经费支持。

（七）组织开展卫生监督工作

2010年安排3145万元专项资金用于中西部地区卫生监督人员培训项目；4482万元用于食品安全风险监测工作；5587万元用于加强西部地区级兵团职业健康检查能力建设、开展职业病防治宣传教育和重点职业病监测，并在西部地区推进基本职业卫生服务试点工作；专门补助88.5万元支持西部地区涉水产品和消毒产品监督抽检工作，将部分西部省份纳入全国饮用水水质监测和水性疾病监测网络建设试点，促进西部省份提高饮用水卫生监测能力。

二、2011 年工作要点

(一) 继续加大投入力度

继续加大对西部地区卫生基础设施建设和转移支付的力度，在安排项目资金，制定规划时继续向西部地区倾斜，提高中央对西部地区的补助比例，减少地方配套资金压力，确保卫生等民生工程顺利实施，发挥效益；建立与经济社会发展水平相适应的，有利于提高人民健康的财政投入政策和机制，增加政府卫生投入，建立卫生投入监督和评价机制。

(二) 加快推进基本医疗保障制度建设，健全基层医疗卫生服务体系

2011 年，卫生部将认真落实医改要求，巩固完善新农合制度，加强对西部地区新农合工作的监督和指导，推进新农合门诊统筹、即时结报、支付方式改革，提高农村儿童重大疾病保障水平试点，提高西部地区新农合受益水平。

2011 年，卫生部将进一步加大对西部地区基础设施建设的支持力度，争取早日改善西部地区医疗卫生基础设施条件，在安排健全基层医疗卫生服务体系建设项目投资时继续向西部地区倾斜；安排精神专科医院建设时，在中央补助比例、建设造价等方面充分考虑西部地区的实际情况，尽量给予倾斜；抓紧研究编制卫生监督机构、妇幼保健机构等公共卫生专项建设规划，积极争取国家专项投资并重点投入西部地区，以改善公共卫生服务条件，提高服务能力。

(三) 加强卫生人员培养力度

2011 年，卫生部将继续推进东西部省际医院对口支援工作，开展县级医院骨干医师培训项目，加大西部地区人才培养力度，提高西部县医院的服务能力水平。继续在西部地区开展农村卫生人员培训和二级以上医疗卫生机构对口支援乡镇卫生院项目，以提高西部地区农村卫生人员的服务能力和水平。

(四) 深入开展社区卫生工作

继续大力推动西部地区社区卫生服务体系建设，协调有关部门，增加西部地区社区卫生服务机构建设项目；充分发挥全国社区卫生服务体系建设重点联系城市指导，督促地方增加投入，完善政策措施，落实现有支持社区卫生发展的有关政策；以深化医药卫生体制改革为契机，继续向西部地区倾斜，增加资金投入，大力开展国家基本公共卫生服务，开展人员培训，提高社区卫生服务能力。

(五) 继续加强妇幼保健工作

2011 年，卫生部将重点关注西部欠发达地区的妇幼卫生工作，继续实施“降消”项目。深入开展农村妇女住院分娩补助、农村妇女两癌检查、增补叶酸预防神经管缺陷、预防艾滋病母婴传播、国家妇幼卫生监测等项目，改善妇幼卫生服务的公平性。

(六)继续推进疾病预防控制工作

2011年将在西部地区继续组织实施中央转移地方重点传染病防治项目,指导和帮助西部地区做好流感、手足口病等重点传染病防治工作。进一步加强艾滋病防治队伍建设,加强对防治工作人员的专业技能培训,加强技术支持,针对疫情严重经济不发达的地区和重点人群,全面落实各项防治措施。继续加强对西部地区结核病防治工作的指导,在医改综合试点地区优先开展耐药防治工作,将患者诊治相关费用纳入城乡基本医疗保障制度报销范畴,开展结核病防治的健康促进工作,提升宣传效果。

做好地方病防治项目和重大公共卫生专项消除燃煤污染型氟中毒项目工作,继续做好西部地区重点人群应急补碘。结合爱国卫生运动,深入开展全民健康生活方式行动。以"中西部地区儿童口腔疾病综合干预试点项目"为抓手,加大项目覆盖面,加大对西部省份的口腔公共卫生工作的支持力度。继续组织在西部地区开展卫生镇(县城)创建工作,通过创建工作大力推动农村环境卫生综合整治工作。

第二十一章 人口计生委

一、2010 年工作总结

(一) 组织召开全国人口计生系统对口援疆工作座谈会

2010 年,召开全国人口计生系统对口援疆工作座谈会,部署开展新一轮全国人口计生系统对口援疆工作,并签订《人口和计划生育系统对口援疆工作协议》。

(二) 推动协调制定对西藏及四川、云南、甘肃、青海等四省藏区人口计生工作的支持政策

进一步扩大西藏农村奖励扶助制度范围,将农牧区两孩户和边境县的三孩户纳入奖励扶助范围。研究提出青海玉树地震灾区死亡伤残计划生育家庭扶助政策的意见。印发《关于进一步支持甘肃人口和计划生育工作的意见》,支持甘肃建立完善利益导向政策体系,加快建设西北人口信息中心。加强对西北地区流动人口服务管理区域"一盘棋"工作的指导和支持,组织召开西北片区流动人口服务管理座谈会,开展专项课题研究和人员培训。

(三) 继续支持西部地区开展人口发展战略研究、人口发展功能区研究和信息化建设

组织专家开展西藏人口发展战略研究和人口因素对西部经济长期平稳较快增长影响对策研究。开展贵州省毕节地区、遵义市人口发展功能区研究,关中—天水经济带人口发展约束因素分析与人口发展功能区规划研究,并在研究经费投入上给予倾斜。加快推进西部地区人口计生信息化建设,加强对西部地区信息化建设业务指导,为内蒙古、重庆、云南、西藏、青海、宁夏、新疆等省(区、市)及新疆生产建设兵团人口计生委提供 160 万元的培训经费支持。

(四) 继续实施农村部分计划生育家庭奖励扶助制度、"少生快富"工程和计划生育家庭特别扶助制度

2010 年起,将青海全省以及甘肃、四川、云南藏区农牧区部分计划生育家庭奖励扶助对象享受年龄,由 60 周岁提前至 55 周岁,西部地区奖励扶助制度惠及 112 万人;中央财政负担奖励扶助金 6.5 亿元。2010 年,中央财政安排 1.3 亿元投入西部地区 8 省(区)以及新疆生产建设兵团的"少生快富"工程,有 6 万户计划生育家庭享受到每户 3000 元的一次性补助。中央财政安排 1.13 亿元用于西部地区计划生育家庭特别扶助制度,共扶助 12.4 万人。奖励扶助和特别扶助资金负担以国家和省级财政为主,中央财政对西部地区负担 80%,高于对其他地区的负担比例。

(五)稳步推进对西部地区的重点项目支持

继续推进“新农村新家庭计划——川滇藏地区人口健康促进项目”和“西部地区人口健康促进项目”,举办了骨干培训班,对新疆、新疆生产建设兵团、西藏及四省藏区有关人员进行系统培训,深入开展优生优育项目,提高工作能力。中日技术合作“加强中国中西部地区生殖健康家庭保健服务能力建设项目”和全民参与式综合扶贫试点项目等顺利开展。认真组织实施计划生育服务体系建设项目,扶持西部地区人口和计划生育服务体系建设。继续帮助西部地区对县级服务站、乡(镇)中心服务站进行新建和改(扩)建,采购流动服务车及设备,使西部地区人口计生服务体系更加完善,达到标准化、规范化的要求。

(六)加大对西部地区人口计生干部培训和人才交流力度

举办了西部地区人口和计划生育综合改革理论探讨与实践交流培训研讨班,交流推广先进经验和工作模式,进一步提升西部地区工作水平,推动各地人口计生工作均衡发展。与此同时,为西部地区干部队伍培训班提供资金、师资和培训教材援助。

(七)不断加强对西部地区的财政支持力度

在分配中央补助地方计划生育事业费中对西部地区重点倾斜,将西部地区突出的自然条件差、人口密度小、财政收入水平低、少数民族多、贫困人口多等因素作为重要因子参与分配。2010 年,分配西部地区计划生育事业费 5.1 亿元,占全国 52.5%,远远高于东部和中部地区。2010 年,中央转移支付安排西部地区避孕药具经费 14872 万元,中央库存免费调拨避孕药具 1313 万元。

二、2011 年工作要点

(一)注重改善民生,建立完善人口和计划生育利益导向政策体系

继续组织实施好农村部分计划生育家庭奖励扶助、“少生快富”、计划生育家庭特别扶助三项制度。完善运作规范,加强评估指导。积极协调相关部门逐步提高扶助标准、扩大范围。支持西部地区因地制宜出台惠及计划生育家庭的政策,进一步建立完善适应经济社会发展的人口计生利益导向政策体系。

(二)加强调研指导,加大对西部地区的人才支持和智力支持力度

继续加强西部地区人口发展战略研究和人口发展功能区研究,促进区域协调发展。研究促进西部地区人口合理分布的对策建议,做好流动人口服务管理工作。在西部地区筹建区域性研发和指导中心,充分发挥科研院所在人口和计划生育服务体系中的技术支撑作用。加大交流力度,加强西部地区干部的交流和挂职锻炼。拟与中央电大等高等院校合作开展学历教育工程,鼓励西部地区各级人口计生干部职工参加在职学历教育。

(三)夯实基层基础,全面加强西部地区人口计生服务网络体系建设

为西部地区县站、乡(镇)中心站两级计划生育服务机构增配、更新、升级部分检查检验

设备，继续推进免费孕前优生健康检查项目，扩大试点范围，降低出生缺陷发生风险，提高出生人口素质。推进计划生育优质服务，提高西部地区的服务水平和能力。对西部地区达到报废报损标准的服务车进行更新，为服务人口多、服务半径大的乡镇中心站配备小型服务车，为部分流动人口集中的市级和市辖区服务站配备服务车，提高西部农村基层计划生育服务的可及性。在人口计生信息化建设中，加大对西部地区的技术指导和人员培训力度。构建覆盖市、县、乡三级，安全、有效、互联、互通的人口计生服务机构公共信息平台，进一步提高西部地区服务质量和服务效率。

（四）加大资金投入，在项目开展、人员培训、技术开发、课题研究等多方面对西部地区给予倾斜

继续加大中央补助地方计划生育事业费对西部地区的倾斜力度，支持西部地区人口和计划生育事业的发展。全面深入实施新农村新家庭计划，继续做好西部地区的国内国际项目，引入先进理念，加强能力建设和职业化建设，提高西部地区基本公共服务水平。启动中日技术合作新一轮项目，在西部地区进行试点，引入国际经验，开发完善家庭保健服务规范。继续加强对西部地区人口计生干部的教育培训工作。落实各类支持西部地区人口计生干部培训的项目，推进西部地区队伍职业化建设工作。

第二十二章　人民银行

一、2010 年工作总结

（一）加强组织领导，深入贯彻落实国家西部大开发和西藏工作会议精神

人民银行一直高度重视对西部大开发的金融服务工作，认真贯彻落实中央第五次西藏工作座谈会精神，2010 年 7 月 7 日，下发了《中国人民银行关于落实支持西藏经济社会发展有关金融政策的意见》，明确了"十二五"期间支持西藏经济社会发展的优惠金融政策。西部地区人民银行分支机构按照国家西部大开发的战略部署和人民银行总行的工作要求，制定了一系列金融支持当地经济发展的指导意见。如人民银行呼和浩特中心支行起草了《金融业支持深入实施西部大开发促进内蒙古自治区经济发展指导意见》，引导金融机构切实加大对自治区西部大开发重点工程、重点项目、重点产业等的信贷支持力度，促进当地西部大开发战略目标的实现。

（二）综合运用多种货币政策工具，增强西部地区金融机构的放贷能力

加强再贷款（再贴现）区域调剂力度，调增西部地区和粮食主产区支农再贷款（再贴现）额度。截至 2010 年 9 月末，人民银行对西部 12 个省（区、市）共计安排支农再贷款额度 818 亿元，占全国支农再贷款总额度的 54%；再贴现额度 322 亿元，占全国再贴现总额度的 25%。

对西部民族地区实施优惠利率政策。人民银行充分考虑少数民族和少数民族地区发展的特殊需求，坚持对西藏实施优惠贷款利率、利差补贴及特殊费用补贴等倾斜性金融支持政策，并对包括西部省区在内的民族贸易和民族特需商品定点生产企业的正常流动资金贷款利率实行优惠利率政策。

灵活利用存款准备金率政策工具。对西部地区农村信用社执行较大型商业银行低 6 个百分点的存款准备金率，并对涉农贷款比例较高、资产规模较小的农村信用社执行较大型商业银行低 7 个百分点的存款准备金率。另外，对汶川、玉树、舟曲等地执行优惠存款准备金率和优惠支农再贷款利率。

（三）改进和加强信贷指导，加大对西部地区的有效信贷投入

加大对西部基础设施建设、生态环境保护、特色优势产业发展的金融支持与服务。积极研究探索创新西部重大基础设施建设投入机制，积极引导银行业金融机构做好国债项目配套贷款的发放工作，支持西部地区走新型工业化道路。配合国家发改委等部门，推动创业投资基金、产业投资基金等股权投资基金的政策法规体系建设，引导民间资金、境外资金

参与西部大开发。

加快推进金融产品服务方式创新，加大对西部地区“三农”、中小企业的信贷投入。人民银行会同银监会、证监会、保监会联合下发《关于全面推进农村金融产品和服务方式创新的指导意见》，大力推广农户小额信用贷款和农户联合贷款，积极拓宽贷款抵押担保物范围，鼓励和支持金融机构加强与农村经济合作组织、农业产业化龙头企业的合作，重点支持西部特色农业、节水农业、生态农业的发展，推动西部农牧业现代化发展。

大力发展民生金融，支持西部地区弱势群体发展。全面改革扶贫贴息贷款管理体制，建立和完善下岗失业人员小额担保贷款、国家助学贷款、妇女创业贷款等政策，鼓励和支持高校毕业生到西部基层创业。10月份，人民银行联合财政部、教育部、人力资源和社会保障部下发了《关于全面推行中职学生资助卡　加强中职国家助学金发放监管工作的通知》，切实维护受助中职学生根本利益。

对西部受灾地区制定了灾区特殊金融政策，及时下发了《关于全力做好玉树地震灾区金融服务工作的紧急通知》、《关于全力做好甘肃、四川遭受特大山洪泥石流灾害地区住房重建金融支持和服务工作的指导意见》和《关于进一步做好汶川地震灾后重建金融支持与服务工作的指导意见》，指导当地人民银行分支机构做好救灾应急金融服务工作。目前，金融支持灾后重建工作正在有序进行。

（四）积极推进跨境贸易人民币结算试点工作，促进西部地区外贸发展

人民银行充分发挥西部边境地区连接多区域的重要通道、交流平台和合作平台作用，建立跨境金融交流合作机制，积极拓展边境地区金融开放合作的新空间，努力推动西部边境地区与周边各国在资金清算、国际结算、贸易融资、银团贷款、股权投资等方面开展合作，促进边境贸易发展。

（五）加强督促指导，促进西部地区人民银行分支机构不断改进对西部大开发的金融服务

要求西部地区人民银行分支机构和金融机构坚持从西部实际出发，因地制宜，积极采取多种措施支持西部大开发。人民银行成都分行联合当地银行、证券、保险三部门制定下发了《金融支持四川藏区跨越式发展的指导意见》，指导金融机构进一步支持民族地区民生改善工程、基础设施建设和重点优势产业、特色农牧业、旅游业、消费市场、中小企业等全面发展，满足民族地区多元化金融服务需求。

二、2011年工作要点

（一）紧紧围绕西部大开发战略部署，突出支持重点

人民银行将灵活运用多种货币政策工具，加强宏观政策指导，督促和引导金融机构突出对民生工程、基础设施建设、生态建设与环境保护、产业结构优化升级、灾后恢复重建等重点领域的支持，为西部大开发提供优质、高效的金融服务。

(二)加强与各方协作形成合力,发挥货币信贷政策和金融宏观调控作用

西部大开发是个系统性工程,需要各部门、各地区的共同配合,人民银行将结合自身职责,处理好金融支持西部开发中社会性与收益性的关系、货币信贷政策与其他宏观政策的关系、短期任务和长远规划的关系,加大对金融支持西部大开发的落实力度,更好地发挥货币信贷政策和金融宏观调控作用。

(三)继续落实国家优惠金融政策,加大对西部地区助学、就业、扶贫和民贸民品等薄弱环节的信贷支持

进一步改进小额担保贷款政策,加大对西部地区就业再就业和劳动力输出转移的支持力度。推进国家助学贷款工作,帮助西部地区贫困大学生顺利完成学业。加快推动落实扶贫贴息贷款新机制,探索建立扶贫贴息贷款的风险补偿和激励约束机制,提高扶贫信贷资金的使用效率。研究制定"十二五"期间对包括西部省区在内的民族贸易和民族特需商品定点生产企业贷款有关优惠利率政策。

(四)大力加强金融生态环境建设,多途径拓宽西部地区融资渠道

积极完善个人和企业征信体系建设,建立信用惩戒和信用激励机制,不断优化企业发展的外部环境,增强西部地区对信贷资金的吸引力。同时,积极推动金融创新,拓展西部直接融资,积极支持西部地区符合条件的企业通过短期融资券、中期票据、公司债券、可转换债券等直接融资工具在银行间市场融资。区别对待、分类指导,进一步引导民间借贷规范发展,发挥民间资本在支持西部开发中的积极作用。引导和规范股权投资基金发展,引进境外资本参与实施西部大开发战略。

(五)鼓励发展西部地区消费信贷

引导金融机构针对西部经济特点,围绕各地居民买车、购房、购物、子女上学等方面的不同需求,因地制宜,针对性地拓展西部地区个人消费信贷业务,活跃西部消费市场,扩大西部居民消费,特别是农村居民消费。

第二十三章　海关总署

一、2010 年工作总结

(一) 建立总署与西部有关地方政府的密切联系合作机制

为支持西部外向型经济发展，海关总署以签署合作备忘录的形式，建立总署与西部地方政府的密切联系合作机制，明确海关支持地方经济发展的范围和重点事项，并认真推动落实，对于贯彻国家西部大开发战略，发挥海关把关服务职责作用，促进西部地区外向型经济发展，发挥了很好的作用。2008 年以来，先后与重庆、四川、新疆、云南、陕西、甘肃等西部 6 个省(区、市)签署了署省(区、市)合作备忘录，与宁夏的合作备忘录也将于近期签署。

(二) 大力支持西部地区口岸发展和建设

积极支持西部地区口岸扩大开放。海关总署(国家口岸办)在执行《国家"十一五"口岸发展规划》期间，对西部地区的口岸开放问题给予一定倾斜，10 年来已经开放口岸 14 个，对新疆等省区上报的口岸规划进行认真梳理，并会同国家有关部委进行积极论证。同时，加强口岸国际合作。海关总署(国家口岸办)充分发挥中哈分委会合作机制作用，加强对中哈分委会项下中哈边境口岸地方政府联合协调小组工作的指导和协调，建立完善双方边境口岸查验部门间的定期会晤机制，积极推动中哈霍尔果斯口岸开展每周 7 天 12 小时工作制试点，支持都拉塔(中)—科里扎特(哈)口岸升格为国际口岸，推动双方尽快选择有条件的边境口岸，启动建立农产品快速通关"绿色通道"试点工作，并加强与哈方的沟通协调，共同采取措施，为双方人员、货物、运输工具顺畅安全地进出境，创造良好条件。

(三) 积极支持西部地区加工贸易和物流业发展

认真组织实施和落实国家重点产业调整和振兴规划。海关积极支持包括西部地区在内的技术引领型产业的发展，制定专门办法促进飞机、船舶等现代装备制造业的发展。在西安、重庆、成都等 3 个西部国家服务外包示范城市对国际服务外包业务进口货物实施海关保税监管模式。在西部地区推进保税物流中心的试点工作。南宁、成都、西安保税物流中心的设立运作，为西部地区提供了辐射国内外保税物流服务平台，促进了地区现代物流业的发展。

2010 年以来，国际资本和产业由东部沿海地区向中西部地区转移的现象日益明显。特殊区域在推动承接转移中发挥着越来越重要的作用。自 2 月份起，海关总署牵头组织国务院有关部门先后完成了对重庆西永、成都高新、郑州新郑、陕西西安综合保税区的报批工作，上述项目以特殊区域功能政策配套为依托，以外向型项目为龙头，有力地促进了当地产业结构的调整和发展方式的转变。

（四）大力推进西部地区各海关分类通关改革

分类通关是海关通过科学运用风险管理的理念和方法，以企业守法管理为基础，综合企业类别、商品归类、价格、原产地、监管证件、贸易国别、航线、物流信息等各类风险要素，按照风险高低对不同企业进出口的货物实施分类，在通关过程中实施差别化作业的通关管理模式。具体体现在对低风险货物快速验放，对高风险货物加大监管力度。目前西部各海关已开展分类通关改革，基本实现了"提高通关效率、增强监管效能、优化人力配置、促进守法便利"的管理目标。

（五）落实各项通关便利措施，改善通关环境，提高西部口岸通关速度

坚持守法便利的原则，采取有力措施加大力度，深入推广"提前申报"和"集中申报"等便利通关方式，积极落实24小时预约通关措施；推进"属地申报、口岸验放"模式，节约了通关时间和通关成本，给广大中西部地区的中小企业带来了较大的通关便利。

规范和简化转关手续，落实"应转尽转"，推动多式联运业务发展。针对中西部地区物流环境的特点，各口岸海关以"新欧亚大陆桥"的形成为契机，积极发展以铁海联运为代表的多式联运业务，进一步规范和简化转关手续，实现口岸海关与中西部广大腹地乃至边境地区的进出口物流的大联动。

认真执行各类查验设备操作规范，有效提高查验质量和查验效率，减少查验作业时间。及时办理结关手续，加快签发报关单证明联，方便企业尽快办理退税，按时结、付汇。建立通关快速反应决策制度，由专人负责，形成畅通的沟通渠道，帮助企业解决通关过程中遇到的实际问题。

（六）认真执行税收优惠政策，支持西部地区重点企业、重大项目发展

《中西部地区外商投资优势产业目录》实施后，海关总署进一步明确了对于中西部各省（区、市）的外商投资项目，在投资总额内进口设备按《国务院关于调整进口设备税收政策的通知》规定办理免税手续。西部地区海关按照规定为西部地区企业符合《目录》的鼓励类项目进口设备办理减免税手续。据统计，2010年1—10月，西部地区海关总计为西部地区企业内、外资鼓励项目办理减免税货物审批总值约18.9亿美元，减免进口税收约10.8亿元（其中减免关税约8亿元、减免进口环节增值税约2.8亿元）。其中，为企业符合《目录》的鼓励类项目办理减免税货物审批总值约7160万美元，减免进口税收约3809万元（其中减免关税约3220万元，减免进口环节增值税约589万元）。

（七）大力支持西部地区边境贸易发展

2008年11月1日后，边民通过互市贸易进口生活用品的免税额度提高到每人每日人民币8000元，提高后的免税额度基本满足了边民生活需要。2010年海关总署和财政部、国家税务总局联合下发《关于边民互市进出口商品不予免税清单的通知》，明确进出口免税商品范围。海关总署还加强对西部地区企业的知识产权边境保护，为西部地区培育知名品牌

提供支持。积极配合财政部开展对边境地区的专项转移支付工作，支持边境贸易发展和边境贸易中小企业能力建设。

二、2011年工作要点

继续贯彻国家深入实施西部大开放战略，协调有关部门做好西部地区设立海关特殊监管区域的规划和指导工作，按照"有利于国家级区域发展战略规划的实施"、"有利于海关特殊监管区域优化，推动转型升级"、"确实有外向型大项目亟待进驻且有利于中西部地区承接产业转移"等原则条件，继续积极支持西部具备条件的地区设立海关特殊监管区域。

进一步加强与西部地区各省（区、市）的紧密合作，切实抓好合作备忘录的推进落实工作，打造便利的通关环境，支持西部地区特色优势产业发展和重点项目建设，为西部地区招商引资创造更加有利的条件，促进西部地区对内对外开放。积极协调有关部门，研究制定出口加工区内销便利化政策及制度，帮助包括西部地区在内的出口加工区企业面向国内国外两个市场，化解金融危机带来的不利影响。

继续组织实施和落实国家重点产业调整和振兴规划，进一步完善包括西部地区在内的飞机、船舶等行业的保税监管办法，鼓励西部地区技术引领型产业以及大型装备制造业通过保税业务发展壮大。在国家西部开发战略统领下，积极支持西部有实际需求并符合条件的地方设立保税仓库、出口监管仓库和保税物流中心的建设。继续认真贯彻落实各项进出口税收优惠政策，积极参与税收政策的研究和制定工作，通过税收政策的引导支持西部大开发和西部地区产业结构的优化。

第二十四章　广电总局

一、大力实施广播电视村村通工程建设

20户以上已通电但无法接收广播电视节目的“盲村”的“村村通”和农村中央广播电视节目无线覆盖两项重点工程进展顺利。2010年底前完成西部地区全部1222万套直播卫星接收设备的安装调试，占全国安装设备总量的90%，全面完成西部地区“十一五”时期20户以上已通电自然村“盲村”“村村通”工程建设任务，解决西部地区51万个“盲村”群众收听收看广播电视难问题。西部地区“十一五”时期农村中央广播电视节目无线覆盖规划目标已于2008年北京奥运会前提前实现。为确保设备安全有效运行，充分发挥工程效益，中央财政每年安排专项资金对设备运行维护给予补助。2010年中央财政共安排下达西部地区运行维护补助资金2.4亿元，占全国补助资金总额的43%。

广播电视“村村通”工程的实施，得到了广大农牧民群众的衷心拥护和热情支持，是一项惠及千农万户的“民心工程”、“德政工程”。

二、着力推进西新工程建设

2010年，继续推进西新工程第四期建设，中央财政安排第四期建设投资3.535亿元。目前，第四期建设中的少数民族语言广播电视节目译制制作和覆盖已完成建设任务，新、扩建广播电视发射台项目已全部完成前期工作，正在开工建设，预计2011年底全面完成工程建设。

西新工程的实施，改善了西部地区广播影视基础设施条件，广播电视覆盖能力大大加强。新疆、西藏、内蒙古、宁夏回族自治区和甘肃、四川、云南、青海4省藏区广播电视覆盖率大幅度提高，广播发射机“三满”(满功率、满时间、满调幅度)播出情况有了根本好转，彻底扭转了广播电视覆盖滑坡的趋势，广播覆盖能力比过去增加2.5倍，7省区各地能收听到10套左右短波广播，各地、市、县普遍能较好地收到3套以上中波或调频广播节目，3～4套中央和当地电视节目，基本实现了“让党和国家的声音进入千家万户”的目标。广播影视节目译制制作能力大大加强。中央人民广播电台新开办了第八套节目，用5种少数民族语言播出，每天播音时间增加到20小时，从2009年3月1日开始中央台藏语广播分频播出，每天播出藏语广播节目18小时。西藏、新疆、内蒙古、四川人民广播电台共新开办了9套民族语言广播节目，每天播音时间增加到98小时。2009年10月28日康巴藏语卫视开播后，我国初步建立了维、哈、蒙、藏(卫藏、安多、康巴)、朝等主要少数民族语言广播影视节目译制制作、传输覆盖的体系。

三、积极开展农村电影放映工程建设

根据农村电影放映工程的建设目标，到2010年基本实现全国行政村一村一月放映一场数字电影的公益服务目标。根据《全国“十一五”农村电影放映工程建设规划》，2009—2010年，国家为西部地区安排建设资金16005万元，资助西部省区（含新疆生产建设兵团）农村数字放映设备4218套、电影流动放映车349辆资助边境及少数民族地区民族语电影译制中心数字化改造资金500万元，资助西部16毫米拷贝2209个，安排西部省区放映补贴资金5.52亿元。农村电影放映工程的实施，极大地改善了农村电影放映基础设施条件，有力地促进了农村电影公益放映活动的开展。

第二十五章　林业局

一、2010 年工作总结

（一）进一步加大林业重点工程建设力度

继续推进西部地区天然林资源保护工程建设。除广西以外，西部其他省区全部纳入天然林资源保护工程（以及下简称“天保工程”）实施范围。2010 年，安排西部省（区、市）天保工程建设资金 65.12 亿元。稳步推进退耕还林工程建设。全区年共安排西部地区退耕还林财政专项资金 208 亿元（其中原政策钱粮补助 90 亿元，完善退耕还林政策资金 41 亿元，巩固退耕还林成果专项资金 77 亿元），资金总量占全国的 64%。推进“三北”防护林工程建设。全年共安排西部省区投资 11.16 亿元，占工程年度总投资的 59.7%，用于西部省区的生态建设，支持西部大开发战略实施。西部省区共完成造林任务 850 万亩。

全面做好防沙治沙工作。继续实施京津风沙源治理工程和石漠化综合治理工程，2010 年，共安排西部投资 16.5 亿元（包括京津工程投资 7.6 亿元，石漠化治理投资 8.9 亿元）。继续推进全国防沙治沙综合示范区建设，共下达中央预算内基建投资 2190 万元，完成示范区治沙造林 8.3 万亩。积极做好自然保护区和湿地保护建设。拨付林业国家级自然保护区补助资金 4390 万，用于西部地区的 45 个国家级自然保护区能力建设。投入资金 1.5 亿元用于 29 处国家级自然保护区的基础设施建设，全年安排 1545 万元用于濒危物种和野生动物保护，安排 4186 万元用于川、陕、甘三省大熊猫保护。在西部地区投资实施了 20 个林业湿地保护项目，完成中央投资 1.37 亿元，安排 16 处湿地财政专项资金 7100 万元。

积极落实森林抚育补贴试点和森林生态效益补偿资金，全年安排试点抚育任务 880 万亩，投资 8.8 亿元，提高广大林农群众参与公益林保护的积极性。经批准，从 2010 年起，中央财政进一步提高了国家级公益林补偿标准，全年共安排西部地区中央财政森林生态效益补偿基金 44.5 亿元。

（二）积极扶持西部地区林业产业发展

积极结合退耕还林、防护林等林业重点工程的实施，大力发展核桃、红枣等西部特色的优质、高效经济林产品基地建设以及沙产业发展。安排农业综合开发中央财政资金 5227 万元，扶持加强经济林产品科技成果转化和应用。同时安排中央投资 370 万元用于大径材培育。

（三）积极推进集体林权制度改革

在西部地区推行集体林权制度改革，调动了广大农民营林致富的积极性。西部地区12个省（区、市）已确权林地面积6.6亿亩，发证面积4.7亿亩。云南省、重庆市已基本完成明晰产权、承包到户的主体改革任务，其他10省（区）正在推进。

（四）加强林业基础设施建设

继续推动森林公安和防火等基础设施建设。安排项目1298个，中央投资2.9亿元，森林公安基本建设投资2670万元，用于西部森林公安派出所建设。下达森林防火基本建设投资3.7亿元，启动实施了50多个森林防火通信、重点火险区综合治理等建设项目，并在陕西、新疆新建了2个国家物资储备库；为内蒙古、四川、云南等地调拨森林防火物资、扑火补助金和边境森林防火隔离带补助经费2600多万元；派出20多个工作组赴高火险省区督导防火、灭火。加强西部林业有害生物防治工作。在防治补助、基础设施建设等方面全年投入资金2.34亿元，进一步增强了西部地区森林防护功能。在西部地区投资建设林木种苗工程项目52个，中央预算内投资安排资金7624万元，安排西部省区林木良种补贴试点资金8040万元。批准了西部12个省（区、市）国有林场危旧房改造2010年实施方案，投入中央预算内资金57074万元，改造林场危旧房住宅总户数57074户。同时，安排国有林场扶贫资金10850万元。安排了107个县（市、区）进行重点县林业站建设，投资2100万元。在西部地区选取了22个乡镇林业站开展了“全国标准化林业站建设试点”，每个乡镇林业站投入20万元用于站房建设。培训乡镇林业站人员1.9万人次，完成林农培训10万人次。

（五）积极开展林业援疆援藏工作

积极研究新时期援藏援疆工作，提出了新时期林业援疆援藏工作的总体思路和目标任务。2010年，共完成林业援疆援藏投资57.59亿元，其中新疆24.46亿元，西藏11.53亿元，四省藏区21.6亿元。同时，还选派第六批援藏干部6人。

二、2011年工作要点

（一）继续做好林业援疆援藏以及联系点工作

积极开展林业援藏援疆及扶贫开发工作，并结合林业局与西部的贵州、广西、新疆、西藏4省区建立的林业省级联系点工作制度；与重庆、宁夏、青海、云南、广西签署的林业合作备忘录，同时采取对口支援、干部挂职、科技下乡、博士团援助等多种方式，加强对西部地区林业扶持。

（二）继续深入实施现有重点生态工程

天然林资源保护二期工程。一是继续对天然林进行严格管护，长江上游、黄河上中游地区继续禁止天然林商品性采伐，东北、内蒙古等重点国有林区进一步将木材产量调减至合理水平，并加大改革力度，逐步建立天然林保护长效机制；二是在管护好现有森林资源的基础上，加强公益林建设和森林经营，加快森林资源恢复，提高森林质量，支持建立健全林区社会保障体系。

全面实施巩固退耕还林成果专项规划，巩固现有建设成果，确保退耕农户长远生计得到有效解决；继续实施退耕还林，大力推进退耕还林工程荒山荒地造林和封山育林。在对京津风沙源治理一期工程建设进行全面总结的基础上，按照国家的统一部署，编制二期工程规划。

“三北”及长江流域等防护林体系建设工程，包括“三北”防护林体系建设工程，完成“三北”防护林体系建设五期工程编制工作；同时，根据国家资金投入情况，对西部地区给予倾斜支持。长江、珠江、沿海防护林体系建设和平原绿化工程，对西部地区各项建设任务进行统筹安排。在野生动植物保护及自然保护区建设方面，对分布在西部的55种极度濒危野生动物和43种极小种群野生植物进行抢救性保护，确保在野外不灭绝。同时加大濒危物种的繁育、野化放归以恢复野生种群。新建182处自然保护区、新增自然保护区面积733万公顷，其中，国家级自然保护区36处、面积108万公顷。

进一步加强我国湿地保护网络体系建设，建立和完善湿地保护的法律法规体系、管理体系和科研监测体系，全面提高我国湿地保护、管理和合理利用能力，使西部地区60%以上的自然湿地得到良好保护，湿地生态系统服务功能得到明显改善。进一步扩大贵州、云南、广西、重庆和四川等5省(区、市)治理范围，总规模将达到168个县(市、区)；进一步加强工程管理，严格植被管护，强化科技支撑，抓好机制创新和政策引导，力争保质保量完成工程建设任务。

(三) 加强林业产业建设

继续利用林业贴息贷款、农业综合开发等产业项目资金，加大对西部地区林业产业化龙头的扶持力度，建设林业产业基地，调整地方林业产业结构。加强业务培训和项目管理，督促当地做好林产业发展工作，实现项目建设综合效益。

(四) 继续推进集体林权制度改革

西部地区集体林地面积13亿亩，涉及2亿多农民。林业局将深入推进集体林权制度改革，用5年左右的时间在西部地区全面完成明晰产权、承包到户的主体改革任务，并配套政策措施，加强林权管理与服务体系、财政扶持和金融服务、林业社会化服务体系建设。

(五) 其他基础设施建设

贯彻落实《全国森林防火中长期发展规划(2009—2015年)》，指导西部省编制省级规划，进一步做好森林防火指挥员培训、火灾扑救指挥、火场物资紧急调拨以及森林防火装备和基础设施建设，推进西部省森林防火工作迈上一个新的台阶。同时，继续加大对西部省森林公安工作的支持力度。

积极协调国家发展改革委等有关部门，进一步加大林区棚户区改造工程的支持力度，力争再用1～2年时间，全面完成林区棚户区(危旧房)改造任务。抓紧就林区道路、饮水安全、供电保障等基础设施建设与有关部门进行对接，积极争取支持。

充分发挥科技的支撑和引领作用，进一步加强相关技术的研究与开发，不断提高基层林业科技推广机构的基础设施水平、技术装备水平和推广服务能力，为改善当地生态环境，推进林业产业结构调整和升级发挥更大的作用。

第二十六章　知识产权局

一、2010年工作总结

（一）推进西部地区知识产权战略制定实施工作

2010年6月，国家知识产权局选择在西部地区组织召开第一次“地方知识产权战略工作会”。中央西部工作会议之后，国家知识产权局为贯彻落实会议精神，做好西部知识产权工作，于2010年8月在陕西西安组织召开了“西部大开发知识产权工作座谈会”。根据国家知识产权局组织召开的“西部大开发知识产权工作座谈会”上，西部地区对加强西部地区知识产权工作的意见和要求，国家知识产权局于会后开始着手起草《国家知识产权局关于实施知识产权战略，促进西部地区知识产权工作跨越发展的若干意见》，针对西部地区知识产权工作的现状和存在的问题，有重点地指导和支持西部地区知识产权工作，促进西部地区知识产权工作的加快发展。为配合西部地区知识产权战略的推进，国家知识产权局与清华大学联合开展了《知识产权战略在促进西部地区经济社会跨越式发展中的作用调查研究》课题，把握西部地区经济社会发展脉络，寻找到知识产权工作与西部大开发战略的结合点，为在今后西部大开发工作中做好知识产权工作打下基础。

2010年，国家知识产权局结合西部地区知识产权工作实际以及西部地区国家重点区域发展规划，利用“区域经济知识产权促进工程”和“振兴东北老工业基地知识产权促进工程”两个专项，设立了11个针对西部的工程项目。这些项目涉及地方知识产权战略的制定和实施，如内蒙古知识产权战略制定等；地方知识产权战略评估，如新疆维吾尔自治区知识产权战略实施评估；结合西部地区国家重点经济区域规划建设的知识产权战略推进工程，如广西北部湾经济区知识产权服务、云南桥头堡建设等。

（二）加强西部地区专利管理工作

2010年，国家知识产权局在西部地区新批准设立示范创建企业35家，知识产权试点园区5个，示范园区3个，知识产权试点城市6个，示范城市4个，纳入国家知识产权强县工程3个，传统知识产权保护县（市）5个。与重庆、贵州、新疆3个西部省区建立了合作会商制度。通过会商制度的建立，有力推动了地方知识产权工作的深入开展。2010年，在西部地区新批准4个地方知识产权局进“5·26”专利执法推进工程，4个全国专利保护重点联系基地。

（三）夯实西部地区知识产权工作基础

支持西部地区知识产权信息平台建设。2010年初，国家知识产权局向新疆维吾尔自治区知识产权局提供电脑台式机35台(套),用于支持新疆专利信息服务中心建设。确定重庆市知识产权局入选区域专利信息服务中心。

加快推进西部地区专利代办工作的发展。全国现有的28家专利代办处中,有9家设在西部地区。继续推进和实施西部地区获取专利代理人资格的区域性扶持政策。为确保享受扶持政策人员的业务素质,国家知识产权局在重庆市举办了“2010年全国专利代理人资格考试享受倾斜政策人员培训班”。2010年,西部地区共有64人获得了在本省(区、市)执业的专利代理人资格证书。

开展西部地区专利巡回审查工作。国家知识产权局在西安设立西部第一家专利巡回审查站后,派6名审查员赴西安开展发明专利实审巡回审查工作,共审理12件发明专利申请,解决了申请人和代理人的实际需求。

增加对西部地区知识产权宣传工作的支持力度。2010年4月26日期间,国家知识产权局与陕西省联合开展了知识产权宣传周活动,并以陕西省举办第19届全国发明展览会为契机,组织部分中央媒体到西安、宝鸡等地深入知识产权优势企业采访报道。11月初,国家知识产权局联合重庆市举办了第四届中国专利周活动,在中央级电视、报纸、网络和广播等媒体进行了集中报道。

(四)加强西部地区的人才培养和交流

加强西部地区知识产权培训基地建设。国家知识产权局批准在重庆理工大学设立“国家知识产权(重庆)培训基地”,并于2010年11月7日授牌。

组织召开人才培训工作交流会和培训管理人员培训班。2010年10月,国家知识产权局在成都召开了全国知识产权局管理人员培训班。此外,国家知识产权局还在四川成都召开了全国知识产权局系统培训工作交流会。

制定政策和配套措施支持西部人才工作。国家知识产权局结合西部实际,在即将出台的《知识产权人才“十二五”规划》中提出积极建立完善与西部大开发、援疆援藏等战略相配套的区域人才交流合作机制,促进区域人才合理分布。

大力实施“百千万知识产权人才工程”。西部12个省(区、市)中已有67人成为“百千万知识产权人才工程”培养人选,近50人参加国家知识产权局高层次人才赴国外学习团组,为西部大开发培养了一批知识产权高层次人才。

支持西部地区举办各级各类知识产权培训。2010年,国家知识产权局举办16期知识产权培训班,共投入经费近130万元,对西部地区的党政领导干部、专利行政执法人员、高新技术企业技术人员等分层次分领域进行知识产权培训。

二、2011年工作要点

继续推进西部地区知识产权战略制定和实施工作。出台《国家知识产权局关于实施知识产权战略,促进西部地区知识产权工作跨越发展的若干意见》,加强对西部地区知识产权工作的指导和支持。

扩大西部地区的知识产权试点、示范工作范围。在城市、园区、企事业单位试点示范工作中加大对西部地区政策、资金、工作对象方面的倾斜支持力度。加强专利执法工作的支持,推进跨地区专利执法协作。建立东、中、西部知识产权交流与合作平台,鼓励东部地区对西部地区建立对口的援助机制。

结合西部地区需求，加强西部地区地方专利信息服务中心支持力度，启动国家知识产权局区域专利信息服务中心（重庆中心）建设。推进申请文件电子化工作。加快西部地区设立代办处进度，并加大扶持力度。

加大对西部地区知识产权宣传工作的政策指导，继续联合开展知识产权宣传周、保护知识产权专项行动、中国专利周等活动，积极组织中央媒体深入知识产权优势企业采访报道。

在西部开展专利巡回审查以及复审相关工作。实施代理机构能力提升计划。增加设立西部地区知识产权人员到知识产权行政确权部门的交流机制。对西部地区实行知识产权代理援助制度，执行向西部地区援助资金和人力资源的倾斜。

加大扶持力度，形成政策合力，积极推进综合性专利代理行业扶持工作。充分发挥地方知识产权局了解本地区行业发展状况的优势，继续深化现有专利代理人资格考试倾斜政策，探索和制定专利代理机构扶持政策，有序推进专利代理援助工作。引导西部地区各地方知识产权局因地制宜、量力而行，适时出台配套扶持政策和措施。

第二十七章　中科院

一、2010年工作总结

（一）加强顶层设计，编制西部相关规划

2010年，国务院审议通过了中科院“创新2020”规划，在西部地区重点部署生态环境保护和自然资源合理开发利用的相关研究，并形成西南资源和生物多样性可持续利用创新集群、西北生态环境治理与资源可持续利用创新集群、长江中上游生态环境保护及产业升级创新集群。通过体制机制改革，进一步加快科技成果向现实生产力的转化。与此同时，中科院编制完成了“十二五”、“西部行动计划规划纲要”、“西部地区院地合作发展规划”、“西部行动高新技术项目计划规划”等一系列面向西部的相关专项规划，基本确定了西部相关工作的指导思想、基本原则、主要任务和组织保障。

（二）加强成果应用推广，促进区域跨越发展

在科技成果转化与应用方面，2010年，中科院将院地合作西部专项工程实施范围由原5个省（区）扩展至西部所有的12个省（区、市）和新疆生产建设兵团，项目总经费约9700万元。中科院投入约2700万元，启动部署了130余个产业化项目，进一步推进科技成果在西部地区的转移转化。

在生态环境保护建设方面，2010年完成了“新疆油田作业废液无害化和资源化处理技术体系研究与示范”、“青藏高原多年冻土区天然气水合物钻探计划”、“援疆政策环境下新疆跨越式发展战略研究”、“奶牛种质创新及现代养殖技术集成与应用”等4个项目的立项启动工作，投入经费总额为1350万元。同时，积极推进“青海农牧交错区生态农业试验与示范”、“以含水氯化物为原料电解制备镁稀土合金工程技术研究与合金应用”、“西藏生态与环境监测与评估系统建设”等项目的立项，投入经费总额约3000万元。

在合作平台建设方面，2010年，中科院与内蒙古和新疆分别共建了内蒙古草业研究中心、恩格贝生态文明示范区和新疆矿产资源研究中心等重要科技创新平台。同时，分别与四川、新疆、西藏和内蒙古等相关单位共建了若干合作平台。

在人才交流与培养方面，2010年，中科院与中组部联合实施的“西部之光”人才计划，投入经费约3300万元，资助西部青年科技人才近180人（含地方青年科技人才20人），接收“西部之光”访问学者41人。同时，中科院向西部地区共派出科技副职干部33名，科技特派员11人。开办3个少数民族管理骨干及在职博士等多种培训班，对约70名管理干部及30名在职博士生学员进行培训。

在战略咨询方面，组织院士专家开展“院士天山南北行”、“西藏科技发展战略讲坛”等

主题活动，围绕西部跨越式发展中的战略性、基础性、关键性问题，就区域科学发展、新型工业化、农牧业现代化、新型城镇化等进程中的关键问题，与省区相关领导进行深入探讨，为区域科学发展规划提供咨询服务。

在抗灾救援方面，中科院相关研究所对地观测高分辨率航空遥感、X 波段干涉 SAR 震后灾区雷达影像、宽带应急通讯指挥系统等技术和研究成果，为舟曲和玉树地区灾后救援提供了有力的科技支撑。

（三）贯彻中央新疆工作会议精神，加强与自治区（兵团）的科技合作

实施了“科技支撑引领新疆跨越发展的战略研究”、“天山北坡经济区发展规划（2010—2015）”等重大战略研究项目，同时还部署了“援疆政策下的区域发展战略研究”等项目，为新疆跨越式发展提供决策依据。另外，组织院士专家开展“天山南北院士行”及其“科技克拉玛依”、“数字油田”等咨询活动。

召开了“中国科学院—新疆生产建设兵团科技合作工作会议”和“中国科学院—新疆科技合作项目对接会”，组织了院属 40 余个研究所 100 余名专家和科技人员与兵团和自治区企业、高效、科研机构等单位开展科技合作交流。

2010 年，中科院投入 1000 万元，在新能源与新材料、现代农业、新型化工、电子信息等领域，启动了近 60 个产业化项目，并结合项目部署派遣了 53 名科技特派员。与兵团农垦科学院、塔里木大学、石河子大学等单位建立对口支援关系，在科研合作、平台建设、人才培养、文献情报共享等方面开展合作。2010 年“西部之光”人才计划在新疆设立特别支持计划，人数由原计划的 20 人增加到 24 人，重点资助博士毕业生留疆工作。启动并实施两期“中国科学院少数民族高层次骨干人才计划”新疆博士研究生班，共有 30 名在读学员。

二、2011 年工作要点

（一）促进区域创新体系建设

鼓励支持中科院研究所从提高企业自主创新能力出发，加快科技成果转化与规模产业化，以项目为载体，加强与西部地区企业、行业的合作交流，与企业建立战略联盟、产业技术支撑平台、研发中心或工程中心，并为企业提供各类技术服务。鼓励支持中科院研究所与西部地区的企业、大学等共同承担各类科技项目，共同开展科学研究和技术研发，促进西部地区创新体系建设与发展。

根据西部区域经济社会发展的重大科技需求，中科院调整优化科技布局，与重庆市共建中国科学院绿色智能技术研究院（筹）。该机构将按照“地方党委政府满意、合作企业满意、老百姓满意和科技界同行认同”的检验标准，建设成为产业技术源头创新与科技资源聚集基地、技术集成创新与产业育成基地、高层次创新与创业人才培养基地和西部地区科技交流与合作的重要平台，推进知识创新体系、技术创新体系与区域创新体系的结合，促进重庆经济社会又好又快发展。

（二）加快科技成果应用推广

继续实施“西部行动计划”、“院地合作西部专项工程”和“西部行动高技术项目计划”等

一批专项行动，创新合作模式，深化合作层次，鼓励引导中科院研究所在西部地区开展科技工作，加强应用推广示范，开展技术攻关、系统集成和工程化研发，延长产业链，提升西部地区企业市场竞争力，为西部地区经济社会发展又好又快发展做出实质性的贡献。

（三）加强人才培养与交流

进一步扩大院地合作队伍规模，提高队伍素质，吸引、凝聚一支懂科研、懂市场、懂经营、勇于善于创新创业的专业化人才队伍。继续实施“西部之光”人才培养计划，加强与西部地区的人才交流，结合项目合作与平台建设，派遣科技副职和科技特派员，并接纳地方科技和管理人员，为在西部地区开展科技研发和合作工作建立人才培养和交流体系，服务西部发展需要。

（四）创新体制机制

以中科院西部各类专项计划和工程为抓手，不断拓宽合作范围与合作领域，加强政产学研用有机结合，构建有利于与区域和企业合作，有利于科技成果转移转化，有利于创新发展的院地合作体系。完善激励机制，引导中科院科技人员更加关注西部地区科技需求，更加关注联合合作。同时，充分利用中科院在西部地区现有的研究单位和网络台站，加强资源共享，增强科技服务能力，为西部区域创新体系、技术创新体系建设和发展提供有力的科技支撑。

第二十八章　工程院

一、2010 年工作总结

(一) 发挥院士优势,积极开展智力援疆

2010 年 11 月 16 日,中国工程院重大咨询项目《新疆可持续发展中有关水资源的战略研究》结题,并在工程院召开项目成果发布会。中国工程院在原"全国水资源"、"西北水资源"等战略研究的基础上,由钱正英、沈国舫、石玉林院士牵头,于 2007 年 9 月组织开展了这一重大咨询项目。20 位院士、100 多位专家参加了该项目研究工作,得出如下主要结论:与世界上同类干旱区的一些地方相比,新疆水资源相对丰富,可以支持社会经济的可持续发展。存在的主要问题是:水资源开发利用过度,生态环境进一步恶化,用水效益不高。解决以上问题的根本出路是进行经济结构的调整,有序地建设节水高效的现代农业,有序地推进工业化、城镇化的进程,实现水资源利用的战略性转移。

2010 年 8 月 30 日、31 日,中国工程院分别与新疆维吾尔自治区政府和新疆生产建设兵团签订了合作协议,明确双方战略合作的重点和任务。中国工程院将充分发挥院士群体多学科、跨部门、跨行业的综合优势,就新疆涉及工程科技与经济发展的战略性、前瞻性的热点难点问题和重大项目开展决策论证,提供咨询意见和智力支持;帮助新疆引进和培养一批高层次、高水平的领军人才,加快促进新疆工程科技的创新。双方将共同办好院士活动中心,围绕区域和产业发展需求,共同策划和争取在新疆实施国家重大科技项目、国家重大科技平台建设项目等。

2010 年 8 月 4 日至 8 月 7 日,中国工程院学部工作局和中国科学院院士工作局、新疆维吾尔自治区科协,在新疆医科大学共同主办了"首届喀纳斯科学与艺术论坛"。论坛以"生命、环境、艺术"为主题,为新疆医疗、环境方面的专家提供了一个与国内、国际知名专家、各学科先进技术对接的平台。

2010 年 8 月 11 日至 13 日,中国工程院学部工作局和中国科协学会学术部、新疆维吾尔自治区科协、中国科学院院士工作局、中国石油学会、克拉玛依市人民政府共同主办了"首届信息化创新克拉玛依国际学术论坛",中国工程院 6 位院士参加。此论坛进一步提升了克拉玛依数字城市、数字油田发展水平,促进了数字城市、数字油田技术成果交流与应用,展示了数字城市、数字油田新技术、新成果的发展前景,为新疆地方经济社会发展作出了贡献。

(二) 围绕西部开发在其他地方组织开展的学术活动

2010 年 8 月 15 至 16 日,中国工程院和神华集团有限责任公司在鄂尔多斯市共同组织

了“神华院士行”活动。中国工程院院长周济院士，中国工程院副院长谢克昌院士与能源与矿业工程学部、环境与轻纺学部共18位院士出席了此次活动。此次活动，深入研究神华集团的发展过程和经验，探求能源行业关键技术的解决途径，研讨影响发展的关键，不仅为神华集团的发展提供了战略咨询和技术支撑，而且可引领中国西部煤炭行业的健康发展。

2010年7月31日至8月1日，中国工程院在内蒙古自治区呼和浩特市举办了“髋部疾病诊治与相关学科进展高峰会”暨中国工程院第101场工程科技论坛。来自国内关节外科领域的30余名顶级专家出席了会议，他们在髋关节外科和相关学科的临床诊治与科研方面术业专精，作了22场精彩的学术专题报告、并参与了3个典型病例讨论。来自内蒙古自治区各地的骨科医生200多人及其他16个省市的200多骨科医生参会，并参与互动讨论。

2010年9月15日至17日，中国工程院和青海高原医学科学研究院、青海海西州蒙古族藏族自治第二人民医院、青海格尔木市人民医院在青海省格尔木市共同举办了“青藏铁路运营期间卫生保障及高原病防治的研究”学术交流会。来自国内相关领域的20名专家和30名代表出席了会议，中国工程院吴天一院士对重点项目《青藏铁路运营期间卫生保障及高原病防治的研究》作了总结报告，11位专家在会上做了相关分课题的专题报告。会议促进了“建立高原卫生保障体系、防治各型高原病、改善供氧”等系统性研究。

2010年10月15日至18日，中国工程院和中国医药生物技术协会、四川大学、四川大学华西医院生物治疗国家重点实验室，在成都市共同举办了“2010医学科学前沿暨第三届分子靶向药物研究与应用研讨会”。此次会议是药学领域的前沿会议，4位院士、9位专家作了报告，100多位相关领域学者参加了会议。

2010年11月，中国工程院与四川省人民政府签订科技合作协议。双方将在“重大决策咨询、推动战略性新兴产品和产业发展、提升企业自主创新能力、加强合作研究与开发、组织学术活动、培养和引进科技人才”等方面展开合作。

（三）就西部热点难点问题开展的决策咨询

2010年8月20日，中国工程院召开“抗击洪涝、地质灾害”座谈会，组织20位相关领域的院士、专家就抗击洪涝与地质灾害展开研讨。在“做好安全防灾规划、提高灾害综合监测与预警预报能力、灾后重建的科学规划、公众防灾减灾素质教育、提高防灾减灾应急联动能力、完善灾后医疗卫生应急救援工作”等方面提出建议，并上报国务院，为提高国家应对自然灾害的能力提供技术支撑。

2010年10月21日，中国工程院副院长干勇院士亲自召集李东英院士、张国成院士等6位院士、专家，专题就我国稀土资源的开发利用和保护问题又进行了一次深入研究，并提出专项建议上报国务院有关领导。

二、2011年工作要点

（一）充分发挥院士群体优势，继续对西部大开发中的若干战略性问题开展咨询研究

根据党中央、国务院关于西部大开发的战略部署，组织院士对西北地区矿产资源、水资源的综合开发利用，城市化建设、特别是受灾地区灾后重建，节能减排及环境保护，医疗卫生、公众健康等开展咨询研究，提供宏观决策咨询服务。

关注西部地区企业的发展，推动西部地区企业技术进步和产业结构升级，促进经济增长方式的转变。充分利用“企业技术创新院士行”活动，吸引院士、专家优势智力资源关注西部地区企业的发展，为企业的总体发展战略、技术创新和核心竞争力的提高提供决策咨询，推动西部地区企业的整体发展，为我国经济发展做贡献。

进一步开展各类学术活动，在举办工程科技论坛及学术交流会等活动时，关注西部地区社会、经济、民生发展的重大主题，搭建平台让西部地区人才唱主角，促进人才成长。有计划地选择一些西部城市组织召开国际研讨会，充分利用中国工程院与世界各国工程科技界的广泛联系和合作关系，邀请各国工程科技界的权威专家、领军人物出席，扩大西部地区在国际上的影响。借助各类学术活动，组织院士、专家赴西部地区考察，开展国内外科技合作与交流，为西部地区吸引人才和投资条件和平台，促进西部地区经济的发展。

（二）加强与西部地区的合作，2011 年重点做好以下工作

深入与新疆维吾尔自治区、新疆生产建设兵团的合作。针对兵团战略性新兴产业现状和存在的问题、产业发展突破口、发展方式、政策措施等组织开展院士行活动。开展新疆新型工业化战略发展研究、新疆现代农牧业发展研究、新疆资源开发可持续、生态环境可持续研究等科技决策咨询工作，为有关企业技术创新和成功转化提供支持。

与四川省共同举办“西部科学论坛”。就我国轨道交通产业发展的技术需求和发展趋势、新材料在现代轨道交通中的应用、成都发展轨道交通产业的机遇与挑战等问题进行探讨研究。此外，组织院士对“川气东送工程”进行考察调研、对攀枝花钒钛铁矿资源综合利用战略进行决策咨询；支持企业院士工作站建设；与省内高等院校、科研机构和企业，加强在基础研究、产业前瞻技术攻关、灾后重建的相关产业项目工程技术问题、重大科技成果转化等方面的研发合作。

与陕西省签订合作协议。在调整经济结构、转变经济发展方式、注重民生改善和人的全面发展、统筹城乡发展、推动科技创新和战略性新兴产业发展等方面展开合作。发挥中国工程院多学科、跨部门、跨行业的综合优势，为陕西重要经济区发展规划等提供决策咨询。

深化与重庆市的合作。共同办好“明天的信息技术”、“临床分子诊断”中国工程科技论坛和“国际桥梁与隧道工程技术”中国工程科技高端研讨会。同时，在重庆未来发展过程中，就涉及工程科技与经济发展的战略性、前瞻性问题和重大项目开展决策论证，提供咨询意见和智力支持。

与内蒙古自治区开展科技合作。组织院士对内蒙古能源、生物质能源、稀土资源及产业等发展战略提供宏观咨询服务；指导内蒙古自治区院士工作站建设，引进智力资源，加快人才培养。

与青海省开展科技合作。签订科技合作协议，在生态保护和生态经济、矿产资源综合利用、新能源经济、改善民生和发展民生经济等方面开展合作。围绕青海矿产资源综合开发和循环经济建设等方面组织院士行活动，共同促进青海省实现“跨越发展、绿色发展、和谐发展、统筹发展”。

第二十九章　银监会

一、2010年工作总结

(一) 积极引导、培育和发展西部地区竞争性金融市场

加快在西部地区培育村镇银行、贷款公司、农村资金互助社，有序发展小额贷款组织，全力推进西部地区乡镇基础金融服务全覆盖。从2006年至今，银监会始终强调要把准“定位‘三农’、循序渐进、风险可控、监管有效”的工作原则，重点向金融网点覆盖率低、金融服务不足的农村地区倾斜，切实加强对已组建机构的风险监管和贷款投向指导，同时制定了“东西挂钩、城乡挂钩、发达地区与欠发达地区挂钩”政策，实行百强县(或大中城市辖内)与国定贫困县1∶1或与中西部地区1∶2的挂钩政策，指导、鼓励大型银行、股份制商业银行、政策性银行以及其他各类社会投资者到西部地区设立新型农村金融机构。

截至2010年年底，开发银行设立和参与设立了9家村镇银行，其中4家位于西部地区。西部12省(区、市)共组建新型农村金融机构152家，其中开业127家(村镇银行110家，贷款公司3家，农村资金互助社14家)，筹建25家。与2009年末相比，西部12省(区、市)金融机构空白乡镇减少了226个，实现了基础金融服务空白乡镇全覆盖。

在坚持审慎原则和商业银行自愿的前提下，引导大型银行加强西部地区银行机构网点建设，努力实现西部地区基础金融服务乡镇全覆盖；鼓励股份制商业银行优先到西部金融机构较少、金融服务相对薄弱地区设立分支机构，并对符合监管导向的相关申请予以优先支持；已先后支持云南重组设立富滇银行、陕西重组设立长安银行、广西重组设立北部湾银行、新疆重组设立昆仑银行，对甘肃、西藏等地中小商业银行发展的支持工作正在深入推进。

在机构和业务准入方面实行优惠措施的同时，银监会采取多项优惠措施引导和鼓励外资银行在西部地区设立机构，其中包括组织外资银行赴西部进行实地考察，了解西部地区的经济金融发展现状、投资环境、重点项目等情况，为外资银行搭建与西部地区企业交流的平台。在银监会积极、持续引导下，4家外资银行于2010年获准在西部地区筹建分行，3家外资银行在西部地区的分行于2010年获准开业，填补了贵州省和内蒙古自治区的外资银行营业性机构空白，增加了外资银行机构稀少地区的营业性机构数量。

为大力支持西藏和新疆的跨越式发展，银监会推动设立开发银行西藏分行，推动设立进出口银行新疆分行；批准进出口银行新设立云南省分行，加大对西南的对外贸易支持力度，促进西部地区外向型经济的发展；引导邮储银行结合二类支行改革，加强西部地区金融机构空白乡镇的网点建设，缓解农村地区金融供给不足、金融网点覆盖率低等问题。

支持重庆、四川、甘肃、内蒙古等省区5家符合条件的大型企业集团设立财务公司，对于

企业集团加强资金管理、提高资金使用效率、丰富金融服务手段等方面起到积极的作用。积极推进消费金融公司在西部地区试点，消费金融公司的设立，对于丰富西部地区金融机构类型、细分金融市场、促进金融改革创新、提高人民消费水平具有积极意义。

（二）引导银行业金融机构加大对西部地区尤其是西部农村地区的信贷支持力度

引导和加强对西部重点项目和基础设施建设的信贷支持，加强涉农贷款力度，加强对文教卫等社会事业和民生工程的信贷支持。加强对中小企业的信贷支持，围绕核心企业、产业集群、专业市场、供应链开展小企业信贷业务，努力实现小企业金融服务基本覆盖西部经济发达和潜力地区。加强对西部地区对外开放和边境贸易的金融服务，支持西部企业"走出去"。开展多元化经营，全方位支持西部地区发展。关注生态环境，推进民生建设，积极履行企业社会责任。坚持"绿色信贷"和"环保优先"原则，提高环保准入标准，支持循环经济发展，提高煤炭、电力等行业项目的准入标准，防范产业结构调整带来的风险。

在对政策性银行非现场监管方面，加强信贷规模及投向检测，引导和鼓励所监管金融机构加大对西部地区的资源倾斜力度。鼓励所监管金融机构不断提高西部地区信贷投放规模。截至2010年年底，开发银行累计向西部地区发放人民币贷款3919.61亿元，占全行当年新放贷款总额的27.29%；贷款余额预计达10243.75亿元，当年新增1866.87亿元，占全行当年新增贷款的32.64%，高于全行平均增幅约3.05个百分点。截至2010年年底，农发行累计向西部地区投放贷款2085.05亿元，贷款余额达4180.27亿元，较年初增加820.15亿元。截至2010年年底，进出口银行在西部12省（区、市）贷款余额654.55亿元人民币，较年初增加162.41亿元。

要求所监管金融机构按照国家的产业政策及西部大开发工作重点保证信贷资金投向。开发银行突出支持公共基础设施、公路、电力、农林水利、铁路、石油石化、煤炭等重点行业和重点建设项目，高度重视西藏、新疆发展，破解西部发展的社会瓶颈，注重支持西部县域及新农村建设、保障性住房建设、中小企业等领域。农发行全力保障西部地区粮棉油收购资金需求，大力扶持西部地区特色农副产品收储，尤其是对新疆、广西等农业资源大省加大支持力度，并在农业生产基础、农田水利等领域给予适度信贷支持。

引导所监管金融机构创新融资支持方式，努力满足西部地区的各种金融服务需要。开发银行通过与地方政府合作，在西部876个县区成立了开发性金融合作办公室，大力支持西部中小企业、助学贷款等民生基层领域。邮储银行通过自营贷款、银团贷款、专项融资等多种方式对西部重点企业和重点项目提供资金支持，2010年全年共向西部地区签订了222.06亿元的专项融资合同，实际发放金额为158.25亿元，用于支持西部地区的电网电力、公路交通等重大基础设施建设以及风力发电等可再生能源项目建设。

认真落实灾后恢复重建工作方面的金融政策，鼓励所监管金融机构积极提供融资服务，做好风险化解工作。允许机构开通绿色通道，加快灾区项目贷款发放；督促机构采取展期、调整还款计划、延长宽限期等方式办理债务重组，将因灾项目列入2010年呆账核销计划，尽早化解风险。

审慎支持所监管金融机构开展境外合作，加大对"走出去"企业的支持力度。重点支持了在西部地区周边的中亚地区、东盟等国家的"走出去"业务，近期支持了一批重点边境口岸城镇建设，如霍尔果斯经济特区建设，支持向西南开放桥头堡等，使其成为西部地区对外经济合作的重要平台。

引领加快农村合作金融机构产品和服务方式创新，确保满足西部地区信贷需求。现阶段，我国农村有效抵押担保物不足，而广大农民又是比较守信的群体，这就为我们大力发展和推广不需要抵押担保的农村小额信用贷款提供了良好基础。实践也证明，小额信用贷款是深受广大农民欢迎的金融产品。截至2010年12月末，西部农村合作金融机构农户贷款余额5760亿元，比年初增长1448亿元。

切实加强农村信贷领域创新。继续大力推广农户小额信用贷款和农户联保贷款，并成功将其经验引入农村小企业信贷领域。创新农村贷款制度，制定印发《关于银行业金融机构开展小额贷款业务的指导意见》，放宽了贷款对象、贷款金额、期限、利率等要素。联手人民银行组织开展了农村金融产品和服务创新试点，探索低成本、可复制、易推广的金融产品和服务方式。

加强对农村各类市场经济主体的支持。联手农业部印发《关于做好农民专业合作社金融服务工作的意见》，以支持农民专业合作社发展为着力点，改进农民专业合作社金融服务，推动农业生产向规模化、产业化、合作化生产方式整合。组织制定了银(社)团贷款指引、加强对产业化龙头企业的金融服务。联手共青团中央印发《关于实施农村青年创业小额贷款的指导意见》，帮助农村青年就地创业、农民工返乡创业，培育农村致富带头人和新农村建设生力军。

加强特殊领域的金融支持。连续就粮食、生猪、奶牛等领域印发文件，组织加强信贷投放。加强对重大自然灾害地区灾后重建的金融服务。联手人民银行等四部委印发《关于做好集体林权制度改革与林业发展金融服务工作的指导意见》，全面支持林权改革。出台农村地区业务代理机制的办法，鼓励将适合农村的电话银行、银行卡、ATM、POS机、网上银行等成熟的城市金融产品引入农村。

鼓励推进贷款担保创新。提出凡是不违反现行法律法规规定、财产权益归属清晰、风险能够有效控制的，都可以用于贷款抵押担保。各地在林权、渔权、水域滩涂使用权抵押和动产、应收账款及订单质押等方面也进行了积极有益探索，促进缓解了农村抵押担保难问题。支持各级政府组织建立财政适当出资、有关市场主体共同参与的担保基金或担保机构，为农村贷款融资提供担保。

积极开展涉农信贷与涉农保险的合作。按照2010年中央农村工作会议和2010年中央1号文件精神，银监会、保监会联合发布了《关于加强涉农信贷与涉农保险合作的意见》，着力提高农村借款人贷款的可获得性，进一步改善农村"贷款难"问题。

加大协调力度，完善扶持政策。2009年以来，经过严密论证，各项扶持政策出台速度加快，支持力度逐年加大，政策协调性明显增强。主要涉及新型农村金融机构定向费用补贴、县域金融机构涉农贷款增量奖励、农村金融税收优惠政策、农村中小金融机构差别存款准备金政策、农村中小金融机构监管费减免，金融服务薄弱乡镇定向费用补贴，以及中小企业和涉农不良贷款呆账核销，中小企业和涉农不良贷款重组和减免等多个方面。另外，改革了扶贫贷款管理体制。截至2010年12月末，西部农村合作金融机构涉农贷款余额9218亿元，比年初增加2067亿元。

（三）加强对西部地区的金融监管，防范金融风险

银监会注重对西部地区对口监管部门的业务指导和人才培养。2010年，银监会抽调了新疆、甘肃、重庆等西部省区银监局业务骨干，参与邮储银行总行及中东部地区分行的现场检查，通过加强东西部监管干部交流及“以查代训”的方式，帮助西部地区监管干部进一步提高现场检查能力，为西部地区的金融安全和持续发展培养高素质的专业人才。对农发行进行了现场检查，查出法人治理、内控体系、合规管理、信息系统建设等方面存在的一系列问题及风险状况，检查过程中重点对部分西部地区进行了延伸检查，借此促进农发行西部地区分行的健康稳健发展，推动农发行为西部地区经济建设提供更好的金融服务。

按照中央提高农村金融服务质量和水平的要求，对农村金融监管提出了更高的要求。一方面加强农村金融风险防范，保证农村金融稳定健康发展，另一方面改进农村金融服务。银监会对农村金融机构实行区别于城市的监管政策和监管要求，研究建立和逐步完善农村金融机构分类监管、差别监管制度，建立金融机构支农服务在网点、服务、贷款等方面覆盖程度监管考核与评价体系。同时有针对性地开展农村金融机构涉农不良贷款监管考核工作，进一步提高监管有效性。

在非银行业金融机构监管方面，银监会积极促进加快中西部地区风险金融机构的重组以完善中西部金融市场支持中西部开发。庆泰信托、四川信托、伊斯兰信托、伊犁信托、西部租赁等均已相继引进大中型国企完成重组并开业，既满足了中西部金融需求又为地方经济注入新的活力。目前中西部非银行金融机构历史遗留问题已基本圆满完成。

二、2011年工作要点

（一）在有效防控风险的基础上，继续加大西部地区信贷支持力度

督促机构细化“十二五”期间对西部地区的支持措施，建立支持西部大开发的政策、制度、机制等支撑体系，按西部十二省（区、市）分别出台支持意见。按照风险可控、商业可持续原则，引导机构进一步提高信贷投放规模，满足西部地区信贷资金需求，做到“两个不低于”。引导机构把握西部大开发各项优惠政策，有效配置信贷资源，大力加强对重点领域、重点项目的资金支持，如支持西藏、新疆跨越式发展，支持经济特区、边贸口岸建设，支持企业“走出去”，支持西部地区向周边开放等。引导机构加强对社会发展瓶颈、薄弱环节和弱势群体的金融支持，并建议财政、税务等给予相应的政策安排，如财政贴息、规模单列、风险分担和补偿等，调动机构的积极性。继续深化信贷结构调整，加大对西部地区基础产业建设、农业、生态环境保护建设、小城镇建设、高新技术企业和小企业的信贷支持。

（二）围绕“三农”发展战略，突出重点，把握难点，继续扎实做好西部农村金融服务工作

继续加大涉农信贷投放。在2010年科学合理控制涉农信贷投放的总量和节奏的基础上，加强贷款投向用途真实性的监管，督促和指导西部农村合作金融机构严格控制信贷投向，确保2011年涉农贷款增速高于上年，着力满足涉农信贷需求。大力推进全国乡镇基础金融服务全覆盖工作。2011年按照“巩固、完善、提高”的原则，着力巩固原有网点，逐步完

善网点功能，不断提高服务水平和机构覆盖度，推动工作重点由解决金融服务空白问题向扩大固定网点覆盖面，适度提高辖内乡镇网点规模转变，由解决基础金融服务覆盖面向提高金融服务质量，增强金融服务功能转变，使偏远农村地区农民群众尽早受益。加快推动新型农村金融机构稳定健康发展。继续推进产品和服务创新。进一步完善农村金融扶持政策。在落实执行好已出台的各项农村金融扶持政策的基础上，银监会将进一步协调财政部、人民银行、证监会、保监会、税务总局等国务院相关部门完善有关政策，使这些农村金融扶持政策长期化、制度化。同时鼓励地方政府出台切合地方实际的扶持政策，切实、有效地调动银行业金融机构开展农村金融服务的积极性。

（三）进一步加强内部管理，不断提高监管能力和水平，保证西部大开发各项政策执行到位

加强市场准入安排的科学性和计划性，支持西部金融机构改革重组，推进西部地区特色分行建设，支持设立新型农村金融机构。加强风险监管，处理好鼓励机构发展和稳健经营的关系、宽松的支持政策和加强风险监管的关系、金融政策与其他政策协调配合的关系、统一的监管政策与西部地区差别监管政策的关系、短期目标与长远规划的关系。继续支持西部地区监管能力建设和人才培养，抽调西部地区干部到银监会工作，并鼓励会内同志到西部特别是西藏新疆交流工作。

（四）进一步研究解决西部大开发过程中相伴而生的各类风险和问题

在加强对西部地区经济大开发信贷支持的同时，中长期贷款风险、贷款集中度等一系列问题也相应凸显。对中长期贷款，要求机构修订原贷款合同中“整借整还”等不科学条款，实现风险的准确暴露和稳步缓释；关于贷款集中度高的问题，通过发展银团贷款，加强机构间互信合作，分散信用风险，防止恶性竞争。通过对问题的研判和解决，进一步探寻适合西部地区的发展战略与对策。

第三十章　证监会

一、2010年工作总结

（一）积极支持西部地区企业通过资本市场直接融资

证监会认真贯彻落实中央关于西部大开发的战略部署，积极支持西部地区符合条件的企业发行上市，支持西部地区上市公司再融资。2010年，西部12省（区、市）有56家公司首次公开发行股票并上市和再融资，共筹集资金805.2亿元。资本市场优化资源配置、直接融资的功能有力地促进了西部地区企业做优做强，促进和带动了当地经济发展。有效引导社会资本向西部优势产业和优质企业的有序流动，取得了较好的效果。此外，2010年，新疆金风科技股份有限公司完成境外首发并在香港交易所上市，募集资金81.73亿港元。

（二）积极支持西部地区上市公司进行并购重组

2010年，证监会核准涉及新疆、重庆、甘肃、四川、广西等西部地区11家上市公司的重大资产重组申请，涉及交易金额共计992.2亿元。西部地区有15家上市公司拟实施重大资产重组，交易金额达430.6亿元。证监会将进一步加快审核进度，积极支持西部地区上市公司通过并购重组进行结构调整和产业整合，做优做强。

（三）积极支持西部地区证券期货经营机构发展

首先，支持符合条件的证券公司设立新网点，扩大业务规模。2010年以来，证监会共批准西南证券、华西证券、华创证券、红塔证券、西藏同信证券等西部地区证券公司设立43家证券营业部。其次，积极支持西部地区证券公司开展资产管理业务。2010年以来，共批准西南证券、华西证券、红塔证券等西部地区证券公司发行9只集合资产管理计划产品。再次，积极支持西部地区证券公司创新发展。证监会积极支持宏源证券、西南证券、华创证券、日信证券、西藏同信证券等西部地区证券公司按照监管规定申请新业务牌照、开展业务创新或产品创新。截至目前，宏源证券除了具有证券经纪、证券投资咨询及财务顾问、证券承销与保荐、证券自营等传统业务资格外，还取得了融资融券、IB业务等新业务资格，同时也是目前31家有资格开展直投业务的公司之一。

2010年，证监会核准了纽银梅隆西部基金管理公司设立申请，核准了中邮证券（陕西）、乌鲁木齐商业银行（新疆）、华创证券（贵州）、重庆银行（重庆）等4家西部金融机构的基金销售业务资格。同时还受理了主要股东属于西部地区的长安、云南红塔华融红土、华宸未来等基金管理公司的设立申请。

2010年，证监会批准德邦期货（内蒙古）、迈科期货（陕西）、国金期货（四川）、中信建投期货(重庆)、大华期货(重庆)、中电投先融期货(重庆)、西部期货(陕西)、云晨期货(云南)、红塔期货(云南)、金石期货(新疆)等10家西部地区期货公司在全国共设立19家期货营业部。同时,积极支持合规水平较高、实力较强的期货公司在西部设立营业部。2010年,证监会共批准15家分类评价结果较高的期货公司在西部地区设立17家期货营业部。

(四)积极支持符合条件的新疆企业发行上市和再融资,服务新疆经济发展

证监会在新疆企业上市融资方面给予特殊安排,支持新疆上市公司和中小企业发展。2010年7月9日,证监会出台《关于支持新疆经济社会发展有关工作的通知》,对资本市场支持新疆经济社会发展工作作出明确部署。2010年8月,尚福林主席出席了资本市场支持新疆经济社会跨越式发展报告会。同时,上海、深圳证券交易所和郑州商品交易所专家,在乌鲁木齐、伊犁、阿克苏等地举办了4场资本市场专题培训班。2010年,新疆共有7家上市公司实现再融资,筹资117.2亿元;光正钢构、西部牧业分别在中小板和创业板市场上市,筹资7亿元。

二、2011年工作要点

继续加强对西部地区上市资源的培育和上市辅导,积极支持符合条件的西部企业在主板(含中小板)、创业板发行股票并上市。支持符合条件的西部地区上市公司通过境内资本市场再融资。同时,利用好境外资本市场,继续支持符合条件的西部地区企业根据国家发展战略及自身发展需要到境外上市。

大力推进资本市场并购重组规范发展,以优先支持符合国家产业政策、有利行业整合、结构优化的并购重组活动为导向,进一步加大资本市场支持西部地区并购重组的力度。进一步加强与西部地区各地方政府的沟通协作,充分发挥综合监管体系的作用,解决同业竞争、关联交易等历史遗留问题,促进市场整体规范。

健全证券期货经营机构监管的长效机制,研究完善支持西部地区证券期货经营机构在严格控制风险的前提下创新发展的机制,支持符合条件的优质证券公司公开发行上市,支持符合条件的在西部省份注册的机构申请设立基金管理公司、申请基金销售业务资格等,支持西部地区开展期货业务促进特色产业发展。

第三十一章　保监会

一、2010 年工作总结

（一）保险机构批设

2010 年以来，保监会积极鼓励保险公司到西部地区设立经营机构。截至 2010 年年底，保监会在西部地区批准 1 家保险公司法人机构进行筹建（锦泰财产保险股份有限公司），批设中资保险公司省级分公司 19 家，中心支公司 109 家，以及外资保险公司省级分公司 2 家，中心支公司 2 家，分别占全国新批设同类机构总数的 22.89%、26.52%和 8%、33.33%。

（二）保险业务开展

保监会鼓励和引导保险机构加大对西部地区保险市场的开发力度，并积极协调有关部门争取政策支持。截至 2010 年年底，西部地区保险机构实现原保险保费收入 2606.20 亿元（未经审计），同比增长 29.59%，占全国原保费收入的 17.94%。保监会重点做了两项工作：积极扩大农业保险覆盖面。截至 2010 年 12 月底，西部地区农业保险保费收入 47.71 亿元，约占全国农业保险保费收入的 35.16%，参保农户约 3265 万户，承保粮油棉作物 1.63 亿亩，森林 7286 万亩，能繁母猪 957 万头，农业保险已经覆盖了西部地区全部 12 个省（区、市）。2010 年以来，国家新增云南、甘肃、青海、宁夏为种植业保险保费补贴试点省，新增云南为森林保险试点省，将四川、内蒙古作为首批马铃薯保险保费补贴试点地区，并对四川、青海、云南、甘肃和西藏的牦牛保险、青稞保险和藏系羊保险给予保费补贴。西部地区享受中央财政种植业和森林保险保费补贴的省份已增加到 8 个；继续扩大农村小额保险试点。2010 年，农村小额保险新增覆盖人数超过 1400 万人。

批复中邮人寿保险股份有限公司在包括西部省份在内的 19 个省（区、市）开展小额保险试点。推动与国务院扶贫办合作，把小额保险与扶贫机制结合起来，并拟在四川广元开展首期试点。积极研究扶持小额保险发展的支持政策，逐步健全监管政策和争取财税支持。准备把西藏等少数民族地区纳入试点范围，支持西部农村人身保险市场发展。改善寿险发展的区域结构，服务农民风险保障需求。

（三）保险资金运用

2010 年，保监会发布了《保险资金投资股权暂行办法》，根据有关条款，保险机构可以投资符合条件的西部地区未上市企业股权和相关金融产品。在符合市场原则、有效控制风险的前提下，积极引导保险机构投资符合条件的西部地区项目和证券，支持配合国家西部大开发战略的实施。截至 2010 年年末，保险资金投资西部地区基础设施债权计划 6 个，规模合计114亿元。此外,保险机构还认购财政部代发的地方政府债券,支持当地经济建设和社会发展。

(四) 支持区域发展

与云南省政府签署了合作备忘录,建立全面战略合作关系,支持云南保险业开展制度创新、组织创新、业务创新、服务创新,共同构建体系健全、功能完善、创新活跃、运行健康的区域保险市场体系。鼓励和指导有关保险公司,发展具有当地特色的农业保险。比如,在西藏等藏区开发了马铃薯保险、青稞保险、牦牛保险和藏系羊保险等险种;结合新疆的情况,指导当地特色林果业保险试点工作的平稳开展,指导疏附农户综合保险模式与昌吉“四位一体”试点工作;在部分地区开展烟叶、蔬菜、瓜果等特色险种。

(五) 人才队伍建设

在2010年的公务员录用工作中,在政策允许的情况下,适当放宽有关条件,支持西部地区录用工作的顺利开展。认真落实国家关于西部地区的各项工资、津补贴政策,积极调整理顺各地区间分配关系,切实提高西部地区工作人员收入水平。同时,按照《保险公司董事、监事和高级管理人员任职资格管理规定》,对拟任艰苦边远地区的高级管理人员,放宽一定的学历要求。

(六) 完善监管体系

保监会于2010年8月成立了西藏保监局。保监局的成立,对于提高西藏自治区保险业科学监管水平,更好地维护被保险人利益和防范化解风险,提高保险业服务西藏稳定大局和经济社会发展的能力,具有十分重要的意义。

二、2011年工作要点

鼓励中外资保险公司到西部地区设立各类营业机构,充分发挥服务特长和优势,提高西部地区保险保障水平。鼓励和引导保险公司开发适合西部地区特点的保险产品,进一步拓宽保险覆盖面;同时继续完善保险资产管理政策,支持保险机构按照市场化原则,积极参与西部大开发建设。

加强保险监管,防范保险风险,维护西部地区市场秩序和被保险人的合法权益。积极协调国家有关部门,加大对西部地区的政策支持力度。

第三十二章　能源局

一、2010 年工作总结

（一）加大中央投资支持力度

加大对西部少数民族地区农网改造升级和无电地区电力建设政策扶持力度。将新疆维吾尔自治区农网和无电地区电力建设 50%中央资本金政策享受范围由原南疆 15 个贫困县调整为全疆 54 个县市，将甘肃藏区农网和无电地区电力建设中央投资比例由原 20%提高到 50%，将云南藏区农网中央投资比例由原 20%提高到 50%。

加大中央预算内投资支持力度。2010 年中央预算内投资中安排西部地区城网建设与改造工程 10 亿元，农网改造升级 73.3 亿元，无电地区电力建设 11.5 亿元，煤矿项目地质补充勘探 0.68 亿元，煤炭产业升级改造贴息资金 1.02 亿元，安全改造资金 5.2 亿元，安排了 5 亿元用于风电送出工程，主要用于甘肃酒泉、新疆哈密、内蒙古、云南等风电集中地区送出工程建设需要。

（二）加快能源通道建设

大力支持西部地区电网建设，地区网架得到加强，无电地区范围进一步缩小，电网供电能力和供电可靠性大大增强。青藏直流联网工程开工建设，新疆电网与西北电网 750 千伏联网工程、云南小湾—广东及向家坝—上海特高压直流输电示范工程、宁东直流工程顺利投产。

积极推动石油天然气管网建设。为确保 2011 年年底西气东输二线工程东段干线和主要支干线贯通，积极协调解决制约工程建设的关键问题。积极推动陕京三线天然气管道项目，大力支持南疆天然气利民工程建设。长庆气田—呼和浩特输气管道复线工程已开工建设，长庆油田—呼和浩特石化原油管道正在抓紧开展前期工作。

（三）能源基地建设取得新进展

加大煤炭基地建设力度。在矿区总体规划审批、项目核准等方面向西部地区倾斜。全年先后批复新疆准东西黑山矿区、内蒙古五间房矿区、甘肃沙井子、四川古叙等 12 个矿区总体规划，规划建设总规模 6.98 亿吨/年；核准四川新维、陕西麻黄梁、内蒙古杨家村、内蒙古铧尖等 6 个煤矿，建设总规模 1560 万吨/年。批复同意内蒙古谢尔塔拉、内蒙古塔拉壕、陕西小纪汉、甘肃核桃峪煤矿、宁夏金凤煤矿、新疆西黑山露天等 18 个煤矿项目开展前期工作，建设总规模 1.32 亿吨/年。积极推进陕北、宁东、蒙东、黄陇等大型煤炭基地建设，参与蒙陕甘宁“金三角”能源基地规划和锡林郭勒盟煤电一体化开发，指导新疆维吾尔自治区发展改革委编制新疆大型煤炭基地规划，推动内蒙古上海庙矿区煤炭资源整合。

扎实推进石化基地建设。核准了内蒙古大唐年产40亿立方米煤制天然气、内蒙古汇能年产16亿立方米煤制天然气、新疆广汇80万吨/年二甲醚、内蒙古新奥40万吨/年二甲醚、广西钦州1000万吨炼油，四川彭州1000万吨炼油、广西中粮20万吨/年木薯燃料乙醇等7个项目，同意新疆庆华55亿立方米/年煤制天然气示范项目开展前期工作。一批工业示范项目建设进展顺利，神华集团百万吨级煤直接液化装置，经多次试车后技术不断完善，伊泰、潞安16万吨/年煤间接液化装置运行情况良好，拟在陕西榆林建设的衮矿集团煤间接液化技术通过中试装置验证，广西正在开展非粮燃料乙醇试点，并在全区推广乙醇汽油，四川6万吨/年、贵州5万吨/年两个小油桐生物柴油产业化示范项目进入实施阶段。

电力及清洁能源开发力度不断加大。已核准西部地区火电建设规模约1440万千瓦，约占全国火电核准规模的28%。已纳入国家电力发展规划的火电项目规模近2500万千瓦，约占全国火电的30%。组织开展了黄河上游湖口至尔多河段、通天河、金沙江上游等河流(河段)水电规划工作。溪洛渡、向家坝等一批大型水电站相继投产，青海黄河积石峡、云南澜沧江功果、四川大渡河泸定等水电站建设进展顺利。新核准云南金沙江中游金安桥(240万千瓦)、四川雅砻江官地(240万千瓦)、桐子林(60万千瓦)、大渡河大岗山(260万千瓦)、长河坝(260万千瓦)、贵州乌江沙沱(112万千瓦)、广西红水河岩滩水电站扩建(60万千瓦)、西藏雅鲁藏布江藏木水电站(51万千瓦)等8个水电项目，新增水电装机1283万千瓦。甘肃酒泉、新疆哈密千万千瓦级风电基地以及广西防城港核电站一期工程全面开工，推动内蒙古达茂旗、通辽等百万千瓦级风电基地建设。实施“金太阳工程”，支持边远地区太阳能发电，改善当地农牧民用能条件。

二、2011年工作要点

(一)优化调整炼油布局，加大煤制燃料及生物燃料等方面的试验示范力度

继续优化调整现有炼油布局，不断提高产业集中度，发挥规模效益。根据成品油供需平衡，保持合理炼油规模。结合进口原油和自产原油增产情况，适当配套炼油新增能力。

根据煤制燃料技术发展需要，在煤炭资源丰富地区，适当安排煤制天然气、煤制油、煤制二甲醚等示范项目，不断推进煤制燃料技术创新与进步。在条件成熟的地区，利用生物质资源优势，推进生物柴油、非粮燃料乙醇产业化示范。

(二)促进电源电网协调发展

支持满足西部地区大中型城市冬季采暖和工业园区热电联产项目建设，鼓励发展中小城镇背压供热机组，推动煤电基地开发，进一步加快西部地区输电网主网架建设，继续实施“西电东送”战略，促进西部地区电源与电网协调发展。

(三)推进大型煤炭基地和现代化煤矿建设

编制好煤炭工业“十二五”规划，适度加大西部各省(区)煤炭资源开发强度，提高西部地区煤炭产量在全国的比重。继续做好大型煤炭基地规划，进一步采取上大压小、整合改造和淘汰落后相结合的手段，建设现代化煤矿。发展循环经济，保护矿区生态环境。深入推进煤矿企业兼并重组。提高煤矿安全生产水平。

(四) 积极推动西部油气资源战略通道建设

进一步推进西部地区石油天然气管网建设和石油天然气资源勘探开发,推动西部油气资源战略通道建设,保障国家能源安全,促进低碳发展。

(五) 促进可再生能源开发利用

在编制和实施可再生能源"十二五"规划中,继续把西部地区作为重点,加强可再生源开发利用。在做好环境保护和移民工作的前提下,积极开发水电。积极推进甘肃千万千瓦风电基地二期工程建设,加快内蒙古等地风电开发建设。结合"金太阳"工程实施解决无电人口基本用电问题。积极推进大型光伏电站建设。

第三十三章　外专局

一、2010 年工作总结

2010 年，外专局继续做好“海外智力西进工程”和“海外智力援疆工程”的组织实施，积极支持西部地区聘请外国专家、建设各类人才队伍、开展国内外交流合作等，为西部地区经济社会发展服务。

(一) 积极支持西部地区聘请外国专家

2010 年，紧紧围绕当地经济建设急需，支持引进优质农作物种质资源、畜禽品种改良及繁育、病虫害防控、生物农药研制、农产品深加工、农产品质量安全检测、农机装备制造等领域的外国专家，服务西部地区新农村建设；支持引进高效清洁发电设备、超高压输变电设备、数控机床、环保及资源综合利用装备等设计与制造领域的外国专家，服务西部地区产业结构调整、自主创新能力提高。

(二) 积极支持西部地区各类人才队伍建设

重点资助西部地区实施出国(境)培训项目。2010 年，根据《引进国外智力服务国民经济发展的分类指导意见》和局省合作框架协议，实施了一系列有重大影响的出国境培训项目。重点资助了西部地区各省紧缺急需人才培训项目。

继续实施展望计划。2010 年，针对西部地区党政干部和农村基层带头人培训的展望计划，共组织实施 50 多期培训项目，培训西部地区各类人才 2000 多人次。由于工作成绩优异，外专局所属中国国际人才交流协会亚非部 2010 年荣获“国家西部大开发突出贡献集体”荣誉称号。

(三) 积极支持西部地区文化教育事业发展

支持西部地区高校学科建设，提高科研创新水平。外专局积极支持西部地区高校开展引进国外智力工作，涌现了一批以“111 计划”创新引智基地为代表的重要成果。培训西部地区英语教学人才，提高英语教学水平。2010 年，外专局继续实施“中西部及贫困地区中小学英语教师全封闭英语口语培训计划”，先后为青海、宁夏、新疆、甘肃、陕西、重庆、四川、广西、内蒙古等省区市培训中小学英语教师近 2000 人次。

(四) 积极支持西部地区开展国内外交流合作

扶持西部地区参与重大引智活动。2010 中国国际人才交流大会期间，外专局为新疆维吾尔自治区和新疆建设兵团开辟了“智力援疆”和“海外智力西进”两个展区，组织浙江、广东等7省(区),分别与新疆维吾尔自治区和新疆建设兵团进行项目洽谈,并签订了“智力援疆”和“二次引进”协议。组织新疆维吾尔自治区、新疆建设兵团、广西壮族自治区、甘肃省等西部地区代表,参加了“引进国外智力局省合作对话活动”,邀请美国、英国、日本、法国等国家的境外专业机构与这些省区进行交流对接。

为西部地区提供引智服务信息。外专局为西部省(区、市)开通自助网站并提供技术支持,2010年累计发布信息超过900条。帮助广西、陕西、甘肃、宁夏、重庆、西安、新疆建设兵团等开辟“海外高层次人才联系窗口”地方分窗口,发布吸引海外高层次人才政策和需求信息80余条。利用中国国际人才网为西部地区125家用人单位发布英文职位需求,并为这些单位提供超过2.3万份的简历。利用2010北京、上海外籍人才招聘会时机,组织部分西部用人单位参加招聘活动。

加强西部地区国际人才市场地方市场建设。目前,中国国际人才市场在西部地区共有5家地方市场,分别是甘肃市场、西安市场、重庆市场、广西市场和成都软件人才市场。2010年,在信息、项目上,加大了向他们的倾斜。

(五)支持西部地区开展引智宣传

2010年,外专局组织人民日报等中央媒体,发表专题报道、人物报道、图片报道、简讯等20多篇。外专局主办的《国际人才交流》和《专家工作通讯》两个刊物,从组稿、编辑和版面上都加大了对西部地区的倾斜,力求全面反映西部地区引进国外智力的风貌。

二、2011年工作要点

(一)聘请经济技术专家方面

农业领域,以促进国家粮食安全、提高农民收入为重点,优先引进优质农作物种质资源、畜禽品种改良及繁育、病虫害防控、生物农药研制、农产品深加工、农产品质量安全检测、农机装备制造等方面的专家。工业领域,以改善和调整产业结构、提高自主创新能力为目标,重点引进高效清洁发电装备、超高压输变电设备、数控机床、环保及资源综合利用装备等设计与制造方面的专家。在高新技术产业中,重点做好软件与集成电路及新能源、生物医药方面的聘请专家工作。利用地缘优势,重点支持西部地区深入开展对东欧和独联体国家的引智工作。

(二)出国(境)培训方面

不断强化出国(境)培训的质量和效益,把西部地区引智工作的支持重点放在发展现代农业、建设社会主义新农村、基础设施建设等方面,支持推动农业科技进步、推进自主创新能力建设、生态环境保护、特色经济和优势产业发展、人才队伍建设等方面的项目。在经费分配和人员安排上,继续向西部地区倾斜。

(三)文化教育事业方面

继续加大对西部地区部属高校的支持力度,在“111计划”、“引进海外高层次文教专家重点支持计划”、“海外名师计划”等高水平专家引进项目上继续给予指导和支持。同时围绕高校的优势、特色学科加大引智支持力度。在西部地区组织实施“千人计划”基础工程，资助地方重点高校围绕“千人计划”专家、海外重点高水平专家、地方“111 计划”引智创新基地、青年杰出人才等开展引智工作，为西部地区引进国际一流的科学大师、科技领军人物，培养高水平自主创新人才和紧缺人才，促进地方经济社会发展服务。

继续加大对西部高校引智项目的全方位支持，通过对重点、特色、产学研相结合、能产生良好经济社会效益的引智项目的支持，为西部地区提高教育质量、提升科研实力、服务地方经济社会发展提供人才智力保障。继续面向西部地区开展 T.I.P 培训，组织面向西部地区开展公益性的中小学英语教师口语培训项目，提高他们的英语口语和教学能力，为西部地区外语人才培养和对外开放打好基础。

(四) 引智成果示范推广方面

支持西部地区引智成果示范推广基地、示范单位的建设，加大成果示范推广力度，继续推进“千村引智示范项目”和“引智扶贫项目”，提高“一村一品”示范效用和影响力，注重通过“二次引进”，使引智成果惠及广大人民群众。

(五) 政策、宣传和服务方面

2011 年，外专局将进一步加大西部地区引智政策创新力度；加大西部地区引智工作宣传力度；做好在西部地区工作的外国专家表彰奖励工作，鼓励更多外国专家为西部省区市服务。《国际人才交流》杂志将围绕 10 年来引智服务西部大开发取得的成就、经验、新举措和贡献突出的“友谊奖”获奖专家以及有重大影响的引智成果，开展引智宣传。

第三十四章　民航局

一、2010 年工作总结

到 2010 年底，西部地区民用运输机场数量达到 88 个（包括延边和恩施的 2 个机场），占全国机场总数的 50.3%，较 1999 年提高了 6.1 个百分点，西部地区机场共完成旅客吞吐量 12113 万人次、货邮吞吐量 138.3 万吨、飞机起降 142 万架次。

（一）加大政策支持力度

为进一步加快西部地区民航事业发展，2010 年 1 月和 6 月，民航局分别出台了《民航局关于促进西藏民航事业发展的若干意见》、《民航局关于促进新疆民航事业发展的若干意见》；2010 年 6 月至今，先后与新疆、四川、重庆、陕西、青海等五个省（区、市）签署了加快推进民航发展的会谈纪要，就各省（区、市）民航“十二五”建设规划、航班航线及区域民航发展的重大问题达成一致意见。同时，按照“向西部地区倾斜、向中小机场倾斜、向安全倾斜”的原则，进一步修订完善民航专项基金投资补助机场建设项目实施办法，研究确定加大对西部地区机场建设项目支持力度的资金补助政策。

（二）加快机场建设步伐

近年来，民航局加快了西部地区机场建设步伐，西部机场设施条件得到明显改善，航空业务量增长迅速，形成了以乌鲁木齐、昆明机场为门户枢纽，成都、昆明、西安、重庆机场为区域枢纽，九寨、丽江、腾冲等支线机场为支撑的西部地区机场体系。

2010 年，西部地区共新增吐鲁番、博乐、阿里、黔江、日喀则、二连浩特和固原等 7 个支线机场。南宁、桂林、重庆、成都、贵阳、拉萨、西安等 7 个西部枢纽、干线机场和包头、九寨沟、嘉峪关等 10 个支线机场正在实施改扩建工程；巴彦淖尔、张掖、河池等 8 个新增机场正在建设。这些项目的实施，使西部地区机场布局更趋合理，机场设施条件更趋完善，将为西部地区经济社会发展和对外开放起到更加积极的推动作用。

为充分发挥航空运输在综合交通运输体系中的比较优势，促进西部地区支线航空发展，加强应急救援基础设施建设，解决西部边远地区人民群众出行困难的问题，民航局积极推动西部地区通勤机场试点和通用机场的建设工作。内蒙古自治区阿拉善盟通勤航空试点项目已上报国务院、中央军委。

（三）不断加大资金支持力度

按照国家深入实施西部大开发战略部署的统一安排，民航局不断加大对西部地区民航基础设施建设和机场运营补贴的政府性基金的投入。2010 年，对西部地区机场建设投入的民航专项基金达到36.7亿元，占全行业投入的46.3%；安排各类补贴9.5亿元，其中机场补贴5.1亿元，基本建设贷款贴息1.3亿元，支线航空补贴2.9亿元，节能减排专项补贴0.2亿元。在资金拨付方面，根据西部各机场工程项目的建设进度，及时调整民航专项基金预算和投资计划安排，确保资金及时到位，充分保障西部地区民航基础设施建设项目的顺利实施。

（四）稳步推进空管设施建设

在加快西部地区机场设施建设的同时，民航局以完善西部地区航线网络、增强空管保障能力、提高西部机场终端区容量为目标，积极推进西部地区民航空中交通管制设施的建设。“十一五”期间，共安排民航专项基金约50亿元，相继启动建设了成都、西安、乌鲁木齐三大区域管制中心和西部航路改造工程等一系列空管重点项目。

（五）大力推动西部航空运输发展

随着国内航空运输市场的不断放开，民航局一直对中外航空公司经营至西部地区的国际航线、航班给予积极支持和政策倾斜。对中东部地区航空公司经营西部支线航线优先审批，允许其至西部地区干线机场航线延伸至支线机场，或按经营西部支线航线的情况，优先增加东部地区的航线、航班。2010年，民航局进一步对航线许可的审批政策进行了优化调整，目前西部地区机场多数国内航线已从核准审批调整为登记备案。同时，在航权方面继续加大对西部地区的开放力度，允许外航执行至西部地区的第五航权，并鼓励中外航空公司开辟至西部地区的国际航线。

截至目前，共有29家中外航空公司执飞至西部地区的77条国际客货航线每周达到355班。2010年夏秋航季，各航空公司在西部地区共安排国内航线845条，航班每周21193班；安排港澳台航班288班。

二、2011年工作要点

继续把贯彻落实西部大开发战略部署作为民航行业“十二五”期间的工作重点，全面开展民航“十二五”规划建设，优化西部机场网络布局。2011年，民航局将重点完善昆明、成都、西安等枢纽机场功能；加快桂林、贵阳、南宁、兰州、呼和浩特、拉萨、喀什等干线机场建设；利用区域枢纽、干线机场带动和扶持支线机场发展，提高西部地区航空运输服务的能力和水平，扩大航空运输普遍服务的范围。

进一步落实支持西部地区民航发展的政策措施，改善西部地区机场运营效益差、支线机场利用率低、支线飞机数量少、空域资源紧张的局面。通过政策引导，支持地方政府对社会公益性强、企业严重亏损的特殊航线进行补贴，鼓励航空运输企业加大西部地区的运力投入，提高航空运输服务的质量。

进一步加强空管和安全设施建设。“十二五”期间，确保西安、成都、乌鲁木齐等三大区域管制中心工程投入使用，全面提高西部地区民航空中交通管理的安全水平和自动化程度。继续督促落实西部地区各支线机场的空管等安全基础设施及人员的建设和培养，消除事故隐患，提高机场和空管安全保障水平。

进一步加大对西部地区民航基础设施建设的资金投入。预计2011年，民航局对西部地区机场建设补助和机场运营、贷款贴息、支线航空、通用航空、航空货运及节能减排等方面的各类运营补贴将达到60亿元。

加快通用航空的发展。在开展通勤航空试点工作的基础上，以市场主导与政府引导相结合，全面布局和建设通用航空机场、起降点，完善空管、机务维修、航油配送等保障设施，探索建立通用航空低空运行服务模式，支持在西部地区构建农林防护、海洋维权、应急救援等公益性航空服务网络。

继续增加西部地区航线航班。积极鼓励和引导国内航空公司增加和新辟至西部地区的国内航线航班，采取多种形式开通西部地区机场始发的港澳台地区航线，使西部地区枢纽航班覆盖更宽，干支航线更加匹配。

第三十五章　扶贫办

一、2010年工作总结

（一）完善西部特殊类型困难地区政策措施

2010年，为贯彻落实中央第五次西藏工作座谈会和新疆工作座谈会精神，国务院扶贫办在与有关方面充分沟通和广泛征求意见的基础上，印发了《关于进一步做好西藏扶贫开发工作的指导意见》、《关于进一步做好四川云南甘肃青海四省藏区扶贫开发工作的指导意见》（国开办发〔2010〕56、57号）和《关于全面推进新疆扶贫开发工作的指导意见》（国开办发〔2010〕103号），明确将西藏和四省藏区、新疆维吾尔自治区列入集中连片特殊贫困地区全面实施扶贫政策。

（二）进一步加大扶贫投入力度

2010年，中央预算安排财政扶贫资金222.68亿元。扶贫资金分配时，继续向西部地区、革命老区、少数民族地区、边境地区以及特殊类型困难地区倾斜。据统计，2010年共安排西部地区扶贫资金141.5亿元，较2009年资金增长19.4亿元，增幅为15.9%，占中央分配到省（区、市）财政扶贫资金总量的66.5%；此外，专项安排支持西藏扶贫资金1亿元、四省藏区2亿元和新疆维吾尔自治区1亿元；安排1.2亿元资金专门用于西藏的溜索改造。

（三）全力推进扶贫开发重点工作

两项制度有效衔接试点。2010年，国务院扶贫办会同民政部等5部门，在全国689县开展农村最低生活保障制度和扶贫开发政策有效衔接扩大试点工作。其中西部地区国家扶贫开发重点县248个县，占34%。

贫困村整村推进。2010年完成1.9万个贫困村整村推进，其中，西部地区8280个，占43.6%。为配合"十二五"整村推进规划的编制，重点指导四川、云南、青海及甘肃四省开展了贫困村典型案例的编制工作。

劳动力技能培训。为了完善和创新雨露计划实施和管理机制，提高实施效果，2010年，国务院扶贫办和财政部安排1130万元在9个省（市）开展了雨露计划实施方式改革试点，重点支持"两后生"农业实用技术培训和职业技能培训，补助方式从通过培训基地间接补助转为对贫困家庭学生直接补助。其中西部地区安排5个省（市）、580万元，分别占试点省市和资金的55.6%和51.3%。

产业化扶贫。积极帮助贫困地区和贫困农户因地制宜选择主导产业，提供金融技术服务，建设生产基地，扶持扶贫龙头企业，发展加工业，通过农民合作组织开展组织营销，开拓市场等。目前，国务院扶贫办共认定625家国家扶贫龙头企业，其中，西部地区有293家，占46.9%。

(四) 继续开展各项试点工作

贫困村互助资金试点。2010年，中央安排扶贫资金2.85亿元，在全国1900个贫困村推广贫困村互助资金试点，其中：西部安排13875万元、925个村，比2009年增加3075万元、205个村。同时，启动贫困村互助资金贫困影响研究，探索互助资金与正规金融机构、专业合作组织相结合的可能性和可行性。

连片开发。2010年，在全国100个国家扶贫开发工作重点县继续展开“县为单位、资源整合、整村推进、连片开发”试点，其中，西部地区64个县，占总数的64%。

特殊类型困难地区扶贫开发试点。安排专项资金2000万元在贵州省威宁县开展“喀斯特地区扶贫开发综合治理试点”，并指导贵州省完成试点规划编制工作；在前三年(2007—2009年)试点工作的基础上，认真总结经验，指导新疆启动了阿合奇边境扶贫第二轮(2010—2012)试点规划编制，并将试点范围扩大到了新疆17个边境县；9月，在贵州省晴隆县召开种草养畜试点工作现场会，推广试点经验和有效做法；积极推进阿坝州扶贫开发与综合防治大骨节病试点、云南富宁县山瑶扶贫试点、甘肃庆阳革命老区绒山羊扶贫等试点。

中央专项彩票公益金试点项目。2010年，安排4250万元、5100万元分别支持广西、贵州贫困革命老区利用中央专项彩票公益金实施整村推进试点项目。

科技扶贫综合试点。2010年安排科技扶贫资金5000万元，其中西部地区项目19个，分别占资金总量和项目总数的63%和53%，推动了先进、适用技术在西部地区的推广和应用。

(五) 高度重视贫困村灾后恢复重建和自然灾害应对工作

继续推进四川、甘肃、陕西三省汶川地震100个试点村及面上受灾贫困村的恢复重建工作。指导青海省编制完成《玉树地区灾后贫困村恢复重建规划》，利用中国扶贫基金会提供的1亿元资金，与青海省签署框架协议，支持灾后恢复重建工作。积极应对南方遭受旱灾和涝灾害的地区，动员社会力量向遭受旱灾的贫困户发放到户救灾资金2亿元，向部分受灾严重的西部省(区、市)拨付灾后生产恢复重建资金5000万元。

(六) 大力加强定点扶贫和东西协作扶贫

全国有272个中央国家机关和企事业单位定点帮扶481个国家重点县，其中285个重点县在西部地区，占帮扶总县数的59.3%。在东西扶贫协作方面，2010年对部分省(区、市)东西扶贫协作关系进行了调整，协调山东省与重庆市、厦门与甘肃临夏回族自治州、珠海与四川凉山彝族自治州开展东西扶贫协作。

二、2011年工作要点

(一) 继续加大对西部地区的投入力度

根据国家整体经济社会发展水平、各级政府财力增长水平和贫困地区、贫困人口发展需要，继续加大西部地区扶贫开发资金投入，特别是集中连片特殊困难地区的投入力度，使之与扶贫开发工作的需要相适应。

（二）积极探索特殊类型地区综合治理思路

指导西部各省（区、市）编制集中连片特殊困难地区扶贫开发规划，并与“十二五”西部大开发规划有效衔接。明确工作目标、任务和措施，集中力量，加大投入，在区域发展总体规划中，充分发挥专项扶贫计划的作用。

（三）全力抓好扶贫开发重点工作

根据正在编制的“十二五”整村推进规划要求，开展整村推进工作；深入改革“雨露计划”，加大对农村贫困家庭“两后生”的长期培训力度，帮助其实现稳定就业；通过对扶贫龙头企业、贫困农户贷款贴息和贫困群众良种补贴等方式，支持优势主导产业发展；编制易地扶贫搬迁“十二五”规划，积极稳妥地实行扶贫移民搬迁；全面抓好各项试点工作，扩大连片开发、贫困村互助资金试点规模；推进贫困地区灾后恢复重建工作。

（四）进一步深化体制机制创新

充分发挥各级扶贫开发领导小组的组织、协调和指导作用，统一认识，关注民生，整合资源，落实责任，推进专项扶贫和行业扶贫、社会扶贫的有机结合，巩固“大扶贫”格局。加大各类试点工作在西部的实施力度。同时，加大贫困人口识别工作力度，瞄准扶贫对象，提高扶贫资金使用效率，对低收入人口全面实施扶贫政策。

第三十六章　开发银行

一、2010 年工作总结

（一）加强组织领导，增强工作的主动性和自觉性

积极参与和支持国家和地方的“十二五”规划及专项规划编制，促进西部地区科学发展。加强银政企合作，形成支持西部发展的合力，促进市场建设、制度建设、信用建设，以金融资金放大财政支持的政策效果。把支持西部开发与促进经济发展方式转变结合起来，加大对城市化发展、基础设施、“三农”和民生、环境生态保护和周边开发开放等领域的支持。创新融资模式，结合西部省（区、市）的特点，提供多元化金融服务，把支持西部大开发工作提高到新的水平。

（二）推动形成合力，深化“银政、银企”合作关系

2010 年，国家开发银行与西部 12 个省（区、市）举行了高层联席会议，与西藏、新疆、云南、贵州、四川、甘肃、广西、新疆生产建设兵团分别签署了新一轮的专项合作协议或规划合作协议；与华电、华能、中铁建及江苏省政府签署了援藏合作协议。开行与各方的合作紧紧围绕西部大开发的重点、难点和热点问题，用融资、融智相结合的方式推动制度建设和信用建设，为市场形成与建设创造条件，为西部大开发构建可持续的制度保障，提供稳定的融资支持。

（三）坚持规划先行，建立规划合作长效机制

担任地方政府的战略顾问、融资顾问，主动为地方的发展出谋划策，针对西部地区经济社会发展相对滞缓的问题，围绕国家地方重点区域规划制定相应的融资规划，以规划引领发展，促进合作。积极支持国家发展改革委、国家民委西部大开发“十二五”规划编制，成为规划编制工作组成员；参与西部能源基地建设规划、沿边重点地区开发开放规划、中西部地区承接产业转移研究、兴边富民规划；参与西部省（区、市）“十二五”规划、专项规划及村镇规划编制。支持内蒙古呼包鄂城镇群规划等国家地方重点区域规划。

（四）统筹规模资源，支持西部重点领域和重点项目建设

到 2010 年年底，国家开发银行在西部 12 个省（区、市）累计发放人民币贷款将达 16960 亿元，占全行的 25.6%，较 2000 年占比增长 5 个百分点，当年发放 3800 亿元，占全行当年发放的 29.2%；人民币贷款余额将突破 10000 亿元，约占全行的 28.4%，较 2000 年占比增长 14 个百分点，当年新增约 1800 亿元，余额增长 20%左右（全行 18%），占全行当年新增（5500 亿元）的 32.7%。

(五)关注政府热点,支持西部基层民生领域发展

支持县域和新农村建设。截至2010年9月底,国家开发银行在西部省区累计发放新农村建设基础设施贷款2142亿元,贷款余额1642亿元,主要投向农村公路网络、电网、安全饮水工程、病险水库除险加固、生态保护等农村基础设施建设。

支持中小企业和低收入群体发展。截至2010年9月底,开发银行在西部地区中小企业贷款余额3198亿元,覆盖除西藏外的西部所有省(区),惠及数十万户农户和个体工商户,创造了百万余个就业岗位。在宁夏盐池创建了"平台+小贷中心+农户"模式,为四川、重庆等西部省份的小额信贷机构提供批发性资金和技术培训,已为西部省(区、市)的小额贷款机构提供贷款2.7亿元,贷款余额2.3亿元,并为青海、陕西的103家小额信贷机构的近400名高管和业务骨干提供了技术培训,支持其规范、健康可持续发展。

支持中低收入住房建设。截至2010年9月底,在西部地区累计发放中低收入家庭住房建设开发贷款432亿元,贷款余额371亿元。支持西部地区376个项目建设,项目总建筑面积约5664万平方米,建设保障性住房80万套,惠及258万中低收入人群。支持教育事业发展。国家开发银行助学贷款业务覆盖了西部所有12个省(区、市),发放贷款约为36.8亿元,惠及67万西部学子。支持西部地区应急体系建设。截至2010年9月底,已向广西、内蒙古、新疆、宁夏等西部地区发放应急贷款65亿元,支持西南抗旱、应对新疆和内蒙古雪灾及玉树灾后重建。

(六)助力西部开发开放,推进沿边跨境基础设施建设

积极与有关部委沟通,与云南省政府签署了《支持云南省加快建设中国面向西南开放桥头堡合作备忘录》,推进全行跨境基础设施工作。目前,国家开发银行已完成跨境项目的初步摸底、梳理,储备了一批跨境项目,涉及西部地区的项目5508亿元(其中境外642亿美元),包括西北、西南方向的油气、电力通道和国际运输通道等重点项目,占全行跨境项目的78%。

(七)贯彻落实中央指示精神,支持西部文化产业大发展

发挥开发性金融优势,促进文化产业与金融资本的有效对接,先后与新闻出版总署、青海省、西安市、成都市等省、市签订文化产业合作备忘录,意向合作额度达1400亿元;成功运作了陕西大明宫国家遗址公园等一系列有战略意义的文化产业项目,并发起成立我国第一个文化领域产业基金——华人文化产业投资基金。开行工作得到了李长春、刘云山等中央领导的一致肯定。

(八)高度重视西藏、新疆发展

积极贯彻落实中央第五次西藏工作座谈会和中央新疆工作座谈会精神,建立了与中央援藏、援疆体制相对应的支持西藏、新疆发展的工作机制;制定《关于支持西藏自治区跨越式发展的意见》、《关于支持四川云南甘肃青海省藏区发展的意见》、《关于支持新疆跨越式发展的意见》以及配套的授信管理、风险管理、信贷管理意见,在项目资本金、贷款期限、贷款利率、偿债覆盖率、合同签订、资金支付、贷后监管等方面予以适当安排;全面参与支持藏

区、新疆及各地援藏援疆规划编制。2010年在新疆、西藏及四省藏区新增贷款发放496.7亿元，占西部地区当年发放的13.1%；与商务部签署促进产业转移、支持新疆产业聚集园区发展合作备忘录，与西藏大学、西藏藏医学院、西藏民族学院签订高校助学贷款业务合作协议，当年发放贷款约900万元，惠及1800余名家庭经济困难学生。

（九）积极创新金融产品，引导社会资金共同参与西部大开发

为加大对西部大开发的支持力度，解决西部资金回流问题，国家开发银行在自身加大贷款投放的基础上，积极引导商业银行、信托公司、保险公司和其他社会资金优先投向西部地区。国家开发银行还发挥"投资、投行、信贷、发债、租赁"协同作用，优化资源配置，为西部提供多元化金融服务。2010年，国家开发银行帮助宁夏、新疆、广西、四川、云南等省（区）地方重点产业类和基础设施开发类企业发行中期票据、短期融资券、企业债券合计136亿元；在陕西、甘肃、云南、四川、广西壮族自治区等省（区）出资成立城市发展基金，引导资本市场资金流向西部开发；与信托公司合作，利用信托平台筹集资金，引入金融租赁，促进工程机械产品在西部大开发中的应用，支持西部基础设施建设。

二、2011年工作要点

（一）加强规划先行，以规划促发展

国家开发银行将以"十二五"规划编制为契机，提供规划贷款、人才和信息支撑，近期将重点配合国家部委或地方政府加快推进内蒙古呼包鄂城镇群、广西西江经济带、云南向西南开放、陕甘宁革命老区、兰白经济一体化、新疆天山北坡综合发展、新疆能源中长期发展等国家战略的形成；重点参与重庆两江新区规划、贵州黔中经济带规划、贵州水利生态建设和石漠化治理规划、柴达木循环经济区规划、宁夏沿黄城市带规划、新疆煤炭开发利用规划、新疆沿边向西开放发展规划、西藏特色产业及"一江两河"流域区域发展等规划编制；针对重点区域规划，适时编制统筹市场建设、信用建设和制度建设，涵盖资金供求、融资总量、融资结构、融资方式等内容的系统性融资规划，近期重点开展成渝经济区、关中—天水经济区、甘肃循环经济等系统性融资规划。国家开发银行将以西部大开发各项重点区域发展规划为切入点，结合各地实际，确定国家开发银行支持重点。

（二）各方合力支持西部开发性领域建设

要政府引导与市场运作相结合、财政与金融相结合、直接融资与间接融资相结合，发挥各方合力，加强市场、信用、制度和规则建设，以金融资金放大财政支持的政策效果。贯彻落实《国务院关于加强地方政府融资平台公司管理有关问题的通知》，处理好规范融资平台、防范债务风险和支持经济发展的关系，通过注入现金、经营性资产、土地、特许经营权等资源，以及引进其他各类社会资本，充实公司资本金，完善治理结构，做实"政府入口、开发性金融孵化、市场出口"，促进健康企业、健康财政、健康金融建设。建立对开发性业务的相应制度安排，调动金融机构的积极性。比如给予财政贴息、规模单列、风险分担和补偿，对开发性业务模式创新给予知识产权保护、融资特许权等，保护市场建设者的合理收益和权益。

（三）促进西部加快转变经济发展方式

支持城市化发展，以城镇化带动西部大开发，培育形成带动能力强的城市群，实现西部城乡统筹发展。支持现代化基础设施体系建设，包括铁路、公路、机场、水利、能源以及国家和地方重点扶持的生产基地、产业园区、边贸合作区、承接产业转移的示范区等重大基础设施项目。促进西部产业结构调整，支持西部地区加快发展特色产业，积极发展技术引领型产业，优化发展资源利用型产业，加快发展战略性新兴产业，提升现代服务业发展水平。

支持西部地区环境生态保护，推进重点生态工程建设，强化环境综合治理，促进“两型社会”建设。促进“三农”及民生领域发展，支持新农村、县域经济、中小企业、文教卫生、保障性住房等社会发展瓶颈领域建设。

支持西部地区向沿边开发开放。在边境和境外经贸合作区、网络型基础设施建设、资源能源开发合作等方面，国家开发银行有一定的工作基础和优势，特别是作为上合组织银行联合体的发起行和现任主席行，国家开发银行能够在与周边国家国际合作中发挥更大作用。2011 年开行支持西部大开发的重点工作之一，就是积极推进云南、新疆等西部边疆省区跨境基础设施建设。贯彻落实国家《文化产业振兴规划》，搭建平台，将金融支持、对口支援与发展文化产业工作有机结合，支持西部文化产业发展。

（四）突出支持西藏和新疆跨越式发展

围绕中央的总体要求，开行已制定专门的信贷政策和相关管理制度，深化与西藏和新疆维吾尔自治区政府的全面合作，开展与对口支援省市政府的合作，推动建立优势互补、可持续发展的援藏援疆工作机制；用好、用活中央和各地支持政策，以加强生态环境保护为前提，以改善民生为出发点和落脚点，支持西藏和新疆加快基础设施建设，着力支持拉萨经济开发区、新疆边境经济合作带以及喀什和霍尔果斯经济特区建设，加快发展社会事业和全面改善公共服务，大力发展特色优势产业，推动经济社会全面跨越式发展，促进西藏和新疆长治久安。

（五）加大对西部地区的资源倾斜

随着西部大开发的深入实施，西部业务将是开行未来业务发展的最重要的一极。国家开发银行将继续逐步提高信贷规模和优惠政策向西部地区的倾斜力度，未来 10 年贷款占比及增幅高于上个 10 年。按照国家开发银行 2010—2015 发展规划纲要（正在履行报董事会审议程序），到 2015 年末，国家开发银行在西部地区的中长期贷款余额预计达到 17500 亿元左右，全行占比 34％，余额新增约 9800 亿元，年均增长 15％，高于全行水平（12.6％）。对于西藏项目视同重大项目，100％满足规模需求，新疆地区每年新增贷款余额不少于 200 亿元。

（六）进一步加强西部地区机构和队伍建设

推动设立西藏自治区分行和新疆维吾尔自治区喀什、伊犁、石河子二级分行，建立支持西部地区的干部储备制度，鼓励优秀干部到西部特别是到西藏、新疆地区交流工作。

第三十七章　军队参加和支援西部大开发领导小组办公室

一、认真落实中央和军委的决策部署，在新的起点上科学筹划军队援建工作

2010年是国家实施西部大开发战略10周年，党中央、国务院制定下发《关于深入实施西部大开发战略的若干意见》，军委批转四总部《关于深入推进军队参加和支援西部大开发工作的若干意见》，进一步明确了当前和今后一个时期援建工作的指导原则、主要任务、组织领导等。各级以强烈的责任感和使命感，深入动员和组织部队投身西部开发建设。兰州军区召开支援地方经济社会建设总结表彰大会，研究编制了"十二五"期间支援地方经济社会建设规划，制定联建100个基层党组织、参建100个新农村、帮扶100所中小学校等"十个100工程"的方案。成都军区召开参加和支援西部大开发10周年经验交流会，系统总结10年来的援建工作，分析形势，明确任务，进一步理清援建工作的思路和重点。二炮、武警部队等大单位针对部队特点和驻地实际，对援建工作分别作出规划和部署，形成了各具特色的援建工作格局。

二、着眼西部可持续发展，支援基础设施重点工程和生态环境建设扎实推进

各单位充分发挥专业工程部队的优势，积极支援地方交通、水电、通信、能源等基础设施重点工程建设，先后投入350多万个劳动日、车辆机械30多万台次，援建省以上重点工程280多项。兰州军区动用所属专业工程部队精密仪器、大型机械设备1820余台次，支援酒泉千万千瓦风电基地二期工程、西藏那曲水利水电工程等11个重点项目，在加快工程进度和提高工程质量上发挥了重要作用。空军第九工程总队积极承担青海玉树机场抢修任务，工程合格率达到100%，使玉树机场吞吐量翻了一番。武警交通部队在承建扎墨公路嘎隆拉山隧道工程建设中，广大官兵克服高原高寒缺氧、施工难度大、高原病频发等诸多困难，创造了6项高原隧道施工纪录。针对西部地区生态环境脆弱的实际，各部队积极参与植树造林、防沙治沙、湿地保护等工程。成都军区动员组织官兵和民兵预备役人员，沿长江两岸和西藏"一江两河流域"植树1300多万株，有效减少了水土流失。北京军区出动1.1万名官兵和民兵预备役人员，在内蒙古商都进行第三次植树造林会战，成片造林1.2万亩，使侵袭京津地区风沙得到了有效遏制。96351部队环青海湖建成420平方公里的生态牧区，促进了草原湿地保护。各部队还广泛开展创建生态营区活动，积极抓好营区周边和军用土地绿化工作，带动驻地生态环境建设。

三、突出支持地方保障和改善民生这个重点，落实九项援建举措，成效显著

各级按照军队参加和支援西部大开发领导小组的统一部署，认真抓好军委确定的9项援建举措落实，扎实做好惠及群众、凝聚民心的工作。2009年8月，总政领导专门赴新疆5个地区（市、州）及11个县（区、市），检查部队贯彻落实9项援建举措情况。援建的57所“八一爱民学校”已有33所竣工并交付使用，新增教学面积11万多平方米；30所军队幼儿园改扩建工作全部完成，添置的大型室外玩（教）具、电教设备等全部落实到位，扩招了699名少数民族儿童入园学习；完成对新疆军区边防干部训练大队和新疆人武学校教室、宿舍楼和食堂的维修改造，扩大了培训规模，为地方培训“双语”教师1468名；“1+1”捐资助学广泛开展，共资助西部贫困学生4.7万多名，向西部地区150所学校捐赠书籍56万多册；在新疆、西藏新增25所对口支援医院，军队对口支援西部地区贫困县级医院达130所，军以下部队医疗单位对口帮带当地乡镇医院和卫生站255个；驻西部地区部队与23个贫困县、166个贫困乡、1392个贫困村的定点扶贫全面展开，支援社会主义新农村建设取得新进展；其他各项援建任务均扎实推进。各部队还结合参加抢险救灾，广泛开展“送温暖、献爱心”活动，仅向玉树、舟曲灾区捐款就达4.27亿多元，解决了灾区群众的燃眉之急。

四、充分利用军队的资源和优势，支持西部地区开发开放迈出新的步子

驻西部地区部队在确保国防和战备需要的前提下，发挥军事设施的民用功能，为西部地区经济建设服务。总参作战部会同国家机关有关部门办理了7个新建机场，3个机场军民合用，2个机场开展通航业务，支援了西部地区航空事业的发展。总参通信部指导部队与西藏、甘肃、青海电信合作，铺设日喀则至狮泉河、甘南至果洛等3条光缆通信线路，促进了西部地区信息基础设施建设。总后军交运输部协调国家有关部门安排交通建设资金19.2亿元，新改建西部地区国防边防公路32条、2375公里，既促进了西部地区战场建设，又繁荣了边境地区经济。总参军务部指导部队加大对1000余名从西部地区入伍士兵的职业技能培训力度，提高他们回乡就业创业能力。总政干部部从驻藏部队选拔215名优秀士兵入西藏区属院校学习培训，毕业后充实到西藏乡镇。军队院校、科研机构向西部地区转让科技成果50多项，帮助解决技术难题60多个，为地方培训科技人才4000多人。总装综合计划部安排专项经费90亿元，增加向西部地区军工企业采购武器装备，拓展了企业的产品市场。总装陆装科订部充分发挥军代表的技术和智力优势，开展“质量共建”、“质量兴企”等活动，帮助企业攻克技术难题20多项。武警部队积极做好南宁东盟博览会、昆明国际旅游节等重大活动的安全警卫工作，确保了活动的安全顺利进行。

五、忠实履行我军职能，有力维护了西部地区安全和社会和谐稳定

各部队忠实履行我军职能使命，努力为西部地区开发建设创造安全稳定的环境。兰州、成都军区边防部队加快推进军事斗争准备，加强战备工作，加大边防管控力度，有力维护了边境地区安全。针对西藏及四省藏区、新疆维稳转入常态化的实际，总政及时召开维稳部队群众工作座谈会，对常态化维稳群众工作作出部署。各部队坚决贯彻落实胡主席重

要指示和军委、总部的部署要求，充分发挥战斗队、工作队、宣传队作用，共派出宣传小组1466个、发放宣传资料350多万份，积极宣传教育团结影响群众，收到很好效果。兰州军区组织所属部队与93个重点寺院建立共建关系，投入1600多万元支援乌鲁木齐36个重点社区和10个新建社区整治，努力做到驻守一方、稳定一方。武警西藏、青海、四川总队和8650、8670部队，在重要敏感期派出官兵，深入村镇、寺庙、学校，宣讲"四个认同"、"三个离不开"思想和党的民族政策，面对面宣传群众26万人次。空军驻新疆部队以创先争优活动为载体，采取"营乡党委共促、连村支部共建、军地党员结对"的方式，与驻地182个基层党组织、1023名党员开展互学互帮互促活动，有力促进了地方基层党组织建设。各部队先后出动官兵35万多人，出动车辆机械17万多台，参加玉树抗震救灾、抗洪抢险、舟曲抢险救援等重大行动，全力保护人民群众生命财产安全，进一步巩固了军政军民团结和民族团结，展示了人民军队爱人民为人民的良好形象。一年来，军队参加和支援西部大开发领导小组办公室和各成员单位，认真履行职责，密切协调配合，加强工作指导，搞好督促检查，圆满完成了领导小组赋予的各项任务，推动了部队援建工作扎实有效开展。

第三篇/企事业篇

第一章　中国航天科技集团公司

一、2010 年工作总结

（一）加强与西部地区地方政府合作

2010 年 8 月，召开了集团公司参与西部大开发工作座谈会，为今后与新疆等其他西部地区开展战略合作做好筹划与前期部署工作。同期，与西安市政府签订了《共建中国航天卫星应用产业示范基地战略框架协议》，明确要进一步推动卫星应用产业在西安形成产业聚集，拓展双方合作的内容、深化合作关系，产业基地的规划面积扩展到 86.65 平方公里。集团公司与青海省人民政府建立了战略合作关系，针对青海省煤炭资源情况和煤化工产业特点，大力发展煤的洁净高效利用，构建循环产业链。并围绕太阳能光热发电应用、太阳能光伏发电应用、动力锂离子电池等产业，明确了合作重点和方向。提出与新疆维吾尔自治区政府、新疆生产建设兵团合作的思路以及合作的相关领域，已经与新疆维吾尔自治区相关部门及生产建设兵团相关单位取得联系并实地拜访，推进与新疆地区的合作。

（二）加强与大企业集团在西部地区的合作

与华能集团开展合作，推进了节能环保产业在内蒙古、新疆等西部地区的发展；华能新疆阜康热电超高压 2×135MW 燃煤供热发电机组锅炉烟气脱硫项目，正在进行系统调试，预计 2010 年建成投运；华能北方联合电力呼和浩特热电厂 2×350MW 机组烟气脱硝工程正在有序实施。已中标华能北方联合电力包头第二热电厂二期 2×200MW 机组脱硫增容改造工程，成为我国第一批进入脱硫增容改造工程的单位。

与神华集团合作，在内蒙古鄂尔多斯地区有效推进了液压支架和井下防爆车等重大国产化装备的研制进程与应用推广；液压支架及电液控制系统已有多套配套神东煤炭集团公司，其中液压支架电液控制系统作为国内首家突破关键技术并成功应用，实现全套国产化，为重大装备国产化进程做出了重要贡献。

与中石化合作，在云南、广西实现了昆明—大理、柳州—桂林、西南管线秧田冲站工程改造等成品油输油管线大型高效串联输油泵机组项目共计 18 台输油泵运转良好，获得用户好评，长输管线高效串联输油泵装备的成功国产化，打破了国外产品长期以来对我国的垄断局面。

2010 年 8 月，与国电集团签署战略合作协议，与国电内蒙古电力有限公司签署了“国电—兴安年产 20 亿立方米煤制天然气项目”的合作协议，共同推进航天粉煤加压气化技术在国电煤制天然气项目中的应用，该项目现已完成可研报告与经济效益分析。

（三）西部地区重要项目情况

风电项目内蒙古兴和风场4.95万千瓦共计55台风机已经全部完成安装调试，实现并网发电；甘肃白银风场55台风机已完成20台机舱、轮毂的装配工作；

位于西安的碳纤维及其应用产业项目实现T300级碳纤维稳定化生产，掌握T400级碳纤维关键技术，并成功应用；热场材料成为国内碳/碳热场材料最大供应商；A320飞机炭刹车盘在深圳航空、中国国际航空完成了装机试用，并已列入海南航空供应商名录；位于内蒙古的空间生物产业化项目进展顺利，辅酶Q_{10}产品的生产能力得到进一步提升，具备了年产70吨辅酶Q_{10}的稳定生产能力。与总装备部确认了在总装26基站新疆喀什卫星测控站新站址内建设卫星通信集团喀什卫星地面站的立项，目前已完成新站征地工作；组织集团公司有关单位参加了第九届重庆高新技术交易会、青海绿色经济投资贸易洽谈会。

二、2011年工作要点

（一）按照国家发改委的要求，编制集团公司西部大开发“十二五”规划，做好参与西部大开发工作的顶层策划

为确保集团公司西部大开发工作的统一部署、有力调配、有序推进，在认真分析西部大开发的特点和自身过去的成功经验及一些教训的基础上，集团公司编制西部大开发“十二五”规划。

（二）推进面向西部地区的产业梯度转移，促进西部地区产业结构调整和发展方式的转变

抓住国内产业分工调整的重大机遇，依托西部地区产业基础和劳动力、资源等优势，以航天产业基地作为承接产业转移的重要载体和平台，主动将集团公司分散在东部地区的相关产业向西部地区实施梯度转移，进一步推动相关产业的集聚，逐步在西安建成集团公司，在西部地区的卫星应用产品制造基地，在成都建成集团公司汽车零部件生产基地，实现航天技术产业总体布局调整及整体资源优化配置，加快推动经济发展方式转变。

（三）大力推进与大企业集团的联合发展，推进西部地区的经济发展

抓住国家深入实施西部大开发战略的有利契机，通过发展与西部地区政府尤其是新疆地区的战略合作关系，加强与援疆政府、部门及相关大企业集团的合作，促进航天技术应用产业在西部地区的发展。

（四）加快西部地区的重大项目建设，形成现实产业能力

结合集团公司在西部地区的部分重点项目，进一步加强对项目所属领域的发展规律、市场规则、竞争特点等行业规律的认识和把握；加大重点项目核心技术和关键工艺的攻关力度，加强项目管理、成本控制等基础工作，全力推进重点项目的建设，确保按照预定目标早日形成能力。

第二章　中国石油天然气集团公司

一、2010 年工作总结

2010 年，中国石油天然气集团公司（以下简称“中国石油”）继续加大对西部大开发 12 省（区、市）企业的投入，全年完成固定资产投资 1486 亿元，占集团公司完成总投资的 43%。

（一）继续加大西部地区油气勘探开发投入力度，油气产量大幅增长

2010 年，按照公司总体部署，扎实推进储量增长高峰期和稳定并提高单井产量“牛鼻子”工程；继续加大西部地区投入力度，新增探明石油地质储量 4.5 亿吨，探明天然气地质储量 5337 亿立方米（含煤层气 714 亿立方米），新建原油产能 753.2 万吨，天然气产能 80.4 亿立方米（含煤层气产能 5 亿立方米）。

油气勘探取得多项重大发现和突破。2010 年，中国石油油气勘探在西部大开发地区取得多项重大成果，包括新疆塔里木盆地塔西南昆仑山前高陡构造风险勘探，塔中碳酸盐岩勘探等；鄂尔多斯盆地华庆地区落实探明石油地质储量 2.6 亿吨；苏里格地区新探明天然气地质储量 2292 亿立方米；柴达木盆地昆北断阶带新探明石油地质储量 0.62 亿吨；鄂东煤层气新探明地质储量 714 亿立方米。

原油和天然气产量持续增长。2010 年西部地区生产原油 4028 万吨，比 2009 年 3764 万吨增加 264 万吨，增幅 7%；西部油田生产天然气 655.6 亿立方米，比 2009 年 615.2 亿立方米增加 40.4 亿立方米，增幅 6.6%，保持持续增长态势。

工程技术攻关及重大科技专项推进力度加大。近几年按照立足重大领域、依托重点项目、形成配套技术、尽快见到实效的原则，先后组织开展了勘探工程技术攻关、水平井工业化应用、欠平衡技术推广等重点工程技术攻关和新技术推广应用工作，取得一系列成果并继续向纵深发展。2010 年，在承担和配合一批国家重大科技专项的基础上，继续推进一批重大科技专项的实施工作。

（二）继续促进西部地区炼化产业结构调整，重点项目建设进展顺利

2010 年，中国石油继续加大西部地区炼化企业的投资力度，炼油业务通过资源优化配置，提高加工负荷，保障国家成品油供应，同时，继续加大结构调整力度，完善二次配套，改善成品油质量，促进西部炼化产业发展。结合中国石油四大原油战略通道，推进西部地区炼化业务布局调整，重大项目广西石化 1000 万吨/年炼油工程、庆阳石化炼油搬迁改造集中加工工程、塔里木石化 45 万吨/年合成氨、80 万吨/年尿素工程、乌鲁木齐石化百万吨级芳烃工程相继建成投产，四川石化炼化一体化工程、宁夏石化和呼石化 500 万吨/年炼油扩能项目、广西石化含硫原油加工配套工程等大型炼化续建项目顺利实施。

通过大型炼化基地建设，中国石油在西部已逐步形成较大规模的石化产业群，总体形成独山子、兰州、广西石化3个千万吨级炼化基地，乌鲁木齐石化百万吨化纤原料基地，克拉玛依石化高档润滑油和高等级沥青生产基地，宁夏石化、乌鲁木齐石化、塔里木石化三个化肥生产基地。

（三）一批油气管道项目取得进展

2010年，建成投产了石空—兰州原油管道、兰郑长成品油管道兰州—武汉段、钦州—南宁成品油管道以及西气东输二线西段、陕京三线陕西榆林—北京良乡段、涩宁兰复线、西气东输二线向北疆供气工程等油气管道；开工或续建兰州—成都原油管道、西气东输二线东段、中缅油气管道境外段等油气管道；积极开展长庆油田—呼和浩特石化原油管道、中缅油气管道境内段、中卫—贵阳联络线天然气管道、西气东输三线等油气管道前期工作。

（四）加大销售网络投资力度、提高油气供应能力，有效保障西部地区经济发展和社会稳定

中国石油按照“西油东调、北油南运”原则，加大成品油管道及其配套油库、加油站建设，增强成品油供给能力。2010年，中国石油在西部地区12个省区市建成投产成品油管道7条，包括兰郑长管道兰州—武汉段及定西、宝鸡、庆阳、长庆和渭南等支线和钦州—南宁成品油管道，配套建设和改造成品油库20座，新建、改造加油站630座。

积极组织和调配成品油资源。2010年，西部地区大部分省（区、市）成品油表观消费增幅超过全国平均水平。尤其是进入10月份以后，受国际油价高企、需求增加和“拉闸限电”等各种因素影响，部分地区出现不同程度的柴油资源紧张的局面。中国石油提高炼化企业加工负荷、开足马力生产，并高价采购社会资源投放市场，同时优化资源组织，有效支持了西部地区的经济发展和产业转型。

积极组织抗灾自救和灾后重建工作。2010年是西部地区自然灾害频发的一年，中国石油认真履行三大责任，在搞好生产自救和为灾区捐款捐物的同时，千方百计确保抗灾救灾和灾后恢复重建的成品油稳定供应。

1—5月云南、广西、贵州、四川、重庆等部分地区遭遇1961年有记录以来最严重的干旱，中石油有效保障抗旱救灾成品油10万吨；4月，青海玉树发生7级强烈地震，给青海销售公司油库、加油站、办公楼、家属住宅等造成了严重损失。青海销售玉树公司组建流动油库、调集110辆油罐车向灾区运送成品油2.5万吨，从全省紧急调集10台流动加油车在玉树结古镇交通要道增设3个加油点，为救援现场提供油品保障；8月，甘肃舟曲发生特大泥石流，造成重大人员伤亡，电力、交通、通讯中断。甘肃销售公司快速成立成品油保供领导小组，紧急调动油罐车、流动加油车几百次，累计向甘南、陇南灾区调运成品油1.2万吨。

（五）装备制造取得新进展，保障能力大幅度提高

2010年，装备制造业围绕油气核心业务发展需要，全年安排重点项目6个：宝鸡石油机械公司咸阳钢管钢绳厂搬迁改造项目。项目投产后可形成钢丝绳产能10万吨/年、钢丝1.5万吨/年、精密钢管1万吨/年，2010年底已基本建成。宝鸡石油机械公司搬迁改造项

目。项目投产后可形成陆地钻机生产能力85套/年、不压井作业机50套/年、泥浆泵800台/年,海洋钻井平台设备15套/年。2010年已完成设备招标,正在进行土建施工。宝鸡钢管厂宝鸡石油专用管项目。项目达产后可实现年产20万吨高品质石油专用管。到2010年底,基建工程的主厂房已具备设备安装条件,购置设备全部到货并进入安装阶段。宝鸡钢管厂西安石油专用管项目。项目达产后石油专用管综合生产能力30万吨/年。截至2010年年底,已完成征用土地相关手续办理、设备招标采购等工作。东方物探西安物探装备制造基地项目。项目投产后可形成地震数据采集系统10万道/年、工程地震仪器100台/年、地震检波器150万只/年的生产能力。目前项目正在土建施工。宝鸡石油机械公司成都装备公司搬迁改造项目。项目投产后形成牙轮钻头生产能力3万只/年,往复式泥浆泵生产能力100台/年,目前项目正在建设中。

二、2011年工作要点

(一)继续把油气勘探放在重中之重

加强油气资源勘探,提高资源保障能力。2011年西部地区计划新增石油探明地质储量4.6亿吨,新增天然气探明地质储量3800亿立方米,分别占公司国内计划的76.7%和95%,为公司国内储量增长的主力地区。2011年西部地区油气勘探将立足鄂尔多斯、塔里木、准噶尔、四川、柴达木五大盆地,突出鄂尔多斯盆地和准噶尔盆地10个区带的石油勘探;鄂尔多斯盆地、塔里木盆地、四川盆地和准噶尔盆地9个区带的天然气勘探。

加快产能建设步伐,保持油气产量持续增长。2011年西部地区计划新建原油生产能力819万吨、天然气生产能力165亿立方米。计划生产原油4189万吨、天然气712.4亿立方米,油气产量当量达到9865万吨,分别比2010年增长4.1%、8.8%和6.7%。

(二)把握炼化项目总体进展,提升西部炼化企业的规模实力和竞争力

稳步推进新建项目开展。积极推进中缅原油管道建设工作,密切与沙特阿美公司合作,做好云南昆明1000万吨/年炼油项目一体化工程。结合塔里木劣质原油上产情况,在关停塔里木石化250万吨/年炼油装置的基础上,实施乌鲁木齐石化炼油升级改造工程的建设,实现南疆劣质油的集中优化配置。发挥西部天然气资源和自有技术优势,在宁夏地区建设45万吨/年合成氨和80万吨/年尿素项目,进一步提高西部地区天然气资源优化、深加工利用及调峰能力。

重点推进在建项目建设。加快完成宁夏石化500万吨/年炼油扩能改造项目。有序安排四川石化1000万吨/年炼油项目、80万吨/年乙烯项目主体装置建设。配套长庆油田原油上产,推进呼和浩特石化500万吨/年炼油项目。实施克拉玛依石化完善稠油集中加工及配套项目,集中加工新疆稠油资源。推进实施广西石化含硫原油加工配套工程,提升装置加工含硫原油的适应性。加快钦州三墩岛原油码头和原油储备库建设,保障广西石化生产所需原油供应。

继续推进质量升级项目建设。加快兰州石化油品质量升级项目、克拉玛依石化60万吨/年催化重整项目、长庆石化60万吨/年连续重整装置和柴油加氢装置等一系列质量升级项目建设,满足国家成品油质量升级要求。

积极开展前期研究。按照公司总体规划部署，与地方政府通力合作，开展阿克苏化肥方案研究。做好四川南充 PTA 项目的前期工作，积极争取获得核准。

（三）加快推进管道项目建设，实现西部产炼运销同步协调发展

2011 年，完成西气东输二线西段站场、配套支线的工程收尾工作，续建西气东输二线东段、兰郑长成品油管道武汉—长沙段、开工建设独山子—乌鲁木齐原油管道等重点油气管道，推动长庆油田—呼和浩特石化原油管道、中缅油气管道境内段、呼和浩特—包头—鄂尔多斯成品油管道、银川—巴彦淖尔成品油管道、西气东输三线、中卫—贵阳联络线天然气管道、陕京四线天然气管道、南疆天然气利民工程等重点油气管道的核准批复及建设工作，开展青藏天然气管道、西气东输四线天然气管道等重点管道前期工作。

（四）继续加大西部地区销售网络投资，支持西部地区经济快速发展

2011 年，中国石油继续把西部地区成品油管道建设放在支持西部发展首要地位，完善“西油东调、北油南运”管道运输体系的同时，做好西南、西北两大油气战略通道上的云南、广西和四川 3 个石化基地外输成品油管道及其配套油库、加油站建设，增强成品油供给能力，提高能源供应安全性。

2011 年重点建设项目：成都—乐山、呼和浩特—包头—鄂尔多斯等管道。续建、新建、改造在云南、广西、四川、内蒙古、新疆、陕西等地区的成品油库和配套加油站。为保证西部地区经济发展对成品油消费的需求，计划 2011 年在 2010 年基础上增供成品油 500 万吨。重点保障西部地区铁路、公路、机场、水利等重大基础设施建设项目和当地生产、生活所需成品油。

（五）继续抓好装备制造基地建设，提高西部地区油气生产保障能力

2011 年，装备制造业务计划在西部地区安排项目 8 个，其中新开项目 4 个，续建项目 5 个。

济柴动力总厂成都压缩机厂大功率压缩机制造及成撬项目。计划在成都建设大功率压缩机制造及成撬能力 200 台/年，目前正在进行项目可行性研究论证工作，2011 年全面启动项目建设工作，预计 2013 年建成投产；宝鸡钢管厂新疆克拉玛依石油管建设项目。为保障新疆地区油气管道建设需要，由宝鸡石油钢管厂在克拉玛依建设一条高钢级、大壁厚螺旋焊管生产线。项目规划产能 12 万吨/年，计划 2012 年初建成投产；渤海装备公司新疆乌鲁木齐石油管生产线搬迁项目。2011 年将渤海装备公司青县生产基地的一条 Φ1422 钢管生产线搬迁到新疆乌鲁木齐，以充分发挥新疆原材料供应及市场优势。项目规划产能 10 万吨/年，计划 2012 年建成投产；宝石机械公司成都研发中心建设项目。2011 年拟在成都建设钻井装备研发中心，全面提升宝鸡石油机械公司新产品开发能力；加快推进续建项目，力争早日建成投产。宝石机械公司搬迁改造、宝石油机械成都装备公司搬迁改造、宝鸡钢管厂宝鸡石油专用管、宝鸡钢管厂西安石油专用管、东方物探公司西安物探装备制造基地等续建项目建设，力争早日建成投产。

第三章　中国石油化工集团公司

一、2010 年工作总结

2010 年，中国石化西部地区重点开展了油气勘探开发、石油炼制、油品销售等生产经营活动，对部分装置进行了技术改造，实施油品销售网络完善建设。全年完成投资 330 亿元，新增探明地质石油储量 1.1 亿吨，新增探明天然气地质储量 1100 亿立方米，生产原油 796 万吨，天然气 102 亿立方米，加工原油 432 万吨，销售油品 1700 万吨。2010 年，中国石化在西部大开发工作中，重点做了以下几方面的工作：

（一）油气勘探开发方面

不断加大油气勘探开发力度。石油立足于塔里木、准噶尔和鄂尔多斯三大盆地，在塔里木盆地塔河、准噶尔盆地车排子和鄂尔多斯盆地鄂南等地区取得积极进展。2010 年，西部地区新增石油探明储量 10800 万吨，生产原油 796 万吨，实现了西部产量的快速上产；天然气立足四川盆地，在川西、川东北、川东南以及鄂尔多斯北部等取得重大突破和实质性进展，新增探明储量 980 亿立方米，2010 年生产天然气 102 亿立方米。

川气东送工程建成投产，2010 年 8 月正式投入商业运行。该工程建成了我国第一个超百亿方酸性大气田、世界上规模最大的酸性天然气净化厂。建成了我国又一条长距离、大管径、高压力的绿色能源大动脉。管道全长 2170 公里，其中干线途经四川、重庆、湖北、江西、安徽、江苏、浙江、上海 8 省（市），全长 1655 公里，管径 1016 毫米，设计输气能力 120 亿立方米/年。

建成榆林—济南天然气管道工程。线路全长 1012 公里，设计输气能力 30 亿立方米/年。其中，榆林—濮阳段长 805 公里、管径 711 毫米；濮阳—济南段长 207 公里、管径 610 毫米。目前项目已建成，正在投产试运。

（二）炼油及销售方面

塔河重质原油改质项目。中国石化在新疆实施了塔河分公司 200 万吨/年重质原油改质项目，加上现有 200 万吨/年炼油能力，总体形成 400 万吨/年原油加工能力，并于四季度建成投产；西安石化油品质量升级项目。为满足国家汽油国Ⅲ标准升级要求，中国石化在陕西省实施了西安石化分公司油品质量升级项目，新建 30 万吨/年汽油加氢、30 万吨/年重整装置及配套建设两台 75 吨/时燃煤 CFB 锅炉等；北海炼油异地改造石油化工项目，主要内容包括建设 20 万吨/年聚丙烯、催化原料处理、催化裂化、气体分馏等装置及配套的储运和公用工程设施等。原油商业储备。为保障原油资源供应，结合北部湾地区炼油发展需要，利用铁山港工业开发区土地，建设总规模为 160 万立方米的北海原油商业储备工程；成品油销售。2010 年中国石化为西部地区供应油品 1700 万吨左右，同时加快西部地区的加油站、油库及成品油管道建设。为解决西藏自治区电力供需形势紧张局面，根据国家发改委和能源局统一安排和部署，由中国石化承担了拉萨电站燃料油供应任务，2009 年至今，中国石化以优惠价格向西藏拉萨电厂供应柴油 3 万吨。

（三）新能源方面

鄂尔多斯煤化项目。项目配套建设煤矿两座，煤炭设计产能 2500 万吨/年，建设 360 万吨/年甲醇（中间产品）以及下游化工产品。目前，项目单项评估基本完成，环评已批复，计划年内完成项目核准。贵州毕节煤化项目。中国石化在贵州毕节建设集煤炭开发及下游利用于一体的煤化工项目。拟建设 1000 万吨/年煤炭产能，180 万吨/年甲醇制烯烃及聚烯烃等装置。项目核准报告已上报国家发改委，煤矿启动建设。新疆准东煤制天然气项目。积极开展准东地区大庆沟和大井南两个区块煤炭资源精查工作，进行了煤炭开发规划和煤矿开采设计。煤制天然气项目进行方案论证工作。

二、2011 年工作要点

2011 年，中国石化西部地区计划投资 415 亿元。新增探明地质石油储量 9300 万吨，新增探明天然气地质储量 1400 亿立方米，生产原油 853 万吨，天然气 120 亿立方米，加工原油 700 万吨，销售油品 1900 万吨。

（一）油气勘探开发方面

强化西部石油勘探，扩大战略接替新阵地。重点打好以塔河油田奥陶系碳酸盐岩油藏为主的勘探阵地战：整体探明托甫台，进一步落实与扩大储量规模；评价塔河南—盐下，力争新的发现，实现储量升级；加强于奇东—草湖西预探，力争勘探新突破。加大巴—麦及塔中地区以奥陶系为主的勘探力度，实现新突破，寻找规模储量。塔中地区继续强化储层预测攻关，优选勘探目标，力争实现勘探突破。新增探明地质石油储量 9300 万吨。

加大西部天然气勘探，进一步扩大储量规模。重点做好以川西、元坝中浅层、杭锦旗为重点的致密岩性气藏勘探进攻战。元坝地区进一步落实扩大台缘礁、滩及复合体储层含气范围，评价高产富集区。新增探明天然气地质储量 1400 亿立方米。

加快储量评价和动用，实现西部油气持续上产。加大西部油区碳酸盐岩油藏开发技术攻关，加快塔河、准中、鄂南地区新增探明储量和未开发储量的评价及动用节奏，实现西部原油产量持续增长。加大川东北、川西深层开发力度，促进产量规模增长，尽早实现川气东送工程达产；加快鄂尔多斯开发评价，推动产量持续上升，确保榆—济管道平稳运行；2011 年西部新建原油产能 223 万吨/年，天然气产能 13 亿立方米/年。规划生产原油 853 万吨，天然气 120 亿立方米。

（二）天然气管道及 LNG 方面

新粤浙管道。输气能力 300 亿立方米/年，线路总长 7373 公里，包括 1 条干线、5 条支线，其中干线 4501 公里、支线 2872 公里。目前项目已上报国家能源局，申请开展前期工作。广西 LNG 项目。一期建设规模为年接卸 LNG300 万吨/年，二期建设规模按 600 万吨/年考虑。目前项目正在编制可研报告。

（三）炼油及销售方面

炼油业务。继续完成塔河分公司重质原油改质扩建项目的收尾工作。完成北海炼油异地改造石化项目，并于三季度投产。于年底前完成西安石化油品质量升级项目；原油储运。安排资金10亿元，使北海原油商业储备工程于三季度具备部分投入运营条件；成品油销售。2011年中国石化预计为西部地区供应油品1900万吨左右，完善销售终端网络，重点建成昆明—玉溪、北海—南宁、南宁—百色等成品油管道，建成鄂尔多斯、西藏、宁夏石嘴山、青海柯柯等油库。继续建设贵阳—桐梓、綦江—重庆等成品油管道，开工建设内蒙古乌海和临河油库、新疆伊宁和阿克苏、重庆涪陵等油库和陕西汉中油库等。

（四）新能源方面

2011年，加大力度，推进西部煤化工项目建设进程。一是启动鄂尔多斯煤化项目建设，加快项目施工设计；二是加快贵州毕节煤化项目核准，完成环评、土地预审等专项评估工作，继续推进煤矿建设；三是积极推进新疆煤制天然气项目前期工作，申报准东煤炭开采矿权等工作。

第四章　国家电网公司

一、2010 年工作总结

(一) 及时召开西藏、新疆电力工作座谈会,对援助工作进行全面部署

2010 年 3 月 2 日,国家电网公司在京召开了西藏电力工作座谈会,5 月 27 日,公司在京召开了新疆电力工作座谈会,贯彻落实中央两次座谈会精神。

(二) 制定支持西部地区电力发展意见,落实具体措施

2010 年,公司制定了多个支持西部地区电力发展意见:支持新疆电力发展和重大项目的若干意见;支持西藏电力发展和重大项目的若干意见;支持四川、甘肃、青海三省藏区电力发展和重大项目的若干意见等。上述措施主要内容:科学规划电力发展,尽快改变电力建设严重滞后的局面;加快重点工程建设,促进地区经济发展;提高农村电网供电能力,基本实现"户户通电";确保安全可靠供电,提升电网服务水平;加大干部交流和人才帮扶力度,为西部开发提供人才保障:力争新疆、西藏及四川、甘肃、青海三省藏区"十二五"时期电网投资大幅度增长。

(三) 加大电网投资力度,满足经济社会发展需要

2010 年,公司加大西部地区投资,全年固定资产投资完成 901 亿元;电网投产规模线路 2.4 万公里、变电容量 0.87 亿千伏安,同比增长 77.8%和 70.6%。2010 年 11 月 3 日,西北—新疆 750 千伏联网工程竣工投产,结束了新疆电网孤网运行的历史;330 千伏电网得到快速发展;城乡电网建设与改造工程加快推进。西部地区主网送电能力和安全稳定水平进一步提高,为充分发挥西部能源基地优势、大规模西电东送奠定了坚实基础。500 千伏电网延伸至恩施、湘西和延边自治州,极大地促进了当地经济社会的快速发展。

(四) 开工建设青藏联网工程,服务区域经济发展

作为国家 2010 年西部大开发新开工的 23 项重点工程之一,青藏联网工程主要包括西宁—日月山—乌兰—格尔木 750 千伏输变电工程、青海格尔木—西藏拉萨±400 千伏直流输电工程和藏中 220 千伏电网配套工程三个部分,总投资超过 160 亿元。工程于 2010 年 7 月 29 日正式开工建设。

(五) 积极支持新能源开发,促进西部地区清洁发展

国家电网公司一直高度重视和支持西部地区新能源的发展。为保障风电并网,公司在

甘肃先后建成瓜州、玉门镇等330千伏风电并网工程，新增330千伏线路438公里、变电容量96万千伏安。至2010年年底，甘肃并网风电装机174万千瓦，是2005年的33倍，累计收购风电电量46.4亿千瓦时。11月初投产的安西—酒泉—金昌—永登750千伏输变电工程及配套送出330千伏输变电工程，即甘肃千万千瓦级风电基地外送一期工程总投资84.8亿元。工程投产后河西走廊东送能力提高到330万千瓦，为酒泉风电开发提供了外送通道；支持新疆风电开发。2010年公司安排风电送出工程投资3.92亿元。截至2010年底，新疆风电投产规模101.4万千瓦，核准在建规模65万千瓦；帮助蒙西电网做好风电消纳。截至2010年年底，内蒙古风电并网装机987万千瓦，其中蒙西650万千瓦。

（六）加快西部能源基地电力外送通道建设，变资源优势为经济优势

国家电网公司积极支持西部能源基地建设及电力外送，促进能源资源在全国范围内的优化配置。

大力支持四川水电外送。2010年7月，向家坝—上海±800千伏特高压直流示范工程成功投运，线路全长1907公里，输送能力700万千瓦级；四川德阳—陕西宝鸡±500千伏直流联网工程竣工投产；锦屏—江苏±800千伏直流输电工程建设正在稳步推进，计划2012年建成投运。加快四川省内500千伏电网建设，确保水电站接入和外送需要。2010年合计向省外输送水电160亿千瓦时，其中德阳—宝鸡直流送出水电17亿千瓦时，受入西北电网火电37亿千瓦时，有效调节四川电力结构，极大缓解四川丰水期弃水、枯水期缺电的矛盾。

2010年9月，连接内蒙古呼伦贝尔煤电基地和辽宁负荷中心的能源大动脉——呼伦贝尔—辽宁±500千伏直流输电工程正式竣工投运；为支持宁夏经济社会发展和电力外送，国家电网公司正在加快建设宁东—山东±660千伏直流输电工程，工程输电容量400万千瓦，2011年第一季度双极投运。

（七）实施“户户通电”和农网改造升级工程，切实改善农牧区民生

2010年9月底，西藏“户户通电”工程全部竣工，完成了32个县“户户通电”，至此公司供电区域基本实现了“户户通电”。2010年安排西部农村电网改造升级工程投资164.8亿元，提高农网供电能力和供电可靠性。

（八）科学制定“十二五”电网规划，明确发展目标

2010年是谋划“十二五”电网发展的关键一年。国家电网公司以中央第五次西藏工作座谈会、新疆工作座谈会精神为指导，科学谋划西部电网规划，纳入国家电网“十二五”发展规划。根据阿里地区措勤县地方经济社会发展规划，结合国家电网公司特点和优势，科学谋划“十二五”时期对口援助规划。

（九）开展重大问题研究，助推西北开发战略实施

开展能源及电力流向研究，综合考虑煤炭产区电力外送能力、受端市场空间、输煤输电比较，对煤电基地建设规模及外送目标市场进行了全局优化，提出2015、2020、2030年电力合理流向和规模。开展风电消纳能力研究，从技术和经济角度，研究合理的电源结构，明确风电外送规模与输电容量的合理配置关系，对哈密、锡蒙、赤峰等能源基地风火打捆外送的

资源条件、电源合理匹配方式及经济性等问题进行了研究。编制完成了酒泉、哈密、准东、蒙东、蒙西、陕北等能源基地输电系统规划设计，并已通过评审。开展金沙江上游、雅砻江中游水电基地输电系统规划设计，并已通过评审。

（十）大力实施人才援助，为新疆、西藏电力发展提供人才支撑

2010年在西藏、新疆从事援助工作和当年选派的人员共计106人。选派优秀干部进藏工作。目前已有8位符合条件的同志进入西藏、新疆电力公司领导班子。选拔16名青年干部到西藏、新疆电力公司挂职工作。2009年6月选派的40名帮扶人员继续在西藏公司12家地市供电公司、电厂和公司本部12个职能部门重点管理和技术岗位上工作。选派2名干部到西藏措勤县、1名干部到青海玛多县挂职，实施对口援藏。选派7名帮扶人员进藏开展为期2年的援助青藏联网工程建设工作。从内地公司选派16名专业技术人员进行为期4个月短期帮扶。

（十一）向新疆、西藏提供资金帮扶，促进当地电力健康发展

2010年，公司向西部提供帮扶和捐款4.28亿元。为解决西藏电力发展资金不足，向西藏电力公司拨款10亿元帮扶资金，其中到2009年底已拨付8亿元，2010年拨付2亿元。向甘南藏族自治州舟曲县泥石流灾害地区捐款752万元。对口援助阿里地区措勤县以来，共计援助1.21亿元，其中2010年援助2000万元。

（十二）积极参加抗灾抢险，彰显责任央企形象

2010年4月14日，青海玉树发生里氏7.1级地震，地震发生后，国家电网公司组织青海省电力公司立即成立了抗震救灾应急领导小组，全力支援玉树电网抢修，48小时内基本恢复了主要用户供电，一周内完成了电力抢修任务。在甘南藏族自治州舟曲县城发生大规模泥石流灾害后，公司立即启动应急预案，在短时间内电力抢险取得了重大进展。加大投资力度，加快汶川大地震灾后重建，2010年完成投资73.7亿元，为灾区恢复重建提供了充足可靠的电力保障。

二、2011年工作要点

（一）加强各级电网建设，服务经济社会发展

根据“十二五”电网发展规划，加快各级电网建设，确保规划落到实处。推进能源基地外送工程建设。加快锦屏、溪洛渡等水电基地和蒙西、锡林郭勒盟、彬长、陇东、酒泉、宁东、哈密、准东、呼盟、宝清等能源基地外送工程建设。加快西北750千伏电网建设。750千伏电网延伸至陕北、海西和南疆地区，满足西部经济社会发展需要。加强500(330)/220/110千伏主干网架，完善结构和布局，提高电网供电能力和供电可靠性。加强蒙东与东北主网的联络，为呼盟直流外送提供坚强支撑。进一步加大配电网投资力度，提高供电能力和可靠性，提升配电网智能化水平，解决“卡脖子”问题，满足用电增长需求。落实“三新”农电发展战略，加快实施农网改造升级工程和无电地区电力建设，着力解决农网薄弱问题，基本解决公司经营区内新增的无电户用电问题。

（二）加快重点工程建设，提高西部电网外送能力

加大锡林郭勒盟—南京 1000 千伏特高压交流输变电工程前期工作力度，争取早日开工建设，促进锡盟煤炭基建开发。加快青藏流联网工程建设，力争 2011 年建成投产。加快宁东—山东±660 千伏直流输电工程建设，确保工程在明年第一季度全部建成投产，实现西北电网向山东送电 400 万千瓦。加快农网改造升级工程建设，提高西部农网供电能力和供电可靠。

（三）积极支持水电外送，为资源开发创造条件

西南地区的金沙江、雅砻江、大渡河、澜沧江和怒江等 5 个水电基地是“十二五”期间及 2020 年前后的开发重点。“十二五”期间，建成锦屏—江苏±800 千伏特高压直流向华东电网送电，送电容量 720 万千瓦；建成溪洛渡—浙江±800 千伏直流向华东电网送电，送电容量 750 万千瓦，力争 2011 年开工建设。

西藏河流众多，全区水能资源理论蕴藏量 2.01 亿千瓦，技术可开发量 1.1 亿千瓦，居全国第二位。积极支持西藏水电开发，建设西藏藏木、果多水电站送出工程，为藏中、昌都电网提供坚强电源支撑；适时开展加查等水电站送出工程前期工作；深入研究“藏电外送”水电项目输电规划和接入电网方案。

第五章　中国联合通信有限公司

一、2010年工作总结

（一）加速业务发展

2010年，中国联通西部地区实现营业收入254亿元，西部地区收入同比增长率高于中国联通集团平均水平，西部地区通信业发展呈现快速增长势头。截至2010年12月，中国联通西部地区资产总额达到759亿元。

2010年，中国联通抓住西部地区移动市场快速发展及3G推出的良好时机，大力发展移动业务，全年新增移动电话用户125万户，累计数达到3518万，其中3G用户新增187万户，达到224万户。2010年，中国联通西部地区新增宽带接入用户已达99万户，累计达到462万户；受移动语音、VOIP替代及无线市话退网等因素影响，中国联通西部地区本地电话业务发展出现衰退现象，2010年，中国联通西部地区本地电话用户数减少99万户，累计达到713万户。

移动增值业务方面，2010年，中国联通西部地区短信、炫铃、GPRS等增值业务的渗透率不断提升。3G网络正式商用后，中国联通在西部地区积极推广手机上网、手机音乐、手机电视、手机邮箱、手机报和无线上网卡等新业务，业务结构不断优化。固网增值业务方面，不断丰富宽带互联网内容与应用，推进“内容＋应用＋接入＋服务”的营销模式，提高固网宽带内容和应用服务的渗透率。同时，不断开发推广行业信息化应用，加强集团客户市场的拓展，提升客户价值。

（二）加强网络建设

2010年，中国联通继续加强西部地区电信网络基础设施建设，持续扩大西部省份的网络覆盖率，提高网络能力。

加强西部地区的移动网络建设，推进移动网络的优化、升级与演进。2G、3G网络的质量与业务承载能力显著提升，覆盖范围不断拓展。截至2010年年底，西部地区2G网络的县城覆盖率达到100％，基站数量超过8万个；3G网络已覆盖西部地区所有地市，县城覆盖率超过89％，基站数量超过4万个。

以光纤接入网建设为重点，全面开展宽带升级提速工程，加快光进铜退进程。建成以光缆为主，微波和卫星为辅，覆盖西部地区的立体传输网络，省际光缆干线覆盖了西部地区所有省会和IP骨干节点，省际光缆重要路由上具备安全的“双路由”，省内光缆干线覆盖了除西藏阿里以外的所有地级城市。

（三）开展普遍服务

2010年，中国联通继续推进西部地区“村村通”工程，承担为农村提供普遍服务的义务，为西部农村通信事业投入大量资金，持续建设和完善高速光传输网络和移动网络，采用有线、无线、卫星等多种接入方式，解决西部农村的通信网络覆盖。建设优质、高效、便捷的农村信息网络，以“一乡一站，一村一点，一乡一库，一村一品”建设为核心开展“信息下乡”，推进农村信息化。同时以“12316三农热线”为基础，以“呼叫中心＋权威农业专家”为核心模式，积极推进西部农村地区综合信息服务的普及。配合落实农村党员先进行建设，积极推动西部地区农村中小学及农村党员干部现代远程教育系统建设和项目运营。

（四）彰显社会责任

中国联通在为西部地区建设通信基础设施、提供先进信息服务的同时，以高度的责任感建设西部应急通信系统，维护西部民族团结，推进社会稳定与和谐发展。在青海玉树地震、舟曲泥石流等自然灾害发生后，中国联通全力确保通信畅通和落实灾后重建。2010年8月19日，中国联通玉树分公司被党中央、国务院、中央军委授予“全国抗震救灾英雄集体”光荣称号。

中国联通以持续创建“资源节约型企业”和“环境友好型企业”为目标，将环境保护、节约资源的理念落实到西部开发建设、生产运营等各个环节，以强烈的环保意识，重点弘扬全员环保和节约文化，追求企业和自然的和谐发展。因地制宜地积极推广绿色节能技术运用，逐步加大新能源在投资建设中的应用比例，开展绿色营销、服务社会信息化，开展废旧回收，推动企业自身产业链上下游和全社会节能减排工作持续深入进行，积极营造律师网“信息生活”环境。

（五）投资情况

2010年，中国联通在移动网建设上投入大量资金，建设西部3G网络，完善2G网络覆盖，大力推进宽带升级提速工作。2010年中国联通西部地区预计完成投资147亿元，网络能力与信息服务支撑整体水平得到较大的提升。

二、2011年工作要点

（一）总体工作思路

把握西部地区信息通信业发展面临的新趋势，落实“3G领先与一体化”创新战略，聚焦业务增长，提升运营效率，在不断变化的环境中转变经营模式，实现西部地区创新发展，为推进西部地区信息化发展及构建公平信息社会作贡献。

（二）业务发展思路

2011年，中国联通将根据自身发展优势，在西部地区推进重点业务和重点细分市场发展，选择性推进固移融合，促进业务结构的优化和市场地位的提升。

大力推进3G业务发展，实现3G用户和收入规模的快速增长；注重加强对西部地区2G

存量市场的保有，加强西部地区农村市场的拓展，推动移动业务整体保持快速发展，提升移动市场份额。聚焦重点区域和细分客户群，特别是西部省会城市和较发达城市，优先发展集团客户宽带市场，逐步拓展家庭市场，选择性地拓展西部地区县镇市场和农村市场，稳步提升西部地区宽带接入市场份额。

加强创新产品开发与管理，重点加强面向西部地区的本地化内容合作与创新，增强产品的区域市场吸引力。以促进3G及宽带业务发展导向，选择性推进固移融合业务。对于有宽带资源的西部省会和较发达城市地区，深度挖掘客户需求，对于高价值的集团和家庭市场，注重通过3G捆绑带动宽带发展。

（三）网络建设思路

顺应电信网络宽带化、无线化、IP化、融合化的发展趋势，推动网络的升级演进与融合。业务网方面，加快2G/3G移动网络的协调建设力度，综合利用有线、无线等各种接入方式，发展适应西部地区特点的多种宽带接入模式，推进西部地区宽带网络的能力建设，提高对互联网的管控能力。基础传送网络方面，综合考虑移动、宽带、融合业务等多业务承载需求，优化网络结构和业务承载策略，全面持续提升基础传输网络能力。网络与信息安全方面，坚持积极防御、综合防范的方针，从网络层、应用层、安全技术和管理体制等方面，重点保障基础网络和重要信息系统安全，实现重要网络设备和关键应用安全可控。

（四）普遍服务思路

2011年，中国联通将在西部地区深入开展“村村通”工程，加快西部农村移动和宽带网络的部署。继续扩大西部农村基础通信网络覆盖，满足西部偏远地区农村基础通信需求，加快西部农村宽带网络建设，扩大宽带网络覆盖面，改善西部农村地区通信基础设施条件。密切结合西部农村市场实际特点，积极培育西部地区农村用户的通信和信息服务消费习惯，推进电子商务、电子政务、中小学及党政机关远程教育建设发展，充分发挥农村信息化对西部地区新农村建设的推动作用。着力打造西部农村信息化人才队伍，提升西部农村信息服务水平，重点解决西部地区幅员辽阔，人口密度较低导致的农村市场和农村信息化服务产品传播推广难度高的问题，积极提升服务营销覆盖范围和质量。

（五）节能减排思路

以持续创建资源节约型和环境友好型企业为目标，充分挖掘企业内部节能减排潜力，大力推广绿色节能技术应用，开展废旧利用回收，推动企业自身产业链上下游和全社会节能减排工作持续之路，积极营造西部地区了出色生活环境。

加强自身节能减排力度，实现企业绿色发展。积极推进节能减排组织保障体系、制度标准体系、统计监测体系、项目管理体系和技术推进体系的建设，带动产业链节能减排，构筑绿色产业生态系统；以促进信息化与工业化共同发展为契机，营造绿色“信息生活”环境，带动全社会的节能减排，服务低碳经济大局。

（六）其他

不断完善体制机制，提高规范运作水平。西部地区在学习吸收先进、发达省份成功的运营管理经验基础上，充分结合本地市场的特点，完善内部控制及风险管理架构，健全内控管理体系，推进长效务实的全面风险管理体系运作实施，切实保障内部控制规范的成效，确保公司长期持续、健康发展。

加强应急通信能力与体系建设，满足地区和社会对应急通信保障的需求。加快固网和移动网应急通信保障手段的融合，以移动应急通信手段为主，卫星通信手段为辅，结合应急指挥车、应急电源设备等应急通信保障手段形成全方位的应急通信保障能力，形成较为完备的应急通信组织体系，确保重大事件通信畅通，满足地区和社会对应急通信保障的需求。

投身社会公益，积极回馈社会。积极投身社会公益事业，捐资助学支持教育事业发展、帮助贫困人口提高生活水平是中国联通为西部地区奉献爱心，助推社会和谐发展的重要工作。

第六章　浙江大学中国西部发展研究院

一、2010年工作总结

2010年正值国家实施西部大开发战略10周年，浙江大学中国西部发展研究院在国家发展改革委和学校领导的直接关心支持下，坚持"以服务为宗旨，在贡献中发展"的理念和"顶天立地"的发展目标，将服务西部和推进西部院自身建设紧密结合，积极探索"小机构、大网络、强团队、开放运作"的模式，充分发挥特殊角色和资源优势，努力为学校创建世界一流大学贡献力量，为学校荣获"国家西部大开发突出贡献集体"发挥了积极作用，《人民日报》等重要媒体对相关工作给予连续报道。

（一）围绕办院方针，加强研究能力建设，不断提高研究水平

紧紧围绕建设"高层次、开放式、前瞻性、具有国内一流水平和重要国际影响的创新科研实体"和"科学研究基地、科技服务基地、人才培养和培训基地、国际合作与交流基地"的办院方针，瞄准国家战略需求和国际学术前沿，致力于西部大开发重大理论和实践研究，努力构建国家战略决策的重要智库。

积极承担国民经济和社会发展重大战略和应用课题。围绕学校"争取大项目、形成大团队、构筑大平台、产生大成果、作出大贡献"的目标和要求，组织跨学科团队联合攻关，2010年共承担了国家重大战略规划委托课题3项，分别为《"十二五"时期促进基本公共服务均等化规划思路研究》、《呼包银重点经济区发展规划》前期研究和《西部大开发"十二五"规划研究》。其中《"十二五"时期促进基本公共服务均等化规划思路研究》为"十二五"时期国民经济和社会发展的重大专项规划，《呼包银重点经济区发展规划》为国家层面的重点经济区发展规划，该区域作为下10年西部地区的重要经济增长带，已经明确写入中发〔2010〕11号文件。2010年年底，这两项工作都已经基本完成，研究成果得到了国家发展改革委相关职能司局和有关方面的充分肯定。在前期研究的基础上，有5位同志应邀参与起草我国首个基本公共服务规划——《"十二五"完善基本公共服务体系规划》的编制工作，1位同志被聘请担任《西部大开发"十二五"规划》咨询委员会专家，4位同志应邀直接参加了国家级规划《沿边开发开放重点区建设规划》的调研和初稿撰写等工作。2010年9月，国家发展改革委西部司又委托西部院开展《国家西部开发报告》的编撰工作。此外，西部院还承担和完成了国家发展改革委西部司等司局的"十二五"前期研究招标课题2项，分别为《沿海开放与沿边开放比较研究》、《西部地区教育均衡发展的资源统筹与制度创新》等；委托课题1项，《西部地区教育移民有关问题研究》。完成西部省市区各类应用课题和"十二五"规划研究等20余项，如《西安国际化大都市发展战略规划研究》等，为西部地区科学发展提供了重要的智力支持，为各级政府科学决策提供了有力的咨询服务。

深入开展西部大开发理论和重大前瞻性问题研究。2010年初，《西部大开发与区域发展理论创新》研究正式作为国家"211工程"三期重点学科建设项目启动。该项目从"区域经济理论"、"人口资源环境"与"空间经济学"等三个主要方向构建西部大开发与区域发展研究体系，实现一定的理论突破。5月，国家发展改革委委托西部院开展《西部大开发重大理论问题研究》，要求通过研究，构建一个较为全面的理论分析框架，解释西部大开发的内涵，对西部大开发的本质和所要解决的问题进行系统性考察，为国家深入实施西部大开发战略提供重要理论支撑。与此同时，在国家发展改革委、国家统计局等有关部门的支持下，还积极推进西部数据中心建设，目前已经完成数据库整体框架设计、数据软件招标对接和部分基础资料整理工作。

加快人才队伍建设，努力提高西部院的研究实力。为了增强研究院的研究能力，结合西部地区能源战略研究需要，通过公开招聘，引进了1位面向能源经济研究的博士后。有3位老师顺利晋升副研究员职务，1位老师取得博士学位。聘请了国家发展改革委副秘书长、社会司司长胡祖才同志担任西部研究院兼职教授。全年共到位科研经费483万元，比2009年增加了41.2%。应邀参与了《西部大开发10年回顾》编撰工作和《中共中央国务院关于深入实施西部大开发战略的若干意见》(中发〔2010〕11号)文件起草工作，有4份报告被国家发展改革委西部司、《西部开发简报》采用，1份报告获杭州市委、市人大和市政府一把手重要批示。还有1位同志获得了第三届"浙江省马寅初人口奖"。

健全内部管理体系，加强党组织的战斗堡垒作用。顺利完成直属支部换届选举，产生以姚先国同志为书记的新一届班子。明确院党政领导班子分工，职责到位。建立健全院务会议等一系列制度，加强对研究所、中心等内设机构的规范管理。以分类管理和财务审计为契机，进一步查漏补缺，健全财务制度，积极推进规范决策和民主管理，保证了重大事项决策的科学化、民主化、制度化。结合教学科研和社会服务工作，瞄准"构筑大平台、争取大项目"的核心任务，在党员中广泛开展多种形式的创先争优活动，充分发挥党组织的战斗堡垒作用和共产党员的先锋模范作用，使"创先争优"活动真正落到实处。

(二) 面向西部需求，打造特色教育与培训，切实提供人才支撑

加强与有关学院、培训机构合作，通过多种形式开展教育和培训工作，为西部地区培养各类人才近400人。

与学校公共管理学院、中国西部人才开发基金会合作，继续实施西部地区干部MPA教育计划。2010年，面向西部招生50名，西部院全程参与了招生、开学、教学、开题、答辩、毕业和校友联络等工作。

在国家发展改革委培训中心支持下，联合校继续教育管理处、继续教育学院共同发起设立"西部地区基层村官培训基地"，首期试点培训了221名村书记和主任，得到了社会的好评。

与重庆市委组织部、重庆市发展改革委合作，开办了6个不同层面的干部培训班，如"未来十年深入实施西部大开发战略政策解读高级研修班"、"重庆市直机关处长培训"等。

与研工部联合主办"百名博士生西部行"活动，通过研究生在贵州、广西两基地挂职，广泛开展各种暑期社会实践活动；同时还指导大学生"心系西部"协会面向全校公开招募志愿者，深入西部四川、宁夏、贵州等省份的"老少边穷"地区，开展暑期支教活动。

（三）整合有效资源，发挥桥梁纽带作用，构建东西互动平台

积极推进校地联动、校校联动和东西互动，更好地发挥西部院的平台作用。

探索构建合作研究平台。继续探索分中心模式，继广西北部湾分中心成立后，在重庆设立了第二个研究分中心，西安分中心的设立也正在沟通和稳步推进。分中心的建设，拓宽了与西部省市的合作空间。与云南大学、贵州大学等加强沟通联系，建立了初步的合作意向及框架。

积极推进科技服务。围绕学校光学惯性技术工程中心与中航工业宝成公司合作开发的新型光学惯性技术产品在陕西宝鸡的实施，西部研究院不仅积极向国家发展改革委汇报情况，为该项目申请国家产业化重大专项立项发挥了重要作用，而且结合《关中—天水经济区发展规划》前期研究工作和跟进工作，提出要在宝鸡设立"宝鸡航空产业园"，并努力协调推动相关工作，最近"宝鸡航空产业园"已通过规划评审。该产业园的落成，将使浙江大学向"产学研结合、东西部结合、军民结合、'天、地'结合"的目标迈进了一大步，同时也为关中—天水重点经济区"统筹科技资源改革示范基地"建设起到积极推动作用。

推动西部文化保护与产业化项目。积极参与学校文化研究服务西部计划，加强与国家发展改革委及西部省市的对接，促进西部地区文化保护工程的启动和文化创意产业的发展。

参与回报第二故乡行动。积极参与学校在贵州省遵义市开展的"重走西迁路、再续西部情"活动，积极承担人才培训和研究任务。

此外，西部院进一步拓展了国际合作，先后派送1位同志赴日本北海道学习欠发达地区开发经验，两位同志赴澳大利亚西澳大学交流如何促进本国西部地区快速发展问题，并就如何进行深入合作达成了初步的意向。

二、2011年工作要点

（一）对接国家需求，加大国家重大课题研究力度

积极参与国家"十二五"规划的制定工作，依托《"十二五"时期促进基本公共服务均等化规划思路研究》，参与编制"十二五"时期国民经济和社会发展重大专项规划——《"十二五"完善基本公共服务体系规划》。在确保质量的前提下，加快研究进度，尽快完善《呼包银重点经济区发展规划》前期研究，积极参与国家发展改革委西部司组织的下一步规划对接和编制工作，争取早日上报国务院。组织开展《西部大开发重大理论问题研究》和《西部大开发'十二五'规划研究》等重大课题，为西部大开发提供理论和实践支撑。密切关注国家西部大开发新十年和"十二五"规划面临的重大问题，整合学校优势资源，开展理论研究、政策研究和决策咨询，形成特色研究高地，争取出版一批重大的研究成果。

（二）推进教育培训，培养输送一批西部急需人才

加强与学校公共管理学院、中国西部人才开发基金会合作，继续实施西部地区管理干部MPA教育计划，为西部地区培养高水平的管理人才。继续加强与国家发展改革委培训中心、校继续教育管理处、继续教育学院等的合作，依托"西部地区基层村官培训基地"，在

首期试点成功的基础上,总结经验,深入实施"西部地区基层村官培训工程",努力为西部地区培养更多的实用型基层干部。加强与国家人口计生委、浙江省计生委的合作,争取设立"国家人口计生委、浙江省人口计生委、浙江大学人才培训基地",并积极开展在职教育、学历学位教育和职业化培训。积极开拓国际交流和合作渠道,努力做好"东盟参与西部大开发高级研修班"的申报及相关工作。

(三)深化平台建设,促进东西互动发展和区域合作

进一步加强与国家发展改革委联络,积极为学校发展提供信息、争取资源。进一步加强与国家统计局的合作,加快推进西部数据中心建设,构建面向西部的研究高地。加快推进"211"三期工程建设的各项研究任务,如期通过项目验收,加快培育相关学科。在2010年首次承接《西部大开发报告》编撰工作的基础上,充分发挥学校优势,创新栏目体系和工作机制,使之成为反映和评价西部大开发成效的重要载体,提升学校影响力和社会声誉的重要平台。择机召开"西部大开发'十二五'规划高层论坛",扩大西部院影响力。认真做好新大楼的建设和搬迁工作。

继续跟踪学校现有的东西部合作项目,如"稻鱼共生系统"、"宝鸡航天工业园"等项目,及时总结经验。努力推荐浙江大学的优势学科和有竞争力的学科技术,与西部国家大型企业和跨国企业进行合作,争取大项目。依托东部地区资源优势,积极帮助西部地区做好招商引资工作,促进技术成果、东部产业向西部地区有序转移。

(四)凝练人才队伍,不断强化特色领域研究能力

结合西部需求,加大人才引进力度,打造一支高水准、多学科的专职研究队伍。进一步优化外围合作队伍,构建一个相对稳定的项目科研团队。通过聘请兼职教授、项目顾问,凝聚一支相对稳定的柔性队伍。根据发展需要,选择部分西部高校建立合作伙伴关系。争取与西部高校、科研院所、大型企业共建国家级大型平台,特别是国家工程中心,支撑我校可持续发展。抓住国家西部大开发的战略机遇,力争在能源交通领域有所突破(重点是煤化工、煤清洁利用、新能源、智能电网、高速铁路、智能交通)。着眼特色研究,重点打造"区域经济理论"、"能源交通"、"基本公共服务"、"人口资源环境"、"文化与旅游"等特色研究方向。

第四篇/地方篇

第一章　重庆市

一、2010年工作总结

2010年，全市实现地区生产总值7894.24亿元，同比增长17.1%，增速创直辖以来新高，经济增速排名全国第二、西部第一；实现规模以上工业总产值9087.99亿元，同比增长28.6%；全社会固定资产投资完成6934.80亿元，同比增长30.4%；社会消费品零售总额达到2878.04亿元，同比增长19.0%；实现进出口总值124.26亿元，同比增长61.1%；地方财政收入实现1991亿元，同比增长70.8%。

（一）深化经济结构调整，全面提升产业竞争力

加快建设先进制造业高地。汽车摩托车产值超过3000亿元，装备制造、化工医药、材料工业、轻纺工业产值均突破千亿元。特别是电子信息产业再添新军，宏碁等品牌商、纬创等代工商、华科等零部件厂商落户。园区经济领跑工业增长，占全市工业总产值的60%以上。

培育现代服务业高地。金融中心加快建设，本外币贷款余额首过万亿，银行业不良贷款率0.9%，新增直接融资700亿元，17家企业上市，新增55家融资性担保公司、小额贷款公司、股权投资类机构，法国大众银行博瑞德（中国）投资有限公司、昆仑金融租赁公司、黔江区城东诚信农村资金互助社开业，股份转让中心、药品交易所、航运交易所开市，化医集团财务公司开业，金融资产交易所挂牌，重庆路演中心设立，惠普（重庆）结算公司结算量突破50亿美元，贝宝（中国）结汇公司签约。渝中区启动国家服务业综合改革试点。会展业快速发展，展出面积250万平方米，增长75%。旅游业日渐壮大，国内旅游交易会和长江三峡国际旅游节成功举办“五方十泉”基本建成，接待游客1.6亿人次，旅游总收入915亿元，分别增长31.5%和30.2%。

加快建设现代农业。强化特色产业培育，蔬菜、柑橘、生猪三大支柱产业高速发展，三峡库区生态渔场建设全面启动。全市粮食产量达1156.1万吨，同比增长1.7%。

（二）推进“五个重庆”建设，改善发展环境

把“五个重庆”作为贯彻科学发展观的实践平台，塑造内惠民生、外树形象的城市品牌。启动以来累计完成投资4560亿元，超额完成各项年度任务。

以宜居重庆提升城乡居住品质。主城建成廉租房229万平方米，拆迁危旧房437万平方米，改造城中村61个，整治户外广告57万平方米。完成农村危改10万户，新建巴渝新居5万户。

以畅通重庆建设密切城乡联系。渝宜高速云阳—巫山、渝湘高速黔江—秀山段建成通车，2000公里“二环八射”国家高速公路提前10年建成，在中西部地区率先完成国家高速公

路网建设。2010年底，实现乡镇通畅率、村通达率100%，村通畅率50%。兰渝、渝利、渝客专等铁路建设加快，宜万铁路建成试通车，全市铁路运营里程达到1342公里。黔江机场建成运营试飞，江北机场旅客吞吐量年底将逾1500万人次。主城区国家级三大物流港区初具雏形.加快实施公交优化和交通设施规范工程，城乡出行更安全、更便捷。

以森林重庆建设改善城乡生态。深入实施蓝天、碧水、绿地、宁静四大行动，主城区空气质量优良天数达到311天以上。加快创建国家环保模范城市工作。植树造林500万亩，启动"绿化长江·重庆行动"，全市森林覆盖率37%。

以建设健康重庆提高居民健康素质。改扩建130个乡镇卫生院和社区医疗中心，启动30所三甲医院创建。建成中小学校塑胶跑道498片，市民体质抽样合格率87.6%。成功举办重庆市第三届运动会。经常性参加体育锻炼的人口比例由去年的39.1%增长到39.2%。

以平安重庆建设营造安居乐业的社会环境。安全保障型城市建设扎实推进，社会公共安全、食品药品安全和公共卫生安全防控体系更加健全，突发事件应急管理能力不断增强，社会和谐稳定局面进一步巩固。深入推进"大走访"活动，矛盾纠纷化解率保持在85%以上。率先全国建立校园安全新型警务体制和勤务机制，群众安全感指数达95.89%。

(三)探索对外开放经济发展模式，内陆开放高地凸显

坚定对外开放不动摇，以更大气魄和力度广聚国内外资源，内陆开放高地雏形初显。

强力打造以两江新区为核心的对外开放平台。两江新区建设起步，万亿级工业开发区等项目开工，GDP超过1000亿元。两路寸滩保税港区和西永综合保税区一期封关运行。万州工业园区升格为国家级开发区，长寿化工园升格完成上报国务院审批程序。"重庆—欧洲"铁海联运国际大通道启用，直达欧洲的定期货运航线开通。

深化区域合作。深入推进川渝合作，实质性推进成渝经济区建设。开展重庆与贵州、新疆、陕西等省(区)能源战略合作。在CEPA框架下拓展重庆与港澳合作新内涵。启动编制武陵山协作区发展规划。深化渝鲁、渝粤、渝浙等合作，成功举办"2010全国对口支援三峡工程重庆库区经贸洽谈会"、"重庆·山东周"、"重庆·沿海省市周"，协议引资2600多亿元。成功获批设立国家级产业转移示范区。

创新对外贸易模式。完善"一头在内、一头在外"的内陆加工贸易模式，加快建设内陆出口商品加工基地和服务外包示范城市。推动企业"走出去"，重钢、机电、粮食、博赛等集团投资境外，在引进技术、收购矿山、建立基地等方面取得实质性进展。实际利用外资63亿美元，连续两年保持中西部第一，境外投资50亿美元，世界500强企业累计落户164家。

(四)寻求重点领域和关键环节改革突破，统筹城乡发展

在改革中逐步填补制度空白，推进城乡体制对接转换，加快构建"以城带乡、以工促农"的长效机制。

强力实施"两翼"农户万元增收工程，以土地、林地确权推动要素流动，以加大财政投入和建立地票、碳汇交易机制撬动城市资本下乡，推动农林业与加工业、旅游业联动发展，户均增收3000元以上。土地流转、集中示范点建设等有序推进，土地规模经营集中度26%。

以公共租赁房为重点探索新型住房保障模式。率先全国建立"双轨制"住房保障，大规模、高起点建设公租房，开工1300万平方米。国务院批准重庆为房地产信托投资基金

(REITS)投资保障性住房试点城市,整合经济适用房、廉租房政策,已落实105亿元资金用于公租房建设,重点覆盖进城农民工、新毕业大学生等200万城市"夹心"人群住房需求。

全面启动户籍制度改革。户籍制度改革突出保护农民权益及进城五项保障一步到位,145万农民转户进城。

着力构建"一圈两翼"协调发展机制。市财政安排9.3亿元专项资金引导31个远郊区(县)完善城市功能。各结对区(县)协商制定帮扶资金和物资管理办法,初步形成帮扶资金和物资监管体系,全年完成帮扶实物量达2.8亿元以上。

全面推进综合改革。基本完成区(县)政府部门"三定"工作,深化乡镇机构改革,进一步规范和完善了乡镇机构设置。积极稳妥推进事业单位分类改革。推进公立医院改革试点,积极探索城乡社会治理新模式。报批重庆市区域性中小企业产权交易市场试点方案和实施细则,出台创建创业型城市工作方案和大力发展微型企业意见。

(五)坚持民生导向,让城乡居民共享发展成果

加强民生建设,让全体市民共享改革发展成果,提升居民幸福指数。

加快完善城乡社会保障体系。截至2010年9月底,重庆市城镇职工养老、医疗、失业、工伤、生育五大保险参保人数分别比2009年同期增长24.83%、10.57%、3.2%、14.13%和15.82%。居民医保财政补助标准从80元/人提高到120元/人,26个区(县)开展基本药物制度试点。农村养老保险试点新增15个区(县),参保人数700万人。企业退休人员人均基本养老金达到1420元。城乡居民最低生活实现"应保尽保"。

大力推进城乡公共服务均等化。建设农村寄宿制学校480所,城乡义务教育阶段学校标准化率60%,高中阶段毛入学率80%,着力解决130万留守儿童学习、生活问题。成功创建国家级重点中职学校5所和市级重点中职学校5所,新增重庆能源职业学院等3所高校。进一步完善中职学生政策资助。累计培训农民超过200万人次。加速推进5个区(县)社会福利中心、100个社区托老所及老年人日间照料中心、94所乡镇农村敬老院的新建和改扩建。启动30个街镇社区服务中心、240个社区服务站和3004个村级公共服务中心的建设,年底将实现社区服务中心、站及村级公共服务中心全覆盖。广播电视村村通、文化信息资源共享、博物馆和纪念馆免费开放、农村电影放映等文化惠民工程有力推进。推动"三项活动"和"三项制度"常态化。"唱读讲传"高潮迭起,参与者超过1亿人次,中华红歌会等大型文化活动举办,累计出版《读点经典》24辑。

下大力气解决就业创业问题。2010年,城镇新增就业31.5万人。积极推进农民创业促进工程试点工作。发展微型企业1万户,解决就业10多万人。全市城镇登记失业率为3.96%,比全年控制目标低0.54个百分点。全市累计转移就业总数达到846.4万人.城镇居民可支配收入达18990.54元,同比增长11.8%;农民人均现金收入达5276.66元,同比增长17.8%。

二、2011年工作要点

(一)提速建设"五个重庆"

始终把"五个重庆"建设作为兴城方略、开放之基、民生之策,加快完善国家中心城市功

能，提升城市的承载力和辐射力，把重庆建成科学发展示范区和人民群众幸福之都。

着力提升人居环境质量。以提升居住品质、优化公共空间、完善服务设施为主线，主城与区（县）共进，城市和农村互动，建设与管理并举，加快以公租房为重点的住房保障体系建设，全面进行城中村改造，积极推进巴渝新居和农村危旧房改造，加强城乡服务设施建设，努力建设生活舒适、环境优美、功能完善、繁荣和谐的“宜居重庆”。

着力提升畅通水平。从“畅通重庆”建设和重庆国家中心城市建设的需要出发，坚持规划、建设、管理并重，陆运、水运、空运并举，加快主城轨道交通、城市道路、换乘枢纽及公交场站、市域高速公路、港口航道、铁路和航空设施等硬件建设，大力推进秩序规范工程、设施规范工程、生命工程、智能交通工程、畅行工程、宣传教育工程、公交优化工程等软件建设，努力把重庆建设成为全国最畅通的城市之一。

着力提升生态绿化水平。继续开展国家森林城市创建工作。纵深推进六大森林工程，提升高速公路绿化层次，切实抓好长江两岸森林工程示范段绿化，加快建设区（县）城周森林屏障和森林公园。加快集中打造百个万亩示范片。深化集体林权制度改革，推进科技兴林，优化森林结构，发展林下经济，积极有序推进“两翼”林农增收致富工程。加强湿地保护。

着力提升城乡安全保障能力。加强法制宣传教育。加强突发事件应急预案和应急管理体制、机制、法制建设。继续实施“百镇千村平安建设示范工程”。整治公共复杂场所、城乡结合部等治安乱点，加快建设公共安全视频信息系统。完善校园安全新型警务体制。认真落实信访条例，全面推行“三项制度”，深化干部大走访活动。

着力提升市民健康素质。加快推进基本医疗卫生体制、机制的改革，以150所乡镇卫生院和城镇社区卫生服务中心的标准化建设、30个三甲医院和县级优质医疗资源建设为抓手，健全覆盖城乡的医疗卫生服务体系。推进国家基本药物零差价销售试点。广泛开展群众健身，切实加强学校体育，积极发展竞技体育，以社区体育健身设施和农村体育健身设施建设为重点，促进全民享有体育健身公共服务。

（二）构建国家现代产业基地

按照国家将西部地区建成重要的能源基地、资源深加工基地、装备制造业基地和战略性新兴产业基地的部署，以结构优化、产业升级为主线，加快传统产业高端化、高新技术产业化、战略性新兴产业规模化，力争早日把重庆建成国家重要的现代产业基地。提升现代制造业基地活力。重点发展电子信息、重化工和制造业等5000亿级产业链，加快把电子信息产业发展成为第一支柱产业，提速打造亚洲最大的笔记本电脑基地、国家重要的现代制造业基地和中西部重要的重化工基地。

推进现代服务业全面升级。大力发展现代服务经济，加快建设以结算为主体的内陆金融中心，积极发展信息、科技、文化创意、购物、会展、美食、旅游和现代物流业，促进先进制造业与服务业深度融合，全面提升直辖市综合服务功能。

增强自主创新能力。坚持人才强市战略，落实中长期人才发展规划纲要。加快科技创新平台建设，强化产学研融合，大力推进科技攻关，争取实现一批信息网络、新能源及装备、新材料、高端制造等领域的关键技术重大突破。

积极推进节能减排。实施节能减排重点工程，加快节能减排能力建设。积极推广低碳

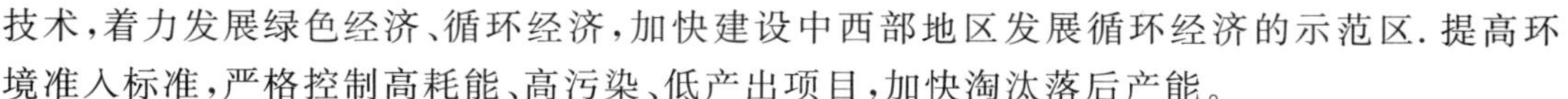

技术，着力发展绿色经济、循环经济，加快建设中西部地区发展循环经济的示范区. 提高环境准入标准，严格控制高耗能、高污染、低产出项目，加快淘汰落后产能。

（三）建设国家重要中心城市

科学实施城乡总体规划，提升主城特大中心城市功能，优化城镇化战略格局，科学布局城镇空间，提高城镇综合承载能力，增强县城经济实力，促进主城、区（县）城和小城镇协调互动发展。

全面提速建设主城特大城市。全面实施外环发展规划，提速开发两江新区、西部新城、东部片区和南部片区，推动人口和产业向外环有序扩展，尽快形成一批新的功能组团。调整优化内环功能布局，完善中央商务区功能，发展总部经济、服务外包和现代服务业，促进产业高端化。

大力发展县域经济。支持万州加快建成重庆第二大城市，提速发展六个区域性中心城市，大力发展其他区（县）城。推进强县扩权，改善县域发展环境，增强统筹能力和发展活力。加大对远郊区（县）的财政转移支付力度，支持完善基本公共服务能力。

加快发展小城镇。整合小城镇建设专项资金，实施中心镇建设工程，支持在资源开发、旅游度假、加工制造、商贸流通等方面特色突出的小城镇加快发展，加快培育一批基础条件好、发展潜力大、吸纳人口能力强的县城和中心镇，支持有条件的中心镇建设为小城市，适当扩大规模和人口容量，推动小城镇归并整合。

把合理的资源环境容量作为城乡规划建设的前提，促进城乡生态文明。以城中村改造和提高园区投资强度为重点，提高土地节约集约利用水平。加快创建国家环境保护模范城市。加强中小城市、工业集中区、重点城镇供排水等公用设施建设力度，促进市政公共设施基本配套。加强城市园林绿化。开展重金属污染治理和交通噪声污染整治。

（四）构筑内陆开放高地

进一步加大对外开放力度，坚持“引进来”和“走出去”相结合，充分利用国际国内两种资源和两个市场，优化资源配置，拓展发展空间，完善开放新模式，走出一条内陆开放的新路子。

加快两江新区开发开放。高质量完成两江新区规划。积极引进全球跨国公司设立跨境离岸结算中心和建设面向电子商务企业的跨境结算平台。超前谋划两江新区道路、管网、供电、供气等重大基础设施项目建设。在完善市场经济体制上进行积极探索，在构建社会建设体系上先行先试。

加快开放口岸和通道建设。加强西永综合保税区和两路寸滩保税港区等口岸建设，降低物流成本，完善金融服务，强化人才支撑。推进区域边关改革，加快建设电子口岸，探索建立大通关模式。加快万州国家级经济技术开发区、北部新区和高新区等建设，提升整体形象和集聚产业能力，加快建设对外开放示范“窗口”。

与时俱进创新开放模式。围绕优势产业和战略性新兴产业，引进一批带动力强的重大项目。多管齐下抓好加工贸易、服务贸易和一般贸易。发展软件开发等服务外包。大力推进“走出去”，鼓励和支持各类有条件的企业开展对外投资与合作。加快培育十大出口基地。鼓励进口先进技术、设备和短缺资源。积极开展境外工程承包和劳务输出，加快建设国家级外派劳务基地。

构建区域协作新格局。推进“西三角”战略区域、成渝经济区、武陵山经济协作区建设，力争在交通建设、产业布局、资源利用等方面取得实质性重大突破。加强东西合作，强化与沿江省（市）合作，促进产业协作联动，市场互通共享。

扩大海外交流平台。加强与港澳台地区、国际友好城市的经济文化互动，积极融入中国—东盟自由贸易区，不断扩展国际发展空间。深化渝台综合性经济合作试点，把重庆建设成为台商在大陆投资的第三大重点区域和最大的台资信息产业集聚区。

（五）打造西部社会民生发展高地

坚持民生优先，共建共享，深入落实“民生十条”举措，扩大和改善公共服务，加快发展社会事业，让人民群众生活更加幸福、更有尊严，让社会更加公正、更加和谐。

坚持教育优先发展.继续推进中小学标准化建设，加强农村寄宿制学校建设，加大对城市薄弱学校改造力度，加快发展幼儿教育，加强特殊教育和民族教育。完善城乡职业教育与培训体系，加强县级职教中心、公共实训基地、国家示范性职业院校建设。

完善基本医疗卫生服务体系。开展乡镇卫生院、城镇社区卫生服务机构标准化建设，加快村卫生室建设。加快推进“三甲”医院建设。完善城乡基本医疗保障机制，逐步实现医疗保险市级统筹。完善基本药品制度和医疗服务定价政策，切实降低基本药品价格。

全面提高社会保障水平。加快区（县）、街道（乡镇）和社区（村）以及社会化养老服务设施建设，完善养老服务网络。推进“儿童爱心庄园”建设。加快推进城乡社会救助体系建设。继续推进事业单位养老保险制度改革。逐步扩大城镇职工基本医疗保险市级统筹范围。规范城乡低保管理，完善城乡医疗救助制度，健全低收入群体临时救助体系。

繁荣发展城乡文化。继续深入开展“唱读讲传”活动。加速公共文化服务向农村和基层倾斜。加快文化基础设施建设。丰富基层群众文化生活。加强文化遗产保护和利用。深化文化体制改革，重视和支持民营文化企业发展。加强文化市场建设与管理，培育文明健康的网络文化。

（六）加强“三农”和库区工作

始终把解决好“三农”问题作为重中之重，完善强农惠农政策，加快农业结构战略性调整，扎实推进社会主义新农村建设，促进城乡基础设施建设和基本公共服务一体化，建立健全以城带乡、以工促农长效机制，着力抓好三峡库区后续规划实施、扶贫开发、圈翼联动等重点工作，务实农业农村持续稳定发展基础。

大力发展现代农业。加快农业结构、产品结构战略性调整，提高农业综合生产能力、产业化和规模化水平。创新“农工商”、“产加销”等组织模式加大对农业龙头企业的扶持，加快发展农民专业合作组织。加强农业良种繁育体系、检疫检验体系、信息体系等农业生产服务体系建设。

加快建设和谐稳定繁荣新库区。编制完成三峡工程后续工作实施规划。研究提出后续工作阶段中基础设施建设、促进移民安稳致富、地质灾害防治和产业发展基金项目管理机制和办法。争取国家预安排资金，启动一批条件成熟的后续建设项目，实现移民迁建与后续工作的有效对接，加快移民生态工业园建设。集中打造易地扶贫示范点。

推进“圈翼”帮扶再上新台阶。坚持帮扶与合作联动、“输血”与“造血”结合、受扶与自强并重，突出城镇建设、产业发展、扶贫开发、万元增收四大方向，综合运用项目帮扶、引资协作、物资援助、智力扶持等多种形式，集中力量办好助推农户万元增收、助推城镇功能完善等“十件实事”。

（七）推进重点领域和关键环节改革

用好用活国家级改革试验区先行先试政策，深化统筹城乡综合配套改革，努力破除制约科学发展的体制机制障碍，通过改革，增活力、聚财富。重点打造 20 个集中示范点，力争年内“建设出形象、改革有突破”。

进一步深入推进户籍制度改革。进一步完善土地、住房、就业、教育、社保等配套政策，逐步剥离附着在户籍上的社会福利，探索推进转户未退地居民农村土地房屋资本化，发展要素投入型农民专业合作社，形成有利于城乡人口流动的制度体系框架，为下一步制度性转移打下基础。

深化金融体制改革。加大金融企业改革力度.加快建设保险业创新发展试验区，引导保险资金参与重点项目建设。完善联合产权交易所、农村土地交易所、股份转让中心、农畜产品交易所运行机制。加强金融监管。实质性推进农村土地承包经营权、农村房屋、林权等抵押融资，扩大地票质押融资，盘活农村存量资产，增加农民财产性收入。

推动农村综合改革取得新突破。推进土地征转分离试点，先在两江新区、万州工业园区先行试点，再逐步选择全市有条件的地区推开。启动建立耕地保护基金试点。筹划三峡库区移民安稳致富国土整治重大工程。扩大地票交易量。稳妥推进农户集中居住区建设用地、农村承包地和林地资产化，制定财税、土地等扶持政策，鼓励和规范城市资源下乡扶农助农。

推进资源环境体制机制改革。探索建立环境资源有偿使用的市场调节机制，扩大逐步排污权交易范围和交易量。适时启动阶梯式电价、水价工作。做好煤炭、原油、天然气等资源税由从量计征向从价计征转变的政策衔接。完善矿业权一级市场管理，规范矿业权二级市场。

推进公共服务供给机制改革。提出“十二五”时期全市统一的基本公共服务标准，启动实施方案。深化事业单位分类改革。放宽准入领域，采取财税优惠政策和政府购买公共服务等措施，推进经营性公共服务产品市场化供给，支持非营利组织、慈善组织等社会力量参与公益事业发展。

第二章　四川省

一、2010 年工作总结

2010 年，四川省地区生产总值达到 16898.6 亿元，增长 15.1%，经济呈现巩固回升、加快发展良好势头，全面完成了“十一五”规划目标任务。

（一）灾后重建任务基本完成

强力推进灾后恢复重建各项工作，灾后恢复重建经受住了特大山洪泥石流灾害的严峻考验，取得了决定性胜利，圆满实现中央关于“力争在两年内基本完成原定三年目标任务”的总体要求。全省纳入国家灾后恢复重建总体规划的项目 29692 个，规划总投资 8658.11 亿元。截至 2010 年年底，已累计完工项目 27318 个，占重建任务的 92%；完成投资 7792.3 亿元，占规划总投资的 90%。加强与对口支援省（市）和港澳特区的沟通衔接，积极做好对口支援和港澳援助服务协调工作。目前，对口支援项目和投资均完成 98%以上，已有 15 个对口支援省（市）举行了援建项目交接仪式。同时，编制了《玉树地震四川灾区灾后恢复重建实施规划》，加快推进玉树地震四川灾区恢复重建，城乡居民住房重建全部完成，大部分受灾群众入冬前搬进了永久性住房。

（二）基础设施建设实现重大突破

加快推进西部综合交通枢纽建设，成兰、成贵、成西等 6 条重大铁路项目列入《全国中长期铁路网调整规划》；成灌铁路、广巴高速等项目竣工投入运营；成西客专、成渝客专四川段、成贵铁路、成都第二绕城高速等项目开工建设；全省在建铁路、高速公路里程分别达到 2226 公里、3452 公里。水利基础设施得到加强，小井沟、大竹河等项目开工建设；毗河供水一期工程获国家批复；武引二期、升钟灌区二期、向家坝灌区等重大水利工程前期工作加快推进。能源基础设施建设顺利推进，瀑布沟水电站 6 台机组全部投产；溪洛渡，向家坝，锦屏一、二级等水电项目加快推进；官地、桐子林等水电站开工建设。

（三）产业发展跨上新台阶

大力发展现代农业，加快实施《农业发展上台阶建设项目规划》和“再造一个都江堰灌区”建设规划，重点推进新增 50 亿公斤粮食生产能力、新增 1000 万头出栏生猪生产能力工程，继续实施大型商品粮基地、重点退耕还林地区基本口粮田等项目。深入实施工业强省战略，大力发展“7＋3”产业。扎实推进“1525 工程”，成都电子信息及汽车制造、德阳重大技术装备、绵阳数字家电、西部物流中心、商贸中心和金融中心建设加快。实施旅游“重振工程”，旅游业超过震前水平，旅游总收入达到 1886.1 亿元。着力拓展城乡消费需求，认真落实家电汽车下乡和以旧换新等促进消费政策，加快建设城乡现代流通体系，社会消费品零售总额年均增长17.3%。

（四）改革开放成效明显

开展扩权强县试点，县域经济发展活力不断增强。民营经济加快发展，增加值占全省生产总值的56%。加快投融资体制改革，组建四川发展及铁路、交通能源、水务投资集团和四川产业振兴发展投资基金、绵阳科技城产业投资基金等投融资平台。实施充分开放合作战略，承接产业转移力度加大，富士康、戴尔、仁宝等一批带动性强的核心企业和重大项目成功落户四川。到位国内省外资金5336.4亿元，实际利用外资70.1亿美元，进出口总额327.8亿美元，对外承包工程营业额40亿美元。在川落户境外世界500强企业达到160家。第11届西博会成功召开，西部12省（区、市）和新疆生产建设兵团共签订投资项目1581个，投资总额达7523.16亿元人民币，签约项目数量和金额均创历届西博会之最。

（五）人民生活不断改善

大力推进民生工程，2010年“十项民生工程”投入940.1亿元。推动农村劳动力转移，劳务收入达到1757.9亿元。加快完善覆盖城乡居民的社会保障体系，城镇养老、医疗、失业、工伤、生育保险参保人数分别达到1301.4万、2065.9万、464.7万、583.8万和484.2万；新农保试点县达57个，参保人数649.3万。城镇和农村低保月人均补助水平分别达到154元、58元，符合条件的五保供养对象全部纳入供养范围。加大扶贫攻坚力度，推进连片扶贫开发。558万余人次城乡贫困群众得到医疗救助。实施百姓安居工程，改善72万户城镇低收入家庭住房条件，改造城镇棚户区及危旧房44万余户，农村危房11万余户。新建农村户用沼气池40多万口，解决447万人饮水安全问题。

（六）社会事业全面进步

推进义务教育均衡发展，落实义务教育阶段学生“两免一补”政策，实现城乡免费义务教育。全面完成“普九”任务，整体实现“两基”目标。实施职教攻坚和“9＋3”免费教育计划，中职在校生140万人，普通高等教育毛入学率达到25%。民族地区教育发展10年行动计划圆满完成。家庭经济困难学生资助体系逐步健全。基层医疗卫生服务能力不断提高，扩大基本医疗制度覆盖面，全省实施基本药物制度的县达115个。艾滋病等重大传染病和大骨节病、包虫病等地方病防治成效明显。大力实施文化惠民工程，基本实现县县有文化馆、图书馆。广播电视村村通工程、西新工程扎实推进，广播、电视综合人口覆盖率分别达到96.2%和97.3%。实现所有行政村通电话和所有乡镇通宽带。

二、2011年工作要点

（一）全面加快基础设施建设

加强西部综合交通建设。加快推进成都至兰州、西成客专、成渝客专、成绵乐客专、成贵扩能等铁路项目。加快推进成安渝、成绵复线、成自泸赤、成都至巴中至桃园等高速公路建设，加快推进川藏铁路、成都第二机场等项目的前期工作。加大进出川公路大通道建设，加快国省干线改造、专用公路建设和农村公路建设，完善全省公路网络。加快新航站楼建设，提升成都双流国际机场枢纽功能。加快长江黄金水道建设，重点整治长江航道（川境段），提高航道等级标准。

围绕“再造一个都江堰灌区”大规模开展农田水利基本建设，加快推进亭子口、小井沟等30座在建大中型水利工程建设，力争开工建设武引二期、毗河供水一期、开茂水库等10座大中型水利工程，加快向家坝灌区等前期工作。

加快建设瀑布沟、溪洛渡、向家坝、锦屏一级、锦屏二级等项目建设，积极推进白鹤滩、乌东德、大岗山、长河坝等项目前期工作，增强能源保障能力。

（二）做强做大特色优势产业

坚持以工业强省为主导，走新型工业化道路，全面提升和优化产业结构，提升产业核心竞争力，增强自我发展能力。加快实施“7＋3”产业发展规划、八大产业调整和振兴行动计划。启动“5785”战略工程，加快推进四川省国家新兴工业化示范基地建设，着力构建成德绵自内资装备制造、成德绵内广遂电子信息、成德资眉内宜泸饮料食品、成眉乐雅自泸宜遂南广达化工及新材料、攀西钢铁钒钛和三江流域特色资源5条万亿元产业带。争取新开工建设四川石化下游产业、什邡钼铜资源深加工综合利用、川南煤气化中心、川东北清洁燃料等重大产业项目。围绕建设西部物流中心、商贸中心、金融中心，大力发展现代服务业。以“十大旅游区”和重点旅游城镇建设为重点，继续完善配套服务设施。深入实施“新五大旅游行动”和“三年提升计划”，加快建设旅游标准化示范省。实现从旅游资源大省向旅游经济强省跨越。突出现代农业产业基地建设，抓好优质粮油、优质商品猪和特色畜禽等特色农业发展。大力实施新增50亿公斤粮食生产能力建设工程，启动实施现代农业千亿示范工程，打造1000个万亩现代农业高标准示范区，深入推进60个现代农业产业基地强县建设。

（三）全面加快城镇化进程

科学规划、合理布局，加快健全以特大城市和大城市为中心，以中小城市为骨干，以小城镇为基础，城市基础设施完善、城市功能互补、产业协调发展、人口分布合理的城镇体系，大力提高城镇综合承载能力，提升城镇化发展质量和水平。大力培育区域中心城市建设，加快培育成都平原、川南、攀西、川东北四大城市群。协调发展中小城市和小城镇，重点建设一批产业支撑力强、地域文化特色鲜明、人居环境良好的中等城市，以及经济基础较好的小城市。科学规划城镇基础设施建设，提高城镇发展水平。加快保障性安居工程建设，建设保障性住房22万套左右，改造棚户区居民住房12万户左右，改造农村危房15万户。城镇化率提高1.5个百分点。

（四）构建多极发展格局

强化区域功能分工和互动协作，发挥比较优势，分类推进成都、川南、攀西、川东北、川西北五大经济区建设。启动实施成渝经济区规划，加快推进四川部分“一极、一轴、一区块”建设。加快编制并启动实施成都天府新区规划，建成以现代制造业为主、高端服务业集聚、宜业宜商宜居的国际化现代新城区，力争再造一个“产业成都”。启动实施成德绵乐同城化发展战略，深化区域分工协作，加快区域经济一体化进程。加快建设攀西战略资源创新开发试验区，启动实施安宁新谷地区跨越式发展规划。打造川东北能源化工新基地，科学建设川西北生态经济区。实施民族地区和革命老区扶贫开发，重点抓好四川省藏区、彝区和川东北革命老区等集中连片特殊困难地区的综合扶贫开发。大力推进凉山彝区跨越式发展和大小凉山综合扶贫开发；启动“彝家新寨”建设，推进大小凉山3.08万户贫困群众搬迁工程和100个以工代赈新农村示范村建设工程。以产业发展、就业促进、扶贫帮困、生态环境保护和治理为重积极支持灾区发展振兴。

（五）着力保障和改善民生

更加关注民生、关注社会困难群体，着力解决困难群众最紧迫、最急需的现实问题。将地震灾区因灾返贫、大小凉山、川东北革命老区等作为扶贫解困的重点，采取特殊政策措施，支持贫困地区加快发展。千方百计促进就业，实施更加积极的就业政策，新增城镇就业64万人，动态消除城镇零就业家庭。加大保障性安居工程实施力度，积极推进城市棚户区和国有工矿区、林区、垦区棚户区改造，加快建设公共租赁住房，限价商品住房，加大租赁住房补贴，着力解决城市中低收入家庭的住房困难。积极调节收入分配不合理格局，逐步扩大中等收入人群，缩小城乡居民收入差距。建立和完善覆盖城乡居民的社会保障体系，提高统筹层次，逐步提高最低生活保障标准。

（六）大力发展社会事业

优先发展教育事业，启动实施学前教育三年计划，巩固提高九年义务教育水平，实施中小学校舍安全工程，加强农村教师队伍建设，推进教师特设岗位计划。加强中等职业教育基础能力建设，稳定发展高等教育，大力支持民办高等教育。继启动实施民族地区教育发展第二个十年行动计划后，深入推进藏区“9＋3”免费教育计划，在民族地区基本普及双语教育，推进农牧区和偏远地区适当集中办学。

大力推进自主创新，加快实施科技成果转化示范工程。积极推进国家技术创新工程四川试点，建设一批产学研创新联盟，建成一批国家级、省级技术创新平台，企业技术中心和国家重点工程实验室。新建一批国家级和省级高新技术开发区及科技创新产业化基地，抓好成都国家级创新型城市试点和绵阳科技城建设。

认真贯彻落实国家对西部地区实施的人才开发政策，实施天府科技英才计划、川商计划、高技能人才振兴计划、海外高层次人才百人计划和农村基层人才服务计划，健全吸引人才、留住人才、用好人才的体制机制。

深化医药卫生体制改革，加强公共卫生服务体系建设，建立基本医疗卫生制度。做好艾滋病、结核病、大骨节病、包虫病、血吸虫病等重大传染病、地方病以及职业病防控工作。

大力繁荣文化事业，进一步加强图书馆、文化馆和博物馆等公共文化基础设施建设，继续实施广播电视村村通、广播电视西新工程等，加快民族地区有线广播电视网络建设，办好康巴卫视频道。加强基层公共体育设施和民族特色体育场所建设，积极开展群众性文化体育活动，大力推进全民健身运动。

（七）加快推进城乡统筹发展

扎实推进统筹城乡综合配套改革试点工作。积极探索建立现代城市和现代农村和谐发展的新型城乡形态，逐步实现城乡规划、产业发展、市场体系、基础设施、公共服务、社会管理一体化，提高就业、社保、教育、医疗等公共服务的均等化水平。大力推进德阳、自贡、广元3个省级试点和20个市级试点，加快重点领域和关键环节改革，组织实施一批重大改革项目，基本形成城乡统筹发展的新格局。扎实推进新农村新村建设，重点加快新农村综合体建设，打造新型农村社区，逐步构建县城、中心镇、新型农村社区相协调的新型城乡体系，促进城镇化和新农村建设的良性互动。

（八）全面扩大对内对外开放

全面实施“三向拓展、四层推进”的充分开放合作战略，大力提高对内对外开放的深度和广度，积极构建对外开放新格局，全面提升对外开放水平。以成渝经济区建设为核心，积极推进川渝合作，支持建设合作示范区。以构建对外物流大通道和西部综合交通枢纽为重点，推动与周边各省（区、市）交通、通信、能源通道共建共享和优势战略资源的共同开发。主动融入泛珠三角区域合作，有效对接长三角合作，加强与环渤海区域、海峡两岸经济区和中部省市的合作，推进建立对口援建长效合作机制，积极构建与东、中部及其他西部省（区、市）优势互补、共同发展的新型产业合作关系。抓住国家新一轮西部大开发“启动向西开放战略”的机遇，更加积极主动参与国际区域合作，重点加强南向、西向对外开放，扩大南向经云南、贵州、广西至东盟、南亚的通道，积极融入中国—东盟自由贸易区，完善西向经西北至中亚、西亚的开放大通道，大力发展对外工程承包和劳务合作。依托四川省优势资源的现有产业基础以及巨大市场、人力资源等优势，选准定位，主动出击，积极承接国内外产业转移。深化与港澳台地区的合作，抓住台商投资布局看好四川的有利时机，促成台商行业标杆企业来川投资，同时主动加强与新加坡政府和企业的合作，加快建设新加坡四川科技创新园，努力实现全省承接产业转移数量和质量的飞跃发展，把四川省建成在全国有影响力的跨国公司和国内龙头企业区域总部基地、制造基地和研发中心。

（九）全面增强可持续发展能力

坚定建设长江上游生态屏障的目标不动摇，加快重点生态工程建设。加强森林、草地、湿地等重点生态系统保护与建设，深入推进天然林资源保护，巩固和发展退耕还林成果，加快改善退耕农户生产生活条件。继续实施退牧还草工程，逐步扩大实施范围。加快建设川西北防沙治沙工程，启动实施青藏高原东南缘川西北地区生态环境保护与建设工程，加大黄河上游若尔盖湿地保护，加强岩溶地区石漠化综合治理，推进水土保持重点防治工程建设，实施城乡绿化工程，做好灾后生态修复工作。加快沱江、岷江、嘉陵江“三江流域”及重点小流域水环境综合整治，改善流域水环境质量。加快推进节能减排工作，突出抓好工业、交通、建筑、商贸流通等重点领域节能降耗，全面推行清洁生产和节能技术，淘汰落后生产能力，全面实现主要污染物减排目标。加快地质灾害易发区调查评价、监测预警、防止和应急体系建设，加强重点区域地质灾害治理。

（十）全面加快汶川地震灾区发展振兴

全面贯彻落实科学发展观，紧紧抓住国家新一轮西部大开发和支持地震灾区发展振兴战略机遇，以进一步保障和改善民生为出发点，以加快产业发展振兴为支撑，以生态环境保护、地质灾害防治和防灾减灾为基础，进一步加大资金和政策支持力度，巩固灾后恢复重建成果，改善灾区发展条件，全力推进灾区发展振兴。加快灾区产业发展，突出抓好灾区产业园区建设。抓好就业促进，落实就业困难人员扶持援助政策，建设创业中心、农民工返乡创业园等创业平台。实施集中连片扶贫工程，加快推进重灾区2516个贫困村整村建设。全面落实对口长效合作协议，巩固和扩大援建成果。

第三章　贵州省

一、2010 年工作总结

（一）基础设施建设实现重点突破，发展基础进一步夯实

加快推进现代综合交通运输体系建设，贵广快速铁路、六沾复线、黄织铁路，长沙经贵阳至昆明客运专线，成贵铁路、渝黔铁路等工程进展顺利。建成厦蓉高速榕江格龙至都匀、水口至格龙和麻尾至驾欧、贵阳至都匀等 4 条高速公路约 318 公里，全省高速公路通车总里程将达到 1507 公里。17 个省高项目、6 个机场改扩建工程、西南水运出海中线通道（贵州段）南北盘江、红水河、乌江航运建设工程加快推进。加快推进水利建设，黔中水利枢纽工程、“滋黔”一期工程中 16 个项目等进展顺利。水利建设、生态建设和石漠化治理综合规划编制已完成初稿，正按程序报国家审批。通信、电力等设施建设扎实推进，贵州电子政务外网骨干传输网正式建成，初步实现了互联互通。“数字贵州”建设积极推进，“三网融合”步伐加快，专用通信网络建设进展顺利。电网建设加快，“西电东送”基本形成“五交两直”500 千伏黔电送粤通道。

（二）三次产业加快发展，产业升级步伐加快

工业发展基础进一步夯实，以电力、煤炭为主的能源工业进一步壮大，建成了一批新的电源点。以烟、酒为主的传统支柱产业，以煤化工、磷化工、铝及铝加工为主的优势原材料工业进一步发展，一批煤电化、煤电磷、煤电铝等大项目加快建设。航空航天、电子信息、新材料等高新技术产业和战略性新兴产业不断壮大，民族制药、特色食品、竹浆林纸等重点特色产业快速成长，工业结构调整步伐加快，淘汰落后产能力度加大。

以旅游业为重点的服务业加快发展，全年旅游总收入和接待旅游人数分别增长 20％以上。文化产业加快发展，“多彩贵州”文化品牌影响力进一步提升，软件、动漫等新兴业态初具雏形。“引银入黔”工作步伐加快，贵阳国际金融中心破土动工建设。现代物流业建设有序开展，贵阳、都匀市被商务部列入全国现代物流示范城市，西南物流中心等物流企业加快发展，大力推进“万村千乡市场”、“双百市场”、“农超对接”等工程。保险、电子商务、信息服务等行业加快发展。

农业结构调整稳步推进，畜牧业增加值占农业增加值的比重达到 32.3％，比 2009 年提高 1.8 个百分点。蔬菜、马铃薯、茶业、精品水果等特色农业发展加快，种植面积不断扩大。全年新增 151 家省级农业产业化龙头企业，农民专业合作社 10 家，农产品加工业产值同比增长 20％。在百年不遇的特大干旱影响下，粮食产量仍完成了计划目标。

(三) 统筹城乡发展扎实推进,新农村建设取得新进展

贵阳、遵义、六盘水等重点城市建设积极推进,城市规模不断扩大。一批重点城镇加快发展,对产业和人口承载能力进一步增强。城镇基础设施建设取得新进展,全省建成县级以上城镇污水处理厂99座,垃圾卫生填埋设施16个,城镇供水水质达到生活饮用水标准,城市绿化覆盖率、燃气普及率、用水普及率不断提高。2010年,全省城镇化率达到31%左右。农村基础设施进一步改善。全年完成烟水配套工程140万亩,建设小型农田水利工程10万个,新增有效灌溉面积162万亩,农村人均有效灌溉面积提高,解决316万农村人口饮水安全;全省96%的乡镇通油路或水泥路,95%的建制村通公路;新增农村水电装机40万千瓦,新增沼气使用农户10万户,农村生产生活条件进一步改善。

扶贫开发力度不断加大。全年实施568个贫困村"整村推进",完成异地扶贫搬迁3万人,完成农村危房改造27.9万户,农村贫困人口转移就业培训11万人,减少农村贫困人口50万人。涉农直接补贴的种类和规模不断扩大,2010年,农作物良种补贴和农机具购置补贴分别达到4亿元、2.4亿元。

(四) 节能减排力度加大,生态建设和环境污染治理取得新进展

加强重点用能企业节能监管和节能发电调度,加大节能产品和技术的推广应用,严格执行预警调控方案,节能降耗成效显著,全年单位生产总值能耗下降4.18%以上。通过加大火电机组脱硫设施改造、强化污水处理设施建设等措施,全省化学需氧量排放总量、二氧化硫排放总量分别下降2.8%和1.83%,"十一五"时期目标顺利完成。以石漠化综合治理为重点的生态建设取得成效。深入实施天然林保护、退耕还林、防护林建设等重点工程,全省森林覆盖率提高到40%以上。全省55个试点县石漠化综合治理扎实推进,通过实施人工造林、封山育林、人工种草、草地改良、坡改梯等工程,累计完成石漠化综合治理面积1313平方公里。重点流域和重点领域污染治理力度进一步加大,全省环境质量进一步改善。

(五) 深入推进改革开放,经济发展活力进一步增强

启动省级城乡统筹发展、新型工业化发展综合配套改革试点和"扩权强镇"试点工作,省直管县财政管理体制改革试点加快推进。国有大中型企业的股份制改造有序推进。深化行政审批制度改革,全面推进行政审批电子监察系统建设。继续深化投融资体制改革,医药卫生制度改革扎实推进,其他领域改革继续深化。对内对外开放水平进一步提高。积极参与泛珠区域和东盟各方经济合作。与深圳、宁波、大连、青岛、苏州等对口帮扶城市的经济合作深入推进。积极开展与东部省(市)共建承接产业转移示范园区工作。非公有制经济发展加快。非公有制经济发展的环境不断改善,规模不断壮大,一批个体私营企业加快成长,信邦制药、百灵制药成功上市。

(六) 教育科技进一步发展,创新能力得到提高

教育事业加快发展,"两基"成果进一步巩固,免费义务教育的各项政策全面落实。开工建设校舍安全工程152所,完成159所农村义务教育阶段薄弱学校改造工程,进城务工人员子女入学问题进一步解决。创建30所示范性中等职业学校,中职招生人数突破20万人。

高等教育毛入学率达到18.4%。科技创新和服务平台建设积极推进。建成重点实验室32家、工程技术研究中心51家及一批特色产业化基地、高新技术产业化基地，贵州省的产业创新和成果转化能力得到提升。科技创新服务能力不断提高，建成生产力促进中心41家，生产力促进中心作为政府、企业、科研资源、市场之间的纽带作用得到进一步发挥。

（七）民生进一步改善，社会更加和谐稳定

认真落实促进就业政策，引导和鼓励大学生到基层就业和自主创业，加强劳务输出，转移农村劳动力70万人；开发公益性岗位，促进就业困难对象就业，强化零就业家庭动态监管；全省城镇新增就业21万人，城镇登记失业率控制在4.5%以内，就业形势基本稳定。社会保障体系进一步完善，全省基本养老、基本医疗、失业、工伤和生育保险参保人数分别达到250万人、584万人、148万人、154万人和160万人；28个县试点建立新型农村养老保险制度。城乡居民最低生活保障制度进一步巩固，基本实现"应保尽保"，城市低保54.24万人，农村低保对象529.44万人，补助标准进一步提高。推进保障性住房建设，全年开工建设廉租房7.29万套、经济适用房1.31万套、公共租赁房1000套、棚户区改造1.6万套。医疗卫生事业加快发展，初步建立国家基本药物制度，推动落实国家基本公共卫生服务项目，公立医院改革试点加快推进。新型农村合作医疗参合率达96.28%。基层医疗服务体系建设进一步完善，职业病和传染病防控工作进一步加强，地氟病防治和无害化卫生厕所建设工作按计划推进。文化体育事业取得新成绩，开工建设省博物馆新馆，完成55个文化共享工程县级支中心基本建设，完善408个乡镇综合文化站设施，新建农家书屋3756个，开展"数字农家书屋"试点；新建192万座"村村通"农村广播电视卫星地面接收站；放映24万场次农村公益电影；建设1050个行政村和27个乡镇农民体育健身工程，举办了中国拳击公开赛、全省民运会等60余项体育赛事；全国第九届民运会筹备工作有序推进，主会场贵阳奥体中心主体育场建设基本完成。

二、2011年工作要点

（一）进一步扩大投资规模，充分发挥投资对经济发展的拉动作用

努力扩大投资规模，促进投资快速增长。按照加快推进工业化和城镇化的要求，围绕基础设施、产业发展、民生改善、生态建设、社会建设等重点领域谋划一批大项目，形成项目滚动推进的良性循环机制。

全力抓好项目实施，建立重大项目建设厅际联席会议制度，形成项目推进协调磋商机制，进一步下放项目审批、核准、备案权限，简化审批程序，促进项目尽快落地，确保更多项目开工建设。建立重大项目建设工作责任落实制度和跟踪监督制度，进一步明确工作责任，加强督促检查，强化目标考核，加快项目进度，提高投资效率。

拓宽投融资渠道。进一步加强银企合作，努力扩大银行贷款规模。用好资本市场，支持有条件的企业上市融资和再融资。支持有条件的地区和产业园区搭建投融资平台，积极筹集开发建设资金。进一步深化重点领域改革和优化投资环境，加大招商引资力度，千方百计引进一批省外、境外有实力的投资者到贵州省投资兴业，加大承接东部地区产业转移工作力度，引进一批大企业、大项目。全面落实鼓励非公有制经济发展的政策，通过大力发

展非公有制经济,促进投资增长。

积极扩大消费、出口。继续实施好促进消费的各项政策,进一步完善消费市场建设,加快培育新的消费热点;努力提高城乡居民收入,增强城乡居民特别是低收入群体的消费能力;加强市场监管,改善消费环境,保护消费者的合法权益。以开发区和园区为载体,建立外向型商品研发、生产加工和出口基地,加快综合保税区、无水港和电子口岸建设,促进进出口快速增长。

(二)大力实施工业强省战略,加快推进支柱产业和特色优势产业做大做强

加快推进科技创新,按照改造提升传统产业、发展壮大支柱产业、培育发展新兴产业、加快发展生产性服务业的工作思路,紧紧围绕“五大基地”建设目标,加快推进能源产业、优势原材料产业、装备制造业、战略性新兴产业、特色优势轻工产业发展。加强工业经济运行调度,确保2011年规模以上工业增加值增长20%以上。加快推进能源产业发展,重点抓好清镇、兴义、都匀、桐梓电厂建设,力争2011年建成投产240万千瓦。

加快发展优势原材料产业,推进毕清、六兴、黔北等煤化工基地建设,加快开磷、瓮福、织金等精细磷化工基地建设。大力推进装备制造业发展,加快安顺民用航空高技术产业基地建设,开工建设中型涡桨多用途飞机等航空项目建设,大力推进毕节力帆12万辆载货汽车生产线、高峰石油机械公司金阳新区易地技改、贵阳航空电机公司汽车电机电器高技术产业化等项目建设,着力抓好思南兴黔船业公司内陆船舶装备制造业基地项目建设。加快特色优势轻工产业发展。做强做优贵烟品牌,提高贵州烟市场占有率。加快黔北竹浆纸、黔东林浆纸一体化项目建设。积极推进制药企业加快发展,打造一批大型制药企业集团。加快建设特色食品(旅游商品)生产基地。

加快培育发展具有比较优势的战略性新兴产业,依托贵州省资源优势和技术基础,重点在生物与医药、新材料、先进装备制造、节能环保、新一代信息技术、新能源汽车等领域加快自主创新及产业化发展。大力发展园区经济,抓紧编制和实施全省产业园区发展规划,制定和落实支持园区发展的政策措施。大力推进国家级、省级开发区和工业园区建设,支持有条件的开发区和产业园区扩区调位。加快产业园区基础设施、管理和配套服务平台建设,引导企业和项目向园区集聚。

(三)大力实施城镇化带动战略,推动区域协调发展

加快重点城市和重点城镇承载能力建设。按照贵州省城镇化发展战略格局的要求,重点支持贵阳等九个市(州、地)政府所在地发展为大城市或特大城市。加快构建黔中城市群,以打造贵阳至遵义、贵阳至安顺工业走廊和贵广快速通道产业带为依托,积极推进贵阳—遵义、贵阳—安顺、贵阳—都匀、凯里城市带建设。沿快速铁路和高速公路网的重要节点,选择一批有条件的重点县城和中心镇加快发展为中小城市和小城镇。重点推进城镇基础设施建设,加快城市之间的连接通道建设和城市市域内交通网络建设。按照“拉开建设、优化布局、新区先行、带动老区”的建设思路,围绕城市骨干路网,系统抓好配套设施建设。以发展园区经济为重点,大力发展城市经济,完善城市功能,提升城镇综合承载能力。

创新城镇化发展机制,切实落实户籍制度改革的各项政策,加快把在城市中具有相对固定住所和相对固定工作的本省籍农民工特别是新生代农民工转变为城市居民。完善农

民工在住房、社会保障、子女教育等方面的政策措施。

落实主体功能区战略。以黔中经济区建设为重点，大力推进区域协调发展。打破行政区划限制，着力推进以贵阳为中心、一小时经济圈为半径的黔中经济区建设。科学编制和实施黔中经济区总体规划，建立黔中经济区领导、协调、合作机制。制定支持黔中经济区发展的政策法规体系，大力推进黔中经济区产业带和优势产业发展。统筹推进不同区域协调发展，加快“毕水兴经济带”规划修编工作，支持毕节、六盘水、黔西南加快发展；制定遵义市统筹城乡发展试点方案，加快推进统筹城乡综合配套改革；抓紧编制“东南部特色综合经济区”规划；加快黔东南生态文明试验区建设，支持毕节试验区和安顺试验区加速发展。

发展壮大县域经济，完善促进县域经济发展的政策体系，综合运用财政、税收、金融、产业布局、土地供给等政策措施，支持各地发挥比较优势，培育特色产业，壮大县域经济实力。继续推进经济强县建设，培育建设一批在全国和西部地区具有较强竞争力、在全省具有较强示范带动作用的经济强县。

（四）继续推进以交通和水利为重点的基础设施建设，加快改善发展的基础条件

加快推进以快速铁路和高速公路为重点的现代综合交通网络建设。积极开展兴义经都匀、凯里至黔江，独山至永州，贵阳至郑州，六盘水至攀枝花，安顺（黄桶）至河口 5 个铁路项目的前期工作，推进贵广客运专线、长昆客运专线等在建项目建设，确保六沾复线年内完工。大力实施“县县通高速”工程，加快杭瑞等高速公路建设。加快推进西南水运出海中线通道和乌江航运工程，提级改造赤水河、清水江和都柳江水运出省通道。加快推进六盘水、毕节、黄平支线机场和其他支线机场前期工作。扎实推进贵阳龙洞堡国际机场和遵义机场改扩建工程。加快推进现代水利体系建设。加快黔中水利枢纽建设，力争新开工建设 10 个中型骨干水源工程，新建“五小”水源工程 10 万个，完成 150 座病险水库治理；继续实施以管代渠、长距离管道输水建设试点。新增烟水灌溉面积 120 万亩、有效灌溉面积 140 万亩。加快城乡电力、通信和信息基础设施建设。加快城市配网建设与改造，推进农村电网改造升级。加快省内 500 千伏主网架和“西电东送”主通道建设。大力推进“三网融合”和物联网建设。提升电子政务、电子商务、地理信息、远程教育、远程医疗等服务能力，提高农村和边远地区的信息网络覆盖率。

（五）落实强农惠农政策，加大扶贫开发和新农村建设力度

深入推进扶贫开发，坚持以县为单位，整合资金、整乡（村）推进、连片开发，抓紧编制武陵山区、乌蒙山区区域扶贫专项规划，坚持专项扶贫、行业扶贫和社会扶贫的有机结合，大力发展主导产业和特色产业。实施易地扶贫搬迁 3 万人，减少贫困人口 50 万人。

加大支农惠农政策力度，稳定粮食生产。全面落实国家对农业的各项政策，加大财政扶持力度，落实各项补贴，进一步扩大农业补贴范围，逐步提高补贴标准，大力实施农业科技工程，确保粮食总产量稳定在 1150 万吨。合理调整农业结构，大力发展特色农业。以原产地引种和良种繁育体系、防疫体系、饲草饲料体系建设为重点，大力实施生猪“5511”养殖、“1000 万头肉牛”和“1000 万只肉羊”工程，加快推进畜牧业发展。以蔬菜、油菜、烤烟、茶叶、马铃薯、辣椒和中药材为重点，加强良种苗木繁育体系建设和商品生产基地建设，努力扩大生产规模，积极培育和引进农业产业化经营龙头企业，加快推进特色优势农产品产

业化发展。拓宽农民增收渠道。加大农业科技推广力度，提高农业比较效益；加快农村土地经营权流转，支持农村集体和农户在当地资源开发项目中入股，增加农民财产性收入；加强农村劳动力转移就业技能培训，大力发展休闲观光农业和乡村旅游，引导农民逐步向第二、三产业转移就业，多渠道增加农民收入。进一步改善农村基础设施，加快基础设施建设向农村延伸，大力实施水、电、路、气、房和优美环境"六到农家"工程。全面推进通村油路（水泥路）建设。新增解决400万农村人口饮水安全，完成农村沼气用户20万户，推进新农村电气化建设，扩大小水电替代燃料试点工程范围。

（六）加快发展以旅游业为重点的现代服务业，发挥服务业对经济的带动促进作用

加快发展旅游业，加快特色旅游产品体系建设，因地制宜发展生态旅游、红色旅游、民族文化和历史文化旅游、休闲度假旅游、乡村旅游、温泉旅游、会展旅游、科普旅游、工业旅游等特色旅游产品。强化旅游基础设施和配套设施建设，推进交通体系向旅游景区延伸。大力发展生产性服务业。加快现代物流业发展，推进多式联运、制造业与物流业联动、公共物流信息平台等九大工程建设。进一步促进金融业加快发展，继续实施"引银入黔"工程，加快引进外资银行和股份制银行进入贵州省。鼓励金融创新，稳步发展综合类金融服务，规范发展网上金融服务。鼓励和支持保险公司创新产品和服务，不断扩大保险覆盖面，提高保险渗透率。积极发展信息服务业、科技服务业、商务服务业、会展业等生产性服务业。大力发展商贸和社区服务业。积极推进城市商贸业发展，加强城市商业网点建设，继续推进以"便利消费进社区，便民服务进家庭"为主题的"双进"工程，完善社区商业服务功能。加快商业网点向农村延伸，大力推进"万村千乡市场"、"双百市场"、"农超对接"等工程，疏通农产品流通渠道，促进农商合作，产销衔接。积极发展家政服务和社会养老服务业。

（七）加快公共文化服务体系建设，促进文化产业蓬勃发展

加强城乡公共文化服务体系建设，加快推进省博物馆新馆建设，继续抓好县级图书馆和文化馆、乡镇综合文化站建设，做好市（州、地）级博物馆、图书馆、艺术馆建设的规划和前期准备工作。进一步做好文化遗产的科学保护与合理利用工作。大力实施文化产业重大项目。加快推进"多彩贵州城"、"贵州文化广场"等项目建设，力争年内开工建设贵阳北京路影剧院改造项目。积极引进战略投资者，实施一批以资本为纽带的出版发行、文化演艺、广播影视及新媒体等文化产业项目。大力发展文化产业园区，加快贵州省影视数字化制作基地、动漫产业基地、民族文化、文艺路演一条街等文化产业园区和基地建设，打造贵州特色文化品牌，促进文化产业集聚发展。加快文化体制改革。尽快出台《贵州省文化产业发展战略规划》，加快推进国有文艺院团、电影发行放映单位、电视剧制作机构、广电网络中心和出版、发行单位等经营性文化事业单位转企改制，探索组建贵州文化演艺集团。加快推进党报党刊发行体制、电台电视台制播分离、非时政类报刊和重点新闻网站等新闻媒体的相关改革。

（八）抓好节能减排和生态环境建设，进一步推进发展方式转变

进一步加强生态建设，继续实施天然林保护、退耕还林、防护林工程等重点生态建设工程，加强公益林建设，全年完成营造林350万亩以上。加快推进石漠化综合治理项目建设，

争取全省78个石漠化县全部列为国家石漠化综合治理重点县,全部实施石漠化综合治理工程,实施中小河流域治理工程40个,治理水土流失面积1100平方公里。加强环境污染治理。以贵阳市“两湖一库”、中心城市和县城集中式饮用水源地为重点,防范和解决集雨区范围内的环境污染问题,坚决防治水质性缺水问题;以乌江、三岔河、都柳江等流域和铜仁、毕节等地锰、汞、铅、锌污染区域为重点,深入开展污染治理和生态修复。继续加强农业面源污染治理和农村环境综合整治。有序推进地质灾害防治和矿山环境恢复治理。

大力发展循环经济,加快推进贵阳、六盘水等循环经济试点城市和贵州宏福实业有限公司等国家循环经济试点企业建设。以循环经济工业基地建设为载体,加快推进烟气脱硫资源化利用和粉煤灰、赤泥、煤矸石、黄磷渣等大宗工业废弃物综合利用。积极推进低碳、绿色经济发展。坚持抓好节能减排,加强投资项目节能评估审查,严把能耗源头关。继续推进重点领域和重点行业的节能降耗,深入实施建筑节能、绿色照明等节能工程。分解减排目标,明确减排重点,落实减排责任,强化减排措施,严格控制污染物排放总量。实施中心城市和重点城镇能源改造和清洁能源建设工程,大力推进车辆“油改气”。

(九)大力实施民生工程,加快社会事业发展

实施更加积极的就业政策,继续发挥政府投资、重大项目和劳动密集型产业对就业的带动作用,提高非公有制企业吸纳就业的能力。扎实做好高校毕业生、农民工和就业困难人员就业工作。大力支持自主创业、自谋职业,促进以创业带动就业。抓好就业技能培训,积极引导和促进劳务输出。全年新增城镇就业25万人,农村劳动力转移就业50万人。实施劳动力素质提升工程。认真贯彻落实《国家中长期教育改革发展纲要(2010—2020)》,制定和实施贵州省2010—2020年中长期教育改革发展纲要。进一步巩固和提高“两基”教育成果,不断完善和落实义务教育经费保障机制和中小学校舍建设工程。加快普及高中阶段教育。继续开展示范性中等职业学校创建工作,扩大中等职业学校招生规模。进一步发展高等教育。积极发展成人教育、在职教育、民族教育、特殊教育和学前教育。全面推进素质教育,提高贵州省人口综合素质。继续完善覆盖城乡居民的社会保障体系,全省城镇职工基本养老、基本医疗、失业、工伤、生育保险参保人数要分别达到260万人、596万人、150万人、159万人和166万人。积极争取扩大新农保试点范围,参加新型农村社会保险人数要达到240万人。提高各级财政对城镇居民基本医疗保险和新型农村合作医疗的补助标准。统筹推进城乡社会救助体系建设,积极发展社会福利事业。

实施住房保障工程,完成农村危房改造20万户,力争将所有一级危房改造完毕。加快城镇廉租房、公租房建设和棚户区改造,加快解决城镇中低收入家庭住房困难。实施公共卫生事业建设工程,加快推进农村三级卫生服务网络和城市社区卫生服务体系建设,启动实施以全科医生为重点的基层医疗卫生队伍建设和精神卫生防治机构建设,继续推进重点中医院建设,提高基层医疗卫生机构服务能力。进一步完善卫生应急管理体制,切实抓好重大疾病、传染病、职业病和地方病的防治工作。完善城乡医疗救助体系,提高救助水平。扎实推进基层计划生育服务网络和妇幼保健机构能力建设。

(十)统筹推进各项改革,提高对外开放水平

继续深化行政管理体制改革,进一步减少审批环节,规范行政审批事项,下放审批权

限，认真落实省政府支持贵阳市加快经济社会发展的政策措施。稳步推进省直管县财政管理体制改革和强镇扩权，加快推进事业单位分类改革。全面推进国有大中型企业股份制改造和公司制改革，完善法人治理结构。继续推进电网企业主辅分离和农电体制改革。加快推进城乡统筹和新型工业化发展综合配套改革试点。稳步推进医疗卫生体制改革，促进公共卫生服务均等化。积极推进资源性产品价格、环保收费改革，合理调整城镇供水和水利工程供水价格，对居民用电逐步实行阶梯电价。

进一步提高对内对外开放水平，大力改善投资环境，加大招商引资力度，抓住中央企业扩张机遇，有针对性地引进中央企业及国内外优强企业和战略投资者到贵州省投资。制定实施《贵州省人民政府关于进一步做好承接产业转移的意见》，加快推进承接产业转移示范基地建设，积极承接发达地区产业转移。充分利用“泛珠三角”、东盟自由贸易区区域合作平台，进一步深化与周边省（区、市）及发达地区的经济技术合作，积极融入中国—东盟自由贸易区。继续加强与对口帮扶城市的经济合作。积极实施“引进来、走出去”战略，不断提高参与国际国内经济技术合作的能力。积极争取国家支持建立综合保税区和出口加工区，加快推进“无水港”建设。加快非公有制经济发展。认真落实《国务院关于鼓励和引导民间资本健康发展的若干意见》，进一步营造公平有序的市场环境，鼓励、支持和引导民间资本和非公有制企业进入电力、铁路、公路、通信、社会公用事业、政策性住房等行业。完善中小企业信用担保体系和社会化服务体系，实施“全民创业计划”、“个体经济腾飞计划”、“私营企业倍增计划”、“骨干企业培训计划”、“重点领域扶持计划”，促进非公有制企业健康发展。

第四章　云南省

一、2010 年工作总结

（一）经济平稳较快增长

全省实现生产总值 7220.14 亿元，同比增长 12.3%，分三次产业看，第一产业增长 4%；第二产业增长 15.8%（其中，工业增长 14.7%，建筑业增长 20.8%）；第三产业增长 15.8%。全省规模以上工业实现增加值 2246.9 亿元，同比增长 15%，增速高于全国平均水平 1 个百分点；其中轻工业增长 15%，重工业增长 22%，规模以上工业企业产销率为 97%，比 2009 年同期提高 0.1 个百分点。全省财政一般预算收入完成 871.19 亿元，增长 24.8%。

（二）抗旱救灾取得阶段性重大胜利

面对百年不遇的特大旱灾，各级各部门按照省委、省政府提出的“小春损失大春补，粮食损失经济作物补，种植业损失畜牧业补，农业损失非农补”的战略部署，加大对农业的支持力度，累计筹集抗旱救灾资金 32 亿元，出动 1600 多万次车辆，投入近 1600 万人参与到抗旱救灾工作中。在全省上下的共同努力下，农业保持了平稳发展势头。实现农业增加值 1106 亿元，增长 4%。2010 年 1—7 月，小春粮食产量达 125 万吨，由最初预计减产 60%以上降为减产 44.5%，挽回损失 15.5 个百分点；大春粮食播种面积 4173 万亩，完成计划的 99.4%，长势总体较好。畜牧业稳定发展，肉类总产量 486 万吨，增长 4.97%；禽蛋产量 39 万吨，增长 7.4%；奶类产量 57.4 万吨，增长 3.5%。

（三）基础设施取得突破性进展

全年全省交通基础设施建设完成固定资产投资 949 亿元，比 2009 年增长 7.8%。在建二级公路建设全面启动，建设进度较快，大理至丽江、昆明至武定、石林至蒙自、昆明绕城西南段等在建高速公路及 52 条路网改造二级公路，农村公路建设和水运及其他项目投资完成情况良好。昆明新机场主体工程土石方工程基本完成，已进入安装阶段。综合交通投资总体保持了较快增长。2010 年 1—8 月，云南省能源行业（含电力、煤炭、油气）累计完成投资 369.8 亿元，其中：电力工业累计完成投资 330.4 亿元；煤炭工业完成投资 39.4 亿元；石油、天然气行业完成投资 6.1 亿元。全省累计发电量 856.13 亿千瓦时，比 2009 年同期增长 13.86%。其中：水电 460.1 亿千瓦时，比 2009 年同期增长 11.14%；火电 393.5 亿千瓦时，比 2009 年同期增长 16.73%。累计生产原煤 6120.7 万吨，比 2009 年同期增长 13.4%。2010 年 1—8 月，全省水利固定资产累计完成投资 83.68 亿元，占全年目标任务 110 亿元的 76%。在建水利工程进展顺利。牛栏江—滇池补水工程有力推进。楚雄青山嘴等 10 座大中型水库已完成5座,双江南等5座正抓紧收尾,年内可全面完成建设任务。2010年国家下达云南省两批中央资金农村饮水安全项目投资计划,工程已全面开工建设。全年完成中低产田地改造307万亩,超额完成年初确定的250万亩改造目标任务。

(四)生态建设和环境保护继续推进

全省共完成造林1142.87万亩,其中:人工造林936.04万亩,封山育林206.83万亩。启动实施了2010年国际生物多样性云南行动腾冲纲领,将云南生物多样性保护重点区域由5个州市扩大到9个州市。继续加大以滇池为重点的九湖治理。2010年1—7月,三峡上游区35个"十一五"两污规划项目完成投资2.18亿元。到7月底,九湖流域水污染防治"十一五"规划项目已累计完成投资66.1亿元。其中,滇池完成投资49.99亿元,其他八湖完成投资16.11亿元。节能减排和结构调整取得积极成效。采取更加有力的措施,加快淘汰落后产能,严格控制"两高"行业过快增长,促进节能减排。2010年上半年,全省单位生产总值能耗和化学需氧量排放量分别完成全年目标进度的70%和61.88%,均快于时间进度。2010年1—7月全省六大高耗能行业综合能源消费量同比增长16.07%,比第一季度回落近3个百分点。

(五)特色优势产业取得长足发展

全年卷烟工业完成增加值767.2亿元,比2009年同期增长16%,占规模以上工业增加值的比重为37.8%。国家政策扶持增加360万担烤烟种植计划顺利落实,种植面积达到630多万亩,比上年同期增加近10%,经济效益继续好转。甘蔗、茶叶、水果等产业减产不减收,全省茶叶补栽补种8万亩;甘蔗种植总面积达到480多万亩。水果面积比2009年净增加7.6万亩以上,产量预计减产27%,但由于价格比2009年高30%以上,2010年水果增收效果比2009年好。规模以上轻工业与重工业增幅的差距由第一季度的14个百分点缩小到9个百分点。重点产业调整和十大产业发展规划深入实施,企业自主创新、技术改造和兼并重组积极推进,新兴产业加快发展对经济增长带动作用加大。

(六)社会事业建设不断加强

全年城镇新增就业27.06万人,推进农民工转移就业取得积极成效,全省城镇登记失业率控制在4.21%以内。城镇居民人均可支配收入和农民人均现金收入同比分别实际增长8.1%和13.2%。社会保障工作取得积极进展,提高企业退休人员基本养老金标准,扩大城乡低保、新型农村合作医疗补助范围;国家基本药物制度向全省范围推广实施;公立医院改革试点启动实施。农村义务教育投入进一步加大,中小学校舍安全工程和农村初中改造工程扎实推进。保障性安居工程建设力度明显加大,2009年至2012年每年全省安排建设50万套保障性住房,其中:城镇15万套,农村35万套。廉租住房、经济适用住房建设和棚户区、农村危房改造等积极推进,公共租赁住房建设全面启动。2010年全省共安排545公顷保障性住房新增建设用地计划指标;争取到国家保障性住房建设资金30亿元,居全国第一。

(七)改革开放迈出新步伐

对外贸易回升势头强劲,全年全省进出口总额133.7亿美元,增速为66.7%。利用外资和“走出去”战略积极推进，实际利用外资同比增长58.9%。成功举办了第十八届中国昆明进出口商品交易会。把云南建设成为我国向西南开放桥头堡开始起步，由国家46个部委组成的“桥头堡”建设联合调研组到云南进行了调研和指导。“桥头堡”和“十二五”规划编制工作有序推进。

二、2011年工作要点

(一)夯实农业基础，促进农业增产农民增收

稳步提高粮食生产能力，确保粮食安全。通过实施“百亿斤粮食增产计划”，确保粮食播种面积不低于6500万亩，力争粮食总产增加25万吨，达到1670万吨。加强各级财政对农业和农村的支持力度，认真落实国务院扶持农业发展的政策措施。加快种植养殖产业化发展。加快培育壮大一批成长性好的重点龙头企业，以产业化带动农村种植养殖业发展。加快建设一批良种繁育基地、标准化生产示范基地。大力发展优质稻等特色种植业，发展肉牛等草食畜和特色家禽，加快培育壮大现代水产业，发展水产健康养殖示范场。大力发展木本油料等特色经济林，加快中低产林改造步伐。加大农村劳动力转移力度，增加农民工资性收入。实施《云南农村劳动力转移就业特别行动计划方案》，加强就业培训和信息服务，促进农村劳动力平稳有序转移。积极发展休闲农业等劳动密集型产业，引导农民就地就近创业就业。加大农业基础设施建设力度。推进牛栏江—滇池补水工程建设，加快“双百工程建设进度，加强重点水源工程和“五小水利”、中低产田改造等工程建设，着力改善农村水、电、路、气、房。

(二)强化工业龙头作用，确保工业平稳较快发展

加强产业统筹规划，严格按照国家十大产业振兴规划、云南省十大产业发展规划和“十二五”规划纲要要求，推动产业升级和结构优化，促进产业协调发展。推进重大项目建设，推动工业投资增长。加快推进弥勒竹浆一体化等重点项目的前期工作。加快云维集团5万吨/年醋酸乙烯、云南铝业股份有限公司80万吨/年中高强度宽幅铝合金板带等项目建设，争取早日完工。加大技术创新、淘汰落后产能和推进节能减排力度。深入实施建设创新型云南行动计划，引导大型企业集团剥离或独立发展设计、研发等生产性服务业。严格控制产能过剩项目建设，淘汰落后生产能力。完善促进节能减排的激励政策、技术标准和管理制度。大力发展节能环保产业。大力引进战略合作者。大力实施“央企入滇”战略，积极引进国内外有实力的龙头企业，投资建设一批重大合作项目。推动大企业大集团培育战略，同时，提高产业集中度，产业竞争力与企业影响力，积极推动制茶等行业整合，打造知名品牌。抓好服务体系建设，促进中小企业、非公经济发展。加快全省标准厂房的建设，推动生产要素合理流动和配置。以创新融资服务模式、拓宽融资渠道、服务全省中小企业为出发点，推动建立和完善中小企业融资服务平台。建立中小企业信息交流合作平台、技术研发公共平台、服务网络体系。抓好经济运行调度，保障工业经济平稳运行。强化煤电油运预警分析，加强日常监测调度，保障经济平稳运行。

(三)保持投资持续拉动,确保经济平稳健康运行

完善项目前期工作,强化投资管理服务。抓住西部大开发、桥头堡建设、"十二五"规划等机遇,适时启动实施储备一批重大项目。深入推进并联并行审批制度,对既有的审批程序进行优化整合、流程再造,增强部门联动性和协调性。拓宽融资渠道,加强项目资金保障。加大财政资金对重大项目投资的保障力度,进一步争取中央投资支持,切实加强银政合作。对云南省新兴战略产业、重大基础设施等方面项目,加快金融机构资金投放力度和节奏。继续贯彻落实好《国务院关于鼓励和引导民间投资健康发展的若干意见》,引导社会民间投资。推动设立中小企业创业投资基金、股权投资基金和整合省再担保公司等工作。确保重点行业投资,推进重大项目建设。积极做好中缅油气管道和炼油项目的协调服务工作,加快推进溪洛渡、向家坝等在建项目,改变工业投资明显偏低的局面。抓好高速公路、二级公路以及开工建设铁路、昆明新机场等重点项目,确保按照计划推进。加快推进全省中小学校舍安全工程、昆明高校搬迁等项目建设。推进"兴水十策"的落实,突出抓好牛栏江—滇池补水工程等重点项目建设。加大产业投资力度,支持产业结构升级。优先支持重点振兴产业的技术研发和装备投入,大规模引导有实力企业开展资产重组、技术创新及设备更新等。认真落实企业投资自主权,允许各类企业以股权融资方式筹集资金。完善机制保持房地产投资平稳增长。把调控工作的重点放在增加住房有效供给,加快调整住房供应,结构上加大保障性安居工程、公共租赁房建设力度,合理引导购房需求,有效抑制投资投机性购房需求。抓紧选择一批投资规模和社会影响力较大的项目,列入省级和州市级重大房地产开发投资项目。完善投资管理,建立投资信息导向制度。加快研究和出台一批新的投资法律法规,建立项目开工和投产登记制度,建立各类信息共享机制,建立固定资产投资项目库。进一步规范政府投资管理行为,加强对宏观经济运行和全社会投资活动的引导、调控和监管。

(四)促进消费较快增长,优化经济发展结构

加大财政补贴力度,促进城乡消费增长。进一步拓宽"汽车摩托车下乡"、"家电下乡"、"建材下乡"和"以旧换新"渠道,同时加大监管力度,确保相应消费刺激政策有效实施。完善城乡流通网络,推进城乡市场建设。认真组织实施好《云南省商贸流通业发展规划》,推动农村流通体系的改造和升级,做好城市商业网点的布局规划和建设工作。借"万村千乡市场工程"和"双百市场工程"深入推进的有利时机,进一步完善农村流通体系和农村商务信息服务体系建设。完善收入分配体系,增强居民消费信心。通过逐步提高扶贫标准和最低工资标准,建立职工工资正常增长机制和支付保障机制;切实调整国民收入分配格局,健全住房、医疗、养老等社保体系,统筹解决影响消费的体制性问题。规范市场秩序,营造良好消费环境。加大反不正当竞争执法力度,营造良好的消费环境;进一步加大食品安全监管,强化食品安全质量监测工作,为消费者提供安全的食品消费环境。积极发展消费信贷,拓宽消费方式。

(五)推进桥头堡建设,提高对内对外开放水平

抓住"桥头堡"战略、"大通道"建设等重大机遇,依托口岸、通道基础设施建设,提高外

贸服务的效率和水平，增强与东南亚、南亚经贸往来，促进口岸边贸、大通道商贸的发展。优化外贸商品结构，促进外贸发展方式转变。尽快修订编制云南省新版《高新技术产品出口目录》。切实培育一批自主知识产权和自主品牌的机电和高新技术产品，进一步提高机电、高新技术产品、农产品的出口比例。完善利用外资相关政策，改善外商投资环境。根据国际性区域合作框架，做好云南省利用外资地方性法规和政策措施的研究修订和完善，加大对中央利用外资新的政策措施的贯彻落实力度，增强政策法规的透明度、规范性和完备性，实行无差别的对外服务。创新项目合作方式，探索利用外资新模式。精心筛选一批交通、通信、水利、城市供水等基础设施项目，积极探索运用 BOT、TOT、股份制、项目融资、拍卖、承包租赁等招商引资新模式，开辟云南省基础设施和基础产业吸引外商投资的新路子。积极实施“走出去”战略。结合云南省发展战略和产业优势，鼓励矿产资源开发、水电开发等资源开发型的境外投资项目，鼓励化工、机电等云南省具有比较优势的产业到境外投资，鼓励非公有制企业开发东南亚和南亚市场。

（六）抓好通胀预期管理，全力保障民生

加强价格监测预警，增强价格调控能力。加强 CPI、PPI、原材料燃料动力购进价格等指标的监测分析和部门会商，密切关注农产品和生产资料的价格变动情况。根据生产和供求关系研究制定必要的储备规模。研究建立省级价格调节基金，增强政府运用经济手段调控市场的能力。加大价格监督检查力度，规范市场价格秩序。加强对粮食、蔬菜、食糖、药材等重要商品市场监督检查，防止商户囤积居奇，哄抬物价，对利用游资炒作农产品者，要给予严厉打击。优先发展教育事业，促进教育公平。进一步加快对农村中小学校舍危房的改造，继续推进城乡免费义务教育和农村义务教育经费保障机制改革，加大对困难学生的生活补助，加快推进特殊学校建设工程。加快发展高中阶段教育，推进中等职业教育发展行动计划的实施，加快昆明呈贡高校新区的建设。推动医疗卫生事业发展，保障城乡居民健康。加强城乡医疗服务体系建设，继续实施基层卫生服务体系项目，推进省级医疗机构建设，加快基层卫生技术人员培训进程。进一步巩固提高新型农村合作医疗参合率和筹资水平。积极提高就业水平，完善社会保障体系。千方百计推进大学生就业、下岗职工再就业，加大保障性住房建设的投入力度，确保完成 2010 年中央下达云南省的 11 万套保障性住房筹集任务。加大扶贫力度，促进贫困地区脱贫致富。实施易地搬迁、安居温饱、基础设施、素质提高、增收致富“五项工程”建设，为脱贫发展打好基础。

（七）加大环境保护力度，继续推进节能减排

强化节能目标责任制，淘汰落后产能。进一步强化节能目标责任制的落实，确保责任到人、措施到位，坚决适时关停、拆除或废除列入淘汰目标的装置和设备。推进重点领域节能工作，深入挖掘节能减排潜力。在继续深入推进工业节能的同时，全面挖掘建筑、公共机构、交通、农业和农村及商业节能潜力。严把项目审批关，遏制“两高”及过剩产能行业。全省不再审批、核准、备案“两高”项目和产能过剩行业扩大产能项目；果断采取停电停水等措施，切实遏制“两高”行业的过快增长。推进能源价格改革，促进节能减排和结构调整。按照国家的统一安排，在全省逐步推行居民阶梯式电价；同时加大对电解铝、铁合金等 8 个高耗能行业执行差别电价的力度。推动城镇污水和生活垃圾处理设施建设。继续加快项目

的审批工作，确保最短时间内，全面完成云南省规划所有污水建设项目的前期工作，并尽快出台《云南省城镇污水、生活垃圾处理设施建设项目总体验收管理办法》。加快高效节能产品推广，实施节能产品惠民工程。采取财政补贴方式，加快节能空调、节能电机等节能产品的推广，有效推动全社会节能工作。加强政策扶持和引导，加快推行合同能源管理。加快节能新技术、新产品的推广应用，促进节能服务产业发展。

第五章　西藏自治区

一、2010年工作总结

2010年，全区经济总体上朝着预期方向健康发展，呈现出“一稳、三快、两强劲”的运行特征。“一稳”，全区经济保持平稳较快发展。2010年，全区生产总值达507.46亿元。其中，第一产业68.13亿元，同比增长3.1%；第二产业163.92亿元，同比增长14.1%；第三产业275.41亿元，同比增长13.7%。“三快”，对外贸易、旅游业、财政收入保持快速增长。一是外贸快速增长，全年进出口总额达到8.36亿美元，同比增长110%；二是旅游总人数快速增长，全年达到685.14万人次，同比增长22.1%，远超年度计划582万人次的预期目标；三是财政收入快速增长，全年实现财政收入36.65亿元，同比增长21.8%。全区各项税收收入预计达到48.5亿元，同比增长39.9%。财政支出结构进一步优化，有效保障了重点领域发展。“两强劲”，投资和消费拉动经济增长势头强劲。2010年，落实国家投资253亿元，超过年度目标33亿元，再创历史新高；全年完成全社会固定资产投资463.26亿元，同比增长22.1%；社会消费品零售总额达到180.84亿元，同比增长18.7%。农村城市消费呈现齐头并进的增长态势，农村消费增幅连续三年超过城镇消费。

（一）狠抓首要任务，社会主义新农村建设取得新进展

农牧业生产持续平稳。加大政策落实和科技推广力度，狠抓农牧业生产管理，积极应对先旱后涝等自然灾害，农牧业实现稳产。全年全区农林牧渔业完成总产值100亿元，同比增长4%；农作物总播种面积367万亩，粮经饲比例为65：20：15；全区粮食总产量92万吨左右，比2009年增加1万吨；全区各类牲畜年末存栏2254万头（只、匹），牲畜出栏力度进一步加大，草畜矛盾得到进一步缓解。农牧民生产生活条件明显改善。2010年底，农牧民安居工程覆盖全区27.48万户、140万农牧民，水、电、路、讯、气、广播电视、邮政等农村综合配套设施建设扎实推进；基本实现乡乡通光缆（宽带）、村村通电话，乡镇通邮率、乡镇通公路率和行政村通公路率分别达到85.7%、99.7%、81.2%。2010年末累计解决153.24万农牧民安全饮水问题，15万户农牧民用上清洁的沼气能源。全区碘盐配送网络建成，农牧区碘盐覆盖率达91.2%，基本实现消除碘缺乏病目标。农牧民人均纯收入持续快速增长。坚持多措并举，充分发挥支农惠农政策促进增收的作用，努力挖掘农牧业特色产业内部增收潜力，进一步强化农牧民培训，扶持专业合作经济组织发展，开辟多元化的转移就业渠道，努力拓展农牧民增收空间。2010年，全区农牧区富余劳动力转移就业达到81万人次，农牧民人均纯收入达到4138.7元，同比增长17.2%，高出增长13%的预期目标4.2个百分点。

(二) 大力改善基础设施条件,发展后劲不断增强

交通基础设施加快完善。五条国道基本实现黑色化,拉萨至贡嘎机场公路进展顺利,墨脱公路嘎隆拉隧道胜利贯通。2010年年底,全区次高级以上路面里程接近8200公里,公路通车里程达到5.8万公里。航线网络不断完善,初步形成了以拉萨贡嘎机场为干线,以昌都邦达、林芝米林、阿里昆莎、日喀则机场为支线的机场布局。拉日铁路开工建设,青藏铁路安全运营,拉林铁路前期工作加快推进,我区铁路网络建设迈出新步伐。能源建设取得新突破。全区装机容量最大的水电项目藏木水电站和世界上海拔最高、线路最长、施工难度最大的输变电工程青藏直流联网工程开工建设,无电地区电力建设加快推进,主电网建设和"户户通电"工程进展顺利。2010年,全区电力装机总容量达到97万千瓦,用电人口近238万人,占总人口的82%,无电人口减少到52万人。水利基础建设全面实施。满拉、墨达、雅砻三大灌区顺利收尾,旁多水利枢纽工程进展顺利,主北灌区进入加速实施阶段,城镇防洪、农田水利、农村饮水安全工程加快建设,新增和改善灌溉面积43.55万亩,抵御自然灾害能力明显提高。水利基础设施对经济社会发展的保障能力进一步加强。

(三) 努力保障和改善民生,人民生活水平不断提高

城乡居民收入稳定增长。城镇居民人均可支配收入在2007年突破1万元大关后,2008年、2009年分别突破12000元、13000元,2010年达到14980元,比上年增长10.6%。农牧民稳定增收,2010年全区农牧民人均纯收入突破4000元,连续8年保持两位数以上的增长。社会事业全面发展。科教文卫设施建设重点推进。"两基"攻坚规划确定的各项任务全面完成,义务教育覆盖全区城乡,小学适龄儿童入学率达到99.2%,8所新建高中主体工程全部完成。基层医疗卫生服务体系进一步完善,完成了95个中心乡镇卫生院标准化建设,一村一卫生室在安居工程村级组织综合活动场所中全部配套建设。公共文化服务体系不断完善,实现县县有综合文化活动中心和信息共享中心的目标,西新工程、村村通工程等项目加快推进,广播电视人口综合覆盖率预计分别达到90.3%、91.4%。扎什伦布寺等22处重点文物维护工程进展顺利,历史文化遗产得到有效保护。高校毕业生、退伍安置军人、农民工等重点人群就业形势基本保持稳定,高校毕业生就业率达到80%以上,城镇新增就业2.1万人,城镇登记失业率控制在4.0%以内。社会保障事业全面发展,各项社会保险制度进一步完善,覆盖面进一步扩大,保障水平不断提高。新农保试点覆盖全区所有乡镇,在全国率先实现新型农村养老保险制度全覆盖。

(四) 着力增强自我发展能力,发展的质量和效益同步提升

结合培育特色优势战略支撑产业,扶持产业升级改造,加大了对藏医药业、矿产开发企业、民族手工业、绿色食饮品和新能源等特色优势产业的支持力度,鼓励企业建立研发机构共用(享)平台和推进传统产业升级改造。2010年,实现工业增加值39.73亿元,其中规模以上工业增加值29.25亿元,同比增长14%,占工业增加值的73.6%,主要工业产品中发电量、啤酒、瓶(罐)装饮用水增速分别达到13.5%、11.2%和40.2%。全区298家国有企业主营业务收入74.8亿元,同比增长15.5%;实现利润总额13亿元,同比增长36.3%;上缴税金10.5亿元,同比增长49.2%。支持重点产业振兴和建设改造。国家批准的自治区37个

重点产业振兴和建设改造项目以及5个电子信息产业和2个服务业发展项目,已全部开工建设。积极发展产业园区。经济技术开发区、工业园区、农业园区等在发展特色优势产业方面提供了重要的发展平台。截至2010年年底,那曲物流中心招商引资工作顺利推进,已与相关企业签订24个协议项目,投资总额超过12亿元,其中12家企业已完成工商注册,注册资金超过1亿元;拉萨国家级经济技术开发区注册企业达到235家,入驻企业49家。

(五)着力推进发展方式转变,发展的协调性不断增强

三次产业结构进一步优化。农业基本稳定,工业、服务业快速增长;三次产业结构更趋优化,第二产业产值达到163.92亿元,工业化水平不断提升,造血功能不断增强;以旅游业为主导的服务业不断巩固。三次产业结构调整为13.4∶32.3∶54.3。内需机构不断优化,投资结构不断改善,基础设施工业、民生工程投资持续增长,民间投资占全社会固定资产投资比重达到27.9%,瑞吉酒店投产运营,香格里拉大酒店等外资项目开工建设。社会消费快速增长,传统服务业快速发展,城乡居民消费条件进一步改善,家电、家具、农机具等热点消费深入农牧区,超市、农贸市场等新兴流通业态带动农牧区消费大幅回升。投资和消费在拉动经济增长中齐头并进。区域发展结构更趋优化。三大区域竞相发展,藏中地区核心增长区的辐射带动作用不断增强,藏东、藏西地区优势资源转化水平有了明显提升,三大区域内生发展能力不断提高。城镇化步伐加快,小城镇道路、供排水管网,垃圾收集站等基础设施建设得到加强,经济综合开发示范工程继续推进、小城镇的集聚效应不断增强。大力支持昌都解放60周年大庆项目建设,成功举办大庆庆典活动,有力地推动了藏东地区发展。

(六)积极构建两型社会,生态建设和环境保护成效明显

《西藏生态安全屏障保护与建设规划(2008—2030年)》十大工程项目累计到位国家投资25亿元,退耕还林、天然草原退牧还草、小水电代燃料、水土流失治理、防沙治沙等工程进展顺利,全年完成人工造林94万亩,"十一五"时期累计达到172万亩。同时,在全国率先启动了西藏自治区草原生态保护奖励机制试点工作,促进了牧区经济社会和生态环境协调发展。积极落实节能减排目标,加强环境监测、统计和考核,全区单位生产总值能耗持续降低,2010年实现单位生产总值能源消耗控制在1.25吨标煤/万元目标以内。主要污染物化学需氧量和二氧化硫排放实现年度减排计划。加大环境影响评价力度,严格按照《国家产业指导目录》、《西藏自治区企业投资项目核准暂行办法》和自治区产业发展政策,限制高能耗、高污染项目审批,推进科学合理开发利用各种资源,环境影响计价工作逐步规范。

(七)深化改革扩大开放,发展的活力动力进一步增强

全区医药卫生体制改革加快推进,进一步扩大基本医疗保险覆盖面,基本实现关闭破产国有企业退休职工全部参保,"降低孕产妇死亡率,消除新生儿破伤风"项目覆盖全区所有县。实施了基本药物制度,制定了财政补贴方法,已在63%的基层医疗机构实行了国家基本药物制度。文化和教育体制改革顺利推进。加快农牧区综合体制改革,加快推进草原生态保护、集体林权制度改革,乡镇机构、农村义务教育体制、县乡财政体制和健全农村公共服务体系等各项改革稳步推进。加快社会主义市场体制改革,国有企业改革稳步推进,盐业总公司组建工作顺利完成,西藏旅游集团、西藏宇妥藏药产业集团组建完成,发展的环

境日益优化，规模效益逐步显现。推进资源性产品价格改革，部分地市开展了城市水价改革。加快发展非公有制经济，全区市场主体发展迅速，全区各类市场主体首次突破10万户，达到10.78万户，注册资本突破500亿元，同比分别增长9.3%和15.7%。加快投资体制改革，完善政府投资管理制度，研究起草了《关于进一步改善发展软环境的意见》和《西藏自治区关于加快推进承接产业转移工作的意见》。进一步加大招商引资力度，华泰龙甲玛多金属铜矿、娃哈哈绿色食饮品公司等落户西藏，为做大做强特色优势产业注入了新的活力。

提高面向内地的开放水平。突出对口援藏平台，加强与内地经济技术交流合作，探索建立经济援藏协调机制，协助国家发展改革委召开了全国经济对口支援西藏工作座谈会，进一步为自治区发展注入了活力、增加了动力。2010年落实对口援藏资金20.1亿元，新一轮经济援藏工作全面启动。积极参与了上海世界博览会筹备、建馆和运行等工作，西藏馆成为世界博览会最热门的展馆之一，得到了中央、自治区领导的一致好评及国内外参观者的认可，进一步扩大了西藏的影响。

二、2011年工作要点

（一）大力推进公共服务能力建设，切实保障和改善民生

要加快推进以改善民生为重点的社会建设，建立覆盖城乡居民的公共服务体系，着力促进基本公共服务均等化。一是提高基本公共服务能力和均等化水平。要增加投入，支持教育、科技、卫生、文化体育、就业和社会保障事业基础设施建设，加快构建覆盖城乡居民的公共服务体系，提高保障待遇水平，高度关注并切实解决经济社会发展过程中新出现的突出问题，不断扩大基本公共服务覆盖面，让广大农牧民得到实惠。二是完善改进民生的重大政策措施。以保基本、强基层、建机制为重点，加强基本公共服务供给和制度建设，着力稳定落实现行重大民生政策，在自身财力不断增强的基础上，逐步提高统筹水平，加大对民生事业的倾斜支持力度，不断完善改进民生的重大政策措施，稳步逐年提高财政对民生事业的支出力度，促进经济社会协调发展。

（二）继续加强基础设施建设，提高发展的支撑能力

基础设施是自治区深入实施西部大开发战略的重要保障，要加大投资力度，加快完善基础设施，着力解决基础设施的瓶颈制约，加快建立与经济社会跨越式发展相适应的基础设施服务保障体系。下一步将以支撑产业发展、推进城镇化和加强与区外联系为重点，统筹考虑重大基础设施项目布局，着力建构和完善综合交通运输体系；加强能源体系建设，下大力气缓解供需矛盾；科学布局和推进水利基础设施建设，增强民生水利对跨越式发展的保障能力；加速提升信息通讯水平，建成比较完善的、基本适应经济社会发展需要的信息化网络平台。

（三）培育和发展优势特色产业，增强发展能力

发展特色优势产业是增强自治区发展内生动力的主要途径，从西藏资源条件、区域特点、产业状况出发，注重节能降耗和环境保护，大力发展特色优势产业，尽快将资源优势转变为经济优势。一是加快特色产业改造升级。依托特色优势资源，充分挖掘生产潜力，切

实发挥产业发展资金、经济运行调度资金的引导带动作用，用好重点产业振兴、技术改造和中小企业发展专项资金，加快结构调整、产业升级，壮大产业发展规模，加大扶持中小企业力度，着力培育有地方特色和比较优势的战略支撑产业。二是大力推进旅游产业建设。完善旅游业发展机制，积极推进旅游商品的研发及展示，加快推进文物景点门票价格的规范调整，不断增强西藏旅游的吸引力。三是加快企业整合重组。搞好挖潜改造，降低生产成本，强化市场营销，有效提高应对市场的能力。四是加大金融支持力度。各商业银行要尽快制定差异化信贷管理办法，切实解决制约信贷投放的瓶颈问题，加大有效信贷投入，更好地支持产业发展。五是加快培育战略新兴产业。用新型经营方式和现代科技手段改造升级传统服务业，加快发展研发设计、物流、信息服务、节能环保、专业服务等高技术服务产业。

(四) 加强生态环境保护与建设，构建生态安全屏障

生态建设和环境保护是西部大开发的基本前提。要以建设西南乃至全国的重要生态安全屏障为目标，以重点生态区为依托，以生态工程建设为抓手，加强各级各部门在生态建设和环境保护方面的联动，积极推动环境综合治理，促进生态文明建设。一是加快《西藏生态安全屏障保护与建设规划》提出的10项重点生态环境保护与建设工程实施进度。在加大现有投资渠道投资力度的同时，设立西藏生态安全屏障保护与建设专项，确保《西藏生态安全屏障保护与建设规划》顺利实施。二是完善节能减排相关法律法规。制定出台节能减排目标责任评价考核办法、公共机构节能办法和固定资产投资项目节能评估和审查暂行办法。三是严格控制“两高”行业的能耗和污染物排放。强化节能减排任务，控制新建高耗能、高污染项目准入，鼓励和支持环保产业和低能耗产业发展，加快淘汰落后产能。四是加大节能减排推广力度。继续推广高效照明产品，在工程建设中推广使用节能技术和材料，逐步开展节能改造，及时落实垃圾填埋场、污水处理厂等节能减排项目工程，确保“十一五”规划节能减排目标完成。

(五) 进一步深化改革，创新体制机制

按照西藏同全国“框架一致、体制衔接、适当变通”的原则，积极推进各项改革。拓展对外开放广度和深度，提高开放型经济水平。一是推进农牧区经济体制改革。积极稳妥推进集体林权制度改革，进一步建立健全农业支持和保护体系；完善农牧区市场流通体系；建立失地农民共享征地增值收益的机制；深化农村水电管理体制改革，加快农牧区电气化建设。二是加快推进社会事业领域体制改革。继续深化医药卫生体制改革，进一步完善以免费医疗为基础的农牧区医疗制度，切实解决农牧民看病前筹资难问题；大力实施“一村一大学生”行动；力争非公经济组织从业人员和灵活就业人员全部纳入城镇基本养老和基本医疗保险覆盖范围，建立健全社会救助体系；积极稳妥推进文化体制改革。三是完善促进产业发展新机制。加强全区产业发展整体规划布局，强化引导和支持，推动重点行业企业的布局结构调整和联合重组；大力改善非公有制经济发展环境，建立和完善中小企业服务体系；协调建立电力建设投资长效机制。四是尽快出台促进房地产业发展的政策措施。不断完善税收、金融、土地、户籍管理等有关优惠政策，切实加大在房地产领域的落实力度，减免涉及房地产领域的行政性收费项目，吸引区内外有实力、信誉好的房地产企业在藏投资兴业，

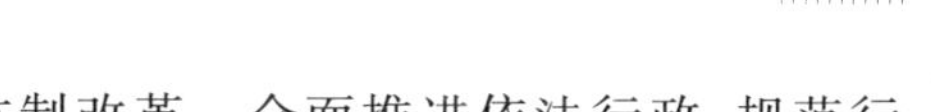

促进自治区房地产业健康发展。五是加快行政管理体制改革。全面推进依法行政，规范行政行为，减少和规范行政审批，减少政府对微观经济运行的干预，建设服务型政府。

（六）继续扩大开放，增加发展活力源泉

实行开放是自治区实施西部大开发的强大动力，是推进跨越式发展的重要活力源泉，坚持发挥市场在资源配置中的基础性作用，大胆探索，先行先试。一是加快经济合作步伐。实施好边境口岸基础设施建设，推进南亚陆路贸易大通道建设，提升合作水平；大力发展边境贸易，完善出口扶持政策，着力培育拳头出口产品，保持进出口持续稳定增长。二是加大招商引资力度。建立完善相关政策，加快开发区建设，充分发挥青藏铁路那曲物流中心及开发区招商融资功能，加快招商引资及经济合作步伐。三是做好经济援藏工作。尽快出台《关于进一步加强经济对口援藏工作实施意见》，促进经济对口支援西藏工作规范化、制度化。四是加快推进区域协作。加快建设主体功能区，优化区域经济布局，充分发挥地区比较优势，推进形成新的经济增长极，继续加大对不同类型贫困区域的扶持力度，加快落后地区的发展。

第六章　陕西省

一、2010年工作总结

（一）综合经济实力发展势头强劲

全年生产总值10021.53亿元，进入了“万亿元俱乐部”，同比增长14.5%，连续9年保持两位数增长，比全国平均增速（10.3%）高出4.2个百分点，增速在全国排在前10名；完成财政总收入1800.85亿元，同比增长29.5%；全省规模以上工业增加值4159.51亿元，同比增长19.7%；全社会用电量和铁路货运量分别增长16.09%和11.4%；城镇居民人均可支配收入15695元，同比增长11.1%，农民人均现金收入4105元，同比增长12%；居民消费价格总水平同比上涨4%，较2009年同期扩大3.5个百分点，高于全国0.7个百分点。

（二）重大基础设施建设进展顺利

铁路、高速公路建设规模分别达到4300公里和3400公里，年新增里程分别为550公里和620公里。郑西客运专线和西安集装箱中心站正式投入运营，西安咸阳机场二期扩建和西安地铁2号线等工程加快建设。农村基础设施继续改善，引汉济渭、引红济石、李家河水库、王圪堵水库等重点水源工程进展顺利，大型灌区续建和节水改造、病险水库除险加固、农村安全饮水、沼气等项目抓紧实施。市政基础设施建设发展加快。

（三）节能减排和生态环境建设成效明显

加大“关小上大”力度，节能减排和环境保护扎实推进。二氧化硫削减提前一年达到国家“十一五”期末总量控制水平，污水处理厂和电厂脱硫设施建设加快，关停小火电机组32万千瓦，淘汰落后水泥、焦炭产能850万吨。57%的企业万元GDP能耗环比较大幅度下降。进一步巩固退耕还林成果，推进以天然林保护、“三北”及长江防护林等为重点的生态环境建设工程。继续加强“一山两水一基地”环境整治力度，以植树造林、板块绿化为抓手，推动生态建设向纵深发展，完成造林539万亩，治理水土流失面积6500平方公里。渭河流域综合治理得到加强。

（四）产业结构调整得到稳步推进

全省农业生产稳步发展，资源开发与转化项目和产业化项目建设大力推进，资源开发和利用可持续增强。战略性新兴产业发展加快，高技术产业产值同比增长23.5%，其中电子信息、航空航天、医药、新材料分别增长31%、24.08%、15.98%和24%。新能源汽车、软件开发中心、超大规模集成电路等一批新兴产业项目开始实施，高性能碳纤维、大功率激光器、核电锆管、超高压输变电设备、大飞机零部件制造等项目进展顺利，陕北百万千瓦级风电基地建设启动，“金太阳示范工程”等一批光伏发电项目进展良好，太阳能光伏和风力发电项目实现了零的突破。服务业发展势头良好，省级服务业引导资金扶持项目 86 个，10 个生产性服务业项目获得国家支持，西安市列入国家服务业综合改革试点。西安国际港务区等三大物流园区建设加快。积极推进“万村千乡市场工程”等提升流通设施水平的建设项目，精心组织“家电下乡”和举办展会等促销活动，促进消费品市场持续繁荣。

（五）区域协调发展迈出了新步伐

促进关中—天水经济区加快建设，抓紧编制《西安国际化大都市城市发展战略规划》，西咸新区基础设施建设、居民安置、招商引资等有序推进。加快实施陕南循环经济发展规划，加大陕北资源转化力度，鄂尔多斯盆地陕西部分能源发展规划编制基本完成，榆林市纳入《全国主体功能区规划》中的呼包鄂榆重点开发区域范围。53 个县（市）城乡一体化建设规划全面完成，城乡总体规划覆盖率达到 88%。105 个县（区）编制了县域工业园区规划，确定了 100 个重点建设园区，园区企业营业收入保持 40%以上的增速。县域经济发展加快，新农村建设进展良好，支持农民增收工程实施、村域经济提升试点、农民专业合作组织建设等财政支农专项资金投入达到 12.37 亿元。

（六）民生和社会事业发展扎实推进

结合扩大内需及灾后重建，推进民生八大工程，扩大受益群众覆盖面。保障性住房建设进展顺利，地震灾后恢复重建“三年任务、两年完成”目标全面实现。陕南、关中等地暴雨洪灾恢复重建抓紧进行，灾区基础设施、居民生产生活条件初步恢复。新增就业岗位 38.9 万人，城镇登记失业率 3.85%，同比下降 0.09 个百分点，高校应届毕业生初次就业率达到 86.51%，全省劳动力转移就业 628.7 万人。城镇居民医疗保险和新农合财政补助标准提高到每人每年 120 元，城镇职工和居民基本医疗保险住院费用报销比例分别达到 81%和 60%以上，104 个新农合统筹县住院报销比例平均达到 65%。

（七）改革开放不断向纵深发展

乡镇机构改革全面推开，城乡统筹迈出坚实步伐，有条件农民进城落户开始启动，扩权强县改革试点继续深化，省直管县改革试点积极开展，国有企业改制深化，汽车、电子信息、石油、纺织等领域改革取得新进展。煤炭及有色金属行业整合重组取得阶段性成果，新组建了钢铁企业集团。在推进医疗保障、医疗体系、公共服务三项改革的同时，启动实施了国家基本药物制度，开展了宝鸡、榆林、咸阳、铜川、商洛 5 市基层医疗机构的“三统一”试点，宝鸡市公立医院改革试点全面启动。文化体制改革稳步推进，省级文化单位事转企工作基本完成，形成了一批有规模、有实力的文化企业和品牌。以招商引资为重点的对外开放成效显著，外资利用增长快，同长三角、珠三角等东部地区的经济联系密切，为承接产业转移，合作共建省部级产业转移示范区打下了基础。

二、2011年工作要点

(一)扎实做好"三农"工作

进一步落实扶持农业生产的各项政策措施,巩固和加强农业基础地位,保持农业经济稳定发展和农村社会全面进步。发展现代农业,在严格保护耕地、加快中低产田改造、确保粮食综合生产能力提高的同时,大力发展以苹果为龙头的果业、畜牧业生产,切实加强蔬菜种植基地和蔬菜大棚建设,积极发展陕南茶叶、蚕桑、核桃和陕北玉米、马铃薯等产业,建设现代农业生产基地。大力支持农产品深加工,扶持和培育一批农业产业化龙头企业,鼓励和引导发展"一村一品"、"一乡一品",培育一批市场竞争力强的专业村、专业乡镇。加强农村物流体系建设,扶持大型农产品批发市场和流通企业,推进"万村千乡市场工程",抓好"三化一片林"绿色家园建设试点和农产品质量安全检验检测体系建设。加强扶贫开发、以工代赈和生态移民等项目管理,积极开展秦巴山区、黄河沿岸土石山区、白于山区、秦岭北麓和渭北旱塬等集中连片特殊困难地区扶贫开发工程,不断提高扶贫开发成效。实施各类西部地区农民创业促进工程,加大农民工技能培训和就业服务力度,促进农村劳动力向城镇转移就业,多渠道增加农民收入。

(二)加快发展特色优势产业

继续加快陕西省特色优势产业发展,推动产业结构优化升级,促进资源优势向经济优势转化,增强自我发展能力。加快战略性新兴产业发展,抓紧出台陕西省政府贯彻国务院关于加快培育和发展战略性新兴产业的决定的实施意见,依托国家和省级重点实验室、工程研究中心、企业技术中心,抓好一批高技术产业基地、研发基地、企业创新平台和重点项目建设。大力发展先进装备制造业,实现在飞机、航天设备、输变电成套设备、汽车、数控机床、工程机械、电子及通信设备、专用设备制造等重点领域的突破,形成特色鲜明、重点突出的装备制造集中地和产业集群区,切实增强陕西省装备制造业的竞争力。优化发展能源及化学工业,充分利用陕北和渭北煤炭资源、石油天然气资源丰富的优势,加快煤炭、石油、天然气、岩盐等资源开发,加快陕北能源化工基地、渭北能源接续地建设;积极利用陕南丰富的水资源,加快汉江水力资源梯级开发,把陕南建成西北地区重要的水电基地。加快发展旅游业,积极利用和开发陕西省丰富的自然、人文资源,着力打造古遗址文化旅游、红色旅游、自然生态旅游三大系列精品品牌,扩大陕西省旅游产品在国内外的知名度。大力发展物流、会展、金融、保险和文化传媒等现代服务业,促进服务业繁荣昌盛。进一步推进果业、畜牧业等特色农牧业和陕南绿色产业的发展。

(三)继续加强基础设施建设和生态环境保护与建设

抓好以交通、水利、通信和城乡基础设施等重点工程为主的基础设施建设,积极开展项目前期工作,不断提高基础设施建设的质量和综合效益。进一步完善陕西省铁路、公路、机场和城市轨道交通网络,发展支撑省内、辐射周边、服务全国的高效便捷综合交通运输体系。加快渭河、汉江和丹江等重点江河流域的防洪体系建设以及大型灌区、重点中小型灌区建设,做好陕北黄河引水、泾河东庄水库前期准备和病险水库除险加固工作。实施下一代互联网工程，积极推进“三网”融合。加强城市道路建设和改造，加快县城和重点镇污水和垃圾处理设施建设。

做好退耕还林后续产业的发展，推进荒山造林、封山育林和淤地坝建设，巩固和扩大退耕还林成果。在秦岭等林区开展以森林生态和生物多样性保护为主要内容的综合治理，加强自然保护区、天然林资源、野生动植物和湿地保护以及“三北”防护林、长江防护林等重点生态工程建设。加大对南水北调水源地的保护以及渭河流域综合治理力度。

落实节能减排工作责任制，坚决限制高耗能产品生产，强化矿山、工厂“三废”(废渣、废气、废水)污染防治和资源综合利用。加强重点城市大气污染治理，加强农业面源污染治理和农村环境综合整治，着力改善城乡人居环境。积极推进地质灾害防治和矿山环境恢复治理，加快资源型地区经济转型，做好铜川等资源枯竭城市可持续发展工作。

(四) 稳步促进区域经济协调发展

认真实施《关中—天水经济区发展规划》，以建设大西安、带动大关中、引领大西北为目标，加快构建国家创新型区域，发展壮大装备制造、高新技术、现代农业、文化旅游等特色优势产业以及战略性新兴产业，推动关中率先开放、率先创新、率先发展。以建设国内一流、国际知名的能源化工基地为目标，大力推进陕北能源基地建设，促进能源化工产业一体化、资源开发与环境保护一体化。推进实施国家即将出台的《陕甘宁革命老区振兴规划》和《呼包银榆经济区发展规划》，促进陕北持续跨越发展。进一步加大对陕南的支持力度，强化基础设施建设，积极发展循环经济和绿色经济，不断加快陕南突破的发展步伐。

强化城乡一体化理念，统筹各种资源，打破产业界限，推动城乡互动联合，实现融合式发展，稳步推进城镇化。加快建设西咸新区，着力打造西安国际化大都市。加强宝鸡、榆林、汉中等区域中心城市建设，扩大城市规模，增强辐射带动能力。加快推进市政基础设施、产业基地、工业园区和小城镇建设，鼓励有条件的农村居民进城落户。继续抓好87个县城和107个重点镇建设。实施水、电、路、气、房和优美环境“六到农家”工程，加强农村公共服务设施建设，加强社会主义新农村建设，不断改善农民生产生活条件。

(五) 着力改善基本公共服务

优先发展教育，不断提高教育经费在财政支出中的比例。进一步巩固“两基”成果，推进义务教育均衡发展；大力发展职业教育，办好职业技术学校和实训基地；普遍提高高等院校办学质量，支持民办高等教育发展。强化公共卫生服务，积极实施覆盖全社会的药品“三统一”和基本医疗卫生制度，推进省、市、县(区)三级医院改革，加强县、乡、村三级卫生服务网络和城市社区卫生体系建设，提升市级医疗救治能力和应对突发公共卫生事件的快速应急处置能力。全面落实中央和陕西省促进就业再就业的各项扶持政策，建立完善促进就业的长效机制，加快发展劳动密集型产业、中小企业和服务业，多渠道、多方式增加就业机会，千方百计增加人民群众收入水平。扩大基本养老、基本医疗等保障范围，解决好特殊困难群体的保障工作，逐步建立保障待遇正常调节机制，促进完善社会保障体系。加快保障性安居工程建设，扩大公共租赁住房建设规模，平稳推进进城农民保障性住房建设。推进文化创新，增强文化发展活力。建立健全科技创新体系，加大重点科技基础能力建设力度。

(六) 深入推进改革开放

全面落实省政府改革工作要点，着力抓好统筹城乡、扩权强县等改革，尽快出台统筹城乡示范区建设和深化扩权强县改革试点工作的指导意见。积极推进重点城市专项改革试点，突出抓好西安统筹科技资源综合配套改革、延安率先实现统筹城乡发展改革。鼓励国有资本从一般竞争性领域退出，支持民间资本参与基础设施、商贸流通、社会事业的重大项目建设和国有企业改制，发展壮大非公有经济。深入实施新一轮西部大开发战略，细化配套政策措施，重点抓好资源税改革等政策的落实。

进一步提高对外开放的广度和深度，扩大出口规模，优化出口产品结构，拓展航空航天、装备制造、机械电子等领域高附加值产品的国际市场。创新承接产业转移方式，多渠道加强与东部省(市)的对接，以开发区和产业化园区为载体，采取联合共建、产业链整体转移等形式承接产业转移，争取在新兴产业领域引进一批外向型企业。坚持“引进来”和“走出去”相结合，进一步提升对外开放特别是向西开放的力度。着力改善投资软环境，营造良好的政策、法制、人文和工作生活环境。创新利用外资方式，发挥利用外资在推动自主创新、产业升级、区域协调发展等方面的积极作用。

第七章　甘肃省

一、2010 年工作总结

（一）积极争取中央投资，确保重点项目和工程

全年争取到建设项目中央投资 144.9 亿元，主要用于六方面项目建设，其中，保障性安居工程 20.6 亿元，农村民生工程和农村基础设施 47.3 亿元，重大基础设施建设 30.7 亿元，卫生、教育等社会事业 18.6 亿元，节能减排、环境保护与生态建设 24.1 亿元，自主创新和结构调整 3.6 亿元。重点实施了农村饮水安全、重大水利和生态建设、高速公路、教育卫生廉租住房、循环经济等项目。另外，争取到中央财政代理发行地方政府债券 55 亿元，主要用于中央投资项目的地方配套，以及重大基础设施和公益性项目建设。在中央投资和一批重大项目的带动下，社会投资也实现了较快增长。2010 年末，全省金融机构人民币各项贷款余额 4433.05 亿元，增长 21.47%。有力地支持了重点项目建设的资金需求。全年全社会固定资产投资 3378.10 亿元，比上年增长 36.24%，首次突破投资 3000 亿元关口。

（二）以重大项目建设为龙头，努力提高基础设施保障能力

2010 年，全省确定 48 个重大项目，全年完成投资 871.1 亿元，较 2009 年增长 301.1 亿元，增幅达 55%以上。金昌至永昌、康家崖至临夏高速公路建成，天水至定西高速公路基本建成，西峰至长庆桥至凤翔路口、天水过境段、武都至罐子沟、瓜州至星星峡高速公路进展顺利，全省高速公路总里程达到 2046 公里。嘉峪关机场完成改扩建，金昌机场进展顺利。雷家角至西峰、成县至武都、金昌至武威高速公路，兰州至中川铁路，兰州中川机场扩建、庆阳机场扩建，张掖机场、夏河机场开工建设。通县二级公路建设全面启动。酒泉风电基地一期、750 千伏输变电工程、瓜州 30 万千瓦本地化示范风电场、敦煌太阳能光伏发电特许权等能源项目建成。黄河河口水电站、国电兰州热电联产上大压小、兰州范家坪热电厂、大柳煤矿、核桃峪煤矿等项目建设加快推进。酒钢不锈钢专项、兰州石化 180 万吨催化汽油加氢装置、庆阳石化 300 万吨炼油搬迁改造、中铝西北铝 5 万吨铝箔、华亭 60 万吨煤制甲醇项目相继建成。金川公司 20 万吨铜、兰州国家石油储备基地等项目加紧建设。酒钢集团榆钢支持灾后重建项目获得国家核准。引洮供水一期、盐环定扬黄续建等重大水利工程加快建设。兰州大学二院门诊楼、省人民医院住院部大楼建成使用，省中医院综合楼、敦煌莫高窟保护利用设施、省会展中心建筑群等项目加快推进。

（三）推进重要领域改革，努力提高经济社会发展的动力和活力

省政府制定下发了《甘肃省 2010 年经济体制改革工作指导意见》，明确了全省经济体制

改革的65项重点工作。召开了全省经济体制改革工作座谈会，对全省改革工作作了进一步安排部署。各个领域改革工作有序推进，土地承包经营权流转稳步开展，天水、金昌等8个市先后下发了土地承包经营权流转实施意见。集体林权制度改革步伐加快，7个县(区)已基本完成了明晰产权、承包到户的主体改革任务。肃南、碌曲、肃北三县草原承包经营试点工作进展顺利。《兰州市嘉峪关市金昌市统筹城乡综合配套改革试验方案》已正式出台，目前试点工作进展顺利。

医药卫生体制改革稳步推进。召开了全省基层医药卫生体制综合改革工作会议，制定下发了《甘肃省基层医药卫生体制综合改革指导意见》，形成了“一主五辅三配套”的政策文件，建立了省、市、县三级领导包保责任制和“以奖代补”制度，确定了28个县(市、区)先行试点。目前，全省城镇职工医保、城镇居民医保、新型农村合作医疗均提前完成了三年内达到90%以上覆盖率的工作目标，28个试点县已经全部实施药品零差率销售。

完善价格调控措施，努力保持市场价格基本稳定。加强价格监测调控，重点做好蔬菜、粮油批发市场、超市的价格监测和巡查。不断强化民生价格监管，调整农业用水和农产品收购价格；加大清费治乱力度，取消、降低和废止了一批收费项目和标准；加强教育、医疗收费管理，开展了医疗器械购销价格管理试点改革和医疗服务定价方式改革。推进环境资源价格改革，调整了高耗能企业用电价格，推进了大用户直购电试点工作。加大价格监督检查力度，组织开展了涉农价格收费与政策落实情况等专项检查。

(四)积极安排部署，贯彻落实《国务院办公厅关于进一步支持甘肃经济社会发展的若干意见》

《国务院办公厅关于进一步支持甘肃经济社会发展的若干意见》(以下简称《若干意见》)出台后，省委、省政府及时组织召开全省贯彻落实《若干意见》电视电话动员大会，以甘政办发〔2010〕114号印发了《贯彻落实国务院办公厅关于进一步支持甘肃经济社会发展的若干意见主要任务分工方案的通知》，对《若干意见》涉及的主要工作目标进行了细化，提出了11个方面193项具体任务，明确了牵头单位、配合单位以及省政府责任领导。为全面贯彻落实《若干意见》确定的各项目标任务，推动全省经济社会加快发展，10月25日，省委、省政府以(甘办发〔2010〕79号)印发了《贯彻落实〈国务院办公厅关于进一步支持甘肃经济社会发展的若干意见〉实施方案》。经过全省各部门的积极努力，中央有关部门、单位已出台多个支持甘肃省经济社会发展的文件，并与甘肃省签订多项合作协议(备忘录)。省委、省政府组织开展了贯彻落实《若干意见》为期两个月的督查检查工作，省政府以甘政发〔2010〕79号文件，对落实《若干意见》工作进展迅速的单位进行了通报表彰。

(五)深入推进区域发展战略，促进区域经济协调发展

积极贯彻实施《关中—天水经济区发展规划》，甘肃省把实施《关中—天水经济区发展规划》作为天水市及陇东南地区经济社会发展的总抓手和工作着力点加以推进，在加强经济区的合作交流、宣传推介、项目建设等方面取得了积极进展。2月10日，省政府正式印发了《甘肃省人民政府贯彻落实〈关中—天水经济区发展规划〉的意见》(以下简称《意见》)，《意见》以科学发展观为指导，从规划天水经济区战略定位、空间布局、功能分区、城镇体系、产业布局五大任务方面进行了精心谋划，突出重点发展任务，对重大建设项目进行了任务

分工，明确了33项重点任务牵头的23个部门和24个配合单位，使《规划》提出的主要指标、重大任务、支持政策落实到每一环节和具体步骤上，做到上下联动，共同推进。同时对《规划》中提出的财税、金融、投资、土地、环保、统筹城乡等政策进一步梳理，从基础设施建设、特色优势产业发展、生态环境保护、社会公共事业水平提高、改革开放、组织政策保障等六个配套政策进行了细化，对推进《规划》顺利实施具有重要支撑作用。积极配合《陕甘宁革命老区振兴规划》编制工作，11月下旬，按照国家发展改革委要求对《陕甘宁革命老区振兴规划》(初稿)征求了有关方面的修改意见。依据《关于深入实施西部大开发战略的若干意见》(中发〔2010〕11号)文件精神，国家发展改革委委托西北大学于9月15日至21日来甘肃开展了兰西格经济区发展规划研究，并于11月22日国家发展改革委在甘肃省兰州市组织召开了兰西格经济区发展规划编制工作启动会。

开展了《兰白区域经济发展规划》、《酒嘉区域经济一体化发展规划》和《金武区域经济一体化发展规划》的编制工作。以兰州新区、白银工业集中区建设为突破口，推动兰白核心经济区率先发展，在全省乃至西北地区发挥“率先、带动、辐射、示范”的中心作用。推动酒嘉区域大力发展风能、太阳能等新能源以及新能源装备制造业，做大做强风电装备制造业和光伏发电产业；推动平庆区域围绕建设陇东大型煤电基地，配套建设交通、水利等基础设施，加快煤电化一体化发展，建设煤电化产业基地；推动金武区域统一布局建设重大基础设施，加强资源支撑、市场配置、产业优化、旅游开发、生态安全等方面的合作互融，实施区域间的经济联动、发展互补和优化增长。

(六) 加大生态保护力度，积极推进巩固退耕还林成果、退牧还草工程实施

国家安排甘肃省的巩固退耕还林成果任务，2008年度建设任务已经全部完成，2009年度建设任务也已经完成90%，2010年度建设任务已于8月16日，以甘发改西部〔2010〕1354号分解下达到各市、州、项目单位。各市(州)正在组织县(区)编制年度实施方案，有些市(州)已经批复了年度实施方案。项目实施两年多来，取得一定的经济、社会和生态效益，深受退耕农户的欢迎。

国家安排甘肃省2010年退牧还草围栏建设任务1140万亩(禁牧590万亩，休牧550万亩)，补播改良460万亩；项目总投资28567万元，其中中央预算内投资21427万元(包括项目前期工作费167万元)，市(州)、县配套7140万元。甘肃省实施方案国家农业部已经批复。

(七) 加快汶川灾后恢复重建项目建设，研究制定和实施舟曲灾后恢复重建工作

汶川地震灾后恢复重建总体进展顺利，截至2010年12月底，全省列入规划落实重建资金的10669个项目中累计开工10263个，占规划项目数的96.2%；完成投资590.7亿元，占规划总投资的85.4%。

甘肃省甘南藏族自治州舟曲县城区8月8日凌晨发生的特大山洪泥石流地质灾害，给当地人民生命财产造成重大损失。在党中央、国务院和中央军委的坚强领导下，灾区广大干部群众奋起自救，社会各界积极支援，确保了灾区人心安定、民族团结和社会稳定，取得了抢险救灾的重大胜利。为科学有序做好舟曲灾后恢复重建工作，充分发挥灾后重建资金的使用效益，根据《国务院关于印发舟曲灾后恢复重建总体规划的通知》(国发〔2010〕38号)

和《国务院关于支持舟曲灾后恢复重建政策措施的意见》(国发〔2010〕34 号),结合舟曲灾后恢复重建实际,省政府于 2010 年 11 月 17 日,以甘政发〔2010〕93 号正式印发了《关于印发舟曲灾后恢复重建规划和资金安排实施方案的通知》。

二、2011 年工作要点

(一)全面贯彻落实《中共中央国务院关于深入实施西部大开发战略的若干意见》,把西部大开发推向深入

按照《中共甘肃省委、甘肃省人民政府〈贯彻落实中共中央国务院关于深入实施西部大开发战略若干意见〉的意见》(甘发〔2010〕12 号),把交通、水利等基础设施建设放在优先地位,加强前期工作,新开工一批重点工程,谋划一批重点工程;以生态工程建设为抓手,加强全省各级各部门在生态建设和环境保护方面工作联动协作,积极推动环境综合治理,促进生态文明建设;加强城乡统筹发展,强化农村基础设施建设,提高农民收入水平;从资源条件、区域特点、产业状况出发,注重节能降耗和环境保护,大力发展特色优势产业;坚定不移地实施科教兴省、人才强省战略,加大人才开发力度,加快科技优势向经济优势转变,提升自主创新能力,为西部大开发各项任务提供有力支撑。积极深入实施西部大开发战略,探索新思路新办法,以更大的决心、更强的力度、更有力的措施把西部大开发推向深入。

(二)全面贯彻落实《国务院办公厅关于进一步支持甘肃经济社会发展的若干意见》,努力推动全省经济社会跨越式发展

《若干意见》是党中央、国务院站在统筹全国区域协调发展的战略高度,为全面支持甘肃省经济社会发展做出的重大战略决策,是指导甘肃省当前乃至今后发展的纲领性文件。甘肃省将以《国务院办公厅印发关于进一步支持甘肃经济社会发展若干意见重点工作分工方案的通知》(国办函〔2010〕143 号)和甘肃省政府办公厅《贯彻落实国务院办公厅关于进一步支持甘肃经济社会发展的若干意见主要任务分工方案的通知》(甘政办发〔2010〕114 号)为抓手,积极衔接,抓紧督促落实,同时紧紧抓住国家支持甘肃发展的有利时机,结合新一轮西部大开发的政策机遇,按照中共甘肃省委办公厅、甘肃省人民政府办公厅印发的《贯彻落实〈国务院办公厅关于进一步支持甘肃经济社会发展的若干意见〉实施方案》通知(甘办发〔2010〕79 号)要求,深刻领会《若干意见》的精神实质,进一步明确奋斗目标,不断完善发展思路,创新工作方式,提高工作实效,坚定加快发展的信心和决心,走出一条符合甘肃省实际、具有甘肃特色的跨越式发展道路。

(三)全面推进《关中—天水经济区规划》实施,发挥关中—天水经济区带动作用

按照国家《关中—天水经济区发展规划》(发改西部〔2009〕1500 号)和甘肃省《关于贯彻落实〈关中—天水经济区发展规划〉的意见》的实施步伐,紧紧围绕关中—天水经济区发展定位,积极争取国家在政策、资金投入等方面给予大力支持。加强与陕西省的沟通协调,按照《规划》确定的目标任务共同组织落实,着力推进“一高地、四基地”(全国内陆型经济开发开放战略高地,统筹科技资源改革示范基地、全国先进制造业重要基地、全国现代农业高技

术产业基地、彰显华夏文明的历史文化基地）建设，加快天水次核心城市和区域中心城市的人口集聚及功能优化，逐步带动陇东南整体发展和综合竞争能力提升。

（四）积极配合国家规划编制调研工作，做好省上相关规划的编制

积极配合国家发展改革委完成《西部大开发"十二五"规划》、《陕甘宁革命老区发展规划》编制工作，开展《兰西格经济区发展规划》、《西部重点生态区综合治理规划》的编制工作。按照省政府办公厅《关于印发甘肃省"十二五"省级重点专项规划编制工作方案的通知》要求，组织编制完成省级重点专项规划、《甘肃西部大开发"十二五"规划》和《兰白区域经济发展规划》、《金武区域经济一体化发展规划》等经济区规划的编制。

（五）积极探索生态补偿试点，加快建立生态补偿机制

积极配合国家按照"谁开发，谁保护、谁受益，谁补偿"的原则，逐步在森林、草原、湿地、流域和矿产资源开发领域建立健全生态补偿机制。积极推进石羊河流域重点治理工程、甘南黄河重要水源补给生态功能区生态保护与建设项目。巩固退耕还林、退牧还草等重大生态保护工程建设成果。加快开展祁连山水资源涵养生态环境保护和综合治理项目前期工作，争取国家早日批复实施。

（六）加大产业结构调整力度，促进承接东部产业转移

依据"布局集中、用地集约、产业集聚"的要求，创新发展思路，科学制定规划，完善体制机制，加大投入力度，加快产业园区的建设与管理，努力把产业园区建设成为承接东部产业转移的重要平台，按照《国务院关于中西部地区承接产业转移的指导意见》（国发〔2010〕28号）要求，进一步促进甘肃省产业结构调整，加快转变经济发展方式，开创科学发展新局面。

第八章 青海省

一、2010年工作总结

（一）经济社会加快发展

全年经济增长15.3%，是30年来最高增速，实现生产总值1350.43亿元。工业增加值增长19.3%，规模以上企业实现利润180.69亿元，增长91.8%；农牧业总产丰收，主要农畜产品产量明显增加；第三产业增长12.1%，创近年新高。全省一般预算收入204.97亿元，支出突破743.4亿元。

传统产业升级加快，循环经济和新兴产业发展迅速，清洁可再生能源生产占到35%，工业结构调整迈出较大步伐。设施农业、园区农业、生态畜牧业取得新突破，特色农业比重达到78%。金融、物流和文化产业加快发展，旅游总收入增长18.1%。非公有制比重达到31.5%，提高0.8个百分点。

固定资产投资1068.73亿元，同比增长33.5%。为支撑长远发展打下了基础。特别是工业投资增长21.1%，民间投资增长43.3%，投资结构出现积极变化。完成社会消费品零售总额346.03亿元，同比增长16.9%。消费对经济增长贡献率提高6.9个百分点，拉动作用明显增强。招商引资到位资金189亿元，增长19.4%，同比提高10.6个百分点，创历史新高。

全年用于民生的支出增长61.8%，占财政支出的70%以上。"两基"攻坚全面完成。企业离退休人员养老金保险标准月人均增加到1789元。实现了新农保试点全覆盖。城镇职工基本养老保险历史遗留问题基本解决。高校毕业生初次就业率同比提高近10个百分点，城镇登记失业率控制在3.8%。预计城镇居民人均可支配收入和农牧民人均纯收入分别增长9.2%和15.4%以上。

玉树抗震救灾取得重大胜利。灾后重建工作全面开展。农牧民和建设城镇居民住房、学校医院等公共服务设施、寺院僧舍等重建工作同步推进，产业重建、灾害治理、生态建设有序展开，公路等级提升、大电网、LNG加气站等支撑长远发展的项目相继开工或建成。2010年工作为实现三年重建目标奠定了坚实基础。

（二）主要经验做法

认真研究判断经济社会发展形势，超前谋划对策措施。坚持未雨绸缪，密切关注宏观经济变化情况，针对经济运行中的苗头性问题，超前谋划对策措施。年初国家货币政策刚刚出现微调动向，青海省及时出台了支持金融加快发展的政策措施，推动地方银行增资扩股，筹建西宁国家低碳产业基金，创立"青海金融超市"。全年全省新增贷款423.6亿元，同比增长30.3%。贷存比76.3%。紧紧抓住国家积极财政政策的机遇，争取中央预算内投资78.5亿元，启动了一批重点项目。提前研究和抢抓国家支持藏区发展、深入实施西部大开发和支持玉树灾后重建的重大机遇，较早形成“十二五”期间经济社会发展基本思路，为顺利制定“十二五”规划建议和编制规划赢得了主动。

把握加快发展和转变发展方式的关键环节，着力解决突出问题。着力推进工业结构调整。大力推进振兴重点产业计划，实施94个重点产业项目，支持柴达木循环经济发展，积极改造提升传统产业，优先发展新能源、新材料、先进装备制造等战略性新兴产业。着力发展高原现代生态农牧业。坚持走特色化、集约化、产业化的道路，加快建设河湟特色农业百里长廊，大力推动农业示范园区建设和设施农业发展，在330个村推广生态畜牧业，扶持龙头企业和专业合作组织。着力促进重点项目建设。扎实开展项目前期工作“千人百天”攻坚和“投资促进月”活动，推动了兰新铁路第二双线、西格段增建二线、青藏直流联网工程等62个重点项目顺利实施。着力以消费拉动经济增长。提高“家电、农机、汽车下乡”补贴标准，特别是把住房建设作为拉动消费的重点，在全面推进城乡各类保障性住房工程的同时、创造性地出台支持5万户农民新建或改造住房的奖励补助政策。着力提高环境综合承载能力。安排资金12亿元，加快了三江源生态保护建设工程的进度。实施人工造林73.7万亩，是“十一五”时期造林规模最大的一年。着力完成节能减排目标。深入开展“千家企业节能”行动和“节能减排全民行动”，淘汰落后产能200万吨，新建的12个污水处理厂有10个已投入试运行，全面完成“十一五”时期节能减排目标。着力改善民生。安排实施了610个社会事业项目，全面提高城乡低保、社会救助、企业退休人员基本养老金、失业保险金、最低工资和艰苦边远地区津贴等标准，建立高龄老人生活补贴制度，扎实推进为民办实事十项工程，各族人民更多地分享了发展改革成果。

创新发展理念和发展模式，提高社会资源配置效率。青海省专题研究加快转变发展方式的重大问题，明确了调整优化经济结构、扩大消费需求、培育市场主体等十项重点任务。提出建设东部城市群的战略构想，制定政策意见，编制发展规划，明确其空间布局、目标定位和主要任务，加快全省工业化、城市化进程。探索建立矿产资源、水电资源、旅游资源捆绑式配置机制，整合资源优势、促进优势互补，引进大型优势骨干企业参与资源开发，延伸产业链条。建立三江源生态补偿机制，制定相关政策和暂行办法，为统筹生态保护、民生改善和区域发展创造了必要条件。创新体制机制，积极推进州、县行政机构改革和国有企业、财税、金融、集体林权、土地流转和教育、卫生、文化等方面的改革。完成集体林权改革957万亩，带动了造林绿化投资机制和管护机制的创新。大力推进户籍制度改革，分地区、分类别放宽城镇落户政策，实行蓝印户口，建立居住证制度，保障转户农牧民原有承包地、宅基地和养老、医疗、教育等权益，为加快人口有序流动和城镇化增添了动力。积极创新招商引资机制，建立重点招商引资项目省级领导负责制和招商引资联席会议制度，加强与央企战略合作和项目对接，青海绿色经济投资贸易洽谈会项目签约额达到1922亿元，提升了发展开放型经济的水平。深入推进自主创新，实施“123”科技支撑工程，实现产值157亿元，取得67项国家发明专利和实用新型专利。建立分地区考核指标体系和政府部门绩效考核评价体系，体现考核发展速度与考核发展方式、发展质量并重，在全省上下强化了发展意识和竞争意识，促进了各地比较优势和创造活力的进一步发挥。

二、2011年工作要点

2011年，全省经济社会发展的主要预期目标是：生产总值增长12%，财政收入增长15%，全社会固定资产投资增长20%以上，全社会消费品零售总额增长16%，城镇居民人均可支配收入增长10%，农牧民人均纯收入增长12%，居民消费价格涨幅控制在5.5%以内，城镇登记失业率控制在4.2%以内，节能减排指标控制在国家规定目标以内，人口自然增长率控制在9.5‰以内。为此，要做好以下几个方面的工作：

(一)保持投资强度，优化投资结构

进一步扩大投资规模，加大重点基础项目建设力度，加快推进一批工业项目，实施好教育、卫生、文化、生态环境保护建设等项目。启动城镇保障性住房工程、兰新铁路第二双线、西宁曹家堡机场二期改扩建等一批重点工程。优化投资结构，提高工业、民生、藏区发展的投资比重，优化投资投向结构；发挥大项目、大企业的投资带动作用，优化投资规模结构；引导社会资本和民间投资扩大投资，优化投资主体结构。进一步提高投资的质量和效益，做好招商引资工作。完善招商引资机制，优化引资方式、改善投资环境。全力落实央企签约项目。抓住东部地区产业转移历史机遇，注重发挥重点项目筹备组、工业园区和企业招商主体作用，在境内外举办大型招商活动，强化集群式、产业链招商。

(二)推动消费升级，进一步增强拉动能力

增强城乡居民消费能力，完善城乡就业服务和援助机制，多渠道拓宽就业门路。支持高校毕业生自主创业和农民工返乡创业，实现以创业带动就业，以就业带动增收。积极推进收入分配制度改革，完善公务员工资和津补贴制度，逐步建立企业职工和农民工工资正常增长机制，探索机关事业单位以目标考核为主导的工资奖金激励制度，进一步增加低收入群体的收入，扩大中等收入群体。大力培育二级市场、租赁市场和投资市场，增加群众财产性和资产性收入。实施住房建设等投资促消费工程。以更大的规模推进农村奖励性住房工程。积极培育消费热点，力争在扩大家电、农机、汽车等消费升级上取得新进展，在改善城乡流通设施、推动连锁经营、统一配送上实现新突破，在发展电子商务、网络购物等新型消费业态上迈出新步伐。积极发展信用消费、老龄消费、网络消费、健身消费等，拓展群众多样化消费。大力发展现代服务业，深入开发旅游、文化和体育等产业的消费潜力。

(三)加快工业结构调整，提升产业发展水平

培育十大特色优势产业。加快发展新兴产业，以技术创新和比较优势提升竞争力，以规模优势抢占市场先机；加快传统产业改造提升，以先进技术和装备推动优化升级，打造品牌，提高附加值，全面增强传统产业的市场竞争力。

推进“双百”行动。建设百个重点项目、培育百户重点企业。积极引进强势企业参与整合钢铁、新材料等行业，推进煤炭、锂、铜资源产业间的联合重组，集中培育规模以上企业集团和中小企业集群。

发展循环经济和园区工业。加大资金支持力度，在构建资源综合开发循环利用、资源

深度加工循环利用、副产物资源化循环利用三条循环型产业链上取得新突破。提升西宁、柴达木两大园区发展水平，强化技术研发、高端制造、产业集聚，打造全省对外开放的窗口和加速城市化的平台。加快乐都装备制造园、民和工业园、平安临空综合经济区建设。推动格尔木藏青工业园和朝阳、格尔木、德令哈等物流园区发展。

不断增强科技创新能力。围绕优势特色产业振兴和战略性新型产业的发展，深入推进“123”科技支撑工程，组织实施重大科技专项，加强项目联合攻关，积极打造创新型企业和各类技术创新平台。

解决瓶颈问题。高度关注电力紧缺趋势；坚持多元发展、多能互补，优化电力资源配置，确保电量平衡。

(四) 发展现代农牧业，加快社会主义新农村建设

推进重点水利工程建设。建设一批小型农田水利重点县，实施农业示范园区、重点灌区节水改造工程，开工建设以西宁、格尔木等为重点的城镇防洪工程。加快转变农牧业生产经营方式。以现代生态农牧业示范园区为引领，力促农业结构调整、科技含量、产品品质上台阶，加快转变农牧业发展方式。大力推进设施农牧业建设，进一步提高温棚种养业规模和标准化生产水平。推进生态畜牧业发展，全面推进产业化经营、技术装备提升、社会化服务体系和品牌建设，打造“富硒”品牌。创新农牧民培训机制。开展“订单”和“定向”培训，加快造就一批新时期产业工人。围绕发展节水农业、生态畜牧业、设施农牧业，实施绿色合格证书培训计划，着力提高农牧民科学种田、科学养畜水平。加大对“三农”投入。增加对新农村建设实事工程的投资，统筹推进农牧区水电路、新型能源、公共服务、特色农牧业、农牧区电网改造等项目建设。加强菜篮子工程建设。抓好“菜园子”，保证“菜篮子”。重点依托十大产业基地建设，扩大蔬菜、油菜、生猪、牛羊肉、禽蛋、牛奶等生产规模，提高农畜产品自给能力。

(五) 加快推进城镇化，统筹城乡区域协调发展

加快以西宁为中心的东部城市群建设。重点抓好交通、水利、城镇基础设施等一体规划与建设，推动产业差异化发展。积极打造形成“一核一带一圈”城市群；推进以格尔木、德令哈为重点的海西城乡一体化建设，提高州府所在地及重点城镇的综合承载能力，打造特色精品城镇。推进户籍制度改革，促进本省农牧区富余劳动力和外来人口向城镇和非农转移。加快推进以基本公共服务均等化为核心目标的区域经济协调发展。增强海西和西宁两地的经济实力，辐射引导全省其他地区加快发展。着力推进海北生态畜牧业示范区、海南贵德旅游综合示范区、黄南热贡国家级生态文化保护实验区、三江源国家生态保护综合试验区建设，促进区域发展优势化、特色化。加快县域经济发展，支持有条件的县建设工业园区和农业园区，强化产业支撑。

(六) 加强生态环境保护，着力构建“两型”社会

加快实施生态保护建设工程，推进三江源生态工程、青海湖流域综治工程。争取实施祁连山水源涵养区综治工程和湟水流域百万亩人工造林工程，统筹城乡绿化，发展林产业。实施三江源生态补偿机制。以实施三江源国家生态保护综合试验区总体方案为契机，把三

江源生态补偿机制试点与国家草原生态保护补助奖励机制、森林湿地生态效益补偿试点工作有机结合起来，统筹解决草畜平衡，草场管护、农牧民培训、后续产业发展等问题。探索建立青海环境权益交易平台，利用市场机制拓宽生态补偿资金渠道。

推进节能降耗。严格控制"两高"和产能过剩行业新上项目，支持发展循环经济，健全落后产能退出机制。发展战略性新兴产业，加快节能减排项目建设，推广应用新技术、新设备、新工艺和新材料，做到增量绿色、存量改造。发展绿色建筑，开展住房建筑绿色节能行动。开展"节能减排全民行动"，推进企业、政府机关、学校、家庭社区、农牧区等专项节能行动。加大环境污染综合整治力度。建立健全工业污染防控体系，实行"以奖促治"，严格控制主要污染物排放总量。启动农村清洁工程，开展农村面源污染治理。

（七）加强社会建设，改善民生

大力推进社会事业发展，加快发展教育、科技、医疗卫生等社会事业，使发展成果更具普惠性。进一步完善社会保障体系，继续扩大社会保险制度覆盖面，提高社会保障统筹层次和待遇水平，适时提高城乡低保标准，加大临时救助和专项救助力度。加大扶贫攻坚力度，加大产业化扶贫和转移培训力度，增强贫困地区自我发展能力。创新社会管理，建立重大工程项目建设和重大政策制定的社会稳定风险评估机制，提高对流动人口的管理服务水平，完善大调解工作机制和社会治安防控体系，创造公平正义的法治环境、优质高效的服务环境、和谐稳定的社会环境。继续深化民族团结进步创建活动和"平安寺院"建设活动。加大食品药品安全整顿力度，加强安全生产管理，严防重特大事故发生，确保人民群众生命财产安全。

（八）深入推进改革开放，增强经济社会发展活力

加快推进行政管理体制改革，转变政府职能，提高政府行政效率。深化国有企业改革，加快推动桥头铝电上市、青海银行增资扩股、青海水电集团资产和股权重组、组建煤业集团等工作。积极推进财税、金融和投资体制改革，完善财政转移支付、建立县级基本财力保障机制，推行增值税、资源税、预算管理改革。推进成品油、天然气、电价、水价等价格改革，开展排放权有偿使用和交易试点。进一步完善农牧区基本经营制度，促进土地、草场、林地等要素优化配置。加快集体林权制度改革，落实各项林改配套政策。大力推进社会事业和公共服务领域改革。发展壮大非公有制经济，推动非公有制经济总量上规模、结构上层次、质量上水平、管理上台阶。

（九）扩大对外开放

努力扩大对外贸易，提高外贸的质量和效益。稳定传统市场，开拓新兴市场，优化对外贸易的主体结构、商品结构、市场结构、贸易方式结构，加大对出口 1000 万美元以上企业扶持力度，加快赋予中小企业进出口经营资格，大力拓展硅材料、太阳能光伏、绿色食品、中药材和生物制品等特色产品的出口，创立若干个具有高原特色的自主品牌。加强与周边省（区）合作，进一步加强与西藏、甘肃、新疆等周边省（区）的合作，推动省（区）间建立长期稳定的能源及矿产资源开发、区域旅游、经济协作、投资贸易洽谈等方面合作机制，探索共建开发模式，推动联合联动发展。做好对口支援工作，力争在经济合作、扶持产业发展、人才

培训等方面取得实质性进展。推动会展、赛事上水平。精心办好青海绿色经济投资贸易洽谈会、藏毯国际展览会、清真食品用品展览会和抢渡黄河极限挑战赛、世界杯攀岩赛等重大活动，打出品牌、扩大影响、拉动发展。

第九章　宁夏回族自治区

一、2010 年工作总结

2010 年，宁夏回族自治区全年完成生产总值 1643.4 亿元，增长 13.4%以上；完成地方一般预算收入 153.64 亿元，增长 37.8%。

(一) 力促固定资产投资快速增长

积极落实国家政策，努力贯彻落实《国务院关于进一步促进宁夏发展的若干意见》文件精神，争取到 50.1 亿元中央预算内投资支持。努力推进农村教师周转房建设试点工作。积极帮助银川市城市建设投资控股有限公司发行债券 15 亿元获得国家核准。积极编报石嘴山市资源型城市经济转型与可持续发展规划，并落实国家有关政策。

推进重点项目加快建设。全力做好重点项目协调服务工作，加强重大问题的协调沟通，深入实地进行督促检查和调研，全面推进重点项目建设。50 个重点项目完成投资 445 亿元。在重点项目的拉动下，全社会固定资产投资完成 1464.7 亿元，同比增长 30.9%，高于全国同期水平。重大项目前期工作取得显著进展，银川至西安铁路已纳入全国铁路"十二五"规划；包兰线银川至兰州段扩能改造工程项目建议书已经批复；宝中铁路复线工程预可研报告已完成评审；盐池至彭阳高速公路和西线高速银川至中宁段已初步纳入国家高速公路网调整方案；青岛至兰州公路东山坡至毛家沟段、国道 109 线石嘴山黄河大桥、银川兵沟黄河大桥及连接线工程相关文件已上报待批；银川河东机场总体规划和马家滩矿区总体规划获国家批复；神华沙索煤炭间接液化项目中咨公司已进行了评估；宁夏至浙江±800 直流输电工程前期工作进展加快；《宁夏中南部城乡饮水安全水源工程项目建议书》已经审查。截至目前，已储备重大产业、基础设施、公共服务、民生改善、生态环保等各类项目 1949 个，总投资 1.07 万亿元。

全力抓好工程建设管理工作。对 2008 年以来投资总额 3000 万元(含)以上政府投资和使用国有资金的已立项、在建或竣工项目和投资总额 5000 万元(含)以上的非政府投资和未使用国有资金投资项目进行排查，查找项目在核准、备案、用地、规划、环评、质量、安全生产中的问题。累计排查项目 1613 个。先后组织专项稽查 6 次，配合国家发展改革委开展稽查 3 次，共稽察项目 205 个，确保了固定资产投资健康增长。

(二) 大力加强基础设施建设

努力改善交通基础条件。铁路通车里程达到 1032 公里，新增 375 公里。太中银铁路建成通车；银川火车站改扩建工程的银川南站及物流中心正式开通运营。公路通车里程达到 22518 公里，新增 695 公里，其中高速公路通车里程达到 1159 公里，新增 145 公里，公路密度达到每百平方公里33.89公里。2000公里农村公路超额完成投资计划。固原六盘山支线机场建成投运。

提高农业综合生产能力。全区粮食总产达到356.5万吨以上，再创历史新高。优势特色产业发展较快，设施农业突破百万亩大关。前三季度，新开发建设适水产业面积10万亩，水产养殖面积累计达到65万亩，水产品产量12万吨。120个现代农业示范基地创建正在加紧实施。宁夏新增千亿斤粮食产能建设、贺兰山东麓生态防护林建设、三河源(宁夏中南部)百万亩库井灌区高效节水改造等工程建议提上日程。

抓好重点水利工程建设。继续实施大型灌区续建配套与节水改造和大型泵站更新改造工程，实施了唐徕渠、马莲渠、七星渠等渠道砌护与节水改造，开工建设了固海扬水大柳木、黑水沟泵站，南山台子扬水一泵站和扁担沟扬水五里坡泵站。《黄河宁夏段近期防洪工程可行性研究报告》获得批复。建成固扩十一泵站以后人畜饮水及高效节水农业灌溉工程，陕甘宁盐环定扬黄续建工程共用工程解决了11万农村人口的饮水安全问题。

(三)加快转变发展方式

加快发展战略性新兴产业。新材料产业链建设取得重大进展，钽、铌、铍系列稀有金属材料与制品的生产技术已达到世界先进水平。新医药产业发展加速推进，印发了《促进生物产业加快发展的意见》，两个药品高技术产业化示范工程项目获"国家高技术产业化示范工程"殊荣。新能源产业迅速壮大，15个大型光伏发电及贺兰山、青铜峡、月亮山等一批风电项目加快建设，风电装机规模达到105万千瓦，太阳能发电建成并网发电11万千瓦，新能源发电装机占全区电力装机比重为10.8%。

增强自主创新能力。建设了宁东煤化工资源循环利用等3个国家地方联合工程研究中心(工程实验室)，新增2个省部共建工程实验室，组建了光伏材料、硅材料、风电设备、山羊绒、病虫害防治等自治区重点实验室、工程技术研究中心，加快建设石嘴山新材料和吴忠新能源两个高新技术产业基地。国家和地方重大科技攻关项目取得积极成果，其中宁东基地煤质特性及分级利用评价、水煤浆制备技术升级及稳定性控制技术应用技术成果正在申报国家专利；银川卧龙变压器公司研发的高速铁路牵引变压器在多条高铁中应用并实现了产业化，产品填补国内空白。加大传统产业技术改造力度。利用国家重点产业振兴和结构调整及中小企业技术改造切块宁夏资金2亿元，重点支持纺织、轻工、装备制造、信息产业、物流业的调整和振兴和中小企业技术改造。加快了固原盐化工循环经济扶贫示范区建设。提升能源化工工业发展水平。梅花井煤矿一期、清水营煤矿一期、王洼二矿、枣泉煤矿西翼采区建成投入联合试运转，六盘山热电、青铜峡铝业自备电厂、宁东矸石电厂、大武口电厂、灵武电厂扩建1#机组、鸳鸯湖电厂1#机组、宁东—山东±660千伏直流输电工程基本建成，神华宁煤60万吨/年甲醇项目实现双炉满负荷运行，50万吨/年烯烃项目MTP装置开始投料试车。

支持服务业提质扩量增效。以银川市被作为国家服务业综合改革首批试点城市为着力点，制定了各类服务业发展规划和方案，谋划类服务业发展规划和方案。积极推进宁夏生产力促进中心、工业设计服务平台、服务业集聚区服务平台建设工作。大力发展旅游业。支持实施青铜峡黄河大峡谷黄河圣坛、青铜古镇等建设项目，启动须弥山、六盘山旅游基础设施建设和腾格里湖湿地公园、沙湖水镇深度开发项目。接待国内外游客1020.3万人次，实现旅游总收入67.8亿元，增长26.9%。

加强生态环境保护。节能减排进展顺利。全年单位生产总值能耗下降4.13%，二氧化硫和化学需氧量排放量分别减少1.02%和2.56%。生产总值能耗完成“十一五”时期目标进度的100%。三个国家循环经济试点工作有序推进。城市生活污水、垃圾处理已覆盖到全区所有市、县，建设城市生活污水处理厂30座、中水回用厂8座，处理生活污水规模达72万吨/日，回用中水规模21.5万吨/日。建成城市垃圾无害化处理工程项目20个，建成规模3378吨/日。城市生活污水集中处理率73%，城市生活垃圾处理率71%。实施了“六个百万亩”林业生态工程，继续巩固退耕还林成果，实施草原围栏项目，新增造林面积143万亩，草原围栏50万亩、小流域治理1134平方公里。

（四）全力抓好重点民生工程

积极推进保障性住房建设。2010年开工建设67.6万平方米，占全年开工建设任务的100%。开工建设限价房1100套，年内封顶900套。开工建设经济适用房156.7万平方米，占全年计划的156.7%。

加快实施生态移民工程。完成了续建的10个项目区。建设农田水利、教育基础设施、村级组织活动场所、通村主干道等配套设施，完成定居移民4.1万人。8个新建项目区移民住房全部开工建设，完成移民住房26万平方米，其中4个项目区移民住房已经建成。

扎实推进农村饮水安全工程。同心东部重点供水扩建工程主管道铺设完成，支管道完成68%，自来水入户9000户；铺设中卫兴仁重点供水工程管道132公里，建成桃山75万立方米蓄水池，自来水入户1849户，建成22处集中供水工程。到年底，建成42处集中供水工程和4200处分散供水工程，解决20个县（市、区）397个行政村42万农村人口的饮水安全问题。

努力实施煤矿棚户区改造项目。2010年共开工建设100万平方米，建成83.1万平方米。石嘴山棚户区改造项目已建成9个住宅小区，建成安置房7980套，其他5个住宅小区正在抓紧建设；灵武棚户区改造项目已开工建设安置1428套15.4万平方米。

（五）全面推进公共服务均等化

全力促进教育均衡发展。全力组织实施中小学校舍安全工程、农村初中改造工程和特殊教育学校建设工程，580多所农村和城市薄弱学校的办学条件得到了有效改善；建设标准化高中，增加全区优质高中教育资源；大力发展职业教育，实施了11所中高级职业教育学校基础设施建设。

加强医疗卫生服务体系建设。开工建设自治区儿童医院，新建、改扩建5所县级医院、9所中心乡镇卫生院、7所社区卫生服务中心和70个村卫生室和89个社会卫生服务站。精神卫生防治体系建设与发展规划启动实施，民康医院门诊、住院康复综合楼和吴忠市人民医院精神卫生科综合楼开工建设。建成15个乡镇中心计划生育服务站，宁夏老年福利服务中心加紧建设，开工建设银川市儿童福利院，建设吴忠市、青铜峡市流浪未成年人救助保护设施。

加强文化体育等基础设施建设。开工建设固原市图书馆，宁夏大剧院和吴忠市、石嘴山市等市级公共文化设施建设项目进展顺利；实施3个抢救性文物保护工程建设项目和实施西夏陵6号陵加固和董府维修工程，宁夏地质博物馆、水工博物馆项目开工建设，须弥山博物馆土建工程基本完成；贺兰山体育场、中卫市体育馆等项目加紧建设。继续实施广播电视村村通工程，全面开展农村数字电影放映工作，全区电视人口综合覆盖率达到98.2%，完成"十一五"规划目标。

（六）着力推进改革开放进程

全力推进重点领域改革。银川市城乡一体化户籍改革全面展开。研究起草了政府投资管理、投资项目决策和责任追究、投资项目并联审批、统一评标专家库、招标投标核准、投资项目评审、入库、论证、公示等16项管理办法，进一步完善项目代建制，投资体制改革取得显著进展。扎实推动医药卫生体制改革，巩固扩大基本医疗保障覆盖面，城镇基本医疗保险参保率达到90%。积极推进文化体制改革，完成宁夏话剧团转企改制组建，组建了宁夏演艺集团、宁夏黄河出版传媒集团公司、宁夏广电传媒集团。

全方位推进改革开放。内陆方面，编制了《自治区内陆开放型经济中长期发展规划》，正在征求社会各界意见。中国宁夏2010国家投资贸易洽谈会暨首届中阿经贸论坛成功举办。中国节能环保集团、幸福航空公司签订发展区域航空枢纽战略合作框架协议等区外多家企业签订了合作发展协议。不断扩大利用外资规模。全年完成进出口总额19.6亿美元，增长63.2%；实际利用外资2.32亿美元，增长63.4%。

二、2011年工作要点

（一）推进工业优化升级

抓好重大项目投产达效。建成红石湾煤矿、石槽村煤矿、灵武电厂2＃机组、鸳鸯湖电厂2群机组、水洞沟电厂、6万吨聚甲醛项目。开工建设清水营煤矿（二期）、梅花井煤矿（二期）、金凤煤矿、李家坝煤矿、韦州二矿、宁东热电厂、50万吨甲醇制烯烃等项目。加快推进宁夏至浙江输电工程建设，争取开工建设煤制油，加快吴忠热电、中卫热电、500万吨/年炼油、45/80大化肥等项目建设进度。加快工业园区发展。又好又快建设宁东能源化工基地，加快建设银川经济技术开发区和石嘴山、太阳山、中卫工业园区，推进灵武羊绒制品、永宁生物制药、平罗循环经济、贺兰清真食品、吴忠穆斯林用品、青铜峡新材料、中宁新材料、石嘴山机械装备、固原特色农产品加工和盐化工等10个特色园区差异化发展。扶持骨干企业做大做强。支持神华宁煤、宁夏电力、宁夏石化、中电投能源铝业、国电英力特等企业快速壮大，推进宁夏发电、中色东方、天地奔牛等企业乘势扩张。积极扶持"专、精、特、新"中小企业加快成长，形成大中小配套、多极化支撑的工业发展新格局。

加快自主创新能力建设。继续推进国家地方联合工程实验室、地方工程实验室和石嘴山新材料、吴忠新能源高新技术产业基地建设，加快宁东基地资源循环利用重大技术研究，加快培育节能环保、新一代信息产业。继续开展国家各类重大高技术产业化专项申报工作，积极争取国家资金对宁夏回族自治区战略性新兴产业的支持。

（二）促进农业稳步发展

促进传统农业向现代农业转变。着力抓好120个现代农业示范基地建设项目，实施自流灌区续建配套与节水改造、扬黄灌区大型泵站更新改造、库井灌区节水改造项目。抓好良种工程、动物防疫基础设施、农产品质量安全检验检测体系，提高良种供应能力和农产品质量安全监控能力。

加快农业“三大示范区建设”。着力抓好自流灌区续建配套与节水改造、扬黄灌区大型本站更新改造、库井灌区节水改造项目区建设，发展节水灌溉面积125万亩；抓好中部干旱带百万亩高效节水补灌工程、9个县旱作节水农业示范基地建设项目、中卫市20万亩节水农业示范区和同心下马关以色列节水示范项目建设，推进中部干旱带旱作节水示范区建设；抓好引黄灌区5个县全国新增千亿斤粮食产能建设项目，改造中低产田18万亩，推进引黄灌区现代农业示范区建设；抓好南部山区重点流域综合治理项目、以工代赈项目，推进南部山区生态农业示范区建设。

加强生态建设。切实抓好天然林保护、三北防护林、退耕还林荒山造林等重点林业工程，启动实施贺兰山东麓生态防护林工程。组织实施好全国防沙示范省区建设项目，促进防沙治沙与沙产业协调发展。加大沿黄湿地保护项目建设力度，完善银川鸣翠湖、农垦沙湖、平罗天河湾湿地、中卫腾格里湿地基础设施，带动“四水产业”和乡村旅游业发展。巩固退耕还林成果，建设中南部退耕还林区基本口粮田，培育壮大草畜、设施农业、特色林果等产业，促进退耕还林区后续产业发展。

（三）加快服务业发展

推动沿黄经济区大发展。制定实施沿黄城市带产业布局规划，加快建设黄河圣坛、枸杞博物馆、黄河楼等标志性建筑，加强城市基础设施建设，抓好银川综合服务城市试点，提升面向能源化工“金三角”服务能力，争取城市化率提高2个百分点。积极发展现代物流。科学规划和发展宁夏现代物流产业，推进重大物流项目建设，积极支持发展货运、生产、商业、综合服务型物流园区，提供专业化物流配送服务，降低物流成本和企业经营成本，提高物流效率，为消费者提供更优质更廉价的服务和产品。

加快旅游业发展。深度开发塞上江南新天府、贺兰山历史文化、六盘山红色生态“三大板块”，开工建设中华回乡文化园二期、水洞沟遗址旅游基础设施，完成须弥山、六盘山旅游区基础设施建设，建成黄河圣坛、青铜古镇、黄河书院等沿黄标志性文化旅游设施，启动红色旅游基础设施二期工程，力争启动沙坡头旅游区沙漠小镇建设项目，抓紧建设沙湖水镇。

促进房地产业健康发展。贯彻落实国家房地产调控政策，严格执行差别化住房信贷政策，有效遏制投资投机性炒房。加大保障住房建设力度，确保完成廉租房、经济适用房、公共租赁房、农民工周转房等保障住房建设任务。

（四）确保投资实现较快增长

实施好中央投资项目。充分做好项目勘察、设计、论证分析等前期工作，抓紧完备土地、环评、项目审核等审批手续，确保投资计划下达后能立即组织开工建设。抓好重点项目建设。继续把重点项目作为拉动经济增长的重要抓手，加强与重点项目单位的联系，主动做好服务保障，及时帮助解决项目建设中存在的问题，保证重点项目建设顺利推进。做好重大项目储备及前期工作。结合“十二五”规划编制，扎实做好重大项目谋划和储备工作，尽快建立“十二五”初期重大项目储备库。加大前期经费投入，进一步完善项目设计、论证和评估机制，提高项目前期工作质量。挖掘储备一批带动作用强、发展潜力大、科技含量高、经济效益好的大项目、好项目，为投资持续快速增长奠定基础。全力保障项目建设资金需求。

协调各银行机构加大信贷投放力度，完善与各大银行的对话合作机制，积极组织开展各种形式的银企对接活动。努力探索扩大民间投资的新途径，积极引导和鼓励非公有制经济在经济建设中发挥更大作用，促进民间投资加快增长。强化建设项目管理。认真落实中央和自治区关于治理工程建设领域突出问题的相关决定，维护良好的项目建设秩序，促进全区投资和项目工作健康发展。进一步加强稽查检查，深入开展专项治理工作，确保中央扩大投资项目执行好、管理好、质量好。

（五）加快重大交通设施建设

扩大铁路路网规模。完成银川火车站改扩建工程，加快包兰线惠农至兰州段增建二线工程、王洼煤矿至原州区铁路建设，开工建设宝中铁路复线工程、银川至西安铁路和银川经惠农至东乌铁路连接线，加快推进甘肃白银至太阳山铁路、太中银铁路定边至银川、中卫复线工程、银川经阿拉善左旗至临哈铁路连接线等项目前期工作。

继续加快高速公路网建设。建成同心至沿川子高速公路、国道211线灵武至白土岗段、古窑子至青铜峡高速公路古窑子至金积段、银巴高速公路，加快青岛至兰州公路东山坡至毛家沟段、109国道石嘴山黄河公路大桥、国道211线高速公路、古窑子至青铜峡高速公路等项目建设步伐，开工建设西线高速银川至中宁段、银川兵沟黄河大桥及连接线工程、东线高速鄂托克前旗至盐池段、省道103线羊场湾至马儿庄一级公路，加快东线高速盐池至预旺段、西线高速惠农至石嘴山段、京藏高速红寺堡至桃山口段、叶盛黄河公路大桥等项目前期工作。

提升航空运输能力。继续保持对民航基础设施的投资力度，完善机场功能定位，增开航线数量，扩大通达范围。开工建设银川河东机场三期扩建工程，积极开展石嘴山沙湖机场前期工作。

（六）继续抓好节能减排

促进资源节约和清洁利用。推进煤的清洁高效利用，大力开发利用风电、太阳能光伏发电等新能源。全面开展循环经济试点工作，拓宽工业固体废弃物综合利用领域，完善再生资源回收利用体系。控制和减少环境污染。加强污染物总量控制、严格控制污染源排放、加快现有污染水域和地下水环境的综合整治。提高工业废水处理水平，开展地下水源地保护，加强二氧化硫和一次颗粒物排放控制。

大力推进农村生活污染治理，因地制宜地开展农村污水、垃圾污染治理。控制农业面源污染。积极发展绿色和低碳经济。

建设以低碳排放为特征的工业、建筑、交通体系，推动经济社会发展向高能效、低能耗、低排放模式转型。以新能源及新能源设备制造产业为核心，进一步延伸风力发电、太阳能光伏发电产业链，大力发展多晶硅、电池片等太阳能光伏产业。

加强天然林保护和天然草场植被的恢复，增加人工林地、人工草地，扩大湖泊湿地面积，增强碳汇功能。

（七）扩大就业改善民生

继续加大就业支持力度。完善就业补贴、税费减免、小额担保贷款等就业优惠政策，帮扶更多的群众就业、创业。落实好社保补贴、公益性岗位补贴、小额担保贷款等扶持政策，鼓励企业使用下岗失业人员、各类登记失业人员。实施职业技能、再就业、失业职工、阳光工程、鉴定培训等培训工程，满足企业对技能人才的需要。

加快完善社会保障体系。继续做好新农保试点工作，争取在2012年实现新农保制度全覆盖。加快社保基础设施建设步伐，力争完成4～5个县级及其所辖乡镇就业和社会保障服务平台建设，提升基层就业和社会保障公共服务能力。积极推行社保一卡通，争取实现“五险一卡通”并逐步向其他民生领域扩展，最终实现区、市、县、乡、村五级民生保障信息共享。

不断提高公共服务水平。组织实施好中小学校舍安全工程、农村初中改造工程、边远艰苦地区农村教师周转宿舍建设工程、特殊教育学校建设工程，完成固原一中、青铜峡一中、贺兰月亮湖高级中学、永宁中学、隆德中学等标准化高中建设工程。实施固原农校、青铜峡职教中心等5所学校中等职业教育基础能力建设二期工程，建设宁夏艺术学校新校区，加快普及高中阶段教育步伐。建成宁夏财经学院新校区，基本建成宁夏大学科技综合楼。继续完善农村三级卫生服务体系，建设3个县级医院、22个中心乡镇卫生院、130个村卫生室。加快建设自治区儿童医院，力争启动卫生监督机构建设、全科医生临床培养基地建设。加快推进宁夏大剧院项目建设，建成固原市图书馆、贺兰山体育场、中卫市体育馆、须弥山博物馆，基本建成宁夏地质博物馆、水工博物馆，开工建设固原市文化馆、固原市广电中心、吴忠市体育中心，为构建公共文化服务体系奠定基础。实施文化和自然遗产保护工程，完成西夏王陵文物保护设施建设工程。启动实施20户以下广播电视村村通工程，力争启动中小城市数字影院和文化产业示范基地公共服务中心项目建设。建成宁夏老年福利服务中心、宁夏儿童福利院，争取启动残疾人综合服务设施、流浪未成年人救助保护设施、儿童福利设施建设。

继续抓好生态移民和农村饮水安全。编制和启动《宁夏“十二五”生态移民规划》，逐步将不适宜生存地区的35万贫困人口搬迁安置到近水、沿路、靠城的区域，全面加快西海固地区扶贫开发进程。继续抓好中部干旱带县内生态移民工程，新开工建设4.6万人移民安置工程；组织引导移民到沿黄经济区、工业园区、产业基地务工。新建30处中小型集中供水工程和集雨工程3000处，解决30万人的饮水安全问题；在100个行政村启动“农村人畜饮水到村入户工程”。

维护物价基本稳定。高度关注通胀预期，进一步加强价格监测和预警分析工作，继续做好与群众生产生活密切相关的粮油菜肉、化肥、钢材、煤炭等重点品种价格预警和应急监测工作。加强价格综合调控和监管检查，适时适度推进油、气、水等资源价格改革，坚决依法打击各种扰乱市场价格秩序的违法行为。完善低收入群体补贴机制，落实临时物价补贴政策。

（八）加快重点改革和对外开放步伐

深化医药体制改革。以实现城乡居民公平享有基本医疗保障为目标，打破户籍界限，在全区建立统筹城乡居民基本医疗保险制度。积极稳妥推进公立医院改革，促进基本公共卫生服务均等化。

积极发展内陆开放型经济。组织实施《宁夏内陆开放型经济中长期发展规划》，加快发展面向阿拉伯国家和穆斯林地区开放，争取国家将宁夏列为内陆开放型经济先导区。充分发挥宁夏回族穆斯林文化优势，建设清真食品认证、经贸文化交流、伊斯兰金融三大中心，国内外产业转移承接地、清真食品穆斯林用品集散地、国际穆斯林旅游目的地三大基地，中阿（宁夏）经贸文化论坛永久会址、宁夏世界穆斯林文化城、国际穆斯林商品贸易中心三大平台。

积极扩大对外贸易。继续加大财政支持力度，适时调整支持扩大出口的政策措施，尽量减免进出口企业有关税费。加快转变外贸出口增长方式，支持新材料、生物医药、机电、高新技术产品等优势特色产品出口，大力拓展亚洲、非洲等发展中国家新兴市场，重点开拓中东、东南亚和中亚伊斯兰国家市场。做好利用外资工作。加快世界银行贷款宁夏黄河东岸防风治沙示范项目、中部干旱带节水农业示范项目的前期工作，争取完成可研报告编制和报批。争取自治区人民医院、宁医附院借用奥地利政府贷款购置医疗设备项目完成前期工作，宁夏妇幼保健院借用国外贷款等项目列入国家国外贷款规划。提升招商引资水平。加强对招商引资工作的考核，提升外资服务水平，优化外商投资项目审批流程，切实提高签约项目履约率和资金到位率。

第十章　新疆维吾尔自治区

一、2010 年工作总结

(一) 综合经济实力迈出新步伐

2010 年，全区生产总值增长 10.6%左右，地方财政一般预算收入增长 28.8%以上，全社会固定资产投资增长 25.2%。城镇居民人均可支配收入增长 11.3%，农民人均纯收入 4643 元，增长 19.6%。全年社会消费品零售总额增长 17.1%。

(二) 基础设施和基础产业取得新进展

完成重点项目投资 1200 亿元，增长 20%。下坂地水利枢纽、吐鲁番机场、国道 314 线库尔勒—库车高速公路等 42 个重点项目建成投运。喀什—和田铁路开通运营，实现了新疆与西北 750 千伏电网联网。国道 217 线布尔津至白碱滩二期、新疆乌鲁木齐北郊至吐鲁番、吐鲁番至哈密 750 千伏输变电工程等重大项目建成投产。卡拉贝利水利枢纽、库车—阿克苏高速公路等 32 个重点项目开工建设。兰新铁路第二双线、国道 217 线独山子—乔尔玛公路等项目加快实施。一批重大项目前期工作加速推进。

(三) 城乡区域协调发展呈现新局面

加快推进新型城镇化。着力增强中心城市带动作用，大力推进乌昌经济一体化进程，着力打造乌鲁木齐都市圈，完善和提升城市基础设施和公共服务设施。加快喀什、库尔勒、伊宁、哈密等区域中心城市发展，提升产业聚集、功能开发和综合承载能力，提高对周边地区的辐射和集聚作用。加快推进中心镇建设，大力发展特色经济，加快人口集聚。加强村庄规划、建设和整治，改善农村居民生产生活条件。推进天山北坡经济区率先发展，充分发挥其引领、辐射和带动作用。加快发展天山南坡产业带，依托石油天然气、特色农产品资源优势，加快优势资源转换步伐，促进和带动南疆经济快速发展。狠抓南疆三地州贫困地区薄弱环节建设，扶持特色产业发展，加大扶贫开发力度。改善高寒地区群众生产生活条件，大力实施富民兴牧等民生工程。城乡区域协调发展格局逐步形成。

(四) 生态建设与环境保护取得新成效

生态建设步伐加快，全年完成造林 295 万亩、退耕还林 39 万亩。2003 年以来，通过围栏、休牧、轮牧、禁牧等方式，保护和自然恢复了 1.15 亿亩天然草地，其中，2010 年退牧还草工程实施草原围栏 2280 万亩。先后启动实施了一批节能减排项目。十大重点节能工程建设、循环经济发展、淘汰落后产能、城镇污水垃圾处理、污染防治等节能减排重点项目进展顺利。电力、钢铁、有色、石油石化、化工、建材等重点行业节能减排管理逐步规范，先进适用技术改造传统产业的力度不断加大。重点流域水污染治理、重金属污染治理、农村环境综合整治取得成效。生态建设和环境保护项目的实施，使新疆局部地区生态环境和人居环境明显改善，可持续发展能力进一步增强，为实现人与自然和谐发展奠定了初步的基础。

（五）特色优势产业发展取得新突破

粮食产量增长，棉花综合效益提升，特色林果业保持强劲发展势头。粮食总产量1171万吨，创历史新高。棉花面积稳定在2000万亩，棉花总产量为248万吨，棉农收益大幅提升。调整优化林果业区域布局和品种结构，提升果品贮藏保鲜、精深加工能力，林果总产量超过800万吨。设施农业面积突破100万亩，成为农民增收的新亮点。积极发展农区畜牧业，加强重大动物疫病防控体系建设，支持畜禽标准化规模养殖场和良种繁育体系建设。

全力推进煤炭、煤电、煤化工产业发展。重点做好国家大型煤炭基地建设，开工建设一批大型、特大型煤矿项目，促进煤炭工业产业升级。推进准东和吐哈煤炭基地煤电一体化项目，加快南疆三地州电源建设。全年原煤产量9926.7亿吨，增长12.6%；发电量679.3亿千瓦时，增长18.9%。加快疆内750千伏主网架建设，推进城乡配电网升级改造，促进电源电网协调发展。加快特高压直流输电项目前期工作，尽早实现"疆电外送"。加快油气资源勘探开发，原油2558.16万吨，增长1.8%；天然气249.91亿立方米，增长1.8%。加快建设罗布泊钾盐年产300万吨钾肥二期和五鑫铜业10万吨阴极铜等工程。旅游业快速发展，改善重点旅游景区基础设施条件，积极发展生态旅游、文化旅游、休闲度假旅游。全区接待游客总人数、旅游总收入均创历史最好水平。

（六）改革开放迈上新台阶

涉农改革取得新进展，一事一议财政奖补试点增加到39个县(市)，33个县(市)纳入农村土地承包经营权登记试点，56个县(市)开展了农村土地承包纠纷仲裁，建成乡镇金融服务站170个。企业资源整合和投资主体多元化步伐加快，16家国有企业辅业单位改革工作顺利完成，出台促进中小企业发展27条政策措施。进一步减少行政审批事项，简化办事程序。完善投资体制改革，推进代建制分级管理。在全国率先启动资源税从价计征改革。全区31个县(市)198个乡镇卫生院和80个城市社区卫生服务中心实施了国家基本药物制度，对列入国家基本药物目录的药品实行零差率销售。

全面推进"外引内联、东联西出、西来东去"开放战略。加快喀什、霍尔果斯特殊经济开发区前期工作，中哈霍尔果斯国际边境合作中心完成配套基础设施建设，2010年底封关运营。建成伊尔克什坦口岸、卡拉苏口岸。成功举办第19届"乌洽会"。开展跨境贸易人民币结算试点，建立新疆与中亚国家和俄罗斯的人民币跨境结算和清算渠道。外贸进出口总额171.3亿美元，增长23.9%；实际利用外资2.4亿美元，增长11.3%。

（七）民生建设有了新提高

高起点、高水平实施"富民安居"工程，2010年内建成抗震安居房10万户、农村危房改造5.7万户，游牧民定居工程1.3万户。启动"富民兴牧"工程，开工建设了8座牧区小型水库和1座渠首工程。实施南疆天然气利民工程。大力推进就业再就业工作，提前一个月实现零就业家庭动态清零，全区城镇就业再就业超过预期35万人目标，转移农村劳动力210万人。全面提高各类人员收入水平，涉及400多万人，惠及面之广前所未有。进一步扩大新农保试点范围，惠及608万农牧民。各项社会事业全面推进，全区学前、中小学接受“双语”教育和民考汉的学生占少数民族在校生比例达49%，提高8.1个百分点。新型农村合作医疗参合率达98.6%，比上年提高1.4个百分点。开展了一系列“送演出下基层”文化惠民活动，“热爱伟大祖国、建设美好家园”主题教育活动深入人心。

二、2011年工作要点

（一）加强基础能力建设

进一步扩大投资规模，集中力量抓好一批事关全局和长远发展的基础设施、基础产业等重大项目建设。重点安排水利骨干工程、综合交通运输体系、电网工程、重点流域生态环境保护工程以及煤电煤化工、有色金属等领域的项目建设。推进新建水库配套灌区建设，加快大中型灌区续建配套和节水改造。加快兰新铁路第二双线、昌吉新热电厂等140个在建项目工程进度。新开工建设哈密—额济纳铁路、乌鲁木齐绕城高速等40个项目。建设和完善亚欧大陆桥、库尔勒至成都通道及中亚、西亚出境国际通道。扩大“西气东输”管道输气能力，积极推进中哈、中俄等国际油气管道建设。全力做好项目前期工作，力争准东—重庆和哈密—郑州两条特高压直流输电工程、富蕴—准东铁路等一批项目早日开工。加快南疆三地州火电电源建设，改善电力紧张局面。

（二）强化生态建设与环境保护

启动实施塔里木盆地周边和准噶尔盆地南缘防沙治沙工程、天山北坡谷地森林保护工程，加快重点防护林、天然林保护、湿地保护、冰川保护、艾比湖流域生态环境保护等工程建设，建立草原生态保护补助奖励机制。改善城市人居环境，抓好城市绿化、大气环境治理工程。加快城镇污水设施改造升级、污水再生利用和收集配套管网建设，全面实施县城垃圾无害化处理。继续推进乌鲁木齐市大气污染防治工程。加强农村环境保护，创建一批“环境优美乡镇”和“文明生态村”。支持重点耗能行业和企业节能技术改造，加强对主要污染物排放总量的控制。积极推进建筑节能。

（三）加快推进新型工业化，发展特色优势产业

加快煤电煤化工、石油石化下游产业、建筑材料、紧缺矿产资源开发、农产品深加工、高新技术等优势产业和新疆特色现代产业体系建设。加快国家紧缺矿产资源的勘探开发力度，加大煤炭和煤层气资源勘查，稳步推进大型煤炭基地建设，积极推进盐湖资源综合利用，培育一批骨干龙头企业。加快新能源、新材料、生物技术、先进装备制造、节能环保、电子信息等战略性新兴产业发展。加强信息化和工业化的深度融合，推进传统产业转型升级。大力发展轻工业、加快纺织工业发展。加快工业园区建设，推进产业集聚。大力支持非公有制经济和中小企业的发展。加快发展现代金融、物流、商务、信息服务等生产性服务业，加快发展商贸服务、社区服务、住宅产业、中介服务等生活性服务业。

(四) 大力发展现代农牧业

着力提高农业生产经营规模化、标准化、产业化水平，实现农业发展方式由产品数量型向市场经营型、质量效益型、精深加工型、绿色环保型转变，增强农业综合生产能力、抗风险能力和可持续发展能力。进一步优化现代农牧业发展布局。增强粮食综合生产和加工转化能力，确保区内平衡，略有节余。推进棉花、特色林果业、优质畜产品发展，提升特色农业发展规模、质量和效益，增加农民收入。发展高效节水农业，推广喷滴灌节水技术，推进精品农业、设施农业发展。改革耕作制度，全面推广多熟高效种植，大幅度提高土地产出率和资源利用率。积极推广以节本增效为重点的农业先进适用技术，增强农业科技成果转化能力，提高农业机械化、信息化水平。

(五) 促进城乡区域协调发展

实施南北互动的区域协调发展战略。支持发展天山北坡经济带，形成西部地区新的经济增长极。编制完成天山北坡经济带发展规划，提升天山北坡战略地位，发挥天山北坡辐射集聚带动作用。积极推动天山南坡产业带发展，做大做强石油天然气、纺织、农副产品精深加工等特色优势产业，延伸产业链，提高附加值。加大对南疆三地州的特殊扶持力度，对集中连片特殊困难地区实施开发攻坚工程，缩小区内发展差距。以改善牧民生产生活条件和增强可持续发展能力为目的，加强对沿边高寒地区发展的支持。沿边高寒地区要充分发挥丰富的天然草场资源和口岸优势，在注重保护生态环境的基础上，加快发展以现代畜牧业、生态旅游业和边境贸易为主的特色优势产业，着力建设全疆重要的绿色有机畜产品基地、特色产品生产加工出口基地和我国西部地区重要的生态、民俗旅游目的地。按照立足生产、发展产业、统筹城乡、安边兴县的原则，全面推进17个边境扶贫重点县(市)扶贫工作。加快新型城镇化建设步伐，以重要交通干线为发展轴，形成天山北坡城市群和若干城镇组群，努力打造区域中心城市，积极推进小城镇建设。加快构建布局合理、特色鲜明、优势互补、支撑功能强的城市格局。

(六) 大力改善民生

继续实施安居富民、定居兴牧工程，让广大农牧民过上具有基本现代文明的生活。完成30万户农村安居建设任务、2万户游牧民定居任务。新建廉租住房7.4万套、公共租赁房5.6万套、各类棚户区改造10万户。完成414万平方米中小学校舍和医院抗震加固改造任务。加大生活设施建设，配套建设学校、医院、孤儿院、养老院、文化站等公共服务设施。推进“双语”教育，加快解决学前幼儿和中小学“双语”教师短缺等问题，使少数民族学生基本熟练掌握和使用国家通用语言文字。实施更加积极的就业政策，千方百计增加就业岗位。加大社会保障力度，落实好城乡低保、养老、医疗等社会保障政策，提高社会保障水平。提高城乡居民收入水平，促进城乡居民持续增收。

(七) 切实做好新一轮对口援疆工作

同援疆省(市)一起早谋划早部署早行动，立足当前、着眼长远，因地制宜地编制好专项规划，确保对口支援规划科学、协调、可行。坚持群众第一、民生优先原则，把援助资金主要用在改善民生上，特别是要重点抓好城镇廉租住房建设和各类棚户区改造，让群众看到好处、得到实惠。着力解决各族群众迫切需要解决的困难和问题。不断创新对口支援工作方式，把“输血”与“造血”、硬件建设与软件建设结合起来，把当地的资源优势与对口支援省(市)产业特色结合起来，形成经济援疆、干部援疆、人才援疆、教育援疆、科技援疆的新局面，增强新疆长远发展的后劲。

(八)扩大对内对外开放步伐

面向国际国内两种资源、两个市场，全方位扩大对内对外开放，坚持全面推进“外引内联、东联西出、西来东去”的开放战略，抓紧新疆喀什、霍尔果斯特殊经济开发区建设步伐。加快建设一批进出口加工贸易基地，主动吸引和承接国际国内产业转移，发展面向周边国家的外向型产业，鼓励新疆企业开展对外投资合作，主动加强同周边国家进行能源资源互补为主的深层次合作，加快建设与内地及周边国家物流大通道，抓住国家将“乌洽”会升格为“中国—亚欧博览会”的机遇，拓宽新疆维吾尔自治区与中亚、西亚、欧洲的经贸合作，探索建立中亚自由贸易区，努力把新疆打造成我国对外开放的重要门户和桥头堡。

(九)推进重点领域和关键环节改革

继续深化国有企业改革，大力发展混合所有制经济，实现投资、产权主体多元化。完善和落实鼓励民间投资的政策措施，放宽市场准入，拓宽民间投资渠道。深化行政管理体制改革，按照公开、透明、高效、廉洁的要求，加强政府自身能力建设，提高政府的执行力和公信力。进一步优化信贷结构，加大对重点领域和薄弱环节，特别是重点项目、就业、战略性新型产业、特色优势产业的信贷支持，有效解决中小企业和“三农”融资难的问题，提高金融支持经济发展的可持续性。

(十)加大人才开发力度

进一步落实国家西部大开发有关人才的政策，建立健全使用、吸引、留住人才的机制，认真落实《新疆中长期人才发展规划纲要(2009—2020年)》。组织实施好重点人才工程，完善人才引进与培养各项政策措施，推动科研项目、重点建设与人才有机结合。加强各类人才培养，提高人才队伍整体素质。实施企业经营管理人才培训计划。重点做好特色农牧产品加工、特色旅游、石油化工、能源资源开发等企业高层管理人员培训。实施农村实用人才开发工程，围绕棉花、粮食、林果、畜牧基地建设，大力开展实用技术人才培训。加大少数民族干部与人才队伍建设力度。

第十一章　内蒙古自治区

一、2010年工作总结

(一)综合经济实力明显增强

全年生产总值增长14.9%,总量达到11655亿元;全社会固定资产投资增长19.1%,总量达到8972.08亿元;社会消费品零售总额增长19%,总量达到3337亿元;地方财政总收入达到1738.13亿元,增长22%;城乡居民人均收入达到17698元和5530元,分别增长11.7%和12%。

(二)基础设施条件不断改善

公路方面,在规划建设的14个高速出口通道中,已有6个建成运营;在14个陆路口岸中,已有11个口岸公路达到二级以上标准。全区公路通车总里程达到15.7万公里。铁路方面,已形成一条东西通道(包兰、大包、集通铁路),两条煤炭下海通道(一是大包线、大准线经大秦铁路至秦皇岛港,二是包神—神朔—朔黄铁路至黄骅港)和三条口岸通道(滨州铁路连通满洲里口岸,集二铁路连通二连浩特口岸,临策铁路连通策克口岸)。呼和浩特至张家口客运专线已经批准建设,鄂尔多斯至曹妃甸、锡林郭勒至曹妃甸煤运通道正在建设中。全区铁路运营总里程达到10789公里。机场方面,全区建成民航机场12个,开通国内外航线141条,2009年旅客吞吐量达到751万人次。最近,国务院、中央军委已批准将阿拉善盟作为国家首个通勤航空试点,煤化工管道方面,大唐克旗至北京煤制天然气管道正在建设中,鄂尔多斯至曹妃甸两条煤化工管道项目正在抓紧进行前期工作。电力外送通道方面,国家已同意开展锡盟至南京特高压外送通道前期论证工作。全区已建成500千伏外送电力通道10条,外送电能力达到2500万千瓦。

(三)生态建设取得初步成效

已落实2010年度京津沙源工程造林任务434.4万亩,天然林资源保护工程造林任务175.5万亩,防护林工程造林任务232.2万亩,退牧还草2712万亩,退耕还林荒山造林82.5万亩。经过10年来坚持不懈的努力,生态工程建设区域的生态状况出现了明显好转,全区森林覆盖率由2000年的14.8%提高到20%以上。

(四)特色优势产业较快增长

畜产品产量稳定增长,全区肉类总产量248.93万吨,增长6.4%;牛奶产量905.15万吨,增长0.2%。煤炭、电力等传统优势产业较快增长。全区煤炭产量7.87亿吨,增长

26.3%。电力行业全面恢复增长,发电量完成2483.88亿千瓦小时,增长13.1%。装备制造、新能源、现代煤化工等新兴产业快速成长。载货汽车产量4.2万辆,增长67.6%;新增风电装机480万千瓦,达到1000万千瓦;风力发电199.25亿千瓦小时,增长73.2%;甲醇产量186.5万吨,增长24%;已形成煤基油产能142万吨,煤基乙二醇产能20万吨。

(五)各项社会事业全面进步

教育保障能力进一步增强。安排教育支出328亿元,增长35%。免除了义务教育阶段中小学寄宿生住宿费,减免了中等职业学校学生相关费用,直属高等院校生均经费提高到4800元。中小学校舍安全工程稳步推进,已开工学校2158所,累计开工面积1659.4万平方米;卫生服务体系建设得到加强。2010年以来,共争取到国家卫生方面建设资金7.6亿元,已安排建设各类卫生机构项目508项。15岁以下补种乙肝疫苗、白内障复明手术、农村牧区妇女两癌免费检查等重大公共卫生服务项目进展顺利;文化事业繁荣发展。公共文化服务工程稳步推进,重点文化工程项目建设进展顺利,元上都遗址博物馆开工建设。文化产业政银战略合作取得新突破,自治区政府与9家银行签订战略合作协议,支持文化产业发展。

(六)民生工作扎实推进

就业形势基本稳定。城镇累计新增就业24.65万人,完成年度计划的112%,其中安置"就业困难对象"5.94万人,城镇登记失业率3.9%。农牧民转移就业246.77万人,完成年度计划的103%;其中转移6个月以上的184.89万人,完成年度计划的109%;工资水平普遍提高。全区12个盟市中已经有9个盟市提高了机关事业单位人员津贴水平,2个盟市提出了调整津补贴方案。自治区本级落实了直属机关事业单位发放误餐补助、补贴职工取暖费和带薪休假制度方案。企业职工最低工资标准一类地区从680元/月提高到900元/月;保障性住房建设步伐加快。开工建设廉租住房4.7万套、公共租赁住房7157套,中央下放煤矿棚户区改造3.6万套,国有林区棚户区和危旧房改造4.2万套,国有垦区危旧房改造8889套,国有工矿棚户区改造1.3万套,实施城市棚户区拆迁改造13.4万户,农村牧区危房改造4.3万户;社会保障标准大幅提高。企业退休人员养老金人均每月增加169元,城乡居民最低生活保障标准每人每月分别提高39元和23元。工伤职工伤残津贴人均每月增加162元、生活护理费增加84元、供养亲属抚恤金增加71元;农村牧区民生工程得到加强。新建农村户用沼气落实计划8.9万户,实际完成10.05万户;农村安全饮水落实计划128万人,实际解决了134.7万人的安全饮水问题。

(七)统筹区域协调发展力度加大

西部地区产业布局深入推进。编制完成了《以呼包鄂为核心沿黄河、沿交通干线经济带重点产业发展规划》,新增项目严格按照规划确定的重点园区产业定位进行布局;东部地区发展加快。东部5盟市规模以上工业增加值增长率达到20%,比全区平均高3个百分点;对口帮扶工作进一步加强。按照自治区党委、政府的部署,鄂尔多斯市和兴安盟建立了结对关系,制定了对口支援实施方案,目前工作已经全面展开,重点帮扶项目陆续开工建设;推进满洲里开发开放试验区建设。自治区编制了《满洲里建设国家重点开发开放试验区实施方案》,力争使满洲里市在先行先试方面迈出新步伐。

（八）进一步扩大对外开放

在西部大开发优惠政策的扶持下，全区实施招商引资项目1546项，国内（区外）资金到位2740亿元。组织参加了"西洽会"、"科博会"、"津洽会"、"吉林东北亚博览会"等全国性投资促进活动。成功组织了东北三省与内蒙古自治区重点合作项目签约仪式，与北京市签署了《北京市人民政府　内蒙古自治区人民政府区域合作框架协议》。全区引进外商直接投资33.85亿美元，利用国际金融组织和外国政府贷款约1亿美元；列入国家利用外国政府贷款规划项目4项，总金额4410万欧元；境外投资设立25家企业，中方协议境外投资总金额4.05亿美元。

（九）西部大开发政策落实情况

全区认真贯彻落实《中共中央、国务院关于深入实施西部大开发战略的若干意见》，形成并下发了《内蒙古党委、政府贯彻落实〈中共中央、国务院关于深入实施西部大开发战略的若干意见〉的实施》和《内蒙古党委、政府贯彻落实〈中共中央、国务院关于深入实施西部大开发战略的若干意见〉重点工作分工方案的通知》初稿。完成上报了满洲里开发开放试验区建设实施方案。深入推进西部地区产业布局，编制完成了《以呼包鄂为核心沿黄河、沿交通干线经济带重点产业发展规划》，新增项目严格按照规划确定的重点园区产业定位进行布局。按照国家发展改革委的统一部署，配合浙江大学完成了《呼包鄂银经济区发展规划》的调研收集工作。

抓住国家支持西部地区、民族地区跨越式发展的机遇，自治区组织起草了《关于进一步促进内蒙古经济社会发展的若干意见》，梳理形成了六个方面26条政策建议并提交国家文件起草组参考。配合国家调研组针对《关于进一步促进内蒙古经济社会又好又快发展的若干意见》完成了内蒙古实地调研，并对各调研专题组提出的问题进行了进一步梳理，提出了相关政策建议。

二、2011年工作要点

（一）促进经济平稳较快发展

继续加强基础设施建设。铁路方面，新开工建设赤峰、通辽至京沈客专、额济纳至哈密、锡林浩特至绥中港等20个重点铁路项目，新开工里程3500公里；建成集张、赤锦、集包增建第二双线、通霍复线等16个项目，新增铁路1680公里，铁路营业里程突破1.1万公里。公路方面，新开工建设通辽至好力堡、临河至哈密、乌兰浩特至扎兰屯等5条高速公路，新开工里程1330公里，新增高速公路745公里，高速公路总里程达到3100公里。电网方面，配合国家电网公司做好锡林郭勒盟至华东送电通道前期论证工作，推进蒙东电网、蒙西电网500千伏主网架、220千伏地区电网及风电送出等工程建设，新开工500千伏线路837公里。能源方面，新开工吉林郭勒2号露天矿、高头窑煤矿等8个煤炭项目，新开工规模5320万吨；新开工上都电厂三期等4个火电项目，新开工规模280万千瓦。以非资源产业为重点，进一步扩大项目储备规模，重点储备一批新能源、新材料和装备制造等战略性新兴产业项目。

促进消费需求快速增长。研究制定收入分配体制改革方案，逐步提高居民收入在生产总值中的比重。建立健全职工工资正常增长机制，稳步提高城镇居民收入水平。继续加大支农惠农政策力度，落实促进牧区发展和牧民增收的政策措施，不断提高农牧民收入水平。积极培育新的消费热点，实施好促进家电、汽车、农机、节能产品消费的政策措施，完善住房消费和调控政策，发展网络购物和信用消费，加快发展电子通信、旅游、文化、娱乐等新兴消费热点产业，促进消费结构升级。加强市场流通体系建设，重点推进“万村千乡市场工程”和农村牧区“农家店”建设，推动物流配送中心建设和农畜产品批发市场、农贸市场升级改造，大力推广“便利消费进社区、便民服务进家庭”的“双进工程”。

积极扩大出口规模。稳定发展一般贸易和边境贸易，大力发展加工贸易，积极开拓国际市场，扩大出口规模。大力实施出口市场多元化战略，在继续巩固美、欧、日、俄、蒙等国家传统市场有效需求的基础上，积极开拓中东、中亚、南美、非洲、东欧等地区新兴市场。优化出口商品结构，提升出口商品质量档次和水平，鼓励企业加大技术改造和研发工作力度，促进电器电子、重型汽车、稀土深加工、生物制药、有色金属加工、专用机械等优势产业扩大出口规模，提高深加工、高附加值产品的出口比重。

（二）积极调整产业结构

保持农牧业稳定发展。继续组织实施百亿斤粮食增产规划，提高农牧业综合生产能力。加强农牧业基础设施建设，重点抓好旱改水、井灌区配套和大中型灌区改造，2011 年新增农田有效灌溉面积 200 万亩，节水灌溉面积 300 万亩。加强农畜产品基地建设，推进百万奶牛、百万肉牛、千万肉羊高产工程建设，建成奶牛标准化养殖小区 500 个，生猪标准化养殖小区 300 个。加强“菜篮子”工程建设，努力扩大蔬菜特别是城市郊区蔬菜种植面积，全年新增设施蔬菜 20 万亩，设施马铃薯 20 万亩。

提升特色优势产业发展水平。在巩固提升能源、冶金、化工、建材、农畜产品等传统优势产业的同时，要大力培育战略性新兴产业。重点是加快培育新能源、新材料、现代煤化工等产业。新能源方面，继续推进东西部两个千万千瓦风电基地和百万千瓦光伏产业基地建设，新开工风电规模 350 万千瓦，新开工光伏发电规模 12 万千瓦。新材料方面，进一步完善稀土储备政策，严格落实国家稀土指令性计划，加快研究和推进包头稀土交易中心建设工作。现代煤化工方面，继续推进煤制油、煤制气、煤制烯烃、煤制二甲醚和煤制乙二醇等五大国家示范工程建设，新开工尿素 500 万吨、二甲醚 300 万吨、聚氯乙烯 150 万吨。

加快发展现代服务业。继续落实自治区《关于贯彻落实国家物流业调整和振兴规划的实施意见》，推动建设通辽市综合物流园区、红山物流园区、巴彦淖尔现代农畜产品物流园区等物流重点工程。积极推进呼和浩特市国家服务业综合改革试点工作，促进服务业体制机制改革创新。进一步推进企业债券发行工作，加大创业投资引导资金扶持力度，拓宽企业融资渠道。研究出台全区服务业集聚区发展规划，指导全区服务业集聚发展。

（三）着力保障和改善民生

努力提高城乡居民收入水平。认真落实自治区机关事业单位艰苦边远地区津贴、误餐补贴等各项调资政策，逐步缩小与全国差距。加强农牧民工转移就业培训，扩大农牧民工转移就业面，增加务工收入。加快落实各项支农惠农政策，确保各类补贴及时足额到位，增加转移性收入。积极推动企业内部收入分配制度改革，适当提高企业最低工资标准，建立和完善职工工资集体协商制度。

加强就业和社保工作。认真贯彻落实《国务院关于加强职业培训促进就业的意见》，开展有针对性、实效性的职业技能培训，重点扶持建设一批具有示范带动作用和区域性辐射能力的职业技能实训基地，2011 年城镇新增就业 20 万人。进一步完善各项社保制度，全面实现医疗保险盟市统筹，认真落实医保关系转移接续和易地就医管理政策。着力提高各项保险待遇水平，进一步调整企业退休人员养老金水平，同时逐步缩小与机关事业单位退休人员的待遇差距以及养老金水平地区差异。

继续推进民生工程建设。积极改善农村牧区生产生活条件，全面实施通村公路工程，解决 100 万人的安全饮水问题，新增户用沼气 10 万户。加大保障性住房建设力度，继续组织实施保障性安居工程、棚户区改造和游牧民定居工程，明年新增经济适用房 4.95 万套，廉租住房 15.67 万套，公共租赁房 4.42 万套，国有矿区、国有林区、国有垦区棚户区、城市棚户区等各类棚户区改造 23.15 万套，农村牧区危旧房改造 6 万套，落实游牧民定居建设任务 3000 户。

（四）推进城乡区域协调发展

打造以呼包鄂为核心的西部经济区。组织落实《以呼包鄂为核心沿黄河、沿交通干线经济带重点产业发展规划》，推动自治区确定的 22 个重点工业园区快速发展。加快编制《呼包鄂经济区一体化发展规划》、《呼包鄂城镇群规划》，研究制定交通、通信、金融、社保一体化实施方案，推进呼包鄂一体化发展。

促进东部盟市加快发展。组织实施《国务院关于进一步实施东北地区等老工业基地振兴战略若干意见》的实施意见。进一步抓好资源型城市经济转型工作，争取国家将内蒙古自治区整体纳入国家资源型城市可持续发展试点范围，加强资源型城市经济转型项目的储备和建设。推进大兴安岭生态保护和经济转型，编制完成《内蒙古大兴安岭林区生态保护与经济转型规划》，做好项目申报和资金争取工作。进一步推进鄂尔多斯市对口帮扶兴安盟工作，落实好已经签订的各项帮扶协议。

推进城乡统筹发展。加快推进鄂尔多斯市统筹城乡综合改革试点步伐，选择一批有条件的旗县扩大旗县城乡统筹试点。积极稳妥推进城镇化，推动有条件的城镇把有稳定职业和收入的农民工及其子女转为城镇户口，并纳入城镇社会保障、住房保障等公共服务体系。

（五）推进可持续发展

加强生态建设。继续实施京津风沙源治理、退牧还草、“三北”防护林、天然林资源保护等重点生态工程，组织开展退牧还草、天然林资源保护、京津风沙源工程二期、“三北”防护林工程五期规划编制工作。推进草原阶段性禁牧、休牧和划区轮牧等保护措施。力争国家启动实施黄土高原综合治理工程和沙地沙漠治理治理专项。全面推进矿山环境整治和生态恢复工程建设，切实做好重点矿区及周边的环境保护和生态建设恢复植被工作。力争完成造林任务 1500 万亩，退牧还草 3000 万亩，治理水土流失面积 650 万亩。

切实推进节能减排。根据“十二五”期间节能减排规划要求，做好“十二五”期间节能减排目标制定和分解落实工作。继续加大落后产能淘汰力度，推进节能技改、流域治理、城镇污水处理等重点工程建设。力争新开工建设25个污水处理及管网工程、23个城镇垃圾处理项目。加快节能产品推广，抓好节能环保新技术、新产品推广应用工作。培育循环经济试点，积极发展清洁生产、合同能源管理和低碳经济。

(六)大力发展各项社会事业

结合教育布局调整和标准化建设，积极推进中小学校舍安全工程建设，到2011年全面完成建设任务，使中小学校校舍全部达到国家综合防灾、抗震要求。继续实施中等职业教育基础能力建设工程，改善办学条件。积极化解高校债务，加强高校重点学科、科技创新能力建设，提高为经济和社会发展服务的水平。

加快实施文化信息资源共享、苏木乡镇综合文化站、基层文化阵地建设、农村牧区电影放映以及草原书屋等五大公共文化服务工程，继续实施国家自然文化遗产地、历史文化名城名镇名村、抢救性文物保护、重点旅游景区建设工程。

建设覆盖城乡的公共卫生服务体系、医疗服务体系、医疗保障体系和药品供应体系。促进卫生服务均等化，逐步实现人人享有基本医疗卫生服务。继续加大基层医疗卫生服务体系建设力度，实施一批旗县医院、苏木乡镇卫生院和社区卫生服务中心项目。加快蒙医药事业发展，加大蒙医药基础设施建设投入力度。继续围绕保基本、强基层、建机制的工作要求，抓好自治区深化医药卫生体制改革近期重点实施方案(2009—2011年)各项工作的落实。

(七)着力推进改革开放

继续深化各项改革。全面推行事业单位分类改革、绩效工资制度改革，积极培育和规范发展社会组织。推动资源税改革试点，改革石油、天然气、煤炭税收征收方式，由从量征收改为从价征收。深化资源型产品价格改革，推行居民生活用电阶梯电价和居民生活用水阶梯式水价制度。加快环保收费改革，完善污水处理收费管理制度。研究探索建立排污权有偿使用和交易制度。深化投资体制改革，抓好代建制试点项目建设。

努力扩大对外开放。重点抓好与俄罗斯、蒙古国在资源开发领域的合作，支持有实力的企业开发境外资源以及并购境外资源开发企业，扩大煤炭等资源性产品进口规模，增加战略性资源储备。大力支持满洲里国家重点开放实验区建设。抓住国家设立中俄地区合作基金机遇，推进对俄跨境、边境基础设施建设。

大力推动区域协作。跟踪落实与北京、上海、湖北、山东及东北三省签署的合作框架协议和重点合作项目，拓展与河北、浙江等省的战略合作。加快制定出台自治区贯彻《国务院关于中西部地区承接产业转移的指导意见》实施细则，积极培育有条件的开发区与江、浙、沪等发达地区共建产业转移园区。

第十二章　广西壮族自治区

一、2010年工作总结

2010年，全区生产总值实现9502.39亿元，按可比价格计算，增长14.2%，增速比上年提高0.3个百分点，比全国快3.9个百分点。全区财政收入1228.75亿元，增长24.4%，高于预期14.1个百分点；其中一般预算收入772.3亿元，增长24.4%，同比快5.8个百分点。

（一）产业发展态势良好

2010年，第一产业增加值1670.37亿元，增长4.6%。主要农产品产量普遍增加。规模以上工业增加值3009.93亿元，增长23.7%，同比快6.9个百分点，比全国快8个百分点。食品、有色、石化、冶金、汽车、机械、电力等七大支柱产业对规模以上工业增长的贡献率达75%以上。工业新产品产值增长32%。工业企业实现利润450亿元，增长1.2倍。2010年，金融机构各项存款余额1181亿元，贷款余额8980亿元，分别增长22.6%和22%。全区货运量增长18.7%，客运量增长9.3%，邮电业务总量增长16.5%。共接待国内外游客1.04亿人次，增长17.4%；旅游总收入679亿元，增长31.5%。房地产市场运行平稳，商品房销售面积1778.7万平方米，增长17%。

（二）内需保持较快增长

2010年，全社会固定资产投资完成7859.07亿元，增长37.7%，其中城镇投资7161.84亿元，增长38.8%。铁路投资增长91.9%，环保投资增长75.4%，公共设施投资增长57.3%；重点项目加快建设。全区重大项目前三季度完成投资2335亿元，完成年度计划的63.6%。940项重大项目实现开工，316个重大项目投产或部分投产。实施的四批扩大内需8151个项目（不含央企项目）已全部开工，其中7572个项目已竣工（或完成年度投资计划），完工率92.9%；消费市场持续活跃。社会消费品零售总额3271.81亿元，增长19%。

（三）生态环境保护取得积极成效

节能减排加快推进。全年淘汰落后产能任务提前完成，共淘汰落后电力64.4万千瓦、炼铁200万吨、水泥446.4万吨、造纸11.23万吨、皮革13万标张、铁合金2.1万吨。2010年前三季度万元规模以上工业增加值能耗同比下降3.1%。截至8月底，城镇污水集中处理率已提高到59.14%，二氧化硫排放量因违法排污企业停产整顿减少9300吨；生态建设成效显著。“绿满八桂”造林绿化工程和“百万农户种千万棵树”活动全面实施，新植树造林360万亩，超额完成350万亩的年度计划任务。新建沼气池10.97万座，完成全年计划的68.6%。城乡风貌改造进展顺利。

(四) 广西北部湾经济区加快发展

广西北部湾经济区基础设施和产业布局进一步完善。中石油钦州 1000 万吨炼油工程建成投产,填补了我国西南地区没有大型炼油厂的空白;防城港红沙核电项目正式开工建设,成为西部地区第一个开工建设的核电站。南宁保税物流中心和钦州保税港区于年初建成封关运营,凭祥综合保税区一期将于年底封关运行。2010 年前三季度北部湾港口货物吞吐量完成 8341.3 万吨,增长 25.9%。经济区生产总值增长 14.9%,增速继续高于全区平均增长水平。

(五) 开放合作进一步扩大

第七届中国—东盟博览会和中国—东盟商务与投资峰会、第五届泛北部湾经济合作论坛、第四届中印尼能源论坛等重大活动顺利举办。第六届桂台经贸文化合作论坛在台湾成功举办,共签署工商贸易、农业、旅游、文化等合作机制协议 15 个,签约项目 58 个,总投资 14.82 亿美元。与泛珠"9+2"各方以及河南、上海、重庆等合作项目有序务实推进,前三季度新签国内合作项目 5461 个,总投资 3878 亿元。新签外商直接投资项目 136 个,实际利用外资 17.5 亿美元。对外贸易快速增长。全年外贸进出口总额 177.06 亿美元,增长 24.3%,其中出口 96.1 亿美元,增长 14.8%。东盟继续成为广西第一大贸易伙伴,双边贸易额 65.26 亿美元,增长 32%,其中广西对东盟出口 45.88 亿美元,增长 27.1%。

(六) 人民生活持续改善

城镇居民人均可支配收入 17064 元,同比增长 10.4%,农民人均现金收入达到 3752 元,增长 12.8%,为民办实事进展良好。保障性住房新开工 14.72 万套(廉租房 1.46 万套、经济适用房 3.3 万套);少数民族聚居村寨防火改造工程竣工 1072 个,竣工率 92.7%;农村饮水解困工程开工 4373 处,建成 5314 处,解决 292.7 万人饮水安全问题;边境 3~20 公里兴边富民行动大会战竣工项目 4.51 万项,占项目计划的 93.7%。

二、2011 年工作要点

(一) 经济社会发展着力抓好的十个重点

加快转变经济发展方式,全力构建现代产业新体系,加快发展千亿元产业。大力发展战略性新兴产业,建设北部湾经济区高新技术产业带。积极发展现代服务业,加快现代物流、金融、商务、信息服务和工程设计等生产性服务业发展。切实加强"三农"工作,大力发展现代农业。千方百计扩大内需,保持经济平稳较快发展,加强投资、消费对经济的拉动。深入实施"两区一带"总体布局战略,加快形成区域发展新格局,充分发挥北部湾经济区引领带动作用,实现产业、港口、交通、物流、城建、旅游、招商、文化等大发展,建设国际区域经济合作区。加快城镇化进程,提高城镇管理水平,加快构建以南宁为核心的北部湾城市群和桂中、桂北、桂东南城镇群。深化改革开放合作,不断增强科学发展新动力,充分发挥中国—东盟博览会等平台的带动作用,积极推进大湄公河次区域、中越"两廊一圈"、南宁—新加坡经济走廊、南宁内陆开放型经济战略高地和东兴重点开发开放试验区建设。全力抓好节能减排,深入推进生态文明示范区建设。切实改善民生,促进社会和谐。

(二)西部开发要做好的几项具体工作

做好广西西部大开发和“十二五”规划的研究编制;研究做好广西壮族自治区贯彻国家新一轮西部大开发政策措施实施细则有关工作;重点推动南宁内陆开放型经济战略高地建设的前期各项工作;继续做好东兴重点开放开发试验区务实推进;全力推进广西桂东承接产业转移示范区建设;继续做好巩固退耕还林成果专项建设计划的编制、下达、组织实施和管理检查相关工作;继续做好第12届中国西部国际博览会的组织筹备工作;做好百色市(含滇池)教育扶贫移民试点推进工作;做好全国巩固退耕还林成果南宁现场会接待安排;继续做好人才开发培训、远程教育等相关工作;配合自治区党委宣传部做好广西壮族自治区西部大开发新闻媒体采访报道宣传活动,营造新一轮西部大开发良好社会氛围;与广西电视台合作做好西部大开发专题晚会和专题报道活动;做好国家发展改革委西部司和自治区西部大开发领导小组部署的各阶段具体工作。

第十三章　新疆生产建设兵团

一、2010年工作总结

（一）将中央深入实施西部大开发的战略决策落到实处

编制了深入实施西部大开发战略的指导意见，提出了分工方案和调整完善组织机构的意见。积极推进《兵团天山北坡经济带发展规划》编制工作。提出了兵团新增鼓励类产业目录。

（二）经济保持平稳快速增长

2010年以来，国民经济运行总体保持了快速增长的良好态势，生产总值增速逐季加快。全年实现生产总值770.6亿元，增长13.9%，主要指标完成或超额完成年度预期目标和兵团“十一五”规划目标。

（三）基础设施建设不断加强

固定资产投资呈现出平稳快速增长的态势，全社会固定资产投资448.27亿元，增长40.8%。水利建设重点实施了大型河流综合治理和水利枢纽、大型灌区改造等工程，肯斯瓦特水利枢纽工程开工建设。城镇建设不断推进，加强现有城市和52个边境贫困团场城镇基础设施建设。石河子支线机场迁建前期工作完成，待批立项。能源建设六师煤电项目一期建成投产、天富2×300MW热点联产等开工建设，霍尔果斯2×50MW热电联产项目进入核准阶段。落实试点援助项目16个，资金7.2亿元。

（四）产业结构调整和优化加快

农业结构调整稳步推进，“稳粮、调棉、增畜、增果”工作全面落实，粮、棉、油、酱用番茄产量基本与上年持平；果蔬园艺业、畜牧业快速增长，牲畜存栏较上年增长6.5%，肉类总产增长20%；红枣、葡萄等果品面积和产量大幅度提高，年末果园面积增长38%，果品产量增长18.9%。多项先进实用新技术进连入户，农业机械化水平进一步提高，高新节水灌溉面积突破千万亩，达到1023万亩，机采棉达到255万亩，较上年增加82万亩。全年实现第一产业增加值278.8亿元，增长11.8%。

工业持续稳定增长，建筑业运行态势良好，全年完成第二产业增加值262.3亿元，增长21.1%。加大技术改造和创新力度，建设了鸿基焦化尿素、天盛高支纱生产线、天盛色织布、天业二期聚氯乙烯、青松乌苏水泥和南岗奎屯水泥粉磨站等一批重点项目，实现了快速增长，全年完成工业增加值186.3亿元，增长18.5%。主要产品产量增长较快，其中，原煤、水泥、焦炭、成品糖、乳制品分别增长36.4%、37%、167.9%、24.2%、32.3%。建筑业积极拓展国内外市场，着力提高工程质量和安全管理水平，实现增加值75.98亿元，增长28.4%。

服务业平稳发展。商贸流通业保持平稳运行，全年完成社会消费品零售总额202.9亿元，增长19.4%。对外贸易呈现恢复性增长，全年完成进出口总额55.9亿美元，增长19.3%；交通运输业稳步发展，客货运输服务网络进一步延伸，进一步方便了职工群众出行和货物运输。信息、房地产等服务行业均保持较快发展势头。旅游业企稳回升，入境游和国内游人数分别比上年增长29%和21%。全年第三产业实现增加值229.5亿元，增长9%。

（五）生态环境保护和建设成果不断巩固和发展

重点实施了巩固退耕还林成果、退牧还林还草、“三北”防护林、天然林保护、水土保持等生态重点工程，垦区内生产生活环境好转。结合强农惠农专项资金建设项目清理检查，进一步推进了巩固退耕还林成果和退牧还草工程的建设工作，着手推进生态保护和建设工作长效机制的形成，加紧编制“兵团巩固退耕还林成果工程实施细则”，规范工程建设和审批。全面完成了2008年巩固退耕还林成果项目验收工作，2009年巩固退耕还林成果及退牧还草工程预计年底建设完工。全年实施围栏50万亩；新增林地79.31万亩，其中经济林25万亩；封山育林10万亩。

（六）改革开放不断推进

全面推进团场综合配套改革，加快推进国有企业改革、行政管理体制改革、投融资体制改革、事业单位改革和社会管理方式改革。稳步推进医药卫生体制改革，开展了农六师五家渠市公立医院改革试点。继续推进棉花质量检验体制改革及棉花加工资格认定工作。企业上市及再融资工作取得新的进展，西部牧业在创业板挂牌交易，百花村、新中基、青松建化、天康公司实现再融资，募集资金26亿元，14家上市公司累计在证券市场募集资金突破100亿元。债券市场融资取得新的进展，34亿元短期融资债券获得发行批复，天业（集团）发行12亿元公司债券得到国家发展改革委核准。推进了投资体制改革，进一步规范政府性投资项目管理。

大力实施开放带动和“走出去”战略，加快向周边国家和地区开放，利用“西博会”、“乌洽会”、“西洽会”等展会平台，推动企业广泛参与国际经济技术合作，加大矿产、食品、棉纺等优势资源领域招商引资力度。全年招商引资项目483个，引进到位资金199亿元，比上年增长39%。蔬菜、干鲜果、塑料制品及聚氯乙烯等自产品出口持续增长。进出口总额同比增长20%。

（七）人才开发向纵深推进

紧紧围绕加快建设“三大基地”和构建工业“六大产业”，加大各类专业人才和经营管理人才的队伍建设，深入实施“西部地区管理人才创新培训工程”和“西部地区特色优势产业高级研修班”，推动东西互动人才培训工程，加快高层次人才的培养、引进和使用，壮大适用人才队伍。积极组织人员参加了国务院西部开发办举办的11期各类培训班，从事管理、农业、旅游、规划、高新技术、卫生等领域管理干部143人赴沿海发达地区参加培训。落实“人才对口支持计划”、“西部之光”、“大学生志愿服务西部计划”。按照国家“中国西部开发远程学习网”培训计划，加强学习网兵团三个节点培训工作，全年利用学习网2700余人次，其中在线学习700人次。

(八)民生建设水平不断提高

教育事业稳步发展，重点实施了学前“双语”教育、中小学校舍安全改造工程、团场公共幼儿园、中等职业教育基础能力、普通高校重点学科建设及基层卫生体系建设。就业形势趋好，全兵团新增就业6.5万人。社会保险覆盖范围持续扩大，落实了提高企业退休人员基本养老待遇的三项政策并按时足额发放，妥善解决了城镇未参保集体企业退休人员基本养老保障遗留问题；巩固扩大基本医疗保险覆盖面，稳步提高基本医疗保险待遇水平，将5.9万关闭破产国有企业退休人员全部纳入医保范围，提高了职工医保、居民医保住院费用统筹基金支付比例和最高支付限额。全力推进“十件实事”建设，积极推进以廉租房为重点的8万套保障性住房建设、1500公里通营连公路、200个连队卫生室等实事，职工住房、道路、饮水、医疗、文化娱乐设施条件等将得到明显改善。职工群众收入持续增长，城镇居民人均可支配收入、农牧工家庭人均纯收入分别增长12.6%、14.5%。

二、2011年工作要点

2011年，预期生产总值890亿元，同比增长15%。着重做好以下几件事：

(一)深入贯彻落实中央西部大开发工作会议精神，促进兵团经济社会又好又快发展

紧紧抓住中央关于西部大开发战略以及大力支持新疆(兵团)工作的难得机遇，认真贯彻落实中央西部大开发工作会议、新疆工作座谈会、兵团党委六届五次全委(扩大)会议精神，以科学发展观为指导，围绕新疆跨越式发展和长治久安两大目标，加快转变经济发展方式，加大经济结构调整和改革开放力度，积极推进城镇化、新型工业化和农业现代化建设步伐。对口援建工作坚持民生优先，突出抓好安居工程、富民工程、双语教育工程、产业园区和干部人才工程建设，在试点的基础上，全面推开对口援疆工作。

(二)继续调整和优化农业结构，加快现代农业建设步伐

以“三大基地”建设为重点，调整优化农业结构，加快现代农业建设步伐，最大限度地提高综合经济效益。加强农业基础设施建设，提高农业技术集成度和成果转化率。继续按照“稳粮、调棉、增畜、增果”方针调整农业内部结构。继续加强优质棉基地建设，力争棉花面积稳定在760万亩；增强粮食综合生产和加工转化能力，产量稳定在210万吨；稳步扩大特色林果业和设施农业生产规模，力争新增林果30万亩；加快现代畜牧业发展，新增和改扩建10～15个养殖小区。加大节水力度，新增高新节水灌溉面积60万亩，努力提高水资源利用率。2011年，第一产业增加值预期目标同比增长7%。

(三) 加大统筹协调力度,加快推进新型工业化进程

大力实施优势资源转换战略和大企业大集团战略,推进产业园区建设,建立一批各具特色的国家级和省级工业园区,积极承接东部产业转移。加强资源争取工作,协调落实兵团工业发展所需的煤炭等矿产资源。充分利用资源优势,积极引进高新技术产业,加快发展生物医药、新材料、新能源、电子元器件等新兴产业,加快纺织服装、食品饮料、林果加工、机械制造等低耗能产业发展,延伸产业链,提高产品附加值。切实加强以节能降耗为重点的技术改造,进一步转变经济发展方式。督促重点企业加强管理,帮助企业开拓市场,进一步提高经济运行质量。抓住跨越式发展的大好机遇,调整优化建筑业结构,拓宽经营领域,开拓国内外市场。力争第二产业增加值比上年增长23%。其中工业增长25%。

(四) 提升服务业发展水平

进一步加强"万村千乡市场工程"、"双百市场工程"、"农资流通网络"等市场体系建设,积极组织落实"农超对接"、"家电下乡"、"汽车摩托车下乡"等各项惠民政策,努力扩大居民消费。加快流通基础设施建设。努力扩大外贸进出口,重点做好番茄酱、塑料制品、聚乙烯、蔬菜、干鲜水果、柠檬酸和焦炭等自产品的出口,加强钢材、原木、塑料原料、棉花、成品油、化肥和金属矿产品等商品的进口。加强道路客运、货运网络建设,提高垦区、团场和连队班车通达程度。积极发展金融、旅游、信息等行业,促进新兴服务业健康发展。第三产业增加值同比增长13.5%。

(五) 继续加强基础设施建设

继续加强水、电、路、气、房等民生工程建设,切实改善职工群众生产生活条件,推进基本公共服务均等化。推进现有城市供水、供热、供气等基础设施建设,提高城市集聚产业和人口能力,重点推进阿拉尔、图木舒克城市气化工程建设。积极推进拟建城市各项前期工作,抓紧北屯建市基础设施项目落实、资金协调。加强各类产业聚集园区的基础设施建设,落实特殊经济开发区划定区域,由兵团自行开发建设工作,跟踪落实石河子开发区扩区,阿拉尔和五家渠工业园区升格工作。支持团场城镇市政基础设施建设,打造产业发展平台,为承接产业转移奠定基础。着力推进重点水利骨干工程、大型灌区节水改造等水利工程建设,继续推进玛纳斯河肯斯瓦特水利枢纽、新建38团—且末垦区苏塘区水利工程建设,加快推进38团石门水库、奎屯河治理等前期工作。加大向金融机构项目推荐力度,形成以国家投资为引导,社会资本、银行贷款为主导的投资格局。用活用好对口支援资金,争取支援资金发挥更大的效用。全社会固定资产投资预期目标比上年增长25%。

(六) 转变经济发展方式,推进生态环境保护和建设

进一步推进退牧还草、巩固退耕还林成果工程,扩大规模,加强检查力度,提高建设质量。巩固退耕还林成果工程计划建设特色经济果林地节水灌溉22.174万亩,退耕地补植补造5.94万亩。退牧还草工程计划建设草场围栏200万亩,其中禁牧80万亩,休牧120万亩;严重退化草场补播80万亩。制定出台《兵团巩固退耕还林成果管理办法实施细则》,规范建设程序,切实发挥生态、社会和经济效益。

强化节能减排和生态环境建设与保护，促进经济社会可持续发展。坚持走科技含量高、经济效益好、资源消耗低、环境污染少的新型工业化道路，严格按照国家要求，严把项目审核关，对新上固定资产投资项目实行节能评估审查。抓好年耗能在5000吨标准煤的重点企业的节能减排监管。加快推行合同能源管理，推进重点用能单位节能技术改造。积极发展循环经济，继续推进石河子市和天业集团循环经济试点工作。着力推进"节水、节地、节材"和资源综合利用。

（七）加大改革力度，进一步扩大对外开放

积极探索建立既能充分发挥市场配置资源的基础作用，又能充分发挥兵团组织化程度高、集团化特点突出、能够集中力量办大事的优势体制机制。鼓励各类资本参与兵团国有企业改制。进一步完善土地承包形式，推进土地流转和规模经营；建立和完善标准化生产模式和市场化产品营销体制。加强棉花等大宗产品的管理，建立起职工、团场和企业风险共担、利益共享的长效机制。加快上市公司再融资步伐，扩大资本市场融资规模。推进事业单位改革和粮食、棉花流通体制等改革。加快基本药物制度建设，积极稳妥地推进兵团，深化医药卫生体制改革。

不断扩大对内对外开放。加大招商引资力度，积极承接东部沿海地区产业转移，吸引境内外企业、资金、技术和人才参与兵团发展，充分利用国内外两个市场、两种资源。发挥地缘优势，深入实施面向中亚、连接内地的对内对外开放战略，建设出口商品加工基地、商品中转集散地、进口能源和紧缺资源周转地以及内引外联、东联西进、面向国内和周边国家开放的示范区，积极参与喀什等重点开发开放试验区、中哈霍尔果斯国际边境合作中心建设和管理，增强石河子经济技术开发区等园区的辐射带动作用，加快物流中心和通道建设，提高边境地区口岸基础设施建设水平。推进天山北坡重点经济区建设，促进优势资源同享、基础设施衔接、产业布局配套、企业联合重组、市场体系对接和人才交流共用。进出口总额预期目标同比增长23%。

（八）进一步加强人才开发

优化人才开发体制环境，改革激励和评价制度，建立健全吸引、留住、用好人才的机制，科学合理用好现有人才。加强高层次人才开发，重点培养高素质企业管理、专业技术特别是工业人才，实施新型工业化人才工程、专业技术人才知识更新工程、技能人才振兴计划等。加强人才培养定点基地建设和人才市场建设，加强龙头企业博士后流动站和科研工作站增设工作。实行引进资金、项目与引进技术、人才相结合，充分利用外部人才资源，大力引进国外智力。继续做好与中央国家机关、东中部地区干部双向交流工作，落实干部援疆、人才援疆政策，做好东部城市对口支持西部地区人才培训、公务员对口培训以及"博士服务团"、"西部之光"访问学者、西部地区管理人才创新培训等重点人才开发工程，实施高校毕业生"三支一扶"计划，鼓励到基层任职和就业。2011年，完成东部城市对口西部人才培训计划11期，150人培训。推进西部开发远程学习网络（三期）兵团节点建设，并利用网络资源开展人才培训工作。完成远程网国家培训计划，同时，利用网络资源自主培训3000人次。

（九）着力改善民生，推进公共服务均等化

巩固提高团场九年义务教育成果，继续加强中等职业教育基础能力建设，推进普通高校重点学科建设，着力促进教育均衡发展。加强职业技能培训，落实开发公益性岗位、自主创业等各种扶持就业政策，千方百计促进就业，新增就业7万人，城镇登记失业率控制在3.2%以内。进一步完善社会保障体系，加强企业基本养老保险工作，规范失业保险制度，推动医疗保险制度改革。落实国家各项强农惠农政策，全面取消职工除自身受益部分外的田亩负担，确保城镇居民家庭人均可支配收入和农牧工家庭人均纯收入稳定增长。继续加强师、团、连和城市社区医疗卫生体系建设，切实改善职工群众就医条件。大力发展文化和广播电视事业，继续实施文化"春雨工程"，加强文化活动场馆建设，改善兵团级广播电视基础设施条件，丰富职工业余生活。继续为广大基层职工群众办"十件实事"，不断改善团场面貌，提高职工群众生活水平。预期城镇居民家庭人均可支配收入增长14%；团场农牧工家庭人均纯收入增长13%。

第十四章　北京市

一、2010 年工作总结

(一) 加强组织领导，进一步完善工作机制

成立北京市对口支援和经济合作工作领导小组，将北京市西部开发工作领导小组(北京市援藏工作领导小组)、北京市支持三峡库区移民工作领导小组、北京市对口支援地震灾区领导小组职能合并，统筹包括西部大开发在内的全市对口支援和经济合作工作。市委书记刘淇同志、市长郭金龙同志亲自担任组长、常务副组长，市委、市政府的 22 个相关部门一把手担任成员。组建了有 5 个处室、30 个干部编制的领导小组办公室，抽调了市委、市政府副秘书长担任办公室主任、常务副主任。分别成立了新疆和田指挥部、西藏拉萨指挥部和青海玉树指挥部，统筹组织实施北京市在当地的项目建设、产业合作、智力支援等对口支援和经济合作工作。市委书记刘淇、市长郭金龙等市领导分别率代表团赴新疆、内蒙古、四川、青海、西藏等西部地区考察访问，多次与来访的西部省(区、市)代表团座谈，共商合作、开发与支援大计，增进高层沟通和协调。

(二) 强化政府主导，确保支援合作顺利实施

加大政府支持力度。按照中央新疆工作会、西藏工作会精神，较大幅度提高了支持资金规模。对新疆和田按照 6‰资金支持，并额外安排资金 1.5 亿元启动援建项目试点；对西藏拉萨提前确定 2011 年 1‰资金支持比例；每年援助巴东县资金由 2000 万元调整为 2500 万元；对内蒙古自治区，按照略高于“十一五”时期规模的标准，继续安排对口帮扶资金和政府贷款贴息。

签订合作框架协议。与内蒙古签订了《北京市—内蒙古自治区区域合作框架协议》，明确提出“十二五”期间双方将在交通基础设施、生态环境建设、工业、绿色农副产品产销、金融商贸、旅游、社会事业以及对口帮扶、干部挂职交流等十个方面开展合作交流。积极落实《北京、青海科技教育合作协议具体项目实施计划(2010—2012 年)》，及时与承担项目任务部门进行沟通、座谈，积极推进框架协议的实施，目前确定的 14 个项目已全部开展，市教委负责的在京举办青海高中班已于 2010 年 9 月初开班，81 名来自青海省的中学生入读北京师范大学大兴附属中学；市科委承建的建设科技信息综合服务平台已进入试运行阶段，承建的 6 所“新型节能日光温室”项目已投入使用；中关村管委会负责推动的科技示范合作项目已在青海省落地。与什邡市共同签署《北京市—什邡市合作框架协议》(2010—2013 年)，确定首批实施合作项目共 5 大类 16 项，将北京市对口援建剩余资金 2 亿元用于双方开展交流合作、援建项目工程尾款及运行维护。

研究制定专项政策。新一轮援疆工作启动以来，北京市与和田地区共同制定出台一系列政策；吸引企业到和田投资兴业，已陆续组织50多家重点企业到和田考察对接，华电集团计划在和田投资40亿元；支持建材企业到和田地区投资建厂，推广新型建筑材料以填补红砖等建材缺口，开设建筑工人培训班以提高劳动者技能、扩充本地建筑人才队伍。

（三）坚持科学支援，统筹编制各项援建规划及战略策划

发挥北京规划资源丰富的优势，选择高水平规划队伍，开展"十二五"援疆规划、经济援藏五年(2011—2015)专项规划的编制工作。在新疆和田，北京市高标准推进2011年援疆计划和"十二五"援疆规划编制工作，努力做到"三个坚持"。坚持调集最优秀的力量，聘请包括国家发展改革委宏观经济研究院、中国建筑设计院、北京市工程咨询公司在内的一批知名院所和咨询公司参加规划编制，用最优秀的专家、最优秀的队伍高水平进行顶层设计，从源头上保证规划编制质量；坚持系统长远科学谋划，确定了1个综合规划和18个专项规划，从安居工程、富民产业、教育援疆、文化援疆、卫生援疆、科技援疆、民政援疆、金融辅导、社会动员、支持政策等十个方面对未来五年的援建工作进行了整体谋划；坚持充分协商、高度一致，在规划编制过程中积极听取受援地区意见和当地干部群众意见，努力与一市三县政府和有关部门充分协商达成一致。在西藏拉萨，坚持与拉萨实际紧密结合、民生优先、多种援助方式相结合原则，重点从经济援藏、城市建设、民生改善、智力援藏、人才和干部援藏、科技援藏六个方面明确下阶段援藏工作任务和措施。在湖北巴东积极协助王志纲工作室为巴县编制区域发展总体战略策划；将巴东县下阶段区域发展定位于"打造国际一流旅游目的地，生态文明建设示范区"，将其产业发展定位于"以生态环境为基础和条件，以休闲旅游业为先导，推进巴东以资源加工为主导的工业聚集和发展"。

（四）突出民生优先，有效改善受援地区生产生活条件

在对口援疆工作中，北京市结合和田地区实际，围绕着当地民生急需，实施红枣加工，高效设施农业，棚户区改造，洛浦县、墨玉县医院改建等4大类5个项目；围绕富民安居工程，实施恰勒瓦西旅游产业村和吐肉孜村富民安居试点工程，改造后的农户住房面积基本达到80平方米，具备水冲式厕所、现代化厨浴配套和天然气入户接口，受到农民群众的欢迎。在对口援藏工作中，初步确定2011年援藏项目22个，拟安排资金3.26亿元，涵盖民生、基层及市政基础设施，柳梧新区东环快速干道可保障新区环线道路整体性，堆龙德庆县东嘎西路项目可以有效改善县域交通条件及投资环境，堆龙县羊达乡无公害蔬菜温室大棚可使600户农牧户收益。在援建青海项目中，截至目前，83个计划项目已开工34项，超额完成了2010年计划开工31项的工作目标。其余项目正在开展征地拆迁、规划设计等前期准备工作，将于明年全部开工。在对口帮扶内蒙古工作中，北京市始终坚持把改善贫困地区生产生活条件、增强抵御自然灾害能力和自我发展后劲作为重点工作来抓，特别是针对内蒙古干旱缺水和基础设施薄弱的实际，坚持开展以水为中心的农田草牧场建设和基础设施建设。截至2010年10月底，北京市共援建内蒙古基本农田35.9万亩、新建公路560.5公里，解决了35.4万人、142万头只牲畜的饮水困难。

（五）强化智力支持，继续深化社会事业帮扶

根据中央部署，进一步加强与西部地区的干部交流和培训。除选派干部和专业技术人员赴西部地区工作外，还积极开展西部地区干部来京培训工作。2010年，北京市选派到西部地区挂职干部284名，完成66名行政干部和企业干部来京培训任务。

不断加大基础教育支援力度。北京市教育系统与广西、甘肃、贵州、云南、西藏和新疆等地近40所学校建立长期合作关系，对拉萨市、新疆和田地区、宁夏等地区中小学基础设施建设和师资培训均给予了大力支持，为在北京西藏中学和新疆高中班和青海高中班就读的少数民族学生创造良好的学习条件。在与内蒙古的文教帮扶中，北京市共援建学校121所，援助贫困学生1.8万人，与100所学校开展“姊妹学校”手拉手活动，支教1700多人次，培训教师1万多人次，帮助结对帮扶的贫困旗县实现了教育“两基”达标；积极引导首都高校与内蒙古实施项目共建，首都师范大学利用内蒙古函授站开设5个专业、招生80人，北京第二外国语大学积极接收内蒙古少数民族大学生80名，首都医科大学开设的20多个专业招收内蒙古本科生近百名、研究生20余人。

继续大力开展在医疗卫生和文化领域的帮扶合作。北京市各级医疗卫生机构和广大医务工作者深入内蒙古、西藏、新疆、四川等地区进行义诊、讲学、示教，通过进修培训、学术交流等方式，为西部地区培养医疗卫生技术骨干、学科带头人402名。同时注重建立长期合作机制，安排北京市大型医疗卫生机构与对口单位结成对子，注重输出新技术、新项目，达到帮扶一个科室、引进一批项目、服务一片人群的目的。积极协调推动《人民日报》在当地印刷，正在建设的印刷厂2011年元旦投入运行，当地干部群众就可以看到当天的《人民日报》。专门为和田地区文化事业发展安排支持资金600万元、各种演出车辆20辆，2011年元旦前后将组织和田地区优秀文艺团体进京演出，并在首都机场举行和田风光图片展。围绕建党90周年整理民族团结典型库尔班大叔先进事迹、47团老战士无私奉献边疆的先进事迹，为促进民族团结、社会和谐营造良好氛围。此外，协调北京科泰兴达高新技术公司向和田地区、孤儿院、学校、老战士疗养所捐赠200万元净化水设备，产生了良好的社会效益。

（六）推进产业合作，引导和鼓励企业参与经济合作

多次组织企业参加在西部省（区、市）举办的经贸洽谈活动，并做好西部地区在京召开项目推介会的服务工作。6月参加了2010中国青海投资贸易洽谈会；10月参加了在成都举行的第十一届中国西部国际博览会。通过这些交流洽谈活动，北京市与西部省（区、市）达成一批经济技术合作项目。

积极引导企业参与西部地区的开发建设，采取“政府推动、市场运作、企业为主”的方式，加强双方经济技术合作，实现互利合作双赢。2010年重点协调了新兴铸管集团将资源综合开发项目落户巴东的相关工作。据初步测算，项目投产后最低可运行40年，年利税12亿元，安置人员在4000人以上。2010年8月，北京御食园食品股份有限公司、时珍堂医药集团与巴东县签署合作项目协议，协议金额共4亿元。截至目前，御食园食品加工项目与两个当地企业合作贴牌生产，创产值6000余万元；时珍堂投资4000万元的中间提取生产线已经建成。1月，京能集团与呼伦贝尔市政府签署《关于开发建设内蒙古呼伦贝尔能源重化工工业园区谢尔塔拉2×300MW热电联产项目合作协议》，计划一期建设2×350MW热电机

组;10 月,北控集团与呼和浩特市政府签署《绿色能源进京、煤制天然气项目合作框架协议》。10 月,北京市组织 40 多家在京企业共 80 多人赴和田进行产业援助和考察交流,16 个项目签订合作协议和意向。在拓展能源市场、服务地方经济的过程中,北京市企业树立了优良的企业形象,也推动西部地区资源优势向经济优势转化。

积极推动与西部地区市场对接。北京市通过研究制定旅游产业发展规划,支持和田旅游产业发展,在国家民航总局和国航的大力支持下,国航直航和田航班 8 月 21 日成功开通。落实和田优质特色产品产销对接方案,新发地批发市场和田农产品销售专区已经启动运行,王府井商场销售专柜已经启动。10 月 28 日在北京农展馆举办新疆农产品展销会,华联集团、北京二商集团、超市发集团等 12 家大型商贸流通企业均已前往和田落实产销对接协议,每年将从和田定向采购特色优质产品。在四川什邡,协助推进园区招商引资工作。已有北汽福田汽车公司、明日宇航工业公司、北京申安投资集团等 11 家京内外企业落户京什产业园,总投资额近 26.2 亿元。

二、2011 年工作要点

坚持规划先行,将西部大开发工作纳入《北京市国民经济和社会发展第十二个五年规划纲要》、《北京市"十二五"时期对口支援和区域合作专项规划》中统筹谋划,并积极与当地规划衔接;坚持首善标准,发挥北京市科技、教育、人才、信息、管理、市场及资本运作等方面优势,按照"优势互补、互利互惠、长期合作、共同发展"的方针和"双赢"原则,加强与西部地区之间的经济交流与合作,把参与西部开发工作进一步推向深入。

(一) 扎实推进对口支援工作

按照市委、市政府提出的首善标准,以促进受援地区的经济持续发展、社会和谐进步和贫困人口生活水平逐步提高为目标,以提高公共服务能力和发展特色产业为重点,充分发挥北京市的科技、教育、卫生和市场优势,援建教育、卫生等社会公益设施,着力帮助发展特色产业,培育特色经济,加强劳动力转移培训,推进新农村建设,高水平、高效益完成 2011 年的各项援建任务,努力形成北京援建特色。

继续贯彻落实全国对口支援新疆工作会议精神,做好对口支援新疆和田地区工作,通过抓好安居工程、整体提升教育水平、全面加强公共服务,提升和田地区的自我发展能力。按照全国对口支援西藏的工作安排,继续做好对口支援拉萨工作,着力落实好重点援藏项目,确保在 2011 年西藏和平解放 60 周年大庆前开工一批、竣工一批援藏项目。在圆满完成北京市对口支援什邡灾后重建工作后,继续做好下一步的交流合作,通过建立长效合作工作机制,保障重点公益项目有效运行。全力以赴做好玉树恢复重建,积极落实各专项规划编制、项目科研等服务工作,推动建立医疗保障与应急机制,保障援建工作顺利进行;此外,从协调沟通、项目管理、资金支持等各方面进一步增强力度,将青海省骆惠宁省长提出的"四个建议"体现到具体措施中。继续贯彻落实关于东西扶贫协作制度性安排的长效机制,做好京蒙区域合作和对口帮扶,进一步推进帮扶合作思路、模式和方法的创新,为京蒙对口帮扶合作注入新的活力。

(二)认真做好智力支援和人才培训

发挥好首都教育的示范与辐射作用,继续推进与西部地区的教育交流与合作。在新疆和田,全面铺开幼儿“双语”教育,组织实施中小学“双语”教师培训;在当地建设示范学校,与北京市建立“手拉手”联系;启动首都高校新疆籍毕业生支教计划;组织骨干教师及管理人员统筹指导和田地区各级、各类学校提高教育水平;着力推进和田电视无线传输覆盖工程。在西藏拉萨,计划培训党政干部和教育、卫生、农业专业技术人员225名,为一区三县培训乡镇党支部书记和主任269名;继续深入开展干部培训和专业技术人才培训,加大急需的各类人才培训力度。在四川什邡,计划把35所结对中小学的交流与合作引向深入,协调北京劳动保障职业学院、北京昌平职业学校、北京外企集团与什邡市职业中专建立合作关系;通过双向挂职锻炼和选派专家赴什邡指导,帮扶什邡市人民医院打造心血管、呼吸、肿瘤、儿科和眼科5个重点科室,并建立重点专科远程会诊平台。在青海玉树,继续协调落实《京青科技教育合作协议》,加强与本市相关部门沟通,稳步推动师资教育培训、双向选派科技挂职干部、促进基础教育交流与合作等项目顺利实施。在内蒙古,继续开展京蒙文教卫生帮扶合作,选派政治素质高、业务素质好的中小学教师赴蒙支教;同时开展对蒙骨干教师、教育行政管理人员的赴京培训和挂职锻炼;继续推进北京市三级医院全面支援结对旗县医院医疗工作。

(三)推进基础设施领域合作

大力推进能源开发合作。继续支持能源企业采取投资参股等多种方式,与西部地区扩大能源开发合作,支持能源企业扩大与西部地区电力、煤炭开发与合作,共建电源、煤炭基地。加强生态环境保护合作。与内蒙古自治区密切合作,共同争取国家支持,大力推进京津风沙源治理工程;与内蒙古等省(区)合作,加强大气污染的监测体系建设和预报系统建设,重点进行大气污染物远距离传输影响控制及环境保障协作。加强交通基础设施建设合作。根据国家交通规划,共同推进跨区域城际铁路、客运专线、高速公路建设,引导相关企业积极参加西部地区基建项目招投标,参与西部地区重点工程建设。

(四)促进实施重点领域产业合作

继续引导北京市企业参与西部地区产业结构调整。转移适合西部地区发展的成套生产装置及相关技术等存量资产,在西部寻求合作伙伴;以优势产业为龙头,在西部地区发展配套产业,延伸产业链条;吸引西部的大企业来京发展,建立研发机构和总部。

继续加强农牧业开发与生产的合作。发挥北京市现代农业技术和设备的优势,为西部农牧业开发提供先进栽培技术、养殖技术和无公害特色农业技术,参与优质农牧产品基地的建设和经营。提供农牧产品贮藏、保鲜与深加工技术,兴办农牧产品加工、贮藏、保鲜、运销企业,从事绿色食品、保健食品、生物药品等深加工产品的开发与生产。

共同开发旅游资源。利用北京市旅游业优势,协助西部省(区、市)编制旅游规划,支持北京市旅游企业开展跨地区连锁经营,参与西部地区旅游景点及配套设施的开发、建设和经营,共同策划通向西部的旅游线路,联合开展旅游促销活动。

第十五章　天津市

一、2010 年工作总结

截至 2010 年年底，共落实财政对口支援资金近 2 亿元，实施项目 50 个；为西部地区培训管理干部和优势产业人才 300 人次；接待受援地区及西部省（区）团组 32 个 750 余人次，其中省部级领导带队的团组 3 个；组团出访、外出参会 20 余次，其中由市领导带队出访 5 次；先后召开了天津市援藏新闻发布会、天津市对口支援与东西合作工作会议、天津市对口支援工作领导小组会议，传达贯彻中央会议精神，及时总结工作成果和经验，部署下一步工作。

（一）完善组织机制，扎实有力推进工作

成立高规格的组织机构，合并了原市援藏工作领导小组、市对口支援与服务参与西部开发工作领导小组，成立了高规格的天津市对口支援工作领导小组，由中共中央政治局委员、市委书记张高丽任组长，市委副书记、市长黄兴国任第一副组长，市委常委、常务副市长杨栋梁，市委常委、组织部长史莲喜，副市长李文喜任副组长，为对口支援工作提供了坚实的组织保障。各区（县）、部门也明确了相应的工作机构和人员，构筑了立体工作网络，夯实了工作基础。

进一步完善相关规章制度。随着对口支援资金量和项目数的成倍增长，为进一步规范和完善对口支援资金项目管理，由市纪检委、市财政局、市审计局、市监察局和市合作交流办等单位联合草拟的《天津市对口支援资金、项目管理暂行办法》、《天津市对口支援项目管理办法实施细则》和《天津市对口支援资金管理办法实施细则》即将出台，规范和指导对口支援工作。

（二）圆满完成各项对口支援与东西协作工作，取得明显成效

援喀收尾项目实施完毕，新一轮援疆工作开局良好。2010 年的全国对口支援新疆工作会议将天津市对口支援的新疆喀什地区调整为和田地区的民丰、策勒和于田县。第六批援喀资金已全部到位，5 个援建项目全部完成并交付使用。对口支援和田地区东三县工作有序开展，扎实推进，策勒县试点项目进展顺利，均可在 2011 年初开始建设，当年发挥作用，见到成效。一是高标准确定援疆发展目标。按照中央总体要求，结合和田地区实际，天津市确立了援疆 3 年力争实现经济发展明显加快、各族群众生活明显改善、城乡面貌明显改观、公共服务水平明显提高、基层组织建设明显加强和“确保一年一变样、五年见成效、十年大变样”的发展目标，为 2020 年实现全面建设小康社会目标打下坚实基础。二是全方位确立联动工作机制。4 月初，天津市立即成立了援疆前方指挥部和后方协调机构。4 月中旬，完

成了援疆干部的选派，并迅速组成了包括全市10多个部门的援疆工作调研组，深入到和田地区以及策勒、于田、民丰三县，走访60个乡、镇、村，召开30余次座谈会，形成了《调研报告》、东三县规划初步方案、策勒县15个试点项目方案。市长黄兴国多次亲自审查规划方案，对新一轮援疆工作提出了“着眼民生、发展产业、人才培养、促进就业”4个方面的初步思路。新疆维吾尔自治区党委书记张春贤对策勒县试点方案“一人一亩果，一户一棚菜，一户一人就业”的目标给予了肯定。三是高水平展示天津援疆规划成果。“富民安居工程现场交流会”期间，策勒县加麦社区棚户区改造、策勒乡齐格勒克艾日克村500亩核桃红枣高新节水灌溉、策勒镇恰合玛村新农村建设等3个试点项目，得到全国援疆兄弟省(市)、新疆维吾尔自治区及和田地区的一致肯定。四是充分发挥各方积极性凝聚合力。天津市组织相关单位、部门召开了“对口支援新疆和田地区合作项目对接会”，介绍和田地区招商引资项目情况，动员和推动企业、单位与和田地区开展全方位合作。全市各界积极响应，踊跃参与。市妇联依托天津市妇女手工编织业的优势，为和田妇女开展手工编织培训，将帮助5000名妇女实现灵活就业，年人均增收800元以上；市教委编制了教育援疆项目规划，已启动3个项目；市农委在策勒县投资建设食用菌示范项目，已经出产品、见成效；林业、农科院等单位对大棚菜建设、林果业发展、节水灌溉等项目进行现场支持和指导；市经信委组织一轻集团、纺织集团赴当地对接企业合作项目；市商务委所属外贸、加工、出口企业积极与和田方面对接；市规划局成立了由一把手挂帅、8个单位的骨干成员组成的17人援疆项目组，圆满完成规划、建设、测绘、勘察等阶段性任务；市财政局在援疆工作经费、项目启动资金方面给予保障；市政府驻乌鲁木齐办事处组织新疆—天津商会的20余位企业家赴和田考察洽谈，签订了22.5亿元的项目合作协议；市政公路局、市成套局等部门及河东区、西青区、武清区政府积极寻求与和田开展合作。全方位援疆新格局已经初步建立。

第五、六批援藏工作顺利交接，第五批协议内援藏项目全部竣工并交付使用，“昌都地区广电中心”、“昌都县天津大桥”、“江达县卫生服务中心”、“丁青县天津大道”等一大批保稳定、促民生项目，对于农牧区经济社会发展和农牧民生产生活条件的改善发挥了重要作用。特别是中央第五次西藏工作座谈会，为天津市全面开展下一个10年援藏工作指明了方向。1月24日，天津市委立即召开了常委扩大会议，认真传达贯彻会议精神，研究部署落实意见。5月21日，天津市委组织部、市人力社保局、市合作交流办召开会议，专题研究部署2010年选派援藏干部的工作任务。按照中组部、人力资源和社会保障部下达的计划，为昌都地区选派了第六批40名援藏干部，并已于7月1日进驻当地开展工作。2010年10月恰逢昌都地区解放60周年，天津市在协议外投资近7000万元援建的“昌都地区会议中心”、“昌都地区西路环境综合整治”等项目有效地提升了昌都地区城市功能，改善了城市环境，促进了“和谐昌都、平安昌都”建设。10月份，天津市党政代表团参加昌都解放60周年大庆活动期间，举行了大庆援藏项目竣工交接仪式。至此，天津市第五批协议内17个援藏项目和协议外6个大庆援藏项目全部交付使用，共落实资金1.43亿元。

东西扶贫协作工作扎实推进。按照中央第五次西藏工作座谈会和国务院扶贫办工作要求，经与甘肃方面协商，天津市每年帮扶甘肃的资金将重点用于甘南藏族自治州和天祝藏族自治县。“5·12”汶川地震后，根据甘南藏族自治州地震灾后恢复重建总体规划，天津市有关区(县)筹集了830万元捐赠甘肃省地震灾区；特别是在受灾较为严重的卓尼、临潭、舟曲、迭部、夏河5个扶贫重点县投资480万元实施日光温室和塑料大棚蔬菜产业项目，新建标准型日光温室2000座。项目的实施,将加快甘南藏族自治州灾后恢复重建步伐,促进当地农业产业结构调整,有效增加农牧民群众收入。特别是舟曲县发生特大泥石流灾害后,天津市捐助近2000万元,社会各界和全市人民也纷纷捐款捐物支援舟曲。

对口支援三峡库区项目全面实施。为适应库区的实际需要,实现移民“逐步能致富”的目标,按照天津市对口支援三峡库区发展五年计划,将2010年对口支援资金的一半以上用于移民增收的可持续性、成长性较好、可内生驱动型的项目建设。目前,万州商贸中等专业学校电工电子实训中心、万州第四人民医院消毒供应中心、万州国本中学标准塑胶田径场、高效温控大棚大花蕙兰种植、龙都幼儿园操场软化工程等项目进展顺利,部分项目已完工并投入使用,促进了万州区移民持续增收致富和自我滚动发展。天津财经学校、天津劳动保护学校与万州商贸中专,天津市第一中心医院与万州第四人民医院在人才培训、干部交流等方面建立了结对帮扶关系。

积极推进与青海省黄南藏族自治州的合作交流。中央第五次西藏工作座谈会明确天津市干部支援青海藏区的工作。7月31日,天津市选派的第一批5名援青干部进驻当地开展工作。黄南藏族自治州党政代表团来津访问期间,与天津市召开了天津市—黄南藏族自治州合作交流座谈会,双方签署了《天津市人民政府——青海省黄南藏族自治州人民政府合作交流框架协议》。天津市将坚决贯彻落实中央第五次西藏工作座谈会精神,以干部支援为纽带,把天津的港口区位优势与黄南藏族自治州的资源优势结合起来,积极探索多层次、多领域、多模式的合作交流新路子。11月16日至25日,由市合作交流办、市教委、市卫生局、市人力社保局、市旅游局等单位及滨海新区政府组成的天津市合作交流考察调研工作组,赴青海省黄南藏族自治州,考察调研合作交流项目,力促合作项目早日落实。

天津市与青海省签订了联合举办青海省民族中小学骨干教师培训班的协议,到2013年前,为青海省培训300名民族骨干教师,2010年已完成100人的培训任务。

(三)着眼长远发展,积极开展智力帮扶

分4批次完成了国家发展改革委西部开发司部署的为西部地区培训高层次管理类干部和业务骨干的任务,对300人次党政管理干部和农林、卫生方面的人才进行了培训,将培训范围由原来的对口4个省(区)扩大到内蒙古、青海、宁夏等9个西部省(区),采取在津学习和到兄弟省(市)考察、课堂教学与实地观摩、专题研讨与共性问题解析相结合的方式,收到良好效果。学员普遍反映,培训为大家提供了新的理念,开辟了新的思维领域。

二、2011年工作要点

(一)继续加大教育科技支援力度

发挥天津高等院校和科技人才密集的优势,加强与西部地区重大科研课题的联合攻关,提升区域创新能力。扎实推进优势产业人才培训、公务员对口培训以及“博士服务团”等重点人才开发工程。进一步加大高等学校和中等职业学校在西部地区的招生规模。同时,鼓励通过软科学研究合作、人才培养交流、科技实用项目转化、科技基地共建等多种方式,为西部地区提供科技、人才服务。

(二) 继续推动东西互动

借助甘肃“兰洽会”、乌鲁木齐“中国—亚欧博览会”、成都“西博会”、万州“支洽会”和天津市“津洽会”等经贸平台,利用西部天津商会等载体,使天津市服务参与西部开发工作阵地前移。鼓励和引导津商和津企积极参与西部大开发,到西部实地考察,同时帮助西部地区在津举办招商推介会等,寻商机,拓市场,促合作。鼓励支持天津企业与西部企业联合参与对外投资,对外承包工程和对外劳务合作,实现互利共赢。

(三) 继续推进口岸合作

进一步拓展天津口岸辐射功能,完善大通关体系,为西部地区进出口贸易和开放型经济发展提供优质高效服务。利用西部地区独特的沿边优势和周边国际市场,鼓励天津企业在西部边境口岸建立出口加工基地和贸易窗口,大力发展边境贸易。

第十六章　河北省

一、2010 年工作总结

(一) 对口支援情况

河北省委、省政府高度重视援疆工作，成立了以省长陈全国任组长的河北省对口支援新疆工作领导小组，并派出援疆工作调研组到受援地调研对接。建立健全工作机制。省援疆工作领导小组下设办公室，并在巴州设立了前方指挥部，从 10 多个省直部门抽调得力人员到援疆办公室和前方指挥部工作，各地区、市援疆工作领导小组也都组建了援疆工作办公室和前方指挥部，建立健全了相关制度，形成前后方合理分工、密切配合、协调互动的工作机制。研究制定援疆工作方案。省委、省政府印发了《河北省对口支援新疆巴州、兵团农二师工作方案》，就对口支援的组织机构、重点支援领域和目标、专项规划、试点地区和项目、结对关系、援建进度和方式、资金筹集管理和使用以及要办好的 10 件实事等，提出具体可行意见。先行启动试点工作。按照中央先行试点和民生优先的要求，经与巴州和农二师协商，确定了试点地区和 4 个试点项目。努力办好 10 件实事。从群众最急需解决、要求最迫切的问题入手，省委、省政府确定除完成中央任务外，再为巴州各族人民和农二师干部群众办 10 件实事。及时启动规划编制工作。经与巴州和农二师协商，确定从“城镇建设、产业发展、教育事业、卫生事业和人才智力支持”五个方面入手编制援疆综合规划。此外，河北省还制定了援疆资金筹集和管理办法、援疆项目管理办法，明确工作程序和要求，积极筹措援疆资金，加强项目管理，确保援疆资金及时足额拨付到位，确保援建项目高效推进。

到目前为止，河北省投资 3.7 亿元援建的库尔勒市河北医院、库尔勒市河北社会福利院、和静县巴音布鲁克生态移民(河北新村)搬迁工程、农二师 29 团河北现代农业科技推广研发基地等 4 个试点项目，到年底，除库尔勒市河北医院可主体完工外，其他 3 个项目均可建成并移交受援方。已确定年底启动第一批援疆项目 12 项，10 月 27 日正式印发了《关于下达河北省第一批对口支援新疆 2010 年投资计划的通知》，下达 2010 年援疆专项资金 1.15 亿元；10 件实事已完成 5 件，一是 5 月份已拨 1000 万元帮助巴州和农二师救灾；二是 8 月份开通了石家庄至库尔勒航线；三是 9 月份河北省高校已录取 200 名巴州学生；四是为巴州和农二师培训了 50 名干部；五是为巴州培训了 50 名医务人员。培训、编制 9 县(市)控制性详规等 5 件正在落实和有序推进中。

在做好无偿援疆工作的同时，本着互惠互利、共同发展的原则，双方在矿产资源开发、农牧资源开发及产品深加工、纺织、建材等方面签订了一批合作意向。河北神威集团在若羌县开发的铁矿石项目，首期投资 10 亿元，年产氧化球团 120 万吨，产值 15 亿元，预计 2011 年 4 月份投产。

河北省委、省政府高度重视援藏工作，从1994年对口援藏以来，先后分6批选派175名援藏干部，提供援助资金2.5亿元，援建包括学校、医院、农牧民住房、农村文化室、职工周转房、城镇基础设施等面向基层、直接关系民生的项目111个，从人才培养、智力支援、经济技术合作等方面做了大量工作，有力促进了阿里地区经济及各项社会事业发展。为切实做好新一轮援藏工作，河北省委、省政府按照中央确定的新一轮对口援藏的部署和要求，坚持民生优先原则，科学制定援建规划，把资金、人才、技术、智力等更多地投向民生项目，着力解决各族群众生产生活中最直接、最现实、最急迫的问题，让广大群众切身感受到对口支援的成果。同时要把当前与长远、输血与造血、硬件建设与软件建设相结合，综合统筹，制定河北援建规划。下一步，河北将按照援藏建设规划，继续加大投入力度，进一步做好经济援藏、干部援藏、人才援藏、科技援藏等各项工作。

2010年，河北安排了援藏资金5000万元，用于建设民兵训练基地、狮泉河改造、日土和札达县城道路等16个项目。此外，为改善阿里地区财政紧张状况和交通条件，10月份还一次性赠送阿里地区200万元现金和价值近400万元的越野车4辆，赠送日土、札达两县各50万元现金。

按国家要求，河北省三年援建四川平武县重建资金总量28亿元，截至2010年10月，灾后恢复重建工作已基本实现“三年任务两年完成”的目标。在援建项目上，河北省以学校、医院、道路、城乡居民住房等群众基本生活设施和公共服务设施为重点，先后确定实施了108个援建项目，采取“交钥匙”与“交支票”相结合的办法全力推进。10月15日，108个项目全部建成，并成功举行了整体移交仪式。在全力抓好援建项目建设的同时，河北省还积极为灾区提供人力、物力、财力、智力等多种形式的支援。先后选派620名医疗卫生防疫人员分5批到灾区开展医疗卫生防疫和义务诊治；接收1146名中职在校生到河北就读，选派12名优秀教师赴平武中学支教；帮助1010名灾区劳动者在河北省实现就业；安排15名卫生专业技术人员和7名教师到河北省进修培训；拨付100万元应急救灾资金，帮助平武县战胜2009年“7·15”洪涝灾害；抽调298名公安干警在平武维护社会治安。

河北省援建平武工作，有两个突出特点。一是科学援建。除做好科学规划，加强制度建设，完善援建方式外，针对平武县农房重建任务紧迫和中小企业受损严重的现实，科学运用金融手段，在18个对口支援省中率先设立了1亿元农房重建信用贷款担保基金和1亿元中小企业发展基金，为农房重建和中小企业恢复生产提供贷款担保和贴息支持，为15134户农户提供担保，发放贷款51774万元，为平武县55家企业提供担保贷款15620万元。二是用心援建。在规划设计中，按照宜居、宜业、宜游的思路，设计方案对平通、南坝、响岩、龙安四个重灾镇进行整体打造。如在平通镇牛飞村恢复重建中，把羌族民俗元素融入社会主义新农村建设，把场镇风貌建设与农房建设格调相协调，建成了集居住、商贸、旅游、文化传承于一身的特色小镇，受到胡锦涛总书记的充分肯定，被四川省确定为“灾区新貌旅游线”上的重要驿站。现在该村每天接待游客1000多人，商贸收入近万元；在南坝镇恢复重建中，用心把援建项目建设与当地民族文化保护传承结合起来，形成以避难广场、江油关、抗震纪念碑等蜀汉特色和抗震文化集中展示区，实现了人与自然、历史与现实的和谐统一，被四川省旅游局定为九环线上的旅游驻留景点。

1992年全国开展对口支援三峡库区移民工作以来，特别是1994年国务院确定河北省重点对口支援丰都县移民工作以来，河北省紧紧围绕库区移民“搬得出，稳得住，逐步能致富”的总体目标，采取有效措施，扎扎实实推进对口支援工作，为促进三峡库区特别是丰都县移民搬迁任务的完成、移民安稳致富和经济社会的发展做出了一定贡献。在项目合作方面，移民初期，河北省根据丰都县企业淹没搬迁和调整规划，先后推动河北正邦集团、廊坊红黄蓝集团、保定春燕巾被集团等16家企业到丰都县开展合作和投资兴业，累计投入资金达6500多万元，安置移民1000多人，对丰都的移民安置和经济发展起到了一定促进作用。2000年以来，又先后推动河北宝丰电缆集团、曲阳石雕、保定涞源民俗服装、石家庄赞皇枣业、石家庄沃特威生物公司等进入三峡库区的湖北省夷陵、秭归和重庆市丰都、武隆等县、区开展合作。其中河北宝丰电缆集团2004年投资11.3亿元，在夷陵区兴建的长江电缆有限公司电缆生产基地项目，安置移民就业近千人，近几年销售额均达十几亿元，利税超过6000万元。截至2010年全省包括各地区(市)无偿支援丰都移民搬迁的资金累计超过7070万元，帮助丰都建设了103个移民急需项目，涉及文化教育卫生、基础设施、农牧业开发、机关搬迁、粮油企业和新农村建设等多个领域。在人才智力培训开发方面，省财政安排专项资金，由省直相关部门委托职业技术学校分期集中办班形式，对237名移民进行了种植、养殖等专业技术培训。还无偿为丰都培训干部53名，安排8名丰都后备干部到河北省有关单位挂职。在接收移民劳务方面，近几年，河北省人力资源和社会保障厅，根据丰都县移民劳动力多、就业压力大的情况，采取同丰都县对口部门积极沟通，签订劳务协议，然后委托基层就业部门集中招收、分类培训上岗的办法，在环京津地区民营企业发达、劳务需求较多、生活相对富裕的廊坊市文安县，安排丰都县移民就业已超过3000人(次)。

(二)推进参与西部其他省(区)开发的情况

重点推进与内蒙古自治区的全面合作。内蒙古自治区是我国能源大省，与河北省毗邻，两省(区)间的交流合作源远流长。近年，河北省在内蒙古自治区投资参与资源开发的企业有开滦集团、冀中能源峰峰集团、冀中能源邢矿集团、冀中能源张矿集团、省建设投资集团、新奥燃气集团等，这些企业在内蒙古投资项目有的已建成投产，发挥作用，有的正在建设中。两省(区)在铁路、高速公路等交通基础设施建设中密切合作。同时，河北省鼓励、支持、帮助内蒙古伊利、蒙牛等企业在河北发展畜牧养殖基地，增强发展后劲。

为进一步加强两省(区)经济社会全面合作，2010年，河北省政府高层领导几次赴内蒙古推动合作。11月，陈全国省长率河北省党政代表团赴内蒙古考察，双方签署了《河北省人民政府　内蒙古自治区人民政府关于进一步加强经济与社会发展合作协议》，约定在交通、能源、工业、商贸物流、农业、旅游、金融、建筑市场、人力资源、教育科技、环境保护、卫生防疫、森林草原防火以及影视业等方面的合作内容。为支持内蒙古自治区开发、开放，河北省决定在曹妃甸划出50平方公里的土地，作为内蒙古自治区的“飞地”，建设临港产业园和物流园区。

利用各种平台推进西部开发。中国东西部合作与投资贸易洽谈会、新疆乌鲁木齐经贸洽谈会、中国西部国际博览会(成都)和青海投资贸易洽谈会等，是我国西部省(区、市)搭建的促进东西部经贸交流、推进区域协调发展的重要平台，尤其“乌洽会”还是我国向西开放、通向中亚和欧洲的国际交流平台，河北省都积极组团参加，以加深与西部地区的交流与合作。

二、2011年工作要点

全力做好对口支援工作，发挥各级各部门的组织、协调和推动作用，认真贯彻落实中央和国务院的部署，按照河北省各项对口支援规划安排，全力做好对口支援新疆巴州、建设兵团农二师、西藏阿里、重庆丰都、四川平武工作。

深化同西部地区其他省份的合作。认真研究西部地区的区情，引导和鼓励河北省优势企业“走出去”，把河北省的资金、人才、技术、产品、品牌优势与西部地区的资源、市场等优势有机结合起来，实现“双赢”。

进一步健全与西部地区工作联系机制，加强与西部地区、对口支援地区的沟通交流，建立合作信息交流平台，拓宽合作领域，提高合作成效。建立和发展同河北企业商会、协会、联合会等社团组织的联系，发挥好他们促进东西合作的桥梁纽带作用。

第十七章　山西省

一、2010 年工作总结

省委、省政府高度重视，迅速安排部署。中央新疆工作座谈会以后，省委、省政府及时成立了山西省对口支援新疆工作领导小组，负责组织领导和统筹协调援疆全面工作。省政府常务会议通过了《山西省对口支援新疆工作方案》。省对口支援新疆工作领导小组召开会议通过了《山西省对口支援新疆工作领导小组办公室和前方指挥部工作制度》。

干部人才援疆成效明显。从山西省发改委、省住建厅等部门及各市抽调选拔的 74 名援疆干部和专业技术人才经培训后，已全部入疆上岗，并在短短的时间内涌现出许多先进事迹，受到当地干部群众的好评。

规划编制基本完成。从阜康市和兵团农六师五家渠市的区位优势、产业基础条件出发，充分听取当地党委、政府的意见，确定了对口援疆综合规划和 7 个专项规划。截至目前，援疆综合规划已经国家对口支援新疆工作部际联席会议审查批准。山西省五年援建资金共计 11.66 亿元，援建两地项目共 11 类 81 项，重点投向民生、教育、社会事业等方面，集中体现了国家要求的向民生和社会事业倾斜的精神。

试点项目顺利完工。根据中央开展项目试点工作的部署，山西省选择了两个试点项目。阜康市甘河子镇工矿棚户区改造项目已经竣工，2010 年，安排援建资金 1500 万元。农六师 102 团和共青团农场新建 200 座温室大棚及冷棚项目已建成并投入使用，2010 年安排援建资金 1500 万元。

制度建设日臻完善。省援疆办和前方指挥部制定了《山西省对口支援新疆工作领导小组办公室和前方指挥部工作制度》（晋援疆办发〔2010〕1 号），省财政厅制定了《山西省对口支援新疆建设资金管理暂行办法》（晋财建一〔2010〕177 号），要求援建资金做到专户管理，保证专款专用。省委组织部下发了《关于做好选派干部对口支援新疆工作的通知》（晋组通字〔2010〕74 号）。

产业援疆前期工作扎实推进。山西同煤集团编制的《阜康市煤炭循环经济园区规划方案》、山西焦煤集团编制的《阜康市晋商工业园区 10 平方公里煤焦气化循环经济规划方案》已完成初稿。太钢集团、潞安集团、太重集团、晋煤集团相关项目的布局和前期工作也在抓紧推进。

二、2011 年工作要点

加强组织领导，充实完善领导机构，认真扎实做好对口援疆工作。西部大开发工作会议为今后几年西部大开发乃至扶贫开发工作指明了方向，制定了优惠政策，因此要把这次会议的精神充实到山西省“十二五”规划纲要和专项规划中，作为专项规划的重要内容，作为指导全省“十二五”期间国民经济和社会发展以及扶贫开发工作的行动指南和政策依据。

根据各级领导人事变动和机构改革人员调整的实际情况，充实完善省及有关市、县西部大开发领导机构，进一步明确职能和责任，使西部大开发工作纳入经常性工作，有人管、有人抓，上下渠道畅通。2011 年是对口援疆工作全面启动之年，要在总结 2010 年实施试点项目成功经验的基础上，全面推进干部、人才、教育、科技、工业、农业、旅游等全面援疆工作。前方指挥部将按照省委、省政府的统一部署，与新疆有关方面加强协调，形成工作合力，进一步健全工作制度，按照规划认真组织、高质量实施一批援疆项目，为新疆经济发展作出贡献。

第十八章　黑龙江省

一、2010年工作总结

(一)做好黑龙江省教育移民调研工作

根据国家发改委《关于请提供开展教育移民工作情况的通知》精神，黑龙江省对省内贫困山区、重点生态保护区和水库淹没区等区域的义务教育阶段学生有计划地转移到城镇集中就读，并与继续接受职业教育和促进毕业生就业相结合的教育移民新模式等情况进行了收集整理，并上报国家。

(二)建立黑龙江省边境地区开发开放建设项目储备库

2010年初以来，黑龙江省积极开展边境地区开发开放建设储备项目工作，为与国家规划接轨做好前期准备。全省18个沿边县(市)共储备2096个项目，总投资1101.64亿元，项目内容涉及基础设施建设、生态环境保护与建设、开发开放能力建设以及和谐边境建设共4大类、19个方面。

(三)积极开展对口支援工作

完成四川援建工作。2010年是黑龙江省对口支援四川剑阁县灾后重建的关键一年，黑龙江省援建前线指挥部紧紧围绕中央统一安排部署，大力推进援建工作。截至2010年9月，确定援建项目146个全部完成，实际到位援建资金15.5亿元，提前实现三年援建任务两年全部完成的目标。

做好援藏工作。2010年是黑龙江省开展援藏工作的第八年，也是第四批援藏工作的起始年。第四批援藏干部入藏后，就深入受援三县进行实地调研，全面了解日喀则地区及受援三县的经济社会发展情况，开始援藏项目前期调研工作，并编制援藏项目规划。黑龙江省援藏规划力求全面贯彻落实省委、省政府对口援藏工作的安排部署，充分尊重受援地区党委、政府的意见，突出援藏规划的科学性和前瞻性，对未来5年的对口支援工作进行全面统筹安排。规划围绕日喀则地区提出的建设经济强区的任务和目标，把突出改善农牧区生产条件、改善农牧民生活、促进产业优化升级、保持社会稳定作为援藏工作重点，提出要创新干部援藏、经济援藏、人才援藏、教育援藏与技术援藏相结合的工作机制，统筹安排、协调推进日喀则经济社会发展。经反复论证和筛选，并取得受援地的同意，最终确定了拟上报审批75个援建项目。这些援藏项目内容涉及民生、农牧、人力资源、社会保障和安居建设等方面，将对改善当地产业结构改善农牧民收入状况起到推进作用。其中，日喀则广播电台等项目已经进入实施阶段。

全面做好援疆工作。黑龙江省作为新一轮援疆省份，把规划编制工作作为2010年对口援疆工作的重中之重。在深入开展前期调研，全面与受援地区对接，充分与国家、自治区、兵团的工作部署、相关规划和投资渠道衔接的基础上，完成了阿勒泰地区和农十师两个综合规划和涵盖两地的总体综合规划编制工作。2010年，黑龙江省共启动援疆试点项目7项，总投资1.5亿元，安排对口支援资金4795万元，按照工程进度已经拨付援建项目资金共计3844.1万元。阿勒泰地区受援三县的894户灾后危房重建项目大部分房屋已经完工，受灾群众陆续迁入新居。农十师建设370座温室大棚的设施农业试点项目已经基本完成，部分种养殖大棚已经投入生产。

二、2011年工作要点

（一）继续做好对口支援工作

做好四川灾后重建收尾工作。按照中央统一安排，2011年是对口支援四川灾后重建的最后一年，黑龙江省将做好收尾工作，同时变三年援建为长期合作，在支教、支医、产业对接等方面与受援方建立长效机制的基础上，进一步开展多领域合作。

继续做好援藏工作。2011年是新时期对口援藏实施的第一年，也是新10年援藏的起步之年。黑龙江省将不断创新工作思路，进一步改进援藏方式，把干部援藏和经济援藏、人才援藏、技术援藏结合起来，扎实推进各项援藏工作。一是扎实做好第四批援藏项目的立项、招投标和建设工作。二是进一步加强日喀则地区民生项目和黑龙江、西藏两地文化、旅游交流合作的推进工作。

全面开展援疆工作。2011年是全面开展新一轮对口援疆工作的开局之年，也是10年援疆的起步之年。黑龙江省全面推进各项援疆工作，全面实施年度实施方案，确保完成计划目标。在阿勒泰地区受援三县完成标准化牧民定居1100户，新建达标农民安居房3300户任务；赴农十师以181、183、184团为重点，完成集中新建住房1552户，改造302户任务。在受援三县各选择一个定居点，在农十师183团，指导和帮助完善规划设计，建设黑龙江省援疆项目的亮点工程。以阿苇灌区为重点，加快推进牧民定居引水工程及饲草料地开发项目建设。大力发展设施农业、在农十师建设温室大棚400座、养殖暖棚600座。围绕旅游业、矿产资源精深加工、农副产品加工口岸经济、哈萨克医药等重点产业，积极推动黑龙江省企业与受援地区加强合作。帮助受援地区谋划和包装一批重点产业项目，大力开展招商引资，促进产业向园区集聚。谋划和建设青河县阿魏菇推广示范基地、福海县冷水鱼成果转移转化中心，促进农牧业科技成果转化。

（二）深入研究利用国家西部大开发政策支持黑龙江省经济发展

2011年是国家“十二五”规划的开局之年，也是深入推进西部大开发承前启后的第一年，黑龙江省将抓住国家推出新一轮西部大开发战略部署的有利时机，认真研究国家西部开发的政策和导向，结合黑龙江省实际，将黑龙江省“十二五”规划与国家西部大开发新10年工作部署相衔接，把黑龙江省更多的项目纳入国家发展规划。

第十九章　上海市

一、2010 年工作总结

（一）加强统筹协调，全面推进参与西部大开发工作

召开全市性会议部署各项工作。2010 年初，党中央、国务院召开西部大开发工作会议之后的第一时间，召开上海市对口支援与合作交流工作会议，传达贯彻中央会议精神，部署对口支援工作。根据西部大开发、援藏、援疆等工作的新形势，原市合作交流与对口支援工作领导小组改为市对口支援与合作交流工作领导小组，由俞正声书记任组长，韩正市长任第一副组长，有关市分管领导分别任副组长，统筹上海市包括参与西部大开发工作在内的合作交流工作。下发《市对口支援与合作交流工作相关会议制度》，完善领导小组的工作机制。深入调研制订计划。组织开展了多个层面的调查研究，相继制定印发了《2010 上海市对口支援项目资金安排》、《关于贯彻落实全市对口支援与合作交流工作会议精神的意见》等一批工作方案，扎实推进参与西部大开发等各项工作。

（二）强化规划引导，夯实基础工作

编制《上海对口支援与合作交流"十二五"规划》。成立规划编制工作领导小组，市分管领导任组长，有关 17 家委办分管领导为成员。围绕"如何进一步加强合作交流与对口支援工作，服务加快上海'四个中心'建设"主题，在市内外开展"十二五"规划大讨论活动，围绕如何进一步加强与西部地区合作等主题，召开近 10 场座谈会，听取各方意见。目前规划报告初稿已经形成，正在征求各方意见。

制定一批政策实施细则。研究制订《上海市国内合作交流专项资金资助合作交流专项工作实施细则》等政策性文件，鼓励上海市有关单位开展与包括西部在内的有关地区的专项、专题合作，扶持包括西部在内的各地企业来沪发展。

开展重大课题研究。就推进上海对口支援工作体制机制思路举措创新、"十二五"期间上海进一步参与西部大开发等区域合作工作，组织开展了课题研究。

（三）分类指导突出重点，扎实做好对口支援工作

全年安排对口支援专项资金 4.26 亿元，在 8 个对口地区（不含都江堰）实施 571 个项目。根据中央关于对口支援工作的新要求，开展对口支援新疆喀什和青海果洛工作。

在新疆，全国对口支援新疆工作会议之后，俞正声书记、韩正市长等市领导先后率团到新对口的新疆喀什实地考察，建立了对口支援喀什前方指挥部，125 名援喀什干部全部到位，总额 3 亿元的试点项目全部启动。先后与喀什签订合作项目 75 个，协议资金约 260 亿

元，向当地捐赠物资、现金超过1亿元，喀什月星上海商城项目（总投资20亿元，建筑面积200万平方米，项目建成后可提供1万个就业岗位）等一批合作项目已经动工建设，东航、南航先后开通了上海—喀什航线，浦发银行喀什分行正式开业，成为进驻喀什的第一家股份制商业银行。推进对口支援阿克苏的第六批项目建设，目前项目已经全部完成。

在西藏，完成第五、第六批援藏干部轮换交接。第五轮对口支援西藏日喀则地区48个项目，涉及资金3.1亿元，全部高标准、高质量提前竣工，得到了当地干部群众的高度评价。根据中央关于援藏工作的新要求，围绕做好下一步援藏工作，研究形成了《上海市关于贯彻落实〈中共中央、国务院关于推进西藏跨越式发展和长治久安的意见〉的实施意见》。

在云南，继续实施"三个确保"重点村建设，稳步开展"整乡规划、集中连片开发"试点；扶持当地发展优势产业；启动了对口帮扶独龙族的前期工作。在"世博云南活动周"期间，召开了上海—云南对口帮扶合作第十二次联席会议，两地主要领导出席，会议明确"十二五"期间，上海市将确保支持力度逐年加大，拓展经济合作领域和内涵，进一步推动两地合作与交流。协助云南省举办现代服务业专题招商暨上海市云南商会揭幕活动，沪滇双方共签署了9个合作项目，协议资金总额58.2亿元。

在三峡，大力推进新农村示范点建设，加大移民就业基地标准厂房建设规模，支持教育事业特别是职业教育，组织开展城镇待业人员和农村富余劳动力的职业培训，提高就业能力。举办上海市对口支援三峡库区移民工作第三次联席会议暨援建项目现场观摩会，专题研讨上海对口支援三峡库区移民工作；参加全国对口支援三峡工程重庆库区经贸洽谈会等会议，与当地共签订了9个合作项目协议，协议资金达11.25亿元。

在青海，与青海果洛开展工作对接，启动对口支援青海工作。第一批援青7名干部已经全部到位，开展了前期调研等工作。9月15日，在世博会青海活动周期间，筹备召开了"上海—青海对口帮扶工作座谈会"。

在都江堰，圆满实现中央有关对口支援都江堰地震灾区三年任务两年完成的目标，共援建项目117个，总投资82.4亿元。围绕下一步合作，与都江堰签署了《关于构建上海市对口支援都江堰市工作长效机制的框架协议》。

继续大力支持对口地区农特产品龙头企业开拓上海市场。第一次举办"对口地区农特产品迎春博览会"，向上海人民全方位介绍了来自对口地区的农特优产品，吸引观众3万余人次，销售金额达480万元，签约金额30亿元，活动得到了与会单位的一致好评，取得了良好的社会效益和经济效益。帮助新疆阿克苏、喀什地区、西藏自治区、云南省等地的农特产品龙头企业，分别在上海松江国际食品城设立直销点，入驻上海西郊国际农产品交易中心开设专营点，展示展销工作取得积极进展。

（四）注重实效，推进落实上海与西部省（区）合作框架协议

明确分工，落实责任，引导有关区（县）、委办局共同参与。制订下发2010年工作推进计划，按上海与广西、内蒙古等省（区）的协议内容拟定118项工作任务，明确了责任单位、时间节点以及工作推进机制。浦东新区与广西北部湾经济区签订合作协议，明确了今后1～2年落实两地政府合作协议的具体工作安排。

主动对接，加强与西部有关省（区）的沟通。组织有关省份驻沪办事机构座谈，听取各地对落实与上海合作协议的要求和建议。采用请上门与走出去的方式，先后与内蒙古、广

西壮族自治等省(区)进行对接,明确牵头部门、职能部门以及任务分工。

积极探索,共同研究政府间协议履行的有效途径。会同广西壮族自治区组织召开"理论创新　合作共赢——2010年推进落实政府间合作协议研讨会",在国内开了先河。

(五)加强引导,鼓励企业参与西部大开发

完善工作平台。充分利用展会等经贸活动平台,加强与西部地区的经济合作,创新经贸展会活动参加方式,市区联手,共同借助展会平台,为上海企业到西部投资发展服务。积极组团,先后组织数十家在沪知名企业负责人赴重庆、新疆等地考察投资,达成了一批合作项目意向。举办"看世博、谋发展、促合作"主题活动,为西部等地企业来沪借地发展、借船出海提供服务。先后邀请150家国内优势企业负责人来沪观博、共谋合作发展。资助企业到西部地区投资发展。落实《上海市国内合作交流专项资金资助企业投资项目实施细则》,对本市企业到对口支援地区、老少边穷地区投资农林牧副渔种植养殖及产品深加工、连锁商业、开发当地特色优势资源、劳动密集型制造业等项目给予资助,对本市企业落实上海与兄弟省(区、市)的政府协议,到广西、内蒙古等省份投资有关项目的给予资助。最近两年,专项资金共资助了30多家企业,资助金额5000多万元。

(六)服务西部省(区、市)参与世博展馆展示和来沪观展,促进世博会机遇共享

努力为各省(区、市)参与世博展馆展示提供服务。积极参与筹办世博会论坛以及城市最佳实践区案例征集,放大世博效应。协助西部省(区、市)在世博会期间开展招商、展示、推介和论坛等活动,积极做好西部省(区、市)在世博园区举办的省(区、市)活动日、演出、巡游、节日活动等的协调服务工作。

认真完成了西部地区来沪观展的接待服务工作。专门成立了世博接待服务指挥部,充分利用上海市的公务接待资源,不断增强接待流程的细节管理,完善项目责任制,及时向来宾提供人性化的服务,完成了世博会试运行、开幕式、世博期间包括西部地区领导在内的内宾接待任务,为确保举办一届精彩、成功、难忘的世博会做出了努力。

认真开展对西部有关省(区、市)的应急响应工作。先后针对青海地震、西南旱灾、甘肃泥石流灾害等紧急事件,共启动应急响应10次,市委、市政府向包括西部地区在内的15个省(区、市)发慰问电,共捐赠人民币6200万元,支援灾区人民抗灾和重建。

二、2011年工作要点

(一)广泛动员深入推进,发挥综合效应增强整体合力

筹备召开上海市对口支援与合作交流工作领导小组会议,认真总结上海市对口支援与合作交流工作,全面部署下一阶段工作。编制完成《上海市对口支援与合作交流"十二五"规划》,统筹谋划好"十二五"上海参与西部大开发工作。做好政策修订工作,进一步深入调研,修订上海2007年出台的《进一步加强国内合作交流工作若干政策意见》。研究制订上海贯彻落实中央《关于深入实施西部大开发战略的若干意见》的工作意见,进一步明确上海参与西部大开发的指导思路、目标、任务、举措和重点领域。完善资金筹措管理机制,除按照

中央要求安排上年地方财政预算收入的6‰用于援疆，1‰用于援藏外，适当增加合作交流专项资金用于保障上海参与西部大开发、人力资源开发服务全国等工作。同时，建立专项资金稳定增长机制，完善资金筹措、管理使用办法。

（二）突出民族地区，进一步做好对口支援工作

在新疆、西藏、青海等民族地区。深入贯彻中央、国务院有关推进新疆、西藏跨越式发展和长治久安以及加快藏区经济社会发展等文件精神，全面推进援喀什四县试点项目建设，全面启动第六批援藏，试点启动第一批援青海果洛藏族自治州工作，完成援藏、援疆、援青等专项规划编制工作。

在云南。根据沪滇帮扶第十二次联席会议要求，按照整乡规划、资源整合、整村推进、连片开发、生活完善、生产发展的原则，以集中连片贫困地区为主战场，全面推进第七批援滇项目建设，加大对迪庆藏区的帮扶力度，开展对口帮扶云南独龙族工作，完成援滇专项规划编制工作。

在三峡。聚焦三峡库区新农村建设，继续深化园区合作，召开上海对口支援三峡库区移民工作第四次联席会议暨现场交流会，编制完成援三峡专项规划。

在上述对口地区，重点援建一批新农村建设项目，援建一批社会公益事业项目，引导和鼓励更多上海企业到对口地区投资兴业，帮助当地发展优势产业和特色产业，实施一批培训项目。配合对口地区在沪召开招商引资、经贸洽谈、旅游文化推介、特色产品展销等活动，帮助当地农特产品进入上海销售主渠道，在沪开设直销点、专营点。

（三）完善区域合作机制，积极推进与西部地区多领域合作

继续推进落实与有关西部省（区、市）的政府间合作协议。完善双方牵头部门和对口部门联络协调机制，明确具体工作内容、责任单位和时间节点，细化工作推进方案，把重要工作内容列入对本市有关单位年度考核目标，确保协议中的重要项目落地。

做好在西部地区举办的重点经贸展会参展组团工作。制订并落实2011年本市参加西部地区经贸展会活动工作方案，做好组织联络协调工作，并积极为西部省（区、市）来沪举办的经贸活动服务。积极组织本市企业赴西部地区考察洽谈。

进一步鼓励上海企业到西部地区投资合作。用好用活西部大开发新的历史机遇，结合上海经济转型升级，引导相关产业加快向西部地区转移；进一步引导和鼓励企业开展跨地区投资，加强资源、能源、农业、现代服务业、先进制造业等方面的合作；对本市企业到西部地区特别是对口支援地区投资、开展经济技术合作，提供政策、资金、信息等方面的支持。

深化与西部地区人才开发等领域的合作。鼓励本市相关部门与西部地区建立对口合作关系，支持西部地区教育事业尤其是职业教育的发展。以“实用、见效、必须”为原则，运用信息技术和现代教育手段，立足当地实际，帮助西部地区培训基础教育、医疗卫生、农业技术、经济管理、市政建设、旅游开发、新农村建设、农产品经纪人等领域急需专门人才，帮助培训、转移农村富余劳动力，带动群众就业增收。

第二十章　江苏省

一、2010 年工作总结

（一）与西部地区开展经贸合作交流的情况

积极开展省际经贸交流活动。江苏省与兄弟省（区、市）的经济结构有着较强的互补性，各具优势。江苏省积极组织开展投资洽谈和经贸考察活动，加强与兄弟省（区、市）的宽领域、多层次、全方位的经济协作。组织江苏省代表团参加了“第十四届中国东西部合作与投资贸易洽谈会”、“2010 中国青海绿色经济投资贸易洽谈会”和“第十一届中国西部国际博览会”。在 2010 年第十四届“西洽会”上，达成合作项目 286 个，总金额达 333.942 亿元。其中内联合作项目 168 个，签约金额 236.81 亿元；贸易成交项目 118 个，签约金额 97.132 亿元。江苏省投资贸易成交额位居参会各省（区、市）代表团前列，荣获大会执委会颁发的“最佳组织奖”和“最佳布展奖”两项大奖。江苏每年作为主办省份组团参加“西洽会”，与陕西等西部省（区、市）共同打造东西部交流合作的平台，从 1997 年到 2010 年共举办了 14 届“西洽会”，使“西洽会”成为江苏企业与西部企业开展交流合作、投资洽谈的重要平台。截至 2010 年，江苏省在参会期间与中西部地区累计签约和达成各类合作项目 2255 个，涉及资金总额 1151 亿元，贸易成交额 1240 亿元。

积极参与东西互动，共谋合作发展大计。2010 年，江苏省积极参加东西合作论坛活动，共同探讨合作发展的新途径，成为一个新的亮点。

加强企业合作，引导传统产业向西部转移。近年来，江苏省徐州矿务集团针对徐州本部煤炭资源日趋衰减的实际，积极响应国家西部大开发号召，充分发挥自身技术、管理、资金等综合优势，大力实施“走出去”创业战略，积极到西部富煤省份开发能源资源，初步构建了陕甘、新疆、贵州三个异地能源基地。如在宝鸡市麟北煤田投资 33 亿元，新建郭家河井田项目；在宝鸡投资 64 亿元，建设年产 150 万吨甲醇项目。2010 年，徐州矿务集团在江苏、陕西两省政府的支持下，与宝鸡市政府深化战略联盟合作，发展煤炭产业、煤化工产业、电力产业，规划到 2017 年在陕西累计投资 1000 亿元以上，年营业总收入 1000 亿元以上，上缴税费 200 亿元，煤炭就地转化率达 100%，建成传统能源与新型能源互动，煤炭生产与深度转化并进的大型现代化能源化工基地，做大做强徐矿企业，为促进西部地区经济发展、提高基础工业水平作出了积极贡献。2010 年 10 月，由江苏省燃料总公司、陕西省煤炭运销（集团）有限公司等四家大型国有企业共同出资的江苏省陕煤化能源有限公司正式成立，构建起连接“产、运、销、需”四方，集煤炭销售、储备、加工、配送和信息服务于一体的专业物流平台。这一项目将深化江苏与陕西两省能源战略合作，为缓解江苏能源供需矛盾发挥重要作用。

2010 年 12 月 3 日，在陕西、江苏两省政府共同主办的苏陕企业家座谈会暨合作项目签约仪式上，苏陕双方企业及园区之间共达成项目合作合同、协议64个，江苏到陕西投资总额385亿元。这些项目涉及商贸、机械、房地产、能源等多个领域，对于促进东西部“转方式、调结构”，继续增强发展后劲，促进市场发育，缓解就业压力都将起到积极作用。如南京1912集团与新城区签约的西安市东顺城巷整体改造项目，将投资10亿元，以西安城市文化积淀为基础，突破一般性的商业形态，打造一个“古城文化主题型时尚休闲特色商业街区”，形成西安一个全新的“消费热点”与“文化名片”。江苏天楹赛特环保能源集团有限公司将在咸阳秦都区投资15亿元，建设低碳环保产业园。近期计划建设LED新光源、新材料产业、太阳能利用及相关产业、标准厂房等项目。江苏博隆环保设备有限公司将在咸阳高新区以BOT方式投资5亿元，建设日处理城市污水20万吨的咸阳市过塘污水处理厂以及综合配套设施开发项目。榆林市佳县盐储量丰富，江苏盐业集团决定在佳县盐化产业工业园区启动盐化深细加工项目，总投资70亿元。

（二）贯彻落实西部大开发会议的情况

学习传达会议精神。2010年7月5日，江苏省委、省政府主要领导及有关厅局负责人收看了党中央国务院在京召开的西部大开发电视电话工作会议，听取了胡锦涛总书记、温家宝总理的重要讲话。8月8日，江苏省委、省政府及时召开全省对口援藏援疆工作会议，深入学习贯彻中央重大决策，对江苏省新一轮对口援藏援疆工作进行部署安排。

做好调研工作。在2010年召开的中央、国务院西部大开发工作会议上，经国家发展改革委、人力资源和社会保障部评审，江苏省有3个先进单位和1个先进个人受到表彰，被评为“国家西部大开发突出贡献集体”和“国家西部大开发突出贡献个人”。为宣传西部大开发战略实施10周年，推动江苏省企业参与西部大开发，江苏省发展改革委组织赴有关地市进行调研，了解企业在西部投资开发情况，并按国家发改委要求，报送了江苏省参与西部大开发情况和工作建议。4月，及时在省发展改革委网站转发了国家发改委《关于2009年西部大开发进展情况和2010年工作安排》的通知，要求各市根据国家发改委的要求，组织开展对口支援，扩大省际合作交流，推动产业向西部转移。

配合做好东部城市对口支持西部地区人才培训的组织落实工作。根据国家发展改革委《关于进一步做好东部城市对口支持西部地区人才培训工作的指导意见》的工作要求，江苏省及时总结南京、苏州前三年在人才培训中的情况，了解需要进一步加强和改进的工作，并参加了国家发展改革委召开的东部城市对口支持西部地区人才培训第五次工作会议，9月29日专题向国家发展改革委上报了有关工作建议。

（三）领导率团互访，推动工作开展

在国家部署新一轮援疆工作不久，省委书记梁保华、省长罗志军率领江苏省党政代表团去新疆克孜勒苏柯尔克孜自治州、伊犁哈萨克自治州调研考察，与新疆维吾尔自治区和克州、伊犁哈萨克自治州党委、政府共商进一步做好对口支援工作、扩大两省（区）交流合作大计。2010年8月28日至9月1日，史和平副省长率江苏省代表团考察访问伊犁哈萨克自治州、克州，研究商定新一轮对口支援工作。伊犁哈萨克自治州党委书记李湘林率领的伊犁哈萨克自治州党政代表团和克孜勒苏柯尔克孜自治州州长帕尔哈提·吐尔地率领的克州党政代表团先后来江苏省考察并交流有关工作意见。6月，拉萨市代表团来访，双方举

行工作谈会并达成共识。2010 年 4 月 7 日，罗志军省长率领的江苏代表团赴陕西考察访问，签署了苏陕《加强两省能源和其他优势产业战略合作框架协议》。12 月 2 日，赵正永省长率陕西省政府代表团到江苏省考察访问，签署了《进一步深化两省经济社会发展合作协议》。9 月 2 日至 4 日，国务院三峡工程建设委员会副主任、三峡办主任聂卫国率湖北省副省长田承忠、重庆市副市长谭栖伟及有关部门负责人来江苏省考察指导工作。9 月 13 日，江苏省委书记梁保华、省长罗志军率江苏省党政代表团专程赴对口援建的四川绵竹市，与四川省委书记刘奇葆、省长蒋巨峰共同出席由江苏援助绵竹灾后恢复重建工程圆满竣工暨汉旺新镇落成典礼。

(四) 对口支援的情况

根据中央统一部署，江苏省先后组织开展了对口支援西藏拉萨、新疆伊犁哈萨克自治州、三峡库区和与陕西挂钩扶贫协作工作。2010 年以来，根据中央安排和要求，江苏省又新增了对口支援新疆克州阿图什、乌恰、阿合奇 3 个县(市)，新疆生产建设兵团农四师、农七师 2 个团场，以及青海省海南藏族自治州等地区。目前江苏省对口支援的地区包括：西藏拉萨市和墨竹工卡、林周、达孜、曲水 4 个县，新疆伊犁哈萨克自治州直属 10 个县(市)、霍尔果斯经济开发区，克州阿图什、乌恰、阿合奇 3 个县(市)、新疆生产建设兵团 2 个农师(团场)，陕西省 9 个市及其所属的 56 个挂钩扶贫协作县，三峡库区重庆万州、云阳和湖北秭归 3 个县(区)，以及青海省海南藏族自治州等地区。此外，根据中央安排，2008 年至 2010 年对口支援四川省绵竹地震灾后恢复重建。西部大开发以来，江苏省在省委、省政府领导下，不断加大工作力度，对口支援不断深化，较好地完成了中央赋予江苏省的政治任务。

对口支援拉萨。截至 2010 年底，江苏省共实施 50 万元以上对口支援项目 256 个，累计投入西藏无偿援助资金 13.07 亿元，其中援助拉萨资金 11.7 亿元。根据 2009 年 4 月江苏、拉萨双方政府签署的《关于 2009—2011 年援建项目框架协议》精神，经过拉萨市推荐，江苏省有关部门赴拉萨考察，2010 年 1 月 6 日在成都召开专题会议，确定了拉萨市师范高等专科学校大学生活动中心等 10 个项目列入江苏省 2009—2011 年援助拉萨项目。江苏省援助 1250 万元的拉萨市人民广播电台设备购置项目 2010 年 4 月底完成，5 月 1 日，该电台正式开播，填补了全国省会城市唯一没有人民广播电台的空白。2010 年 9 月 26 日，由江苏省援建的拉萨市师范高等专科学校大学生活动中心、拉萨市少儿活动中心、拉萨市人民医院医技楼等三个援藏项目正式开工。

对口支援新疆伊犁和克州。到 2010 年底，省级财政共实施 200 万元以上对口支援项目 23 个，累计投入无偿援助资金 4.09 亿元，其中支援伊犁哈萨克自治州资金 3.99 亿元。2010 年启动新一轮对口援疆项目，总投资 3.1 亿元。其中伊犁哈萨克自治州 4 个，包括霍城县江苏职业技术学校、霍城县兰干乡灾后农民安置房项目、伊宁市达达木图乡农业示范基础设施项目、伊宁县吐鲁番于孜乡灾后重建项目；克州 2 个，分别是阿图什市住房保障工程项目解危解困房建设和阿合奇县护边新村项目。6 月 12 日，江苏省政府召开了全省对口支援新疆工作座谈会，研究拟定了开展新一轮对口援疆干部人才的工作意见和对口援疆资金筹措使用管理的初步方案。江苏省对口伊犁哈萨克自治州前方指挥部、江苏省对口克州前方指挥部 8 月底正式挂牌，并率先启动新一轮对口援疆项目，总投资 3.1 亿元。认真组织开展了对口援疆规划编制的各项前期准备和相关调研工作。对口支援伊犁哈萨克自治州规划编制工作小组在分析研究资料的基础上形成规划初稿，对口支援克州指挥部形成《江苏省对口支援新疆克州综合规划》等八个领域的专题研究报告。

对口支援三峡库区。根据2010年国务院三峡办召开的全国对口支援三峡库区移民工作会议精神，江苏省结合三峡工程由建设期转入后续工作阶段的实际情况，认真研究部署下阶段的对口支援工作，在提供无偿援助的同时，积极协助做好干部交流培训工作，推进江苏企业与秭归和云阳县的经济合作，帮助三峡库区移民稳定致富。在2010年与三峡库区举行的对口支援合作项目签约仪式上，江苏省与三峡库区有关区(县)共签订合作项目18个，涉及工业、服务业、农业等领域，协议金额270.1亿元。11月3日，江苏省协助秭归县在南京召开无性系优质良种茶产业化项目论证会，邀请有关专家对援助项目进行可行性评估论证。同时积极推进雨润集团生猪屠宰加工项目在云阳和秭归开工建设。自1994年国务院确定江苏省对口支援湖北秭归县和重庆云阳县、南京市对口支援重庆万州区以来，到2010年底，江苏省与库区达成合作项目41个，总投资76.83亿元，帮助当地移民约1.5万人就业；无偿援助重点社会公益项目225个，资金2.565亿元；培训库区各类人才1799人次，吸纳库区劳务1万多人次。

与陕西挂钩合作。一是抓紧抓好2010年扶贫协作目标任务的落实，及时下达了《江苏与陕西挂钩扶贫协作工作计划》，把扶贫协作任务分解到江苏省各对口市，做到帮扶工作责任到位，资金项目及时到位，确保完成2010年的目标任务。二是围绕两省政府协议精神，抓好省级援建项目。为跟踪了解2009年度江苏省省级财政资金援建的35个项目实施情况，多次与陕西省发展改革委就援建项目总体情况进行沟通，听取陕西对资金安排、项目进展等情况的通报，并就2010年度1000万元省级财政援助资金和项目安排等问题交换意见。三是着力推动苏陕两省多领域合作。为进一步扩大两省经济合作领域，江苏省发改委与陕西省发改委就加强两省能源和其他优势产业的合作问题进行前期沟通和磋商，促进苏陕挂钩协作再上新台阶，从扶贫帮困向产业合作新的高度迈进。2010年江苏省投入无偿援助资金3559万元，实施扶贫援助项目108个，社会捐赠援助资金和物资517.42万元，援建学校26所，卫生院(所)10所；乡村道路114公里，桥梁7座；帮助陕西贫困地区输出劳务人员2.67万人，实现劳务收入2.82亿元；帮助贫困地区解决饮水困难。自1996年江苏与陕西开展挂钩扶贫协作以来，江苏省共向陕西地区投入扶贫协作类资金49.08亿元，其中无偿援助资金5.1459亿元，实施各类扶贫援助项目2450个。

对口支援四川绵竹灾后恢复重建。自2008年6月中央确定江苏对口援助四川绵竹灾后恢复重建以来，江苏省委、省政府高度重视，要求举全省之力支持绵竹恢复好、建设好、发展好。两年多来，江苏省以科学发展观为指导，以“江苏、绵竹一家人、一条心、一个目标，携手共建绵竹美好新家园”为宗旨，坚持“四个统一”(统一领导、统一规划、统一标准、统一政策)，坚持“四个结合”(硬件和软件、输血和造血、当前和长远、生产和生活)，有力有序有效推进对口援建工作，江苏广大援建人员和当地干部群众经过两年的团结奋斗，圆满实现了绵竹三年恢复重建任务两年基本完成的目标。累计完成援建项目295个，援建资金110亿元。援建中坚持把居民住房重建作为重中之重，支持农房重建13.96万户，规划建设1100多个农民居住集中点，36万受灾农民2010年春节前全部搬进新居；建设城镇廉租房、安置房1.26万套共99.4万平方米，10万城镇居民入住新房。坚持公共服务和基础设施重建与统筹城乡发展相结合，建成学校64所，2010年春季开学前绵竹5万多名学生全部进入新校舍上课;建成医院29所,极大改善了当地群众就医条件;建成文化、民政等其他公共服务设施项目41个,有力促进了城乡公共服务均等化;建成道路、桥梁、水利等基础设施项目138个,投资26.7亿元,修建城乡道路近1000公里,显著提升了城乡基础设施功能,灾区人民过上了安居乐业的生活。

二、2011年工作要点

(一)参与西部大开发

加强规划引导,推动产业转移。在2011年的工作中,要围绕经济结构调整、产业优化升级,进一步加强政策引导,在注重对西部地区的资源开发中,更加注重东西部的产业融合,引导企业在西部地区寻求新的发展空间,加快江苏省经济结构调整和产业升级步伐。我国各地区资源环境和经济社会发展差异较大,促进区域协调发展,一方面要根据国家的区域发展战略,加快发展江苏省具有比较优势的外向型经济和高新技术产业;另一方面,要依据江苏省经济社会发展状况,按照国家的产业政策和主体功能区的要求,分类指导和调控江苏省各地区的发展,引导江苏省传统产业向中西部转移,依据资源环境、区位优势,实行差别化政策,科学确定产业发展的空间布局。

完善区域互动机制,探索产业合作新途径。西部大开发、振兴东北老工业基地、促进中部崛起和支持东部率先发展,使东中西部各自的比较优势得到充分发挥,这是国家提出区域协调发展的四大发展战略。因此建立一个良性互动的东西合作机制,是实现区域协调发展的一项重要工作内容。2011年西部大开发工作,一是要围绕区域互动机制的建立,发挥政府的组织推动作用,为企业到西部发展搭建平台,促进产业融合和有序转移。二是要积极探索东西合作的新途径,在制定规划引导、搭建交流平台、出台鼓励政策等方面,发挥政府主导者的作用,围绕国家产业政策落实一系列配套政策,为企业走出去创造必要条件。

(二)对口支援工作

加快实施已确定项目和启动新一轮项目。对江苏省和受援地区已经明确的重点援建项目,按照既定工作要求和序时进度,保质保量完成建设任务。按照民生优先和"群众期盼的事先干、条件具备的事先干"的要求,以着力解决各族群众生产生活中迫切需要解决的突出问题为重点,先行启动实施一批与各族群众生产生活密切相关的民生工程。

加快编制援藏援疆项目规划。按照立足当前、着眼长远、因地制宜、保持特色、确保质量的原则。加强与对口援助地区的对接,积极编制援助项目规划,进一步明确重点援助领域,确定资金安排计划,细化主要援助任务,商定近期援建项目,对具备条件的项目尽快开展前期工作,争取早日开工建设。

加快制定援藏援疆资金筹措和项目管理办法。对援藏援疆资金实行统一筹措和安排,资金使用向基层和农牧区倾斜,重点投向民生领域和公益性项目。加强支援方和受援方的协调配合,进一步完善管理制度,确保新一轮援藏援疆项目顺利实施。

(三)扩大宣传,营造全民参与西部大开发氛围

加强舆论宣传是做好参与和支持西部大开发工作的重要一环。2011年,江苏省将从多层面、多角度宣传西部大开发,以及江苏省在对口支援中所做的相关工作。深入西部地区进行采访报道,通过广播、电视、报刊等媒体,引导人们关注西部、了解西部、情系西部,为参与西部大开发创造良好的舆论环境和工作氛围,不断把江苏省参与和支持西部大开发工作引向深入。

第二十一章　安徽省

一、2010年工作总结

（一）全力做好对口支援工作

根据国家部署，安徽省目前承担对口支援西藏山南地区、重庆渝北三峡移民、四川松潘灾后援建和援疆任务。省委、省政府高度重视，在国家发展改革委等有关部委的指导下，在各受援地的支持配合下，安徽省援建四川省松潘县、对口支援新疆皮山县、西藏山南地区和重庆三峡库区工作稳步推进，与受援地区的经济合作与交流进一步密切。

援建松潘任务如期完成。累计投入援建资金21.3亿元，建设了6大类320个援建项目，为松潘跨越式发展和建设新家园奠定了良好基础，全面实现了党中央、国务院提出"三年援建任务两年基本完成"的战略目标。安徽省先后投入10多亿资金修通了川黄公路和牟尼沟隧道等旅游开发工程，建设了46个文化村寨等民族文化长廊，丰富旅游产品，提升了松潘旅游基础承载力。投入7亿元建设的1.41平方公里的松潘新城，已完成基础设施建设。兴建了11万平方米的社会事业用房和保障性住房。分批次选派支医、支教人员227人，并根据松潘需求对口培训1.5万余人。本着友好合作、资源共享、互利共赢、共同发展的原则，2010年10月，省政府与松潘县政府签订了《建立长效合作机制的框架协议》，皖松两地将在干部交流培养、旅游资源共享、经贸文化交流等领域展开长期合作。

对口援疆工作开局良好。从2010年4月安徽省对口支援新疆试点工作启动以来，省委、省政府高度重视，领导小组成员单位密切配合、积极作为，在深入调研、广泛论证的基础上，制定并通过了《安徽省援疆工作总体实施方案》。各地各部门积极行动，驻疆援建指挥部已组建完成并及时进驻，援助综合规划即将编制完成。2010年安徽省主要以保障和改善民生、培育特色产业为重点，安排2500万元资金，组织实施前期基础比较扎实、具备条件的试点项目，相继启动维修皮山县城老城区廉租房地源供热和皮山县工业园供排水等首批援助项目。援疆干部和专业技术人员陆续到位，双语教育、教师支教等项目提前启动。同时指挥部还邀请商会、协会、企业到皮山县考察调研，推进双向交流，合作共赢。几个月来，共接待商会协会负责人、企业家考察团30多批次，初步形成投资合作意向项目10余个，总投资逾10亿元。各项工作进展顺利、开局良好。

援藏及三峡库区工作稳步推进。安徽省按照"突出重点、深化内涵、谋划长远、讲求实效"的原则，坚持以干部援藏为龙头，把干部援藏与项目援藏、资金援藏和人才智力援藏结合起来，加大援助力度，提高援助效果，到2010年7月，安徽省第一轮三批援藏任务全面完成。8—12月继续以《安徽省对口支援渝北区三峡移民工作五年（2008—2012）规划纲要》为指导，以加强人力资源开发、建设库区基础设施、发展社会公共事业、促进库区产业发展为主要任务，积极落实对重庆市渝北区的对口支援项目计划，努力实现移民“搬得出、稳得住、逐步能致富”的目标，加大招商引资力度，积极引导安徽的企业家们到重庆去投资兴业。

（二）加强与西部地区的合作交流

安徽省紧邻长三角，处在我国产业西移、资源东进的过渡区域，在参与西部大开发中扮演着“承东启西”的重要角色。充分发挥区位优势，全面推进与西部地区省份的合作，是安徽省对外合作交流工作重点之一。

积极利用西部经贸合作平台扩大合作。积极组织参加“西洽会”、“西博会”、“渝洽会”、“乌洽会”、“兰洽会”、“青洽会”等西部地区举办的经贸合作活动，促进安徽省与西部地区的经济贸易合作。2010年4月份举行的第十四届中国东西部合作与投资贸易洽谈会上，省长王三运和副省长花建慧亲率规模庞大的代表团参加，参展参会企业及单位超过了200家，总体参会规模超过1000人，安徽省共有330个经贸合作项目在会上推介，集中签约32个项目，总投资123.6亿元，开拓西部市场总投资3248亿元。省长王三运和副省长花建慧还率团参加了10月份在广西南宁举行的第七届中国—东盟博览会，取得了积极的参会成果。

积极组织企业到西部地区投资发展和开拓市场。安徽省重视发挥企业主导作用，多次组织企业到西部地区考察投资、洽谈项目。安徽省海螺集团、叉车集团、奇瑞汽车、马钢股份等一大批骨干企业陆续在西部投资设厂或扩大销售市场。众多皖籍企业家在西部寻求发展，在四川、重庆、云南、贵州、内蒙古、陕西、甘肃、宁夏、青海、新疆、广西等西部省（区、市）先后成立了安徽商会，这些商会组织在参与西部大开发中发挥了积极作用。

二、2011年工作要点

（一）进一步加强组织领导，扎实推进对口支援工作

依托安徽省对口支援工作领导机构，加强对深入推进西部大开发工作的组织领导，充实对口支援和区域合作日常工作力量，进一步完善工作机制，加强协调，创新方式，保障经费，积极稳妥推进安徽省参与西部大开发工作。

着力抓好松潘援建项目建设，确保三年任务两年基本完成。认真落实《安徽省对口支援渝北区三峡移民工作五年（2008—2012）规划纲要》，有序推进重庆渝北对口支援工作。协助做好第三批援藏项目验收和第四批援藏项目安排。编制完善安徽省对口支援总体规划和专项规划，制定好年度实施计划，确保按时按质按量完成对口支援任务。

（二）发挥商会组织桥梁纽带作用，鼓励引导企业到西部发展

进一步加强西部省（区、市）的安徽商会组织建设，充分发挥商会组织在西部地区投资创业、开拓市场的先锋队作用，在参与西部大开发中做大做强自身的同时，引导和支持省内企业积极参与西部大开发，并为安徽省深入推进西部大开发工作提供服务和保障。

抓住西部不断扩大的市场容量，利用国家优惠政策和西部地区资源丰富、开发成本较低的优势，有序组织安徽省企业加大开拓西部商品、建筑、粮食和劳务市场的力度，积极参与西部资源勘探和开发，尤其是组织引导安徽省装备制造企业在西部地区设立分厂和组装车间，兼并重组同类企业，进行产品扩散，鼓励安徽省旅游企业参与西部旅游资源开发。

第二十二章　福建省

一、2010 年工作总结

（一）认真组织完成中央赋予福建省的对口支援任务

全面完成对口支援四川彭州地震灾后重建任务。2010 年 5 月，在汶川大地震两周年之际，福建省完成了大部分援建项目工程建设任务，基本实现三年任务两年完成的奋斗目标。援建资金总额超过 37 亿元，援建项目覆盖了彭州市所有的 20 个镇，完成的实物工作量投入相当于福建省三年地方财政收入的 1.5%左右。至 2010 年 9 月，在福建援建的所有 146 个项目中，由福建负责实施的 115 个“交钥匙”项目全部建成并完成竣工决算。基础设施方面，共建设干线公路 9 条，总长 74.105 公里；桥梁 6 座，总长 773 米；市政道路 16 条，总长 22.166 公里；供水设施 9 项，总供水能力 1.95 万吨/日、管网总长 117.5 公里；防洪堤 2 条，总长 4 公里。社会事业方面，共建设中小学项目 11 个，总建筑面积 13.7 万平方米；幼儿园项目 30 个，总建筑面积 4.8 万平方米；医疗卫生项目 6 个，总建筑面积 8.4 万平方米；文化广播电视项目 22 个，总建筑面积 2.8 万平方米；社会福利救济及其他项目 26 个，总建筑面积 3.2 万平方米。产业科技方面，建设了建筑面积达 2 万平方米的纺织服装（西南）创新中心、4 万平方米的标准厂房、4750 平方米的市场，以及林业综合服务中心、红岩食用菌栽培基地和升平镇食用菌科技产业园配套工程等 7 个项目。援建项目工期比定额工期平均缩短 25%，未发生一起安全质量责任事故。3 个项目工地被评为四川省标准化工地，17 个项目获得四川省优“天府杯”奖，在 18 个援建省（市）中居第 6 位，其中 10 个项目获得“天府杯”金奖，在 18 个援建省（市）中居第 3 位。福建援建的所有中小学和医院项目都获得四川省优“天府杯”奖，实现了党中央、国务院提出的“把学校、医院建成最安全、最牢固、群众最放心的建筑”的要求，赢得有关部门的高度评价，“福建援建”成为当地群众心目中高品位、高质量的标志。由福建援建、彭州市负责实施的 31 个“交支票”项目中，28 个项目已在 2010 年 9 月底前完成，余下的服装纺织技术创新（西南）中心、闽彭产业园区标准化厂房和“福建路”等 3 个项目计划于 2011 年 5 月 12 日前建成。福建在组织实施援建项目的同时，十分注重对彭州进行灾后“造血”能力扶助。

规划援助。为彭州市提供规划咨询、管理和编制援助，组织福建省知名专家近百人到彭州市开展规划咨询服务和规划工作交流；选派 12 位规划管理人员和规划专家为彭州市提供规划管理支持；直接承担了 5 个重灾镇的旅游发展规划和 7 个镇控制性详规的编制工作，部分成果被收录到四川省灾后重建规划图集中，为灾区恢复重建提供了科学依据。

支医支教支警。支医方面，组织选派 8 批共 619 名医疗防疫人员赴彭州开展医疗援助和卫生防疫工作，包括巡诊、义诊、灾后心理干预、业务培训和急危重病人抢救等，共诊治患者10万余人次，手术3100余例；实施腹腔镜下肾囊肿切除术、后腹腔镜下腹腔巨大肿瘤切除术等310项新技术新项目，拓展了当地医院的医疗技术新领域；举办培训班、学术讲座1060次，培训医疗人员1.6万多人次；接收3批共24名彭州市医护人员到福建省医院进修培训，进一步提升了当地医疗机构的医技水平。同时，向彭州市卫生部门赠送了10辆卫生防疫车，向彭州市中医院赠送了一套进口内窥镜设备。支教方面，选派2批共38名优秀中小学教师赴彭州开展支教工作，支教教师除了承担日常教学工作外，还开设了120多节示范课，举办了40多场讲座，与当地20名青年教师结师徒对子，指导了80名青年教师参加各级各类的课赛；组织3批知名教育专家对彭州1500多名骨干教师进行培训；接收彭州14名职中教师到福建省5所国家级重点中专学校进行跟班培训，554名学生到福建省24所中职学校就读，51名受灾孤贫学生免费就读福州阳光学校；支警方面，组织选派公安干警2批共269人赴彭州，协助彭州市搞好治安巡逻、维护交通秩序等工作。

就业援助。累计在彭州举办14场大型就业援助招聘会，共向彭州提供6万余个就业岗位，接收彭州2131人赴福建就业；组织福建省建筑施工企业在彭州市招聘当地群众参与援建项目建设，累计就地转移就业2万余人；组织福建省劳动职业技能培训机构到彭州市重灾镇建立培训基地，调拨教学设备和派出教师，有针对性地开展劳动职业技能培训，培训当地劳动力约3000人次。

产业援助。充分利用在福建举办的中国国际投资贸易洽谈会、海峡两岸经贸交易会及鞋博会、花博会、林博会等海西特色招商引资平台，免费提供专门的展区、展位，帮助彭州市开展招商引资工作。已有21家闽籍企业与彭州市签订了投资协议，协议投资24亿元，实际到资6.5亿元，已建成投产企业10家。另有14家闽籍企业到四川省其他市、县投资兴业，总投资超过10亿元。

技术援助。多次派遣建筑、交通、农业、水利等方面的专业技术人员到彭州市开展技术援助工作；同时，先后组织福建省建筑设计研究院等11家设计单位，参与彭州市灾后恢复重建项目的勘察设计工作，提供设计援助。福建各设区市还根据援建工作需要，抽调工程质量安全监督等方面专业人员到彭州前方指挥部，协助开展安全质量监督工作等。

建立长效合作机制。围绕“乡镇结对子、学校手拉手、医院姐妹情、企业谋双赢”的主题，选择福建省20个有产业合作互补空间的镇与彭州市20个镇“结对子”，24所学校与彭州18所学校开展“手拉手”活动，6家医疗卫生机构与彭州5家医疗卫生机构等单位签订长期合作协议，从产业、教育、医疗等方面实现两地深度对接。在对口支援彭州的基础上，2010年9月17日，闽川两省政府在共同签署的经济社会发展战略合作协议中，明确以继续支持彭州发展为重点，深入开展两省之间的长期交流合作。

扎实推进新一轮对口支援新疆工作。根据中央新疆工作座谈会和全国对口支援新疆工作会议精神，福建省全面启动了新一轮对口支援新疆昌吉回族自治州工作。

加强组织领导。2010年4月份和9月份，省委书记孙春兰、省长黄小晶先后率福建省代表团赴昌吉回族自治州调研考察，对接援疆工作。省政府成立对口支援新疆工作领导小组，在新疆昌吉回族自治州成立福建省援疆工作前方指挥部和各分指挥部，为推进新一轮对口援疆工作提供了组织保障。

认真编制援疆规划。福建省发改委、省援疆工作前方指挥部会同昌吉回族自治州援疆办，组织编制了《福建省新一轮对口支援新疆昌吉回族自治州综合规划》，提出未来五年民生援疆、产业援疆、教育援疆、科技援疆、人才援疆等目标任务，着力推进富民安居、教育强基、产业兴州、智力支持“四大工程”实施，力争五年援建项目任务三年完成，促进昌吉回族自治州跨越发展和社会和谐稳定。同时，组织编制了教育、卫生、农业、干部人才等援疆专项规划，切实加强对援疆工作的规划指导。

启动援建试点。选定并推进木垒县游牧民定居工程、玛纳斯县游牧民定居工程、昌吉高新技术产业开发区福建工业园“泉州路”工程、闽奇现代农业示范园种苗科研培育中心建设项目、吉木萨尔县中医院建设项目、吉木萨尔县庆阳湖卫生院改造建设项目、呼图壁县第五中学教学楼建设及学校附属工程项目7个先行启动的试点项目，共投入援疆资金8809万元。推进干部、人才援疆，接纳25名州直副县级党务干部和各县市委组织部的组工干部参加在福建省委党校举办的昌吉回族自治州组工、党务干部培训班培训，25名昌吉回族自治州人事干部到福建省公务员培训中心进行专题培训，40名昌吉回族自治州中小学校长和教员到福建省考察调研，12名昌吉回族自治州医疗骨干卫技人员到福建省级医疗机构进修学习，6名昌吉回族自治州农业技术骨干到福建农林大学参加研究生班学习，50名昌吉回族自治州旅游行政和从业人员到福建省学习培训。

推进产业合作。省委书记孙春兰赴昌吉回族自治州考察对接期间，组织福建省有关部门与昌吉回族自治州签订了五个闽昌产业合作协议。省长黄小晶赴昌吉回族自治州调研考察期间，组织闽昌两地企业签约17个合作项目，签约金额650.78亿元，其中合同项目10个，签约金额122.8亿元；协议项目7个，签约金额527.98亿元。福建省工商联组织30多名闽籍民营企业家等到昌吉回族自治州投资考察，签订合同项目5个，协议项目5个，达成投资意向3个。福建省旅游局组织70多位旅游业界人士赴昌吉回族自治州交流考察，签订了一批旅游对口支援和合作协议。同时，积极为昌吉回族自治州搭建招商平台，在福州举办的第十二届海峡两岸经贸交易会上组织了新疆昌吉回族自治州棉纺产业对接专场，在厦门举办的第十四届中国国际投资贸易洽谈会上召开了闽疆经贸合作推介会，促进了昌吉回族自治州的招商引资和产业发展。

做好新时期援藏工作。福建省委、省政府高度重视新时期援藏工作，采取了一系列加强援藏工作的措施。

精心组织部署。省委书记孙春兰两次主持召开省委常委会议，专门听取中央第五次西藏工作座谈会情况和福建省落实情况汇报，对新时期福建对口支援西藏林芝地区工作提出更高要求。2010年6月1日，福建省召开了福建省援藏工作会议，研究部署新时期援藏工作，会后出台了《中共福建省委、福建省人民政府关于进一步做好新时期援藏工作的意见》(闽委〔2010〕13号)，进一步完善经济、干部、人才和技术援藏相结合的工作格局。

做好干部轮换。根据中组部援藏干部轮换工作的统一安排，2010年7月20日，福建省领导陪送55名第六批援藏干部抵达林芝履新，完成福建援藏干部轮换工作。

提高援助实效。以林芝地区的朗县、米林县、工布江达县、墨脱县和米林农场为重点，援建了一批城市基础设施和利民惠民工程项目，培植了一批特色产业项目。利用在福建举办的第十四届中国国际投资贸易洽谈会等大型经贸活动，邀请林芝地区组团参加，为其扩大招商引资提供各种便利。积极引进民资参与援藏项目建设，尝试民办公助的模式，有效拓宽援藏资金来源，达到援藏和民营投资双赢的效果。继续做好人才援藏工作，选派由特级教师、省学科教学带头人等14位优秀骨干教师组成的福建省第三批援藏师资培训讲师团，赴林芝地区培训中小学和幼儿园教师近千人；接收林芝地区11位幼儿园教师到福建优质幼儿园跟岗学习培训；安排福建省高校定向招收西藏本科生25名、高职4名；举办初高中和中职内地西藏班、招收西藏学生269人。

加大对口帮扶宁夏工作力度。按照“优势互补、互惠互利、长期协作、共同发展”的原则，以贫困人口为对象，以项目扶持为重点，开展全方位、多层面、宽领域的对口帮扶工作。

加大资金投入，一年来，福建省及对口市县和社会各界无偿援助宁夏各类资金达7445.7万元，其中省级资金2100万元，对口帮扶市、县5345.7万元。

扶持产业发展，新增8家福建企业在宁夏投资置业，投资达4.76亿元。实施菌草产业扶贫工程，建设菌菇制种、培训、实验示范基地1个，扶持菇农2300户；扶持发展肉牛等特色养殖5485户，建设规范化棚圈3860座；扶持发展中药材、西甜瓜、红枣、红葱、酿酒葡萄等特色种植业5万亩，引导当地群众依靠发展特色产业走出贫困。

着力改善发展条件，建设了8个闽宁示范村，通过实施人居环境改造、人畜饮水工程、集雨工程、“三位一体”配套等项目建设，使这些村成为宁夏中南部地区社会主义新农村建设的亮点；配合完成了县内生态移民工程2处，让近万人告别了深山大沟；新建固原市妇幼保健院1座，进一步改善了宁夏中南部山区群众的医疗卫生条件。

实施干部、人才援助，通过两省(区)的部门合作，为宁夏培训各类专业技术人才1398名。开展闽宁东西部干部挂职交流46人次，技术人才交流191人次；干部培训5期71人，管理人才培训26人。选派第十二批支教教师51人赴宁夏南部贫困山区学校顶岗任教一年，福建省社会各界为宁夏山区学校筹集捐款修建学校22所，救助贫困学生4503名，促进了宁夏贫困地区教育事业的发展。

加强劳务合作，宁夏向福建输送劳务人员23764人，其中有组织地输出劳务人员17607人，劳务收入达27128万元，大大增加了宁夏贫困地区农民收入，改善了农民的生产生活。

继续做好对口支援三峡库区工作。按照国务院批复的《全国对口支援三峡库区移民工作五年(2008—2012年)规划纲要》要求，继续支持推动万州区经济社会发展。一是开展多种形式的援助工作，增强库区自我发展能力。全年落实无偿援助资金800万元，援助万州区12个项目建设。帮助万州区开展移民致富带头人、干部培训及接收劳务输出近百人。互派挂职干部6人，接纳万州区4名青年干部到福建挂职锻炼。二是引导福建企业到库区投资，促进库区产业发展。先后组织多家福建知名企业到万州考察，洽谈合作投资事宜，其中福建金悦程投资有限公司拟在万州投资10亿元建设高新能源技术研发生产基地，厦门市创达电子有限公司拟在万州投资1亿元建设配套二、三极管生产基地。

(二)积极推进与西部省(区)的区域合作

深化与西部省(区、市)的跨省区域合作。2010年8月，与广西壮族自治区政府签署了《进一步深化闽桂合作框架协议》，双方将共同推进海峡西岸经济区和广西北部湾经济区建设，共同加快面向国际、对接台湾的出海出境大通道建设，全面加强产业合作，携手开拓东盟和台湾市场，加强科技、人才及社会事业的交流合作，加强重大突发事件应急联动合作，加强政府间的联系交流。2010年9月，与四川省政府签署了《闽川经济社会战略合作协议》，达成九个方面的战略合作意向，努力推进优势互补、互利共赢、共同发展。

大力推进与西部省(区、市)的投资贸易合作。一是充分利用泛珠三角区域合作平台作用，在2010年的第六届泛珠三角区域合作洽谈会上，动员、组织福建省企业与西部省（区、市）进行经贸合作洽谈，共签约项目148项、金额263.54亿元，涉及制造业、商贸、物流、旅游开发、节能环保、新能源、农业等多个领域。大会期间还协助四川省举行四川—福建产业对接推介会，签约项目94个、金额达164.8亿元；协助广西举行广西北部湾经济区（福建）招商推介会，签约项目12个、总投资17.29亿元。二是利用在福建举办的第十四届中国国际投资贸易洽谈会、第十二届海峡两岸经贸交易会以及台交会、文博会、旅博会等重大经贸活动，邀请西部地区特别是受援地区组团参会参展，为西部地区开展招商引资、拓展对外贸易和对台交流合作提供平台。三是借助第八届中国·海峡项目成果交易会平台，积极开展福建企业与西部地区科研机构和高等院校的产学研合作，推进西部地区科技成果在福建省的转化和推广应用。据不完全统计，通过前八届中国·海峡项目成果交易会平台，吸引西部近百所科研院校参会，对接项目数百项。四是组织福建企业积极参加2010年在西部地区举办的各种形式的经贸洽谈会，如"西洽会"、"西博会"、"东博会"等，与西部省（区、市）深入开展经贸合作洽谈，"西洽会"上，福建企业与西部省（区、市）签订投资项目合同和协议6个，总投资额50亿元。

鼓励支持各类企业到西部投资兴业。已有近百家福建的建筑施工企业到西部参与交通、市政、水利等重大基础设施项目建设。福建地矿部门积极参与西部省（自治区）的油气、地下水、煤田等资源的勘查、钻探和技术服务工作。福建企业在西部地区的投资涉及房地产开发、矿业、钢铁生产、化工、工业园建设、旅游、教育、医院、环保、农业种植及物流等领域，主要集中在云南、四川、广西、贵州、陕西和重庆等省（区、市）。福建紫金矿业、福耀玻璃、福建亚通塑胶等一批大中型企业已通过独资、合作、兼并重组当地企业等形式落户重庆、宁夏、陕西等省（区、市）。据不完全统计，2010年闽商在云南投资达357亿元，在四川投资163亿元，在广西投资150亿元，在贵州投资60亿元。

动员全社会力量捐助西部地区公益事业。2010年上半年，福建省工商联副主席、福耀集团董事长曹德旺为云南、广西等干旱重灾区的10万贫困农户每户发放2000元捐助，总金额达2亿元；在云南省发展事业的黄如论等闽籍企业家先后为当地捐赠抗旱救灾资金1647万元；福建省光彩基金会为贵州省毕节地区赫章县开展小水窖和集中供水工程项目建设捐款140万元。8月，为支持甘肃舟曲灾区抗洪抢险救灾，福建省政府捐赠了500万元，福建省红十字会发出募捐紧急呼吁，得到了社会各界的积极响应。

二、2011年工作要点

（一）加大对口支援工作力度

全面启动五年援疆规划的实施，按照五年援建项目任务三年完成的目标要求，以民生援疆为重点，着力推进昌吉回族自治州富民安居、强基固本、产业兴州、援智育才"四大工程"建设，开创经济、教育、卫生、科技、干部、人才全方位援疆工作新局面。做好新时期对口支援西藏、宁夏和三峡库区等工作，进一步推动形成经济、干部、人才和技术支援相结合的工作格局。注重增强受援地区"造血"功能，强化对受援地区的智力扶持工作力度，通过开展多种形式的培训、跟班学习和挂职锻炼等方法，积极为受援地区培训干部，培养教育、卫生、科技、经贸等各类专业技术人才。

（二）创新援建工作机制，积极动员组织企业参与西部地区大开发

尝试、推广民办公助的模式，积极引进民资参与基础设施、公共服务、产业园区等援建项目建设，拓宽对口支援的资金来源，发挥政府援助资金“四两拨千斤”的作用，最大限度发挥援助资金的经济效益和社会效益。

充分发挥福建对外开放和对台先行的窗口作用以及民营经济、外资经济较发达的优势，积极帮助西部地区开展招商引资工作，多方牵线搭桥，争取更多资金、技术和人才参与西部大开发，增强西部地区自我发展能力。利用在福建举办的第十五届中国国际投资贸易洽谈会、第九届中国·海峡项目成果交易会、第十三届海峡两岸经贸交易会以及台交会、文博会、旅博会等大型经贸活动，广泛邀请西部地区组团参会参展，为西部地区搭建更多的招商引资平台，提供更优质高效的服务。认真组织福建企业参加第七届泛珠三角区域经贸合作洽谈会以及在西部地区举办的“西洽会”、“西博会”、“东博会”等各种形式的经贸活动，加强与西部地区的经贸合作，积极引导福建企业参与西部地区基础设施建设、资源开发和产业发展，进一步拓展福建发展空间和市场腹地。

第二十三章　山东省

一、2010 年工作总结

（一）进一步深化认识，全面贯彻落实国家西部大开发工作会议精神

国家西部大开发工作会议后，山东省委、省政府高度重视，分别召开省委常委会、省政府常务会，传达学习会议精神，研究部署今后一个时期山东参与和支持西部大开发工作。进一步加强政策引导，提高各方积极参与西部大开发的积极性，制定并下发了《山东省委、省政府关于积极参与深入实施西部大开发的实施意见》（鲁发〔2010〕17 号）。

为表彰先进，进一步促进深入参与西部大开发工作，山东省总结了参与西部大开发 10 年来的工作，参照国家做法，对参与西部大开发工作先进集体和先进个人予以通报表彰和记功奖励，进一步营造良好氛围，提高社会各界深入参与西部大开发的积极性和主动性。

（二）进一步加强交流，与西部省际合作取得丰硕成果

2010 年以来，山东省与西部省际交流与合作日益频繁，互访层次更高，合作领域更广。山东省先后派出阵容强大的党政和经贸代表团对重庆、陕西、新疆等省（区、市）进行学习考察，共商合作大计，进行项目对接，取得丰硕成果。4 月初，山东省党委、政府主要领导率团对重庆市进行学习考察，两省（市）人民政府签署了《关于加强两省市全面合作的框架协议》，举行了“山东—重庆经贸合作项目签约仪式”和“山东—重庆经贸合作成就展”。在前期充分考察和广泛对接的基础上，双方共签署经贸合作项目 218 个，合作项目总金额 453.2 亿元。为今后双方加深合作打下坚实基础，创造了良好条件。

2010 年，四川、宁夏、重庆等西部省（区、市）党政和经贸代表团先后来山东省考察并进行合作项目对接和签约。在双方高层领导推动下，主管部门间进行大量前期准备和沟通，省（区、市）间充分发挥各自优势，合作实效明显。山东省与宁夏共同举办的“宁夏—山东经贸合作推介会”，双方共签订合作项目 38 个，合作金额达 538 亿元。

（三）进一步利用各种平台，积极推进东西协调互动

投资贸易洽谈活动作为增加地区知名度、促进招商引资、扩大对外开放的有效手段，越来越受到西部省（区、市）的重视。山东省充分利用这一平台，积极动员和组织企业参会参展，在增进双方了解的基础上寻求合作。2010 年，山东省相继组团参加了“西洽会”、“西博会”、“青洽会”、“兰洽会”、“乌洽会”等西部省（区、市）主办的经贸投资活动，山东省企业共签订各类国内投资贸易合同和协议 205 个，总金额 335.35 亿元。这些经贸活动增进了山东省与西部省（区、市）及其企业间的交流，加强了经贸合作关系，实现了优势互补、共同发展

的目的。

国家西部大开发战略实施10年来，山东省共有5000多家企业到西部发展，成功开展了2800多个合作项目，合作总金额2000多亿元。与此同时，山东省积极为西部省（区、市）企业到山东发展提供服务，西部省（区、市）一大批合作项目在山东省找到发展机遇，促进了东西部互动发展，共同发展，取得了明显的社会和经济效益。

（四）进一步加大对口支援力度，丰富对口支援形式

按照党中央、国务院的部署，山东省承担着对西藏、新疆、青海、贵州和三峡库区有关地区的对口支援任务。支持和援助西部省（区、市）加快发展，既是中央赋予的一项长期、严肃的政治任务，也是山东省责无旁贷的责任和义务。多年来，山东省无偿援助受援地区资金、物资折合人民币26.2亿元，其中西藏15.05亿元，新疆6.85亿元。

二、2011年工作要点

（一）全面贯彻深入实施西部大开发各项战略部署，加强重点领域合作

加强农业开发与合作。鼓励和引导山东省农业产业化龙头企业、协会组织等到西部进行土地资源深度开发，发展特色种植，建立特色农业种养殖基地，带动农产品精深加工企业发展。鼓励和引导山东省企业从发展特色农业入手，推进西部地区农业标准化、规模化、信息化、产业化建设，延长产业链。合作建设农业科技示范园（基地）。

加强能源及矿产资源开发利用。结合山东省经济发展对矿产资源的需求和西部地区的成矿条件，鼓励山东省企业与西部地区联合建立长期稳定的资源开发基地，加强对可持续发展具有重要影响的煤炭、石油、天然气、新能源、有色金属等联合勘探开发和综合利用。鼓励有实力的省内能源企业在西部地区建设煤电一体化生产基地。

加强基础设施建设合作。国家提出要继续把西部交通、水利等基础设施建设放在优先地位。要紧紧抓住这一机遇，支持和鼓励技术力量雄厚、竞争实力强的企业，通过各种方式积极参与西部地区交通、水利、通信等基础设施建设。统筹国家、山东省及西部地区路网规划，推动山东省与西部地区运输大通道的有效衔接。支持和鼓励山东省企业参与西部地区城市市政项目建设。鼓励山东省企业、社会团体和个人通过租赁、承包等方式，参与西部地区生态建设及后续产业开发。

加强装备制造业和新兴产业合作。西部地区集聚了国家一批重点高校、科研院所、军工企业，尤其是重庆、成都、西安、兰州等西部城市，优势更为突出。要依托山东省现有优势，推进与西部地区在突破核心技术、关键共性技术的合作，提高自主创新能力。鼓励山东省企业在航空航天、新能源、新材料、生物医药、集成电路、软件、通信设备、数字音频视频、节能减排、环境保护等领域，与西部开展广泛合作。

加强服务业发展与合作。鼓励双方企业扩大金融、保险、商贸、物流、房地产等领域的合作。重点加强旅游合作，联合推出旅游线路，为双方人员旅游提供便利。鼓励双方企业和社会资本参与旅游线路、旅游市场、旅游产品等旅游资源的联合开发，构建跨区域、“无障碍”的旅游体系。

加强人力资源合作。认真贯彻落实国家发改委《关于进一步做好东部城市对口支持西

部地区人才培训工作的指导意见》(发改西部〔2010〕2519 号)。青岛、烟台两市要按照“突出重点、整合资源、注重质量”的要求,加强领导,超前规划,认真组织和落实好国家下达的对口支持西部地区人才培训计划。

(二)积极推进产业有序转移

山东省要按照“市场导向、优势互补、生态环保”的原则,积极推进产业向西部有序转移。要充分利用西部地区在资源、土地、市场、劳动力等方面的优势,鼓励山东资源加工型、劳动密集型和适合西部地区的技术密集型产业向西部有序转移。注重发挥山东企业和产品在品牌、技术、资金、管理、营销等方面的优势,积极扩大生产规模,变“产地销”为“销地产”,增强企业竞争力。鼓励山东企业与西部地区企业建立长期的合资、合作关系,采取多种形式,积极参与西部产业转移示范区建设,联合西部地区共建产业园区。支持山东开发区和企业加强与西部地区开发区的合作,重点参与新疆喀什经济开发区建设。

(三)加强组织协调,完善互动合作机制

山东省将继续着力做好政府的协调指导工作,做到“领导重视,政策保障,措施落实”。努力建立健全与西部省(区、市)之间的互动合作机制,打破省际壁垒,促进生产要素自由流动,提高资源配置效率;建立健全扶持互助机制,加大对西部省(区、市)的帮扶支援力度,开展更规范系统的社会捐助活动,推动企业之间深化合作,与西部省(区、市)建立起一种在政府政策保障下,经济社会各层面自觉交流与合作、相互协调配合的区域发展格局。

(四)加强规划指导,进一步做好对口支援工作

山东省将结合受援地区的发展规划,制定对口帮扶规划,加强对口支援工作的指导,增强对口支援工作的系统性、稳定性和连续性,使受援地区自身发展能力与外部支持力实现有机结合,更好地发挥对口支援对当地发展的助推器作用;按照集中力量办大事的原则,选准工作角度,实施重点突破,进一步扩大帮扶实效;把对口支援与经济合作有机结合起来,重点通过投资合作建设经济项目,促进当地产业结构调整,扩大劳动力就业;把有针对性的技术交流、人才培训、社会捐助等工作,作为长期的系统性工程,提供全方位支持,增强受援地区可持续发展能力,推动西部大开发向纵深发展。

第二十四章　河南省

一、2010年工作总结

（一）积极实施对口支援工作

按照中央总体部署，河南省先后实施了对口支援新疆阿克苏地区、哈密地区、三峡库区重庆巴南区和援建西藏、援助四川江油抗震救灾恢复重建等工作。

支援新疆哈密地区。按照中央新一轮援疆工作的部署，2010年河南省对口支援由原来的阿克苏地区调整为哈密地区。河南省认真贯彻落实中央部署，成立对口支援新疆哈密地区工作领导小组及其办公室。省代表团赴疆开展了调研衔接，选择抗震安居、游牧民搬迁定居、设施农业、中小型水利基础设施等12个项目开展试点，援助资金1.27亿元。明确了结对关系，采取省辖市分别对口支援哈密地区2县1市和农十三师的各个团场的形式开展对口支援。加强产业合作，哈密地区、农十三师到河南省优势企业进行考察洽谈。省援疆办、国资委组织的河南省25家优势企业、科研机构赴哈密地区实地考察衔接。邀请哈密地区、农十三师组团参加在河南省举办的2010年全国农产品加工业投资贸易洽谈会。积极推动中平能化集团在哈密建设大型煤炭、煤化工项目。

支援新疆阿克苏地区。2010年，河南省对口支援阿克苏地区圆满结束。13年来，河南省先后选派了六批共281名优秀干部到阿克苏地区工作，共支援阿克苏地区建设了抗震安居工程、地区及县医院病房楼、大中专院校教学楼、普通中学宿舍楼、希望小学、南疆最大设施最完备的幼儿园等教育、卫生、科技项目52个，直接援助资金2亿多元。无偿援助6台东方红拖拉机、12辆郑州日产皮卡汽车、30辆帕拉丁越野汽车、1.333万台电视机以及救护车、医疗设备、药品、节水灌溉设备等总价值2000余万元的物资和150万元救灾款。先后为阿克苏地区培训行政、科技、教育、医疗等专业技术人员1.08万人次，协助阿克苏地区赴豫培训2400人次，安排专项培训经费2000多万元。组织专项新闻宣传16次、文化交流活动6次。援助阿克苏地区工作得到了新疆维吾尔自治区和阿克苏地委行署和人民的高度赞扬和充分肯定，为阿克苏地区经济社会发展做出了积极贡献。

支援重庆市巴南区。2008年河南省制定《河南省对口支援工作五年（2008—2012）规划》以来，明确了五年援助资金共1800万元，支援建设公益性基础设施项目6个；每年培训专业技术人才70名。目前已拨付到位资金1100万元，开工建设5个项目。2010年，河南省共援助重庆巴南区社会公益类项目到位资金650万元，新引进企业建设项目1个，到位资金3000万元。支持库区建成了一批公路、桥梁、学校、卫生院等公益设施项目，培训医疗骨干，培训移民致富带头人。

援助西藏建设羊八井地质公园项目。河南省援建该项目资金2000万元。目前，羊八井地质公园已获批为国家级地质公园，建设工程已经批复立项，地质博物馆等主要建设项目工程设计已完成，施工招标等建设工作正在进行。

支援四川江油恢复重建工作。按照中央关于对口支援四川地震灾区恢复重建工作部署，河南省两年来累计投入援建资金30.02亿元、派出援建干部职工1.5万余人次，实施了以江油市城乡居民住房、敬老院、学校、医院等居民点配套基础建设及安全饮水等民生工程；学校、医院、敬老院、救助站和文物保护等公共服务设施；城乡道路、桥梁和江油、河南工业园2.5平方公里核心区道路、绿化、照明、给排水、供电、供气及标准厂房、创业中心等基础设施，共援建项目302个，开展了以支警、支医、支教等为主的技术援助，积极推进河南优势企业与四川、江油企业加强合作，组织河南艺术团赴江油慰问演出等一系列经济文化活动，帮助江油人民尽快走出地震阴影、重建家园。在各方的共同努力下，对口支援江油市恢复重建工作全面完成，提前实现了中央确定的“三年援建任务两年基本完成”的目标。

承担内地西藏、新疆高中班扩招任务。经国务院批准，从2010年起扩大内地西藏高中班、新疆高中班招生规模。河南省扩招任务由郑州市承担，郑州四中承担西藏高中班扩招3个班130人，郑州七中、郑州十一中分别承担新疆高中班扩招各4个班共344人。为支持落实扩招工作，2010年，河南省安排郑州四中一次性补助2574万元，新建西藏班学生宿舍楼、食堂15710平方米；安排郑州七中一次性补助1530万元（含购置学生学习生活用交通工具50万元），新建新疆部学生宿舍楼、食堂8422平方米；安排郑州十一中一次性补助1541万元，新建新疆部学生宿舍楼、食堂8500平方米，并购置学生学习生活用交通工具。项目建成后可满足西藏班、新疆班学生的生活食宿需求。

（二）广泛参与西部地区经济建设和合作

积极参与黄河协作区、晋陕豫黄河金三角等区域协作组织，充分利用“中国东西部合作与投资贸易洽谈会”、“乌洽会”、“兰洽会”等会展平台，广泛开展经济贸易多领域合作。支持引导省内企业积极参与西部开发，一批企业在西部投资建厂，实现了互利共赢。面向西部广泛开展劳务合作，每年组织近10万人赴新疆帮助采棉，形成了独特的劳务品牌。河南省还与沿黄省份共同实施了保护母亲河行动，全面加强沿黄环保基础设施建设。

二、2011年工作要点

（一）继续做好对口支援工作

全力做好支援新疆哈密工作。按照《对口支援新疆规划编制工作大纲》和《对口支援新疆规划管理办法》，编制好《河南省对口支援新疆哈密综合规划》和6个专项规划。积极落实援助资金，全面推进富民安居、游牧民搬迁定居、设施农业发展、中小型水利基础设施等试点项目建设，引导支持省内企业到哈密投资兴业，帮助哈密地区提高自身经济发展能力，力争5年任务4年完成。2011年重点要做好以下工作：一是重点支持富民安居工程建设，按自治区批准的富民安居建设任务，河南每套补助1万元。二是落实支医支教支农工作，根据哈密地区和农十三师需求，河南省选派优秀医生、教师和农业技术人员到受援方进行支医支教支农工作。三是深入开展经贸合作，落实已签订的合作协议，鼓励河南省优势企业到哈密投资兴业。四是开展文化、旅游等方面的合作交流。

继续抓好支援三峡库区移民工作。一是继续推动经济项目合作。鼓励和引导河南机械装备类工业企业和名优农产品加工企业落户巴南区，2011 年争取协调 1～2 个名优企业或名牌产品落户巴南库区。二是开展移民培训工作。三是支持和组织巴南区对河南省开展劳务输出。四是援助 100 万元，建设巴南区人和桥村和庙垭村公共服务中心 2 个援助项目。

（二）完善中西部地区综合交通网络

围绕提升西部地区通达能力，加快连接西部的客运专线、干线铁路及高速公路河南段重大项目建设，升级改造 G310、G312 等连接西部的过道，密切西部与中东部地区的交通联系。加快徐兰客专郑州至徐州段建设，争取开工建设郑州至重庆客专，早日形成贯通东中西、连接西南、延伸华北及环渤海的快速客运网络；加快宁西铁路复线电气化改造，规划建设内蒙古、陕西经河南省连接华东路网的运煤通道，拓宽改造连霍高速公路洛阳至灵宝至省界、开封至商丘至永城段，密切西北与中部和华东地区的联系，提升西部优势资源输出能力；加快推进郑州国际航空枢纽建设，增加郑州至昆明、乌鲁木齐等门户机场的客货运航班，密切中西部地区空中联系。

（三）加强与西部地区的产业合作

发挥河南省矿产资源勘查开发、农副产品精深加工等方面的比较优势，积极参与实施西部优势资源转化战略，推动省内优势企业积极开展西部省份的战略合作，提高西部地区资源能源综合利用水平和自我发展能力。加快推进河南煤化新疆能源化工基地、河南煤化贵州永贵能源、中平能化集团哈密煤电煤化基地、中平能化集团陕西杨家坪煤矿、义煤集团新疆屯南煤业等合作项目建设，扩大合作规模，组织引导更多的优势企业投资西部；加快推进连接西气东输、西电东送、西煤东运等战略工程的配套项目建设，完善中西部地区能源输配网络；鼓励扶持资源开采和精深加工优势企业通过新建项目、股权收购、兼并重组等方式，在西部资源丰富地区拓展发展空间，重点推进豫光金铅、栾川钼业等企业加大西部地区相关资源勘探开发力度，支持神火集团、伊川电力等骨干电解铝企业发挥技术优势，与西部火电、水电、煤炭企业合作建设大型煤电铝生产基地；支持农业产业化龙头企业，依托西部地区特色农牧资源，建立养殖和生产基地，发展农产品深加工；鼓励冶金、建筑、建材优势企业，积极参与西部地区基础设施建设。

（四）继续深化与西部地区区域经济合作

建立联系制度，拓展沟通渠道，消除体制障碍，逐步形成与西部省份经济优势互补、产业协作配套、文化互动交流的发展新格局。加快建立中原经济区与成渝、关中—天水、广西北部湾等重点经济区的合作机制，推进郑州与西安、重庆、成都等中心城市的战略合作，密切中原城市群与关中—天水城市群的经济联系，推动沿陇海铁路经济带快速发展；加强黄河经济协作区务实合作，加大旅游市场开发力度，推进矿产资源勘探开发合作，建立环境保护协调机制，提升区域经济协作水平；加快晋陕豫黄河金三角综合试验区建设，密切三省四市的沟通联系，推动建立区域内无障碍旅游区，加强基础设施项目合作，提高试验区建设成效。

第二十五章　湖北省

一、2010年工作总结

（一）加强领导、积极部署推进西部大开发战略的各项工作

湖北省委、省政府高度重视，召开西部大开发工作会议，省委书记罗清泉、省长李鸿忠作了重要讲话，并对推进工作进行了全面部署。对下一步推进工作，会议要求结合湖北实际，突出五个工作重点，进一步加强政策扶持力度，进一步加强基础设施建设，进一步调整优势产业结构，进一步加强社会事业发展，进一步做好援疆援藏工作。

出台支持恩施土家族苗族自治州加快发展的政策措施。湖北省委、省政府于2010年8月上旬出台了《中共湖北省委、省人民政府关于支持恩施土家族苗族自治州建设全国先进自治州的决定》（鄂发〔2010〕13号），决定用5～10年，使恩施土家族苗族自治州经济社会实现跨越式发展，走在全国自治州前列，并从支持恩施土家族苗族自治州建设全国先进自治州的重大意义和总体要求、加强基础设施建设、培育壮大特色产业、加快社会事业发展、加强生态文明建设、进一步完善发展保障机制等6个方面，对如何支持恩施土家族苗族自治州实现跨越式发展进行了全面部署，制定出台了25条全方位支持恩施加快发展的政策措施。《决定》特别强调，要进一步完善支持恩施土家族苗族自治州建设全国先进自治州的保障机制，完善"616"对口支援工作机制（"616"对口支援工程的主要内涵是：由1位省委、省政府领导牵头，省直6个单位参与，对口支援一个民族县、市，每年至少办成6件较大的实事），深化"616"对口支援的内涵，完善支援方式，探索建立省内发达市对口支援民族地区县（市）、省内发达县（市、区）对口支援恩施土家族苗族自治州乡镇的帮扶机制。要将省直部门参与"616"工程工作情况纳入年度目标责任制管理内容。

（二）落实战略部署，恩施土家族苗族自治州经济社会发展成就显著

区域经济加快发展。西部大开发战略实施10年来，恩施土家族苗族自治州经济加速发展。2009年恩施土家族苗族自治州生产总值达到294.26亿元，财政总收入47.5亿元，全州累计完成全社会固定资产投资826.31亿元，超过此前50年投资的总和；城镇居民人均可支配收入达到10307元，农民人均纯收入达到2810元。2010年，恩施土家族苗族自治州累计完成地方财政总收入55.9亿元，同比增长17.8%。全州一般预算支出74.829亿元，增长14.1%，保证了各项重点支出和各项事业发展的需要。2010年全州生产总值达到351.1亿元，人均生产总值达8830元，城镇居民人均可支配收入达11406元，农村居民人均纯收入3255元，全面实现"十一五"时期的各项目标。

项目建设进展顺利。一大批交通、通信、能源、电网、水利、生态、市政建设项目相继实

施，宜万铁路、沪蓉西高速公路、许家坪机场扩建三大项目竣工投入运营，全州的基础设施条件明显改善。2010年，恩施土家族苗族自治州85个州级重点建设项目，实际完成投资50.9亿元，完成年度投资计划的107%。交通设施方面（恩施旗峰大道改扩建、建始209国道绕城线、清江水布垭旅游码头及配套设施建设）、能源及产业方面（恩施土家族苗族自治州2009年农网完善工程、利川风力发电、利川市杨东河渡口电站、咸丰县大河边水电工程、宜万电气化铁路恩施段供电电源工程、武钢恩施铁矿开发“双50万吨”工程、恩施土家族苗族自治州油茶基地建设）、市政民生方面（恩施市火车站片区开发、巴东经济开发区基础设施建设、巴东黄土坡整体搬迁及神农小区基础设施建设、建始野三河景区建设、来凤县高级中学校舍、鹤峰县城市污水处理厂、宣恩城区防洪工程建设）等共计17个项目完成投资超过80%。

相关优惠政策落实到位。落实了相关税收优惠政策，恩施土家族苗族自治州国税和地税对按规定可享受税收优惠的企业，减免了企业所得税，同时，对高速公路、铁路、国道、省道建设用地免征耕地占用税，落实情况良好。税收收入占比提高，增幅和进度快于非税收入。落实了信贷支持政策，2010年，恩施土家族苗族自治州金融机构人民币贷款余额467亿元，比年初增加111.3亿元，增长31.3%。各项存款稳定增加，信贷规模扩大较快。落实了土地和矿产资源开发优惠政策，2010年以来，恩施土家族苗族自治州一批重大项目用地审批顺利，特别是对一批用量大而用地受计划限制的重大项目，在审批上得到了国家及省的大力支持。并争取到一批矿产资源勘查项目、找水项目等，对该州主要矿产进行了勘查，依法出让了一批采矿权和探矿权，有力地促进了全州矿产资源的开发。落实人才政策，湖北省共组织三期30人次西部人才培训。

资金投入力度加大。放宽利用外资条件，湖北省专门出台了《恩施土家族苗族自治州招商引资优惠政策》，在扩大外商投资领域方面，目前不存在政策问题和执行障碍，国家的支持政策也基本得以落实。2010年，全州招商引资到位资金60.3亿元，增长35.5%。国家支持力度持续加强。2010年，国家对湖北省恩施土家族苗族自治州交通、能源、工业、农业水利、城市基础设施及环保、社会事业等加大了投资力度。项目建设到位资金情况较好。

社会事业建设明显加快。上学难、就医难、行路难、饮水难、社会保障难等民生问题得到了较大改善。2010年恩施土家族苗族自治州农村初中校舍改造工程、特殊教育学校建设、湖北民族学院（恩施土家族苗族自治州）基础设施建设进展顺利；惠民医院、乡镇卫生院和村中心卫生室组成的三级卫生服务网络体系逐步完善；社会保障覆盖面逐步扩大，全年社会保险扩面新增2.6万人。2010年，为乡镇补充220名教师；启动县、乡卫生院建设项目45个，建成171个标准村卫生室；完成通达工程3100公里，对709公里农村公路实施了规范化养护。新建廉租住房2400套，经适房2000套，改造农村危房8890户；新启动570个重点贫困村和39个重点老区村的整村推进工作，完成3965户、1.6万人的扶贫搬迁任务，解决10万贫困人口的温饱和脱贫问题。

二、2011年工作要点

（一）坚持以调整经济结构为着力点，大力发展特色优势产业

充分利用深入实施西部大开发战略的有利时机，从恩施土家族苗族自治州的自身资源

条件、区域特点、产业状况出发，加快转变经济发展方式，加大经济结构调整力度，大力发展特色优势产业。充分挖掘鄂西地区生态、文化、旅游的丰富内涵，做好“绿色”文章，围绕打造“绿色产业、特色农产品加工、洁净能源、矿产工业、健康旅游”等五大基地这一目标，着力培植壮大特色支柱产业。旅游业率先突破发展，重点支持恩施旅游港民族风情街开发、清江画廊休闲度假旅游开发、恩施大峡谷、腾龙洞等景区建设，积极发展文化旅游、生态旅游、乡村旅游、休闲度假旅游。着力把恩施土家族苗族自治州打造成国内最具成长性的生态文化旅游基地，努力建成鄂西生态文化旅游圈的核心板块和全国知名的生态文化旅游目的地。

（二）坚持以提高发展保障能力为目标，加快推进基础设施建设

加强与西部综合交通网络建设的衔接，完善湖北省综合交通体系。重点支持“五高四铁两港”（神张、五来、利来、利万、恩奉 5 条高速公路，渝利、黔张、安张、郑渝 4 条铁路，巴东港、恩施机场航空港 2 个港口）交通网络建设。进一步加强水利基础设施建设，加强水资源的合理开发和高效利用。进一步完善通信、电力、广电网络设施建设。重点建设好城乡宽带网络、无线通信、下一代互联网、卫星通信等综合信息基础设施。加强农村基础设施建设。以农田水利、农村公路建设为重点，实施农村公路通畅工程 1000 公里。解决好 15 万农村人口饮水安全问题；提高农村危房改造项目的补助标准；支持农业生产资料配送中心、农产品交易中心等建设。

（三）坚持以提高基本公共服务水平为重点，着力改善民生

促进就业增收。在继续促进农村劳动力外出就业、发展劳务经济的同时，大力发展县域经济，鼓励发展就业容量大的劳动密集型产业，引导农民工返乡创业，为农民就地就近转移就业积极创造条件。

加快提高社会保障水平。逐步提高城乡居民最低生活保障标准，进一步完善城镇职工和城镇居民养老保险制度，加快建设新型农村社会养老保险制度，加快城镇保障性住房建设，加大农村危房改造工作力度。

优先发展教育和科技。支持恩施义务教育学校的基础设施建设，提高家庭困难寄宿生的生活补助标准，支持县（市）高中学校建设，着力解决高中阶段“上学难”的问题。继续加大科技投入，逐年增加科技专项经费，优先支持恩施土家族苗族自治州申报国家级科技计划项目。

（四）坚持以可持续发展为导向，加强生态建设

正确处理保护与开发的关系，坚持“生态优先、科学规划、合理利用、适度开发”，坚持绿色开发、绿色繁荣、可持续发展。统筹考虑资源环境承载能力，合理适度开发利用当地资源，大力发展循环经济和节能环保产业，提高资源综合利用率和回收率，新上项目严把产业政策、环境保护和资源集约利用关，严防落后产能和污染环境的项目向鄂西转移。支持实施天保工程、生态环境综合防治工程、三峡库区地质灾害治理、煤改气等项目建设。

(五)坚持以提高自我发展能力为重心,激活发展活力

恩施土家族苗族自治州将立足自力更生、艰苦奋斗,坚持克服“等靠要”的思想,牢固树立“居弱图强、后发快进”的理念,充分发挥广大干部群众的积极性、主动性、创造性,坚定不移地走产业支撑、开放支撑、科技支撑、人才支撑之路,用自己的双手创造美好生活。用改革创新的办法,解决发展中的问题,增强经济发展的内生动力;找准强县富民的方向,发挥资源优势,发展特色经济,不断增强造血功能;坚持开放活州,着力承接产业转移,引进先进的技术和理念,激发自身发展活力;高度重视州域科技支撑能力建设,促进科技与经济的紧密结合;切实加强基层人才队伍建设,为经济社会发展提供人才保证和智力支持。

第二十六章　广东省

一、2010 年工作总结

（一）迅速部署西部大开发工作

7 月 12 日，中共中央政治局委员、广东省委书记汪洋同志主持召开省委常委会议，传达学习中央西部大开发工作会议精神和胡锦涛总书记、温家宝总理、李克强副总理的重要讲话精神，按照中央西部大开发工作会议的统一部署，进一步研究部署广东省贯彻落实意见。省委常委会议强调，广东省要认真贯彻落实好中央实施西部大开发工作会议精神，当前突出抓好五项工作：要进一步加快推进跨省区交通等基础设施建设，重点抓好与西部省（区、市）的跨境通道建设；要进一步促进广东劳动密集型产业逐步向西部转移，积极引导广东企业到西部省（区）开拓市场，引导广东省国家级开发区参与西部大开发的投资、产业转移工作，进一步加强与西部省（区、市）在能源化工、矿产开发及工业制造等产业的合作；要进一步加强经贸合作，突出重点行业和重点地区，推动产业对接，促进项目合作；要进一步加强对口援助和帮扶工作，扎实有序推进对口援疆工作，继续认真做好对西藏林芝地区、三峡库区的对口支援工作；要进一步做好对口援建汶川地震灾后重建工作，加快援建项目建设，全力推进产业重建。

（二）扎实推进实施西部大开发战略重点工作

加快推进跨省区交通基础设施建设。认真组织开展西部区域综合交通运输规划。组织开展《广东省综合运输体系发展“十二五”规划》、《广东省高速公路网规划（2010—2030 年）（修编）》、《粤西地区综合交通运输体系发展规划（2010—2020 年）》、国家高速公路和普通国道网粤境段线路走向优化布局方案等一批宏观和专项规划，指导构建联通西部区域的公路水路综合交通运输网络体系，加强与西部省份综合交通的衔接联系，增强对西部省份经济的辐射带动能力。完成一批通往西部地区的省际公路建设和前期工作。围绕组织实施国家高速公路粤境段和高速公路出省通道、升级改造国省道普通干线公路的重点任务，稳步增加通往西部地区的公路通道，逐步改善道路质量和通行条件。完成广州至昆明国家高速公路粤境河口至平台段建设，加快推进二连浩特至广州国家高速公路怀集至三水段、二连浩特至广州国家高速公路粤境连州至怀集怀城段（含怀集支线）、云浮至岑溪高速公路、包头至茂名国家高速公路粤境段等四条“十一五”跨“十二五”期国家高速公路粤境段和高速公路出省通道项目。抓紧推进通往西部地区的主要省际航道项目进程。基本建成西江干流界首至肇庆二桥段航道整治工程，累计完成投资近 1.4 亿元，可通航 3000 吨级海轮，其中 2000 吨级海轮可达广西贵港。积极维护贺江粤境段自白沙至江口航道。

（三）扎实有序推进对口支援新疆工作

迅速部署启动对口援疆工作。中共中央政治局委员、省委书记汪洋同志，省委副书记、省长黄华华同志分别主持召开省委常委会议和省政府常务会议，传达学习全国对口支援新疆工作会议和李克强、周永康同志重要讲话精神，研究部署和启动广东省新一轮的对口援疆工作。

建立完善对口援疆工作机制。广东省在原有对口援疆工作机制基础上，整合成立了由黄华华同志任组长，省委、省人大、省政府、省政协有关领导，省直部门和广州、深圳、佛山、东莞四个对口支援市主要负责同志为成员的省对口支援新疆工作领导小组，统筹协调广东省对口支援工作。由省委一位副秘书长任省对口援疆工作前方指挥部总指挥，前方指挥部下设驻“两县一市”的三个工作队，负责具体援建工作和援建项目的实施。同时，参照国家“支援省（市）直接对口到县（市）”的形式，并充分借鉴广东省对口支援汶川灾后重建工作经验，采用“省里统筹，三市对两县一市”的形式，省统筹对口支援的规划、政策制定和资金、项目安排，援建任务和援建项目的具体组织实施由广东省广州、佛山、东莞等三个较发达市分别负责。深圳市单独负责落实对口支援喀什地区喀什市和塔什库尔干县。先期进疆工作的 30 名援疆干部已全部到位开展工作。

高效扎实开展对口援疆工作对接。4 月中旬，汪洋同志率领广东省党政考察团共 150 多人赴新疆喀什地区开展实地考察调研。6 月初，黄华华同志率领广东省考察团再次赴新疆喀什地区开展实地考察调研，进一步了解当地社会民生、产业发展、城乡建设、市场需求等情况。据不完全统计，截至 2010 年年底，赴疆考察人数 1200 多人次。

研究制定对口援疆工作方案和相关制度。广东省已经制定《广东省对口支援新疆工作方案》，内容包括援疆工作的工作目标、总体要求、工作原则、主要任务、工作机制、资金筹措、保障措施、2010 年重点工作等八个部分。还制定了《广东省对口支援新疆工作资金筹措和使用管理办法》和《广东省对口支援新疆建设项目和资金跟踪审计工作方案》，建立了对口援疆工作制度。

因地制宜启动援疆试点项目。按照中央确定的以民生为主、让当地群众尽快得到看得见、摸得着的实惠的思路，以及汪洋同志率队赴喀什考察调研时提出的“民生为主，惠及百姓；短期见效，便于操作；投资适中，留有余地；具有试点价值，能够普遍推广”的原则和中央确定的先行试点项目的范围，经进一步与当地沟通衔接并综合平衡，已下达 2010 年先行试点项目 1 亿元投资计划。投资计划结合社会主义新农村建设，主要安排农村抗震安居房、棚户区危房改造、团场基础设施、设施农业（大棚）等项目。黄华华同志率队赴喀什考察时进一步决定，2010 年从受援地喀什地区疏附县、伽师县、兵团农三师图木舒克市各招收 100 名、共计 300 名定向培养师范生到广东学习，每名学生补贴 1 万元，以加强受援地双语师资队伍建设；7 月 15 日起已正式开通广州至喀什（途经乌鲁木齐）的空中客运航线。先行试点项目于 6 月初启动，11 月底即在 19 个援疆省（市）中率先完成任务。

抓紧编制对口支援规划。按照省委对口支援新疆工作部署，省直相关部门和各市迅速组织规划工作队伍进疆，与当地对接、调研考察，启动规划编制工作。6 月中旬以来，广州、深圳、佛山、东莞市先后组织业务骨干组成专责调研组，深入喀什的乡镇、学校、医院、农户、田间调研考察，全面了解情况。10 月中旬，省援疆办组织规划编写组赴疆开展规划编制对接。目前,三个市对口支援总体规划、各专项规划已完成,总体规划已上报国家发展改革委审核。

(四)进一步加大对口支援西藏工作力度

迅速传达部署对口援藏工作。中央西藏工作协调小组第三次会议召开后,广东省于7月25日迅速召开省委常委会,传达学习中央关于促进西藏跨越式发展和长治久安的战略部署和中央领导同志的讲话精神,研究部署广东省新一轮对口援藏工作。

开展对口援藏工作对接。8月8日至12日,汪洋同志率广东省党政代表团赴西藏自治区考察对口支援工作,研究确定对口支援的目标任务和工作思路,共谋粤藏合作发展大计。

完善对口援藏工作机制。为进一步加强领导,提高工作效率,广东省已将省对口支援新疆工作领导小组更名为省对口支援西藏新疆工作领导小组,领导小组成员不变,统筹协调广东省对口支援西藏新疆工作。广东省第六批援藏工作队已进入林芝地区,正式开展援建工作,负责做好广东省与受援地区党委、政府的联系、衔接,综合协调推动对口支援"三县两场"的各项工作。同时,坚持和健全广州市对口援助波密县、深圳市对口援助察隅县和察隅农场、东莞市对口援助林芝县、佛山市对口援助易贡茶场的对口援助关系,不断完善援助工作机制,加大支援力度。

研究确定广东省对口援藏资金筹措和管理思路。按照中央对口支援西藏的要求,广东省年度援藏投资实物工作量按上年度地方财政一般预算收入的1‰安排。广东省正在研究广东省对口援藏资金筹措的具体办法和管理思路。对今后五年的援藏资金进行了初步测算,2011—2015年五年,广东对口援藏投资实物工作量为21.23亿元。广东省已下达2010年援藏先行启动项目投资计划,安排项目22个,安排援建资金8716.8万元。

研究编制援建项目建设规划。广东省按照"布局科学、安排合理,重点突出、效益良好,管理高效、规范有序"的原则,结合林芝地区和对口支援"三县两场"的"十二五"规划,由省第六批援藏工作队会同林芝地区地委、行署,在充分调研的基础上抓紧编制新的援建项目建设五年规划(2011—2015年),以规划统揽援藏工作全局,促进粤藏双方合作,确保广东省援藏项目统一规划,更好地促进当地经济社会全面、协调和可持续发展。同时,统筹考虑中央支持、对口支援和市场资源配置,协助广东省对口支援的"三县两场"做好"十二五"规划编制工作,争取国家和央企资金的支持。

研究确定第六批援藏重点援建项目。按照胡锦涛总书记"援藏项目应突出改善农牧区生产生活条件,改善农牧民生活这个重点"的指示精神,省第六批援藏工作队正在抓紧商定林芝地委、行署研究提出第六批(2011—2013年)援藏重点援建项目,更好地将援藏资金和项目安排重点向农牧区倾斜,着力改善农牧民生产生活,使广大人民群众得到实惠。同时,安排智力、教育、科技、卫生、就业援藏方面的项目,为受援地区培养各类急需人才和专业技术人才。

(五)继续深化对口支援三峡库区移民工作

2010年6月中旬,省水库移民工作局(省三峡办)在重庆市巫山县召开广东省对口支援三峡库区现场工作会议,现场考察对口支援项目,明确了2010年对口支援任务。2010年上半年,广东省结合产业与劳动力"双转移"战略,积极引导企业到三峡库区考察与调研,目前已有17个生产型工业项目，与重庆、湖北三峡库区相关区(县)签订了31.2亿元投资合同或协议。协助重庆市和湖北省相关三峡库区开展经济交流与合作，为三峡库区引进10个项目，合同总投资7.19亿元，此外还有协议总投资达17亿元的10个项目正在洽谈中，超额完成了国务院三峡办交给广东省的任务。以支援巫山县教育、卫生、文化重大基础设施，以及移民乡镇农村饮水、水利设施和农村道路建设为重点，2010年，广东省累计无偿支援资金3040万元，援助项目共23个。同时，积极做好接受巫山县劳务输出的工作，增加移民工资性收入。加强招收巫山县中技学历教育的学生工作，继续做好行政与经济管理干部、医疗和教育骨干、移民致富带头人、劳动力技能的培训工作等。2010年，广东省累计安排在广东就读高级技工学校的巫山籍学生共有45人；从巫山县职教培训中心选用到广东省补充劳动力缺口的优秀毕业生有23人；安排到广东省效益较好、用工制度较完善的企业就业的三峡库区劳务工1570人；为巫山县培训移民致富带头人20人。

(六)加强经贸交流合作

加强政策引导。制定《2010年全省市场开拓和经济协作工作方案》以及《2010年扩内需促消费行动计划》，重点开展与西部地区的合作活动54项，注重引导企业进行六个方面的合作，即联手推进市场开拓，联手推进产业对接，联手推进资源开发，联手推进资产重组，联手推进科技创新，联手推进现代流通业。通过组织招商推介会、参加经贸洽谈会等方式，全面宣传西部省(区、市)的投资政策，推动广东的资金、产业、管理与西部省(区、市)资源、市场、劳动力优势对接。

主动开展经贸对接。省主要领导率团赴疆和赴藏考察调研期间，根据受援地区的自然资源、产业特点、市场需求，精心挑选多家企业随同考察，随行企业通过与当地政府、企业对接交流，深入探讨合作，达成了一些初步合作意向。2010年6月中旬，省发展改革委组织纺织服装、农果加工、铜材加工、家电制造、制药、旅游等一批相关企业，赴喀什地区开展市场调研，寻求合作商机，调研期间多家企业形成了初步投资意向：佛山泰林纺织有限公司计划投资建设5万锭棉纺厂；广东康辉集团有限公司计划用自身的品牌和营销能力投资合作建设果品加工企业；广东展翠食品股份有限公司计划与喀什绿洲果品有限责任公司合作开发石榴汁饮品，并投资合作建设清真食品企业；东莞石龙工业总公司计划结合产业转移投资建设水泥厂；广之旅旅游投资公司有意向开展旅游资源开发及现代旅游信息网络服务项目；新疆广东商会计划在喀什市投资建设星级宾馆。此外，美的集团提出积极加快延伸市场布局，广州电缆厂(国有企业)提出有意愿牵头策划、开发利用当地及周边国家矿产资源。

协助办好喀什特殊经济区暨第六届喀什·中亚南亚商品交易会(以下简称“喀交会”)。由省发展改革委会同省经济和信息化委组织，2010年6月6—12日，积极协助喀什地区经贸代表团一行来广东省(广州、深圳)开展“喀交会”推介考察活动，围绕轻工机电、纺织、食品、商贸物流、旅游和金融等行业，协助邀请广东近百家企业参加投资推介会，对推介“喀交会”和推动广东企业界人士参加“喀交会”起到积极作用。2010年6月28日至7月2日，省政府李容根副省长率领223家企业、人数达600人的经贸代表团赴喀什参加第六届“喀交会”，期间共同举办了广东—新疆(喀什)经贸合作项目签约仪式，现场签约42个项目，签约总金额102亿元，项目涵盖了工业、流通、基础设施、能源开发、金融等多个领域，对加强两地经贸合作、实现两地资源优势互补和帮助两地企业开拓国内外市场等都起到积极的作用。

积极参加西部地区经贸合作交流。2010年4月上旬，广东省作为第十四届中国东西部合作与投资贸易洽谈会(以下简称“西洽会”)的执行主席单位，由黄华华同志带队，精心组织约400家企业、1500多人的大规模经贸代表团参会参展，首次设立广东专馆展销名优特色商品，开展投资贸易洽谈，并举办粤陕合作项目签约、中博会和外博会推介会等系列活动。此次“西洽会”落实粤陕经贸合作项目316个、总金额达340亿元，其中现场签约经贸合作项目30个、金额225亿元。2010年6月，广东省组织共约200人的广东经贸代表团到青海省参加“2010青洽会”，代表团企业涵盖了工业、流通、服务业、基础设施、能源开发等多个领域。广州、深圳分团分别组织了食品、礼品、乐器等行业企业进行展销，受到与会客商的欢迎。

成功举办第六届泛珠经贸洽谈会。2010年8月下旬，广东省经贸代表团共450多家企业，近2000人参加了第六届泛珠洽谈会。在会议期间，与广西签订合作项目35个，合作金额149.74亿元；与四川签订合作项目28个，合作金额185.94亿元；与云南签订合作项目19个，合作金额82.76亿元；与贵州签订合作项目9个，合作金额61.96亿元。达到了促进西部发展、实现共赢的目的。

积极支持三峡库区经贸合作。2010年8月10日，广东省组团参加国家三峡办和湖北省联合举办的全国16省(市)对口支援湖北三峡库区经贸洽谈会。会议期间，广东省与宜昌市所属区(县)签约6个项目，协议资金14.3亿元，签约资金总额位列第四位。目前，广东省在湖北三峡库区以及周边地区投资企业已有20多家，投资总额达32亿元。

(七)加强与泛珠区域西部省份交流合作

共同主办第六届泛珠三角区域合作与发展论坛暨经贸洽谈会。2010年8月27～29日，由泛珠三角区域合作各方共同主办的第六届泛珠论坛和洽谈会在福建省成功举办，把泛珠合作推向了新的高潮。各方在高层论坛上就加强“十二五”规划、加强交通合作、加强与台湾地区的交流合作等方面达成广泛共识。成功举办第六届经贸洽谈会，签约项目累计1263项，投资金额2831亿元，其中广东省与泛珠区域西部广西、四川、贵州、云南等四省(区)共签约项目91项，投资金额约480.4亿元。

参与主办第五届泛北部湾经济合作论坛。2010年8月12—13日，由广东省参与主办的第五届泛北部湾经济合作论坛在广西壮族自治区南宁市成功举办。受省委、省政府委托，刘昆副省长出席了论坛并致辞，提出推动泛北部湾经济合作与泛珠三角区域合作的互动发展、加强合作机制建设、加强产业合作及加强服务业合作等四点建议，受到论坛的关注。

签署粤桂合作协议。2010年8月28日，广东、广西两省(区)政府于第六届泛珠论坛期间在福州签署《关于建立粤桂更紧密合作关系的框架协议》，双方在共同开发建设北部湾经济区、西江黄金水道建设等方面达成广泛共识，双方议定：加强粤西地区与广西北部湾经济区各市的交流合作，共同开发建设北部湾经济区，建设保税港区、综合保税区、保税物流中心，打造面向东盟的物流基地、商贸基地、加工制造基地和信息交流中心；共同推进“飞地经济”模式，广西以最优惠的政策、最优质的服务，为广东企业到广西北部湾经济区投资兴业创造良好条件，广东积极支持和鼓励本省企业到广西北部湾经济区发展；共同参与广西北部湾经济区高新技术产业带建设，开展北部湾科技重大基础研究。

签署粤川、粤汶合作协议。2010年4月30日，广东、四川两省政府在广州共同签署《经济社会战略合作协议》，广东省与汶川县签署《粤汶长期合作框架协议》，把对汶川地震灾区的短期对口援建，转化为经济社会的长期合作。在四川—广东产业合作对接会上，两省企业共签约合作项目104个，投资额326.73亿元。

（八）认真做好对口援建地震灾后重建工作

全面完成对口援建项目建设。广东省对口支援汶川、甘肃地震灾区抗震救灾和恢复重建资金总数达156亿元，其中，前期救援物资、板房建设25亿元，对口支援四川省汶川县恢复重建资金82亿元，对口支援甘肃省“三县一区”恢复重建资金30亿元，吸纳社会资金参与援建超过19亿元。10月初，广东省援建汶川县和甘肃三县一区项目全面竣工、资金全面到位、设施全面启用，实现了“三年任务两年全面完成”。通过对口援建，地震灾区实现了脱胎换骨的奇迹巨变，实现了中央要求的“家家有房住、户户有就业、人人有保障、设施有提高、经济有发展、生态有改善”的重建目标。灾区基础设施和群众生活全面超过震前水平，走上跨越发展之路。

贴近群众开展全方位的援助。至2010年7月，广东省累计向汶川县派出60支医疗卫生队，医疗卫生人员709人，向甘肃省派出20名医生。接收4600多名四川灾区师生到广东复课，免费招收345名汶川学生入读广东职业技术学校，派遣6名骨干教师进入汶川县支教，派出165名支教志愿者进入甘肃省支教，组织广东省21所中小学校（幼儿园）与汶川县中小学校（幼儿园）开展结对子帮扶活动，组织90多名汶川县中小学校长和骨干教师到广东学习培训。广东省与汶川签订了三期对口就业援助协议，两年来，累计向汶川提供就业岗位信息10.7万个，先后举行4场大型劳务招聘会，帮助灾区31829名（其中汶川15229名，甘肃16600名）劳动者实现就业。安排专项经费424万元，建立汶川广东社工站，派出18名社工深入甘肃灾区，创造性地开展社会工作。

积极参与汶川县抢险救灾工作。“8·14”泥石流灾害发生后，省委、省政府高度重视，汪洋、黄华华等有关省领导先后作出批示，要求省援建工作组及有关对口援建市全力以赴配合当地抗灾抢险，全力搜救失踪人员，采取有效措施，确保援建人员安全；妥善做好善后工作，确保安全维稳。广东省立即成立了抢险救灾领导小组和临时指挥部，协助当地展开大规模搜救、做好受伤人员医治工作和开展卫生防疫工作，全力配合当地政府做好抢险救灾工作。成立善后工作组，协助当地政府和施工企业共同做好善后工作。同时开展灾后恢复重建工作。全力开展灾区清理，转移工程档案，对灾害安全和受灾损失开展初步评估。

认真组织广东省《灾后重建志》编纂工作。按国家部署，制定广东省编纂《灾后重建志》工作方案，收集整理有关资料，起草援建工作大事记和志书初稿。目前已完成2009年援建工作大事记和志书初稿编写工作。

二、2011年工作要点

（一）继续组织实施连接西部地区的交通基础设施

以完善国家高速公路粤境段和高速公路出省通道为重点，推动在建的云浮至岑溪（省界）高速公路和拟于2010年底开工的两广国家高速公路粤境连州（省界）至怀集怀城段（含

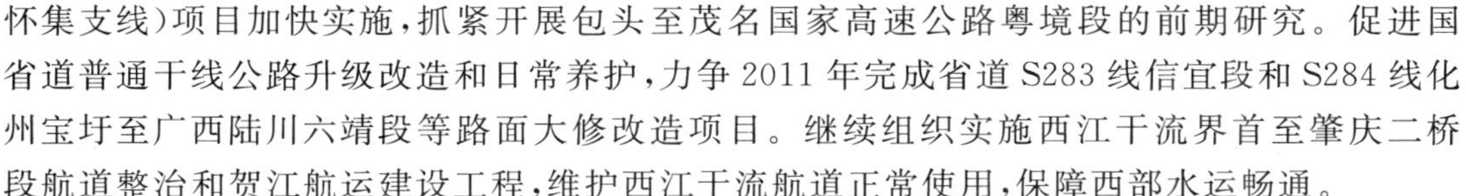

怀集支线)项目加快实施,抓紧开展包头至茂名国家高速公路粤境段的前期研究。促进国省道普通干线公路升级改造和日常养护,力争2011年完成省道S283线信宜段和S284线化州宝圩至广西陆川六靖段等路面大修改造项目。继续组织实施西江干流界首至肇庆二桥段航道整治和贺江航运建设工程,维护西江干流航道正常使用,保障西部水运畅通。

(二)坚决完成对口支援任务

要加强组织领导,强化援建工作责任,对口支援新疆工作。抓紧制定完成对口支援总体规划和各项专项规划,为援疆项目任务科学有序推进奠定基础。按照中央对口支援新疆工作的要求,筹措2011年对口援疆资金10.78亿元(不含深圳市),安排好对口支援项目。鼓励企业结合自身实际开展多种渠道援疆。

要抓紧编制援藏项目建设规划,与当地"十二五"规划充分衔接,积极争取中央资金项目支持,并按"总体规划,分步实施"的原则,在总体规划基础上,编制分年度援建项目计划。要精心组织,确保援藏先行启动项目顺利完成。积极安排多种形式援藏。统筹安排落实经济援藏、干部援藏、人才援藏、技术援藏工作。

继续对口支援三峡库区等工作,做好跟踪、服务工作,确保三峡库区引资项目的落实。争取大部分项目落实好、巩固好,让企业交流与合作成为广东省和三峡库区核心沟通渠道,创造双赢局面。做好无偿援助巫山县公益项目并落实援助资金。下一步广东省对口支援工作重心将转移到移民乡镇的农村饮水和农村水利基本建设,以及移民乡镇道路完善上,为广大农村移民提供更加完备的生产生活环境,为发展劳动密集、资本密集、技术密集的高效设施农业,加快解决三峡库区农村移民就业、增加收入创造条件。

(三)加强与西部地区经贸合作交流和产业转移工作

利用泛珠三角区域合作等区域合作机制,以及通过政府部门牵线搭桥进行专业市场调研,为企业搭建"进入"西部地区的沟通、交流服务平台,帮助调研企业与当地政府和企业零距离接触,让广东企业掌握一线信息。

设立政府的产业转移后续协调服务机制,增强广东企业"进入西部"信心的"定心丸",重视发挥西部各地的广东商会和政府办事处的作用,为西部地区经贸和产业转移活动提供多元化服务。

制定支持和引导广东企业参与西部大开发的优惠政策措施。

加大西部地区市场的开拓力度,促进企业实施"走出去"战略,一方面,广东企业走向外省,进一步加大广东企业对西部地区省份的扩张力度;另一方面,与西部省(区、市)联合拓展国外市场,为西部地区的企业和产品拓展海外市场创造有利条件。

第五篇 /“十二五”规划篇

第一章　重庆市

一、制定“十二五”规划的指导思想

高举中国特色社会主义伟大旗帜，以邓小平理论和“三个代表”重要思想为指导，深入贯彻科学发展观，全面落实“314”总体部署，以科学发展为主题，以加快转变经济发展方式为主线，走民生导向发展之路，着力增强综合经济实力，着力加快“五个重庆”建设，着力提升中心城市功能，着力建设内陆开放高地，着力推进统筹城乡改革，促进经济持续发展和社会和谐稳定，全市人民共建共享改革发展成果走向共同富裕，在西部地区率先实现全面建设小康社会目标。

二、“十二五”期间经济社会发展的主要目标

今后五年经济社会发展的主要目标是：到 2012 年，地区生产总值迈上万亿元新台阶，“五个重庆”、内陆开放、统筹城乡取得重大进展，民生改善成效显著；到 2015 年，在 2010 年基础上地区生产总值翻一番，人均地区生产总值翻一番，农民人均收入翻一番，城镇居民收入增长 75%。

——西部增长极逐步形成。地区生产总值年均增速保持在 12.5%左右，建成西部地区现代产业高地和重要增长极。经济增长质量和效益明显提高，经济结构战略性调整取得重大进展，非农产业和高技术产业增加值比重提高，城镇化水平提高，抑制物价水平过快增长，价格总水平基本稳定。单位地区生产总值能源消耗和二氧化碳排放、主要污染物排放持续降低，可持续发展能力明显增强。

——“三大中心”基本建成。基本建成长江上游地区的金融中心、商贸物流中心和科教文化信息中心，对人流、物流、资金流、信息流等要素的集聚辐射能力显著增强，对长江上游地区及西部地区的区域综合服务功能显著提升，直辖市功能和作用得到充分发挥。

——“三个差距”逐步缩小。缩小贫富、城乡、区域差距，努力实现共同富裕。居民收入增长和经济发展同步、劳动报酬增长和劳动生产率提高同步，低收入者收入明显增加，中等收入群体持续扩大，贫困人口显著减少，贫富差距有效缩小。城乡居民收入超过全国平均水平，城乡收入差距缩小到 2.5∶1 左右，以人均地区生产总值衡量的“圈翼”地区差距缩小到 2∶1 左右。

——“五个重庆”基本建成。“宜居重庆”，生活舒适、环境优美、功能完善、繁荣和谐，成为西部最宜居城市之一；“畅通重庆”，建成长江上游地区综合交通枢纽，成为全国最畅通城市之一；“森林重庆”，森林覆盖率大幅提升，城市绿地增量提质，林业经济发达，生态系统稳定；“平安重庆”，群众安全感指数显著提升，治安秩序良好、人民安居乐业、投资者安全放

心;“健康重庆”,市民健康素质超过全国平均水平,健康保障水平处于西部前列。

——社会民生显著改善。“民生十条”得到全面贯彻落实,覆盖城乡居民的基本公共服务体系逐步完善,就业持续增加,教育保障水平稳步提升,社会保障更加健全有力,公共文化服务水平显著提高,市民科学文化素质、健康素质和思想道德素质明显提高,社会主义民主法制更加健全,社会管理制度更加完善,社会更趋和谐稳定。

——内陆开放高地建成。构建形成全方位、宽领域、多层次的对外开放新格局,两江新区、两路寸滩保税港区、西永综合保税区及国家级开发区建设取得重大进展,国际贸易大通道基本形成,实际利用内外资、进出口贸易持续稳定增加,“走出去”取得重大进展,建成内陆地区最具活力和竞争力的开放高地。

——综合改革重大突破。建立健全统筹城乡发展的体制机制,户籍、住房、金融、要素市场等重要领域和关键环节改革取得明显进展,逐步建立起城乡人口和资源要素自由流动的制度体系,户籍非农人口比重与常住人口城镇化率之间的差距明显缩小。

三、“十二五”期间经济社会发展的主要任务

加快产业结构优化升级,全面提升核心竞争力。积极适应国际国内需求结构变化的新趋势,以提高产业整体竞争力为目标,以增强创新能力和培育自主品牌为着力点,改造提升传统优势产业,大力发展战略性新兴产业,提速发展现代服务业,加快建成国家重要的现代产业基地。增强自主创新能力,统筹推进科技创新和成果转化,建成长江上游地区的科技创新中心和科研成果产业化基地。全面提高信息化水平,提升经济社会各领域信息化水平,促进工业化和信息化深度融合,建成长江上游地区信息中心。

建设“五个重庆”,提升国家中心城市功能水平。把贯彻落实科学发展观的基本要求与重庆的具体实际情况相结合,以改革创新思维探索形成具有重庆特色的实践举措,坚持规划、建设、管理多管齐下,全面提升城市形象和品质,建设“宜居重庆”;水陆空并举,干线建设与网络完善同步,建成长江上游地区综合交通枢纽,建设“畅通重庆”;实施大规模城乡绿化造林,建成国家森林城市、生态园林城市,建设“森林重庆”;建设老百姓安居乐业和外来投资者参与建设的安全区、放心区,市民安全感指数提高到97以上,建成“平安重庆”;按照保基本、强基层、建机制的要求,深化医药卫生体制改革,把基本医疗卫生制度作为公共产品向全民提供,优先满足群众基本医疗卫生需求,建设“健康重庆”,全面提升重庆作为国家中心城市的整体形象、功能水平和发展质量。

加快推进城镇化,缩小区域发展差距。通过加快主城特大城市建设、加快区域性中心城市建设、加快三峡库区后续发展、加快推进主体功能区建设等措施,优化城镇体系,科学布局城镇空间,促进城镇化健康发展。坚持实施“一圈两翼”区域发展总体战略和主体功能区战略,努力缩小区域发展差距,构建经济优势互补、主体功能定位清晰、国土空间高效利用、人与自然和谐相处的区域协调发展格局。

着力解决三农问题,缩小城乡发展差距。大力发展现代农业,把稳定粮油生产和提升农产品市场竞争力作为推进农业现代化的首要任务,在工业化、城镇化深入发展中同步推进农业现代化。加快推进农业发展方式转变,切实改善农村面貌,促进“两翼”农户万元增收,提高农村基本公共服务水平和农民现代化生活水平。建立健全以城带乡、以工促农长效机制,加快推进城乡统筹一体化发展。

加强社会建设，增强经济社会发展内生动力。保障和改善民生，让经济发展成果惠及全市人民，是发展的根本目的。要深入落实“民生十条”举措，以困难群体为重点，促进就业和劳动关系和谐，完善城乡社会保障体系，切实保障和改善民生。充分发挥改善民生在扩大消费、拉动内需中的重要作用，培育促进经济长期持续稳定增长的内生动力。要加快教育改革发展，建设人才强市，提升人口服务水平，加强和创新社会管理，统筹协调各方面利益关系。

建设资源节约型和环境友好型社会，提升可持续发展能力。从强化水资源保障、强化能源保障、强化资源节约和管理、加强环境保护和污染防治、积极发展低碳经济几个方面着手，树立绿色、低碳发展理念，加快构建资源节约型、环境友好型社会，全面提升可持续发展能力。

加快两江新区开发开放，建设内陆开放高地。内陆开放是重庆跨越发展的必由之路，坚持对外开放不动摇，集中打造两江新区，努力将两江新区建设成为我国重要的先进制造业和现代服务业基地、长江上游地区的金融中心和创新中心、内陆地区对外开放的重要门户、科学发展的示范窗口。创新开放模式，加快开放口岸和通道建设，构建合作新格局，加快建成内陆开放高地。

加快改革攻坚步伐，构建科学发展体制机制。坚持市场配置资源的基础性作用，全面推进户籍制度改革，完善住房制度改革，创新金融体制机制，完善要素市场体系，完善收入分配制度，深化国有企业改革，大力发展非公有制经济，深化行政体制改革。以促进百姓获益、优化资源配置、加快经济转型为目标，从改革单兵突进转向综合突破，以统筹城乡综合配套改革为重点，构建起保障科学发展的体制机制。

推动文化大发展大繁荣，凝聚强大的精神动力。建设社会主义核心价值体系，强力推进公益性文化事业，积极发展经营性文化产业，大力繁荣文学艺术。继续深化文化体制改革和文化管理体制创新，扎实推动社会主义文化大发展大繁荣，努力建设文化强市和长江上游地区文化中心，为经济社会发展提供思想保证、精神动力和智力支持。

加强党的领导，为实现全面建设小康社会目标而努力奋斗。充分发挥党的领导核心作用，加强社会主义政治文明建设，全体党员同志要充分发挥推动科学发展、促进社会和谐的先锋模范作用，为“十二五”发展目标的实现提供强有力的保证。

第二章　四川省

一、制定“十二五”规划的指导思想

高举中国特色社会主义伟大旗帜，以邓小平理论和“三个代表”重要思想为指导，深入贯彻落实科学发展观，以科学发展为主题，以加快转变经济发展方式为主线，抓住新一轮西部大开发等重大机遇，坚持“一主、三化、三加强”的基本思路，以改革开放和科技创新为动力，以改善民生为根本目的，全面加强经济建设、政治建设、文化建设、社会建设以及生态文明建设，不断提高综合竞争能力和可持续发展能力，努力实现发展新跨越和社会和谐稳定，为建成西部经济发展高地和全面小康社会打下具有决定性意义的基础。

二、“十二五”期间经济社会发展的主要目标

——经济实力显著增强。经济平稳较快增长，全省生产总值年均增长 12%左右，2015 年突破 3 万亿元大关，人均生产总值达到 3.5 万元左右，进入中等收入地区，与全国平均水平差距明显缩小。财政收入稳步增长，经济发展质量和效益不断提高。西部经济发展高地基本形成，加快向全国经济强省迈进。

——经济结构调整取得重大进展。工业化、城镇化水平显著提升，特色优势产业不断壮大，战略性新兴产业发展取得突破性进展，自主创新能力不断增强，服务业比重提高，现代产业体系加快形成。城乡、区域发展更加协调。到 2015 年，三次产业结构调整为 10.2∶50.8∶39，城镇化率达到 48%左右。

——社会建设明显加强。城乡基本公共服务体系逐步完善，全民受教育程度稳步提升，九年义务教育巩固率、高中阶段毛入学率进一步提高，覆盖城乡居民的基本医疗保障体系逐步健全，覆盖全省的公共文化服务体系基本建成。人口自然增长率控制在年均 5.6‰以内，总人口控制在 9200 万以内。全省人民思想道德素质、科学文化素质和健康素质不断提高。社会管理体系更加完善，社会更加和谐稳定。

——人民生活水平不断提高。城乡居民收入普遍较快增长，努力实现居民收入增长和经济发展同步，2015 年城镇居民人均可支配收入达到 2.73 万元、农民人均纯收入达到 9000 元。物价基本稳定，就业稳步增长，城镇登记失业率控制在 4.5%以内。社会保障体系更加完善，劳动关系保持总体稳定，人居环境显著改善，生活品质不断提升。

——生态环境明显改善。天然林得到有效保护，森林覆盖率达到 36%，空气质量进一步好转，主要江河水质持续改善。耕地保有量、单位工业增加值用水量降低、单位生产总值能源消耗和二氧化碳排放降低、主要污染物排放减少、森林蓄积量等指标达到国家要求，非化石能源占一次能源消费量的比重明显提高。城乡环境综合治理取得明显成效。

——改革开放实现新突破。重点领域和关键环节改革取得明显进展，行政管理体制改革加快推进，行政效率进一步提高。开放合作广度和深度不断拓展，内陆开放型经济高地初步建成。

三、"十二五"期间经济社会发展的主要任务

加强基础设施建设。坚持统筹规划、适度超前的原则，扩大规模，完善网络，优化结构，构建功能完善、安全高效的现代化基础设施体系，为经济社会发展提供有力支撑和保障。"十二五"期间，加快进出川综合运输大通道和交通枢纽建设，完善综合交通运输体系，提供便捷、畅通、安全、高效的运输服务，初步建成以成都主枢纽为中心、区域性次级枢纽和节点城市为重要支撑，以进出川大通道为纽带的西部综合交通枢纽。以"再造一个都江堰灌区"为重点，加强水利设施建设，优化水资源配置，提高水资源利用率，着力构建供水保障体系和防洪减灾体系，重点改善老旱区和粮食主产区的用水条件，努力满足城乡居民生活和经济建设对水资源的需求。要以增强能源保障能力、建成全国重要的优质清洁能源基地为目标，转变能源发展方式，优化能源区域布局，加快能源结构战略性调整，努力构筑安全、稳定、经济、清洁的现代能源体系。加快信息基础设施建设，完善信息网络体系，推进普遍服务，建设西部通信枢纽，提升全社会信息化水平。

推动产业结构优化升级。坚持走新型工业化道路，以提高产业整体竞争力为中心，以产业高端化高新化为方向，大力调整优化产业结构，加快构建现代产业体系，努力建设国家重要的战略资源开发基地、现代加工制造业基地、农产品深加工基地和科技创新产业化基地和西部物流、商贸、金融中心。"十二五"期间，要立足我省科技和产业基础，以重大技术突破和重大发展需求为导向，推动六大重点战略性新兴产业规模化、集群化发展，尽快把战略性新兴产业培育成四川省重要的先导性、支柱性产业。要发展壮大特色优势产业，做强存量和做大增量并重，提高技术水平，延伸产业链，推动特色优势产业高端化发展，提升产业综合竞争力。要加强生产性服务业与先进制造业融合发展，推进制造业服务化和服务业规模化、品牌化、网络化，大力发展生产性服务业，积极发展生活性服务业，不断拓展服务业新领域，促进服务业发展提速、比重提高、水平提升。要调整优化产品结构、企业组织结构和产业布局，推动产业集中集约集群发展，加快形成结构优化、技术先进、清洁安全、布局合理、竞争优势突出的产业发展格局。

加快社会主义新农村建设。坚持工业反哺农业、城市支持农村和多予少取放活的方针，统筹城乡改革发展，加大对"三农"的投入力度，夯实农业农村发展基础，转变农业发展方式，提高农业现代化水平和农民生活水平，建设农民幸福生活的美好家园。"十二五"期间，要加强农业农村基础设施建设，改善农业农村发展条件。要以保障粮食安全和提高农业综合生产能力、抗风险能力、市场竞争能力为目标，加快农业科技创新，优化农业结构，推进农业产业化经营，实现传统农业向现代农业新跨越。坚持统一规划、分步实施、因地制宜、分类指导的原则，加快推进新农村建设，加强农村环境综合整治，改善村容村貌，促进农村生产、生活、生态相协调。全面落实国家强农惠农政策，加强农民职业技能和创业培训，提高农民增收能力，拓宽农民增收渠道，促进农民收入持续较快增长。要总结推广统筹城乡综合配套改革试点经验，深化农村综合改革，加快破除城乡二元结构的体制机制障碍，推进城乡规划一体化、资源要素配置市场化、基本公共服务均等化和行政社会管理一体化。

促进区域协调发展和城镇化健康发展。依据资源环境承载能力，按照优化开发、重点开发、限制开发、禁止开发的方式，分类推进城市化地区、农产品主产区、重点生态功能区发展，逐步形成人口、经济和环境资源相协调的空间开发格局。要大力发展特色经济，积极培育新的地区增长点，加快推进成渝经济区四川部分“一极一轴一区块”建设，促进五大经济区协调发展，构建比较优势突出、区域特色鲜明、区际良性互动的多极发展格局。要以基础设施建设、民生改善和特色产业发展为重点，大力推进民族地区跨越发展和革命老区、贫困地区加快发展。要坚持走新型城镇化发展道路，完善城镇体系，优化空间布局，增强城镇集聚产业、承载人口、辐射带动区域发展的能力，提升城镇化质量和水平。

实施科教兴川和人才强省战略。坚持自主创新、重点跨越、支撑发展、引领未来的方针，深入实施“科教兴川”战略，整合科技资源，提升创新能力，加快科技成果向现实生产力转化。按照优先发展、育人为本、改革创新、促进公平、提高质量、服务社会的要求，推动各级各类教育全面、协调、健康发展。坚持服务发展、人才优先、以用为本、创新机制、高端引领、整体开发的指导方针，深入实施人才强省战略，加强各类人才队伍建设，加快建设西部人才高地。

加强社会建设和改善民生。坚持把保障和改善民生作为根本出发点和落脚点，加强社会建设和创新社会管理，以就业、收入分配、社会保障、医疗卫生、住房保障等为重点，努力促进基本公共服务均等化，使发展成果惠及全川人民。“十二五”期间，要把促进就业放在经济社会发展的优先位置，实施更加积极的就业政策，保持就业持续稳定增长，促进充分就业。坚持和完善社会主义基本分配制度，深化收入分配改革，努力扭转收入差距扩大趋势。加快健全覆盖城乡居民的社会保障体系，全面提高社会保障水平。深化医药卫生体制改革，健全基本医疗卫生制度，推进基本公共卫生服务均等化，优先满足群众基本医疗卫生服务需求。全面做好人口工作，控制人口总量，提高人口素质，优化人口结构，促进人口长期均衡发展。加强社会管理能力建设，创新社会管理体制机制，切实维护社会和谐稳定。要发展社会主义民主，健全社会主义法制和加强国防动员能力建设。

加快文化强省建设。把握先进文化的前进方向，着力提高公民素质和社会文明程度，推进文化体制机制改革创新，加快构建公共文化服务体系，大力发展文化产业，推动文化大发展大繁荣，满足人民群众不断增长的精神文化需求，努力建设文化强省。

深化改革，扩大开放。围绕完善社会主义市场经济体制，着力推进体制机制创新，努力构建有利于转变经济发展方式、有利于社会和谐、有利于各种所有制经济公平竞争和共同发展的体制机制。坚持“引进来”与“走出去”相结合，大力发展开放型经济，积极承接产业转移，继续深化区域合作，努力提高开放合作的广度和深度，加快建设内陆开放型经济高地。

加强生态建设和环境保护。坚持可持续发展战略，积极应对全球气候变化，加快建设长江上游生态屏障，推进生态省建设，加强环境综合治理，提高资源科学开发和综合利用水平，大力发展循环经济，着力构建资源节约型、环境友好型社会，促进经济社会发展与资源环境相协调，提高生态文明水平。

推进地震灾区发展振兴。抓住国家支持地震灾区发展振兴的机遇，大力推进灾区产业发展、就业促进、扶贫帮困和生态环境建设，增强灾区可持续发展能力，促进灾区全面振兴。

第三章　贵州省

一、制定“十二五”规划的指导思想

高举中国特色社会主义伟大旗帜，以邓小平理论和“三个代表”重要思想为指导，深入贯彻落实科学发展观，解放思想，更新观念，抢抓国家深入实施西部大开发战略的历史性机遇，紧扣科学发展的主题，围绕转变经济发展方式的主线，突出加速发展、加快转型、推动跨越的主基调，重点实施工业强省战略和城镇化带动战略，大力提高农业产业化和服务业发展水平，统筹区域发展，切实改善民生，积极促进经济社会发展与人口、资源、环境相协调，为实现经济社会发展历史性跨越、全面建设小康社会打下具有决定性意义的基础。

二、“十二五”期间经济社会发展的主要目标

——经济又好又快、更好更快发展。全省生产总值确保实现8000亿元，力争翻一番、突破10000亿元，人均生产总值接近3000美元。

——经济发展方式得到有效转变。资源综合利用水平明显提高，单位生产总值能耗、物耗水平明显下降，主要污染物排放总量减少，生态环境质量继续提高，人力资源和科技进步、管理创新对经济发展的贡献水平明显提高。

——社会建设明显加强。覆盖城乡的基本公共服务体系逐步完善，全民受教育程度明显提高，各族人民思想道德素质、科学文化素质和健康素质不断提高，人口自然增长率稳定下降。社会主义民主法制更加健全，人民权益得到切实保障。文化事业和文化产业加快发展。社会管理制度趋于完善，社会更加和谐稳定。

——城乡居民收入明显提高。努力实现城乡居民收入增长和经济发展同步、劳动报酬增长和劳动生产率提高同步，城镇低收入者收入明显增加，农村贫困人口显著减少，全面建设小康社会实现程度接近西部平均水平。

——改革开放不断深化。经济社会发展的重要领域和关键环节改革取得明显进展，政府公信力、执行力和服务水平明显提高。对内对外开放不断拓展，开放型发展格局进一步形成。经过5年的艰苦奋斗，使贵州省综合经济实力、市场竞争能力和抵御风险能力登上一个新的重要台阶，力争在西部地区实现赶超进位，实现经济社会发展历史性跨越的条件更加充分，全面建成小康社会的基础更加牢固。

三、“十二五”期间经济社会发展的主要任务

大力实施工业强省战略，加快推进产业结构调整升级。按照走新型工业化道路的要求，完善实施工业强省战略的领导体制、工作机制和政策体系，改造提升传统产业，大力发

展结构优化、技术先进、清洁安全、附加值高、吸纳就业能力强的现代产业体系，加快把贵州省建成国家重要的能源基地、资源深加工基地、装备制造业基地、战略性新兴产业基地和优质轻工产品基地。

大力实施城镇化带动战略，增强城镇对经济社会发展的辐射带动作用。把推进城镇化作为优化要素资源空间布局、转变经济发展方式的重要途径，建立健全推进城镇化的领导体制、工作机制和政策体系，提升城镇综合承载能力，不断加快城镇化步伐。

加快农业结构调整和扶贫开发步伐，建设社会主义新农村。把"三农"工作作为全省工作的重中之重，把扶贫开发作为"三农"工作的重中之重，把农民增收作为"三农"工作和扶贫开发的重中之重，加快发展现代农业，提高农业产业化水平，拓宽农民增收渠道，完善农村发展体制机制，按照工业反哺农业、城市支持农村和多予少取放活的方针，大力推进城乡统筹发展，建设农民幸福生活的美好家园。

推动服务业大发展大提高，加快把旅游和文化产业培育成为重要支柱产业。把推动服务业发展作为产业结构优化升级的战略重点，扩大服务业总体规模，拓宽服务业服务领域，提升服务业技术层次，优化服务业内部结构，全面提高服务业的总量、质量和素质，加快建设旅游经济大省，推动文化事业和文化产业繁荣发展。

以黔中经济区为龙头，促进区域经济竞相发展。全面落实区域发展总体战略和主体功能区战略，把黔中经济区作为"十二五"时期全省经济社会发展的"火车头"和"发动机"，积极争取国家指导和支持，科学制定黔中经济区总体规划，准确定位区域功能，优化生产力布局，统筹推进不同区域协调发展，形成中部崛起、带动全省和优势互补、竞相发展的区域经济发展格局，同时鼓励县域经济发展。

加快基础设施建设，改善经济社会发展环境。把以交通和水利为重点的基础设施建设作为事关全局的重大战略任务，努力建设现代化的交通运输网络，切实解决工程性缺水问题，加快改善通信设施条件，为贵州经济社会发展历史性跨越打下坚实的基础。

以改革促创新、以开放促开发，不断增强经济发展动力和活力。把深化改革作为创新之源，把扩大开放作为开发之路，采取更加过硬的措施推进各项改革，实行更加积极主动的开放带动战略，强化发展是硬道理、稳定是硬任务的战略思想，正确处理改革、发展、稳定的关系，加快构建有利于经济社会更好更快发展的体制机制和发展环境，推动国有企业改革，同时大力发展非公有制经济，全力扩大对内对外开放，下硬功夫改善投资软环境。

坚持把人才作为第一资源，努力把人口压力变为人力资源优势。全面落实国家中长期科技、教育、人才规划纲要，大力发展教育事业，加大人力资本投入，加快科技进步，促进经济社会发展从主要依靠增加物质资源消耗逐步转向主要依靠人力资源和科技进步。

积极建设生态文明，促进经济社会发展与人口、资源、环境相协调。牢固树立绿色、环保、低碳发展理念，以节能减排为重点，健全激励和约束机制，加快构建资源节约、环境友好的生产方式和消费模式，增强可持续发展的能力。坚决稳定和降低生育水平，深入开展生态建设，并大力发展循环经济，扎实推进节能降耗，切实加强保护环境。

大力实施民生工程，让广大人民群众共享改革和发展的成果。更加注重包容性增长和共享式发展，大力实施民生工程，逐步完善符合省情、比较完善、覆盖城乡、可持续的基本公共服务体系。完善法律法规和政策，健全基层管理和服务体系、社会治安防控体系，创造公平正义的法治环境、优质高效的服务环境、和谐稳定的社会环境。

第四章　云南省

一、制定"十二五"规划的指导思想

高举中国特色社会主义伟大旗帜，以邓小平理论和"三个代表"重要思想为指导，深入贯彻落实科学发展观，紧紧围绕建设绿色经济强省、民族文化强省和中国面向西南开放的桥头堡战略目标，以科学发展为主题，以加快转变经济发展方式为主线，坚持推进农业产业化、新型工业化、城镇化和教育现代化，加快改革创新，加大开放步伐，加强统筹协调，强基础、快发展，调结构、上水平，惠民生、促和谐，不断推进富裕民主文明开放和谐云南建设迈上新台阶。

二、"十二五"期间经济社会发展的主要目标

要推动经济社会更好更快发展，"两强一堡"建设取得重大进展，为全面建成小康社会打下具有决定性意义的基础。

——经济发展迈上新台阶。经济平稳较快发展，经济增长的质量和效益明显提高，就业持续增加，价格总水平保持基本稳定，全省生产总值和人均生产总值确保实现两位数增长，力争实现翻番。

——结构调整迈上新台阶。工业化和城镇化发展步伐加快，城乡区域发展协调性增强，消费率持续上升，经济增长的科技含量增加。农业基础更加牢固，传统产业得到优化提升，服务业比重进一步提高，战略性新兴产业迅速成长，非公有制经济比重提高，产业结构和投资结构进一步优化。

——人民生活水平迈上新台阶。努力实现居民收入增长和经济发展同步、劳动报酬增长和劳动生产率提高同步，城乡居民收入明显增长，贫困人口比例明显降低，低收入者收入明显增加，中等收入群体持续扩大，各族群众生活质量和水平明显提高。

——社会建设迈上新台阶。覆盖城乡居民的基本公共服务体系进一步完善，民族文化强省建设取得新进展，各族群众思想道德素质、科学文化素质和健康素质不断提高。社会主义民主法制更加健全，人民权益得到切实保障，社会管理制度进一步完善，社会保持更加和谐稳定。

——生态文明建设迈上新台阶。江河湖泊水质进一步好转，"森林云南"建设取得显著成效。单位生产总值能耗和二氧化硫、化学需氧量排放持续降低，城镇污水集中处理率和城镇生活垃圾无害化处理率大幅提高，主要污染物排放总量持续减少，能源、资源利用效率持续提高，循环经济取得新进展，自然灾害防治能力明显增强。

——对外开放迈上新台阶。桥头堡建设取得重大进展，开放合作平台和机制进一步完

善，国际大通道建设全面推进，“引进来”和“走出去”实现重大突破，全方位、多层次、宽领域开放格局进一步形成。

三、“十二五”期间经济社会发展的主要任务

加快发展现代农业，牢固“三农”发展基础。把解决好农业、农村、农民问题作为全省工作的重中之重，把推进农业现代化作为“十二五”时期的一项重大任务，按照工业反哺农业、城市支持农村和多予少取放活的方针，进一步强化对“三农”的投入，加大统筹城乡发展力度，夯实农业农村发展基础，加强社会主义新农村建设，促进农业增效、农民增收、农村繁荣。

大力推进新型工业化，提升经济竞争能力。坚持走新型工业化道路，实施工业强省战略，必须选准突破口，抓好具有支撑作用的大产业，培育具有领军作用的大企业，推动工业化和信息化深度融合，改造提升传统产业，着力打造结构优化、技术先进、清洁安全、附加值高、吸纳就业能力强的现代产业体系。

进一步搞活流通、扩大消费，积极发展现代服务业。更加注重扩大内需特别是消费需求，完善以内需促发展的内生机制，进一步加强市场流通体系建设，提升服务业发展水平。

促进区域协调发展，加快推进城镇化。按照发挥比较优势、加强薄弱环节的要求，以产业为依托，以城镇为载体，加速人口、资源和其他生产要素的有序集中，加快形成优势互补、定位清晰、分工合理、布局得当的区域发展格局。按照统筹城乡、合理布局、完善功能、以大带小的原则，科学定位城镇功能，推进城镇化快速健康发展和欠发达地区跨越式发展。

着力完善基础设施，创造更加良好的发展条件。坚持扩大投资规模和优化投资结构并举，多方筹集建设资金，增加对民生和社会事业、农业农村、科技创新、新兴产业、生态环保、资源节约等领域的投入，提高能源保障能力，进一步加强基础设施建设，突出加强水利建设，构建便捷、安全、高效的现代交通运输体系，推进信息和城镇基础设施建设，加快形成功能完善、安全高效、适度超前的现代基础设施体系。

深入实施科教兴滇战略和人才强省战略，增强自主创新能力。全面贯彻落实国家及省中长期科技、教育、人才规划纲要，推进科技创新，加快教育改革发展，发挥人才资源优势，为加快转变经济发展方式奠定坚实的科技和人才基础。

加快民族文化强省建设，推动文化大发展大繁荣。文化是民族凝聚力和创造力的重要源泉。必须坚持社会主义先进文化前进方向，建设社会主义核心价值体系，大力繁荣文化事业，加快发展文化产业，充分发挥文化引导社会、教育人民、推动发展的功能，弘扬主旋律，提倡多样化，积极推动文艺精品创作生产，不断满足人民群众日益增长的精神文化需求，努力建设民族文化强省，以先进文化引领全省科学发展。

全力保障和改善民生，共同创造全省各族人民的美好幸福生活。要把提高人民群众生活质量和水平放到更加重要的位置，积极稳妥调整收入分配关系，实施更加积极的就业政策，逐步完善符合省情、覆盖城乡的基本公共服务体系，加强医疗卫生体系建设，全面做好人口工作，加强和创新社会管理，让人民群众共享改革发展成果，过上更加幸福、更有尊严的美好生活。

高度重视生态建设和资源节约，提升生态文明水平。坚持生态立省、环境优先，进一步加强生态建设、环境保护和污染治理，巩固绿色资源和生态环境优势，加快构建资源节约、

环境友好的生产方式和消费模式，推进低碳绿色发展。

加强防灾减灾体系建设，提高应对自然灾害的能力。云南是自然灾害多发易发地区，要以地震、地质、气象、生物灾害防治为重点，强化宣传教育，加强监测预警、物资储备、应急队伍建设，完善防灾减灾体系，最大限度地保障人民群众的生命财产安全。

扩大对内对外开放，全面建设中国面向西南开放的桥头堡。开放是云南发展的必然选择，也是优势所在。要以大通道、大基地、大平台、大窗口为重点，全面推进桥头堡建设。坚持出口和进口并重、吸收外资和对外投资并重，推动“引进来”和“走出去”相协调，不断拓展开放空间，全面提升开放质量和水平。

深化重要领域和关键环节改革，不断增强经济社会发展的动力与活力。改革是加快转变经济发展方式的强大动力，必须加快改革攻坚步伐，坚持和完善基本经济制度，推进投融资体制和行政体制改革，争取在重要领域和关键环节取得实质性突破，为推动云南科学发展提供有力保障。

调动一切积极因素，为实现“十二五”规划的各项目标任务而努力奋斗。要充分发挥党的领导核心作用，切实发挥党员干部的先锋模范作用，同时加强社会主义政治文明建设。

第五章　西藏自治区

一、制定“十二五”规划的指导思想

高举中国特色社会主义伟大旗帜，以邓小平理论和“三个代表”重要思想为指导，深入贯彻落实科学发展观，全面贯彻落实党的十七届五中全会和中央第五次西藏工作座谈会、西部大开发工作会议精神，坚持党的领导，坚持社会主义制度，坚持民族区域自治制度，坚持走有中国特色、西藏特点发展路子，以科学发展、跨越式发展和长治久安为主题，以实施“一产上水平、二产抓重点、三产大发展”的经济发展战略、加快转变经济发展方式为主线，以改革开放为动力，以民族团结为保障，以保障和改善民生为出发点和落脚点，以生态环境保护与建设为重要内容，巩固和扩大“十一五”时期的发展成果，促进经济更好更快更大发展和社会和谐稳定，为到2020年同全国一道实现全面建设小康社会的宏伟目标打下具有决定性意义的基础。

二、“十二五”期间经济社会发展的主要目标

——经济保持跨越式发展。地区生产总值年均增长12%以上，固定资产投资大幅度增长，居民消费率逐年提高，地方财政一般预算收入持续增加，第二产业增加值占地区生产总值比重不断提高，工业增加值占第二产业增加值比重大幅度提高，特色优势产业快速发展，经济结构进一步优化，转变经济发展方式取得实质性进展，发展的质量和效益明显提升，自我发展能力明显增强。

——人民生活水平显著提高。实现居民收入和经济发展同步提高，低收入者收入明显增加，中等收入群体持续扩大，贫困人口显著减少，农牧民人均纯收入年均增长13%以上，力争到2015年达到全国平均水平的80%。城镇居民人均可支配收入继续保持较快增长的态势。

——基本公共服务能力显著增强。覆盖城乡居民的基本公共服务体系不断完善，各族群众受教育程度和健康水平逐步提高，思想道德素质和科学文化素质明显提高。城镇就业率进一步扩大，大中专毕业生就业率稳步提高。社会保障覆盖率和水平继续提高。

——基础设施建设取得重大进展。交通、能源瓶颈制约进一步缓解。支线铁路建设加快，综合交通体系进一步完善。电力装机规模扩大，实现用电人口全覆盖。城镇化进程不断推进，乡村信息化水平明显提高。

——生态环境进一步改善。主要江河和湖泊水质、主要城镇空气质量保持优良状态，基本解决全区安全饮水问题，主要污染物排放总量控制在国家要求范围以内，农牧区传统能源替代率大幅度提高，森林覆盖率不断提高，重点地区土地、草场沙化退化状况得到明显

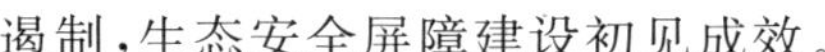

遏制,生态安全屏障建设初见成效。

——改革开放不断深化。经济、社会事业等领域的体制机制改革深入推进,政府职能加快转变,管理能力和行政效率明显提高。对外开放的广度和深度不断拓展。区域经济协调水平不断提升,南亚陆路贸易大通道建设取得实质性进展。

——社会保持持续稳定。各民族大团结不断巩固发展,维稳能力建设得到加强,基层基础工作更加夯实,社会管理能力不断提高,藏传佛教正常秩序全面建立。

三、"十二五"期间经济社会发展的主要任务

推进经济跨越式发展,夯实建设社会主义新西藏的物质基础。西藏要实现全面建设小康社会的奋斗目标,必须把中央关于推进跨越式发展的决策部署同西藏的实际情况紧密结合起来,切实在集中解决制约经济社会发展最突出最紧迫的问题上迈出新步伐,大力度地加强基础设施建设,努力建设特色优势产业大区,建立健全扩大消费需求的长效机制,深化改革扩大开放。

改善农牧民生产生活条件,推进社会主义新农村建设。西藏自治区实现全面建设小康社会的宏伟目标,重点和难点在农村,出路和希望在农村。必须始终坚持把解决好农牧业、农村、农牧民问题作为各级党委、政府工作的重中之重,加大强农惠农力度,夯实农牧业发展基础,提高农牧业现代化水平和农牧民生活水平,建设农牧民幸福生活的美好家园。

推动区域协调发展,积极稳妥推进城镇化。统筹区域协调发展,是贯彻落实科学发展观的重要内容,也是推进跨越式发展的必然要求。要按照发挥比较优势、加强薄弱环节、扩大交流合作、缩小区域差距的要求,构筑区域经济优势互补、主体功能定位清晰、国土空间高效利用、人与自然和谐发展的区域发展格局。科学制定城镇化发展规划,积极稳妥推进城镇化,促进城镇化健康发展。

加强生态环境保护和建设,构建高原生态安全屏障。坚持生态环境保护优先,构建西藏高原生态安全屏障,是建设国家生态安全体系的需要,是可持续发展的需要。必须把建设生态西藏放在突出位置,坚持走生产发展、生活富裕、生态良好的文明发展道路。广泛开展植树造林活动,建立健全生态效益补偿长效机制,扎实推进节能减排,强化生态环境监测与执法监管。

深入实施科教兴藏和人才强区战略,为推进跨越式发展提供智力支持。推动经济更好更快更大发展,必须更多地依靠科技进步和开发利用人才资源。要结合实际,加快落实国家和自治区中长期科技、教育、人才规划纲要及实施意见,大力提高科技创新和实用技术普及能力,优先发展教育事业,创新人才资源管理,奠定跨越式发展的科技和人力资源基础。

发展社会事业,切实保障和改善民生。保障和改善民生是一切工作的出发点和落脚点。必须加大投入、优化结构、提升质量、提高效率,大幅提高社会事业发展水平,建立覆盖城乡居民的社会保障体系,提高基本公共服务能力和均等化水平,促进就业和构建和谐劳动关系,合理调整收入分配关系,促进社会公平正义。

维护社会和谐稳定,确保国家安全和西藏长治久安。保持社会和谐稳定,是经济发展和社会进步的前提,是各族人民的共同心愿。必须牢固树立稳定压倒一切的思想,牢牢把握反分裂斗争主动权,切实推进长治久安。应当继续坚持和完善反对分裂、维护稳定工作机制,深入揭批达赖集团,巩固和发展各民族大团结,加强维护社会稳定能力建设,加强社

会治安综合治理，支持驻藏部队建设。

推动文化大发展大繁荣，提高各族人民思想道德素质。先进文化是一个国家和地区经济发展和社会进步的精神力量。西藏是重要的中华民族特色文化保护地。必须坚持社会主义先进文化前进方向，坚持用社会主义先进文化占领宣传文化阵地，遵循社会主义精神文明建设的特点和规律，以建设社会主义核心价值体系为主线，以满足人民群众日益增长的精神文化需求为出发点和落脚点，以维护意识形态安全为重大责任，保护和发展优秀民族传统文化，加快构建覆盖全社会的公共文化服务体系建设，切实提升文化在跨越式发展和长治久安中的推动力，切实保障各族人民群众的基本文化权益，推进社会主义文化大发展大繁荣。

进一步加强党的领导，为实现“十二五”规划而奋斗。顺利实施“十二五”时期国民经济和社会发展规划，关键在加强和改善党的领导。必须加强党的执政能力建设和先进性建设，不断提高党领导经济社会发展的能力和水平，全区广大党员干部要充分发挥推进跨越式发展、促进长治久安的模范带头作用。

第六章 陕西省

一、制定"十二五"规划的指导思想

高举中国特色社会主义伟大旗帜，以邓小平理论和"三个代表"重要思想为指导，深入贯彻落实科学发展观，进一步解放思想，转变观念，以科学发展、富民强省为主题，以加快转变经济发展方式为主线，以保障和改善民生为出发点和落脚点，着力破解城乡居民收入水平低、城市化水平低、经济外向度低三大难题，着力构建特色优势产业、战略性新兴产业、服务业、现代农业四大产业体系，着力实施调整经济结构、加快科技创新、统筹城乡发展、促进社会和谐、深化改革开放五大任务，全面推进富民强省十大工程，建设经济强、科教强、文化强的西部强省，建设绿色、现代、开放、和谐、奋进的新陕西，为实现全面小康社会打下具有决定性意义的基础。

二、"十二五"期间经济社会发展的主要目标

——保持经济社会又好又快发展，人均生产总值达到或超过全国平均水平。

——农民人均纯收入大幅度增加，居民收入增长与经济发展同步，城乡收入差距逐步缩小，物价总水平基本稳定。

——单位生产总值能耗持续降低，主要污染物排放明显减少，生态环境质量进一步改善。

——经济结构优化，城乡统筹取得重大进展，创新型陕西建设迈出新步伐。

——改革开放深入推进，重要领域和关键环节改革实现新突破，对外开放水平和经济外向度全面提升。

——社会建设显著加强，覆盖城乡居民的基本公共服务体系逐步完善，民主法制和精神文明建设取得新成效。经过全省上下共同努力，实现经济综合实力上台阶、人民生活水平和质量上台阶、生态环境保护上台阶。

三、"十二五"期间经济社会发展的主要任务

加快转变发展方式，保持经济平稳较快发展。坚持以发展促转变以转变谋发展，妥善处理好政府与市场的关系、经济发展和收入分配的关系、加快发展和调整优化结构及管理通胀预期的关系。继续发挥投资拉动经济发展的主导作用，保持适度投资规模，激活民间投资，拓宽融资渠道，形成国有、民间、外商等多元化的投资稳定增长机制。把扩大消费作为加快发展的重要动力，不断提高城乡居民收入和社会保障水平，增强消费信心和消费能力，建立扩大消费需求的长效机制。推动三大区域协调发展，整体谋划，板块开发，加强区

域联结互动，促进资源合理配置，实现优势互补、错位发展。大力发展非公有制经济，按照非禁即入原则，降低门槛、腾出空间、强化服务，不断优化非公有制经济发展的政策环境、法制环境、社会环境和舆论环境。

继续强化基础设施建设，不断提升发展保障能力。加强综合交通运输体系建设，建设支撑省内、辐射周边、服务全国的高效便捷综合交通运输体系。有效缓解水资源瓶颈制约，把水利设施建设放在突出位置，加大投入力度，整合各类资金，构建城乡供水安全保障、农业高效灌溉和综合防洪减灾三大体系。构建大能力电网设施体系，全力推进"陕电外送"，大力开拓电力市场，加快建设连接华中、华东、华北电网百万伏特高压、超高压直流输送通道。加快高速信息网建设，统筹新一代移动通信、下一代互联网和广播电视网等设施建设，加快电信网、广电网、互联网"三网融合"。提升城市综合承载能力，完善城市现有交通设施，大力发展公共交通，加快西安、咸阳地下轨道交通、地面快速干道系统建设并向周边延伸。

夯实农业基础，加快新农村建设。提高粮食生产能力，坚持最严格的耕地保护制度，稳定基本农田面积。加快发展现代农业，充分发挥杨凌示范区作用，围绕粮食、果业、畜牧、蔬菜四大产业，力争在农业良种选育、节水灌溉、新型栽培、科技推广、机械应用、气象灾害监测预警系统建设上取得新突破。完善农村基础设施。科学规划，强化支持，大力实施水、电、路、气、房和优美环境"六到农家"工程。发展壮大县域经济，加大贫困地区扶持力度。

调整优化产业结构，构建现代优势特色产业体系。通过做大做强现代能源化工产业、大力发展先进装备制造业、培育壮大战略性新兴产业、改造提升传统产业、加快发展服务业等举措，调整优化产业结构。要提高产业集群化水平，坚持大集团引领、大项目支撑、园区化承载、集群化发展，优化项目布局，推动产业融合，支持中小企业开展配套协作，实现"陕西配套"向"陕西制造"、"陕西创造"转变。

着力保障和改善民生，不断提高人民生活水平。增加城乡居民收入，合理调节收入分配格局，提高居民收入在国民收入分配中的比重和劳动报酬在初次分配中的比重。扩大就业，鼓励创业，加快培育中小企业，大力发展服务业、劳动密集型产业，开发社区就业岗位和公益性岗位，健全就业援助制度，拓宽高校毕业生就业渠道。完善社会保障体系，加强医疗卫生事业，不断改进人民的生活。

加快城镇化步伐，构建城乡区域协调发展新格局。建设西安（咸阳）国际化大都市，以建设大西安、带动大关中、引领大西北为目标，以西咸新区建设为切入点，统筹规划西安、咸阳城市功能定位和产业布局，建立高效的共建协调机制，加快市政基础设施一体化和网络化，构建主城区、卫星城和城市组团相协调的空间布局，形成大都市基本框架。切实推进大中城市建设，加快宝鸡—蔡家坡百里城镇带建设，打造关中城市群副中心城市。着力加强县城和重点镇建设，全力推进城乡统筹发展，积极实施主体功能区战略，促进全省区域协调发展。

强化科技教育和人才支撑，建设创新型区域。优先发展教育事业，实施中长期教育改革和发展规划纲要及实施意见，普及学前教育，实现学前一年免费教育，推进义务教育均衡发展，基本实现"双高双普"。建设统筹科技资源改革示范基地，加快科技成果产业化。加强人才强省建设，认真落实人才优先、高端引领战略，加强人力资源能力建设，重点建设高层次、高技能人才队伍。

推动文化大发展大繁荣，加快建设文化强省。加快公共文化服务体系建设，大力发展文化产业，建设文化大省。推动文化创新，满足人民群众多样化文化需求。提高全民文明素质，构建社会主义核心价值体系。

加强资源节约和环境保护，提高生态文明水平。大力发展循环经济，以提高资源产出效率为目标，加强规划指导，强化政策支持，推进循环经济发展。合理利用和保护资源，加强环境整治与保护，扎实推进生态建设。

深化改革开放，建设内陆型经济开发开放战略高地。进一步深化经济体制改革，坚持和完善基本经济制度，营造各种所有制经济依法平等使用生产要素、公平参与市场竞争、同等受到法律保护的体制环境。稳步推进行政管理体制改革。大力提高开放型经济水平，实行更加积极主动的开放战略，全方位推进对内对外开放，全面提升陕西经济外向度。

创新社会管理，建设和谐陕西。创新社会管理体制机制，加强社会安全和应急管理，全面做好人口工作，正确处理社会矛盾，建设和谐陕西。

加强和改进党的领导，为实现“十二五”目标提供根本保证。提高领导科学发展能力，加强政治文明建设，发挥党员干部先锋模范作用，把创先争优作为推动科学发展的经常性动力和经常性机制，深入基层，倡导良好文风会风，以优良党风促政风带民风，认真落实“十二五”的各项部署，形成推进陕西现代化建设的强大力量。

第七章 甘肃省

一、制定“十二五”规划的指导思想

坚持以邓小平理论、“三个代表”重要思想和科学发展观为指导，认真贯彻国家支持甘肃发展的一系列政策措施，以推进科学发展为主题，以加快经济发展方式转变为主线，以显著提高各族人民生活水平和生活质量为目的，围绕建设工业强省、文化大省、生态文明省和各民族共同团结奋斗、共同繁荣发展的示范区，坚持“四抓三支撑”的总体工作思路，深入实施西部大开发战略和“中心带动、两翼齐飞、组团发展、整体推进”区域发展战略，进一步加强基础设施和生态环境建设，强化科技支撑，发展壮大特色优势产业，加快社会事业发展，提高公共服务水平，保障和改善民生，促进社会和谐，努力推动全省经济社会跨越式发展。

二、“十二五”期间经济社会发展的主要目标

——综合经济实力显著提升。全省生产总值增速高于“十一五”时期的水平，全社会固定资产投资稳定较快增长，工业万元产值能耗和污染物排放低于“十一五”时期的水平，财政收入增速高于全国平均水平。

——产业实力明显增强。现代农业体系初步形成，工业经济快速发展，战略性新兴产业和特色优势产业不断壮大，第三产业层次和水平明显提升，经济结构进一步优化，转变发展方式取得实质性进展。

——基础设施和生态环境建设实现新跨越。交通、通信、水利、电网和城市基础设施明显改善，形成较为完善的现代化的立体交通网络，重点流域和区域生态环境综合治理力度不断加大，城市环境质量进一步改善，生态环境继续得到改善。

——社会事业长足发展。覆盖城乡的基本公共服务体系逐步完善，教育、科技、卫生、文化事业投入进一步加大，人民群众的科学文化素质和健康素质不断提高。文化事业和文化产业加快发展。社会更加和谐稳定。

——人民生活质量和水平显著提高。就业比较充分，城乡居民收入接近或达到西部地区平均水平，贫困人口大幅减少，覆盖城乡的社会保障体系进一步健全和完善。

——改革开放取得重大进展。重要领域和关键环节改革进一步推进，政府职能加快转变。对外交流合作广度和深度不断拓展，优势互补、互利共赢的格局进一步形成。

三、“十二五”期间经济社会发展的主要任务

全面实施区域发展战略。按照“中心带动、两翼齐飞、组团发展、整体推进”的要求，充分发挥中心城市的辐射作用，推动兰白都市圈率先发展，统筹协调，优势互补，增强兰州、白银两市发展融合度；加快陇东能源化工基地建设，加强能源资源的勘探和开发利用，高起点规划和深度开发石油、煤炭、天然气、煤层气资源；打造河西新能源及新能源装备制造基地，依托风能、太阳能资源优势，大力发展新能源及新能源装备制造、高载能等产业，培育产业集群，形成新的经济增长极。突出产业优势，构建各具特色的组团式发展格局，全面推进区域协调发展。

加快社会主义新农村建设。按照统筹城乡发展的要求，加快社会主义新农村建设，改善农村生产生活基本条件，加快农村及国有农场、林区公路“通达工程”和“通畅工程”建设，基本形成农村公路网络。发展现代农业，因地制宜，分类指导，探索和完善符合甘肃特点和有鲜明区域特色的、多元化的农业发展之路。拓宽农民增收渠道，完善农村发展的体制机制，促进城乡基本公共服务均等化。

深入实施工业强省战略。继续改造提升发展传统产业，加快重点行业、骨干企业的技术改造，促进有色、冶金等传统支柱产业规模化、集约化，形成一批在全国有重要影响力的产业集群，使甘肃省成为全国重要的有色冶金新材料基地和西部最大的不锈钢生产基地。做大做强先进装备制造业，以兰州、天水、酒泉为重点，加快装备制造企业联合重组，突出整机制造和系统集成，把甘肃省建设成西部重要的新能源装备制造和电工电器、机床钻井、石化设备、电子设备和汽车机械制造基地。积极培育新兴产业，大力发展循环经济，推动产业创新和转型升级，全面推进循环经济示范区建设，发挥各类园区和基地的产业支撑作用。

大力发展第三产业。着眼于优化经济结构、方便群众生活、增强社会功能，把促进第三产业大发展作为转变经济发展方式的战略重点，着力推动现代服务业和旅游业发展。

加强基础设施和生态环境建设。强化措施，建立现代综合交通运输体系，加快公路、铁路、航空等交通基础设施建设，构建优势互补、布局合理、运能充分、快捷通畅的现代综合交通运输体系。2015 年实现主要出省通道、省会与各市州所在地之间高速公路连接，实现县县通高等级公路的目标。进一步加大铁路建设力度，力争到 2015 年实现 14 个市州全部通铁路，形成高速、高路网密度的铁路运输体系。支线机场覆盖所有市州，建立比较完善的民航运输网络。加大生态环境保护和综合治理力度，加强水利建设。

坚持科教兴省和创建文化大省。大力发展教育、科技、文化事业，增强科技创新能力，加大人才资源开发力度，为经济社会发展提供有力的智力支持，积极推进文化建设，不断满足人民群众的精神文化需要。

建立健全基本公共服务体系。要充分发挥政府公共服务职能，促进就业和构建和谐的劳动关系，健全和完善覆盖城乡的社会保障体系，加快医疗卫生事业改革发展，全面做好人口工作，加强和创新社会管理，推进基本公共服务均等化，让人民群众共享改革发展成果。

推进改革开放。改革是建设和发展的根本动力。要坚持解放思想，锐意创新，加大重点领域和关键环节的改革力度，完善社会主义市场经济体制，探索建立符合科学发展观要

求的体制机制，深化行政管理体制改革，推进国有企业改革和资源价格改革，放手发展民营经济，提高对外开放水平。

加强和改善党的领导，加强社会主义民主政治建设，加强社会主义精神文明建设，深入开展国防教育，提高全民国防意识，继续做好“双拥”工作，进一步密切军政、军民关系，为实现“十二五”目标而团结奋斗。

第八章　青海省

一、制定“十二五”规划的指导思想

高举中国特色社会主义伟大旗帜，以邓小平理论和“三个代表”重要思想为指导，深入贯彻落实科学发展观，顺应各族人民过上美好生活新期待，以科学发展为主题，以加快转变经济发展方式为主线，以跨越发展、绿色发展、和谐发展、统筹发展为主要路径，以保障和改善民生为出发点和落脚点，更加注重基础设施建设，更加注重推进工业化、城镇化进程，更加注重统筹城乡、区域协调发展，更加注重生态保护和建设，更加注重保障和改善民生，更加注重推进改革开放，更加注重维护民族团结和社会稳定，为建设富裕文明和谐新青海、与全国同步进入全面小康社会打下更加牢固的基础。

二、“十二五”期间经济社会发展的主要目标

——综合经济实力上一个大台阶，基础设施不断完善，结构调整取得明显成效，现代特色产业体系基本形成，城市化进程稳步推进，科技支撑能力不断提升，自我发展和可持续发展能力显著增强。

——人民生活水平上一个大台阶，社会事业全面进步，基本公共服务均等化水平显著提高，扶贫开发取得重要进展，民生保障能力不断增强，与全国同步实现全面小康目标的基础更加坚实。

——生态环境保护和建设上一个大台阶，建成国家重要的生态安全屏障和高原生态旅游名省，生态环境保护和建设成效更加显著。

——社会管理水平上一个大台阶，社会管理格局进一步完善，公共安全和社会治安保障能力进一步提升，成为全国民族团结进步的典范，社会更加和谐稳定。经过五年的努力，实现地区生产总值和财政收入翻一番以上，城乡居民收入大幅增加，人均经济总量、人均投资强度、城乡一体化、基本公共服务、绿色发展、生态保护与建设等六个方面走在西部前列。

三、“十二五”期间经济社会发展的主要任务

坚持投资消费双轮驱动，保持经济持续快速发展。持续保持足够的投资强度，优化投资结构，加大基础设施建设力度，按照适度超前的原则，加快构建覆盖城乡、功能配套、安全高效的现代基础设施体系；推进清洁能源体系建设，推动能源生产和利用方式变革，构建安全、稳定、经济、清洁的现代能源产业体系，着力打造全国重要的清洁能源基地；加快矿产资源勘查步伐，促进资源开发利用。注重扩大消费需求，建立扩大消费需求的长效机制，加快形成投资和消费协同拉动经济增长的格局。

大力发展现代生态农牧业，加快社会主义新农村新牧区建设。必须把“三农”工作放在更加突出的位置，坚持以工促农、以城带乡和多予少取放活的方针，加大支农惠农强农力度。夯实农牧区发展基础，大力发展现代生态农牧业，以特色、设施、集约、加工、转移为主攻方向，加快构建现代农牧业产业体系，着力推进农牧业发展方式转变，促进农牧业稳步发展。加大培训力度，提高农牧民职业技能和创收能力，加快贫困地区脱贫步伐，促进农牧民持续增收。加强农牧区基础设施建设，促进农牧区和谐繁荣。

加快工业结构转型升级，着力推进新型工业化进程。坚持低碳、循环、生态、绿色发展方向，坚持走新型工业化道路，以建设百个重大项目、百家重点企业“双百”工程为抓手，以发展园区经济为主要载体，以发展循环经济为主要途径，构建现代工业体系。

努力促进现代服务业发展，着力培育发展新优势。坚持把现代服务业发展作为产业结构优化升级的战略重点，不断增强经济发展的协调性、持续性，着力提高服务业发展层次和水平，推动旅游业跨越式发展，促进金融业快速发展，提高经济社会信息化水平。

加快推进城市化进程，促进区域经济社会协调发展。以加快推进城市化进程为途径，以实现区域间基本公共服务均等化为目标，加快形成“四区两带一线”发展新格局，不断壮大县域经济实力，加快建设社会主义新玉树，形成分工合理、各具特色、充满生机、相互促进的区域协调发展新局面。

建设资源节约型和环境友好型社会，促进经济社会可持续发展。强化生态环境保护和建设，构筑“一屏两带”生态安全屏障，推进三江源生态补偿机制试点，提高资源节约和综合利用水平，加大节能减排力度，努力构建资源节约型、环境友好型社会，增强可持续发展能力，加强环境保护和防灾减灾工作。

积极推进科教兴青和人才强省战略，着力构建科技创新体系。坚持把科技引领、创新驱动放在推进产业结构调整和转变经济发展方式的突出位置，优先发展教育事业，加快教育改革发展。坚持党管人才原则，加强各类人才队伍建设，大力实施人才强省战略。瞄准未来产业发展制高点，集中力量攻克一批关键技术，培育一批自主创新产品和优势品牌，促进科技成果向现实生产力转化，全面提高科技整体实力和产业技术水平。

建立健全社会基本公共服务体系，大力保障和改善民生。坚持“小财政办大民生”，建立符合省情、覆盖城乡、比较完善、可持续的基本公共服务体系，实施更加积极的就业政策，扎实做好人口和计生工作，积极推进保障性住房建设，加强和创新社会管理，着力解决人民群众最关心、最直接的利益问题。

推动文化繁荣发展，为新青海建设提供强大精神动力。坚持社会主义先进文化前进方向，推进“文明青海”建设活动，大力发展文化事业和文化产业，不断满足人民群众的精神文化需求，发挥文化引导社会、教育人民、推动发展的功能，为建设中华民族共有精神家园，增强民族凝聚力和创造力作出积极贡献。

进一步深化改革扩大开放，增强经济社会发展的动力与活力。加快改革攻坚步伐，大力实施开放融入战略，形成有利于推进“四个发展”、转变经济发展方式的体制机制，构建更具活力、更加开放的发展新格局。

“十二五”时期，经济社会发展任务艰巨，使命光荣，全省各族人民一定要坚定信心，齐心协力，全面完成“十二五”规划的各项目标任务。加强和改善党的领导，加强社会主义民主政治建设，统筹经济建设和国防建设，充分发挥共产党员的先锋模范作用。

第九章　宁夏回族自治区

一、制定“十二五”规划的指导思想

高举中国特色社会主义伟大旗帜，以邓小平理论和“三个代表”重要思想为指导，深入贯彻落实科学发展观，顺应全区各族人民过上更好生活的新期待，以科学发展为主题，以加快转变经济发展方式为主线，深入实施西部大开发战略，着力推进以项目为载体的基础设施建设，着力推进以构建现代农业产业体系为主要任务的农业现代化，着力推进以宁东能源化工基地建设为重点的新型工业化，着力推进以生态治理和节能减排为抓手的生态环境建设，着力推进以沿黄城市带为支撑的特色城市化，着力推进以生态移民攻坚为重点的扶贫开发进程，深化改革开放，保障改善民生，加强民族团结，维护社会稳定，奋力推动宁夏回族自治区经济社会科学发展、跨越发展，为建设和谐富裕的新宁夏，实现全面建设小康社会宏伟目标奠定坚实基础。

二、“十二五”期间经济社会发展的主要目标

——经济平稳较快发展。经济增长速度预期目标年均保持在12%左右，固定资产投资增速保持较高水平，“十二五”期末，经济总量比“十一五”期末翻一番，地方财政一般预算收入翻一番以上。

——经济结构调整取得明显成效。新型工业化、特色城市化和农业现代化水平明显提高，3个“千亿投资计划”发展目标基本实现。特色优势产业体系基本形成，宁东能源化工基地对全区经济增长的贡献率大幅提升。服务业层次大幅提升，第一、二、三产业结构更加合理，城乡区域发展的协调性增强。科技支撑能力增强，单位地区生产总值能耗和二氧化碳排放明显下降，生态环境建设取得积极成效。

——人民生活显著改善。实现城乡居民收入增长和经济发展同步，劳动报酬增长和劳动生产率提高同步。城乡居民收入普遍较快增加，与全国差距、城乡之间的差距明显缩小。城乡低收入者、残疾人的生活得到有效保障。人民群众生活质量和水平明显提高。

——扶贫攻坚取得突破。扶贫开发取得明显成效，35万生态移民的任务基本完成，贫困人口明显减少，贫困地区人民生活水平和质量明显提高，贫困地区自我发展能力明显增强。

——社会事业全面进步。覆盖城乡居民的基本公共服务体系逐步完善，国民教育水平不断提升，文化事业和文化产业加快发展，人民群众思想道德素质、科学文化素质和健康素质不断提高。社会主义民主法制更加健全，人民权益得到切实保障。民族团结进一步加强，社会更加和谐稳定。

——改革开放不断深化。财税、投资、分配等重点领域的改革取得新进展，政府效能建设深入推进，政府公信力和行政效率进一步提高，发展环境不断优化，构筑内陆开放型经济格局取得新进展。

——经过全区人民的共同努力奋斗，要使宁夏回族自治区加快转变经济发展方式取得实质性进展，综合实力、区域竞争力和自我发展能力明显增强，全面建设小康社会的基础更加坚实。

三、"十二五"期间经济社会发展的主要任务

坚持实施项目带动战略，着力增强发展保障能力。坚持把实施项目带动战略作为推动经济社会较快发展、提升发展保障能力的重要抓手，坚持功能配套、适度超前、保障有力的原则，切实加强交通、水利、信息、油气管道和电网建设等，不断夯实发展基础、增强发展后劲。

加快发展现代农业，着力推进社会主义新农村建设。坚持以工促农、以城带乡和多予少取放活的方针，以增加农民收入为核心，加大强农惠农力度，夯实农业农村发展基础，促进农业稳步发展、农民持续增收、农村和谐繁荣。

以宁东能源化工基地建设为重点，着力推进新型工业化。坚持走新型工业化道路，深入实施工业强区战略，加快工业经济结构调整，着力培育壮大特色优势产业，高水平建设宁东能源化工基地，基本形成地方特色鲜明、竞争优势突出的现代产业体系，大力发展非公有制经济，抓好工业园区建设。

大力发展现代服务业，着力培育发展新优势。把推动服务业大发展作为产业结构优化升级的战略重点和增强经济发展协调性、持续性的重大举措，大力发展生产性服务业，积极发展生活性服务业，培育发展新兴服务业，着力提高服务业发展层次和水平，促进三次产业协同发展。

以生态移民为突破口，着力加快扶贫开发步伐。深入推进开发式扶贫，加大扶贫投入，实施生态移民攻坚计划，构建专项扶贫、行业扶贫和社会扶贫的大扶贫格局，加快脱贫致富步伐。

加大城乡统筹力度，着力推进城市化进程。综合考虑不同地区生产力布局、资源环境承载能力、开发条件和发展潜力，进一步优化功能定位，明确发展方向，高效利用国土空间，坚定不移地推进城市化进程，以城市化带动全区经济整体快速提升。

提高自主创新能力，着力构建科技创新体系。大力推进创新型宁夏建设，支持原始创新，加快推进集成创新和引进消化吸收再创新，加强人才队伍建设，构建科技创新体系，充分发挥科学技术和人才的支撑和引领作用。

加强生态建设和环境保护，着力推进资源节约型、环境友好型社会建设。生态建设和环境保护是保障宁夏回族自治区科学发展、跨越发展的基本前提，必须树立绿色、低碳发展理念，加强资源节约、节能减排和生态建设，大力发展循环经济，加强环境保护，切实推进"两型"社会建设。

加快发展社会事业，着力保障和改善民生。加快完善符合区情、比较完整、覆盖城乡、可持续的基本公共服务体系，着力提高政府保障能力，推进基本公共服务均等化。坚持实施"民生计划"，加强社会管理能力建设，创新社会管理机制，促进社会公平正义，切实维护

社会和谐稳定。

大力发展先进文化,着力促进文化大发展大繁荣。坚持社会主义先进文化的前进方向,加强社会主义核心价值体系建设,深化文化体制改革,加快发展文化事业和文化产业,不断满足人民群众日益增长的精神文化需求,充分发挥文化引导社会、教育人民、推动发展的功能,增强全区人民的凝聚力、创造力。

扩大对外开放,着力构筑内陆开放型经济新格局。大力实施全方位开放战略,不断提升开放水平,在更高起点和更宽领域构筑区域特色鲜明、内外开放联动、竞争优势突出、支撑跨越有力的内陆开放型经济新格局。

深化体制机制改革,着力增强经济社会发展的动力。坚持社会主义市场经济改革方向,积极稳妥推进行政体制、社会事业、收入分配、财税投资体制以及国有企业改革,为全区经济社会发展提供有力保障。

全区各族人民团结起来,为实现“十二五”规划目标而奋斗。加强和改善党的领导,加强社会主义政治文明建设,以优良的作风保障“十二五”规划落实。“十二五”时期,经济社会发展任务艰巨,使命光荣。全区各族人民一定要坚定信心,戮力同心,全面完成“十二五”规划的各项目标任务。

第十章　新疆维吾尔自治区

一、制定“十二五”规划的指导思想

高举中国特色社会主义伟大旗帜，以邓小平理论和“三个代表”重要思想为指导，深入贯彻落实科学发展观，深入实施稳疆兴疆、富民固边战略，以转变发展方式为主线，始终把推动科学发展作为解决一切问题的基础，始终把改革开放作为促进发展的强大动力，始终把保障和改善民生作为全部工作的出发点和落脚点，始终把加强民族团结作为长治久安的根本保障，始终把维护社会稳定作为发展进步的基本前提，努力推进新疆跨越式发展和长治久安。

二、“十二五”期间经济社会发展的主要目标

以现代文化为引领，以科技教育为支撑，加速新型工业化、农牧业现代化、新型城镇化进程；加快改革开放，打造中国西部区域经济的增长极和向西开放的桥头堡，建设繁荣富裕和谐稳定的美好新疆。

总体目标任务是，到2015年新疆维吾尔自治区人均地区生产总值达到全国平均水平，城乡居民收入和人均基本公共服务能力达到西部地区平均水平，基础设施条件明显改善，自我发展能力明显提高，民族团结明显加强，社会稳定明显巩固。

三、“十二五”期间经济社会发展的主要任务

构筑国家级重点开发区天山北坡经济带，以及自治区重点开发区天山南坡产业带；构筑由阿尔泰山地森林、天山山地草原森林和帕米尔—昆仑山—阿尔金山荒漠草原三大生态屏障，以及环塔里木和准噶尔两大盆地边缘绿洲区组成的“三屏两环”生态安全战略格局；构筑由省级以上自然保护区域、重点风景区、森林公园、地质公园以及重要水源地组成的禁止开发区域。

做大做强石油天然气、煤炭工业和现代煤化工产业、矿产资源勘探开发、农牧产品精深加工业、纺织工业、钢铁、建材、化工和轻工业等特色优势产业。重点建设独山子—克拉玛依、乌鲁木齐、南疆和吐哈四大石化基地，抓好大型炼油、大型乙烯、大型芳烃、大型化肥生产，发展塑料、化纤制品、橡胶制品和精细化学品。以准东、吐哈、伊犁、库拜四大煤田为重点，高起点、高标准、高效益开发建设国家第十四个大型煤炭基地。

加快培育战略性新兴产业。立足新疆产业基础，比较优势以及未来前景，将加快培育和发展战略性新兴产业作为在新形势下加速推进新型工业化进程的战略支撑点，放在推进产业结构升级和经济发展方式转变的突出位置。重点培育发展新能源、新材料、先进装备

制造、节能环保、生物、信息、清洁能源汽车七大产业，强化政策支持，着力培育形成一批科技创新能力强、具有竞争优势的龙头企业和企业集团，积极抢占新一轮产业竞争的制高点。

大力发展现代物流、金融保险、商务服务等生产性服务业。积极推进连锁经营、物流配送、电子商务、代理联运等现代流通方式，大力发展第三方物流配送服务。鼓励各类商业银行完善服务功能，拓展服务领域和范围，全面推广网上银行、电子商务网上结算等新型金融业务。拓展和规范中介服务业，积极培育和发展咨询服务业。同时，积极发展文化产业、商贸服务业、旅游业等生活性服务业。

加强水利、交通、电力和信息化等基础设施建设。加强重点河流控制性骨干工程及农田水利、防洪减灾工程建设，提高水资源利用效率和效益。加快构建新疆与内地和周边国家紧密联系的铁路、公路、民航、管道等综合交通运输体系。大力发展火电，科学开发水电，全面加快可再生能源利用步伐。推进坚强电网建设，尽快形成750千伏主干网架，加快实施“疆电外送”工程。加快网络和重要信息系统建设，提升信息基础设施能力。

坚持保护优先和自然恢复为主，加大生态保护和建设力度，从源头上有效遏制生态环境进一步恶化。加强重点生态功能区保护和管理，增强水源涵养、保持水土、防风固沙能力，保护生物多样性。加快伊犁河、额尔齐斯河、博斯腾湖、艾比湖等流域水污染治理。加强城市及周边企业的污染治理，对重点排污企业实行挂牌整治，有计划地逐步搬迁城区内的重污染企业。

以农牧民增收为核心，以推进社会主义新农村建设为目标，大力转变农牧业发展方式，不断提升农牧业整体水平，加快构建高产、优质、高效、生态、安全的现代农牧业产业体系，促进新疆由农牧业大区向农牧业强区转变，让广大农牧民过上具有基本现代文明的生活。

按照统筹城乡、布局合理、突出特色、以大带小的原则，强化城镇功能，注重提升城镇居民生活品质，提高城镇集聚经济和人口的承载力，促进大中小城市和小城镇协调发展。到2015年，城镇化率达到48%左右。

切实保障和改善民生，优先发展教育事业，深化医药卫生体制改革，推进基本医疗卫生服务均等化；繁荣公共文化，加快推进文化基础设施建设；实施更加积极的就业政策，千方百计增加就业岗位。完善覆盖城乡的社会保障体系，提高城乡居民收入水平。

加快科技创新能力建设，加快完善以企业为主体、市场为导向、产学研相结合的技术创新体系，大力增强自主创新能力。加快建设企业技术中心、国家工程（技术）研究中心、国家重点（工程）实验室和国家高新技术产业化基地。加强人才队伍建设，全力实施人才强区战略。

深化经济体制、行政管理体制、财税体制改革，推进金融体制改革，积极稳妥推进价格体制改革，加快社会事业体制改革，构筑对内对外开放新格局，打造我国向西开放的桥头堡。

第十一章　内蒙古自治区

一、制定"十二五"规划的指导思想

高举中国特色社会主义伟大旗帜，以邓小平理论和"三个代表"重要思想为指导，深入贯彻落实科学发展观，适应国内外形势新变化，顺应各族人民过上更好生活新期待，以科学发展为主题，以加快转变经济发展方式为主线，坚持走富民强区之路，推进经济结构战略性调整，提高科技创新能力，着力保障和改善民生，建设资源节约型和环境友好型社会，深化改革开放，加快工业化、城镇化和农牧业现代化进程，促进经济长期平稳较快发展和社会和谐稳定，为全面建成小康社会奠定坚实基础。

二、"十二五"期间经济社会发展的主要目标

——保持经济平稳较快发展。主要发展指标继续保持高于全国平均水平的增速，与发达地区的差距进一步缩小，经济发展的综合水平、经济增长的质量和效益明显提高。

——城乡居民收入普遍较快增加。努力逐步实现居民收入增长和经济发展同步、劳动报酬增长和劳动生产率提高同步，城市低收入者收入明显增加，农村牧区贫困人口大幅度减少，城乡居民收入达到全国平均水平，人民生活质量不断提高。

——产业结构优化升级取得突破性进展。现代农牧业进一步发展，多元化的工业体系基本形成，产业层次明显提升，服务业水平进一步提高，中小企业、民营经济更加活跃。自主创新能力增强，科技进步对经济发展的贡献率明显提高。

——城乡区域发展的协调性增强。城镇化进程进一步加快，区域中心城市建设平稳快速推进、辐射带动力显著增强，布局合理、多中心带动的城镇化格局初步形成。新农村新牧区建设扎实推进，城乡发展差距扩大趋势得到遏制，地区发展差距逐步缩小。

——可持续发展能力和水平进一步提高。资源利用效率明显提高，节能减排达到国家要求，草原生态自我修复能力增强，生态环境质量持续好转。城乡基础设施条件明显改善，现代化综合交通运输体系基本形成，总体上适应经济社会发展需要。

——社会建设明显加强。覆盖城乡居民的基本公共服务达到全国平均水平，全民受教育程度稳步提升，文化繁荣发展，群众思想道德素质、科学文化素质和健康素质进一步提高。民主法制建设全面推进，社会管理制度更趋完善，民族团结、社会稳定、边疆安宁的局面进一步巩固发展。

——改革开放不断深化。重点领域和关键环节改革取得积极进展，政府职能加快转变，政府公信力和行政效率进一步提高。对内对外开放的领域和空间进一步扩大，全方位开放格局基本形成。

三、“十二五”期间经济社会发展的主要任务

以国家实施扩大内需战略为动力，保持经济平稳较快发展。发挥资源优势和区位优势，保持投资对经济的拉动作用，在扩大消费需求中拓展市场空间，积极扩大区内消费市场的总体规模，增强消费对经济增长的拉动能力，努力扩大出口规模，促进消费、投资、出口协调拉动经济增长。同时落实好国家宏观调控政策，努力促进经济平稳较快发展。

构建多元发展的现代产业体系，推进产业结构优化升级。从加快推进农牧业现代化、进一步提高工业化水平和加快发展服务业着手，立足当前、着眼未来，推进三次产业协调发展。坚持在产业发展中调整结构，在调整结构中促进产业发展，加快培育多元化的现代产业体系。

加快推进城镇化。科学制定完善城镇发展规划，构建符合区情的城镇体系。坚持统筹城乡发展，加强新农村新牧区建设，促进区域协调发展，推进集中扶持和扶贫开发工作。落实国家主体功能区战略，优化区域发展布局，努力提高城乡区域协调发展水平。

加强基础设施建设，提升发展保障能力。统筹规划，突出重点，集约布局，加强重大基础设施建设。加快现代化综合交通运输体系建设、能源输送通道建设、水利基础设施建设、信息基础设施建设，以提高综合交通运输能力、能源外送能力和水资源保障能力为重点，着力解决基础设施瓶颈制约问题，为经济社会发展提供有力支撑。

建设资源节约型、环境友好型社会，促进可持续发展。树立绿色、低碳发展理念，抓好生态保护与建设，加强环境保护与治理，合理开发利用资源，大力发展循环经济，积极应对气候变化，努力促进资源节约、环境友好，提高生态文明水平。

深入实施科教兴区和人才强区战略，加快建设创新型内蒙古。大力加强科技、教育、人才工作，提高科技创新能力，大力发展教育事业，全面提高公民素质，开发利用好人才资源，努力建设高素质人才队伍，为全面建设小康社会奠定坚实的科技和人力资源基础。

建立健全基本公共服务体系，保障和改善民生。提高政府保障能力，努力促进就业、提高城乡居民收入、完善社会保障体系、加强医疗卫生服务体系建设，全面做好人口工作，逐步建立和完善基本公共服务体系，推进基本公共服务均等化。加强社会管理能力建设，提高社会服务水平，切实维护社会和谐稳定，筑牢祖国北疆安全稳定屏障。

坚持社会主义先进文化前进方向，推动文化大发展大繁荣。加强社会主义精神文明建设，进一步弘扬中华文化，建设和谐文化，突出民族文化特色，建设民族文化强区。转变文化发展方式，大力发展文化事业和文化产业，深化文化体制改革，鼓励文化创新，充分发挥文化引导社会、教育人民、推动发展的功能，建设各民族共有精神家园。

深化体制机制改革，增强经济社会发展活力。改革是加快转变经济发展方式的强大动力。要按照中央部署，结合自治区实际，稳步推进所有制改革、行政体制改革、投融资体制改革、财税金融体制改革、资源性产品价格和资源配置方式改革等各项改革工作，加快建立与科学发展相适应的体制机制，力争在一些关键领域和重要环节上取得突破性进展。

扩大对内对外开放，提升开放层次和水平。实施更加积极主动的开放战略，扩大与俄蒙的合作与交流，不断拓展开放领域和空间，提高开放水平，努力创造发展的新优势。

加强和改进党的领导，为实现“十二五”发展目标提供坚强保证。充分发挥党的领导核心作用和共产党员的先锋模范作用。加强社会主义政治文明建设，充分调动一切积极因素，是完成“十二五”发展目标任务、推进富民强区进程的根本保证。

第十二章　广西壮族自治区

一、制定"十二五"规划的指导思想

高举中国特色社会主义伟大旗帜，以邓小平理论和"三个代表"重要思想为指导，深入贯彻落实科学发展观，牢牢把握重要战略机遇期，围绕实现"富民强桂"新跨越，以科学发展为主题，以加快转变经济发展方式为主线，推进工业化、城镇化、信息化、市场化、国际化，深入实施西部大开发战略，推进经济结构战略性调整。深化改革开放，保障和改善民生，保持经济长期平稳较快发展和社会和谐稳定，加快建设区域性现代商贸物流基地、先进制造业基地、特色农业基地和信息交流中心，构筑国际区域经济合作新高地，打造我国陆海经济发展新一极，为全面建成小康社会打下具有决定性意义的基础。

二、"十二五"期间经济社会发展的主要目标

——经济平稳较快发展。地区生产总值年均增长10%。财政收入年均增长15%，力争实现地区生产总值翻一番，财政收入、全社会固定资产投资、社会消费品零售总额、进出口总额翻一番以上。城镇新增就业190万人，城镇登记失业率控制在5%以内。价格总水平基本稳定。经济增长质量和效益明显提高。

——结构调整取得重大进展。工业增加值占地区生产总值比重提高5个百分点，服务业增加值比重提高2个百分点，城镇化率提高9.4个百分点。基础设施支撑能力较大提升，城乡区域发展的协调性增强。

——科技教育发展明显加快。九年义务教育巩固率提高8个百分点，高中阶段教育毛入学率提高18个百分点。研究与试验发展经费支出占地区生产总值比重达到2.2%，每万人口发明专利拥有量提高到3件。

——生态文明建设成效显著。耕地保有量保持在6316万亩。单位工业增加值用水量降低30%，农业灌溉用水有效利用系数提高到0.45。非化石能源占一次能源消费比重达到20%。确保完成国家分解下达自治区的单位地区生产总值能源消耗降低、单位地区生产总值二氧化碳排放降低和化学需氧量、二氧化硫、氨氮、氮氧化物排放减少目标任务。森林覆盖率提高2个百分点，森林蓄积量增加到6.5亿立方米。

——人民生活全面改善。全区总人口控制在5400万人以内。城镇居民人均可支配收入年均增长10%，农村居民人均纯收入年均增长11%。城镇参加基本养老保险人数达到540万人，城乡三项医疗保险参保率提高到95%。城镇保障性安居工程建设50万套，中等收入群体持续扩大，贫困人口显著减少。

——社会建设明显加强。覆盖城乡居民的基本公共服务体系逐步完善。各族群众思想道德素质、科学文化素质和健康素质不断提高，社会主义民主法制更加健全，人民权益得

到切实保障。文化事业繁荣发展，文化产业发展壮大。社会治安状况进一步好转，公共安全保障水平明显提升，社会管理制度不断健全，社会更加和谐稳定。

——改革开放不断深化。国有企业、财税金融、要素价格等重点领域和关键环节改革取得明显进展，政府职能加快转变，创业创新形成新局面，非公有制经济占国民经济的比重较大幅度提高。进出口总额翻一番以上，全方位开放合作水平进一步提升。

三、“十二五”期间经济社会发展的主要任务

大力发展现代工业。坚持走新型工业化道路，适应市场需求、结构调整、消费升级新变化和科技进步新趋势，推进工业化与信息化融合发展，加快发展结构优化、技术先进、配套协作、清洁安全、附加值高、竞争力强的千亿元产业和新兴产业，尽快做大做强做优工业。重点发展壮大千亿元产业，着力提升工业整体素质，加快发展战略性新兴产业和能源产业，积极发展海洋产业。

加快社会主义新农村建设。在工业化、城镇化深入发展中同步推进农业现代化，坚持工业反哺农业、城市支持农村和多予少取放活方针，加大强农惠农力度，夯实农业农村发展基础，提高农业现代化水平和农民生活水平，建设农民幸福生活的美好家园。大力发展现代农业，着力改善农村生产生活条件，加强水利建设，促进农民收入持续较快增长，不断完善农村发展体制机制，培育发展经济强县。

促进城镇化跨越发展。坚持走新型城镇化道路，以统筹城乡发展和扩权强县为抓手，以加快产业和人口集聚为基础，以推进工业化为支撑，以体制机制创新为动力，做大做强中心城市，培育发展辐射作用大的城市群，推进大中小城市和小城镇协调发展，形成重点突出、定位明确、功能完善、特色鲜明的城镇体系新格局，较大幅度提高城镇化水平。突出抓好南宁、柳州超大城市和桂林特大城市发展，实施中心城市带动战略。培育发展城市群和城镇带，着力提高城镇规划建设水平，全面加强城镇化管理。

全面加快服务业发展。坚持市场化、产业化、社会化、国际化导向，优化服务业结构，完善服务业布局，创新服务业体制机制，引导服务业集聚发展，推进服务业规模化、品牌化、网络化经营，壮大服务业规模，提高服务业特别是现代服务业发展水平。加快发展生产性服务业，积极发展生活性服务业，大力发展金融业，打造南宁区域性金融中心，加快发展旅游业，积极推进经济社会信息化，营造服务业发展良好环境。

构建综合交通运输体系。按照适度超前原则，统筹各种运输方式发展，进一步完善出省出边出海国际大通道，初步形成网络设施衔接完善、技术装备先进适用、运输服务安全高效的综合交通运输体系。推进铁路现代化建设，逐步形成以南宁为主枢纽的快速客运网和大能力货运网。加快公路网建设，到2015年，力争公路总里程超过11.5万公里，公路网密度每百平方公里48.5公里，其中高速公路新增3500公里，通车里程6000公里以上，基本建成“四横六纵六支线”高速公路网。全面提升广西北部湾综合能力，到2015年，力争广西北部湾港新增吞吐能力2.15亿吨，总吞吐能力达到3.36亿吨以上。推进西江水运加快建设，到2015年，力争内河港口吞吐能力达到1.5亿吨。积极发展民用航空，重点推进南宁吴圩国际机场新航站区和桂林两江国际机场航站楼扩建，把南宁机场建成我国面向东盟的门户枢纽机场、桂林机场建成国家重要的旅游机场。

深入推进“两区一带”协调发展。充分发挥比较优势，推进沿海沿江率先发展，加快资

源富集区开发，促进生产要素合理流动，实现区域协调互动发展，优先发展广西北部湾经济区，促进该区域率先发展，发挥龙头带动效应。加快建设西江经济带，加快西江黄金水道开发，建设桂东国家级承接产业转移示范区。加快桂西优势资源开发，充分发挥矿产、水能、旅游等资源富集优势，大力发展特色产业。全面实施主体功能区规划，引导各地严格按照主体功能定位推进发展。

加强生态文明建设。坚持生态立区、绿色发展，强化节能减排，推广低碳技术，发展循环经济，加强生态环保，推动形成资源节约、环境友好和有利于应对气候变化的生产方式和消费模式，加快建设全国生态文明示范区，突出抓好节能管理和资源节约与管理，大力发展循环经济，强化环境保护，加强生态建设，加强防灾减灾体系建设。

大力推进科技进步与创新。坚持自主创新、重点跨越、支撑发展、引领未来方针，完善科技创新体制机制，强化科技创新基础，构建科技创新体系，加快建设创新型广西。增强科技创新能力，完善科技创新体制机制。

优先发展教育事业。按照优先发展、育人为本、改革创新、促进公平、提高质量的要求。深化教育教学改革，推动教育事业科学发展，为到2020年基本实现教育现代化打下良好基础。促进各类教育协调发展，努力实现教育公平，提高教育质量，深化教育改革。

造就高素质人才队伍。坚持服务发展、人才优先、以用为本、创新机制、高端引领、整体开发的指导方针，加强各类人才队伍建设。大力培养创新型人才，健全人才发展机制。

建立健全基本公共服务体系。着力保障和改善民生，完善就业、收入分配、社会保障、医疗卫生、住房等制度，促进改革基本公共服务均等化，使发展成果更多惠及各族人民，促进充分就业，合理调整收入分配，到2015年，力争城镇单位从业人员劳动报酬总额占地区生产总值的比重提高2个百分点左右，月最低工资1000元以上。健全覆盖城乡居民的社会保障体系，加快医疗卫生事业改革发展，加强保障性住房建设，统筹做好人口工作，加大扶贫开发力度。

保持社会和谐稳定。适应社会结构转型新形势，加强社会管理能力建设，创新社会管理体制机制，深入推进平安广西建设，构建全国社会和谐稳定模范区。创新社会管理体制，健全维护群众权益机制，加强公共安全体系建设，巩固和发展民族团结，加强国防后备力量建设。

促进文化大发展大繁荣。弘扬中华文化，提升文化软实力，构建具有时代特征、壮乡风格、和谐兼容的民族文化强区。提高全区各族人民文明素质，大力推动文化创新，繁荣发展文化事业，加快发展文化产业。

加快改革攻坚步伐。坚持社会主义市场经济改革方向，继续解放思想，不断转变观念，进一步调动各方面积极性，尊重群众首创精神，全面深化各领域改革，在重点领域和关键环节取得新突破。深化经济体制改革，推进行政体制改革，推进社会事业领域改革。

全面深化开放合作。用好中国—东盟自由贸易区深入发展的重大机遇，全方位、多层次、宽领域扩大对外开放，全面参与国际国内多区域合作，以开放促发展、促改革、促创新，加快形成对外开放新格局和参与国际国内竞争新优势。深化以东盟为重点的开放合作，扩大国内多区域合作，大力发展开放型经济，加快实施“走出去”战略。

加强社会主义民主法制建设。坚持党的领导、人民当家做主、依法治国有机统一，深入实施依法治桂基本方略，扩大社会主义民主，发展社会主义政治文明，加强反腐倡廉建设。

实施宏伟蓝图，实现跨越发展。凝聚全区各族人民的意志和力量，全面组织实施“十二五”规划，努力实现经济社会发展目标任务。健全规划实施机制，推进重大项目建设。

第十三章　新疆生产建设兵团

一、制定"十二五"规划的指导思想

深入贯彻落实中央新疆工作座谈会议和党的十七届五中全会精神，围绕实现跨越式发展和长治久安两大目标，以科学发展为主题，以加快转变经济发展方式为主线，以改革开放为动力，以科技进步为支撑，以改善民生为出发点和落脚点，坚持走城镇化、新型工业化和农业现代化"三化"道路，处理好屯垦与戍边、特殊管理体制与市场机制、兵团与地方"三大"关系，增强自我发展、带动发展、维稳戍边"三大"能力，发挥好建设大军、中流砥柱和铜墙铁壁"三大"作用，为新疆繁荣和稳定做出新的更大贡献。

二、"十二五"期间经济社会发展的主要任务

加快城镇化建设。做优做强石河子、五家渠、阿拉尔、图木舒克、北屯市等现有城市。按照小城市标准，科学规划可克达拉、车排子、三坪、塔斯尔海、沙井子、芳新等垦区发展。引导团场周围连队居民向城镇集中，边境连队和战略地位重要连队按中心连队标准规划建设。突出抓好一批经济强团。

加快推进新型工业化发展。建设果蔬、酿酒、粮油及饲料、乳肉制品、制糖、生物制品等6个特色农牧产品精深加工基地；延长纺织服装产业链，建设以棉纺织、针织和人造纤维为重点的纺织产业集群；建设西部重要的煤化工生产基地和全国重要的氯碱化工生产基地；打造新疆重要的特色矿产资源加工转换基地；培育壮大石油天然气化工、新型建材、装备制造等新的支柱产业。

大力发展服务业。打造三大物流通道，形成布局合理、动作规范的现代物流服务体系。吸引国内外银行、证券、保险机构到兵团辖区设立分支机构，支持在石河子等城市开展跨境贸易和投资人民币结算试点。筹划成立兵团发展银行。加快重点旅游景区基础设施建设，打造兵团军垦文化、农业观光、边境旅游、绿洲生产四大旅游基地，塑造"中国屯垦旅游"主体品牌。

加快现代农业示范基地、节水灌溉示范推广基地、农业机械化推广基地等农业"三大基地"建设。优化农业产业结构，建设成国家重要的向西出口绿色农产品生产基地。优化农业区域布局，形成8个规模化经营、专业化生产、区域特色明显、市场相对稳定的优势产业带(区)。

加大水利、交通和能源基础设施建设力度。加快重点水利工程、民生水利建设。完善公路客运、航空铁路等交通基础设施。推进煤炭、电源电网等能源基础设施建设。

加强生态建设与保护，着重实施重点环境保护和资源节约工程、重点小流域综合治理工程、重点生态建设工程。

第十四章　湖南省湘西土家族苗族自治州

一、制定"十二五"规划的指导思想

高举中国特色社会主义伟大旗帜，以邓小平理论和"三个代表"重要思想为指导，深入贯彻落实科学发展观，以科学发展、富民强州为主题，以加快转变经济发展方式为主线，按照"坚守三个一、用活三个优、瞄准四个目标、实现四个成为"（坚守把发展作为第一要务、一切为了造福人民、稳定压倒一切；用好用活资源优势、政策优势、组织优势；瞄准经济发展目标、社会和谐目标、民生改善目标、生态文明目标；让绿色生态成为湘西第一形象、让资源优势成为经济优势、让新型城镇成为湘西发展的增长极、让团结进步成为民族象征）的总体发展思路，依托"四化两型"带动，全力推进优势产业建设、基础设施建设、新型城镇建设、生态环境建设和民生事业建设，努力提升综合经济实力、民生保障能力和可持续发展能力，促进经济社会又好又快发展，为建设民族生态经济区、全面建设小康社会打下坚实基础。

二、"十二五"期间经济社会发展的主要目标

——经济总量目标。在优化结构、提高效益和降低消耗的基础上，经济增长迈上新台阶。力争"十二五"期间全州生产总值年均增长11%以上，到2015年总量突破600亿元（现价），财政总收入年均增长12%以上，到2015年突破60亿元。

——产业发展目标。切实把转变经济发展方式落实到结构调整升级上来。到2015年，三次产业结构调整为12∶44∶44左右，其中工业增加值占GDP比重达到40%。

——基础设施建设目标。交通条件显著改善，县县高速公路，乡乡通等级油路，村村道路硬化，铁路、民航建设取得重大进展。能源、水利保障体系基本建立。社会信息化程度显著提升。

——新型城镇建设目标。城镇化进程加速，城镇化率达到45%，城镇人口达到130万人以上，城镇建成区面积126平方公里，非农产业从业人员占全部从业比重达到60%。

——生态环境建设目标。"十二五"期间，单位生产总值能耗五年累计下降16%，主要污染物排放总量累计减少10%。森林覆盖率稳定在70%左右。城市人均拥有公共绿地面积8平方米。城市空气质量达标率100%。

——民生事业发展目标。全面发展民生事业，努力使人民群众关注的就业、社保、医疗、教育和住房等问题得到明显缓解，普遍享有大致均等的公共服务。到2015年，城镇居民人均可支配收入达到2万元、农村居民人均纯收入达到5000元，分别年均增长10%以上。

——改革开放发展目标。国企改革、农村经济体制改革和要素市场改革取得新突破，

行政管理体制改革取得新进展,对内对外开放程度进一步提高,引进战略投资者取得突破。力争"十二五"时期进出口总额年均增长12%,五年累计达到17亿美元。

三、"十二五"期间经济社会发展的主要任务

大力推进新型工业化。以锰、锌、生物医药等产业为抓手,以产学研结合创新为支撑,建设一批能够发挥资源优势、体现区域特色和产业关联度的大项目,实现规模扩张和结构优化。力争"十二五"期间销售收入过亿元企业达到150家以上,其中过10亿元企业突破10家,形成一批在全省有一定影响力的龙头企业、知名品牌和高端产品。

加快推进农业产业化。以规模化为起点,以企业化为核心,以农业社会化服务为支撑,积极推进农业结构调整。重点抓好烟叶、特色水果、中药材、草食畜牧业、蔬菜、茶叶等产品,在壮大龙头企业、加强基地建设和优化综合服务体系等环节突破,促进农业增效、农民增收,全面提高农业现代水平。

优先发展文化旅游产业。围绕"一个龙头、一个中心、两条风景线、三个景点圈"的发展思路,加大产业开发力度,努力把旅游业打造成主导产业,建设国内外知名的生态文化旅游胜地、历史文化旅游区和旅游目的地。大力发展生产性服务业,着重在房地产、金融保险、物流等方面取得突破。改造提升批发零售业、餐饮业、社区服务业、养老服务等生活性服务业。到2015年,力争服务业增加值占生产总值比重达到44%,服务业从业人员占全社会从业人员比重达到40%。

加快基础设施建设。全面加强铁路、公路、民航、水运建设,优化路网布局,提高通达能力,强化湘西土家族苗族州在我国西南地区与中东部地区交通联系的枢纽地位。加大水利工程建设力度,完善能源基础设施保障,提高信息化水平。

加强生态环境建设。坚持绿色发展,加强以森林生态功能保护为重点的生态工程建设,重点支持退耕还林、长江防护林、石漠化综合治理、油茶等工程造林,实施以"沿路"、"沿河"和"城区"为重点的绿化工程。森林覆盖率2015年达到70%。

加快新型城镇建设。推进州府吉首建设,突出"山区特点、民族特色、时代特征",着力打造商贸物流中心、民族民俗文化展示中心、区域工业加工中心、旅游集散中心。努力推进县城扩容提质和小城镇建设。

加快扶贫开发。重点解决100万农村低收入贫困人口的脱贫致富。加大民生事业建设力度,优先发展教育事业,推进医疗卫生事业改革发展,建设完善的社会保障体系,加强人才培育,加强文化强州建设,积极发展文化事业和文化产业,推进武陵山区(湘西)土家族苗族文化生态保护试验区建设。

扩大对外开放。立足区位特点、产业特色和发展基础,围绕产业体系的构建,深化对外开放,在重要区域、关键领域和重点行业,切实增强经济要素的聚集吸附能力,营造对外开放的新格局,抢占新一轮发展外向型经济的主动权。加强招商引资,不断提高引资质量和水平。加强与周边地区的沟通与协作,加强对外贸易、对外合作。

第十五章　湖北省恩施土家族苗族自治州

一、制定“十二五”规划的指导思想

深入贯彻落实科学发展观，以科学发展为主题，以加快转变经济发展方式为主线，坚持“实施‘三州’战略、推进绿色繁荣”的发展思路，以改善基础设施、壮大特色产业、加快城镇化进程、扩大对外开放、建设生态文明、构建和谐社会为重点，大力推进州域经济由第一产业为主导向第二、三产业为主导转变，由农村经济为主导向城市经济为主导转变，由内生型经济为主导向开放型经济为主导转变，由整体解决温饱向全面建设小康转变，促进经济社会又好又快发展，为建成全国先进自治州奠定坚实的基础。

二、“十二五”期间经济社会发展的主要目标

以建设全国先进自治州、国家生态文明建设示范区、全国知名旅游目的地、鄂西生态文化旅游圈核心板块、武陵山区重要交通枢纽和商贸物流中心为目标，促进经济社会发展迈上新台阶。

——经济平稳较快发展。坚持优化结构、降低能耗、提高效益，加快州域经济发展，全州地区生产总值年均增长12%左右。价格总水平基本稳定，就业持续增加。

——产业结构转型升级。加快建设全国知名特色农产品基地、华中地区重要洁净能源基地、全省重要矿产工业基地、全国知名旅游目的地，特色农业加快发展，工业主导地位明显提升，生态文化旅游业成为富民兴州的重要支柱产业，产业结构由传统型向现代型转变。

——城乡建设协调发展。基础设施建设取得突破性进展，基础支撑能力明显提高。城镇化进程加快，以工促农、以城带乡的能力不断增强。新农村建设步伐加快，贫困人口显著减少，农村经济社会全面发展。城乡居民收入稳步增加，人民幸福指数不断提升。

——改革开放不断深化。各项改革深入推进，政府职能加快转变，基本形成有利于科学发展的体制机制。对外开放向广度和深度拓展，经济社会发展活力增强。

——人与自然和谐发展。单位地区生产总值能耗不断降低，全面完成节能减排目标任务。生态环境进一步改善，森林覆盖率和森林质量稳步提升，可持续发展能力不断增强。

——社会建设明显加强。覆盖城乡居民的基本公共服务体系不断完善，全民受教育程度逐步提升，思想道德素质、科学文化素质和健康素质明显提高。社会保障体系逐步完善，就业再就业工作取得新进展。科技对经济社会发展的贡献率逐步提高。文化不断繁荣发展。民主法制更加健全。社会管理制度趋于完善，民族团结进步，社会和谐稳定。

三、“十二五”期间经济社会发展的主要任务

加强基础设施建设，全面提升基础支撑能力。构建承东启西、接南纳北、内畅外联、安全便捷的综合交通运输体系，着力建成渝利铁路，推进黔张常、安恩张铁路建设，做好恩黔铁路、郑渝铁路的前期工作。完善高速公路网，围绕县县通高速，着力建成沪蓉高速宜巴段、恩施至来凤、恩施至黔江、利川至万州、恩施至奉节高速公路，力争开工建设五峰至来凤、神农架至张家界高速公路。畅通州内循环线，加强国省道干线改造以及绕城公路、旅游交通网络建设，形成州城至县(市)城区的“两小时交通圈”。抓好农村公路网建设，实现乡(镇)通二级公路，村村通油路(水泥路)。加快航空港和航运港建设，完成恩施机场二期扩建工程，完善巴东港口配套设施，加强长江支流航道和清江等库区航道整治及配套工程建设，提升通航功能。改善农村基础设施，完善建设和管护机制，基本形成防洪、排涝、灌溉工程体系。强化信息基础设施建设。

构建现代产业体系，推动州域经济转型升级。大力发展特色农业，突破性发展新型工业，加快发展生态文化旅游业，积极发展现代服务业。坚持把经济结构战略性调整作为加快转变发展方式的主攻方向，加快优势特色资源的深度开发和有效利用，着力构建现代产业体系，推动州域经济由第一产业为主导向第二、三产业为主导转变。

加快城镇化步伐，统筹城乡协调发展。坚持以发展县域经济为基础，统筹城镇建设与新农村建设，加快新型城镇化、新型工业化和农业产业化发展进程，逐步形成以工促农、以城带乡的发展格局，推进州域经济由农村经济为主导向城镇经济为主导转变。

推进“两型”社会建设，提高生态文明水平。坚持把建设资源节约型、环境友好型社会作为加快转变经济发展方式的重要着力点，深入实施生态立州战略，积极推行资源节约、环境友好的生产方式和消费模式，加快建设全国生态文明建设示范区，推进绿色繁荣，实现可持续发展。

加强社会建设和管理创新，着力构建和谐恩施。坚持把保障和改善民生作为加快转变经济发展方式的根本出发点和落脚点，加快教育事业发展、推动文化大发展大繁荣、加快医疗卫生和人口事业发展，逐步建立符合州情、比较完整、覆盖城乡、可持续的基本公共服务体系，加强社会建设，创新管理机制，让人民群众共享改革发展成果，建设和谐恩施。

强化科技和人才支撑，不断提高创新能力。坚持把科技进步和创新作为加快经济发展方式转变的重要支撑，发挥科技第一生产力和人才第一资源作用，不断提高创新能力，推动经济步入创新驱动、科学发展的轨道。

加大改革和软环境建设力度，提高对外开放水平。坚持把改革开放作为加快转变经济发展方式的强大动力，加快推进重点领域和关键环节的改革，不断优化发展环境，深入实施开放活州战略，以开放促发展、促改革、促创新，推动州域经济由内生型经济为主导向开放型经济为主导转变。

突出重点项目建设，增强经济发展后劲。突出投资拉动的作用，加强重大项目建设，扩大对外出口、推动城乡消费，促进投资、出口、消费协调发展，增强州域经济发展后劲。

凝聚广大共产党员、各族干部群众的智慧和力量，圆满完成“十二五”时期经济社会发展目标任务。党的领导是实现“十二五”时期发展目标的根本保证。要充分发挥党的领导核心作用，始终坚持以发展为第一要务，进一步凝聚广大共产党员、各族干部群众的智慧和力量，圆满完成“十二五”期间恩施土家族苗族自治州经济社会发展的各项目标。

第十六章　吉林延边朝鲜族自治州

一、制定“十二五”规划的指导思想

坚持以邓小平理论和“三个代表”重要思想为指导，深入贯彻落实科学发展观，抢抓图们江区域合作开发的历史性机遇，解放思想，先行先试，以科学发展为主题，以加快转变经济发展方式为主线，以改革创新为动力，以改善民生为根本出发点和落脚点，全力实施开放先导、项目带动、城乡统筹、和谐保障四大发展战略，联动推进工业化、城镇化和农业现代化，全面加强经济、政治、文化、社会和生态文明建设，着力提高综合竞争能力和可持续发展能力，加快繁荣富裕、文明和谐新延边建设，为全面建成小康社会奠定更加牢固的基础。

二、“十二五”期间经济社会发展的主要目标

——综合经济实力明显增强。在优化结构、提高效益和降低消耗的基础上，经济总量进一步提高，到2015年，全州地区生产总值比2010年翻一番，年均增长16%以上；财政收入与GDP保持同步增长，年均增长16%以上。

——经济结构显著改善。产业结构趋于协调，三次产业比重预期达到5∶50∶45；工业增加值占GDP的比重提高到45%以上；高新技术产业增加值占规模以上工业增加值的比重达到30%左右；服务业就业比重达到40%。

——各项社会事业全面发展。到2015年，研发经费占GDP比重达到2%以上；九年义务教育巩固率达到95%以上，高中阶段教育毛入学率、高等教育毛入学率分别达到90%和40%，每万人中拥有大学毕业生780人以上；每万人拥有医疗床位43张、卫生技术人员58人；数字电视入户率达到90%以上。

——可持续发展能力逐步增强。到2015年，万元地区生产总值能耗比2010年降低16%，万元工业增加值能耗控制在1.5吨标准煤以下。

——人民生活水平得到较大提高。人口协调发展，全州总人口控制在223万人左右，人口自然增长率控制在2.5‰以内；居民收入稳定增长，城镇居民人均可支配收入达到2.61元左右，年均增长12%；农民人均纯收入达到8800元，年均增长10%。

三、“十二五”期间经济社会发展的主要任务

加强资源整合，统筹区域和城乡发展，科学规划生产力布局，构筑“一个核心、两大经济板块、两条经济带”的空间发展框架，形成定位清晰、分工合理、相互耦合的空间区域新格局。

做大做强支柱产业。突出支柱产业的龙头带动作用，围绕提升核心竞争力，迅速扩张

规模，壮大实力，促进产业升级和产业链延伸，打造具有较强竞争力的食品（卷烟）、能源矿产、林产、旅游和医药等五大支柱产业。

大力发展优势产业。加强产业政策引导，积极调整产业结构，大力发展房地产、劳务、装备制造、建材和纺织等优势产业，提升核心竞争力，促其做大做强。

加快培育新兴产业。重点在信息、现代物流、新材料、新能源、文化和生物产业等新兴领域取得突破性进展，使其成为新的经济增长点。

加快发展服务业。积极营造良好的政策氛围和市场环境，大力发展商贸流通、信息服务、金融保险、中介服务和社区服务业等，构建高增值、强辐射、广就业的现代服务体系，全面提高服务业水平。

加强交通、水利、信息、公共安全等基础设施建设，加快构建和完善功能配套、安全高效的现代化基础设施体系，为延边经济社会发展提供有力支撑。

实施可持续发展战略。加快建设以绿色、低碳、和谐、可持续发展为主要特征的生态经济，提升生态文明水平，把生态优势转化为发展优势，努力打造“生态延边”。

大力推进新农村建设，稳步发展现代农业，坚持工业化、城镇化和农业现代化统筹推进，依托长白山特色资源优势，以农业产业化为主线，以标准化基地建设为依托，大力发展特色、绿色、优质、高效农业。

积极推进城镇化进程，按照“强化核心、构筑支点、区域联动”的城镇发展思路，统筹中心城市、重点城市、县城和中心小城镇的功能定位和空间布局，逐步形成以延龙图开放前沿为核心，以珲春窗口、敦化节点为两极，以和龙、安图、汪清为支点，以长珲、鹤大、东北东部三条交通干线沿线中心小城镇为集群，具有开放、民族、生态特色的州域城镇化发展格局。

切实保障和改善民生。坚持以人为本，切实解决好各族群众最关心、最直接、最现实的切身利益问题，把保障和改善民生放在更加突出的位置，满足各族群众在新的发展阶段，期待过上更加美好生活的新要求。

继续实施“科教兴州”战略，推动产业结构优化升级，促进经济体制和经济增长方式的根本性转变。加强技术创新，努力提高创新能力。鼓励企业引进技术及与高校、科研单位的合作，加快建立以企业为主体、市场为导向、产学研相结合的技术创新体系，大力开展先进、适用、成熟技术的培训与推广。

全面提升对外开放水平，深入实施开放带动战略，以珲春开放窗口和延龙图开放前沿建设为引擎，在更高的起点上构建对外开放新格局。

第六篇 / 研究成果篇

第一章　西部大开发“十二五”规划及到2020年中长期发展思路研究摘要(中科院)

本项目由中国科学院承担，于2009年9月完成初稿。西部大开发战略实施以来，取得了巨大成效，但西部地区总体水平仍然较低。为顺应全面建设小康社会等的目标要求，未来十年，我国将继续深入推进西部大开发。该项目通过利用一些指标，分析评价了西部地区经济发展、社会发展、基础设施、居民生活质量的发展态势，按照西部地区各自的发展状况进行了政策类型区划分，提出了深入推进西部大开发的总体思路，探讨了西部对内对外开放的战略思路和重点任务，并针对工业、农业、能源资源、基础设施和城镇化建设、社会事业及生态环境建设，分别提出了发展思路和重点任务。

一、西部地区发展态势评价及政策类型区划分

西部大开发战略实施以来，取得了巨大成效，社会经济迅速发展，基础设施条件得到根本改善，生态恶化趋势得到遏制，社会事业进展顺利，人民生活水平不断提高。但是，西部地区经济发展水平与全国平均水平仍存在较大差距，产业发展仍以资源开采和初加工为主，城镇化率较低，人口受教育程度不容乐观，基本公共服务设施相关人员明显不足，农村养老保险水平较低，人民收入、消费水平与全国平均水平的相对差距仍在扩大等，不仅如此，西部各地区之间的发展也存在一定程度的差异。

为了加快西部地区的社会经济发展，深入推进西部大开发工作需要战略转型，即针对特定的政策取向，划分主要的政策类型区。至2020年西部地区主要政策类型区包括重点经济区、重点扶持区和重点生态功能区。其中重点经济区是继续实施“以线串点、以点带面”战略的主要载体，重点扶持区是西部地区全面建设小康社会的基本保障，重点生态功能区是国家生态安全的保障。

重点经济区划分的主要因素是社会经济发展条件与水平、战略地位与作用、生态承载能力等，包括北部湾、关中—天水、成渝黔、呼包鄂榆、天山北坡和兰州—西宁经济区以及昆明—瑞丽国际通道。重点扶持区是西部地区社会经济发展水平最落后、人民生活水平最低的地区，是全面建设小康社会“攻坚”地区，共有27个地级市、县，可以划分为秦巴山及六盘山区、南疆地区、青藏高原东原地区、武陵山区、乌蒙山区和横断山区六大扶持区。

二、深入推进西部大开发的总体思路及对内对外开放的战略思路

深入推进西部大开发工作，不能就西部论西部，而应将西部大开发置于我国区域发展总体战略中进行审视，将西部大开发作为区域发展总体战略的重要组成部分来研究。通过宏观背景分析，从完善我国区域发展总体战略的角度，提出深入推进西部大开发工作的总

体思路：

——我国区域发展总体战略需要进一步完善与深化。随着宏观形势的变化，我国区域发展总体战略应该在“四大板块”基础上进一步深化和细化，以更好地服务于全面建设小康社会的奋斗目标及扩大内需、转变经济增长方式的战略任务。

——深入推进西部大开发需要战略转型。深入推进西部大开发面临两个重要的战略转型：从之前的“打基础”阶段，转向以“富民”为核心的加快经济发展阶段；将政策区域下移，以地级市或县为单元划分政策类型区，实施“抓两头、带中间”的开发策略，其中一“头”是“重点经济区”，另一“头”是“重点扶持区”和“重点生态功能区”。

西部大开发实施战略转型之际，继续推进西部地区的对内对外开放具有重要的意义。2000 年以来，西部地区对内对外开放取得了较好的进展，但仍处于初级阶段，且在未来的发展中其面临着较多的机遇，同时也面临着巨大的挑战。该项目通过研究讨论，提出了其在未来十年的发展方向和主要任务。

——发展方向。以“抓好重点经济区，建设边境经济区，辐射整个西部地区”为主线，使西部地区进一步融入全国以至全球经济体系。

——主要任务。扩大西部地区和中、东部地区经济联系，有效承接产业转移；扩大外资规模，优化外资结构；推动重点地带、重点城市积极扩大对内对外开放步伐；大力拓展国际双边或多边合作，建立边境加工区，深入推进“兴边富民”行动。

三、工业、农业、能源资源的发展思路与重点任务研究

（一）工业发展思路研究

在了解国内外发展环境、市场供需状况及西部地区资源、环境、生态的承载能力基础上，提出了未来 5～10 年西部地区工业发展的定位和重点领域。

——发展定位。从促进西部地区经济又好又快发展和“富民惠民”的要求出发，立足于资源环境条件和产业基础，西部地区应继续开发特色优势资源，重点发展能源工业，优化发展原材料工业，大力发展现代制造业，积极发展高新技术产业，促进区域经济协调发展。

——重点领域。由于西部地区内部各省（区、市）的工业化水平参差不齐，未来西部地区工业的发展进入“多重驱动力”时代。该项目认为，在今后一定时期内，西部地区工业发展的重点领域为矿产资源开发及其产品加工、现代制造业和高新技术产业。

——重大研发工程与生产基地。围绕西部地区优势资源开发、优势特色产业发展，从优化工业结构与布局的要求出发，西部地区应优化提升重要矿产资源开发、原材料产品加工基地，积极发展重大装备研发与制造业基地，着力发展以优势特色轻纺工业为主体的中小企业集群，扶持发展高技术产业研发及生产基地。

（二）特色农业发展思路

西部大开发以来特色农业取得了显著进展，且发展潜力较大。但特色农业发展仍处于初期阶段，并存在诸如农业产业化总体水平较低、农业基础设施薄弱、农业服务体系尚不完备等较多问题。由此，该项目提出了未来十年西部特色农业发展的总体思路和重点任务。

——总体思路。西部地区特色农业发展应以大企业集团为主导、中小企业为主体，加

快农业产业化进程,促进农业发展方式转变,打造现代特色农业产业链,逐步形成合理的特色农业区域分工和专业化生产格局;继续拓展国内外市场,增强竞争力,做大做强特色农产品产业,实现农民收入稳步增长。

——重点任务。未来西部应着力发展大宗特色优势农产品与地方性特色优势农产品,加快建设特色农牧产品加工基地和特色农产品标准化生产基地,继续强化基础设施与服务体系建设,同时加快特色农产品科研开发与技术推广及协调特色农业发展与生态环境治理。

——重大工程。主要包括特色农产品生产示范区建设工程、龙头企业带动工程、旱作节水示范工程、特色农产品良种繁育工程、基层农技推广服务均等化工程、特色农业标准化工程、农村信息化示范工程、新型农民科技培训工程和草地生态系统可持续经营工程等。

(三)能源资源开发思路及重点任务

西部地区能源投资开发,尤其是西气东输、西电东送,带动了西部经济的快速增长,但其开发仍处于初级阶段,且存在诸如生态和经济安全问题、利益分配不合理等较多问题。该项目通过对西部地区发展条件和市场需求的评价,提出了未来十年西部能源资源发展的方向和任务。

——发展方向,继续巩固和提高西部地区在全国能源生产中的地位;坚持以区内为主的能源供应原则,逐步增大外输水平;优化能源生产与消费结构,发展水电与新能源;加强能源输送通道建设,有效发挥地缘通道作用。

——重点任务,即加大能源生产基地和输送管道建设。前者包括矿物燃料基地建设和可再生能源生产基地,后者包括运煤通道和油气管线两部分内容。

四、交通基础设施、城镇化建设思路与重点任务研究

(一)交通基础设施建设思路与重点任务

西部大开发以来,交通建设取得了显著成效,综合交通网络初步建立,但交通设施与运输仍存在明显的内部差异。该项目在对西部交通运输需求分析的基础上,提出了交通基础设施建设的基础战略,即交通建设先行战略、交通主干网络战略及建养并重战略;同时提出了“十二五”时期西部地区的交通建设,应突出通道、既有网络改造、农村道路建设三大任务,且重点抓好7条区际综合运输通道、6条国际干线的建设,以及6大重点区域交通系统的完善与升级,由此为西部地区经济又好又快发展提供必要条件。其中“两纵五横”7条区级综合运输通道为包头至广州大通道、临河至防城港大通道、西北北部出海大通道、陆桥运输大通道、青岛至拉萨大通道、沿江(长江)运输大通道和上海至瑞丽大通道;6条国际干线为中吉乌、中越、中缅、中老、中蒙和中俄国际通道。

(二)城镇化发展思路研究

实施西部大开发战略以来,西部地区城镇化水平和质量都得到了较大幅度的提升,并成为加快西部工业化和经济发展的重要推动力量。“十二五”时期,西部地区城镇化进程面临着难得的机遇,同时也面临着严峻的挑战。在分析机遇和挑战的基础上,该项目提出了西部地区城镇化发展的主要目标和重点任务。

——主要目标，即到2020年西部地区城镇化水平达到50%左右，城镇结构日趋完善，形成具有大尺度区域意义的城市群，促进城乡居民收入稳步提高，促进城镇化与资源环境协调发展。城镇化未来发展的空间布局，即发展多级中心城市，分阶段、分等级培育和形成城市群。

——重点任务，即推进城镇体系结构日趋完善；确定与主体功能区划相适应的区域城镇化发展格局；增强城镇化的扩散效应，促进西部地区城乡之间统筹发展；重视城镇化进程的支撑体系建设；加快市场化进程，促进社会资本参与城镇化建设。

——重点工程，即实施“西部区域性城市群培育工程”和“西部重点型中心镇建设工程”两大工程。

五、社会事业、生态环境建设思路与重点任务

（一）社会事业发展思路研究

该项目通过对社会事业发展态势、存在的主要问题及贫困的新特点与新问题的评价，提出了“十二五”及2020年社会事业发展的总体目标和重点任务。

——总体目标。基本实现城乡间及区域间社会公共服务均等化，教育、卫生等基本公共服务条件明显改善，居民收入水平有较大幅度提高，各项社会发展指标与全国的差距明显缩小，到2020年绝对贫困人口消除，基本实现全面小康。

——重点任务。主要包括继续优先发展教育，加强农村基层公共卫生体系建设，加大对特殊类型地区和特殊贫困群体的扶持力度，完善人才政策，加强人才队伍建设，建立健全城乡居民社会保障体系，提高人民生活保障水平。

（二）生态环境建设思路研究

西部地区是我国的重要生态屏障，在水资源、农牧产品供给及生物多样性保护功能方面发挥着重要作用。但西部地区是我国生态环境最脆弱的地区，存在着水资源失调、植被破坏等突出的生态问题。该项目在西部大开发战略实施十年的基础上提出了“十二五”及2020年生态建设的总体思路和重点任务。

——总体思路，即建设多层次生态功能区，开展生态补偿试点，完善生态管理体制，积极发展农业替代产业及建立环境监测评估体系等。

——重点任务，即分层次重点生态区域的建设，包括国家级生态保护综合试验区建设、西部重点生态功能区的生态保护与建设及西部五大重点经济区的生态保护与建设。

本项目通过分析研究，提出的关于各个方面的发展思路和重点任务对继续深入推进西部大开发具有重要的指导意义和实践意义，为“十二五”时期及到2020年西部各地区政府制定政策提供了参考依据。此外，西部的发展也需要国家宏观层面的改革与支持。所以，在未来的发展中，国家应健全中央与地方匹配体制，财政投资向西部倾斜并实行有利于西部开发的税收政策。

（课题主持单位：中国科学院地理科学与资源研究所）

第二章　西部大开发“十二五”规划及到2020年中长期发展思路研究摘要(社科院)

本项目由中国社会科学院城市与环境研究所承担，于2009年完成。西部大开发战略自实施以来，已经在各方面取得了显著的成效，如何抓住机遇实现更好更快的发展是当前西部地区面临的重大课题。本项目通过对“十二五”西部大开发规划的背景和环境进行分析，针对当前西部大开发面临的问题，研究总结了深入推进西部大开发的总体思路，并指出“十二五”时期以及到2020年期间西部大开发的发展目标和重点任务，最后提出了深入开发和建设西部的可行性政策措施。

一、“十二五”西部大开发规划的背景及环境分析

尽管前期的西部大开发战略已经取得了显著的成效，但西部地区仍然面临着一些严峻的矛盾和问题，例如，基础设施薄弱，投融资渠道单一；产业层次较低，创新能力不足；物流与税收成本高，经营环境偏紧；地方财力薄弱，财政支出效率不高；人才总量不足，结构严重失衡；资源消耗高，“三废”排放量大等等。因此，要实现西部大开发的目标仍然是一项长期而艰巨的历史任务。

“十二五”期间西部大开发面临着新的环境。国际环境变化主要体现在：全球化带来的产业转移进程不断加快；中国应对全球气候变化必须履行承诺的义务影响国内工业的发展；全球金融危机对西部地区的发展带来的不利影响将进一步扩大；区域集团化趋势不断加强，西部地区必将参与到区域合作中来，等等。国内环境变化主要体现在：我国经济已经进入区域均衡发展的时期；东部产业转移带来的发展机遇；科学发展观对西部大开发提出了更高的要求；主体功能区的规划建设带来的机遇和挑战。

二、深入推进西部大开发的总体思路

“十二五”及到2020年期间是西部大开发加快发展、迈向突破的关键时期。西部地区应尽最大努力保持近几年来经济社会快速发展的趋势，争取顺利步入工业化、城镇化持续快速健康发展的轨道，逐步缩小东中西部地区之间的差距，特别是人民生活质量和基本公共服务上的差距，在2020年实现全面建设小康社会的历史性突破。

(一)深入推进西部大开发的发展思路

根据当今国内外经济环境和西部地区的发展条件，综合考虑全国统筹区域发展的战略目标、西部地区在全国发展格局中的地位以及西部地区整体发展阶段和未来发展趋势，提出西部地区的发展思路如下：

——要把握好阶段性调整的一个基本思路。“十二五”及到2020年期间，西部大开发应按照全面协调可持续发展的科学发展观的要求，围绕“深入推进、加快发展”这一主线，全面深入推进西部大开发战略，使西部地区的发展再上一个新的台阶；同时，在缩小地区差距上取得实质性突破，实现全面建设小康社会的目标。

——紧紧抓住三个有利时机。要抓住国际间、地区间产业调整与转移加快的有利时机，推进西部地区产业结构的优化升级；抓住西部地区进入工业化和城镇化加快发展阶段的有利时机，推进西部地区新型工业化和城镇化进程；抓住金融危机后经济振兴和扩大内需的有利时机，推进西部地区基础设施的完善和民生工程建设。

——继续增强六个发展能力。即继续壮大优势产业发展，增强自我发展能力；继续推进民生工程建设，增强公共服务能力；继续加强基础设施建设，增强发展保障能力；继续强化生态环境保护，增强可持续发展能力；继续加快改革创新步伐，增强科学发展能力；继续扩大对内对外开放，增强市场竞争能力。

——着力实现五个战略性转变。在开发思路上，由夯实基础向谋求突破转变；在开发模式上，促进产业结构由以资源型为主向以加工制造型为主转变；在开发机制上，由政府为主向政府支持引导与市场机制共同推动转变；在开发目标上，由单纯的经济发展向更加重视人的全面发展转变；在开发重点上，由以基础设施和生态环境建设为核心，向在继续加强基础设施和生态环境建设的同时、以发展特色优势产业体系为核心转变。

(二)“十二五”及到2020年西部大开发的发展目标

总体发展目标是：经过长期不懈的努力，使西部地区的基础设施比较完善、体制机制较为健全、产业结构比较合理、城乡发展相对协调、社会和谐进步、生态环境良好，使之成为维护国家边疆安全的战略高地，保障国家生态安全的重要生态屏障，具有市场竞争力的特色优势产业区，服务全国的内陆边境国际区域合作区和国家重要的经济增长区域，努力把西部地区建设成为经济持续发展、社会全面进步、人与自然和谐的地区。

具体发展目标是：在经济发展方面，实现经济持续快速健康发展，产业结构不断调整和优化，城乡、区域发展形成新的格局；在社会进步方面，实现城乡居民收入显著提高，社会保障体系逐步健全，社会事业全面发展；在生态环境方面，实现资源利用效率不断提高，生态环境质量逐步改善。

三、“十二五”及到2020年西部大开发的重点任务

——加快推进新型工业化，提升产业发展水平。西部地区应立足比较优势和发展潜力，构建具有西部特色优势的现代产业体系。加快用高新技术改造提升传统产业，继续发展壮大资源型特色优势产业；集中力量加快发展装备制造业和高新技术产业等非资源型现代优势产业；大力发展现代服务业；积极承接东部地区产业转移，规划发展一批重点产业基地和产业园区，促进特色优势产业向规模化、集群化和现代化方向发展。

——提高供给能力，实现基本公共服务均等化。由于西部地区缺乏优质公共服务资源，故要致力于优化教育服务结构，加快发展高等教育和职业教育；构建和完善覆盖全社会的医疗卫生基本公共服务体系；提高科技创新能力；创新文化体育服务，提高设施配置能力；扩大就业，建设社会保障和救助体系。

——继续加强基础设施建设，提高发展保障能力。要加大基础设施建设的投入力度，继续加快水利、交通、信息和城乡基础设施建设，进一步改善西部地区投资环境和生产生活条件，为加快经济社会发展提供有力支撑。

——优化模式，提高生态环境建设水平。在巩固和延伸"十一五"期间生态建设和环境保护工作取得的成效的同时，进一步提高投资效率；治理方式由工程治理为主向生态治理、政策引导、制度建设为主转变；更加重视资源合理利用和环境污染防治，发展新型生态产业和现代环保产业，构建西部新型经济体系。

——引导重点区域加快发展，加快推进城镇化。要壮大产业功能区，培育都市圈和区域增长极；建设现代特色产业示范区，培育新经济增长点；加快推进城镇化发展；全面开展新农村建设，大力构建新型农村经济体系。

——加强对内对外开放，加强区域合作。要加强投资环境建设；扩大商品出口，强化要素进口；建设边贸合作特区，构建开放辐射通道；加强对内区域合作，大力吸引生产要素聚集；引导外商投资非资源性产业和生态环保项目；加强对外交流，扩大政策性开放领域。

四、深入推进西部大开发的政策保障措施

为了制定更加完善的政策保障体系，以推进西部建设工程的顺利实施。现针对西部大开发以来存在的政策含金量不高、长效的政策保障机制尚未建立、政策的可操作性有待加强、分类指导原则体现不充分等问题，提出以下几项政策保障措施：实行"差别对待"的金融倾斜支持政策，完善西部地区的金融组织体系；推动转移支付制度改革，建立纵横交错的财政转移支付制度；完善和深化税收优惠政策，适当调减部分行业的税收优惠减免政策；调整国债投入方向，发挥资金引导作用；从战略高度制定西部地区资源价格调控政策；实行有利于发挥土地资源优势的用地政策；推进政策法制化进程，着手制定西部开发的特别法案等。

"十二五"及到2020年期间，进一步深入推进西部大开发战略，不仅关系到西部地区自身的持续发展，也关系到整个国家经济社会发展的全局和长远目标。本项目充分运用大量的数据图表，对西部大开发的现状和未来发展趋势作了详尽的分析，在对固定资产投资、经济增长速度、人均地区生产总值、城乡居民收入等指标进行预测分析的基础上，明确了"十二五"及2020年西部大开发的目标及重点任务，并制定了科学合理的发展思路，这些对于更好地开发和建设西部，都起到了很好的指导作用。

（课题主持单位：中国社会科学院城市与环境研究所）

第三章　西部地区全面建设小康社会进程及展望摘要

本项目采用了国家统计局统计科学研究所于2008年12月完成的国家社会科学基金重点项目《全面建设小康社会的统计监测方法研究》中的研究成果，以及2000—2008年的数据，对西部地区全面建设小康社会的总体进程进行监测，并就全面建设小康社会的进程情况，将西部地区与全国之间以及西部各省（区、市）之间进行了对比分析。最后根据监测结果，着重剖析了西部地区加快全面建设小康社会的重点与难点，并对西部地区全面建设小康社会进行了展望。

一、西部地区全面建设小康社会进程及特点

按照经济发展、社会和谐、生活质量、民主法制、文化教育、资源环境等6大指标和单指标评价结合多指标综合评价的监测方法，对西部地区2000—2008年全面建设小康社会的进程进行了监测。同时，对比分析了西部地区与全国之间以及西部各省（区、市）之间全面建设小康社会的进程情况，总结出西部地区全面建设小康社会进程的特点，即：保持逐年稳步上升的态势；监测指标的实现程度存在较大差异；与全国其他区域相比存在较大差距；各地区全面建设小康社会的总体实现程度存在较大差异等。

二、西部地区全面建设小康社会的难点分析

——经济总量小，发展水平落后。由于历史和现实的双重因素，西部地区经济总量和人均水平在全国均处于较低状态，进而影响到全面建设小康社会的进程。产业结构不合理是制约西部经济发展的一个重要因素，如：第一产业中农业生产结构比较单一，经济农业和特色农业发展远远不够；第二产业中重工业所占比重较大，这样的工业结构难以实现创新，并对市场表现出很大的依赖性；第三产业近些年得到了较快的发展，但是与其他地区相比差距仍然较大。

——发展起点低，基础设施薄弱。由于地理位置、自然环境以及历史发展等方面原因，西部地区发展的起点比东部、中部和东北部地区都要低，各项基础设施也十分落后，尤其是信息基础设施更为薄弱，部分基础设施与其他地区相比差距较大。

——增长方式粗放，资源配置效率低下。由于西部地区的经济基础比较薄弱，环境保护基础设施不完善，产业结构不合理，许多企业的生产技术和管理水平也比较低，许多地区拥有丰富的能源资源而忽视节能，致使西部地区大多还处于依靠资源的大量消耗来发展经济的粗放式生产方式阶段，走的是高投入、高能耗、高污染的粗放式工业化道路，导致西部地区近年来面临着极大的资源环境压力。

——发展不协调，城乡和区域发展不平衡的矛盾进一步加剧。截至2008年，内蒙古是西部12个地区建设小康社会实现程度最高、年均增长最快的地区，并已经超过全国同期平均水平；贵州建设小康社会的实现程度最低，青海建设小康社会的年均增长最慢，且尚未达到内蒙古2002年的水平，西部各地区发展差异相当大。即使在同一省区、地区之间也存在着巨大差异。

——人才总量不足，结构严重失衡。首先，由于西部地区的经济和社会发展长期滞后于全国其他地区，文化、教育、卫生设施的数量和质量均明显落后于全国平均水平，导致西部地区人才总量不足。其次，西部地区的人才总体素质不高，普遍存在着高级技术人才偏少、学历层次整体偏低的质量问题。再者，西部地区的人才结构失衡，人才多集中在第二产业，第一和第三产业相对较少。最后，西部地区的人才流失和人才浪费严重，严重影响了区域创新能力。

三、西部地区全面建设小康社会的重点分析

——统一思想，更新观念。由于自然条件和历史发展的原因，西部地区在实现小康社会的过程中首先要统一思想，积极寻求发展。要坚持"科学发展，和谐发展"的理念，把思想统一到中央提出的"六个必须"和"六个立足"上来。其次是更新观念，西部地区要能够自己"造血"而不仅仅依靠"输血"。应当依靠自己的努力和艰苦奋斗，结合自身优势，转变生产方式，调整产业结构，发展特色产业；同时，积极寻求区域合作，加快经济发展步伐，增加农民收入，缩小城乡差距，不断提高人民生活质量。

——加大基础设施建设，保护生态环境。长期以来，西部在为东部提供廉价能源和原材料的同时，加剧了本地的环境污染和生态恶化，这不仅给西部的经济和社会带来极大危害，也危及到中部和东部的可持续发展。西部地区要进一步加大基础设施建设和生态环境保护力度，构建和完善适度超前、功能配套、安全高效的现代化基础设施体系。坚持经济与环境协调发展，把资源开发与资源保护结合起来。因此，所有新上项目，都要严把产业政策关、环境保护关和资源集约利用关。

——调整产业结构，转变增长方式。生产力水平低下是影响西部地区发展和实现小康社会目标的根本原因。所以，西部地区必须坚持把发展作为第一要务，着力转变促使经济增长方式主要依靠增加资源投入带动向主要依靠提高资源利用效率带动转变；要立足节约资源保护环境推动发展，大力推进节能降耗、污染减排和有效利用水资源，在保持经济较快增长的情况下，更要注意发展的质量和效益。

——发展特色产业，促进经济发展。西部地区发展特色优势产业既要充分考虑产业基础、资源特点和优势，更要重视市场需求，特别是要充分考虑国际、国内产品市场日渐细分化的趋势，重点鼓励和支持发展能源及化工、重要矿产开发及加工、特色农牧业及加工、重大装备制造、高技术产业和旅游产业等特色优势产业，注重用现代信息技术和先进适用技术改造传统产业，加快科技创新，节约利用资源，促进资源综合利用，不断提高产业发展的质量和效益，着力培育具有西部特色优势的重点技术和重点产品。

——加强民族团结，促进边疆稳定。西部地区是我国少数民族主要集聚区，宗教对我国少数民族的经济生活和人们的思想观念有着重大的影响。因此，西部地区在全面建设小康社会的过程中，要充分认识到营造稳定社会环境的重要性，大力发展西部地区的经济，采

取重大措施，改善各族群众生产生活条件，提高基本医疗卫生服务水平，完善基层公共文化服务体系，认真解决地区内部不协调、不和谐的问题，尽快提高居民收入，缩小城乡差距和区域差距，保证社会和谐发展，特别是要重视解决"三农"问题。

——加大国家对西部大开发扶持和支持的力度。西部地区要在2020年实现全面小康目标，通过自身的努力只能解决和克服那些区域性的矛盾和困难，但是很难处理一些全局性的问题。为了更好地支持西部的小康社会建设，国家各级政府应切实把经济管理职能转到主要为市场主体服务上来，完善体制和机制，重点加强服务、搭建平台、沟通协调，提供政策和组织保障，治理、整顿和规范市场经济环境，引导、监督企业的投资经营行为，为各类投资主体在西部地区的经济活动以及各地区技术、人才等方面的合作创造良好的环境。

四、西部地区全面建设小康社会的几点展望

西部地区经济社会增长和发展空间很大。西部地区虽然由于地理条件和自然环境等因素制约了经济社会的发展，但其拥有的优势也非常明显，它的资源储备充足、农作物品种繁多、畜牧业发达、市场需求大、生态特色旅游资源丰富等。因此，通过西部自身的努力和全国各方面的大力支持，西部地区必将实现经济和居民收入的快速增长，实现和谐稳定发展。例如，与其他地区相比，西部地区有在全国范围内不可替代的得天独厚的特色旅游资源，而且消费者购买水平存在很大的成长空间，西部地区第三产业的发展潜力巨大。

西部地区面临良好的发展机遇。首先是政策机遇。当前，全国上下对于发展西部地区特色优势产业重要性的思想认识高度统一，对于发展高水平、高效益、低消耗、低污染的特色优势产业也已形成共识，国家将继续在规划指导、政策扶持、资金投入、产业布局、人才培养与引进等方面，加大对西部的支持力度。其次是市场机遇。当前，全国经济正处于新一轮增长上升期，产业结构调整和居民消费结构调整步伐加快，为西部地区的能源、矿产资源优势提供了广阔的市场需求，西部地区加快发展的潜力很大。最后是实践积累。自西部大开发战略实施以来，西部地区的生态环境得到初步改善，制度创新得到极大的推进，对外开放得到扩大，投资环境得到改善，东西合作得到促进，人才资源得到优化，法制建设得到完善，这些宝贵的实践经验，对于能进一步促进西部的发展和小康社会的建设都起到了很好的借鉴作用。

本项目强调了西部地区在建设小康社会的过程中，要坚持一切从实际出发，科学确定发展目标和工作重点，结合自身优势和国家的政策扶持，大力发展特色产业。提出了加快推进和完善资源价格形成、资源开发与生态补偿等机制，并指出必须正确科学地看待缩小差距的内涵，它不仅是指GDP或财政收入在总量上的差距，还有质量、制度、思想观念等方面的差距。

（课题主持单位：国家统计局统计科学研究所）

第四章　西部地区承接东部地区产业转移的若干问题研究摘要

本项目由中国社会科学院西部发展研究中心承担，于2009年完成。随着国家西部大开发战略的实施，西部地区吸纳或承接东部和境外产业转移的能力逐步增强。如何抓住时机，更有效地吸纳或承接东部地区的产业转移，对于提高西部地区的自我发展能力，具有重要的现实意义和战略意义。该项目阐述了西部地区承接产业转移过程中存在的主要问题与制约因素，按照科学发展观与主体功能区的要求，提出西部地区承接产业转移的指导思想和原则，对西部承接产业转移的重点领域、主要方式及示范基地建设进行了探讨，为促进西部地区更有效地承接产业转移提出相应的政策建议。

一、西部地区承接东部产业转移的意义及存在的主要问题

承接东部产业转移对西部地区的发展具有重要的促进作用。大量企业和投资由东部向西部转移，将有利于发挥东西部地区优势，提高全国资源的配置效率；有利于推动西部地区产业结构的优化，提升西部地区的自我发展能力；有利于改变西部地区落后的思想观念，实现经济跨越式发展。

然而西部地区在承接东部产业转移过程中也面临不少问题，主要表现四个方面。首先，产业转移的类型与方式比较单一。现阶段东部地区转移产业仍以劳动密集型或资源消耗型产业为主，产业承接的方式以直接投资为主。其次，产业转移的方向不明确，缺乏产业对接的战略指导，易导致各个地区之间的恶性竞争、重复建设和资源浪费。再次，东部地区产业内迁的政府性拦蓄。地方各级政府往往会使用一些不规范的行政手段来阻碍生产要素的转移、限制区内产业的外迁，致使西部地区承接东部地区产业转移“雷声大、雨点小”。最后，东部地区产业环境和产业集群的区域黏性影响产业转移。中西部在市场环境、产业综合配套及产业集群发展上与东部省区差距较大，产业企业正常运行成本过高，竞争力不强，这在一定程度上也延缓了产业转移的进程。

同时，西部地区承接东部产业转移也存在一些自身的不利条件，影响了产业转移的进程。诸如区位优势不明显，物流成本高；产业配套能力不强；产业园区基础设施建设相对不足；土地成本相对较高；劳动力市场不完善，专业技术人员缺乏；中小企业融资难，缺乏有效的金融政策支持；产业发展软环境改善不够等。

二、西部地区承接东部产业转移的原则和重点领域

西部地区在承接东部产业转移的过程中应按照科学发展观和主体功能区的要求，坚持市场导向与政府推动、发挥优势与互利共赢、承接产业转移与培育内生动力、产业承接与结

构升级和布局优化、产业承接与环境保护、承接产业转移与促进就业增长相结合等六项基本原则，抓住东部沿海发达地区产业转移步伐加快的有利机遇，充分发挥西部地区资源、人力、环境等比较优势，积极推动西部地区吸纳或承接东部产业转移。

根据西部地区的资源禀赋、产业基础和未来发展的要求，结合东部地区产业调整计划和转移倾向，拟确定西部地区吸纳东部产业转移的九个重点领域。

——节能环保的高载能产业。所谓高载能产品是指在产品价值构成中能源价值所占比重比较高的工业产品。西部地区丰富的能源和矿产资源为吸纳东部高载能产业的转移奠定了雄厚的物质基础，积极合理地引导西部高载能产业的发展，加快提升高载能产业的科技水平，推动高载能产业向其下游产业延伸。

——纺织、轻工等劳动密集型产业。东部沿海地区集中了全国70%的纺织业、80%的服装制造业和90%以上的加工贸易，而西部地区拥有劳动力及土地的优势，把东部的管理、技术、设备、资金与西部的劳动力、土地优势结合起来，以期承接好纺织、轻工的转移。

——特色农副产品加工业。重点是方便化食品、工程化食品、保健食品、专用化食品的生产承接和发展。

——生态旅游产业。进一步完善整体旅游环境、全面合理安排旅游资源的开发、发展多元化旅游。

——装备制造业。重点是加强大型装备制造业的配套能力，特别是生产中间性产品的重型设备的制造加工。

——生产者服务业。大力吸纳东部和发达国家的高端服务业，发挥其示范作用，通过人才培养与流动等外溢机制，逐步提升西部地区生产者服务业的层次与水平。

——高新技术产业。西部地区一些中心城市具有科学研究和技术创新的实力，发展和吸纳高新技术产业的转移有相当基础。

——区域性总部。重庆、成都、西安、兰州等中心城市，在区位、交通、科教、金融、人才、商贸等方面享有综合优势，可以将这些城市培育发展成为西部地区的区域性管理控制中心。

——灾后重建。灾后重建任务任重而道远，主要集中在“生活物资”、“基础设施”、“社会事业”、“生产恢复”、“政策机制”五个方面，同时，可以利用“一省帮一县”的对口援助机制，以帮助灾区尽快复兴。

三、西部地区承接东部产业转移的方式及示范基地建设

根据已有经验，西部地区吸纳或承接东部产业转移可采用以下三种主要途径：政府与政府之间的合作、政府与企业之间合作、企业与企业之间的合作。西部地区依据其自身特点，可采取相应的承接模式。资源富集的地区可以采取“资源指向型承接模式”；人口较多且用工成本较低的地区可以采取“劳动指向型承接模式”；消费市场有一定规模的中心城市，主要采取“市场指向型承接模式”，积极吸引东部大型商贸企业投资，开办连锁店、专卖店、大型超市等新型服务业态。

产业园区是西部地区吸纳东部地区产业转移的主要载体。为实现园区的科学发展，西部地区在承接产业转移中可以根据产业性质及其布局规律，采取集群式、链条式或循环经济式的产业承接模式。产业集群式主要是通过引进行业龙头企业，吸引或培育其上下游及

相关配套产业集聚，形成产业集群；单一产业链式主要是围绕支柱产业从上游、中游，到下游形成较为完整的产业链；循环经济式就是根据循环经济的理念，使园区的产业首尾相接形成区内循环，实现废弃物再利用。东西部共建产业园区的合作模式，主要有合作方政府投资、合作方企业投资、园区所在地政府投资、双方政府共同投资四种模式。

西部地区地域辽阔，各地发展条件差别较大，并不是所有地区都具备大规模承接产业转移的条件。因此，应积极开展西部承接产业转移的示范基地建设，由此推动西部传统开发模式的转变。根据国家已有的规划和西部实际，西部地区吸纳东部地区产业转移示范基地的建设可以包括如下四个层次：第一层次是环北部湾（广西）、成渝、天水—关中三大重点经济区；第二层次是中心城市及其附近区域，如呼和浩特城市圈、西宁城市圈、贵阳城市圈、昆明城市圈等；第三层次是自然资源富集区，如柴达木地区、攀西地区、黄河上游地区、六盘水地区、乌江流域、红水河流域等；第四层次是沿边发展条件较好的口岸，如满洲里、塔什库尔干、盈江、陇川、瑞丽、河口等。

四、促进西部地区承接东部地区专业转移的政策建议

为保证西部地区更好、更有效地吸纳或承接东部地区的产业转移，提升西部地区的自我发展能力，实现西部地区经济的跨越式发展，该研究针对西部地区吸纳东部地区产业转移的若干问题提出了六条政策建议。

——及时调整国家开发战略，尽快建立和完善国家投资引导政策体系。应尽快编制《西部地区吸纳东部产业转移规划》，制定针对西部地区经济发展的限制和禁止类产业目录，实行有差别的产业政策和地方政府的政绩考核政策。制定《西部投资鼓励法》，调动外资和国内民间财力为西部开发服务。建立促进产业转移的要素激励机制，加强协调，完成组织机制对接，重点扶持西部地区具有比较优势的产业，增强西部承接产业转移的聚集力。

——完善投资环境，进一步提高西部地区的产业配套能力。继续改善西部地区的基础设施条件，完善西部地区的软环境，提高西部地区产业配套能力。

——充分发挥市场和企业在产业转移中的作用。鼓励企业通过市场机制配置资源，营造良好的区域创业环境，促进中小民营企业的发展，建立健全中小企业信用担保体系。

——积极搭建产业转移的平台。促进东西合作共建产业园区，突出打造承接产业转移的载体，促进生产要素向产业园区集中；

——大力发展生产者服务业。促进内部化生产者服务向外部化方向发展，鼓励城市间的产业分工与协作，发挥中心城市的生产者服务集聚与辐射功能，大力发展社会服务业。

——防止不当的产业转移。有选择地承接产业转移，防止形成新的区域产业结构趋同。

（课题主持单位：中国社会科学院西部发展研究中心）

第五章 “十二五”西部大开发重点经济区研究摘要

我国实施西部大开发战略10年以来，西部地区基础设施建设和生态保护取得了显著成果，尤其是关中—天水、北部湾、成渝等重点经济区发展迅速，为缩小东西部地区发展差距奠定了良好的基础。“十二五”时期，西部大开发将进入承上启下的关键时期，重点经济建设仍然起着以线串点、以点带面的战略意义。本研究在借鉴国内外重点经济区开发理论与实践经验的基础上，通过大数据统计模型分析和调查研究，对西部开发10年来重点中心城市的经济社会发展水平做出综合评价，并确定西部重点经济区的空间范围，进而揭示西部重点经济区的资源要素和产业集聚规律、新的区域增长亮点，为国家制定“十二五”和未来10年西部重点经济区发展战略和政策提供理论参考。

一、国外发展模式借鉴

主要借鉴美国为代表的松散形城市群集聚模式和以日本为代表的高密度城市群集聚模式。中国就其国土面积，以及全国产业大分工格局而言与美国相似，但就13亿人口与可供生存的地理空间而言又与日本相似，因此，在借鉴美国和日本城市群发展模式基础上，中国应从自身国情出发，走出一条中国特色的城市化发展道路。就西部重点经济区开发而言，由于西部地区特殊的地域条件(多山、生态脆弱等)，点—轴集聚扩散理论和日本的“据点式开发”模式更具有指导价值。

二、西部开发的资源环境制约

——西部地区面积辽阔，人口密度较低。西部大开发战略实施的地区包括四川、重庆、贵州、云南、西藏、陕西、甘肃、宁夏、青海、新疆、内蒙古和广西等12个省(区、市)，总面积约686.7万平方公里，占全国国土总面积约71.5%，总人口为3.69亿人，约占全国总人口的28.6%。

——西部地区是三江发源地，生态脆弱，生态环境保护是首要目标。

——西部地区能源与矿产资源丰富。资源保有储量潜在总价值约占全国比重50%。在目前世界已发现156种矿产中，该区已经找到138种。

——西部开发只能重点突破，点—轴式开发。西部地区以高山、盆地、高原、山地为主，而且主要山脉和河流(长江、黄河)由西向东指向，因此，西部地区发展不如平地城市自由，只能选择自然环境承载能力较好的河谷、盆地作为重点经济区，点—轴式推进，形成集中紧凑和有机分散相结合的空间结构。

——西部开发的地理优势区域：四川盆地、关中平原、汉水谷地、河套平原、河湟谷地、河西走廊、广西北部湾、天山北麓绿洲、西藏“一江两河流域”等；适合重点开发的交通优势

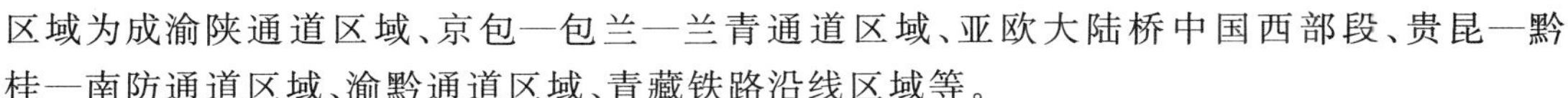

区域为成渝陕通道区域、京包—包兰—兰青通道区域、亚欧大陆桥中国西部段、贵昆—黔桂—南防通道区域、渝黔通道区域、青藏铁路沿线区域等。

三、西部重点经济区定位

以全国视角构建城市综合评价指标体系和模型。采集了反映城市经济和社会发展的29项指标对全国284个地级以上城市的综合发展水平作出综合评价，以确定西部重点经济区中心城市的等级。

确定重点经济区范围。第一步：测算西部地区一级中心城市之间的引力强度和物流强度；第二步：测算一级中心城市对地级中心城市引力强度；第三步：测算地级中心城市对区县的引力强度；最后确定西部10个重点经济区的范围：以重庆、成都和西安为中心的“西三角”重点经济区；以呼和浩特、包头和鄂尔多斯为中心的“呼包鄂”重点经济区；以重庆和贵阳为中心的“渝黔”重点经济区；以兰州和西宁为中心的“兰西”重点经济区和“河西走廊”重点经济区；以包头和银川为中心的“包宁”重点经济区；以昆明为中心的“滇中”重点经济区；以南宁为中心的“南宁—北部湾”重点经济区；以乌鲁木齐为中心的“天山北麓”重点经济区；以拉萨为中心的西藏“一江两河流域”重点经济区等西部地区的重点经济区。

四、西部重点经济区经济社会发展水平比较

西部重点经济区经济发展水平比较：“西三角”的各项经济发展指标均处于遥遥领先地位，而且近年来增长速度特别快；“呼包鄂”重点经济区的经济发展指标则居于第二位（见图5-1）。

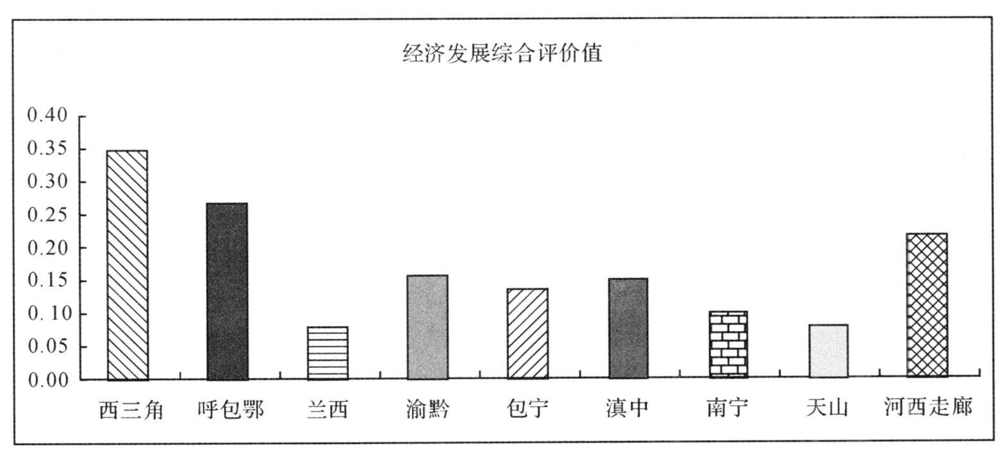

图5-1 各重点经济区经济发展综合评价值

西部重点经济区社会发展水平比较：“西三角”的社会发展指标均处于遥遥领先地位，而且近年来增长速度特别快（见图5-2）。

西部重点经济区人交往流水平比较：“西三角”客运量和货运量均处于遥遥领先地位，而且近年来增长速度特别快；“渝黔”重点经济区的客运量指标居于第二位（见图5-3）。

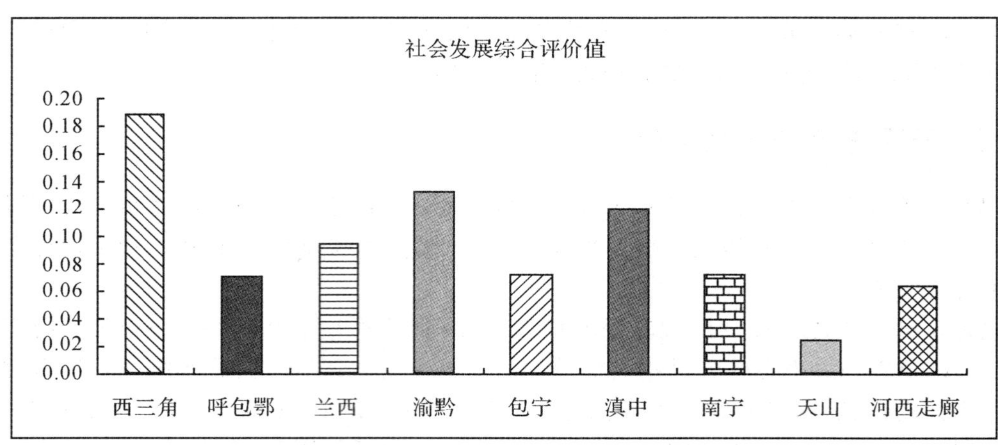

图 5-2　各重点经济区社会发展综合评价值

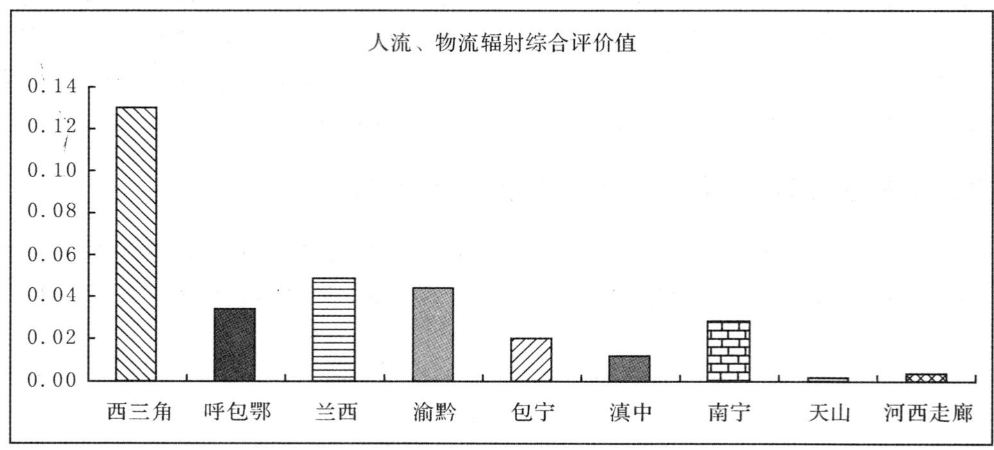

图 5-3　各重点经济区交往流综合评价值

西部重点经济区综合发展水平排名为,“西三角”重点经济区、“呼包鄂”重点经济区、“渝黔”重点经济区(见图 5-4)。

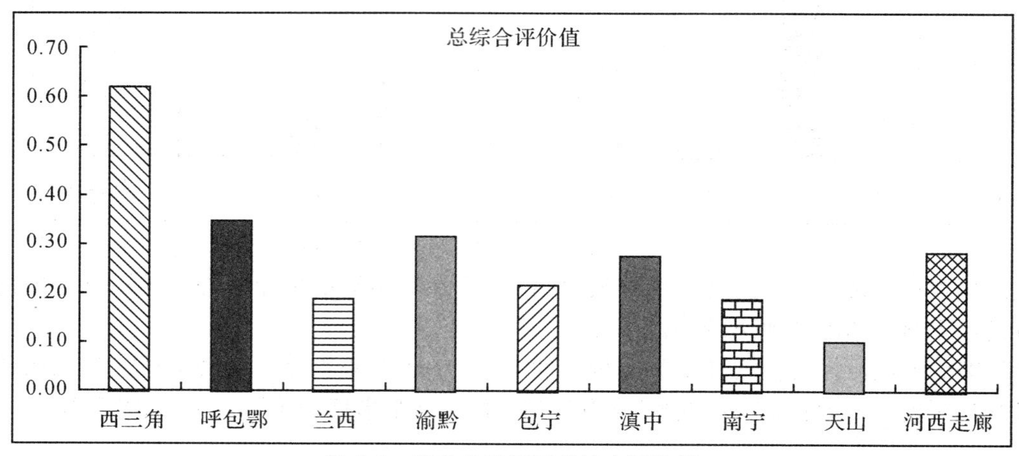

图 5-4　各重点经济区总综合评价值

五、西部重点经济区产业竞争力比较

产业集聚是重点经济形成和发展的基础，本项目仍然以全国视角采集21个产业的工业产值指标对全国31个省(区、市)的优势产业、潜力产业和产业转移趋势作出分析，以确定"十二五"时期西部重点经济区的产业集聚趋势。

——东中西部地区三次产业结构演进高度化水平为东部>中部>西部。2008年东部地区三次产业产值比重为7.04∶51.95∶41.01，中部地区为14.42∶50.85∶34.73，西部地区为15.56∶48.10∶36.34；东部地区三次产业就业比重为28.24∶35.37∶36.39，中部地区为44.83∶24.64∶30.53，西部地区为50.16∶18.35∶31.49。

——从产业绝对优势考察，近10年，东部地区具有产业发展的绝对优势，西部地区没有绝对优势产业。1998—2008年，东部地区20个产业在全国均具有绝对优势，东部地区在制造业优势显著，形成"东轻东重"格局；中部地区煤炭开采选洗业在全国具有绝对优势；西部地区没有绝对优势产业，但能源开采及加工业向西部地区集聚。

——从产业相对优势考察，西部地区的资源和能源产业区位竞争力大于全国平均水平，且具有逐步提高的态势。重庆、四川、陕西制造业在西部地区位居前列，在全国具有一定市场竞争力(见表5-1)。

表5-1 2007年西部地区优势产业排名前三地区

产　业	西部第一	西部第二	西部第三
煤炭开采洗选业	内蒙古4	陕西7	四川8
石油和天然气开采业	新疆2	陕西4	四川11
黑色金属矿采选业	内蒙古4	四川9	云南14
石油加工炼焦及核燃料加工业	甘肃10	新疆11	陕西12
非金属矿物制品	四川9	广西16	重庆18
黑色金属冶炼压延加工业	四川11	内蒙古14	广西17
金属制品业	四川12	重庆17	贵州20
食品制造业	内蒙古4	四川12	陕西19
烟草制品业	云南1	贵州11	陕西13
饮料制造业	四川1	陕西14	贵州17
纺织业	四川10	内蒙古11	新疆16
造纸纸质品业	四川10	广西13	云南21
化学原料化学制品制造业	甘肃9	云南17	内蒙古18
医药制造业	四川6	陕西16	贵州18
化学纤维制造业	四川10	新疆16	甘肃17

续表

产　业	西部第一	西部第二	西部第三
机械工业	四川 8	陕西 18	重庆 19
交通运输设备	重庆 8	四川 14	陕西 15
电气机械及器材	四川 12	陕西 17	重庆 18
电子及通信设备制造	四川 9	陕西 12	内蒙古 17
仪器仪表及文化办公设备	重庆 11	陕西 13	四川 14
电力热力的生产与供应	四川 10	内蒙古 12	贵州 16

注：表中第一、第二、第三表示某地区某产业在西部地区排名；表格中的数据表示某地区某产业在全国排名。

根据表 5-1 提供的信息，分别制作西部地区的资源产业和制造业的地区分布图，见图 5-5和图 5-6。

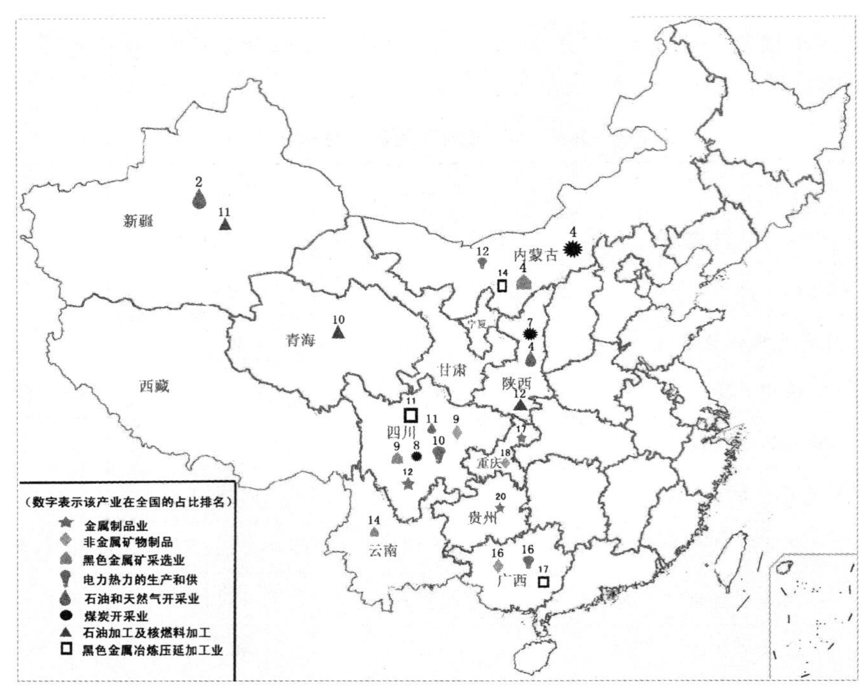

图 5-5　2007 年西部地区矿产与能源产业占比排名前 3 位产业分布图

六、“十二五”西部重点经济区的要素成本竞争力分析

在“十二五”期间，西部地区的要素成本竞争力更加突显，即使没有政府的干预，市场竞争力也有明显改善。主要体现在：第一，具有丰富的能源和资源；第二，单位劳动力成本不断下降；第三，具有较低房地产价格和租金；第四，具有较高的企业利润率。

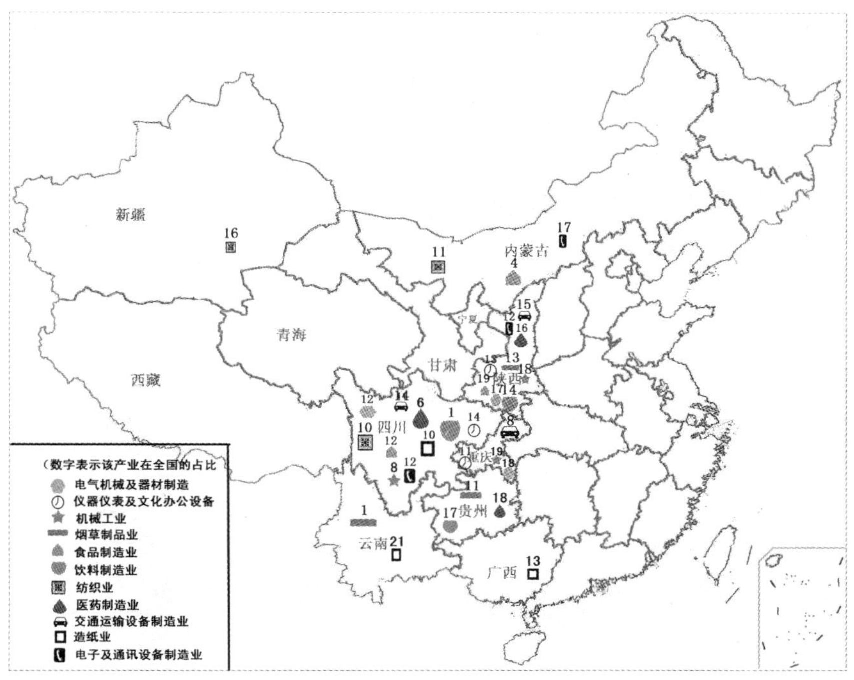

图 5-6 2007 年西部地区制造业占比排名前 3 位产业分布图

七、“十二五”西部重点规划的经济区

建议“十二五”时期重点规划三个重点经济区：整合成渝经济区和关中一天水经济区，形成“西三角”新的增长极，使之成为西部地区的制造业高地。打造“呼包鄂”资源型重点经济区，探索西部地区资源开采和资源产业链延伸的可持续增长模式。打造“天山北麓—南疆”战略资源储备区和石油天然气工业基地，打通国际物流西北通道，繁荣西北门户，增强民族团结，巩固西北疆。

八、西部重点经济区建设的政策建议

在体制机制改革方面，“十二五”时期应加快推进资源产权制度和定价机制改革，形成资源收益中央、地方、居民的共享机制。建立西部重点经济区分工合作机制，构建统一大市场。建立要素激励机制。建立规则约束机制，为区域合作提供制度保障。建立金融支持机制，为重点经济发展提供资金保障。

发挥规划引领作用，规划西部重点区域，注重环保规划和产业规划的配合作用。加大重点经济区基础设施建设，打造“一江二翼三洋”国际大通道。支持发展特色优势产业。重视工业园区建设，加强产业转移与承接的政策支持。加强人才队伍建设。提高自主创新能力。改革城乡分离的户籍和福利制度，促进人口向西部重点经济区集聚。提高基本公共服务水平，改进民生。实施对生态脆弱地区的环境保护。加大重点经济区工业污染和城市生活污染的治理力度。

（课题主持单位：重庆大学贸易与行政学院）

第六章 “十二五”西部大开发重点经济区创新型区域建设研究摘要

创新是一个国家发展的基本动力和根本途径。党的十七大报告明确提出要把我国建设成为创新型国家，这为西部大开发提出了新的命题。没有创新型的西部地区，就不可能有创新型的国家，而创新型西部地区的建设，必须率先将重点经济区建设成为创新型区域，进而带动整个西部地区的发展。本项目通过对西部大开发重点经济区的技术创新体系、知识创新体系、区域创新体系、国防科技创新体系和创新服务体系的现状、问题和发展态势的分析，提出了2010—2020年西部大开发三大重点经济区（成渝、关中—天水、广西环北部湾）创新型区域建设战略重点、主要任务与政策取向。本项目的研究对我国西部大开发和创新型国家的建设具有重要的借鉴意义。

一、西部地区自主创新现状和基本形势

西部大开发10年以来，西部省份在经济和社会各方面都取得了重大进展，创新能力也大幅度提高，同时也呈现出一些特殊情况。报告从多个方面多个角度，对当前西部地区的自主创新的基本情况进行了深入分析，可以总结如下：

第一，从创新的投入和产出来看，西部地区各省之间存在差异显著。四川、陕西和重庆在投入产出上优势明显，居主导地位。新疆、宁夏、青海和西藏的投入和产出严重不足。贵州、内蒙古、广西、云南和甘肃处于中间地带。其中，内蒙古、广西、云南三省近年来研发投入增长幅度较快，这得益于其经济实力的不断提升，尤其是能源矿业资源的开发利用。

第二，从创新主体来看，西部地区创新主体资源分布差异比较突出。四川、陕西、重庆三地高校和研究院所集中，知识创造能力较强，处于西部地区自主创新的核心区域，对于提升西部地区创新能力发挥了一定的辐射带动作用。但是，西部地区企业在技术创新方面存在研发投入不足以及人才质量不高的问题。

第三，从创新的总体情况来看，大致可以分成三个梯队。陕西、四川和重庆是西部地区创新的第一梯队，在全国范围内都有一定的竞争优势。内蒙古、广西、新疆、甘肃、云南为第二梯队，而贵州、宁夏和青海处于西部的最后梯队。

第四，从创新的阶段来看，西部地区创新型区域建设还处于初期阶段，在各要素的构建上主要依靠政府的力量，并且企业作为区域创新主体的作用与地位还没有显现出来。

最后，虽然西部地区创新投入产出和创新主体资源上都比较落后，但是成渝重点经济区和关中—天水重点经济区的创新能力在西部处于领先地位，而且在全国都有一定的竞争力，因此，发挥成渝和关中—天水重点经济区对西部地区的创新带动作用至关重要。

二、西部三大重点经济区创新型区域建设的优势条件

在对西部地区创新情况进行判断的基础上，报告进一步对三大重点经济区创新型区域建设的基本条件进行了分析，认为具有相当的优势条件。

首先，三大重点经济区具有坚实的科教资源创新基础。关中—天水重点经济区有良好的科技资源，拥有科学家和工程师2万多人，列全国第二位；有科研单位998个，其中，中科院西安光机所等5家科研院所位列全国百强；有国家级重点学科65个，在电子信息、航空航天、现代农业、先进制造等领域居国际国内领先水平。成渝重点经济区的科研机构和专业技术人员众多，科技人才总量在全国位居前列，是西部科技创新能力最强的地区之一。环北部湾重点经济区开展了一系列的科技体制改革，也有效地促进了科技与经济的结合。

其次，三大重点经济区有良好的工业基础。关中—天水重点经济区形成了以西安为中心，以“一线两带”为依托的产业经济体系，拥有西安高新区、西安经济开发区、杨凌农业示范区、宝鸡高新区等4个国家级高新区，西安航空、航天2个国家级高技术产业基地。成渝重点经济区工业基础雄厚，在电子信息、冶金化工、汽车摩托车、国防军工等产业具有相当的优势，已初步成为国家重要的装备制造业基地、水电能源基地、天然气化工基地、国防科技工业基地、高新技术产业基地。环北部湾重点经济区在冶金、机械及配套化工等行业也具备了一定的工业基础。

再次，三大重点经济区有各具特色的战略区位优势，为其整合国内外优势资源、引领和带动西部地区发展提供可能。关中—天水重点经济区处于亚欧大陆桥的中心，是我国西部地区连通东中部地区的重要门户。成渝重点经济区中的重庆是长江上游最大的港口，而成都是承接华南华中、连接西南西北、沟通中亚、南亚、东南亚的重要交汇点，是西部特别是西南地区各种要素和商品的重要集散地。环北部湾重点经济区是西南地区最便捷的出海大通道，也是我国与东盟自由贸易区的前沿地带和桥头堡，是西部地区对外开放的重要窗口。

最后，三大重点经济区的优势产业各具特色，优势互补，也有利于其创新型区域建设。成渝重点经济区拥有丰富的水能、天然气和生物矿藏资源，发展重点为装备制造业、新能源产业、饮料制造业和农产品加工业、高新技术产业、现代服务业。关中—天水重点经济区是我国重要的高新技术产业带和先进制造业基地，重点发展装备制作业、集约化农业技术、航空航天工业、电子信息技术、新材料技术、光机电一体化和先进制造技术、生物医药技术等。环北部湾重点经济区主要依托丰富的农林资源和海洋资源，重点发展港口经济、海洋产业、现代农业和以生物工程为重点的高新技术产业，以及信息咨询服务、商贸物流等服务业。

三、西部三大重点经济区创新型区域建设战略重点

在现状和优势分析的基础上，报告进一步以经济全球化和创新型国家建设为背景，以创新型区域建设的要素为基础，以区域创新能力提升促进产业转型升级为主线，从体制机制创新、观念创新、非公有制经济发展、产业优势提升、低碳经济、跨行政区协作、新农村建设等视角，对“十二五”时期三大重点经济区创新型区域建设的战略重点进行了探讨。

首先，要加大科技投入，提升科技基础能力，为促进产业结构优化升级提供坚实的基础。“十二五”期间，要加大对基础性研究领域的投入，取得关键共性技术方面的突破，为新

兴产业的拓展提供研究平台，要提升科研基础设施和条件资源，推进优势产业研发创新和成果转化。

其次，打造“西三角经济圈”区域合作创新系统，以重庆经济圈＋成都经济圈＋以西安为中心的关中城市群联合，大西南与大西北互补，形成梯队，共同打造中国第四个增长极。

再次，优化创新的环境，为三大重点经济区的创新型区域建设提供制度支撑。包括大力发展各类科技中介服务机构、鼓励科技中介服务机构面向企业为自主创新和成果转化提供专业化服务、引导各类金融机构改善对中小企业科技创新的金融服务、加大财政对科技中小企业的引导性投入、加大知识产权保护力度等。

第四，加强人力资源开发战略，为三大重点经济区的创新型区域建设提供创新型人才队伍。包括优化人力资源开发环境、鼓励创新人才自由流动、健全人力资源市场体系、改革和完善企业分配激励机制等。

最后，以机制创新和观念创新为手段，培养重点经济区的自主创新和创业理念。制度决定着整个创新过程的成败，西部制度创新必须结合本地区特点，充分发挥后发优势。同时，也要引导创新观念的更新，大胆尝试，创新发展理念，开拓发展思路。

四、西部三大重点经济区创新型区域建设的主要任务

在论述战略重点的基础上，报告进一步提出了西部重点经济区创新型区域建设的具体任务，对西部地区具有重要的指导意义。

首先，要推动与重点经济区优势相结合的新兴产业和绿色化、节能减排导向的产业技术开发，实现跨越式的发展。应在先进制造、航空航天、资源加工等产业发展方面有比较优势，通过资源整合，成为整合国内高端资源和国际资源的集聚区。

其次，要加强科技中介服务平台的建设，为创新型区域建设提供科技服务支持。科技中介服务体系的建设要实现组织网络化、功能社会化和服务产业化的发展目标，加强科技中介服务业自身的核心能力建设。

再次，要着力发展“军民融合”模式，整合军工和民用科技资源，大力发展装备制造业，突出自己的区域创新特点和产业特色。先要做强做大“军民融合”的装备制造业，然后扩大到制造业，使之成为西部地区乃至全国的重要优势和特色。

第四，大力加强新农村建设，打造全国现代农业高技术产业基地。要加大基本农田保护力度，优化农副产品加工布局，促进农副产品加工聚集区建设，加快发展杨凌国家级农业高新技术产业示范区。加快构建农业社会化服务体系，搞好农业产前、产中、产后服务。

第五，深化国内外创新合作，有效网聚区内外创新资源，加快发展重点产业。要坚持“引进来、走出去、本土化”的总体战略不变，在更广泛的领域里加强国内外科技交流与合作，在更高层次上引进区外先进技术，在更高起点上推进自主创新。从重点经济区各自的产业基础、资源禀赋和市场需求出发，吸引人才、资金、技术、项目等创新资源向区内重点产业集聚，提升重点经济区的产业竞争力。

最后，加强非公有制经济的发展，使之成为西部自主创新体系中一个重要的创新主体。要树立同非公有制经济发展相适应的新观念，为非公有制经济的发展创造良好的外部环境，同时强化非公有制企业自身的建设，促其形成规模。

创新型区域的建设是西部地区调整经济结构、转变经济发展方式的重要支撑，是建设

资源节约型、环境友好型社会的重要途径，也是提高产业国际竞争力和抗风险能力的重要保障。本课题对西部重点经济区建设创新型区域的基本条件、战略重点、主要任务等内容进行了探讨，提出了一些有益的观点，对我国西部大开发具有一定的借鉴意义。

（课题主持单位：浙江大学管理学院）

第七章　西部地区中长期生态环境保护和建设研究报告摘要

生态环境保护与建设是西部大开发的主要内容。近10年来，国家先后在西部地区启动实施了一系列重大生态环境保护与建设工程，取得了显著成效。保护好生态环境是深入推进西部大开发的前提和基础。本项目分析总结了西部大开发以来生态环境保护与建设的成功经验以及面临的突出问题，重点研究了西部地区中长期生态环境保护与建设的思路。针对西部地区生态环境保护与建设目标，报告认为要进一步实施"一横两纵"生态安全屏障建设、"八大"生态建设、环保设施和地质灾害防治这三项重点工程的建设，并提出了推进西部地区生态环境保护与建设的具体政策措施。

一、西部地区生态环境建设的成效及问题

西部大开发以来，西部地区生态环境建设取得了显著的成效。从重点生态建设工程来看，国家先后实施了退耕还林、天然林保护、京津风沙源治理、防护林体系建设、水土流失治理等工程，有效遏制了西部地区生态恶化的趋势。从草原保护与建设来看，国家先后实施了天然草原恢复和建设、退牧还草、草原鼠虫害防治等，取得了初步成效。从重点区域生态治理来看，我国先后在青海三江源、甘南黄河水源补给区、西南岩溶地区、塔里木河流域、黑河流域、石羊河流域实施了生态环境保护与建设工程，有效地促进这些地区生态恢复。从环境保护来看，近10年来，西部地区在重点区域污染治理、节能减排、环保基础设施建设、地质灾害防治方面取得了显著成效。

但是，西部地区生态环境建设也面临着一系列突出问题，主要表现在：生态治理的管理体制不顺，生态工程重建设轻管护的问题突出，生态建设缺乏充分的技术保障，生态建设与促进地方经济发展，农牧民增收相脱节，生态补偿机制的框架尚未建立等方面。

二、西部地区生态环境保护与建设的总体思路与主要目标

（一）西部地区生态环境保护与建设的总体思路

继续推进重点工程建设和重点区域生态治理，推进生态建设逐步从分散治理向集中治理转变，从单一措施向综合措施转变，从工程治理向统筹生态治理、政策引导、制度建设转变；逐步形成东起大小兴安岭，西至塔里木河荒漠生态功能区的"一横"生态屏障带；加强北甘南黄河重要水源补给生态功能区、青海三江源草原草甸湿地生态功能区、南达川滇森林生态及生物多样性功能区建设。同时，继续实施退耕还林、退牧还草、天然林保护、石漠化治理、防护林体系设施建设、地质灾害防治等十大生态环境保护与建设工程。在此基础上，

建立限制开发和禁止开发区域生态补偿机制，编制国家层面限制开发区域产业发展控制标准，逐步核减超载的产业，并通过生态补偿的方式弥补地方和个人的利益损失；分类分档确定自然保护区、世界文化自然遗产、风景名胜区、国家森林公园、国家地质公园的基本管护成本标准，并考虑禁止开发区的面积；保护难度和生态建设需要设定相应的调节系数，从而确定禁止开发区域定期定额生态补偿的标准；总结现有经验，在生态脆弱的流域和森林、草原、湿地、矿产资源开发等领域建立健全生态补偿机制。

（二）西部地区生态环境保护与建设的主要目标

到2015年，西部地区森林覆盖率提高到20%，完成退牧还草围栏建设任务15亿亩，新增水土流失面积治理20万平方公里，全国90%以上的湿地得到有效保护，土地沙化面积平均每年缩减1500平方公里左右。生态补偿的总体框架初步建立，政策法规体系基本形成，对全部禁止开发区、重点限制开发区域以及森林、草原、矿产资源开发等实施生态补偿，流域生态补偿取得有益经验。

到2020年，西部地区森林覆盖率提高到25%，完成退牧还草围栏建设任务22.5亿亩，再新增水土流失面积治理30万平方公里，全国所有湿地得到有效保护，土地沙化面积平均每年稳定缩减2000平方公里以上。生态补偿机制全面建立，政策法规体系更加完善，对禁止开发区域、限制开发区域以及森林、草原、湿地、矿产资源开发等实施生态补偿，七大水系流域生态补偿机制全面建立。

三、西部地区生态环境保护与建设的重点工程及政策措施

（一）西部地区生态环境保护与建设的重点工程

“一横两纵”生态安全屏障建设工程。结合主体功能区规划编制和实施，根据地形和生态恢复条件，建设我国北方连接大小兴安岭森林生态功能区和呼伦贝尔草原沙漠化防治区、科尔沁沙漠化防治区、浑善达克沙漠化防治区、毛乌素沙漠化防治区南缘和黄土高原丘陵沟壑水土流失防治区、祁连山冰川与水源涵养区北缘以及阿尔金草原荒漠生态功能区、塔里木河荒漠生态功能区南缘，主要发挥防止北方风沙危害的万里生态屏障带。采取宜林则林、宜草则草、乔灌草相结合的方式，辅之以退耕还林、退牧还草、水土流失治理、生态移民等措施，形成一道新的生态长城。

同时，沿着我国地形第三级阶梯向第一级阶梯以及第二级阶梯向第三级阶梯过渡的地带，分别建设两条连接甘南黄河重要水源补给生态功能区、青海三江源草原草甸湿地生态功能区、若尔盖高原湿地生态功能区、川滇森林生态及生物多样性功能区，以及连接黄土高原丘陵沟壑水土流失防治区、秦巴生物多样性功能区、三峡库区水土保持生态功能区、桂黔滇等喀斯特石漠化防治区的“两纵”生态屏障。加强林草植被和湿地恢复与保护，增强“两纵”生态屏障带涵养水源、保持土壤、保护生物多样性和洪水调蓄功能。

“八项”生态建设工程。主要包括：

——退耕还林工程。在实施好《巩固退耕还林成果专项规划》的同时，继续对西部地区25度以上坡耕地，重点沙漠化防治区内严重沙化耕地，重要水源涵养区、水土流失治理区15度以上坡耕地实施退耕地造林，加大配套荒山荒地造林投资力度，适当提高造林补助标准，

加强退耕还林所造林地管护。

——退牧还草工程。完善退牧还草政策，延长饲料粮补助期限，提高围栏建设、退化草原补播中央补助标准，配套建设人工饲草地和舍饲棚圈。加大退牧还草工程投资规模，扩大退牧还草实施范围，加快工程建设进度，确保实现国务院批准的2020年草原围栏建设和人工饲草地建设目标。

——天然林保护工程。逐步实施天然林保护工程林木管护政策森林生态效益补偿政策过渡，提高管护费补助标准。加大飞播造林投入，在有条件的地方扩大造林规模。合理利用新造林木资源，引入市场机制，提高森林保护和利用效率。

——石漠化治理。在总结石漠化治理试点经验的基础上，扩大工程实施范围。加强林草植被保护和抚育，加大工程区坡改梯力度，积极推广舍饲圈养，把生态建设与解决老百姓的生活困难及长远发展问题结合起来。

——防护林体系建设。继续实施“三北”防护林建设工程，科学配置林分结构，结合“一横”生态屏障，在北方天然草原边缘打造一条绿色长廊。结合“两纵”生态屏障，加强长江中上游和珠江上游防护林建设，增强涵养水源和保持土壤的功能。

——水土流失治理。加大水土流失治理资金投入，加快水土流失治理规划实施进度。在黄土高原、三峡库区和长江上游、黄河上游地区，加强水土流失综合治理，大力开展植树造林、封山育林，加强小流域坝系建设，综合开展山水田林路治理。

——湿地保护工程。开展西部地区湿地资源普查，加强湿地生态系统监测。建设湿地公园，落实湿地保护责任。对被开荒等破坏的湿地，坚决实施退耕还湿。加大湿地保护投入力度，确保湿地保护规划落到实处。

——生态经济示范区建设工程。按照建设生态文明先行区域的要求，在西部地区限制开发区域选择一批市、县开展生态文明示范区建设，加大政策支持和资金扶持力度，积极发展有利于保护生态环境的特色生态经济，促进这些区域人与自然和谐发展。

环保设施和地质灾害防治工程。主要包括：

——环保基础设施建设工程。加强重点流域水环境基础设施建设，确保长江、黄河、珠江、澜沧江上中游等干支流以及滇池、洱海、青海湖、博斯腾湖等流域污水达标排放。落实工业项目环境保护设施“三同时”制度，降低城镇和工矿区“三废”排放，改善城镇环境质量。加强农村面源污染治理，启动农村环保治理工程，加大人居环境整治。加强城乡饮用水源保护，确保饮用水安全。

——地质灾害防治工程。建立健全重点区域防灾减灾体系和地质灾害监测预警体系。实施重点地质灾害防治工程，对工程治理特别困难的地质灾害易发地区，实施避险搬迁工程。

（二）西部地区生态环境保护与建设的政策措施

首先，应建立健全生态补偿机制，这是解决西部地区保护生态环境与发展经济两难境地的根本出路；其次，科学编制西部地区生态环境保护与建设规划，使各项规划之间相互衔接，有序推进西部地区生态环境保护与建设；再次，完善生态功能区引导政策，探索鼓励社会力量参与西部地区生态环境保护与建设的有效途径，引导社会力量投资保护西部地区生态环境，鼓励市场资金投资具有一定经济回报的生态建设项目；最后，加强生态环境监管，有效打击人为破坏生态环境的行为，努力保护好西部地区的生态环境。

生态环境脆弱是制约西部地区科学发展的根本问题，加强西部地区生态环境保护与建设，对深入推进西部大开发，促进全国经济社会持续发展具有重大意义。本项目在深入调查的基础上，对西部地区生态环境保护和建设取得的经验、存在的问题以及今后的措施提出了独到的见解，具有重要的参考价值，对我国西部地区生态环境保护与建设以及国民经济的可持续发展，必将起到重要的指导性作用。

（课题主持单位：中国投资协会）

第八章　西部地区基本公共服务均等化实现途径研究摘要

西部大开发以来，西部地区基本公共服务供给能力和供给水平都有所提升，但与东部地区差距仍十分明显，并且随着区域内经济社会转型加快，西部地区基本公共服务供给不足和配置不均衡的矛盾日益凸显，已经成为影响西部地区可持续发展和全国社会和谐稳定的重要因素。本项目对“十一五”时期西部地区基本公共服务均等化的现状、取得的成就和存在的问题进行了考察，并在此基础上提出了“十二五”时期西部地区基本公共服务均等化的发展思路和对策建议。报告指出，进一步加大中央财政转移支付，提高西部地区基本公共服务的可及性和公平性，是贯彻落实科学发展观的体现，是政府治理和职能转变的重要内容，也是推进以民生为重点的和谐社会建设的基础性工作。

一、西部地区基本公共服务均等化的涵义与范围

报告从“基本”和“均等”两个方面对基本公共服务的涵义和范围进行了提炼，认为基本公共服务均等化是指在一定的标准下，居民享受政府提供的基本公共服务的机会均等和结果相同的制度安排。同时，政府在提供均等的基本公共服务成果的过程中，应尊重某些社会成员的自由选择权。

从基本公共服务均等化的内容来看，其范围和领域主要包括社会事业（义务教育、公共卫生、公共文化、公共就业和公共安全等）、社会保障（基本养老保险、基本医疗保险、社会救助等）和公共基础设施（公共交通、供水供电供气供暖、通信网络、污水垃圾处理等设施）三个方面。

二、西部地区基本公共服务均等化的现状

报告认为，西部大开发以来，西部地区的基本公共服务均等化实施取得了一定进展。从基本公共服务均等化的公共财政方面来看，中央对西部地区转移支付总量增幅明显，有力地促进了西部地区基础设施建设和公共服务供给条件改善，也大大增强了西部地区基本公共服务均等化的财力保障。从义务教育均等化方面来看，教育普及水平显著提高，受教育机会不断增加；教育投入大幅度增加，办学条件显著改善；教师队伍建设成效明显，师资素养提升较快；民族地区教育发展加快，教育普及程度提高。从基本公共文化服务均等化方面来看，基本公共文化服务的投入不断增加，人均文化事业费增幅不断提高，文化基础设施建设力度加大，人民群众的基本文化权益得到保障。从基本公共卫生服务均等化方面来看，公共卫生服务投入力度加大，重点地方病防治取得显著成效，西部地区农村改水改厕和卫生镇建设加快推进，农村卫生服务体系建设不断推进。从基本社会保障服务均等化方面

来看，城镇职工基本养老保险服务平稳发展，医疗保险服务体系不断完善，新型农村合作医疗稳步推进，城乡医疗救助和最低生活保障制度逐步建立，反贫困工作取得了巨大的进展。从基本公共就业服务均等化角度来看，基本公共就业服务的扶持力度加大，基本公共就业服务体系逐步健全，基本公共就业服务制度不断完善。从基本公共安全服务均等化方面来看，公共安全环境得到改善，群众安全感指数逐步提高，经受了重大社会安全事件的考验，应对自然灾害的能力有所提升。

三、西部地区基本公共服务均等化存在的问题

报告认为，西部地区基本公共服务非均等化问题的产生根源既有东西部之间区域发展失衡的因素，也有西部地区城乡发展内在失衡的原因，核心问题则是当前我国城乡二元体制这个制度性障碍及其所导致的城乡分割的基本公共服务供给机制和体制因素。

从现实问题来看，西部地区在义务教育均等化方面，存在着办学设施落后、经费投入不足、经费来源渠道有限等问题。在基本公共文化服务均等化方面，存在着公共文化事业经费投入不足、人均文化事业费偏低、城乡文化发展不平衡、农民工公共文化生活匮乏等问题。在基本公共卫生服务均等化方面，存在着公共卫生资源配置城乡、地区间不均等、公共卫生机构服务能力偏低、有些财政保障政策不合理或存在经费缺口等问题。在基本社会保障服务均等化方面，存在着发展失衡、社会保障覆盖范围比较窄且人均经费偏低、不同险种之间发展失衡特征明显、农村社会养老保险覆盖面小且共济性差、扶贫开发任务艰巨等问题。在基本公共就业服务均等化方面，存在着农村公共就业服务机构欠缺、劳动力市场信息不对称、公共就业培训体系急需完善等问题。在基本公共安全服务均等化方面，存在着公共安全服务供给能力不足、面临社会安全突发事件的严峻挑战、自然灾害依然对西部地区构成严重威胁、防灾减灾基础设施依然薄弱等问题。在基本公共服务均等化转移支付制度方面，存在着转移支付对西部地区基本公共服务倾斜力度不够、转移支付对西部地区基本公共服务的均等化效应还不明显、公共服务均等化的政府间事权和财权仍不匹配、省以下转移支付体制还不完善等问题。

四、西部地区基本公共服务均等化实现的总体思路与基本途径

报告提出了推进西部地区基本公共服务均等化的总体思路：坚持公平性和可及性原则，以实现西部城乡、地区和群体间基本公共服务均等化为目标，以义务教育、基本公共文化、公共卫生改革、社会保障、公共就业和公共安全等领域为重点，建立健全公共财政体制，加大中央和地方财政投入，加快服务型政府建设步伐，建成覆盖城乡、功能完善、分布合理、管理有效、水平适度的西部地区基本公共服务体系，从根本上保障和改善民生，促进发展方式转变与增强自我发展能力，为西部地区全面建设小康社会提供更加有力的保障，促进西部地区经济又快又好的发展和社会的和谐稳定。

报告建议从以下途径实现西部地区基本公共服务均等化目标：第一，建立健全基本公共服务法律法规体系，以法治化的方式保障西部地区公共服务均等化。第二，建立与服务型政府相适应的公共财政体系，强化基本公共服务的财政保障。第三，创新西部地区基本公共服务供给模式，确保基本公共服务供给充分体现公众需求。第四，建立健全西部流动

人口基本公共服务均等化保障制度，实现城乡体制对接，最终实现流动人口与当地社会的融合。第五，加快建设基本公共服务监管体系，提高基本公共服务供给效率。第六，建立西部地区基本公共服务绩效考核体系，提高政府提供基本公共服务的效率和水平。

五、西部地区基本公共服务均等化的对策建议

促进西部地区基本公共服务均等化的对策建议主要包括以下一系列内容。

——西部地区义务教育均等化的对策建议。报告指出，应加快义务教育法律法规建设，健全义务教育管理体制；制定西部地区教育振兴规划，加大教育资源调配力度；建立教师资源共享制度，拓展和扩散优质教师资源；设立国家义务教育发展基准，推进中小学标准化建设；增加财政投入力度，加大对农村教育的经费倾斜。

——西部地区基本公共文化服务均等化的对策建议。报告建议，应制定《基本公共文化服务均等化》条例或行动框架；继续增加基本公共文化投入；创新农村公共文化服务形式；加强西部地区农村文化人才队伍建设；扶持农民自办文化和发展文化产业；建立农民工文化权益保障工程。

——西部地区基本公共卫生服务均等化的对策建议。报告认为，应逐步缩小城乡、区域间的基本公共卫生服务的投入差距；整合现有基本公共卫生服务的各类专项经费；高度重视对健康教育与健康促进的投入；增加对基本公共卫生服务薄弱环节的投入。

——西部地区基本社会保障均等化的对策建议。报告指出，应健全西部地区社会保障服务的公共财政投入机制；加快建构西部地区覆盖全民的社会保障服务体系；积极探索分类筹资＋家庭账户的社会保障制度创新；建立确保西部地区社会保障服务均等化可持续发展的长效机制；创新西部农村地区开发性扶贫方式。

——西部地区基本公共就业服务均等化的对策建议。报告认为，应建立省、市、县（区）、乡镇（街道）、村（社区）五级公共就业服务体系；尝试建立农村劳动力跨地区公共就业服务体系；建立健全均等化的就业培训体系，推动素质就业。

——西部地区基本公共安全服务均等化的对策建议。报告建议，应加大对西部地区的公共安全投入；规范公共安全部门经费使用，改善基本治安服务；完善社会安全突发事件预防和应对机制；重视防灾减灾基础设施建设，切实增强应对自然灾害能力。

——推进西部地区基本公共服务均等化的公共财政体制建设。报告建议，应深化财政体制改革；完善转移支付制度；优化财政支出结构。

提高西部地区基本公共服务的可及性和公平性，不仅是贯彻落实科学发展观的体现，是政府治理和职能转变的重要内容，也是推进以民生为重点的和谐社会建设的基础性工作。本项目全面考察了西部地区公共服务均等化的内涵、存在的问题、实现途径及政策建议等，对我国政府推进西部地区基本公共服务均等化建设具有重要的参考价值和重要的指导意义。

（课题主持单位：浙江大学中国西部发展研究院）

第九章　加快西部地区重点边境口岸城镇发展对策研究摘要

本项目根据国内外经济社会发展现状和趋势，结合西部地区重点边境口岸城镇现状及其毗邻国家和区域合作组织等具体情况，论述了促进西部地区重点边境口岸城镇加快发展的重要性，提出了促进西部地区重点边境口岸城镇加快发展的指导思想、目标与原则，并对其实现路径进行了探讨，认为加快西部地区重点边境口岸城镇发展的重点是建设国际区域运输通道。最后根据实际情况提出了一些政策保障措施。

一、促进西部地区重点边境口岸城镇加快发展的重要性

西部地区重点边境口岸城镇是国家边疆战略的屏障和前哨，又是对外开放的窗口，加快西部地区重点边境口岸城镇发展具有十分重大的意义。首先，促进西部地区重点边境口岸城镇加快发展，是应对国际金融市场动荡与全球经济增长放缓，我国东向发展面临的竞争压力日益加剧等新情况的迫切需求。从我国对外开放的格局来看，促进我国西部沿边地区进一步扩大对外开放，对于完善我国对外开放格局，提高开放型经济水平具有重要作用。其次，我国正处于重工业化还需要大力发展的阶段，也就是需要大量消耗能源矿产资源的阶段，而我国能源和矿产资源又严重不足，制约我国经济和社会发展的发展。我国周边国家具有丰富的矿产和能源资源，加快建设西部重点边境口岸城镇的发展，是保证我国短缺战略矿产资源安全和促进经济又好又快发展的重大战略举措。再次，区域经济合作是世界经济发展的主要方向，促进西部地区重点边境口岸城镇加快发展，是加强同周边国家睦邻友好，推动经济合作的客观需要。有利于推动西部地区参与各种区域和次区域经济合作，使各种区域和次区域合作组织走向功能上扩大、地域上交叉重叠融合。最后，我国西部边境地区，有许多民族是跨境而居。民族分裂势力、宗教极端势力、暴力恐怖势力在我国西部周边一些地区仍然相当活跃，促进西部地区重点边境口岸城镇加快发展，是保卫国家边疆安全、反对分裂主义的屏障。此外，在我国西部陆地边疆特别是西南沿边地区受到的非传统安全威胁是最大的。这些问题的产生最根本的原因是生产力落后、经济贫困导致的。加快重点边境口岸城镇发展，培养边境经济增长极，可以防治“三股势力”对我国边疆的骚扰，有效打击分裂主义势力，保障国家安全。

二、促进西部地区重点边境口岸城镇加快发展的指导思想与目标

根据当今世界和中国的发展背景，结合西部地区的自身情况，本研究提出了促进西部地区重点边境口岸城镇加快发展的指导思想和目标。即：高举中国特色社会主义伟大旗帜，以邓小平理论和“三个代表”重要思想为指导，深入贯彻落实科学发展观，继续解放思

想，坚持改革开放，紧紧抓住发展这个党执政兴国的第一要务，充分利用好重要战略机遇期，沿西部边境开创向西开放新格局，走新型工业化道路，优化边境贸易商品结构，大力发展边境加工贸易，提高产业层次和加工深度，加强基础设施和口岸建设，促进边疆团结和谐与稳定，在实施互利共赢的开放过程中，切实维护国家经济安全和国土安全。努力将重点边境口岸城镇作为思想新解放和改革新突破的试验区，沿边开放和谐边疆建设的新亮点；培养成为边境经济增长极；作为扩大内需吸引国内外资金投资和承接东中部地区产业转移的平台；作为我国企业“走出去”的后方基地和对外经贸合作的“桥头堡”。在这一目标的指引下，在促进西部地区重点边境口岸城镇发展的过程中，必须做到：第一，坚持基础设施建设优先。用科学发展观统领重点边境口岸城镇经济社会协调发展，科学规划重点边境口岸城镇的市政建设、口岸基础设施建设和产业发展，走资源、环境可持续发展之路。第二，坚持走新型工业化和城镇化道路，促进城镇化和工业化协调发展，推进经济结构调整。第三，坚持改革开放互利共赢。以改革开放为动力推进各项工作，加强与东中部和周边国家合作。第四，坚持建设和谐边疆。突出以人为本，建设和谐社会，突出民族团结，吸纳和发扬少数民族的优秀文化传统，弘扬社会主义精神文明，全面建设小康社会和社会主义新农村。

三、促进重点边境口岸城镇加快发展的若干政策建议

根据促进西部地区重点边境口岸城镇加快发展的指导思想、目标、原则，并针对此过程中出现的突出矛盾和问题，本研究提出了一些建议，以期为西部重点边境口岸城镇的发展提供政策保障。第一，在西部地区确定重点边境口岸城镇，主要支持这些重点边境口岸城镇县（市）政府所在的城关镇（区）及口岸所在区域，以培养成为当地的经济增长极。第二，在西部地区重点边境口岸城镇采取发展、改革、开放的综合政策措施。适当增加一些新的政策措施，采取的政策优惠程度要大，并制定相关配套的政策措施。第三，在每个重点边境口岸城镇允许设立经济合作区，比照执行中西部地区国家级经济技术开发区政策。逐渐将现行边境贸易政策的“贸易优惠”变为“产业优惠”，逐步改变重点边境口岸城镇长期以来“无工不富”的现状。第四，支持西部地区重点边境口岸城镇城市基础设施建设，支持与此相关的口岸基础设施建设。在西部大开发重点工程项目建设中，专门设立“西部重点边境口岸城镇城市基础设施及其相关口岸基础设施建设”专项。加大对城市基础设施的国债投资力度。第五，支持连接西部地区重点边境口岸城镇与国内外市场的国际区域运输通道建设，成立重大专项领导小组及其办公室，协调各个部门展开相应工作。第六，在重点边境口岸城镇设立办理出国护照出证中心或签证处，解决落地签证手续。第七，加大信贷支持，设立边境贸易发展基金，建立边境贸易公共信息网站，建立边境地区会晤制度和边境贸易争端仲裁制度等。

在加快推进改革开放和现代化建设、深入实施西部大开发战略的新形势下，构筑西部沿边向西开放格局，进行加快西部地区重点边境口岸城镇发展对策的研究，具有十分重要的战略意义。要用世界眼光和战略思维谋划未来，确立促进西部地区重点边境口岸城镇加快发展的指导思想、发展目标、基本原则和实现路径，并根据自身发展需要制定和实施一系列政策措施，这既是本研究的创新所在，也将对促进西部地区重点边境口岸城镇的发展产生巨大的实践指导意义。

（课题主持单位：国家发展改革委综合运输研究所）

第七篇/附　录

附录一

中共中央　国务院
关于深入实施西部大开发战略的若干意见

（二〇一〇年六月二十九日）

实施西部大开发战略，是党中央、国务院在世纪之交作出的重大决策，是我国社会主义现代化建设全局的重要组成部分。2010 年是实施西部大开发战略 10 周年，今后 10 年是深入推进西部大开发承前启后的关键时期。为深入实施西部大开发战略，现提出如下意见。

一、主要成就和重大意义

1.主要成就。10 年来，在中央正确领导和全国人民大力支持下，西部地区干部群众奋力拼搏，国家不断加大投入，西部大开发取得巨大成就。青藏铁路、西气东输、西电东送等标志性工程相继建成，基础设施建设取得突破性进展；退耕还林、退牧还草等一批重点生态工程全面实施，生态建设和环境保护取得显著成效；特色优势产业快速发展，综合经济实力大幅提升，经济增长速度高于全国平均水平；"两基"攻坚计划如期完成，社会事业和人才开发得到加强，人民生活水平明显提高；改革开放深入推进，东中西部地区协调互动，对内对外开放新格局初步形成；城乡面貌发生历史性变化，广大干部开拓创新意识明显增强，各族群众精神风貌昂扬向上，西部地区已经站在新的历史起点上。西部大开发不仅有力促进了西部地区发展，也为全国发展开辟了更为广阔的空间。实践充分证明，党中央、国务院关于实施西部大开发战略的重大决策是完全正确的。

2.机遇与挑战。当前和今后一个时期，西部地区面临难得发展机遇：在世界经济格局深刻变化的新形势下，扩大内需是我国经济发展的长期战略方针和基本立足点，西部地区战略资源丰富、市场潜力巨大的优势进一步凸显；我国与周边国家区域经济一体化深入发展，为西部地区加快对外开放、提升沿边开放水平提供了新契机；国内经济结构深刻调整，经济发展方式加快转变，为西部地区承接产业转移和构建现代产业体系创造了有利条件；西部地区投资环境和发展条件不断改善，为实现又好又快发展奠定了基础；我国综合国力显著增强，有条件、有能力继续加大对西部地区的支持力度。同时必须清醒地看到，西部地区与东部地区发展水平的差距仍然较大，基础设施落后、生态环境脆弱的瓶颈制约仍然存在，经济结构不合理、自我发展能力不强的状况还没有得到根本改变，贫困面广量大、基本公共服务能力薄弱的问题仍然突出，加强民族团结、维护社会稳定的任务仍然繁重，西部地区仍然是我国全面建设小康社会的难点和重点。

3.重大意义。西部大开发在我国区域协调发展总体战略中具有优先地位，在构建社会主义和谐社会中具有基础地位，在可持续发展中具有特殊地位。深入实施西部大开发战略，是应对国际金融危机冲击，保持我国经济平稳较快发展的重要举措；是有效扩大国内需求，拓展我国发展空间的客观需要；是构建国家生态安全屏障，实现可持续发展的重大任务；是不断改善民生，增进民族团结和维护社会稳定的重要保障；是缩小地区发展差距，实现全面建设小康社会奋斗目标的必然要求。西部地区的繁荣、发展和稳定，事关各族群众福祉，事关我国改革开放和社会主义现代化建设全局，事关国家长治久安，事关中华民族伟大复兴，不仅具有重大的现实意义，而且具有深远的历史意义。

二、总体要求和发展目标

4.指导思想。深入实施西部大开发战略，必须高举中国特色社会主义伟大旗帜，以邓小平理论和"三个代表"重要思想为指导，深入贯彻落实科学发展观，进一步解放思想、开拓创新，进一步加大投入、强化支持，以增强自我发展能力为主线，以改善民生为核心，以科技进步和人才开发为支撑，更加注重基础设施建设，着力提升发展保障能力；更加注重生态建设和环境保护，着力建设美好家园和国家生态安全屏障；更加注重经济结构调整和自主创新，着力推进特色优势产业发展；更加注重社会事业发展，着力促进基本公共服务均等化和民生改善；更加注重优化区域布局，着力培育新的经济增长极；更加注重体制机制创新，着力扩大对内对外开放，推动西部地区经济又好又快发展和社会和谐稳定，努力实现全面建设小康社会奋斗目标。

5.基本原则

——坚持夯实基础，加快发展。始终把发展作为第一要务，加强基础设施建设，改善投资和发展环境，大力发展特色优势产业，不断增强经济发展内生动力。

——坚持统筹兼顾，协调发展。依靠科技创新，加快经济结构调整，转变经济发展方式，加强生态建设和环境保护，促进经济发展与人口、资源、环境相协调。

——坚持以人为本，和谐发展。始终把保障和改善民生作为一切工作的出发点和落脚点，着力解决涉及群众切身利益的问题，不断提高城乡居民生活水平。大力推进民族团结进步，维护社会稳定，使各族群众共享改革发展成果。

——坚持因地制宜，分类指导。按照主体功能区要求，统筹规划重点经济区、重点生态区和城镇布局。根据不同区域特点，在着力培育新的经济增长极的同时，切实加大扶持力度，加快推动革命老区、民族地区、边疆地区、贫困地区脱贫致富，走出一条符合各地区实际的发展路子。

——坚持改革创新，扩大开放。加快转变思想观念，深化重点领域和关键环节改革，消除制约发展的体制机制障碍，增强发展活力和动力。扩大对内对外开放，建设国际陆路大通道，构筑内陆开放和沿边开放新格局。

——坚持自力更生，国家支持。充分发挥西部地区积极性、主动性、创造性，立足自身努力推进经济社会发展。进一步完善和强化各项政策措施，加大国家支持力度。

6.主要目标。到 2015 年，西部地区特色优势产业体系初步形成，经济总量比 2008 年翻一番；基础设施不断完善，经济社会发展支撑能力进一步增强；重点生态区综合治理取得积极进展，森林覆盖率达到 19%左右，单位地区生产总值能耗明显降低；社会事业加快发展，基本公共服务能力显著提高；城乡居民收入加快增长，与经济发展速度的差距逐步缩小。到 2020 年，西部地区基础设施更加完善，现代产业体系基本形成，建成国家重要的能源基地、资源深加工基地、装备制造业基地和战略性新兴产业基地，综合经济实力进一步增强；

生态环境恶化趋势得到遏制，基本公共服务能力与东部地区差距明显缩小；人民生活水平和质量大幅提升，基本实现全面建设小康社会奋斗目标。

三、加快基础设施建设，提升发展保障能力

基础设施是西部大开发的重要保障。要继续把交通、水利等基础设施建设放在优先地位，加强前期工作，每年新开工一批重点工程，加快构建功能配套、安全高效的现代化基础设施体系。

7.加快综合交通网络建设。全面加强铁路、公路、民航、水运建设，扩大路网规模，提高通达能力，强化与东中部地区和周边国家的交通联系。

——铁路。重点建设西部地区连接长江三角洲、珠江三角洲和环渤海地区的出海通道，西南地区连接西北地区的南北通道，以及我国连接周边国家的国际通道。开工建设一批区际干线、客运专线、煤运通道和开发性新线。强化既有线路扩能改造，加快推进复线建设，提高电气化水平。积极推进重点城市群城际轨道交通建设。改造和建设一批铁路运输枢纽。抓紧开展重大铁路项目前期研究。

——公路。把西部地区作为国家公路建设的重点区域，加快打通省际“断头路”，强化路网衔接，基本建成国家高速公路网西部路段。加强国省干线公路改造，基本实现具备条件的所有县城通二级及二级以上等级公路。加快推进农村公路建设，有条件的乡镇、行政村通沥青（水泥）路。加快重点口岸通道建设，提高公路技术等级。推进综合客运枢纽建设。

——民航。加强大中型干线机场建设和改造，新建一批对改善边远地区交通条件、促进旅游等资源开发以及应急保障具有重要作用的支线机场。培育昆明、乌鲁木齐门户机场。增加航空网络密度，促进支线航空发展，开辟一批国内国际航线。鼓励发展通用航空。加强空管和安全设施建设。

——水运。重点推进长江中上游、西江、澜沧江等干流及重要支流航道治理，提高航道标准，加强重点内河港口建设，提高出海通道能力。加快重庆长江上游航运中心建设，推进广西北部湾沿海港口资源整合，加强集装箱和大型散货公用码头建设。

8.加强水利基础设施建设。按照节约优先、优化配置、有效保护、综合治理的原则，加强水利建设规划，加大工程措施力度，促进水资源的合理开发和高效利用，建设节水型社会。针对西南地区工程性缺水、西北地区资源性缺水问题，合理建设一批骨干水利工程和重点水利枢纽工程，加快大中型水库及城市水源工程建设，提高防洪抗旱、拦水蓄水及供水保障能力；加强田头水柜、集雨水窖等小型微型水利设施建设。稳步推进一批调水工程建设，适时开展南水北调西线工程前期工作。做好黄河黑山峡河段开发及大柳树水利枢纽工程建设的前期工作。推进新建水库配套灌区建设，加快大中型灌区续建配套和节水改造，启动大中型病险水闸除险加固工程。加强大中城市、重点城镇、中小河流防洪体系建设。加强界河整治。鼓励有条件的地方推进城乡供水一体化建设。

9.推进油气管道和电网建设。加快建设成品油、原油管道，扩大西气东输管道输气能力。增加资源产地油气供给规模，满足当地生产生活需要。开展青海涩北气田至拉萨输气管道等能源供应方式前期论证。继续加大西电东送力度，结合能源基地建设，实施重要输电通道和联网工程，加快远距离输电工程建设。加强农村电网改造升级，提升农网供电可

靠性和供电能力。

10.加快信息基础设施建设。加强综合信息基础设施建设,推进"三网融合"发展,率先缩小信息服务领域区域差距。提升电子政务、电子商务、地理信息、远程教育、远程医疗等服务能力,建立基本完善的信息服务体系。逐步将普遍服务从电话业务扩展到互联网业务,提高农村和边远地区的信息网络覆盖率,力争行政村基本通宽带,自然村和交通沿线通信信号基本覆盖。加强网络信息安全和应急保障设施建设。

11.改善城市基础设施条件。加强城市道路建设和改造,大力发展公共交通,加快重点城市轨道交通建设。支持发展热电联产,加大管网改造力度,提高集中供热率。加强中小城市、工业集中区、重点城镇供排水、供暖供气、道路等公用设施建设,加大城镇污水处理、垃圾无害化处理设施建设力度,实现市政公共设施基本配套。加强城市园林绿化。

四、加强生态建设和环境保护,构筑国家生态安全屏障

生态建设和环境保护是西部大开发的基本前提。要以重点生态区为依托,以重点生态工程建设为抓手,加强部门协作和监测评估,促进生态环境整体趋好。

12.推进重点生态区综合治理。加强统筹规划,整合各类资源,从分散治理向集中治理、从单一措施向综合措施、从偏重数量向提升质量转变,着力推进五大重点生态区建设,基本形成国家生态安全屏障体系。

——西北草原荒漠化防治区。重点在内蒙古、宁夏、甘肃、青海、新疆等省(区)开展以草原恢复、防风固沙为主要内容的综合治理,加强沙区林草植被保护及牧区水利设施、人工草场和防护林建设。

——黄土高原水土保持区。重点在陕西、甘肃、宁夏及青海东部黄土高原丘陵沟壑区开展以防治水土流失为主要内容的综合治理,大力开展植树造林、封山育林育草、淤地坝建设,加强小流域山水田林路综合整治。

——青藏高原江河水源涵养区。重点在青海、西藏以及四川、云南、甘肃部分地区开展以提高水源涵养能力为主要内容的综合治理,保护生物多样性,扎实推进三江源、祁连山生态区和西藏等生态安全屏障保护和建设。

——西南石漠化防治区。重点在贵州、广西、云南、四川、重庆部分地区开展以恢复林草植被为主要内容的综合治理,加大封山育林育草和人工造林力度,加强基本口粮田和农村能源建设。

——重要森林生态功能区。重点在西藏东南部、四川西南部、云南西北部、广西北部及秦岭等林区开展以森林生态和生物多样性保护为主要内容的综合治理,加强国家级自然保护区、天然林资源、野生动植物和湿地保护。

13.加快重点生态工程建设。巩固和发展退耕还林成果,在重点生态脆弱区和重要生态区位,结合扶贫开发和库区移民,适当增加退耕还林任务。完善退牧还草政策措施,在加快一期工程建设的同时,及时启动二期工程建设。总结石漠化治理试点经验,逐步扩大实施范围,全面推进工程建设。加快京津风沙源治理一期工程进度,适时启动二期工程建设。建立草原生态保护奖励机制。延长天然林保护工程实施期限,完善相关政策,加强管护和公益林建设。继续加强三北防护林、长江流域防护林、珠江流域防护林和三峡库区周边绿化带建设。重点开展三峡、刘家峡等库区生态治理。实施坡耕地水土流失综合治理。稳步

推进生态移民，加强安置地生产生活条件建设，适当提高中央补助标准。选择一批有代表性的市、县开展生态文明示范工程试点。继续推进贵州毕节试验区建设。

14.加强环境保护和地质灾害防治。加大水环境综合治理力度，重点推进长江、黄河、珠江、澜沧江上中游，三峡库区以及滇池水环境保护和治理，对青海湖、博斯腾湖、艾比湖、洱海、草海等湖泊采取预防性保护措施，继续推进塔里木河、黑河、石羊河、疏勒河等流域综合治理。加强城乡饮用水源保护，确保饮用水安全。支持重点城市大气污染治理。强化矿山、工厂“三废”(废渣、废气、废水)污染防治和资源综合利用。加强农业面源污染治理和农村环境综合整治，启动农村清洁工程。加快地质环境调查评价，建立健全防灾减灾和监测预警体系。积极推进地质灾害防治和矿山环境恢复治理，对工程治理特别困难的灾害易发地区实施避险搬迁工程。

五、夯实农业基础，统筹城乡发展

“三农”工作是西部大开发的重中之重。要坚持以工促农、以城带乡的方针，改善农业基本生产条件，加强农村基础设施建设，提高农民收入水平，完善农村基本经营制度，积极推进城镇化。

15.大力发展特色农业。严格保护耕地特别是基本农田，加快中低产田改造和基本口粮田建设，提高农业综合生产能力。西北地区要大力发展旱作节水农业，建设一批节水农业示范区。西南丘陵山区要因地制宜调整种植结构，实施山地高效立体农业工程，扶持木本粮油料发展。支持生猪、奶牛等养殖规模化、标准化建设和畜禽品种改良，促进牧区畜牧业向集约化转变。调整农业结构，加快特色农牧产品生产基地建设，支持有条件的地方发展设施农业。重点扶持一批龙头企业，大力发展农产品深加工，提升农业产业化经营水平。积极发展农村现代物流，支持流通基础设施建设。加强农业科技推广服务体系建设。发挥杨凌农业高新技术产业示范区作用，建设一批现代农业示范区。

16.加强农村基础设施建设。实施水、电、路、气、房和优美环境“六到农家”工程。全面解决农村饮水安全问题，有条件的地方实行集中式供水及配套排水工程。推进水电新农村电气化县建设，因地制宜发展小水电、太阳能、风能等可再生能源，解决不通电行政村用电问题。加快通乡通村道路建设，同步推进村庄内外道路硬化。继续推进农村沼气建设，带动改水、改厨、改厕、改圈。做好村庄规划，优化居民点布局，扩大农村危房改造规模，推进游牧民定居。加强农村污水、垃圾处理，改善村容村貌。

17.拓宽农民增收渠道。拓展农业广度和深度，挖掘农业内部增收潜力。发展和壮大县域经济，鼓励发展就业容量大的劳动密集型产业，引导农民就地就近转移就业。加强农村劳动力技能培训，大力发展劳务经济，保障农民工合法权益。加快实施农民创业促进工程，建设一批农民创业基地和创业园，以创业带动就业。探索农村集体和农户在当地资源开发项目中入股，增加农民财产性收入。

18.推进农村改革和制度创新。按照依法自愿有偿原则，引导农村土地承包经营权有序流转，发展多种形式的适度规模经营。深化农村集体建设用地制度改革，建立城乡统一的建设用地市场。全面推进集体林权制度改革，稳定和完善草原承包经营制度。大力发展各类农民专业合作组织，提高农业组织化程度。扎实推进农村综合改革，加强农村公共服务能力建设。积极推进重庆、成都统筹城乡综合配套改革试验。

19.扎实推进城镇化。坚持大中小城市和小城镇协调发展,促进城镇化和新农村建设良性互动。增强大城市辐射带动能力,提高中小城市综合承载能力。实施百县中心镇建设工程,加强县城和中心镇基础设施建设。支持在资源开发、旅游度假、加工制造、商贸流通等方面特色突出的小城镇加快发展,促进农村人口向小城镇集聚。加快推进户籍制度改革,促进符合条件的农业转移人口在城镇落户并享有与当地城镇居民同等的权益。支持新疆生产建设兵团加快城镇化进程。

六、发展特色优势产业,增强自我发展能力

发展特色优势产业是增强西部地区发展内生动力的主要途径。要深入实施以市场为导向的优势资源转化战略,坚持走新型工业化道路,建设国家重要战略资源接续区,努力形成传统优势产业、战略性新兴产业和现代服务业协调发展新格局。

20.建设国家能源基地。按照从长计议、统筹规划的原则,优化能源开发、生产、运输、储备布局,加大勘查、开发力度,提升能源保障水平,确保国家能源战略安全。

——煤炭。合理开发利用煤炭资源,加快西部地区煤炭和煤层气资源勘查,稳步推进神东、陕北、云贵、黄陇、宁东和新疆等大型煤炭基地建设。加快煤矿整合改造,重点建设现代化露天煤矿和千万吨级安全高效矿井。鼓励建设坑口电站,配套建设电网。合理发展煤化工,加强煤层气开发利用。

——石油天然气。加强陆地新区和塔里木、鄂尔多斯等盆地油气资源勘查,努力增加探明储量,实施精细开发。依托国内及进口油气资源,合理布局炼油基地。积极合理发展石油天然气化工,建设和完善新疆、甘肃、川渝、广西、云南等石化基地。

——水电。加强江河水能资源勘查,制定和完善流域水电开发规划,做好水电开发的战略接替准备。有序推进重点流域大型水电项目建设,适应西电东送及西部地区经济社会发展的电力需求。妥善处理生态保护和移民安置问题。因地制宜建设中小型水电站。

——新能源。加快可再生能源开发利用,建设一批大型风电基地和太阳能光伏发电基地,稳步推进非粮生物燃料试点及产业化示范,大幅度提高可再生能源在能源消费中的比重,促进能源结构调整。做好青藏高原可燃冰勘探和开发利用研究工作。

21.建设资源深加工基地。制定西部地区矿产资源勘查开发指导目录,实施国家战略矿产资源勘查储备计划,尽快实现找矿突破。加强有色金属等资源的综合加工利用,延伸产业链,推进冶电联营,形成一批深加工产业基地。推动钢铁企业兼并重组,提高产业集中度,形成酒泉、包头、重庆、攀枝花、防城港等钢铁基地。促进水泥等建材规模化生产,大力发展新型节能环保建材。积极推进青海、新疆、西藏盐湖资源综合利用。充分发挥农林产品资源优势,提高棉纺、毛纺、丝绸等纺织加工技术含量,建设一批有特色的纺织生产基地。在有条件的地方发展林浆纸一体化。

22.建设装备制造业基地。依托重大项目,推进技术装备自主化,实现核心技术和关键共性技术重点突破,做大做强装备制造业,形成支柱产业。加快发展清洁高效发电装备,输变电、石化、环保成套装备,轨道交通、钻井设备,大型机械、数控机床、汽车摩托车、重大医疗仪器设备等装备制造业,培育壮大拥有自主知识产权、主业突出、竞争力强的大型企业和企业集团。鼓励建立与装备制造相配套的零部件、原辅材料中心,着力培育产业集群。鼓励和支持使用国产首台(套)装备。

23.建设战略性新兴产业基地。大力发展新能源、新材料、节能环保、生物医药、信息网络、新能源汽车、航空航天等战略性新兴产业，瞄准产业发展新方向，在重点领域率先实现技术突破。加快物联网的研发应用。大力支持自主创新技术成果产业化，形成一批发展潜力大、带动能力强的高技术产业链、集聚区和产业基地。提升各类高新技术产业园区、经济技术开发区的创新能力和孵化能力。

24.积极承接产业转移。按照市场导向、优势互补、生态环保、集中布局的原则，积极承接国内外产业转移。科学编制承接产业转移规划，因地制宜合理确定承接重点，着力引进具有市场前景的产业和技术装备先进的企业。制定相关政策，安排产业转移引导资金，引导东中部地区企业向西部地区有序转移。严把环境保护关，防止落后产能向西部地区转移。要把承接产业转移与调整自身产业结构、建立现代产业体系结合起来，形成合理的东中西部地区产业分工格局。开展承接产业转移示范区建设，鼓励东部地区与西部地区共建产业园区。支持产业园区适当扩区调位，符合条件的省级开发区可申请升级为国家级开发区。支持老工业基地改造和资源枯竭城市培育发展替代产业。

25.推进节能减排和发展循环经济。加大工业、建筑、交通等领域节能力度，推进重点节能工程建设。发展绿色经济，积极推广低碳技术，有效减少主要污染物排放总量。集约节约利用资源，提高资源综合利用水平，加强尾矿、“三废”等的回收利用。大力发展循环经济，推进甘肃省和青海省柴达木循环经济试点，扩大循环经济试验区和试点企业范围。坚决淘汰浪费资源、污染环境和不具备安全生产条件的落后产能。

26.大力发展现代服务业。完善西部地区金融组织体系，鼓励股份制商业银行在西部地区设立分支机构，扶持地方性金融机构发展，支持重庆、成都、西安建设区域性金融中心，促进保险业、信托业发展。在中心城市建立国际服务外包基地。加快全国性、区域性和沿边口岸物流中心建设，培育第三方物流企业，构建现代物流服务体系。大力推进县城超市和配送中心以及乡镇、村连锁农家店等流通网络建设。加快旅游基础设施建设，整合旅游资源，开发特色旅游商品，提高服务水平，积极发展文化旅游、生态旅游、乡村旅游、休闲度假旅游和红色旅游，着力打造一批精品旅游线路，形成一批国内著名和国际知名的旅游目的地。大力发展文化创意、影视制作、演艺娱乐、出版发行和会展等文化产业，培育一批有特色、有品牌、有实力的文化骨干企业，规划建设一批文化产业园区。

七、强化科技创新，加强人才开发

科技和人才是西部大开发的支撑和关键。要坚定不移地实施科教兴国战略和人才强国战略，着力促进科技进步，提升自主创新能力，加大人才开发力度。

27.大力发展科学技术。优化科技资源配置，构建以企业为主体、市场为导向、产学研相结合的技术创新体系。布局建立一批国家工程研究中心、国家工程实验室，强化国家地方联合创新平台建设，支持企业技术中心发展。加强新技术研发，着力突破优势资源开发利用、传统产业改造的关键技术，加快科技成果向现实生产力转化。支持西安统筹科技资源改革示范基地、关中—天水创新型区域、绵阳科技城发展，推进创新型区域和创新型城市建设。发展军民两用技术，积极推进军民两用技术双向转移。加强气候变化、生态环境、冰川冻土、生物质资源等具有西部特点的基础科学研究。加强知识产权创造、应用、保护和管理。大力普及现代科学技术知识，提高广大群众科技素质。

28.加快人才资源开发。科学合理地使用好现有人才,形成有利于各类人才脱颖而出、充分施展才能的选人用人机制。加大各类人才培养力度,着力培养重点领域急需紧缺人才和少数民族人才。扩大干部交流规模,提高交流层次,加大重要部门、关键岗位和党政主要负责人交流力度,继续做好中央和国家机关、经济发达地区与西部地区干部双向交流工作。鼓励和吸引各类人才到西部地区建功立业。大力引进国外智力。实施边远贫困地区、边疆民族地区和革命老区人才支持计划。继续关施东部城市对口支持西部地区人才培训、公务员对口培训以及博士服务团、"西部之光"访问学者、西部地区管理人才创新培训等重点人才开发工程。扩大中国西部开发远程学习网覆盖范围。

八、大力发展社会事业,着力保障和改善民生

保障和改善民生是加快经济发展、促进社会和谐的重要结合点。要加快推进以改善民生为重点的社会建设,建立覆盖城乡居民的公共服务体系,中央有关投入要向西部地区倾斜,着力促进基本公共服务均等化。

29.优先发展教育事业。巩固"普九"成果,推进义务教育均衡发展。改善义务教育学校办学条件,推进农牧区和偏远地区适当集中办学,加快农村寄宿制学校建设,改善偏远地区学校食宿条件,逐步提高农村义务教育阶段家庭经济困难寄宿生生活补助标准,推进教师特设岗位计划。进一步加大中央财政对西部地区农村义务教育转移支付力度,提高义务教育经费保障水平。实施现代远程教育工程。全面提高教育质量,加快普及高中阶段教育。加强中等职业教育基础能力建设,办好示范性职业技术学校和实训基地,免除中等职业学校农村家庭经济困难学生和涉农专业学生学费。实施教育扶贫,在大中城市职业学校定向招收生态脆弱地区和贫困地区的学生接受教育,按国家助学政策规定给予资助,优先推荐就业。支持特色学科和品牌专业建设,办好一批高水平大学。继续实施东部地区对口支援西部地区高等学校计划和招生协作计划。支持民办高等教育发展。加强西部地区教育国际交流合作。

30.提高医疗卫生服务能力。巩固提高新型农村合作医疗、城镇职工基本医疗保险和城镇居民基本医疗保险参保率,逐步提高新型农村合作医疗和城镇居民基本医疗保险的筹资水平及政府补助标准。加快农村三级卫生服务网络和城市社区卫生服务体系建设,支持基层医疗卫生机构提升服务能力。提高突发公共卫生事件防控和应急处置能力。完善城乡医疗救助制度,扩大救助范围,提高救助水平。加强妇幼保健机构能力建设,做好出生缺陷干预和农村孕产妇住院分娩工作。推进县、乡、村人口和计划生育服务网络建设,加快实施少生快富工程。集中解决碘缺乏症、大骨节病、地氟病等地方病多发问题,加强高原病研究。扶持中医药和民族医药发展。

31.千方百计扩大就业。实施更加积极的就业政策,大力拓宽就业渠道,重点做好高校毕业生、农民工、就业困难人员就业和退伍转业军人就业安置工作。通过项目带动、产业发展、开发公益性岗位等多种途径和劳动者自主创业、自谋职业、灵活就业等多种方式,增加就业岗位和就业机会。鼓励劳动密集型企业、服务行业企业和中小企业积极吸纳就业。建设一批创业孵化基地,以创业带动就业。有序组织劳动力输出。加强公共就业服务体系建设,规范发展就业中介服务,完善就业援助制度。

32.提高社会保障水平。集中财力,完善覆盖城乡居民的社会保障体系,提高最低生活

保障标准，加快建立新型农村社会养老保险制度，实现全覆盖。积极推进农民工参加社会保险。建立健全城乡困难群体、特殊群体、优抚群体的社会保障机制，逐步完善面向老年人、孤儿、残疾人、流浪未成年人的福利机构基础设施。加大保障性安居工程实施力度，集中改造城市棚户区和国有工矿区、林区、垦区棚户区。加快农村教师、乡镇卫生院卫生技术人员周转房建设。提高征地补偿安置水平，确保被征地农民长远生计得到保障。

33.积极发展文化事业。弘扬主流文化和优秀传统文化，促进民族文化交流，建设中华民族共有精神家园。进一步加强图书馆、文化馆等设施建设，继续实施广播电视村村通、全国文化信息资源共享、社区和乡镇综合文化站（室）、农村电影放映和农（牧）家书屋等重点文化惠民工程，丰富人民群众的精神文化生活，推动社会主义精神文明建设。继续实施西新工程，加强少数民族语言广播电视节目制作译制播映，提高覆盖能力。推进广播影视数字化和新媒体建设。保护文物和非物质文化遗产，挖掘历史、民族文化资源，在传承的基础上推进文化创新。开展特色民族村寨保护。加强基层公共体育设施和民族特色体育场所建设。积极开展群众性文化体育活动。

九、加强重点经济区开发，支持老少边穷地区发展

按照统筹规划、分类指导的原则，一手抓重点经济区的培育和壮大，一手抓老少边穷地区脱贫致富，有序有力有效推进西部大开发。

34.扎实推进重点经济区率先发展。坚持以线串点、以点带面，着力培育经济基础好、资源环境承载能力强、发展潜力大的重点经济区，形成西部大开发战略新高地，辐射和带动周边地区发展。推进成渝、关中—天水和广西北部湾等经济区发展，建成具有全国影响的经济增长极。支持呼（和浩特）包（头）银（川）、新疆天山北坡、兰（州）西（宁）格（尔木）、陕甘宁等经济区发展，形成西部地区新的经济增长带。培育滇中、黔中、西江上游、宁夏沿黄、西藏“一江三河”等经济区，形成省域经济增长点。引导资源富集地区可持续发展，形成国家战略资源接续地和产业集聚区。研究推进重庆、成都、西安区域战略合作。

35.大力扶持贫困地区加快发展。南疆地区、青藏高原东缘地区、武陵山区、乌蒙山区、滇西边境山区、秦巴山—六盘山区等集中连片特殊困难地区生态脆弱、经济落后、贫困程度深，要全力实施集中连片特殊困难地区开发攻坚工程，基本消除绝对贫困现象。加强规划指导，创新开发思路，着力解决制约发展的突出矛盾，发展特色经济，增强造血功能；着力改善基本生产生活条件，提高教育、卫生等基本公共服务水平；着力探索新的开发机制，加大政策扶持力度，采取有力措施，加快脱贫致富步伐。

36.积极支持民族地区跨越式发展。认真贯彻落实中央支持西藏、新疆发展的政策措施，推进重大项目建设，积极推动内蒙古、广西、宁夏等民族地区加快发展，不断加大中央支持和对口支援、对口帮扶力度，推动民族地区实现经济社会跨越式发展和长治久安。支持发展民族特色产业，着力保障和改善民生，优先解决特困少数民族贫困问题，扶持人口较少民族发展。进一步支持新疆生产建设兵团建设和发展。积极开展民族团结进步创建活动。进一步推进兴边富民行动，加快边疆地区发展，维护边境稳定。

十、坚持体制机制创新,扩大对内对外开放

改革开放是西部大开发的强大动力。坚持发挥市场在资源配置中的基础性作用,鼓励和支持西部地区大胆探索、先行先试,以改革促开放,以开放促开发,建立有利于西部地区又好又快发展的体制机制。

37.深化行政管理体制改革。进一步深化政府机构改革,推进政府职能转变,健全科学决策机制,完善信息公开制度,提高行政效能。健全领导班子和领导干部考核评价机制,树立有利于科学发展的政绩观。大力深化行政审批制度改革,减少和规范行政审批事项,建立健全行政审批运行、管理和监督长效机制,为经济社会发展创造良好环境。根据区域发展需要,合理调整城市行政区划。推进省直管县财政管理体制改革。

38.加快经济体制改革。继续推进国有企业公司制改革,实现产权多元化,完善法人治理结构。建立健全地方国有资本经营预算制度。指导地方解决关闭、破产国有企业遗留的社会保障问题。大力发展非公有制经济和中小企业进一步放宽市场准入,积极支持民间资本进入资源开发、基础设施、公用事业和金融服务等领域。培育和发展土地、资本、劳动力、技术等要素市场,实现生产要素的优化配置。大力发展金融市场,推进中小金融机构规范发展,鼓励金融创新。推进资源性产品价格和环保收费改革。健全社会信用体系。

39.推进社会事业领域改革。积极推进办学体制、教学内容、教育方法、评价制度等方面的教育改革,促进教育公平,提高教育质量和水平。深化科技体制改革,促进科技资源整合和优化配置,形成有利于加快科技成果转化为现实生产力的体制机制。深入推进基本医疗保障制度、国家基本药物制度和公立医院等方面的医药卫生体制改革,促进医药卫生事业健康发展,提高人民健康水平。完善基层医疗卫生机构补偿机制。深入推进文化体制改革。

40.提升沿边开发开放水平。利用上海合作组织、中国—东盟自由贸易区、大湄公河次区域和中亚区域等经济合作平台,深化同周边国家发展合作。编制西部地区沿边开发开放规划。积极建设广西东兴、云南瑞丽、内蒙古满洲里等重点开发开放试验区。继续加强重点边境口岸城镇建设,促进边境经济合作区发展,形成沿边开放的重要窗口。促进加工贸易向边境口岸城镇转移。深入实施"引进来"和"走出去"战略,充分利用国际国内两个市场、两种资源,引导、鼓励和支持东中部地区企业与西部地区企业联合参与对外投资、对外承包工程和对外劳务合作。

41.大力发展内陆开放型经济。全面推进西部地区对内对外开放,打通陆路开放国际通道,打造重庆、成都、西安等内陆开放型经济战略高地。建设重庆两江新区,积极推进重庆两路寸滩保税港区、西安国际港务区等建设,在条件成熟的地方设立海关特殊监管区域,充分发挥保税贸易的重要作用。积极推进宁夏、新疆、甘肃等省(区)同中亚、中东国家的经贸合作。充分发挥西部国际博览会、东西部合作与投资贸易洽谈会、中国—东盟博览会等交流平台作用,将乌鲁木齐对外经济贸易洽谈会升格为"中国—亚欧博览会",办好欧亚经济论坛,促进东西部地区互动合作和对外开放,实现互利共赢。

十一、提高公共管理水平,促进社会和谐稳定

保持社会稳定是西部大开发的必要条件。要切实加强基层组织建设,全面提高社会服务和管理水平,扎实推进民族团结进步,维护社会和谐稳定。

42.加强基层组织建设。巩固和加强党的基层组织,着力扩大覆盖面,增强生机活力,加强基层党组织带头人队伍和基层政权建设。充分发挥县、乡党委和村党组织的核心领导作用,稳定和充实乡村干部队伍,增强带领各族群众脱贫致富奔小康本领。抓好农村、社区党建工作,积极支持村委会、居委会和集体经济组织依法开展工作。加大在非公有制经济组织、新社会组织中建立党组织的力度。建立稳定规范的基层组织工作经费保障制度。加强基层政权机关基础设施和乡村基层组织活动场所建设,改善基层干部工作生活条件。

43.加强社会管理。健全党委领导、政府负责、社会协同、公众参与的社会管理格局,全力维护社会稳定。完善正确处理人民内部矛盾的工作机制,深入开展群众工作,妥善协调各种利益关系,完善矛盾纠纷排查化解机制,维护群众合法权益。继续加强社会组织建设和管理,培育各类民间服务性组织,发挥其在联系社区、沟通民意等方面的重要作用。健全社会治安防控体系,加强社会治安综合治理。加强军政军民团结,开展双拥共建活动。完善突发事件应急管理机制。

44.做好民族宗教工作。全面贯彻党的民族政策,坚持和完善民族区域自治制度,牢牢把握各民族共同团结奋斗、共同繁荣发展的主题,巩固和发展平等团结互助和谐的社会主义民族关系。加强民族团结宣传教育工作,推进爱国主义和民族团结教育进社区、进农村、进学校、进寺庙。认真贯彻党的宗教工作基本方针,提高依法管理宗教事务水平。

十二、完善政策措施,进一步加大支持力度

西部地区具有特殊重要的战略地位,承担着特殊的使命,应给予特殊的政策支持。要以更大的决心、更强的力度、更有效的举措,进一步完善扶持政策,进一步加大资金投入,进一步体现项目倾斜。

45.财政政策。加大中央财政对西部地区均衡性转移支付力度,逐步缩小西部地区地方标准财政收支缺口,推进地区间基本公共服务均等化。中央财政用于节能环保、新能源、教育、人才、医疗、社会保障、扶贫开发等方面已有的专项转移支付,重点向西部地区倾斜。通过多种方式筹集资金,加大中央财政资金支持西部大开发的投入力度。中央财政加大对西部地区国家级经济技术开发区、高新技术产业开发区和边境经济合作区基础设施建设项目贷款的贴息支持力度。

46.税收政策。对设在西部地区的鼓励类产业企业减按15%的税率征收企业所得税。企业从事国家重点扶持的公共基础设施项目投资经营所得,以及符合条件的环境保护、节能节水项目所得,可依法享受企业所得税“三免三减半”优惠。推进资源税改革,对煤炭、原油、天然气等的资源税由从量计征改为从价计征,对其他资源适当提高税额,增加资源产地地方财政收入。各级地方政府在资源税分配上,要向资源产地基层政府倾斜。对西部地区内资鼓励类产业、外商投资鼓励类产业及优势产业的项目在投资总额内进口的自用设备,在政策规定范围内免征关税。

47.投资政策。加大中央财政性投资投入力度，向西部地区民生工程、基础设施、生态环境等领域倾斜。提高国家有关部门专项建设资金投入西部地区的比重，提高对公路、铁路、民航、水利等建设项目投资补助标准和资本金注入比例。中央安排的公益性建设项目，取消西部地区县以下(含县)以及集中连片特殊困难地区市地级配套资金，明确地方政府责任，强化项目监督检查。加大现有投资中企业技术改造和产业结构调整专项对西部特色优势产业发展的支持力度。中央预算内投资安排资金支持西部大开发重点项目前期工作。国际金融组织和外国政府优惠贷款继续向西部地区倾斜。

48.金融政策。进一步加大对西部地区信贷支持力度。加强财政政策和金融政策的有效衔接，鼓励政策性金融机构加大对西部地区金融服务力度，探索利用政策性金融手段支持西部地区发展。深化农村信用社改革，培育农村资金互助社等新型农村金融机构。抓紧制定并实施对偏远地区新设农村金融机构费用补贴等办法，逐步消除基础金融服务空白乡镇。落实和完善涉农贷款税收优惠、定向费用补贴、增量奖励等政策，进一步完善县域内银行业金融机构新吸收存款主要用于当地发放贷款的政策。鼓励地方各级政府通过资本金注入和落实税费减免政策等方式，支持融资性担保机构从事中小企业担保业务。积极支持西部地区符合条件的企业上市融资，支持西部地区上市公司再融资。扶持创业投资企业，发展股权投资基金。研究探索西部地区非上市公司股份转让的有效途径，规范发展产权交易市场。

49.产业政策。实行有差别的产业政策，制定西部地区鼓励类产业目录，促进西部地区特色优势产业发展。凡是有条件在西部地区加工转化的能源、资源开发利用项目，支持在西部地区布局建设并优先审批核准。支持民间资本以合作、参股等方式进入油气勘探、开发、储运等领域。扩大西部地区外商投资优势产业目录范围。加大中央地质勘查基金、国土资源调查评价资金对西部地区的投入力度，鼓励和引导多元资金投入。鼓励外资参与提高矿山尾矿利用率和矿山生态环境恢复治理新技术开发应用项目。

50.土地政策。进一步完善建设用地审批制度，简化程序，保障西部大开发重点工程建设用地。实施差别化土地政策，在安排土地利用年度计划指标时，适度向西部地区倾斜，增加西部地区荒山、沙地、戈壁等未利用地建设用地指标。稳步开展农村土地整治和城乡建设用地增减挂钩试点。工业用地出让金最低标准，可区别情况按《全国工业用地出让最低价标准》的10%—15%执行，适当降低西部地区开发园(区)建设用地的基准地价。

51.价格政策。对新建铁路和部分支线铁路，可根据实际情况，按照偿还贷款本息、补偿合理经营成本的原则，考虑当地经济发展水平和用户承受能力，核定新线和支线特殊运价。加快资源性产品价格改革，健全资源有偿使用制度，建立和完善反映市场供求关系和资源稀缺程度以及环境损害成本的生产要素和资源价格形成机制。支持资源地群众便捷使用质优价廉的煤气电。促进水资源节约利用，合理确定城市供水价格，逐步实行阶梯式水价。完善中水优惠利用价格，鼓励中水回用，中央在中水回用设施建设投资上给予支持。科学制定水资源费征收标准，逐步使污水处理费价格达到合理水平。积极推行发电企业竞价上网、电力用户和发电企业直接交易等定价机制。抓紧完善可再生能源发电定价政策。

52.生态补偿政策。按照谁开发谁保护、谁受益谁补偿的原则，逐步在森林、草原、湿地、流域和矿产资源开发领域建立健全生态补偿机制。探索推进资源环境成本内部化。逐步提高国家级公益林森林生态效益补偿标准。按照核减超载牲畜数量、核定草地禁牧休牧面积的办法,开展草原生态补偿。抓紧研究开展对湿地的生态补偿。充分考虑大江大河上游地区生态保护的重要性,中央财政加大对上游地区等重点生态功能区的均衡性转移支付力度。鼓励同一流域上下游生态保护与生态受益地区之间建立生态环境补偿机制。加大筹集水土保持生态效益补偿资金的力度。继续完善用水总量控制和水权交易制度,在甘肃、宁夏、贵州开展水权交易试点。建立资源型企业可持续发展准备金制度,资源型企业按规定提取用于环境保护、生态恢复等方面的专项资金,准予税前扣除。矿产资源所在地政府对企业提取的准备金按一定比例统筹使用,专项用于环境综合治理和解决因资源开发带来的社会问题。加快制定并发布关于生态补偿政策措施的指导意见和生态补偿条例。

53.人才政策。完善机关和事业单位人员的工资待遇政策,逐步提高工资水平。进一步加大对艰苦边远地区特别是基层的政策倾斜力度,落实艰苦边远地区津贴动态调整机制。研究完善留住人才、吸引各类人才到西部地区基层工作的优惠政策,在职务晋升、职称评定、子女入学、医疗服务等方面给予政策倾斜。

54.帮扶政策。进一步加强和推进对口支援西藏、新疆工作,建立经济支援、干部支援、人才支援、科技支援等相结合的全面对口支援机制,完善支援方式,加大支援力度。做好青海等民族地区及集中连片特殊困难地区的对口支援和对口帮扶工作。继续实施中央和国家机关及企事业单位等定点扶贫和对口支援。建立健全军地协调机制,充分发挥人民军队在参加和支援西部大开发中的优势和积极作用。广泛动员社会各界支持和参与西部大开发。鼓励开展各种形式的公益活动和慈善捐助。

十三、加强领导,切实把西部大开发各项任务落到实处

55.强化组织领导。西部地区各级党委和政府要进一步统一思想、提高认识,精心组织、加强领导,团结带领广大干部群众,扎实推进西部大开发各项工作。要把中央的决策部署与当地实际结合起来,将西部大开发主要目标和各项任务纳入本地区相关规划,分解落实工作责任,制定具体实施方案和配套政策措施,确保各项工作落到实处。东中部地区及社会各界要积极支持和参与西部大开发。

56.转变工作作风。西部地区各级党委、政府和各有关部门要大力弘扬理论联系实际、密切联系群众的作风,求真务实、真抓实干。各级领导干部要继续发扬自力更生、艰苦奋斗的精神,从我国国情和西部地区实际出发,创造性地开展工作;要深入群众、深入实际、深入基层,认真调查研究,及时发现新情况,提出新举措,解决新问题,不断开创工作新局面。

57.加强指导协调。国务院西部地区开发领导小组要加强对西部开发工作的领导,研究提出西部大开发的重大政策建议,协调推进各项战略任务。各部门要各司其职、各负其责,密切配合、通力协作,加强对西部开发工作的指导,抓紧制定深入实施西部大开发战略的政策实施细则,全面落实各项任务。国家发展改革委要会同有关部门抓紧编制西部大开发"十二五"规划和重点区域规划及专项规划,加强综合协调、调查研究和督促检查,研究解决西部大开发中的重大问题,及时提出有关意见和建议。

深入实施西部大开发战略,使命光荣、任务艰巨。各地区各部门要高举中国特色社会主义伟大旗帜,紧密团结在以胡锦涛同志为总书记的党中央周围,解放思想、坚定信心,开拓进取、扎实工作,奋力将西部大开发推向深入,为实现全面建设小康社会奋斗目标和中华民族伟大复兴作出新的更大贡献。

附录二

2010年西部大开发及国家发展改革委有关工作大事记

1月9日 胡锦涛总书记到陕西省汉中、西安等地考察工作。胡锦涛充分肯定了实施西部大开发战略10年来陕西经济社会发展取得的成绩,希望陕西广大干部群众牢牢把握国家深入实施西部大开发战略、批准实施《关中—天水经济区发展规划》的重要机遇,进一步解放思想、振奋精神,不断开创陕西改革开放和社会主义现代化建设新局面。

1月9日 在《人民日报》发表署名文章《继续深入实施西部大开发战略》。

2月24日 西气东输管道工程通过国家验收。输气能力已经由每年120亿立方米增加到170亿立方米,累计输送天然气659亿立方米,完全实现了工程建设目标。

3月1日 国家发展改革委正式启动《武陵山经济协作区发展规划》编制工作。规划将阐明经济协作区发展的总体思路、主要目标和重点任务,研究提出保障协作区发展的有效机制和政策措施,促进经济社会跨越式发展。

3月5日 国家发展改革委会同国务院发展研究中心以及陕西、甘肃、宁夏三省(区)正式启动《陕甘宁革命老区振兴规划》。

3月21—23日 胡锦涛总书记到宁夏回族自治区进行实地调查研究。胡锦涛强调,西部大开发第一个10年取得了良好开局、打下了坚实基础,第二个10年将成为承前启后、深入推进的关键时期。中央将把深入实施西部大开发战略作为具有全局意义的重大方针、作为"十二五"时期经济社会发展的重大任务,进一步完善扶持政策,进一步加大资金投入,进一步体现项目倾斜,以更大的决心、更强的力度、更有效的举措,推动西部地区经济社会又好又快发展,为我国发展开拓新的广阔空间。

3月29日 川气东送工程全面投产。工程包括普光气田开发、普光天然气净化厂、川气东送管道三部分。干线管道全长1700余公里,设计年输能力120亿立方米,已实现向重庆、四川、上海等省(市)供气。

3月29—30日 全国对口支援新疆工作会议在北京召开。国务院副总理李克强、中央政法委书记周永康出席会议并讲话。会议学习贯彻中央关于组织开展新一轮对口支援新疆工作的重要决策,对进一步加强和推进对口支援新疆工作进行动员部署。

4月7日 国务院总理温家宝主持召开国务院常务会议,研究深入实施西部大开发战略的重点任务和政策措施。会议指出,实施西部大开发战略,是党中央、国务院在世纪之交作出的重大决策。10年来,在国家大力支持和西部地区干部群众共同努力下,西部大开发取得巨大成就。会议强调,今后10年是西部大开发承前启后的关键时期,必须以增强西部地区自我发展能力为主线,以保障和改善民生为核心,以科技进步和人才开发为支撑,进一步完善政策、加大投入、强化支持,坚定不移地深入实施西部大开发战略。一要加快推进以

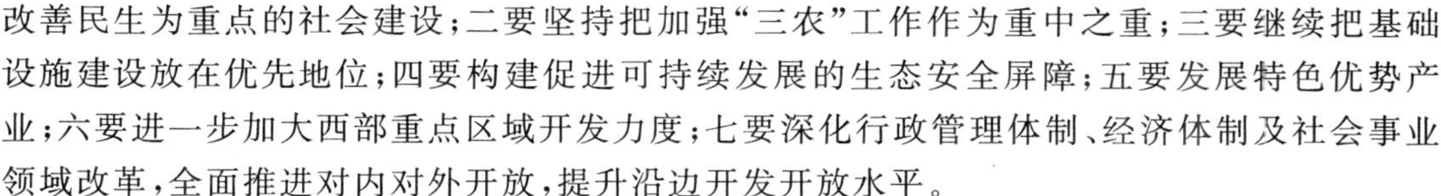

改善民生为重点的社会建设；二要坚持把加强“三农”工作作为重中之重；三要继续把基础设施建设放在优先地位；四要构建促进可持续发展的生态安全屏障；五要发展特色优势产业；六要进一步加大西部重点区域开发力度；七要深化行政管理体制、经济体制及社会事业领域改革，全面推进对内对外开放，提升沿边开发开放水平。

4月8日　第十四届中国东西部合作与投资贸易洽谈会在陕西西安开幕。本届西洽会以“区域合作、扩大内需、科学发展”为主题，重点是进一步推动对内对外开放，深化投资与贸易合作。

4月9日　国家发展改革委在西安召开深入推进《关中—天水经济区发展规划》实施工作座谈会。会议总结交流了关中—天水经济区各地市（区）落实规划的做法，研究解决规划实施中存在的问题，共同探讨经济区加快发展之策。

4月26日　国家发展改革委召开《生态补偿条例》起草工作启动暨起草领导小组、工作小组和专家咨询委员会成立会议。起草领导小组组长、国家发展改革委副主任杜鹰主持会议并讲话。会议围绕生态补偿立法的重要性、总体思路、需要解决的重点问题等进行了深入讨论，对下一阶段工作作了部署。

4月27日　国家发展改革委印发《关于2009年西部大开发进展情况和2010年工作安排》，系统总结了2009年西部大开发的成就，对2010年主要工作做出了部署。

4月30日　国务院玉树地震灾后恢复重建组召开第一次全体会议。会议由国家发展改革委主任、重建组组长张平同志主持，青海省、四川省和重建组成员单位有关负责同志参加会议。会议部署了近期灾后恢复重建重点工作。

5月2日　国务院办公厅印发《关于进一步支持甘肃经济社会发展的若干意见》。

5月5—11日　国家副主席习近平到广西壮族自治区百色、南宁市调研。他强调，西部大开发战略实施10周年来取得巨大成就，不仅有力促进了西部地区发展，也为全国发展开辟了广阔空间。西部地区要继续认真落实中央关于西部大开发的各项政策措施，在新的起点上实现西部地区经济社会又好又快发展。

5月7日　国务院批准重庆设立两江新区。两江新区是统筹城乡综合配套改革试验的先行区，要建设成为内陆重要的先进制造业基地和现代服务业基地，长江上游金融中心和创新中心，内陆开放的重要门户、科学发展的示范窗口。

5月18日　国务院玉树地震灾后恢复重建组组长、国家发展改革委主任张平主持召开会议，研究恢复重建中建材、运输、电力、施工等有关保障工作。青海省、四川省和有关部门负责同志参加会议。

5月24日　国务院印发《玉树地震灾后恢复重建工作的指导意见》。明确了恢复重建工作的总体要求、主要任务和保障措施。

5月27日　国务院玉树地震灾后恢复重建组召开第二次全体会议。会议由国家发展改革委主任、重建组组长张平主持，重建组成员单位有关负责同志参加会议。会议研究审议了《玉树地震灾后恢复重建总体规划（讨论稿）》。

5月28日　中共中央政治局召开会议，研究深入实施西部大开发战略的总体思路和政策措施。中共中央总书记胡锦涛主持会议。会议指出，今后10年是深入推进西部大开发承前启后的关键时期。全党必须站在党和国家事业发展全局的高度，充分认识深入实施西部大开发战略的重大意义，把西部大开发放在区域协调发展总体战略的优先位置，进一步解放思想、开拓创新，进一步加大投入、强化支持，以增强自我发展能力为主线，以改善民生为核心，以科技进步和人才开发为支撑，更加注重基础设施建设，更加注重生态环境保护，更加注重经济结构调整和自主创新，更加注重社会事业发展，更加注重优化区域布局，更加注重体制机制创新，推动西部地区经济又好又快发展和社会和谐稳定，努力实现全面建设小康社会奋斗目标。

6月4—10日 为做好贵州省水利建设生态建设石漠化治理规划编制工作，国家发展改革委副主任杜鹰率领由国务院有关部门组成的联合调研组，赴贵州省就规划涉及的重大问题进行实地调研，与贵州省人民政府负责同志交换了意见。

6月9日 国务院印发《玉树地震灾后恢复重建总体规划》。规划提出，力争用三年时间基本完成恢复重建主要任务，使灾区基本生产生活条件和经济社会发展全面恢复并超过灾前水平，实现居民拥有新家园、生态迈上新台阶、设施得到新改善、城乡呈现新面貌、社会和谐新局面的重建目标。

6月12—13日 岩溶地区石漠化综合治理工程第二次省部联席会暨现场会在广西壮族自治区百色市召开。国家发展改革委副主任杜鹰出席会议并做重要讲话。会议回顾石漠化综合治理试点工作以来，特别是去年以来工程建设取得的成效，总结经验，查找差距，分析面临的形势和任务，对下一步工作做出部署。与会代表实地考察了平果县、田阳县的四个工程项目区。

6月18—19日 全国巩固退耕还林成果部际联席会议第一次会议暨现场会在陕西省商洛市柞水县召开。部际联席会议召集人、国家发展改革委副主任杜鹰以及组成单位负责同志出席会议并讲话，退耕还林工程区的25个省(区、市)和新疆生产建设兵团相关厅局负责同志参加了会议。与会代表参观了柞水县基本口粮田、后续产业、农村能源、生态移民等巩固退耕还林成果项目建设，交流了典型经验。会议部署了2010年及今后一个时期巩固退耕还林成果工作。

6月20日 国务院玉树地震灾后恢复重建组在青海西宁召开灾后恢复重建对口援建工作会议，国家发展改革委主任、重建组组长张平出席会议并讲话。

6月29日 中共中央、国务院印发关于深入实施西部大开发战略的若干意见。对深入实施西部大开发战略作出全面部署，明确了下10年深入实施西部大开发的指导思想、基本原则、奋斗目标、重点任务和采取的主要政策措施。

7月5—6日 中共中央、国务院召开西部大开发工作会议。中共中央总书记胡锦涛、全国人大常委会委员长吴邦国、国务院总理温家宝、全国政协主席贾庆林、中共中央政治局常委李长春、国家副主席习近平、国务院副总理李克强、中央纪委书记贺国强、中央政法委书记周永康出席会议。胡锦涛、温家宝、李克强同志做重要讲话。胡锦涛强调，深入实施西部大开发战略是实现全面建设小康社会宏伟目标的重要任务，事关各族群众福祉，事关我国改革开放和社会主义现代化建设全局，事关国家长治久安，事关中华民族伟大复兴。今后10年是全面建设小康社会的关键时期，也是深入推进西部大开发承前启后的关键时期。全党全国一定要从大局出发，深刻认识深入实施西部大开发战略的重要性和紧迫性，奋力将西部大开发推向深入，努力建设经济繁荣、社会进步、生活安定、民族团结、山川秀美的西部地区，为实现全面建设小康社会奋斗目标、实现中华民族伟大复兴做出新的更大的贡献。会议对今后10年西部大开发工作进行了全面部署，对西部大开发做出突出贡献的集体和个人进行了表彰。

7月7日　《人民日报》发表社论《奋力将西部大开发推向深入》。

7月7日　国家发展改革委公布2010年西部大开发新开工23项重点工程，投资总规模为6822亿元。分别是：(1)沪昆客运专线长沙至昆明段；(2)成都至贵阳铁路乐山至贵阳段；(3)西安至成都客运专线西安至江油段；(4)宝鸡至兰州客运专线；(5)成都至重庆客运专线；(6)云南大理至丽江公路；(7)新疆库车至阿克苏公路；(8)甘肃雷家角(陕甘界)至西峰公路；(9)贵州贵阳机场改扩建；(10)西部支线机场建设；(11)广西防城港核电一期工程；(12)四川大渡河猴子岩和雅砻江桐子林水电站；(13)西部光伏电站建设；(14)西部风电基地建设；(15)西部农网改造升级工程；(16)内蒙古胜利东二号露天煤矿二期工程；(17)新疆大井矿区南露天煤矿一期工程；(18)青藏直流联网工程；(19)新疆电网与西北电网联网工程；(20)贵州黔中水利枢纽一期工程；(21)西藏旁多水利枢纽；(22)内蒙古海勃湾水利枢纽；(23)新疆生产建设兵团肯斯瓦特水利枢纽。2000—2009年，西部大开发累计新开工重点工程120项，投资总规模2.2万亿元。

7月8日　国务院新闻办召开新闻发布会介绍西部大开发实施情况。国家发展改革委副主任杜鹰、内蒙古自治区副主席刘新乐、重庆市人民政府副市长童小平、四川省人民政府常务副省长魏宏介绍西部大开发实施情况及深入推进西部大开发战略的主要思路。

7月12日　全国政协人口资源环境委员会等单位主办的西部大开发10周年生态环境与人居环境成就展在北京举行。国务院副总理回良玉出席开幕式并参观展览。

7月12—20日　国家发展改革委副主任杜鹰率队，赴云南省就支持云南省建设我国向西南开放桥头堡问题进行专题调研。

7月15—18日　中央纪委书记贺国强在内蒙古考察时强调，要认真学习贯彻西部大开发工作会议精神，切实把保持经济平稳较快发展和加快经济发展方式转变有机结合起来，努力推动内蒙古经济社会发展再上一个新台阶。

7月16—18日　国务院总理温家宝在陕西西安就经济发展情况进行调研。他指出，今年以来，国民经济继续朝着宏观调控的预期方向发展，成绩来之不易。面对当前的形势，我们既要看到有利的条件，进一步坚定信心；又要充分估计面临的困难和问题，增强忧患意识。要冷静观察，科学判断，未雨绸缪，沉着应对，进一步巩固和发展好的势头。

7月19—21日　中央政法委书记周永康在青海考察。他指出，要紧紧抓住中央深入实施西部大开发战略、支持青海等省藏区经济社会发展、全面启动玉树地震灾区灾后重建的历史性机遇，深入贯彻落实科学发展观，扎实做好发展经济、改善民生、保护生态、维护稳定工作，加快建设富裕文明和谐新青海。

7月28—30日　国家发展改革委在四川成都召开东部城市对口支持西部地区人才培训第五次工作会议，传达学习中共中央、国务院关于深入实施西部大开发战略的若干意见，对进一步做好东部城市对口支持西部地区人才培训工作进行了安排。

7月28—31日　国务院玉树地震灾后恢复重建组组长、国家发展改革委主任张平赴青海调研，对援建工作衔接、物资供应保障、工程施工组织等有关问题与援建单位交换了意见，协调了有关问题。

7月29日　青藏750千伏/正负400千伏交直流联网工程西藏区工程正式开工。该工程的建设将实现西北电网和西藏电网的互联，对资源优化配置、推动青海和西藏两省(区)

跨越式发展，将发挥十分重要的作用。

8月1—2日 国家发展改革委在乌鲁木齐市召开对口支援新疆工作协调会议。国家发展改革委张平主任出席会议并作重要讲话，全面总结了当前对口支援新疆工作的进展情况，提出了要抓紧研究解决的突出问题，明确了下一步及明年全面推进对口支援新疆工作的具体要求。

8月13—16日 中央纪委书记贺国强到西藏林芝、拉萨等地，就贯彻落实中央第五次西藏工作座谈会和西部大开发工作会议精神，做好西藏改革发展稳定工作以及加强党风廉政建设和反腐败工作等问题进行调研。

8月16日 中央人才工作协调小组在京召开会议，审议通过了《关于贯彻落实西部大开发工作会议精神，进一步加强西部地区人才工作的通知》。会议指出，西部大开发，人才是关键。各地方各部门要认真贯彻落实西部大开发工作会议精神，牢固树立人才资源是第一资源的思想，把西部地区人才队伍建设作为一项战略任务抓紧抓好，为深入实施西部大开发战略提供坚强的人才保证和智力支持。

8月17—23日 国家发展改革委副主任杜鹰率队赴内蒙古自治区，就促进内蒙古经济社会发展问题进行专题调研。

8月20—26日 全国政协主席贾庆林在新疆调研时强调，要认真贯彻落实中央新疆工作座谈会精神，牢牢抓住国家深入实施西部大开发战略的重大历史机遇，充分发挥统一战线和人民政协的优势和作用，为推进新疆跨越式发展和长治久安凝聚起强大力量，努力建设繁荣富裕和谐稳定的社会主义新疆。

8月26—30日 中共中央政治局常委李长春在重庆调研时强调，深入实施西部大开发战略是实现全面建设小康社会目标的重要任务，宣传思想战线要大力宣传中央关于深入实施西部大开发战略的总体部署和政策措施，宣传西部地区发挥后发优势、实现跨越式发展的生动实践和积极进展，宣传西部地区民族团结、社会稳定、人民安居乐业的大好局面，为推动西部地区经济社会又好又快发展提供强大精神动力和舆论支持。

8月30日 国务院汶川地震灾后恢复重建工作协调小组第五次全体会议和舟曲灾后恢复重建指导协调小组第一次全体会议召开。会议由国家发展改革委主任、协调小组组长张平主持。国家发展改革委副主任、协调小组副组长穆虹以及协调小组成员及联络员，四川、甘肃、陕西省有关负责同志参加了会议。会议研究讨论当前汶川地震灾后恢复重建需要解决的重点问题，研究部署舟曲灾后恢复重建有关工作。

8月31日 国务院印发《关于中西部地区承接产业转移的指导意见》。

9月10—14日 全国人大常委会委员长吴邦国在宁夏回族自治区调研时强调，要充分认识加快转变经济发展方式的重要性、艰巨性和紧迫性，把思想和行动切实统一到中央对形势的分析判断和对工作的总体部署上来，紧紧抓住深入实施西部大开发战略的重要机遇，结合实际创造性地开展工作，走出一条符合宁夏实际，富有特色的兴区富民之路。

9月26日 拉萨至日喀则铁路开工建设。国家发展改革委主任张平、西藏自治区党委书记张庆黎、铁道部部长刘志军在开工大会上讲话并为工程奠基。

10月13日 国务院舟曲灾后恢复重建指导协调小组召开第二次全体会议，审议《舟曲特大山洪泥石流灾害灾后恢复重建规划(讨论稿)》。会议由国家发展改革委主任、指导协调小组组长张平主持。国家发展改革委副主任、指导协调小组常务副组长穆虹就规划编制

作了说明。会议原则通过《舟曲特大山洪泥石流灾害灾后恢复重建规划(讨论稿)》。

10月21日　国务院办公厅印发关于进一步支持甘肃经济社会发展若干意见重点工作分工方案的通知。

10月21日　国家发展改革委印发关于进一步做好东部城市对口支持西部地区人才培训工作的指导意见,明确了"十二五"时期东部城市对口支持西部地区人才培训工作的指导思想、目标任务、主要措施和工作要求。

10月21日　国务院副总理王岐山召开西部地区利用外资座谈会。西部地区各省(区、市)负责同志及发展改革委负责同志,国务院有关部门负责同志出席了会议。国家发展改革委副主任杜鹰参加会议。

10月22日　第十一届中国西部国际博览会暨第三届中国西部国际合作论坛在四川成都开幕。国务院副总理王岐山出席开幕式并发表演讲。国家发展改革委副主任杜鹰出席开幕式、第三届中国西部国际合作论坛和中国西部投资说明会暨经济合作项目签约仪式。

10月23日　生态补偿立法与流域生态补偿国际研讨会在四川雅安召开。会议由国家发展改革委、四川省人民政府、亚洲开发银行主办。国家发展改革委副主任杜鹰、四川省人民政府副省长王宁出席会议并致辞。亚洲开发银行东亚局局长克劳斯·格尔豪瑟和国家有关部委,来自美国、加拿大、澳大利亚、越南等国家和地区以及国内外专家学者等100多人参加会议。

10月28日　国家发展改革委在京召开贯彻落实中央深入实施西部大开发战略部署暨西部大开发"十二五"规划编制启动会,杜鹰副主任出席会议并作重要讲话。杜鹰指出,认真学习贯彻党的十七届五中全会精神和党中央、国务院关于深入实施西部大开发战略部署,抓紧编制《西部大开发"十二五"规划》,是当前一项重要工作。要全面总结10年来的重要成绩和经验,紧紧抓住西部地区正处在重要战略机遇期的时代特点,理清发展思路,明确发展方向,提出重大任务和政策措施,努力编制一个符合党中央、国务院要求、顺应西部各族人民期待的规划。

10月29日　国务院副总理李克强在陕西省西安市出席部分地区"十二五"规划纲要(草案)编制工作座谈会并讲话。他强调,要全面贯彻落实党的十七届五中全会精神,坚持科学发展,加快转变经济发展方式,在发展中促转变,在转变中谋发展,促进中西部地区又好又快发展,造福广大人民群众。

11月2日　重庆西永综合保税区(一期)通过海关总署等10部委正式验收。这是我国西部内陆地区第一个综合保税区,也是第7个通过正式验收的综合保税区。

11月3日　新疆与西北750千伏电网联网工程正式投产运行。标志着新疆电网结束了孤网运行历史,甘肃千万千瓦级风电外送通道得以打通,西北地区水、火、风电"打捆"东送成为现实。工程起于新疆乌北变电站,止于甘肃永登变电站,全长2560公里,变电容量1290万千伏安。

11月4日　国务院印发《舟曲灾后恢复重建总体规划》。规划提出,2010年年底前,基本完成城乡居民住房维修加固任务;2012年年底前,全面完成城乡住房、公共服务和基础设施等各项恢复重建任务,使灾区基本生产生活条件和经济社会发展全面恢复并超过灾前水平。

11月上旬　国家发展改革委为起草西部大开发"十二五"规划开展专题研究。

11月11—13日 中央政法委书记周永康在重庆调研时强调，要认真贯彻党的十七届五中全会精神，编制好重庆“十二五”规划；要拿出更多的精力财力，加快改善库区、山区城乡居民的生活；要把加强社会建设像加强经济建设一样，列出一个个项目有序实施，努力在西部地区率先建成全面小康社会。

11月11—15日 中共中央政治局常委李长春在云南进行调研。李长春对云南经济社会发展取得的成就给予充分肯定，希望云南紧紧抓住中央深入实施西部大开发战略等重大机遇，加快转变经济发展方式，进一步拓展对外开放的广度和深度，不断提升沿边开放的质量和水平，把云南建设成为我国向西南开放的重要桥头堡，走出一条符合云南实际的科学发展新路。

11月12日 《生态补偿条例》起草领导小组、工作小组和专家咨询委员会第二次会议召开。会议重点讨论了《关于建立健全生态补偿机制的若干意见》修改稿和《生态补偿条例》草案框架稿，并对下一阶段工作进行了部署和安排。起草领导小组组长、国家发展改革委副主任杜鹰主持会议并作总结讲话，起草领导小组、工作小组和专家咨询委员会成员参加会议。

12月3日 国家发展改革委办公厅印发关于进一步做好西部地区管理人才创新培训工程实施工作的通知。培训规模由“十一五”期间的每年4000人扩大到“十二五”期间每年2万人，并提出要进一步扩大中国西部开发远程学习网的覆盖范围。

12月5日 西气东输二线东段干线工程正式投产运行。该工程西起宁夏中卫，经甘肃、陕西、河南、湖北，把来自中亚地区的天然气输送到武汉，供气范围还辐射到湖南、川渝和长三角地区。

12月22日 宜万铁路建成通车。该铁路是2003年西部开发新开工重点工程，是我国“八纵八横”铁路网主骨架之一。线路全长377公里，东起湖北省宜昌市，西至重庆市万州区，贯穿武陵山区腹地，是我国铁路史上修建难度最大、公里造价最高、历时最长的山区铁路。

附录三

“十一五”时期西部开发新开工重点工程汇总表

年　份	项目数	项目名单	总投资（亿元）
2006年	12	太原至中卫（银川）铁路，西部公路建设，西部支线机场，西部地区重点煤矿工程，西部水电站建设，云南青山嘴水库工程，退耕还林配套基本口粮田建设，四川80万吨/年乙烯工程，新疆罗布泊120万吨钾肥工程，内蒙古蒙西高技术集团40万吨氧化铝项目，西部地区高技术产业项目，西部教育卫生等社会事业项目	1654
2007年	10	新建大理至瑞丽、奎屯至北屯铁路，包头至西安、西宁至格尔木铁路扩能改造，天水至定西、都匀至新寨公路建设，昆明机场迁建工程，西部支线机场建设，大岗山和积石峡水电站建设，重庆蓬威石化60万吨PTA项目，广西、四川千万吨级炼油项目，内蒙古黄玉川煤矿和酸刺沟煤矿千万吨级重点煤矿工程，西部教育卫生等社会事业项目	1516
2008年	10	新建贵阳至广州、兰州至重庆、喀什至和田铁路，四川万源至达州、贵州水口至都匀等高速公路建设工程，通乡油路改造工程，成都、重庆、西安机场扩建工程，西部支线机场，云南阿海、四川长河坝水电站建设，内蒙古布尔台、陕西凉水井煤矿工程，西气东输二线工程，兰州—郑州—长沙成品油管道工程，西部地区社会事业建设项目	4361
2009年	18	成都至兰州铁路，重庆至贵阳铁路，昆明至南宁铁路，广通至大理铁路，丽江至香格里拉铁路，西安至宝鸡客运专线，兰州至乌鲁木齐铁路增建第二线，西安至安康铁路增建第二线，广元至南充高速公路，厦门至成都高速公路石坝至纳溪段，陕西安康至汉中公路，四川大渡河泸定、云南澜沧江功果桥水电站，广西鱼梁、老口航运枢纽，四川嘉陵江亭子口水利枢纽，成都双流机场改扩建，西安咸阳机场改扩建工程，西部支线机场，无电地区电力建设	4689
2010年	23	沪昆客运专线长沙至昆明段，成都至贵阳铁路乐山至贵阳段，西安至成都客运专线西安至江油段，宝鸡至兰州客运专线，成都至重庆客运专线，云南大理至丽江公路，新疆库车至阿克苏公路，甘肃雷家角（陕甘界）至西峰公路，贵州贵阳机场改扩建，西部支线机场建设，广西防城港核电一期工程，四川大渡河猴子岩和雅砻江桐子林水电站，西部光伏电站建设，西部风电基地建设，西部农网改造升级工程，内蒙古胜利东二号露天矿二期工程，新疆大井矿区南露天煤矿一期工程，青藏直流联网工程，新疆电网与西北电网联网工程，贵州黔中水利枢纽一期工程，西藏旁多水利枢纽，内蒙古海勃湾水利枢纽，新疆兵团肯斯瓦特水利枢纽	6822
合计	73		19042

附录四

国家西部大开发突出贡献集体和个人表彰决定与名单

一、表彰决定

关于表彰国家西部大开发突出贡献集体和突出贡献个人的决定

各省、自治区、直辖市人力资源社会保障(人事、劳动保障)厅(局)、发展改革委(局),新疆生产建设兵团人事局、劳动保障局、发展改革委,有关中央国家机关、人民团体、国务院直属事业单位组织人事部门,解放军总政治部:

实施西部大开发战略,是党中央高瞻远瞩、总揽全局、在世纪之交作出的重大决策。10年来,在党中央、国务院的正确领导下,在全国人民的大力支持下,西部大开发取得了显著成绩,西部地区经济发展、社会进步、民族团结、边疆稳定,进入了历史上发展的最好时期。在推进西部大开发的伟大事业中,涌现出一大批做出突出贡献的集体和个人。这些先进集体和个人坚决贯彻执行国家西部大开发的各项方针政策,在推进西部地区基础设施建设、加强生态建设和环境保护、开发特色优势产业、发展科技教育卫生文化等社会事业、促进东西互动合作、从事重大政策研究和咨询服务等重点领域的工作中,模范遵守国家法律法规,锐意进取,艰苦奋斗,扎根基层,甘于奉献,在各自工作领域和工作岗位上为国家西部大开发事业做出了突出贡献。

为表彰先进,弘扬正气,激励广大干部群众和社会各界齐心协力深入推进西部大开发伟大的事业,人力资源和社会保障部、国家发展改革委决定,授予北京市教育委员会办公室等153个单位"国家西部大开发突出贡献集体"荣誉称号;授予路明等77名同志"西部大开发突出贡献个人"荣誉称号,享受省部级劳动模范和先进工作者待遇。希望受到表彰的集体和个人珍惜荣誉,谦虚谨慎,戒骄戒躁,再接再厉,不断取得新的更大成绩。

奋斗在西部大开发各条战线上的广大干部职工要以受表彰的先进集体和个人为榜样,学习他们响应国家号召、为西部大开发事业无私奉献的优秀品格,学习他们立足本职、争创一流的工作作风,学习他们与时俱进、开拓创新的进取精神,在以胡锦涛同志为总书记的党中央领导下,高举中国特色社会主义伟大旗帜,以邓小平理论和"三个代表"重要思想为指导,深入贯彻落实科学发展观,坚定信心,开拓奋进,埋头苦干,扎实工作,努力推动西部地区经济社会迈上新台阶,为实现全面建设小康社会的宏伟目标而不懈奋斗。

人力资源和社会保障部
国家发展和改革委员会
二〇一〇年六月二十四日

二、表彰名单

1. 国家西部大开发突出贡献集体名单

北京市
市教育委员会办公室
市委组织部干部调配处
市人力资源和社会保障局教育培训处
天津市
天津天士力集团有限公司
市城市规划设计研究院规划设计研究一所
市财政局社会保障处
河北省
平泉县京津风沙源治理工程办公室
张家口市京津风沙源治理工程领导小组办公室
山西省
省发展和改革委员会地区经济处
内蒙古自治区
自治区实施西部大开发战略领导小组办公室
包头市发展和改革委员会
鄂尔多斯市东胜区人民政府
四子王旗人民政府
辽宁省
省经济合作办公室
吉林省
延边朝鲜族自治州发展和改革委员会
黑龙江省
大兴安岭地区西部开发协作办公室
上海市
浦东新区人民政府合作交流办公室
市人民政府合作交流办公室对口支援处
上海科技管理干部学院管理系
江苏省
张家港市人民政府
无锡市发展和改革委员会
南通市发展和改革委员会
浙江省
杭州娃哈哈集团有限公司
金华市发展和改革委员会
宁波市鄞州区扶贫办公室

宁波市对口扶贫协作工作领导小组办公室

安徽省

省经济技术协作办公室

福建省

省地质调查研究院

省青年志愿服务中心

福建农林大学菌草研究所

江西省

南昌市第十七中学

山东省

省发展和改革委员会经济合作处

潍坊市区域经济发展合作办公室

新汶矿业集团有限责任公司

河南省

省财政厅经济建设处

湖北省

恩施土家族苗族自治州发展和改革委员会

湖北沪蓉西高速公路建设指挥部

湖南省

湘西土家族苗族自治州发展和改革委员会

永顺县人民政府

广东省

省人民医院

广东实验中学

广州市协作办公室

广西壮族自治区

龙滩水电开发有限公司

广西玉柴机器集团有限公司

自治区西部大开发领导小组办公室

钦州市发展和改革委员会

柳州柳工挖掘机有限公司

海南省

海航集团有限公司

五指山市发展和改革局

重庆市

九龙坡区发展和改革委员会

市西部开发工作领导小组办公室

市交通委员会

市永川职业教育中心

重庆西永微电子产业园区开发有限公司
四川省
甘孜藏族自治州发展和改革委员会
广元市林业和园林管理局
成都高新技术产业开发区投资服务局
攀枝花市西部开发领导小组办公室
南充市顺庆区发展和改革局
贵州省
省铁路建设办公室
省交通运输厅综合规划处
省水利水电勘测设计研究院
省林业厅退耕还林工程管理中心
黔西南布依族苗族自治州发展和改革局
云南省
省地方税务局税政二处
保山市林业局
省人力资源和社会保障厅培训教育处
华能澜沧江水电有限公司
省发展和改革委员会西部开发处
西藏自治区
定日县教育局
米林县人民政府
自治区交通运输厅重点公路建设项目管理中心
拉萨市发展和改革委员会
陕西省
省西部开发领导小组办公室
吴起县人民政府
国家开发银行股份有限公司陕西省分行
中国石油天然气股份有限公司长庆油田分公司
西部机场集团有限公司
甘肃省
天水市以工代赈易地搬迁办公室
金昌市发展和改革委员会
白银市平川区发展和改革局
庄浪县发展和改革局
嘉峪关市园林绿化管理局
青海省
西宁市发展和改革委员会
青海盐湖工业集团股份有限公司

青海中信国安科技发展有限公司
青海汇吉实业集团有限责任公司
宁夏回族自治区
西吉县发展和改革局
灵武市发展和改革局
自治区发展和改革委员会西部开发办公室
中卫市农牧局
新疆维吾尔自治区
中共库车县委员会
神华新疆能源有限责任公司
若羌县林业局
新疆广汇实业投资(集团)有限责任公司
玛纳斯县乐土驿镇人民政府
新疆生产建设兵团
农八师121团
农业建设第十三师红山农场
农六师发展和改革委员会
新疆伊力特实业股份有限公司

国家发展和改革委员会
西部开发司
中国西部开发远程学习网
教育部
北京大学
清华大学
浙江大学
东北师范大学
西南大学
西安交通大学
科学技术部
中国科学技术发展战略研究院科技与社会发展研究所
工业和信息化部
西北工业大学西部开发办公室
国家民族事务委员会
西北民族大学生命科学与工程学院
人力资源和社会保障部
社会保险事业管理中心
中国国际人才交流协会亚非部
上海市展望发展进修学院

国土资源部

西安地质调查中心鄂尔多斯盆地地下水勘查项目组

环境保护部

中国环境监测总站

交通运输部

交通部公路科学研究所交通公路工程研究中心

铁道部

青藏铁路公司德令哈车务段

水利部

长江水利委员会水土保持局生态建设处

农业部

中国农业科学院

文化部

全国文化信息资源建设管理中心

卫生部

中国医学科学院(北京协和医学院)

国务院国有资产监督管理委员会

中国核工业集团公司中核四〇四有限公司

中国航空工业集团公司

中国石油天然气集团公司

中国石化西北石油局西北油田分公司

国家电网公司

中国南方电网有限责任公司

中国长江三峡集团公司

神华集团有限责任公司

中国电信集团公司

中国航空集团公司

中粮集团有限公司

中国中材集团有限公司

中国铁路工程总公司

中国铁道建筑总公司

国家广播电影电视总局

国家广播电影电视总局九一六台

国家林业局

昆明勘察设计院

发展规划与资金管理司

中国科学院

地理科学与资源研究所中国区域发展问题研究组

新疆生态与地理研究所绿洲生态与绿洲农业研究室

中国社会科学院
中国西部大开发战略与政策研究课题组
中国工程院
水资源项目组
共青团中央
青年志愿者行动指导中心
全国妇联
中国儿童少年基金会
解放军总政治部
青海省湟中县人民武装部
中国人民解放军 75486 部队
中国人民解放军 77266 部队
中国人民解放军 95538 部队
中国人民解放军 96365 部队
中国人民解放军第三军医大学
中国人民解放军 63607 部队
中国人民武装警察部队交通第二总队八支队

2. 国家西部大开发突出贡献个人名单

北京市
路　明　北京世纪坛医院副院长
天津市
郭造林　市人民政府合作交流办公室对口支援处处长
河北省
张　杰　省生态环境建设项目管理中心主任
山西省
张建峰　省发展和改革委员会以工代赈办公室主任
内蒙古自治区
荣威恒(蒙古族)　内蒙古自治区农牧业科学院总畜牧师
郑楚英(女)　内蒙古乌海化工股份有限公司总经理
李志明　赤峰市农牧科学研究院院长
辽宁省
王　刚　鞍山市人民政府副秘书长
吉林省
宋　杨(女)　延边朝鲜族自治州发展和改革委员会副主任
黑龙江省
李海利　省发展和改革委员会农经处调研员
上海市
王宗南　光明食品(集团)有限公司董事长

江苏省
单启宁　中共扬州市委副秘书长
浙江省
董　忠　省发展和改革委员会基综办副主任
福建省
林文井　南靖县人民检察院检察长
江西省
曹样根　新疆维吾尔自治区乌恰县阿克塔什铁矿董事长
山东省
张乐天　聊城市人民政府秘书长
河南省
乔长恩　省发展和改革委员会地区经济处副处长
湖北省
韩宏伟　湖北沪蓉西高速公路建设指挥部副指挥长
湖南省
秦建平(土家族)　湘西土家族苗族自治州发展和改革委员会副主任
广东省
陈光天　省发展和改革委员会经济贸易处调研员
广西壮族自治区
王允怀　华银铝业有限公司副总经理
黄亚铭　自治区疾病预防控制中心主任医师
农　冰(壮族)　南宁市环境保护局局长
海南省
李广清　白沙黎族自治县发展和改革局局长
重庆市
左正银　市退耕还林管理中心副主任
刘昌福　彭水县龙溪乡如榔村党支部书记
钟　宁　重庆高速公路集团有限公司副总经理
四川省
于廷哲　德阳市发展和改革委员会主任
高正强　四川华蓥山广能(集团)有限责任公司董事长
刘本金　邛崃市平乐镇花楸村党支部书记
贵州省
张家富　毕节地区西部开发办公室副主任科员
冯姝蓉(女)　铜仁地区发展和改革局社会发展科科长
李宗辉(苗族)　省天然林资源保护工程管理中心主任
云南省
展宏斌　曲靖市发展和改革委员会主任
李志勇　临沧市发展和改革委员会主任

徐绍能　省交通运输厅综合规划处处长

西藏自治区

元旦加措(藏族)　阿里地区发展和改革委员会副主任科员

蒋素云(女)　自治区环境保护厅主任科员

平措扎西(藏族)　察雅县林业局局长

陕西省

杜芳秀　定边县秀海荒山治理有限责任公司总经理

燕君芳(女)　杨凌本香农业产业集团有限公司董事长

张丹力　陕西龙门钢铁(集团)有限责任公司董事长

甘肃省

曹力耕　省西部地区开发领导小组办公室副主任

周爱兰(女)　定西市爱兰马铃薯种业有限责任公司总经理

赵毓璋　省交通运输厅工程处宝天项目办总工程师

青海省

平志强　省发展和改革委员会地区经济处处长

刘洪金　省公路局副局长

孙玉军　黄河上游水电开发有限责任公司工程建设分公司副经理

宁夏回族自治区

史　君　青铜峡市发展和改革局局长

刘红梅(女)　宁夏乐义国际农业发展有限公司董事长

张　伟　中共石嘴山市惠农区委书记

新疆维吾尔自治区

沙吾尔·芒力克(维吾尔族)　尉犁县兴平乡党委副书记

古丽斯坦·阔买克(女,哈萨克族)　阿勒泰市第三中学教研组组长

李振西　乌鲁木齐县托里乡卫生院院长

新疆生产建设兵团

王木森　农三师48团团长

蓝　琦　农二师发展和改革委员会主任

张建雄　农九师163团团长

教育部

贺　林　上海交通大学Bio-X中心主任

田红旗(女)　中南大学轨道交通安全教育部重点实验室主任

王齐荣　西南交通大学土木工程学院副院长

交通运输部

何　勇　公路科学研究所研究员

铁道部

侯世全　中国铁道科学研究院节能环保劳卫研究所研究员

水利部

高学军　黄河水利委员会黑河流域管理局水政水资源处处长

国务院国有资产监督管理委员会

雷光元　国家开发投资公司新疆罗布泊钾盐有限责任公司总经理助理

丁小兵　华润(集团)有限公司雪花啤酒甘青藏区域公司总经理

郭　毅　中国节能投资公司风力发电(新疆)有限公司总经理

张红川(女)　中国冶金科工集团有限公司赛迪工程技术股份有限公司建筑市政设计院院长

张雅林　中国西电集团公司总经理

国家林业局

熊嘉武　中南林业调查规划设计院规划设计处副处长

中国科学院

胡　虹(女)　昆明植物研究所研究员

段　毅　兰州地质研究所研究员

中国工程院

吴明珠(女)　新疆农业科学院哈密瓜研究中心研究员

吴天一(塔吉克族)　青海高原医学科学研究所(院)研究员

解放军总政治部

党拴成　内蒙古自治区鄂尔多斯市杭锦旗人民武装部政治委员

夏　维　新疆军区政治部群工办主任

孟和平　贵州省思南县人民武装部部长

郭振江　中国人民武装警察陕西省总队榆林市支队支队长

附录五

2010年东、中、西、东北地区主要经济指标

指标	单位	东部10省市合计或平均	东部10省市合计占全国的比重(%)	中部6省合计或平均	中部6省合计占全国的比重(%)	西部12省区市合计或平均	西部12省区市合计占全国的比重(%)	东北3省合计或平均	东北3省合计占全国的比重(%)
国民核算									
国内(地区)生产总值	亿元	229384.6	53.0	85437.3	19.7	80825.4	18.7	37090.4	8.6
第一产业	亿元	14629.2	36.1	11248.1	27.7	10705.7	26.4	3983.6	9.8
第二产业	亿元	114130.5	52.1	45052.0	20.6	40486.1	18.5	19389.8	8.9
第三产业	亿元	100624.9	58.1	29137.3	16.8	29633.7	17.1	13717.0	7.9
固定资产投资									
全社会固定资产投资额	亿元	115970.3	42.7	62894.5	23.2	61874.6	22.8	30726.0	11.3
对外贸易									
货物进出口总额	亿美元	26048.0	87.6	1166.9	3.9	1282.6	4.3	1230.2	4.1
出口总额	亿美元	13785.6	87.4	634.7	4.0	720.2	4.6	638.8	4.0
进口总额	亿美元	12262.4	87.9	532.1	3.8	562.4	4.0	591.4	4.2
农业									
主要农产品产量									
粮食	万吨	13869.9	25.4	16720.7	30.6	14436.4	26.4	9620.7	17.6
棉花	万吨	165.1	27.7	166.2	27.9	264.3	44.3	0.6	0.10
油料	万吨	802.7	24.8	1400.6	43.4	829.3	25.7	197.6	6.1
工业									
主要工业产品产量									
原油	万吨	8219.1	40.5	584.4	2.9	5840.7	28.8	5657.2	27.9
发电量	亿千瓦小时	17443.0	41.5	9720.5	23.1	12225.6	29.1	2676.3	6.4
粗钢	万吨	34316.3	54.8	13329.1	21.3	8337.7	13.3	6682.3	10.7
水泥	万吨	75389.8	40.4	46555.7	24.9	52591.3	28.2	12258.9	6.6

续表

指　标	单　位	东部10省市合计或平均	东部10省市合计占全国的比重(%)	中部6省合计或平均	中部6省合计占全国的比重(%)	西部12省区市合计或平均	西部12省区市合计占全国的比重(%)	东北3省合计或平均	东北3省合计占全国的比重(%)
汽车	万辆	821.1	44.9	354.4	19.4	391.8	21.4	259.7	14.2
建筑业									
建筑业总产值	亿元	52407.9	55.0	18397.9	19.3	16590.7	17.4	7809.3	8.2
国内贸易									
社会消费品零售总额	亿元	83904.5	53.4	31329.7	20.0	27332.4	17.4	14431.8	9.2
物价总水平									
居民消费价格指数	上年=100	103.4		103.1		103.4		103.1	

注:东部10省市和中部6省合计占全国的比重以各地区合计数为100计算。

浙江大学中国西部发展研究院简介

浙江大学中国西部发展研究院（简称“西部院”）是在国家发展改革委（原国务院西部开发办）、教育部和浙江省委、省政府的亲切关怀与大力支持下成立的。成立中国西部发展研究院是贯彻落实党中央、国务院关于东西互动合作、促进区域协调发展的精神，发挥浙江大学的教学、科研和人才优势，支持西部地区经济社会发展，深入推进西部大开发战略实施的具体体现。

一、成立大会与组织机构

2006 年 10 月 29 日，西部院隆重举行成立大会，国家副主席习近平（时任浙江省委书记）、国务院秘书长马凯（时任国家发展改革委主任、国务院西部办主任）、中国工程院院长周济（时任教育部部长）和浙江省省长吕祖善共同为西部院揭牌并出席西部院大楼奠基仪式。2008 年因国务院机构调整，西部院共建单位由原国务院西部办和浙江大学相应调整为国家发展改革委和浙江大学。西部院理事会章程明确，国家发展改革委为理事长单位，浙江大学为副理事长单位，国家发展改革委相关司局、西部 12 省（区、市）、新疆建设兵团发展改革委及湘西、恩施、延边自治州为常务理事单位。第一届理事会由马凯同志担任理事长，浙江大学党委书记张曦同志担任常务副理事长，国家发展改革委和浙江大学领导王金祥、曹玉书、杨卫、陈子辰同志担任副理事长。由原国务院西部办副主任曹玉书、人才法规组组长戴桂英和浙江大学有关同志组成西部院首届领导班子。目前仍由曹玉书同志担任西部院院长、浙江大学副教务长周谷平同志任常务副院长、公共管理学院院长姚先国同志任直属支部书记，国家发展改革委西部司副司长欧晓理及浙江大学有关同志任副院长。

二、近年来开展的主要工作

建院以来，西部院按照理事会要求，紧紧围绕建设“高层次、开放式、前瞻性、具有国内一流水平和重要国际影响的创新科研实体”和“科学研究基地、科技服务基地、人才培养和培训基地、国际合作与交流基地”的目标，立足浙江，服务西部，面向全国，走向世界，扎实推进各项工作。

1. 承担或参与国家战略层面项目研究。开展《关中—天水经济区发展规划》前期研究，2009 年 5 月获得国务院正式批准。2010 年承担了国民经济和社会发展“十二五”规划的重大专项《“十二五”时期促进基本公共服务均等化规划思路研究》以及国家层面重点区域发展规划《呼包银重点经济区发展规划》前期研究任务。参与了《中共中央、国务院关于深入实施西部大开发战略的若干意见》（中发〔2010〕11 号文件）的起草和我国第一个公共服务体系规划《“十二五”完善基本公共服务体系规划》的编制工作；参与和承担了国家发展改革委西部司等职能司局招标和调研课题10余项。

2.开展西部大开发重大理论和前瞻性问题研究。开展"211工程"三期重点学科建设项目《西部大开发与区域发展理论创新》研究。依托国家发展改革委西部司、国家统计局统科所,积极推进西部数据中心建设,打造西部问题研究高地。2010年,承担了《2011国家西部开发报告》(由国家发展改革委主任张平担任主编)的编撰和《西部大开发重大理论问题研究》工作。

3.构建政策咨询和东西互动平台。积极推进学科交叉和融合,凝练西部院专职和柔性两支人才队伍。先后在广西、重庆、西安等西部重点地区设立了分中心,针对西部地区经济社会发展过程中出现的热点和难点问题深入调研,借鉴东部地区发展经验和研究成果,为西部地区各级政府提供决策咨询和智力支持。先后组织举办了《西部大开发"十一五"规划》等学术研讨活动和3届"中国东西互动发展论坛"、首届"30个民族自治州州长论坛"。

4.打造特色教育与培训。联合相关学院,争取国务院学位办支持,与中国西部人才基金会等开展合作,实施西部地区干部MPA教育计划,深受西部地区欢迎和好评。目前,已面向西部招生近600名。以中组部浙江大学干部培训基地为依托,拓展面向西部地区的党政干部和国有企业中高层管理干部培训项目。与国家发展改革委培训中心等机构合作,共同发起设立"西部地区基层村官培训基地",积极开展各项培训任务。在贵州、广西等地成立"浙江大学研究生社会实践基地",积极开展"百名博士西部行"等活动。成立学生心系西部协会,深入西部边远山区和贫困地区开展支教等活动。

5.积极推进科技服务。积极牵线搭桥,打造"政产学研"结合的科技服务路线,成功将"光导"、"稻田养鱼"等一批浙江大学和东部成熟技术在西部实现产业化,推动"多晶硅"、"模具制造"等产业向西部地区有序转移,拉动西部地区直接投资近50亿,实现经济效益上百亿。

6.初步形成了系列特色优势研究方向。在西部大开发与内生经济增长,西部大开发与人口、资源、环境,东西互动与区域协调发展,空间经济学,能源经济学,基本公共服务均等化,旅游与民族文化研究等方向上逐步形成了西部院的特色。